18/24

$5.

96

EL 45

COLECCIÓN PERSPECTIVAS

DECIMA EDICION
(Novena en la Editorial Sudamericana)
Agosto de 1982

FÉLIX LUNA

EL 45

Crónica de un año decisivo

EDITORIAL SUDAMERICANA
BUENOS AIRES

TAPA: Foto cedida gentilmente
por EDITORIAL CREA

PRINTED IN ARGENTINA
IMPRESO EN LA ARGENTINA

*Queda hecho el depósito que previe-
ne la ley 11.723.* © *1982, Editorial
Sudamericana Sociedad Anónima, calle Humberto Iº 545, Buenos Aires.*

ISBN 950-07-0061-1

A Florencia,
porque alguna vez
me preguntará
cómo fue todo aquello.

EXPLICACIÓN

¿Por qué el 45? Por dos órdenes de razones. En primer lugar, porque 1945 fue un año decisivo, en cuyo transcurso se determinó el sentido que tendría la próxima década argentina. Y no solamente porque Perón haya llegado al poder e iniciado su hegemonía, sino porque el país entero decidió entonces adquirir un determinado estilo político y asumir una determinada conciencia. Ciertos valores cayeron para siempre y ciertos valores quedaron afirmados, también para siempre, en 1945. Probablemente no haya año alguno, en el último medio siglo, que señale una transición nacional con caracteres tan claros y netos. Además, 1945 estuvo lleno de hechos singulares, quizás irrepetibles, que adquieren una fecunda perspectiva histórica en la medida que se los analice tratando de llegar al fondo del asunto. Son estos hechos los que hay que extraer del fárrago de una historia casi olvidada o (peor aún) deformada por recuerdos personales limitados o comprometidos. En los últimos años se ha escrito un buen número de ensayos sobre el peronismo y sus orígenes pero se ha omitido la etapa previa, consistente en la exposición de los hechos concretos: aquellos que deben ser la sustancia de las eventuales interpretaciones y que en estas páginas intentaremos reconstruir.

Desde un punto de vista puramente objetivo, 1945 es un año, pues, que merece un estudio detenido.

Pero hay también razones personales que me han llevado a regresar a un cuarto de siglo atrás. En 1945, mucha gente joven —yo también— fue catapultada hacia la política. Ese año, con su tensión emocional, con la presentación directa de un rostro nuevo de la Nación, nos marcó para siempre con el signo de la preocupación política y su trajinar. Fue para muchos un tiempo inaugural, inolvidable, cargado de motivaciones, de fervor y ansiedad. Esto ocurrió a la mayoría de los argentinos de los dos bandos, pero muy especialmente a los más jóvenes. A los que hoy —como me sucede a mí— vuelven su espíritu a aquel año y con un poco de melancolía evocan esas jornadas exaltadas y gritonas, populosas y conversadas, añorando su magia y hasta sus equivocaciones.

En cierto sentido este es un libro de memorias. Pero no individual (mis recuerdos personales son insignificantes) sino de memoria colectiva. Lo cual exige una actitud mental que tienda a superar los enfrentamientos que entonces protagonizamos para tratar de asumir la comprensión posible de las razones y sinrazones de cada bando. Esta actitud mental, adoptada retrospectivamente, me ayuda a entender lo que en el 45 no entendí y me permite revivir esas jornadas de una manera más amplia y generosa. En alguna medida es recuperar el pasado ennobleciéndolo. No deformándolo ni idealizándolo sino haciendo un esfuerzo para rescatar lo que hubo de legítimo y auténtico en las dos maneras de concebir el país que ese año se confrontaron.

Los pueblos pueden perecer por muchas causas. Pero acaso la más trágica de todas es la división que en algún momento incomunica totalmente a la comunidad. Y la división puede nacer tanto de los enfrentamientos presentes como del recuerdo que se tiene de los enfrentamientos pasados. En 1945 la división de los argentinos fue abrupta y la incomunicación de los dos frentes de lucha tuvo características totales. A casi un cuarto de siglo —y esta es la tercera justificación de este libro— es conveniente intentar una crónica que establezca si el recuerdo del 45 puede contribuir a unir a los argentinos, en el reconocimiento de errores recíprocos y afinidades ocultas que en ese momento no pudieron expresarse pero que acaso ahora se puedan certificar.

Con estas intenciones retorno a esa época y me miro y miro a mi país a través de una larga bruma. Nosotros éramos todos parecidos. Buscábamos desesperadamente la verdad y la justicia y éramos simples, puros, rigurosos... El tiempo y sus mudanzas ha convertido la simpleza en complejidad, la pureza en complicidad y el rigor en un abanico de matices: pero hemos seguido persiguiendo la verdad y la justicia. Y esa terquedad —me parece— nos ha salvado de caer en las cosas peores.

Por eso se puede dedicar este libro a quienes, como Florencia, viven en la condición rigurosa, simple y pura de la niñez.

PRÓLOGO HACIA EL AÑO
DECISIVO

I

El 1º de enero de 1945 los diarios traían en sus primeras páginas las noticias de la guerra, como lo venían haciendo desde cinco años y medio atrás. Ese día anunciaban que proseguía el avance de los ejércitos aliados en Bélgica y Luxemburgo y que las tropas soviéticas estaban ocupando barrios de Budapest. La ofensiva de las Ardenas, el último contraataque masivo del Reich, no había logrado detener la marcha de las fuerzas aliadas hacia el territorio alemán; por su parte, los rusos habían deshecho el inmenso frente oriental y ahora no tenían otro problema que el de elegir las zonas de sus ofensivas sectoriales, invariablemente victoriosas. En el Extremo Oriente, en cambio, la guerra no seguía un ritmo tan acelerado aunque Mac Arthur estaba en vísperas de conquistar Manila. Pero ya la conferencia de Yalta había creado la sensación de que el triunfo aliado era cuestión de tiempo. Hitler mismo, en un sombrío discurso de fin de año, había asegurado: "El Reich no capitulará." Y los tres grandes ratificaban en alguna medida esta afirmación comprometiéndose a aceptar solamente la rendición incondicional de Alemania.

Era lógica la importancia que se daba a estas novedades. El conflicto mundial era el marco obligado de lo que ocurría en nuestro país, la materia habitual de todas las conversaciones, la discusión de sobremesa, la charla de café. Y mucho más, por supuesto. Porque la guerra era una referencia a la que inevitablemente debía ajustarse el gobierno *de facto* surgido de la revolución del 4 de junio de 1943, altivo y desenfadado en sus primeros tiempos, cuando el Eje dominaba toda Europa y aparentemente marchaba hacia una victoria incontrastable; más humilde y preocupado a medida que los aliados asestaban golpe tras golpe a sus enemigos.

La guerra era, además, el barómetro de los negocios. Su ritmo marcaba un *tempo* inexorable. Los argentinos tenían la experiencia de la rápida prosperidad que podía depararles una guerra mundial, pero también conocían la vertical recesión que aparejaba la paz. Las exportaciones de 1944 habían aumentado más de 30 % respecto de las de 1942. Pero ¿qué ocurriría cuando terminara el conflicto?

No eran solamente problemas políticos y comerciales los que la guerra aparejaba. En otro orden de cosas, el conflicto nacional era el gran territorio sobre el cual los argentinos se dividían en aliadófilos y pro nazis; en aquellos que se embelesaban con la "V" de la Victoria y los que todavía hacían el saludo fascista. Salvo unos pocos aliadófilos fanáticos, nadie había querido que la Argentina se mezclara en la guerra. Ese había sido el gran acierto del presidente Castillo; el gobierno *de facto,* al continuar con esa política, no había hecho otra cosa que interpretar un sentimiento generalizado. Mas la neutralidad de la Argentina, mantenida con tanto esfuerzo desde 1939, era puramente jurídica; no regía en los espíritus. Todos los argentinos tenían su corazoncito haciendo fuerza por uno u otro bando...

Los diarios del primer día de 1945 anotaban también noticias locales. Por ejemplo, el discurso pronunciado el 31 de diciembre por el vicepresidente de la Nación, ministro de Guerra y secretario de Trabajo y Previsión, coronel Juan Perón. En una alocución difundida por Radio del Estado señalaba Perón la iniciación de un año que debía ser decisivo. Fue en esa oportunidad cuando acuñó uno de sus slogans más felices: "La era del fraude ha terminado." El orador subrayaba que la extinción del fraude electoral y la afirmación de un régimen de justicia social eran los grandes objetivos de la Revolución del 4 de junio. Había formulado largas consideraciones sobre la Argentina del futuro, señalando, entre otras cosas, la necesidad de que el país consolidara sus relaciones con los pueblos hermanos de América. Era un verdadero programa que significativamente se difundió por boca de Perón, como si el gobierno *de facto* le hubiera encomendado su representación. "Y si alguno pregunta qué derecho tengo para hacerlo —decía al final— le respondo desde ya: los mismos derechos de todo buen argentino. Ninguno más pero ninguno menos."

Sin embargo, era evidente que Perón usaba de algunos derechos más. Disponer de la radio oficial, que llevaba su voz a todos los confines del país, era uno de ellos. Y otro era el de mover algunas de las piezas del ajedrez político. Porque en esos días se acentuaba la cruda defenestración de los equipos nacionalistas que habían acompañado al gobierno *de facto* desde el comienzo de la revolución.

El 9 de enero renunciaba el general Orlando Peluffo, ministro de Relaciones Exteriores. La dimisión era una consecuencia directa del fracaso de la política internacional orientada por *los elementos nacionalistas* [1] que lo rodeaban en la Cancillería. Habíase reunido la Unión Panamericana en Washington y el organismo resolvió no considerar una nota argentina presentada tres meses antes, en la que solicitaba se reuniera una conferencia interamericana especial para considerar la situación de nuestro país. La resolución era un desaire tan notorio y subrayaba de manera tan inocultable el aislamiento de la Argentina en el concierto continental que Peluffo, artífice formal de la política exterior desde principios de 1944, había tenido que irse. En realidad su dimisión era un triunfo secreto de Perón, que ya estaba presionando hacia una modificación sustancial de la posición argentina. La renuncia de Peluffo le permitiría facilitar la salida de algunos elementos nacionalistas de ciertos puestos importantes, para colocar en su lugar a sus propios amigos.

En efecto, Juan Atilio Bramuglia asumía por esos días la Intervención de la provincia de Buenos Aires. En el acto de asunción del mando estaba presente Perón, que a pedido

del público pronunció breves palabras destacando que Bramuglia era un funcionario "humilde, laborioso y eficaz".
Como un hecho contrario y correlativo, casi contemporáneamente renunciaba el interventor federal de Corrientes, un
nacionalista notorio [2], cuya nota de dimisión fue devuelta
dado los términos que contenía. La renuncia acusaba al
gobierno *de facto* de ir preparando las futuras elecciones
para entregar el poder a un partido político, lo que, a juicio del renunciante, era traicionar los objetivos de la revolución del 4 de junio.

No se equivocaba. En realidad, las preocupaciones del
gobierno *de facto,* en esos primeros meses de 1945 se dirigían en primer lugar a solucionar la difícil situación internacional de la Argentina, acosada por el Departamento de
Estado de Washington, y en segundo lugar ir hacia la normalización constitucional de una manera que apareciera
honorable. Para conseguir esos dos objetivos era indispensable sacarse de encima a los elencos nacionalistas de la
primera hora; gran parte se había ido en ocasión de la ruptura de relaciones con el Eje, en enero de 1944. Pero subsistían todavía algunos, en ciertas intervenciones federales,
en las intervenciones de las universidades y en reparticiones estatales vinculadas con la Educación. Perón comprendía que los nacionalistas iban a mantenerse en una
posición dura respecto del cambio de orientación que él
postulaba. Como comprendía también que a los nacionalistas no les interesaba una convocatoria a elecciones. El proceso de sacárselos de encima caminaba aceleradamente a
partir de la renuncia de Peluffo y se acentuaría con la normalización de las universidades, que a mediados de febrero
se entregaron a magistrados judiciales para que presidieran
el proceso de elecciones de los claustros, con vistas a una
definitiva integración.

Y más todavía. En este proceso de deshielo, había algunas palabras y algunos hechos que debían servir magnífi-
camente. Por ejemplo la reincorporación de los profesores
y funcionarios cesanteados en octubre de 1943 por haber
firmado un manifiesto pidiendo el cumplimiento de los

compromisos con los países de América y el pronto retorno a la democracia. En ese momento, la sanción impuesta a los firmantes fue el primer indicio del endurecimiento de las posiciones del gobierno *de facto* que entonces presidía el general Pedro Pablo Ramírez. Ahora, el anuncio de la reincorporación de los cesantes indicaba una actitud muy diferente. Y a mediados de febrero —de ese bochornoso verano de 1945 en el que faltó agua en Buenos Aires— toda la prensa, indudablemente por sugestiones oficiales, dio enorme importancia a un incidente de menor cuantía sucedido en torno a la devolución de nuestros diplomáticos acreditados en Berlín. El gobierno argentino se quejaba de las injustas represalias que ejercía sobre nuestros representantes el gobierno nazi y tomaba medidas para embargar fondos alemanes en nuestro país. Había que preparar el ambiente para el paso más duro y más amargo; declarar la guerra a un país ya vencido. Un paso que tal vez mejorara las relaciones del gobierno argentino con Estados Unidos pero que era mirado con desprecio por toda la opinión pública, aun la más decididamente aliadófila. Y sin embargo, Perón estaba resuelto a dar el paso. En declaraciones formuladas a un diario uruguayo, el vicepresidente de la Nación señalaba que la declaración de guerra a Alemania, en momentos en que la derrota final del Reich era cuestión de semanas, no produciría sino desprestigio. "Ningún argentino aprobaría esa medida" —afirmaba—. Pero también hablaba de la nececidad de normalizar el país y de la urgencia de restablecer las relaciones con los países americanos y aseguraba que "habría elecciones muy pronto". Y agregaba: "Nuestro pequeño país no es un punto suspendido en el espacio, como nuestros nacionalistas dan la impresión de creer, sino parte integral de ese mundo que sufre estas transformaciones. Debemos avanzar con la marea si no queremos naufragar."

Y si algo supo hacer Perón, fue avanzar con la marea. Estas declaraciones fueron desmentidas parcialmente. Pero a fines de febrero de 1945 todo el país tenía la sensación de que el gobierno *de facto* buscaba desesperadamente una oportunidad para declarar la guerra a Alemania, *antes que el conflicto terminara por su propia dinámica*...[3]

II

Para entender lo que pasó en 1945 habría que aclarar muchos antecedentes que en ese año adquirirían significación explosiva.

En primer lugar, el proceso político que culminó con la revolución de 1943. Habría que explicar cómo a partir de 1930 se instaló en el país un régimen político basado en la falsificación de la voluntad electoral. Los gobernantes de la Concordancia —Justo, Ortiz, Castillo— fundamentaron su poder en un fraude que hacia 1943 parecía formar parte indisoluble de las costumbres cívicas del país y que, a esa altura de la evolución, había llegado a corromper profundamente sus bases políticas, tanto en el gobierno como en la oposición. *El sistema del fraude electoral*[4] se ejercía en beneficio de un régimen al que sostenían formalmente los conservadores, el antipersonalismo y el socialismo independiente (Concordancia) pero que en realidad tenía apoyos mucho más sólidos y menos visibles, formados por los intereses económicos que prosperaban en torno a una estructura estrechamente conectada con las inversiones y el comercio británicos.

La corrupción derivada del fraude electoral quitó representatividad y prestigio a los cuerpos colegiados, comprometió a todos los partidos en una suerte de pacto tácito que suponía la repartija del país en feudos electorales, provocó el descreimiento de vastos sectores de la opinión pública en el sistema democrático y acostumbró al espectáculo de una permanente estafa en cada comicio. Pero tuvo también otras consecuencias. No fue la menor de ellas la vigencia del mito radical.

La Unión Cívica Radical, principal damnificada del fraude, mantenía sobre cada derrota electoral la leyenda de su condición mayoritaria, que a su juicio sólo podía falsearse

mediante recursos violentos o tramposos. Esta certeza afirmaba en el oficialismo la necesidad de cerrarle el paso del
poder y en el radicalismo la desesperación por conquistarlo
a través de cualquier recurso. Así, el viejo partido de Yrigoyen —que condujo Alvear en la década del 30— se fue com-
plicando cada vez más con el "establishment", renunció a
denunciar un régimen que había llevado al país a un estado
de dependencia colonial, abandonó gradualmente sus posiciones populares y emancipadoras, pactó con otras fuerzas
y buscó apoyos militares. Cualquier recurso parecía lícito
para llegar al gobierno, puesto que el radicalismo era, de
todos modos, la mayoría incuestionable...

Así se llegó a 1943. La UCR, que había estado a punto
de apoyar la candidatura de Justo para una segunda presidencia, aceptó una unión con los partidos Socialista, Demócrata Progresista y Comunista para formar un Frente
Democrático que pudiera oponerse al candidato que el anciano presidente Castillo quería imponer. Se hicieron son-
deos al ministro de Guerra para que aceptara ser el candidato
del conjunto opositor; enteróse el presidente, pidió aclaraciones a su colaborador, éste las formuló muy vagamente,
insistió Castillo y al otro día lo derrocaron (4 de junio de
1943).

Del episodio que culmina con el proceso iniciado en 1930
salían enroñados y disminuidos todos los partidos políticos.
Nadie lamentó la disolución con que el Poder Ejecutivo
de facto los fulminó en diciembre de 1943. Ni pareció inoportuna esta "Hora de la Espada" que llegaba quince años
después que Lugones la vaticinara. El sablazo era el único
gesto limpio y rotundo que podía clausurar un ciclo que la
historia conoce con el drástico rótulo de "Década infame".

Pero, ¿estaban las Fuerzas Armadas exentas de toda mácula, como para poder dar el cerrojazo al régimen con autoridad moral suficiente? Ellas participaban de la condición
general del país y por lo tanto no podían escapar totalmente
al deterioro gradual de sus valores morales. *Un oscuro proceso
de traición a la Patria* [5] que afectó a un jefe del ejército, *el
negociado del Palomar* [6] —en el que estuvo complicado, sin

culpa, el ministro de Guerra—, un escándalo que comprometió en 1942 a algunos cadetes militares, fueron episodios que salpicaron el prestigio de miembros de las Fuerzas Armadas pero no alcanzaron a invalidarlas entre la opinión pública. En cambio, la pasividad castrense frente al reiterado fraude solía enardecer a los opositores y los llevaba a situarse en una actitud mental de indiscriminado antimilitarismo que haría eclosión en 1945, como ya veremos.

De todos modos, en 1943 las Fuerzas Armadas constituían la única institución del país que podía ostentar cierta pureza sustancial, cierta desvinculación con la infamia de la década. Contribuía a salvarlas la circunstancia de su aislamiento social, como apuntaría años después el ex embajador británico Sir David Kelly, "...en la Argentina, los oficiales del Ejército no tenían lugar en la sociedad y no provenían de la clase gobernante de los estancieros, los profesionales prósperos y los grandes comerciantes. Llevaban una vida aparte y en realidad no tenían contacto social con los grupos que habían administrado a todos los gobiernos del pasado..."

Los infortunios que habían afectado a las Fuerzas Armadas en esos años anteriores al 43 eran episodios infantiles en comparación con otros casos que fueron revelando, a su turno, una alucinante descomposición de las instituciones más respetadas. Porque esa década fue testigo de inusitados escándalos. El "affaire" del millonario García, por ejemplo, enlodaba a varios magistrados judiciales; de un distinguido sacerdote se supo, cuando murió, que había hecho vida marital durante años con su ama de llaves; en el Concejo Deliberante metropolitano la suciedad había alcanzado a buen número de sus miembros en ocasión de la prórroga de *la concesión de la CHADE* [7] y con el asunto de los colectivos; el Congreso de la Nación no salió mejor parado cuando la investigación del negociado del Palomar reveló que el propio presidente de la Cámara de Diputados, entre otros legisladores, había recibido coimas. Y la votación de la Corporación de Transportes había dejado anterior-

mente la sensación de que la presteza de algunos diputados
(uno de ellos viajó desde Chile para hacer número) respondía a motivos inconfesables. Era —digámoslo de paso— el
mismo Congreso donde se hacía la apología del "fraude
patriótico" y en cuyo recinto un legislador se jactó de ser
"el diputado más fraudulento del país". El debate promovido por Lisandro de la Torre sobre el problema de las
carnes evidenciaba la complicidad interesada de ministros
y altos funcionarios con los grandes frigoríficos ingleses en
la explotación de los productores nacionales. Y así podría
seguir una triste enumeración de episodios que van desde
el crimen de Martita Stutz hasta el caso de los "Niños Can-
tores", en un catálogo vergonzoso que abarcó por entonces
todo el perfil nacional. A veces estos hechos daban la sensación de que todo estaba podrido en la Argentina. Donde se
apretaba el absceso, allí saltaba el pus. En realidad no era así.
Era la crisis de una clase dirigente que no había encontrado
fórmulas políticas decorosas para mantenerse en el poder
y carecía de imaginación para controlar las clases económicas sin entregar a sus socios británicos partes importantes del comando. Pero debajo de ese escenario, cuya pompa
era impotente para ocultar las miserias que lo sostenían,
un país pujante quería abrirse camino sin encontrar todavía la manera de hacerse presente.

Por eso, cuando lo castrense impuso su estilo en el país,
esa condición drástica, simple, limpia y hasta ingenuamente patriótica del militar fue acogida con una sensación de
alivio. Era una transición que marcaba por contraste el retorcido y mañoso, el hipócrita y ficticio mundo que se había
vivido hasta entonces.

Para señalar la ubicación de las Fuerzas Armadas hacia
1943 no puede omitirse como elemento de juicio *la simpatía
pro nazi que existía en sus cuadros* [8], especialmente los del
Ejército. Los militares que formaban el GOU, la logia castrense que sería base operativa de Perón, eran pro nazis;
pero no nazis. La distinción puede parecer sutil pero tiene
su importancia.

Ellos alimentaban por el Eje una simpatía que estaba

nutrida de muchas motivaciones. En primer lugar, la vieja admiración de los militares sudamericanos por la eficiencia profesional de la Wehrmacht. El orden, ese valor que siempre embelesa a los hombres de armas, había sustituido al caos en Italia y Alemania, y este hecho los impresionaba profundamente. Además, la lucha armada contra la Rusia comunista les inspiraba cierto fervor. Y finalmente hay que recordar que en 1943, ni los militares ni ciudadano alguno podían sentirse conmovidos por la democracia que se practicaba en la Argentina, puesto que la democracia de la Concordancia era una farsa.

Pero hay también otras explicaciones para el pro nazismo militar del 43. La labor de *esclarecimiento doctrinario de FORJA* [9], algunos núcleos nacionalistas y escritores independientes, había demostrado con crudeza la situación dependiente en que se encontraba nuestro país; historiadores revisionistas empezaban a realizar una tarea desordenada pero eficaz, tendiente a evidenciar hasta qué punto había sido falsificado nuestro pasado y de qué modo había pesado la influencia política y económica de Gran Bretaña en nuestros avatares históricos; algunos diarios como "El Pampero" y "Cabildo" golpeaban incesantemente los flancos débiles de las relaciones anglo-argentinas y acuñaban palabras como "vendepatria", "cipayos" y otras que tendrían próspera carrera en el lenguaje político.

Con esta carga de ideas —muchas de ellas perfectamente correctas pero lanzadas tendenciosamente y al servicio de un interés extranjero en muchos casos— podía concluirse que ser enemigo de Gran Bretaña significaba automáticamente ser amigo de la Argentina. Con un razonamiento simplista pero no del todo equivocado, se pensaba que una eventual derrota británica frente a Hitler podía representar lo que había representado en 1810 la derrota española frente a Napoleón: la liberación de la metrópolis. La caída del poder imperial inglés, la humillación de Estados Unidos, podía ser la inauguración de una nueva emancipación. O, por lo menos, la devolución de las Malvinas... Todos los líricos sueños que sueñan los habitantes de un país colonial se convertían en los casinos de oficiales del 43 en excitantes realidades cuando se examinaba la posibilidad de una derrota de los aliados.

Y algo más para terminar con este tema. No podemos ver el nazismo del 43 con el criterio de hoy. Las bestialidades hitlerianas, los campos de concentración, las masacres de judíos, toda la vesania increíble de esos años se conocieron cabalmente recién después de 1945. Hacia 1943 la guerra parecía, para aquellos militares argentinos que usaban gorras altas al estilo germánico, una fascinante confrontación de fuerzas, una de cuyas alternativas podía ser beneficiosa para el país. Además, ¡eran tan fastidiosas esas señoras de la Junta de la Victoria y tan insufribles esos figurones de Acción Democrática...! Sólo por no estar en su misma trinchera daban ganas de ser pro nazi...

Hay que insistir en la importancia de lo que pasaba en el mundo como una de las claves fundamentales de lo que ocurrió en nuestro país en 1945. Como ya se ha dicho, Castillo había defendido tercamente la neutralidad: en la Conferencia de Río de Janeiro (1942) su canciller Enrique Ruiz Guiñazú había mantenido gallardamente una posición muy diferente al rendido satelismo de las restantes naciones latinoamericanas. Como consecuencia de la "recomendación" final aprobada por la reunión, veinte de las veintiuna naciones del continente habían roto relaciones con los países del Eje y siete de ellas declararon la guerra. Posteriormente este número aumentó. Para Estados Unidos, la posición argentina (que naturalmente carecía de consecuencias prácticas que pudieran afectar el esfuerzo bélico aliado) era un inaceptable desafío, un reto que quebraba la virtual unanimidad conseguida en el hemisferio.

Pero en nuestro país, la neutralidad enardecía a la gente joven y a los sectores apolíticos, a quienes enorgullecía esta muestra de independencia. Lo curioso es que —como puede comprobarse compulsando las memorias escritas por estadistas y diplomáticos ingleses y norteamericanos— Gran Bretaña veía con buenos ojos la neutralidad argentina, que garantizaba la pacífica afluencia de abastecimientos a la isla: las carnes argentinas representaban el 60 % de lo que consumía el pueblo británico. Washington, en cambio, no podía admitir el mal ejemplo de la Argentina, niño díscolo dentro de la docilidad latinoamericana. Así, cuando Churchill pensó enviar un mensaje amistoso al pueblo argentino a través del nuevo embajador británico (1942), el Departamento de Estado se opuso airadamente y el saludo del primer ministro inglés no alcanzó a formularse. Y cuando David Kelly llegó a nuestro país, pudo comprobar —como lo dice en su conocido libro— que Castillo y la oligarquía, cada uno por motivos diversos, eran neutralistas, mientras que la oposición y especialmente el radicalismo eran rupturistas y pro yanquis.

Estas líneas se mantuvieron invariables después de la revolución del 43. El autor material de la revolución, general Arturo Rawson, era aliadófilo y estaba decidido a seguir el ejemplo de las naciones latinoamericanas, rompiendo relaciones con el Eje a breve plazo. No alcanzó siquiera a hacerse cargo de la presidencia. El general Ramírez sólo formuló vagas declaraciones al respecto, y mientras aumentaban las presiones, la incorporación de elementos nacionalistas al gobierno *de facto* fortificaba la posición neutralista. En setiembre de 1943 el canciller argentino Segundo Storni envió una carta personal a su colega norteamericano, Cordell Hull, explicando los motivos de la posición del país y pidiendo a Estados Unidos, como prueba de buena voluntad, armamento y equipos que restablecieran "el equilibrio del continente". La respuesta de Hull fue demoledora. Nunca nuestro país sufrió una humillación como esta. Storni asumió noblemente la responsabilidad de la "gaffe" —*aunque la carta había sido redactada* [10] por el coronel Enrique González, secretario de la Presidencia, y corregida por el propio Ramírez— renunciando de inmediato. Todo el país quedó sensibilizado con el episodio. Fue el momento culminante de la hegemonía nacionalista, cuando se sancionó a un centenar de ciudadanos que, encabezados por Bernardo Houssay, solicitaron el cumplimiento de los compromisos interamericanos y el retorno a la democracia; poco después se decretaba la disolución de los partidos políticos y la imposición de la enseñanza religiosa obligatoria.

En enero de 1944 la situación internacional de nuestro país había llegado a un punto de aislamiento insostenible y las amenazas de sanciones económicas parecían inminentes. Ramírez optó entonces por romper relaciones con el Eje. La medida fue recibida burlonamente por los sectores aliadófilos y restó al gobierno *de facto* el apoyo de gran parte del nacionalismo. Y tampoco arregló nada en el orden internacional; en lo interno provocó el alejamiento de Ramírez, cuyo desgaste no pudo resistir la presión de los coroneles de la guarnición de Buenos Aires, liderados ya por Perón.

Hacia junio de ese año habían cesado de hecho las relaciones diplomáticas entre nuestro país y el resto del continente: incluso el embajador de Gran Bretaña debió alejarse ostensiblemente de la Argentina. Un invisible pero real cordón sanitario creaba a nuestro alrededor un vacío que no podía salvarse con palabras altisonantes. El desembarco aliado en Normandía certificaba ya el fin de la guerra. En setiembre, una dura declaración del presidente Roosevelt llevó las relaciones argentino-norteamericanas a un punto de congelamiento. El país ya sufría, de hecho, algunas sanciones económicas y toda la oposición se regocijaba silenciosamente ante el callejón sin salida en que se había colocado el gobierno *de facto*.

Empezó entonces una embrollada tramitación diplomática para abrir una solución. El gobierno argentino pidió la reunión de una conferencia interamericana especial para que se considerara su situación: la nota no tuvo una respuesta definida pero en la Conferencia Interamericana sobre los Problemas de la Paz y la Guerra (febrero/marzo de 1945) se abrió un resquicio, posibilitando la adhesión de nuestro país a sus resoluciones. En realidad, a instancias de Sumner Welles se habían iniciado en Buenos Aires conversaciones secretas entre representantes del Departamento de Estado y el gobierno argentino: era lo máximo que podía hacer Washington. La misión norteamericana desarrolló rápidas y esotéricas gestiones y en pocos días quedó arreglado todo. Se convino en levantar el virtual bloqueo económico que pesaba sobre la Argentina a cambio de la declaración de guerra. El acuerdo demostraba que no había problemas de fondo entre Estados Unidos y nuestro país y que bastaba un cambio de criterio en el Departamento de Estado (ayudado, en este caso, por la enfermedad que obligó a Hull a retirarse) para que los conflictos tuvieran solución.

La condición previa e indispensable era la declaración de la guerra a Alemania y Japón. De no hacerlo, la Argentina no podría participar en la Conferencia de San Francisco en la que se constituiría la organización de las Naciones Unidas: seríamos "outsiders" dentro del concierto mundial.

Era un trago durísimo para un gobierno cuyos sostenedores habían lanzado la consigna "Soberanía o Muerte".

Pero ya Perón había hablado —recordémoslo— de la necesidad de avanzar con la marea: un eufemismo que asociaba, tal vez sin quererlo, con la verdadera marea de tanques que había cruzado el Rin por un lado y se acercaba, por el otro, a los suburbios de Berlín...

En la última semana de marzo (1945) el gabinete empezó a reunirse diariamente. *La renuncia del ministro de Instrucción Pública* [11], fue el claro indicio de que el gobierno *de facto* ya había resuelto apurar el cáliz. Dos días más tarde, los muchachos nacionalistas hacen manifestaciones por el centro de Buenos Aires gritando "Patria sí, guerra no"; la policía reprime violentamente. Esas renuncias, esas manifestaciones callejeras y un artículo del semanario "La Víspera" titulado *"General Farrell, queremos morir aquí"* [12], eran los últimos esfuerzos para detener la vergüenza de un acto que, de todos modos, resultaba ya inevitable.

El 27 de marzo de 1945 el gobierno *de facto* decretó el estado de guerra entre la Argentina con Alemania y Japón, en adhesión al Acta de Chapultepec. Probablemente, lo que más molestó a la opinión pública fue la ancha sonrisa de Perón en la fotografía del acuerdo de gabinete, destacada entre los rostros serios, preocupados, del presidente y los ministros.

"La Vanguardia", ducha en el arte del sarcasmo político, preguntaba ingenuamente: " 'Soberanía o Muerte'. ¿Cuántos muertos?"

III

La declaración de guerra había sido una humillación para el gobierno de Farrell y lo debilitó ante la opinión pública y frente a las Fuerzas Armadas. Equivocada o no, inoportuna o no, la posición independiente de la Argentina era una compadrada criolla que se había mantenido durante casi cinco años contra los poderosos del mundo; y eso enorgullecía a un país que estaba en acelerado proceso de crecimiento y maduración. Ahora, la claudicación del 27 de marzo sólo podía tener una secuela lógica: el llamado a elecciones. El gobierno *de facto* había perdido una de sus motivaciones más estimulantes y una sensación de fracaso reinaba en los círculos oficiales.

Y sin embargo, aunque la política internacional había sido conducida sobre premisas equivocadas —el triunfo de Alemania, la subsecuente habilitación de la Argentina como potencia rectora de América— y en consecuencia había tenido que desembocar en un recurso humillante, el gobierno *de facto* no había fracasado en otros aspectos. Más aún: en gran medida había tutelado un proceso nacional de extraordinaria trascendencia.

Por primera vez en su historial, el valor de la producción industrial había superado en 1943 el de la tradicional producción agropecuaria; este mismo año, el sector industrial representaba el 46,7 % del volumen físico de la renta nacional, siendo la agricultura el 21,8 % y la ganadería el 22 %. Entre 1942 y 1946 se habrían creado 25.000 nuevos *establecimientos industriales, de diversa envergadura*.[13] Estas realidades marcaban un cambio fundamental en la estructura económica, cambio que venía apuntando desde 1935 y que se aceleró desde el estallido de la guerra mundial. En 1943 pudo observarse que el 20 % de nuestras exportaciones eran de tipo industrial, especialmente productos textiles, químicos y medicinales: algo no soñado hasta pocos años antes, cuando los productos del agro, especialmente los ganaderos, componían la casi totalidad de nuestros rubros exportables. La Argentina había dejado atrás su primitivo estado de inocencia y adquiría ahora la complejidad de una nación moderna.

Naturalmente este fenómeno se debía en gran parte al proteccionismo forzozo impuesto por la guerra. Y por supuesto, la explosión industrialista fue caótica, imprevisora, a veces espuria y muchas veces antieconómica. Pero nunca el origen de una sociedad industrial fue limpio: Inglaterra montó su manufactura sobre la anemia y la tuberculosis de millones de niños; Alemania, sobre *kartells* y monopolios armamentistas; Estados Unidos sobre una sangrienta guerra civil y la estafa a millones de ahorristas, víctimas de las feroces luchas y súbitos pactos de los barones del petróleo, el acero y los ferrocarriles; la URSS sobre el exterminio físico de millones de campesinos. En nuestro país, el tardío salto hacia la industrialización no tuvo características tan odiosas. Es cierto que prosperaron industrias artificiales, se trabajó con altos costos debido a la obsolescencia de los equipos o la improvisación de las máquinas, se quemó maíz o leña a falta de combustibles líquidos y se impusieron a un mercado indefenso productos caros y muchas veces de calidad inferior a la ofrecida. Todo esto ocurrió. Pero lo concreto es que, mal o bien, a la criolla, con todos los defectos que se quieran, se estableció pacíficamente una infraestructura industrial que hacia 1945 ya abarcaba casi todos los rubros livianos y aun se animaba a incursionar en algunos sectores de la industria pesada.

Los apologistas de Perón y del gobierno militar que posibilitó su encumbramiento no han señalado que el momento más glorioso de esa crónica ocurrió el 11 de octubre de 1945, cuando la primera colada de hierro producida en el país saltó en el alto horno de Zapla, en Jujuy. El gobierno militar, precisamente por su extracción, abrigaba una simpatía instintiva por la naciente industria. Muchos militares podían llenarse la boca declamando la supuesta grandeza nacional o invocando el nombre de la Patria a cada rato: algunos pocos, los más esclarecidos, como el general Manuel Savio, sabían que la condición de la grandeza argentina era la existencia de un apoyo industrial de base. Sin siderurgia, sin petróleo, no habría Argentina grande. Ajenos a los avatares palaciegos de esos años pero con el apoyo del gobierno *de facto*, esos patriotas montaron lentamente, en el mayor silencio, los fundamentos de una industria básica que tuvo su primera expresión ese día de octubre de 1945, en el extremo norte del país, mientras en Buenos Aires las tensiones políticas estaban a punto de estallar.

El gobierno *de facto* no condujo el proceso de industrialización, pero tampoco intentó frenarlo y concretó algunas iniciativas para estimularlo. *F. J. Weil*[14] afirma al referirse al proceso industrialista anterior a 1930: "La actitud oficial argentina fue de manifiesta hostilidad o al menos de malévola neutralidad hacia la naciente industria. Aunque no se prohibió la industrialización, se discriminó contra ella, con muy pocas excepciones, por medio de los impuestos aduaneros. Una vez que se instaló el control de cambios en 1932, esta discriminación se extendió también al manejo de divisas." La actitud del gobierno *de facto* fue muy diferente: creó el Banco de Crédito Industrial, dictó algunas medidas para el fomento y defensa de la industria, promovió las fabricaciones militares, se preocupó del problema de la formación de aprendices y técnicos, estableció una Secretaría de Estado específica e instauró el Día de la Industria. Lo demás corrió por cuenta de los empresarios argentinos, de su ingenio, su espíritu de aventura y su optimismo, y por supuesto, de la guerra. Lo importante no es tanto el saldo que quedó en términos estadísticos —que fue mucho— sino la conciencia que dejó afirmada en el país. Se había roto un viejo tabú cuidadosamente alimentado por las clases dirigentes vinculadas a la producción agropecuaria. Ahora resultaba que los argentinos no solamente sabían producir carne y cereales sino que también podían fabricar, pasablemente bien, telas, productos químicos, manufacturas de toda clase, aparatos para el hogar, accesorios para automóviles, camiones y tractores, elementos ferroviarios. Fue una conciencia que contribuyó a hacer más sólida la nueva visión del hombre argentino sobre su país; el país que diez años antes miraba la cara de la desocupación, la "mishiadura" y la crisis, y ahora desbordaba de actividad, trabajo e iniciativa, en una euforia pocas veces conocida.

Este proceso ascendente no fue dirigido, como hemos señalado, por el gobierno *de facto.* Fue un producto coyuntural, que el régimen militar encauzó con bastante éxito. Pero además podía cargar en la cuenta de sus hechos positivos algunas realizaciones muy concretas.

La nacionalización de la Compañía Primitiva de Gas y de los elevadores de granos: la liquidación del inmoral Instituto Movilizador, que había servido para transferir los "clavos" que dejó en los bancos la oligarquía ganadera golpeada por la crisis del 30; la disolución de las Juntas Reguladoras que fueron en la década del 30 la expresión más cruda del intervencionismo estatal de signo conservador; la designación de una comisión tendiente a esclarecer el negociado de la CHADE y otra para investigar el "Caso Bemberg"; la intervención de la odiada Corporación de Transportes, fueron medidas que señalaron a su tiempo una drástica rectificación de la política seguida entre 1930 y 1943. No llegaron a constituir una política orgánica pero al menos significaron reacciones contra los peores abusos del régimen anterior y, dentro de las incoherencias del gobierno *de facto,* marcaron una línea de indiscutible sentido nacional.

Algunas medidas de gobierno rompían de manera espectacular la concepción liberal predominante, y aunque discutibles a largo plazo, daban alivio inmediato a situaciones sociales cuya gravedad requería urgentes paliativos: tal, la rebaja de alquileres y su posterior congelación y la de arrendamientos agrícolas. Esta última medida provocó un extraordinario incremento de la industria tambera y granjera en el sur de Santa Fe y norte de Buenos Aires, zonas inmovilizadas anteriormente por un sistema de arriendos casi feudal, que desalentaba las iniciativas progresistas de colonos y chacareros. En otros casos, las iniciativas del gobierno militar respondían a exigencias impostergables de la época. Algunas estaban postuladas de años atrás, en las plataformas de diversos partidos políticos o en proyectos de ley que nunca fueron tratados por el Congreso, como la creación de la Policía Federal y la Secretaría de Aeronáutica. Y aún hay que computar a favor de las autoridades *de facto* una transición de aparente nivel municipal como el cambio de mano en el tránsito, que tuvo sin embargo la importancia de sacarlo del arcaico sistema británico y estimular el armado nacional de automotores.

A través de los 20.000 decretos[15] firmados por el Poder Ejecutivo *de facto* entre 1943 y 1946 y por encima de la manía legiferante que revela se nota un sincero deseo de modernizar la estructura del Estado, salvar las dificultades derivadas de la guerra y promover la diversificación de la producción nacional. Pero la obra más trascendente del gobierno revolucionario fue dada a través de una serie de medidas adoptadas bajo la directa conducción de Perón, en el orden social. El viejo Departamento Nacional del Trabajo se convirtió en noviembre de 1943 en Secretaría de Trabajo y Previsión Social: desde allí se orientó una política cuya intención pudo estar nutrida de demagogia pero que, objetivamente, tendía a una mejor redistribución de la riqueza nacional y al establecimiento de relaciones más humanas entre el capital y el trabajo.

Con este espíritu se extendió el régimen jubilatorio, permitiendo una seguridad de futuro a dos millones de trabajadores que carecían de resguardos para la vejez: esta fue, probablemente, la iniciativa de beneficios más positivos en el plano social. La creación de los tribunales del trabajo fue otra concreción que permitió una paridad de condiciones entre patronos y obreros enfrentados en el ambiente judicial. Y el decreto sobre asociaciones profesionales otorgó a los sindicatos una importacia decisiva en la vida nacional, institucionalizando definitivamente al movimiento sindical. A

estas tres medidas fundamentales —adoptadas en diferentes
momentos del régimen militar— deben agregarse otras de
carácter circunstancial como la aprobación de estatutos para
diversos gremios, el pago de las vacaciones, institución del
aguinaldo, diversos aumentos de salarios, la prevención de
los accidentes de trabajo, etc.

Esta somera mención no puede reflejar la intensidad de
las tareas cumplidas por la Secretaría de Trabajo y Previsión, cuyas delegaciones en las provincias estaban dirigidas
por funcionarios ajenos al medio local y bien adiestrados
sobre las tareas a cumplir. La elaboración de los convenios
colectivos de trabajo fue una nueva experiencia realizada
en escala nacional, que afirmó la conciencia obrera y modi-
ficó radicalmente las relaciones del capital y el trabajo. En
los dos años en que Perón estuvo al frente del organismo
(aunque no puede decirse que después de su renuncia, en
octubre de 1945, no haya seguido manejándolo a través de
sus personeros) se había conseguido que los sectores obreros,
que en 1943 estaban enfrentados al régimen militar y a
punto de desencadenar una huelga general, fueran su más
firme apoyo en retribución de una política social desarro-
llada con energía y sensibilidad, cuyas iniciativas concretas,
aun dentro de las exageraciones y de las utopías en que se
incurrió a veces, habían mejorado indiscutiblemente las
condiciones de vida de los sectores más modestos de la población. Pues en abril de 1943, el Departamento Nacional
del Trabajo informaba en su Memoria al Ministerio del
Interior que "en general, la situación del obrero argentino
se ha deteriorado, a pesar del auge industrial. En tanto se
logran descomunales ganancias, la mayoría de la población
se ve forzada a reducir su nivel de vida y la distancia entre
éste y los salarios aumenta continuamente". En este aspecto,
por lo menos, la situación había variado de manera drástica
dos años más tarde.

IV

A la luz de todos estos hechos, no es necesario aguzar la imaginación para suponer los vertiginosos cambios que se daban en el contexto social. Un sector dirigente, el vinculado a la producción agraria, se veía desplazado parcialmente del control de la economía del país, ya que el rubro que manejaba había dejado de ser el más importante. Gran Bretaña cesaba de ser nuestro principal cliente y pasaba al tercer puesto, convirtiéndose, además, en deudora nuestra. Entraba agresivamente por sus fueros otro grupo, el de los empresarios industriales, reclamando apoyo, créditos, protección para la posguerra. Grandes masas de trabajadores diseminadas en distintas regiones del país en tareas rurales se concentraban ahora en el cinturón industrial de las grandes ciudades, especialmente Buenos Aires y Rosario, afirmaban una conciencia de clase, se sindicaban, adquirían hábitos consumidores, perdían el miedo al patrón, se familiarizaban con las técnicas modernas y vivían en la eufórica atmósfera de la plena ocupación.

De esta reseña podría extraerse la imagen de una administración rica en aciertos. Sin embargo, el gobierno *de facto,* en los primeros meses de 1945, parecía agonizar. Estaba huérfano de opinión. No había logrado nuclear un movimiento popular a su alrededor ni mucho menos un partido político. Había pasado las horcas caudinas de la declaración de guerra y se había visto obligado a mencionar las elecciones como un evento que ocurriría más o menos pronto. El aparato represivo no podía impedir una creciente oposición que se manifestaba en las universidades y en los círculos más influyentes, cada vez con mayor osadía.

Los hombres que dirigían el gobierno, sinceros patriotas en su mayoría, creían intuir el sentido en que se movía el país real pero no habían calado la dimensión de un proceso que los estaba desbordando. Estaban, sin duda, al borde del fracaso.

¿Dónde estaba la falla del gobierno *de facto?* En la inex-

periencia de sus dirigentes, que los hizo caer a cada momento
en la incoherencia y hasta en el ridículo. No se entendía,
por ejemplo, qué razón los había llevado a celebrar solemnemente, en setiembre de 1943, el aniversario de la revolución de 1930: para grandes sectores de opinión, la revolución del 4 de junio se justificaba sólo por ser la réplica
histórica de la revolución del 6 de setiembre y esa celebra-
ción absurda e inmotivada enfrió a muchos que habían
apoyado el movimiento de Ramírez. La carta de Storni a
Hull fue otra iniciativa que dejó estupefacto al país cuando
se publicó su texto junto con la arrasadora respuesta del
secretario de Estado norteamericano. Por veces, los actos
del gobierno revelaban una total carencia de mesura: tal,
las exageradas honras fúnebres que se tributaron al primer
vicepresidente revolucionario, un honrado y desconocido
marino que falleció a las pocas semanas de ejercer su cargo. O la ridícula intención de "purificar" las letras de los
tangos, convirtiendo "El ciruja" en "El recolector" o "Que
vachaché" en "Qué hemos de hacerle"...

Estas puerilidades, sumadas a las indiscreciones verbales
de algunos nuevos funcionarios, hacían reír a todo el país.
Pero no tenían un efecto tan cómico, en cambio, las medidas
que se adoptaron en niveles burocráticos intermedios por
algunos funcionarios llenos de dogmatismo y prejuicios.
En el Consejo de Educación el interventor cesanteaba a los
maestros divorciados. En una provincia del litoral, el interventor federal proclamaba estar "en contra de los judíos"
aunque —aclaraba— no era, por supuesto, antisemita...
En una provincia norteña, un jefe militar se hizo cargo del
gobierno en las primeras semanas de la revolución e hizo
tantos desaguisados que sus sufridos súbditos optaron por
llamarlo "El Daño", mote con que todavía se lo recuerda.
A otro interventor se le ocurrió modificar el histórico escudo
de la provincia que le tocó en suerte gobernar, agregándole
elementos de significación rosista. (Señalamos de paso que
este funcionario cargaba una impresionante "jettatura": era
interventor en San Juan cuando se produjo el terremoto que
destruyó esta ciudad; transferido al litoral, el río Paraná

sufrió la bajante más grande de su historia. Después de su renuncia, sus amigos lo agasajaron con un banquete en un hotel de Buenos Aires: la araña se desplomó sobre la mesa del ágape... Como decía un teólogo jesuita, ¡hay que creer o reventar!...)

Hubo, previsiblemente, reiteradas campañas de moralidad que llegaron en algunos casos a lo risible. Hubo también descargas masivas de un nacionalismo elemental fundado en la exaltación del mate, de Rosas, de un hispanismo y un criollismo vacíos de contenido fecundo. No sabiendo cómo encauzar sus ansiedades patrióticas, muchos funcionarios del gobierno *de facto* suponían que adobándose bigotes achinados a lo paisano, rechazando públicamente el whisky y bailando zambas en las peñas folklóricas, hacían Patria aceleradamente. Ellos intentaban traducir un orgulloso sentimiento nacional que se afirmaba silenciosamente en todo el país merced al neutralismo, el rápido crecimiento de la economía, la reacción natural frente a la hostilidad de Estados Unidos y el desplazamiento de grandes sectores sociales que ahora frecuentaban una situación más desahogada e independiente. Pero ese sentimiento nacional era algo demasiado profundo y sólido para agotarse en el formalismo verbal o el desplante criollista. Y por eso el gobierno caía a cada momento en el ridículo y a ello contribuían los inevitables loquitos que en los regímenes de fuerza suelen adquirir poder con sorprendente facilidad: aquellos que en su simpleza creen descubrir la fuente de todos los males en un hombre o en un grupo de hombres y emplean su entusiasmo en perseguirlos sin piedad, creyendo que su destrucción bastará para arreglar el país...

El pueblo argentino, formado en un marco espiritual de invariable libertad de expresión y dotado de un ágil sentido del humor, tomaba a broma estas zonceras y acogió con regocijo el arsenal de ironías y chistes que pronto florecieron al conjuro de las extravagancias del régimen militar. Al pobre Farrell se le descargó todo el peso del ingenio porteño. Los cuentos que protagonizó podrían formar una nutrida antología. Obviamente, todos tendían a certificarle

una irredimible estupidez y hacían de su figura —en verdad,
una tanto simiesca— el hazmerreír de todo el país. Las usinas del chiste político funcionaban en los círculos intelectuales y de la alta sociedad, cuyo ingenio y disponibilidad
de ocio los habilitaban de manera especial para producir
esta clase de dardos, peligrosos a largo plazo. Porque en la
valoración popular, a veces las formas y las actitudes ex-
ternas de los gobernantes tienen más importancia que los
procesos de fondo que protagonizan.

Y aquí tenemos que referirnos a la oposición, que en los
primeros meses de 1945 empezaba ya a moverse activamente, aún sin disponer de los instrumentos sobre los que
pesaba la disolución decretada en diciembre de 1943. Dos
circunstancias facilitaban la reaparición de las voces opositoras: la rectificación de la política internacional del gobierno *de facto* y los claros síntomas de ablandamiento en
el estilo que hasta entonces lo había caracterizado.

La primera significaba que la oposición aliadófila estaba
ahora amparada por la simpatía de las naciones triunfantes
en la guerra, especialmente de Estados Unidos. A su criterio,
si la Argentina había terminado por alinearse en el bando
aliado desde su declaración de guerra a Japón y Alemania
y su adhesión al Acta de Chapultepec, la oposición podía
considerarse como un epígono de las potencias vencedoras
en lucha frontal contra un régimen que, en el fondo, seguía
siendo la única expresión nazifascista subsistente en América. Para alentar esta concepción había trascendido que
Washington enviaría muy pronto un embajador y hasta
se sabía que se trataba de Spruille Braden, especialista —se
anunciaba— en asuntos latinoamericanos.

En cuanto al debilitamiento del estilo gubernativo, se
manifestaba por la decisión de reincorporar a los profesores cesanteados por el manifiesto democrático de octubre
de 1943, la normalización de las universidades y el retorno
de algunos dirigentes políticos que habían estado residien-
do en Uruguay —el primero de ellos, Amadeo Sabattini, que
regresó al país el último día de marzo de 1945.

Esta modificación del estilo gubernativo marcaba una notoria diferencia con los meses anteriores. A pocos días de asumir el poder *de facto,* en junio de 1943, Ramírez dispuso prorrogar indefinidamente el estado de sitio que Castillo había impuesto desde diciembre de 1941. Pronto empezó a advertirse que el gobierno militar estaba decidido a silenciar las críticas que pudiera suscitar. Una tácita censura pesaba sobre los diarios —muchos de los cuales, "La Prensa" y "La Razón" entre ellos, sufrieron breves clausuras punitorias en alguna oportunidad— y la recién creada Secretaría de Informaciones de la Presidencia comenzó a centralizar el manipuleo de las noticias y la propaganda oficiales. Por primera vez empezó a usarse la radio como instrumento de propaganda gubernativa, mediante emisiones en cadena difundidas con prólogo y epílogo de marchas militares. En octubre del 43, las drásticas cesantías de catedráticos fueron el prólogo de parciales "purgas" en la administración pública. Y desde fines de ese año empezaron las detenciones y confinamiento de dirigentes sindicales, casi todos comunistas, cuyo alejamiento de la conducción de sus gremios era la condición para su posterior copamiento por los elementos que respondían a Perón.

El gobierno militar no instauró, pese a lo que denunciaban las agencias noticiosas norteamericanas, un "reinado del terror" en el país; aunque lo hubiera querido no disponía de tiempo ni de bases sólidas para montar un aparato represivo que no fuera el heredado de Castillo, un poco acentuado en los aspectos de propaganda y la persecución de comunistas. Pero la sola presencia castrense en mecanismos estatales, la falta de sutileza de sus métodos, su carencia de preocupación por las formalidades, crearon la sensación de un régimen policíaco incontrastable, que tenía bajo sus botas a toda la opinión independiente.

En realidad, bajo Uriburu se había aplicado la pena de muerte; bajo Justo se había torturado, desterrado y confinado; bajo Castillo se había implantado el estado de sitio "para que nadie hable mal de nadie", según dijo el anciano presidente. Pero toda esa crónica vergonzosa parecía olvidada y bajo el régimen militar se clamaba contra la "Gestapo" y la censura periodística, se denunciaban campos de concentración inexistentes y se hacía mérito del exilio de dirigentes políticos residentes en el Uruguay, ninguno de los cuales había sido molestado por el gobierno militar.

De todos modos hay que señalar que la libertad de expresión —que en mayor o menor medida había sido respetada por todos los regímenes desde la Organización Nacional— fue gravemente vulnerada bajo el gobierno *de facto* y esa torpeza contribuyó a afirmar una imagen dictatorial y odiosa que el examen objetivo de los hechos a 25 años de experiencias posteriores, tiende a disipar bastante.

Pero no fue tanto la represión como su específico desprestigio lo que borró de la escena, en los primeros tiempos de la revolución, a los partidos políticos. Eminentemente electoralistas, el alejamiento de toda posibilidad de elecciones aparejó automáticamente su desaparición aparente, acentuada por la disolución ordenada por decreto y la consecuente clausura de sus locales y secuestro de sus archivos y bienes. Los conservadores, damnificados directos de la revolución, se sepultaron en un hosco resentimiento. Sus presuntos beneficiarios, los radicales, que en un primer momento saludaron con alborozo la caída de Castillo, fueron retrayéndose en una erizada desconfianza a medida que el régimen militar acentuaba su rigor y evidenciaba su escasa simpatía por la causa aliada. En cuanto a los socialistas y demócratas progresistas, ellos fundaron sus agravios en la influencia que los nacionalistas ejercían sobre el gobierno y las medidas confesionales que se dictaron en el sector de la educación pública. Los comunistas, por su parte, que venían actuando en una clandestinidad relativa, olfatearon desde el primer momento que un régimen militar les sería automáticamente hostil: su diario "La Hora" fue clausurado pocos días después de la revolución, y las detenciones de sus dirigentes menudearon. No tardaron en enfrentar al gobierno *de facto* desde la clandestinidad.

Así, pues, a los pocos meses de la revolución, todos los

partidos políticos, por uno u otro motivo, con mayor o menor encono, estaban tácitamente pronunciados contra el régimen militar. Pero esto no preocupaba poco ni mucho al gobierno *de facto*. Pues lo cierto era que el país real no estaba ya representado por los partidos políticos. El desprestigio de éstos y su falta de representatividad venía de atrás y obedecía a muchos motivos. Algunos les eran propios: las fuerzas responsables de la Concordancia estaban abrumadas por los diez años de fraude y peculados con que habían avergonzado al país. El radicalismo, convertido bajo la conducción alvearista en una máquina electoral, sin aportes juveniles, rígido y estratificado bajo el imperio de las "trenzas" que lo dominaban, había perdido en 1942 las elecciones metropolitanas, desahuciado por un electorado que ya no sentía la antigua emoción que Yrigoyen había sabido suscitarle. Las restantes fuerzas, de vigencia puramente local —metropolitano el socialismo, santafecina la democracia progresista— o ajenos al estilo político tradicional —la ultraderecha aliancista o el comunismo—, carecían de representatividad nacional.

Pero si estas tachas caían específicamente sobre cada partido, había también un escepticismo generalizado que afectaba a todos. Tanto tiempo se había vivido bajo un régimen de mentiras y estafas, habían sido tantas las suciedades que aparecían en la vida política e institucional, que el repudio, silencioso, sin entusiasmo, de un país que estaba trabajando bien y ganando plata, era total e indiscriminado hacia la política y los políticos.

Es claro que era un sentimiento injusto. Pero lo real es que el hombre argentino, entre 1943 y 1945, no se sintió interpretado por ningún partido político. Ni siquiera por ese militar hablador y dinámico que iba apareciendo como una contrafigura de la vieja política y que se llamaba Juan Perón.

V

En el curso de estas páginas *se ha mencionado varias
veces a Perón.*[16] Pero la síntesis que estamos haciendo de los
elementos de comprensión más importantes del año 45 estaría incompleta si omitiéramos algunas referencias sobre su
persona. En 1945 tenía 49 años aunque parecía de menos
edad por su aspecto juvenil y su permanente sonrisa. Una
psoriasis que lo molestó siempre le obligaba a componerse el rostro con una pomada que funcionaba, a la vez,
como maquillaje, permitiéndole fotografiar muy bien. Desde noviembre de 1943 el nombre de Perón aparecía cada vez
con mayor frecuencia en los diarios y en las conversaciones.
Secretario de Trabajo y Previsión Social, ministro de Guerra, luego vicepresidente de la Nación, el coronel Perón era
sin duda la personalidad más fuerte del gobierno *de facto* y
dentro de su opaco elenco se destacaba netamente.

—No soy un improvisado —protestó en un reportaje que
le hizo un diario uruguayo en marzo de 1945—. He sido profesor diez años y estoy bien informado de todo lo que pasa.

Efectivamente, no era un improvisado. Había nacido en
la provincia de Buenos Aires, vivido en la Patagonia y sus
destinos militares lo llevaron a la Capital Federal, a Rosario y a Mendoza. Fue agregado militar en Chile y estuvo
en Italia, donde, ya iniciada la guerra mundial, asistió al
espectáculo fascista, recorriendo algunos países de Europa.
Fue profesor de historia militar, practicó deportes con éxito
y compartió en su carrera castrense las tareas burocráti-
cas del Estado Mayor y la conducción directa de la tropa.
Sabía de conspiraciones: había participado activamente en
la conjura que culminó el 6 de setiembre de 1930 [17] y desde
meses antes de la revolución del 43 se había logiado con
otros camaradas en *el GOU, del que fue principal animador.*[18]

Locuaz, bromista, frecuentador del abrazo y el palmeo,
este coronel viudo *era dentro del Ejército una figura respetada.*[19] Se lo tenía por un intelectual y en bastante medida

lo era; consagrado al Ejército, con muy poco contacto con gente ajena a la institución, ajeno a farras y francachelas, Perón había madurado dentro de un cerrado medio castrense, con poca experiencia de la vida civil. Tenía ingenuidades sorprendentes y caía a veces en infantiles errores, sobre todo en la apreciación de los hombres. Pero desde fines de 1943 estaba desarrollando aceleradamente su innata intuición, su capacidad de decisión: todas las características del hombre de acción que luego usaría al máximo.

Estos rasgos, sin embargo, no parecían demasiado diferentes del de cualquier oficial distinguido de las Fuerzas Armadas. Pero en el caso de Perón adquirían una significación especial porque eran los jalones en una verdadera preparación para el mando político. Pues lo que distinguía a Perón de sus camaradas era una concreta y acuciante ambición de conquistar el poder. En el alucinante desfile de generales y coroneles que pasaron por los diversos niveles del gobierno *de facto* entre 1943 y 1945 pueden advertirse actitudes personales muy diversas, desde la sensatez hasta el absurdo, desde la callada eficacia hasta la estrepitosa ineptitud; pero en ninguno de los figurantes principales de los dramas y comedias de esos años se detecta la confianza en sí mismo y la actitud belicosa ante el adversario que singularizó a Perón desde el principio. Esta característica y un lenguaje que no era nuevo por su contenido pero que resultaba insólito por el origen y posición de quien lo difundía, por la manera de decirlo, la agresividad y la claridad de su exposición, permitían ubicarlo desde mediados de 1943 en la línea de los hombres que aspiran a gobernar. Que aspiran a gobernar pronto y durante mucho tiempo.

En los medios civiles fueron los muchachos de FORJA los que primero descubrieron esta condición del oscuro coronel cuyo nombre empezaba a trajinarse tanto. Poco después de la revolución del 4 de junio comisionaron a Arturo Jauretche para que tomara contacto con Perón, viera qué clase de hombre era, lo sondeara y midiera. Ellos quedaron esperando en un estudio jurídico cercano a Tribunales, mientras Jauretche marchaba a su entrevista.

Jauretche volvió eufórico, radiante. Y dijo:

—¡Perón! ¡Es el tipo *ideal para que yo lo maneje!* [20]

Cuando un hombre se postula como líder, el pueblo suele tardar en aceptarlo. Pero eso sí: cuando lo acepta, es para siempre. A principios de 1945 Perón no era ni remotamente un líder popular. Era, a lo sumo, el más movedizo funcionario del gobierno *de facto*. Fácilmente podían señalarse en Perón las notas que delinean al hombre con ambición y posibilidades de triunfo, pero la masa no lo había asumido aún. Estaba todavía en examen. En noviembre de 1944 se había convocado a los trabajadores a celebrar el primer aniversario de la creación de la Secretaría de Trabajo y Previsión. Un masivo golpe de propaganda fue lanzado desde la Secretaría de Informaciones de la Presidencia y desde el propio organismo cuyo cumpleaños debía festejarse: sin embargo, el resultado cuantitativo del esfuerzo fue decepcionante.

—Si le hubiéramos pagado cien pesos a cada uno de los asistentes al acto —comentó uno del "entourage" de Perón— *nos hubiera salido más barato que la publicidad que hicimos* ... [21]

Esa frialdad, esa tardanza en aproximarse a Perón no era otra cosa que el lento ritmo de un proceso que se daba en profundidad y necesitaba de un detonante para precipitarse. Pero a principios del 45 ya no podía haber dudas de que un proceso popular estaba en formación. Los que lo advirtieron con más claridad fueron, paradójicamente, los adversarios de Perón. No solamente los partidos políticos —reducidos a silencio como se ha relatado— sino las fuerzas que, sin estar adscriptas a los partidos, eran las que en última instancia decidían las cosas importantes del país.

En primer término, la oligarquía. La palabra "oligarquía" no es muy precisa y ha sido demasiado manoseada. Pero no existe otra más expresiva. Por consiguiente tendremos que referirnos a ella dando por entendido su significación.

La oligarquía olfateó desde el principio la peligrosidad de Perón. Aunque sus chistes trataron de poner en ridículo a Farrell y al régimen militar, el destinario real de estos ataques y otros menos jocosos era Perón. Con su probada perspicacia la oligarquía advirtió que el régimen militar era transitorio y sus exabruptos, fugaces; que los militares, individualmente —y en especial los marinos—, podían ser objeto de un trabajo de ablande. Que el manido pro nazismo de las Fuerzas Armadas desaparecería fatalmente a medida que la guerra siguiera un curso triunfal para los aliados. Comprendía que el equipo nacionalista que rodeaba hasta principios de 1945 el régimen militar no era temible, porque no aspiraba a modificar las estructuras tradicionales del país, y además, casi todos sus integrantes pertenecían a los mismos círculos de la oligarquía.

Nada de eso era demasiado alarmante. Molesto para su sensibilidad, tal vez, pero no temible. Lo peligroso era Perón y el proceso que estaba desencadenando. Cada uno de esos discursos desprolijos, demagógicos, sarcásticos, desenfadados, con que Perón iba jalonando su turbulenta gestión en la Secretaría de Trabajo, cada uno de los "estatutos" que se sancionaba para distintos gremios, cada evidencia de la hegemonía de Perón en el elenco gubernativo, erizaba de furia y temor a la oligarquía.

El Estatuto del Peón, particularmente, era el objeto de sus iras. Sus normas no perjudicaban mayormente a los estancieros, pues los salarios mínimos que establecía no incidían sobre los costos previstos ni las condiciones de trabajo exigidas modificaban demasiado las que existían con anterioridad y que eran en general humanas y razonables. No era el Estatuto del Peón una norma arbitraria o incumplible. Pero atacaba las bases del tradicional trabajo rural y modificaba la relación de dependencia del peón respecto de su patrón. Clausuraba el estilo paternalista del quehacer campero y estipulaba en artículos concretos los derechos y deberes de cada parte, normando lo que hasta entonces estaba sólo determinado por la buena voluntad del patrón. Y esto era lo inadmisible, lo que creaba un precedente que no podían admitir todos los que habían visto en su estancia un recinto inviolable y exclusivo donde sólo se hacía lo que el dueño ordenaba. Lo peligroso no era el salario aumentado sino el nuevo concepto que ahora se afirmaba en la mentalidad del peón: que sobre la voluntad del patrón, antes omnímoda, ahora existía una voluntad superior que lo estaba protegiendo.

Este es sólo un ejemplo. La suma de ejemplos como éste da la clave del odio de la oligarquía contra Perón, en quien veía al promotor de un proceso que podía ser incontrolable. A esto se sumaba otra motivación no menos decisiva: el descubrimiento de lo insólito de un personaje que llegaba como un intruso al ruedo político, a romper todas las reglas de juego y plantear un nuevo envite con bases totalmente nuevas, sobre las cuales la oligarquía no se sentía firme porque desbordaba lo que había sido su especialidad política, es decir, la maniobra entre minorías.

Para atacar a Perón, la oligarquía se revestía de las más albas vestiduras del liberalismo. El estado de sitio, la censura periodística, el espionaje policial, la detención y confinamiento de ciudadanos, las torturas, las intervenciones que pesaban sobre las universidades, el desacato a la Constitución eran temas constantes de sus agravios. Olvidaba que todas esas violaciones y desafueros, todos esos abusos y barbaridades habían sido inaugurados en 1930 con una revolución militar hecha a su servicio. Y no confesaba que al atacar a Perón intentaba, en realidad, detener una transformación del país que ya estaba operando en los hechos y que el mismo Perón no podía promover mejor ni tampoco inmovilizar, puesto que él era sólo el verbo de una evolución indetenible, que en ese momento estaba acelerada por las especiales condiciones nacionales e internacionales.

No tuvo la oligarquía la inteligencia de sumarse a este proceso, renunciando a algunos de sus privilegios para conservar los más importantes. Había olvidado, tal vez, esa capacidad de negociación que la hizo grande medio siglo atrás.

Pretendía llevar una lucha frontal contra un movimiento que pronto sería incontrastable porque estaba en los designios profundos de la época. Ni por un momento pensó dar paso a lo que no podía parar y frenar todo lo restante. Para una lucha como ésta, la oligarquía era impotente, salvo que hubiera golpeado desde el principio, cosa que no pudo hacer. La única alternativa que le quedaba era convocar a todas las fuerzas posibles para presentar un conjunto poderoso: un conglomerado que uniera a los comunistas con los oligarcas, los católicos con los comecuras, los liberales clásicos con los renovadores. Naturalmente, juntar a todos contra el gobierno aparejaba, como accesorio, la táctica de separar a Perón de sus posibles aliados. Y a esa tarea se consagraron sus mejores hombres desde 1943.

Para entender esto hay que tener presente que la política social que cumplió Perón entre 1943 y 1945 no suponía nada excesivo. Los aumentos de salarios, las mejoras en las condiciones de trabajo, la extensión de beneficios previsionales, la conquista de condiciones especiales para algunos gremios, la creación del fuero sindical eran, en conjunto, realizaciones que los tiempos imponían por su propia virtualidad y que la euforia económica de esos años hacía perfectamente viables.

No era esto —como ya se dijo al hablarse del Estatuto del Peón— lo que molestaba a la oligarquía, que no había sido, en su momento, insensible a reclamos como esos, sino el hecho de tener que negociar mano a mano con los dirigentes sindicales los nuevos convenios, reconocer a los delegados en sus fábricas, pleitear con los abogados de los sindicatos que demostraban tanta o mayor habilidad leguleya que sus propios abogados en igualdad de condiciones y en tribunales volcados a la causa obrera e imbuidos del principio del "favor operaii". Todo esto, que parecía una subversión de valores y era, por lo menos, una transformación sustancial en el orden de las jerarquías tradicionales, era lo que la vejaba profundamente. No era que la perjudicase demasiado: pero la reventaba. Y a veces se reacciona con más rabia frente a lo que revienta que frente a lo que perjudica.

Era muy comprensible esa reacción. La oligarquía había gobernado siempre al país, con el breve intervalo de Yrigoyen. Era gente de diverso origen —patricio algunos, inmigratorio otros—, se hallaba entrelazada por vínculos familiares, intereses económicos, identidad de gustos, compadrazgos y complicidades políticas, aficiones, modos de vivir, de hablar, de comportarse. No podía jactarse, en general, de fuentes linajudas ni tampoco podía envanecerse de haber creado una estructura económica sólida y perdurable. Apenas si habían sabido sacar provecho de las tierras obtenidas durante las grandes repartijas de Rivadavia, Rosas y Roca, para crear una actividad que los convirtió en socios menores de los grandes monopolios frigoríficos o en "partnairs" (generalmente expoliados) de las grandes firmas exportadoras de cereales. Tampoco tenía una línea ideológica definida: con gran sentido de la oportunidad había sido crudamente liberal en la etapa de la consolidación del Estado, cuando lo más conveniente era que el gobierno cerrara los ojos y dejara actuar; pero cuando las formaciones económicas que la sostenían tambalearon en 1930, se convirtió al más extremo dirigismo estatal y creó juntas reguladoras, institutos movilizadores y toda suerte de apoyos para sus intereses. Pragmática, sinuosa, dueña de muchos medios de seducción, esa oligarquía beneficiaria del "régimen falaz y descreído" llegaba ahora, a la década del 40 agotada y espiritualmente empobrecida, después de quemar sus últimos cartuchos en los años anteriores, cuando para conservar el poder debió apelar a extremos que nunca había deseado: el fraude, la violencia.

Gracias a esos recursos la oligarquía había podido controlar el poder político. Ni siquiera Yrigoyen había logrado desplazarla del todo: pero lo que llegó después del 43 la desconcertaba. Esas nóminas oficiales llenas de patronímicos desconocidos, de militares provenientes de la clase media, sus parientes, sus amigos, alarmaban a la oligarquía. Ella había sabido usar a los hombres inteligentes, vinieren de donde vinieren: por eso los ministros de la década del 30 pudieron llamarse Di Tomaso, Culaciatti, Fincatti o Tonazzi. Pero a partir del 43 era todo un sector nuevo el que tendía a ocupar el poder. Lo que no podía advertir la oligarquía era que ese sector, favorecido por el proteccionismo obligado de la guerra, comenzaba a montar las bases de un imperio industrial cuyos titulares ostentarían los apellidos más exóticos. Y estos sí, *serían los verdaderos enemigos de la oligarquía.*[22] Los que en 1943, en 1945, montaban unos telares en San Martín, un tallercito en Avellaneda, una fundición en Lanús. Cuando la oligarquía quiso reaccionar, esos patrones improvisados, casi iguales a sus obreros en el aspecto, tenían en sus manos algunos puntos claves de la economía del país. Como no podían atacarlos, se limitaron a atacar a los titulares formales del poder político, sin advertir que ellos no hacían más que traducir el vital y pujante proceso que se daba abajo, en los cinturones industriales de Buenos Aires y en los centenares de locales sindicales desparramados por todo el país.

Pero no era sólo en los círculos de la clase alta donde fermentaba una sorda oposición al régimen. En el Ejército y la Marina también hubo, desde el principio, algunos grupos que cautelosamente se fueron ubicando en una línea ajena al apoyo a Perón. El espíritu de la Marina, alimentada de las tradiciones navales británicas y sensible a las formas aristocráticas, no podía ser afín a este coronel populachero que se dirigía a las masas en un lenguaje chabacano y no demostraba la menor adhesión al "fair play" político. En el Ejército subsistían —sobre todo en los niveles más altos— jefes que habían estado vinculados al general Justo y formaron parte de la conjura que ya estaba perfectamente montada cuando en enero de 1943 el ex presidente falleció repentinamente. Eran los amigos de Rawson, que habían tenido que ceder el paso a la marea pro nazi de los coroneles y capitanes logiados en el GOU. Algunos habían tenido que retirarse y otros estaban cumpliendo funciones sin mando de tropa, pero de todos modos su fuerza, en conjunto, no era desdeñable y sus vinculaciones con personalidades civiles y con los grandes diarios les permitían contar con eventuales apoyos de gran utilidad.

Ellos también odiaban a Perón. A su juicio había traicionado la Revolución llevándola a un callejón sin salida, cuando lo que hubieran deseado era el inmediato rompimiento con el Eje y elecciones a breve plazo, con un candidato liberal que reuniera las simpatías de todos los partidos tradicionales.

También estaba la Iglesia, en cuyo seno se libraba una sorda lucha entre el clero de formación tradicional, simpatizante de Franco y en consecuencia del Eje, agradecido al gobierno por la·implantación de la enseñanza religiosa, y los sacerdotes que veían con inquietud los crecientes compromisos entre Perón y la Iglesia. Esta lucha trascendió a veces con las actitudes de algunos párrocos de Buenos Aires, netamente embanderados en los·dos bandos: el de Belgrano, por Perón; el de Liniers, por la democracia. Y en un semanario político, una columna permanente anoticiaba de las pujas de sacristía que esta situación provocaba.

La clase alta, vinculada a la jerarquía eclesiástica, presionaba para restar apoyos al régimen militar dentro de la Iglesia y conseguía promover a monseñor Miguel de Andrea a la virtual jefatura de los sectores religiosos aliados a la oposición. Pero ni el *cardenal primado* [23] ni la mayoría de los obispos ni mucho menos los niveles inferiores del clero del interior participaron de esta actitud. Por el contrario, adoptaron una neutralidad benévola que se acentuó cuando Perón hizo públicamente actos de fe en diferentes santuarios del país y en ocasión de declarar Patrona del Ejército a Nuestra Señora de las Mercedes. Estas líneas políticas se definieron cuando el proceso estuvo más avanzado: por ahora baste con saber que a principios de 1945 la institución eclesiástica argentina y los vastos sectores de población a ella vinculada sentían también la presencia conflictiva de Perón.

Cuando se produjo la revolución de 1943 existían cuatro centrales obreras antagónicas, dos de ellas de tendencia socialista y una anarquista. Las primeras medidas del régimen militar fueron torpes en relación con el mundo obrero: se clausuraron o intervinieron varios sindicatos, se promulgó un "estatuto de las organizaciones gremiales" de corte totalitario y se reprimieron movimientos reivindicatorios con medidas policiales. La creación de la Secretaría de Trabajo y Previsión y la acción personal de Perón modificaron, a partir de noviembre de 1943, una situación tensa que estaba a punto de estallar en una violenta huelga general.

Al poco tiempo y por gestión directa de Perón, una de las centrales obreras —la C.G.T. Nº 1— empezó a absorber gran parte de las organizaciones independientes adheridas a la otra —la C.G.T. Nº 2— y adoptó una actitud de amistosa colaboración con el gobierno. La transformación no fue difícil: bastó cambiar algunos de los interventores de sindicatos —entre ellos los poderosos ferroviarios, que solicitaron el envío del teniente coronel Domingo A. Mercante—, derogar el decreto fascista y promover la formación de nuevas organizaciones obreras.

La unidad sindical alrededor de la C.G.T. —ya sin aditamentos numerales— se fue concretando rápidamente; los dirigentes comunistas fueron drásticamente radiados de la conducción sindical, aunque en algunos casos —como recuerda Juan José Real en *Treinta años de Historia Argentina*— Perón trató de tomar contacto con algunos de ellos, buscándolos en la clandestinidad, en el exilio y aun en la cárcel. Algunos dirigentes socialistas, con vieja militancia sindical, prefirieron trabajar pacíficamente con el régimen militar y en la medida que obtenían victorias para sus gremios se iban desvinculando de su partido. Pero los elencos de dirigentes sindicales que trabajaron con Perón fueron generalmente improvisados sobre la marcha. Fueron lanzados desde los niveles inferiores de las organizaciones a las jerarquías más altas a medida que Perón desplazaba a las viejas conducciones, o surgieron solos cuando empezaron a formarse docenas de sindicatos, para agremiar a trabajadores que antes no lo estaban.

Así empezó un proceso que puede sintetizarse en un solo dato: en 1943 había en el país 80.000 obreros sindicados. En 1945 se elevaban a medio millón. O este otro: la Unión Obrera Metalúrgica tenía, en 1942, 1.500 afiliados; en 1946 eran 200.000. Los nuevos sindicatos aparecieron con fuerza explosiva. La C.G.T. promovía la sindicación obrera y la unificación en su torno. Así se fundó en 1944 la FOTIA, que pronto se convirtió en la organización más poderosa del norte argentino, y en Cuyo el Sindicato de la Industria Vitivinícola, más tarde convertido en Federación. En Buenos Aires y el litoral nacieron la Unión Obrera de la Industria Maderera, la Unión Obrera de la Construcción, la Federación de la Industria de la Carne, la Unión Obrera Metalúrgica, el Sindicato Portuario y otros no menos importantes. Algunos se constituían sobre los restos de antiguas asociaciones profesionales de origen anarquista o comunista; otros habían sido un inoperante sello de goma que súbitamente, mediante el apoyo oficial y de la C.G.T., se convertían de un día para otro en formidables instrumentos de poder gremial. *Luis B. Cerrutti Costa* [24] recuerda que la C.G.T. y la Secretaría de Trabajo y Previsión "les hacían los Estatutos, les orientaban en los primeros pasos, les facilitaban el local cuando no lo tenían, les acompañaban en los conflictos, les ponían asesores en la discusión de los convenios y les aportaba a través de sus viejos dirigentes, toda su experiencia". Además, les facilitaban dinero, rentaban a sus dirigentes y subvencionaban sus giras.

En estos nuevos sindicatos y en los ya existentes que ahora cobraban una nueva importancia, la adhesión a Perón era mayoritaria hacia 1945, aunque no tenía todavía expresiones concretas. Las minorías socialistas, comunistas o anarquistas eran relegadas de las direcciones; en algunos casos —como el de la Unión Obrera Textil— lograron separar a sus organismos de la C.G.T. pero no tardaron en crearse sindicatos paralelos que, con el apoyo oficial, arrasaron con los anteriores.

A principios de 1945, el movimiento obrero, institucionalizado y convertido en un instrumento incontrastable, era ya silenciosamente peronista. Esto no se advertía aún y mucho menos en los círculos políticos e intelectuales. Pero ya se había producido el fenómeno más trascendental y fecundo ocurrido bajo el régimen militar. Sus consecuencias golpearían muy pronto el rostro de quienes se resistían a creer en la realidad de ese cambio.

El panorama del país, a principios de abril de 1945, presentaba en consecuencia a un gobierno que ya se había desprendido del único equipo político que lo sirviera con cierta continuidad y coherencia, aunque con pésimos resultados. Aparentemente no se había pensado en una alternativa de recambio. Las vinculaciones con los partidos políticos tradicionales seguían cortadas, mientras crecía la hostilidad de éstos contra el régimen *de facto*, y la oligarquía, los medios intelectuales y los estudiantes, alentados por el vuelco de la política internacional del gobierno y las medidas de liberalización adoptadas, iban haciendo una verdadera escalada opositora. Además, si bien el movimiento sindical crecía y se afirmaba, parecía empeñado en mantener cierta independencia del oficialismo o no estaba muy entusiasmado en apoyar a un gobierno cuya debilidad era ya inocultable.

¿Un régimen que agonizaba? Aparentemente sí, del mismo modo que el régimen de Hitler entraba por esos días en su "untergang" en los sótanos de la Cancillería de Berlín. El paralelo entre ambos procesos se hacía gozoso en boca de la oposición, harta ya de dos años de gobierno militar. El análisis de la situación parecía evidenciar que la baraja final que quedaba al gobierno era la personalidad de Perón, única figura que podía nuclear un movimiento popular capaz de apuntalarlo y abrir una salida decorosa hacia la normalización constitucional. Pero Perón (ya se sabía) despertaba en las Fuerzas Armadas sordas oposiciones que en cualquier momento podrían articularse peligrosamente.

A principios de abril de 1945, pues, todo parecía indicar un próximo derrumbamiento del régimen *de facto*. Pero existían dos imponderables que nadie tenía en cuenta y que serían, sin embargo, decisivos para la solución definitiva del "imbroglio".

Uno era la transformación del país, silenciosamente operada en esos años, cuyos protagonistas todavía no habían cobrado conciencia de su propio poder; ese revulsivo proceso que estaba modificando tanto el paisaje de los suburbios de Buenos Aires como la mentalidad de los sectores sociales que hasta entonces estaban resignados a quedar al margen de las grandes decisiones políticas. El otro elemento era la increíble estupidez política de algunos adversarios del régimen militar.

Esos dos factores aparecerían, meses más tarde, como ingredientes sorpresivos y tremendamente importantes en el complejo político de la Argentina.

Hay que recordar cómo era la Argentina de 1945. Un Buenos Aires que no conocía semáforos ni radios a transistores ni TV. Tranvías haciendo barullo por las avenidas, automóviles grandes (no existían los 600 ni los Citroën) que podían estacionarse en todos lados. Mujeres con polleras largas y zapatos de plataforma. Argentina del 45: Córdoba sin industria automovilística, Tucumán que era todavía "el Jardín de la República", San Juan empezando a salir de su tragedia. Un país de caminos polvorientos, sin tráfico aéreo ni turismo popular, en el que palabras como "industria nacional" se asociaban con mal gusto, mala calidad y carura. Donde un libro de autor argentino era casi una extravagancia y los únicos pintores conocidos se llamaban Quinquela Martín y Bernaldo de Quirós. Un país sin la lacra contemporánea de los "ejecutivos", que simplemente cantaba "J'Attendrais" y "Vereda tropical", adoraba a Juan José Míguez y Pedro López Lagar, se reía con Catita, Augusto Codecá y Alí Salem de Baraja, lloraba con Olga Casares Pearson, bailaba "Ninguna" y "Verdemar", soñaba —el país femenino— con Robert Taylor, Charles Boyer y Errol Flynn o —el país masculino— con Kay Francis, Rita Hayworth y Viviane Romance, se rompía la cara con Amelio Piceda, fumaba "Clifton" y "American Club", repetía los boleros de Pedro Vargas, usaba corbata Tootal Junior y no conocía la Coca-Cola.

Hay que acordarse de aquella Argentina en que el jefe

de los industriales era don Luis Colombo, el de los intelectuales era Enrique Larreta, el de los constitucionalistas Juan A. González Calderón, la estrella de las "vedettes" era la Negra Bozán y en fútbol brillaban Ángel Labruna y Severino Varela.

Sí, hay que reconstruir ese estelar año 45 y es inevitable que los recuerdos vayan hilándose a través de esos días calcinados por el ardor político. Y aquellos domingos en que, con dos pesos moneda nacional podía uno ir a la matinée del Rex o el Ópera ($ 1,50 el pullman y diez centavos para el acomodador), tomar un toddy frío con medialunas ($ 0,35) y todavía con cinco centavos sobrantes para comprar un Kelito, volver a casa caminando despacio por Corrientes, echando una ojeada subrepticia a los libros de El Rebusque y aliviando el camino con una colada de tres o cuatra cuadras en la plataforma del 63 . . . Año 45, con los sueños de un sombrero Flexil y un traje de Braudo con pantalones muy anchos, zapatos Elevantor (que tuve el decoro de no comprar) y el fervor repartido entre Santa Paula Serenaders, Carlos Di Sarli y el conjunto Cantos y Leyendas de Villar-Gigena . . .

Y uno entrando a la Facultad de la calle Las Heras y calculando que si la asamblea declara la huelga dejamos para julio la última materia de ingreso . . .

NOTAS

En el curso de este trabajo se han consultado permanentemente las siguientes colecciones de diarios: *La Prensa* y *La Nación* de diciembre 1944/junio 1946 (en la Biblioteca del Congreso) ; *Clarín* de agosto 1945/ junio 1946 (en la Biblioteca de *Clarín*) ; *El Mundo, La Razón, Crítica* y *Noticias Gráficas* de diciembre 1944/marzo 1946 (en la Biblioteca Nacional) ; *Democracia* de enero 1946/marzo 1946 (en la Biblioteca Nacional) ; *La Época* de setiembre 1945/marzo 1946 y números sueltos de 1944 y 1945 (en la Biblioteca Nacional) ; *La Vanguardia* de enero 1945/marzo 1946 (en la Biblioteca del Congreso) ; semanario *Política* (biblioteca de Jorge Farías Gómez) . Además, números sueltos del diario *Tribuna*, y las revistas *Ahora, Descamisada* y *Cascabel*, de los años 1945/1946.

[1] *Los elementos nacionalistas.* Entre ellos, los doctores Mario Amadeo y Máximo Etchecopar y el mayor José Embrioni.

[2] *Un nacionalista notorio.* El doctor David Uriburu.

[3] *Antes que el conflicto terminara por su propia dinámica.* No está en la intención de este libro profundizar el tema de las relaciones de la Argentina con Estados Unidos en el período 1943/1946, pero corresponde señalar que la comprensión de este aspecto es indispensable para colocar en su contexto internacional los acontecimientos sucedidos en el país. Para quien desee ahondar este tema se señalan como de lectura provechosa, entre otras obras, las siguientes: *Memorias*, por Cordell Hull (publicada en *La Prensa* en febrero de 1948); *Hora de decisión*, por Summer Welles (Ed. Sudamericana, Bs. As., 1945); *El poder detrás del trono*, por David Kelly (Ed. Coyoacán, Bs. As., 1962, resumen y traducción de la obra original *The Ruling Few*, publicada en Londres, 1958); *La Argentina y los Estados Unidos*, por Arthur P. Whitaker (Ed. Proceso, Bs. As., 1956), y *Política exterior argentina 1930/1962*, por Alberto Conil Paz y Gustavo Ferrari (Ed. Huemul, Bs. As., 1964), excelente como reseña de hechos. Muy útil también es la revisión de la publicación oficial norteamericana *Foreign Relations of the United States-Diplomatic Papers* (1943, vol. V, y 1944, vol. VII), que permite seguir las alternativas de las relaciones argentino-norteamericanas en ese período; el volumen correspondiente a 1945 todavía no ha sido editado. La publicación oficial británica *Foreign Office Papers* ampliará el panorama desde el punto de vista inglés, pero por ahora los volúmenes alcanzan sólo hasta 1930. Para tener en cuenta todos los elementos de juicio sobre este importante aspecto del período 1943/46 conviene también una revisión de los documentos de procedencia argentina archivados en el Ministerio de Relaciones Exteriores y Culto, que el autor tuvo oportunidad de ver por amable autorización del doctor Nicanor Costa Méndez.

Para terminar esta ligera aproximación al tema es de señalar que el presidente Ramírez manifestó al embajador norteamericano, en los días posteriores al 4 de junio de 1943, que la Argentina rompería relaciones con el Eje en fecha no posterior al 15 de agosto. El incumplimiento de su promesa endureció la actitud del Departamento de Estado respecto de nuestro país y fue determinante de la agresiva contestación de Cordell Hull a la nota particular que le envió el canciller Segundo R. Storni, provocando la renuncia de éste, lamentada por el representante norteamericano en Buenos Aires, que veía en Storni una garantía de seriedad y amistosa predisposición. Posteriormente, en enero de 1944, el embajador norteamericano presionó al gobierno argentino para llevarlo a la ruptura con el Eje, adelantando la intención de Hull de congelar los fondos argentinos en Washington y suspender los envíos de petróleo y otros materiales críticos; en esa oportunidad, el representante norteamericano parece haber reforzado su presión con la amenaza de una medida similar que Gran Bretaña estaría decidida a adoptar, lo que no era cierto. Asustado por la inminencia de la medida, el canciller Alberto Gilbert rogó una prórroga de 24 horas en la concreción de la medida y en ese lapso obtuvo del presidente Ramírez la aquiescencia para anunciar la ruptura de relaciones. La decisión argentina no satisfizo las exigencias norteamericanas, que señalaban a nuestro país como un nido de espionaje nazi —lo que parece no haber estado alejado de la realidad— y las relaciones entre los dos países continuaron en creciente deterioro. Desde mediados de 1944, sin embargo, los informes de la embajada norteamericana en Buenos Aires describen a Perón como un hombre menos peligroso que otros militares de ideología nacionalista extrema; el 2 de junio de 1944 el embajador norteamericano informa a Washington que Perón le recordó que él había brindado a la Embajada de Estados Unidos una nómina de los posibles agentes nazis en los países vecinos ("he had already has us furnished with list of agents who might be connected with activities in other Republics") y el 7 de octubre el encargado de negocios norteamericano expresa que en Campo de Mayo existe una honda división y que la misma se agudizó "cuando Perón quebró gran parte del poder de los extremistas".

Declaración del ex presidente Perón al autor (enero de 1969): "Indudablemente, a fines de febrero de 1945, la guerra ya estaba decidida. Nosotros habíamos mantenido la neutralidad pero ya no podíamos mantenerla más. Recuerdo que reuní a algunos amigos alemanes que tenía, que eran los que dirigían la colectividad, y les dije:

—Vean, no tenemos más remedio que ir a la guerra, porque si no, nosotros y también ustedes vamos a ir a Nuremberg... (sic).

Y de acuerdo con el consenso y la aprobación de ellos, declaramos la guerra a Alemania pero, ¡claro!, fue una cosa puramente formal..."

---

4 *El sistema del fraude electoral.* Ver entre otros: *Alvear,* por Félix Luna (Ed. Libros Argentinos, Bs. As., 1958); *Partidos y Poder en la Argentina moderna,* por Alberto Ciria (Ed. Jorge Álvarez, Bs. As., 1964); *Historia crítica de los partidos políticos,* por Rodolfo Puiggrós (Ed. Argumentos, Bs. As., 1957); *La democracia fraudulenta* por Rodolfo Puiggrós (Ed. Jorge Álvarez, Bs. As., 1968); *El radicalismo,* por Gabriel del Mazo (tomo II, Ed. Gure, Bs. Aires, 1959); *La política y los partidos,* por Alberto Galletti (Ed. Fondo de Cultura Económica, Bs. As., 1961); *La República Federal,* por J. O. Sommariva (La Plata, 1965).

5 *Un oscuro proceso de traición a la patria.* Ver "El caso Mac Hannaford", por Armando Alonso Piñeiro (Buenos Aires, 1964, folleto).

6 *El negociado de El Palomar.* Ver "Palomar, el negociado que conmovió un régimen", por Osvaldo Bayer (en revista *Todo es Historia,* núm. 1, Bs. As., mayo de 1967).

[7] *La concesión de la CHADE.* Ver *Política argentina y los monopolios eléctricos,* por Jorge del Río (Ed. Cátedra Lisandro de la Torre, Bs. As., 1958); del mismo autor: *El servicio de electricidad de la ciudad de Buenos Aires* (Bs. Aires, 1940); del mismo autor (aunque su nombre no figure): *La CADE y la Revolución* (Bs. As., 1945, folleto).

[8] *La simpatía pro nazi que existía en sus cuadros.* Ver *Partidos y Poder en la Argentina moderna,* por Alberto Ciria (Ed. Jorge Álvarez, Bs. As., 1964), capítulo VII. También el por momentos delirante *Técnica de una traición,* por Silvano Santander (Montevideo, 1953) y su respuesta *Destrucción de una infamia,* por Carlos von der Becke (Bs. As., 1956). También el llamado *Libro Azul,* del Departamento de Estado de la U.S.A. (febrero de 1946) y su refutación: *La República Argentina ante el Libro Azul* (Ed. Ministerio de Relaciones Exteriores y Culto, marzo de 1946).

[9] *Esclarecimiento doctrinario de FORJA.* La Fuerza Orientadora Radical de la Joven Argentina (FORJA) nació en junio de 1935 como una tendencia interna de la UCR y se disolvió en noviembre de 1945. De posición antiimperialista, antielectoralista y enfrentada con la conducción de Alvear, posteriormente se separó de su partido originario actuando a partir de 1940 como una fuerza independiente. Fueron sus principales dirigentes Luis Dellepiane, Arturo Jauretche, Raúl Scalabrini Ortiz, Gabriel del Mazo y Homero Manzi. Sobre este interesante movimiento, ver *FORJA y la década infame,* por Arturo Jauretche (Ed. Coyoacán, Bs. As., 1962); *Las corrientes ideológicas en la Historia Argentina,* por Marcos Merchensky (Ed. Concordia, Bs. Aires, 1961) y *La formación de la conciencia nacional,* por Juan José Hernández Arregui (Ed. H A, Buenos Aires, 1960).

[10] *Aunque la carta había sido redactada.* Referencia al autor del doctor Alejandro de Gainza, entonces secretario privado del ministro del Interior, Alberto Gilbert.

[11] *La renuncia del ministro de Instrucción Pública.* El doctor Rómulo Etcheverry. También dimitió su secretario, doctor Ignacio B. Anzoátegui.

[12] *"General Farrell, queremos morir aquí."* Lo escribió Arturo Jauretche.

[13] *Establecimientos industriales, de diversa envergadura.* Ver *La naturaleza del peronismo,* por Carlos S. Fayt y otros (Ed. Viracocha, Bs. As., 1967), y *Le peronisme,* por Pierre Lux-Wurm, Ed. Institute Études Politiques et Constitutionels (París, 1965).

[14] *F. J. Weil.* Citado por Walter Beveraggi Allende en *El servicio del capital extranjero y el control de cambios* (México, 1954).

15 *A través de los 20.000 decretos.* Ver *Presidentes argentinos*, dirigido por Gustavo Gabriel Levene (Compañía General Fabril Editora, Bs. As., 1962), artículos "Ramírez" y "Farrell", por Félix Luna.

16 *Se ha mencionado varias veces a Perón.* La biografía más completa de Perón es la de Enrique Pavón Pereyra (*Perón. Preparación de una vida para el mando*, Ed. Espiño, Bs. As., 1952), de la que se hicieron ocho ediciones en ese año y el siguiente; en 1965 se publicó una nueva edición (*Vida de Perón*, Ed. Justicialista, Bs. As., 1964), con varios agregados. El propio Perón proveyó de datos y material gráfico a Pavón Pereyra, el cual limitó su biografía hasta 1945.

17 *La conjura que culminó el 6 de setiembre de 1930.* Ver *Memoria sobre la revolución del 6 de setiembre de 1930*, por José María Sarobe (Ed. Gure, Bs. As., 1967), que incluye las memorias del propio Perón sobre su actividad en el hecho revolucionario, escritas a pedido de Sarobe.

18 *El GOU, del que fue principal animador.* Testimonio del coronel (R) Domingo A. Mercante al autor: "A fines de 1942, hacia Navidad, Perón me llamó a su oficina. Desde semanas atrás Perón estaba dando vueltas con un reglamento que preparaba sobre no sé qué asunto. Yo creía que seguía con eso y se lo dije, haciéndole notar que estábamos en plena época de fiestas... Pero Perón me interrumpió y me dijo:

—No. Esto es otra cosa. Atiéndame bien.

Y me leyó algo que había escrito, de su puño y letra, sobre la necesidad de unir a los oficiales del Ejército, jerarquizar sus cuadros, infundir nuevos objetivos a las Fuerzas Armadas. Era el documento inicial del GOU. Me preguntó:

—¿Qué le parece?

—Esto significa la revolución —le contesté.

—¡No! No se trata de eso... —dijo. Pero yo advertía que la organización de oficiales que se proyectaba en ese documento llevaba a una revolución. Entonces convinimos en empezar a trabajar para formar un grupo de confianza. Yo solía ir a Campo de Mayo en mi automóvil y para que no registraran mi entrada me metía en algún lugar apartado —he estado quince años en Campo de Mayo y lo conozco como la palma de mi mano— y allí pasaba la noche. Hablé con muchos jefes y oficiales y conseguí agrupar un núcleo representativo. Yo era el número 1 de los adherentes; Perón era el número 8 y estaban también Ducó, Ávalos, González (Enrique P.), Ramírez (Emilio) y otros, con el grado de coronel o teniente coronel. Hasta entonces hacíamos conversaciones individuales. Después de algunos meses Perón quiso realizar una reunión general; a mí no me gustaba, la consideraba prematura, pero él insistió y finalmente se realizó el 15 de mayo de 1943.

Perón habló largamente y en general hubo asentimiento a sus palabras. Pero en un momento dado se le fue la lengua y dijo: 'vamos a hacer la revolución'. La mayoría de los camaradas quedaron sorprendidos y yo comprendí que Perón había estado demasiado apresurado, ya que no se había planeado nada al respecto, todavía. Al día siguiente, por la mañana, Perón me anunció que se había enterado que iban a allanar su departamento y lo iban a detener a la una de la tarde.

—No pienso entregarme —me anunció—. Voy a defenderme a balazos y me tendrán que sacar muerto de mi casa.

—Yo lo acompaño —le dije.

Al mediodía llegué a su departamento, en Arenales y Coronel Díaz. Perón estaba solo y había puesto sobre la mesa un par de pistolas y cargadores en abundancia. Traté de disuadirlo de su actitud pero él insistía en que no se habría de entregar. Después llegaron otros camaradas, Montes y Ducó, para acompañarlo también en la emergencia. Se generalizó la discusión sobre la actitud de Perón, cuando a eso de las 15 habló Enrique P. González, que estaba en la Secretaría del Ministerio de Guerra, para avisar que la orden de detención contra Perón había quedado sin efecto."

[19] *Era dentro del Ejército una figura respetada.* Declaración del ex presidente Perón al autor (enero de 1969): "En enero de 1937 yo regreso de Chile, donde había sido Agregado Militar. Estaba en la División Operaciones del Estado Mayor General y era a la vez profesor de Historia Militar en la Escuela Superior de Guerra —Historia Militar es Estrategia, en realidad de verdad—. Bien. Me llamaron entonces del Ministerio de Guerra y me dijeron que la impresión que allí tenían era que se venía la guerra; que la información que mandaban en ese sentido los agregados militares era reducida, limitada a aspectos técnicos, y no daba al Ministerio la sensación real de lo que estaba sucediendo en Europa; el Ministerio necesitaba tener una información cabal de ese proceso sangriento y apasionado que sería la guerra. Me mandaron, pues, en misión de estudios y me dijeron que eligiera el país adonde iría. Yo elegí Italia por una cuestión personal, porque hablo el italiano tanto como el castellano... ¡a veces mejor...!

Me ubiqué en Italia, entonces. Y allí estaba sucediendo una cosa: se estaba haciendo un experimento. Era el primer socialismo nacional que aparecía en el mundo. No entro a juzgar los medios de ejecución, que podrían ser defectuosos. Pero lo importante era esto: un mundo ya dividido en imperialismos, ya flotantes, y un tercero en discordia que dice: "No, ni con unos ni con otros, nosotros somos socialistas, pero socialistas nacionales." Era una tercera posición entre el socialismo soviético y el capitalismo yanqui.

Para mí, ese experimento tenía un gran valor histórico. De alguna manera, uno ya estaba intuitivamente metido en el futuro, estaba viendo qué consecuencias tendría ese proceso. De modo que, una vez instalado allí, empecé a preocuparme por estudiar qué era ese problema del socialismo nacional. A mí siempre me ha gustado mucho la Economía Política, la he estudiado bastante y en Italia tuve la suerte de incorporarme a algunos cursos muy importantes. Siempre pensé que los italianos tienen los mejores economistas: de otro modo no podrían vivir sesenta millones de italianos en cuatrocientos cincuenta mil kilómetros cuadrados... ¡y vivir bien! Se estaban desarrollando unos cursos magníficos: seis meses de ciencia pura en Torino y seis meses de ciencias aplicadas en Milano, a los que yo asistí regularmente. Allí me aclararon muchas cosas, en materia de Economía Política, porque ellos estaban haciendo una vivisección del sistema capitalista. Todos los trucos del sistema los tenían bien estudiados...

Todo eso me aclaró mucho el panorama y además pude ver bien el proceso europeo, sin ningún prejuicio, mirando un aspecto que se veía claro. Porque en tiempos de paz, hay como una bruma del convencionalismo pacifista que oscurece el panorama; pero cuando se declara la guerra, todo aparece descarnado, en sus intereses, sus dramas y sus pequeñas y grandes cosas... Y eso fue lo que yo vi en Europa. Así estuve en Italia un tiempo, otro tiempo en Francia, en Alemania y en Rusia también. Yo había ido a visitar el campo de batalla de Tannenberg, sobre el cual había escrito un libro y me interesaba ver ese teatro, que conocía por el mapa. Estuve allí con los oficiales alemanes en Loebtzen, frente a los rusos, que estaban en la línea Kovno-Grodno; pero eran amigos —todavía no había estallado la guerra entre Alemania y Rusia— y por ahí me llevaron a hacer algunas excursiones por el interior de sus propias líneas. Tomé una experiencia directa irreemplazable en todos esos lugares. Luego vine aquí (Madrid F. L.) y estuve seis meses, poco después de haber terminado la guerra civil y tomé lenguas de toda naturaleza; hablé con los nacionales y con los republicanos, recorrí poblaciones y llevé una sensación perfecta de lo que había ocurrido en España y me di cuenta que en España no había ocurrido nada distinto de lo que pasaba en el resto de Europa: sólo que en España habían hecho las cosas... a la española. Pero el fenómeno era el mismo... José Antonio Primo de Rivera había sido un ideólogo; un ideólogo que más o menos dio congruencia a eso que ocurrió en España, que era un acto incongruente por naturaleza y por costumbre...

Por eso, en 1955 yo no caí del gobierno; yo me fui del gobierno para evitar al país una guerra civil. Jamás hubiera querido que en la República Argentina pasara lo que pasó en España, porque en estos treinta años los españoles no han hecho otra cosa que reconstruir lo que destruyeron en tres años de guerra... Yo hubiera podido tomar las medidas represivas del caso y aplastar el sofocón: bastaba con movilizar, declarar el estado de guerra y meter a los obreros en los cuarteles. No era un caso de valentía personal; total, los que mueren en la lucha no son los generales... esos mueren siempre en los sanatorios, con esas inyecciones largas, de las que a la gente le gusta ahora... Pero, ¿qué pasaba si tomaba esas medidas? Esas cosas no terminan como empiezan. Eso iba a costarle al país un millón de muertos, como en España. Y yo no estaba dispuesto a que la Argentina pasara por eso, simplemente por mi presencia o no en el gobierno. Creí que el proceso seguiría igual, con algunas modificaciones, aunque yo no estuviera en el poder. Ahora, si hubiera sabido lo que pasó después, ¡entonces sí que hubiera peleado, aunque esa decisión hubiera costado un millón de muertos como en España!

Pero sigamos con el relato.

Después de esto regreso a la Argentina, con un panorama totalmente claro sobre lo que estaba ocurriendo en el mundo. No se trataba sólo de una guerra mundial: la historia seguía a través de esa guerra y había un proceso de evolución que, tan pronto terminara ese conflicto —cuyo fin era fácil de prever— tendría que seguir su curso. Llegué, pues, con una mentalidad hecha sobre la observación directa. Yo sabía que en nuestro país las cosas repiten, diez o quince años, lo que ha ocurrido en Europa. Porque Europa será por los siglos la cabeza y el centro del mundo; los americanos tendrán un mayor adelanto científico o técnico pero, sin duda, el proceso humanista pasa por acá, por Europa. Así llego a Buenos Aires y empiezo a dar una serie de conferencias, siempre en círculos cerrados —así como hacemos los militares, que todo lo hacemos en secreto... pero un secreto que suele ser a voces... Cuando terminé esas conferencias, resultó que para el sector cavernícola que siempre tienen los ejércitos, yo era una especie de nihilista, ¡un socialista que llevaba una bomba en cada mano! Pero yo había dicho la verdad, tal como la veía, a un núcleo de oficiales que presentaba una formación cultural un poco mayor que el horizonte medio, digamos, del oficial que no ve mucho. Como consecuencia de eso fui a parar a Mendoza, como director del Centro de Instrucción de Montaña: una forma de sacarme de Buenos Aires. Estuve la mayor parte de 1940 en Mendoza y al año siguiente regresé a Buenos Aires.

Cuando vuelvo a Buenos Aires me encuentro con una serie de jefes y oficiales que me dicen: "Hemos escuchado sus conferencias y estamos total y absolutamente con usted. Pensamos que el proceso que usted ha descripto es indetenible y que en nuestro país estamos abocados a un nuevo fraude electoral que lo entregará a las fuerzas más regresivas. Nosotros no estamos con eso." Allí estaban Ávalos, Argüero Fragueiro, Mercante —que era el que capitaneaba todo ese movimiento—, Anaya, Emilio Ramírez, Enrique P. González y otros.

Ellos me dijeron que no habían perdido el tiempo; que el Ejército estaba organizado y que podían tomar el gobierno en cualquier momento. Yo, cuando los escuché, les dije:

—Cuidado, muchachos, despacio, porque tomar el gobierno para fracasar, es mejor no tomarlo... No se puede improvisar una revolución como la que hay que hacer en la Argentina. Es necesario prepararlo y estudiarlo muy bien... Denme diez días y en ese lapso yo voy a "oler" todo esto. Después nos juntamos y les doy mi parecer.

Hablé entonces con mucha gente. El primero, Patrón Costas. Él fue a mi departamento, en Arenales y Coronel Díaz y allí hablamos como cuatro horas. Le expliqué el error grave que estaba por cometer. Era un hombre inteligente y capaz, nada tonto. Le dije que en el peor de los casos no llegaría a proclamarse su candidatura y que si alcanzaba a proclamarse, de todos modos no sería presidente. Le expliqué todo el proceso, tal como lo veíamos nosotros. El hombre, totalmente en claro, y la prueba está en que, después del 43, jamás se metió en nada; él también creía y pensaba que el camino era el que yo indicaba. Claro que en la situación en que estaba Patrón Costas no podía hacer nada, ni incorporarse a lo nuestro: pero estaba totalmente de acuerdo. Y aunque él no podía estar en lo nuestro, muchos de sus amigos sí lo estuvieron: así por ejemplo, el viejito Cárcano, que trabajó con nosotros, Joaquín Anchorena y muchos de la juventud conservadora. Para mí fue una sorpresa...

En esos diez días que yo me había tomado para hablar con gente, antes de decidir si hacíamos o no la revolución, hablé también con radicales: los dos Siri, Antille, entre otros, con socialistas, etc. Lo que yo no quería hacer era un golpe militar intrascendente e inoperante, como suelen ser casi todos los golpes militares, por incapacidad de los hombres para la realización política que debe seguir a todo golpe de Estado. Pero con la colaboración de todo este grupo político, que era la gente mejor, la que interesaba, ya no tenía dudas. Llamé entonces a mis camaradas y les dije:

—Totalmente de acuerdo. Yo me hago cargo, pero no del golpe militar ni del gobierno que resulte, sino de la realización de la revolución de fondo que debe seguir a este golpe militar. Este golpe sólo tiene razón de ser si a continuación podemos hacer una transformación profunda que cambie toda la orientación que se ha seguido hasta hoy, que es mala.

Por una deformación profesional, los militares siempre creen que el presidente surgido de un golpe militar tiene que ser un general... En este caso, los muchachos tuvieron el tino de elegir a tres generales "cabresteadores", como Rawson, Ramírez y Farrell, que iban a hacer lo que se les indicara... Así ocurrió la revolución y yo, de acuerdo con lo que había exigido, fui designado en un puesto secundario, jefe de Estado Mayor de la Primera División, porque no quería estar en primer plano. Y empecé a trabajar para formar un concepto, unas bases de lo que debía ser la revolución."

[20] *¡Ideal para que yo lo maneje!* Referencia al autor del doctor Guillermo Borda.

Testimonio brindado al autor por el doctor Arturo Jauretche:

"Conocí a Perón pocos días después de la revolución del 43, tal vez algunas semanas más tarde. Nosotros, los forjistas, estábamos en contacto con los conspiradores a través del coronel Gregorio Pomar. Además, Homero Manzi era vecino y amigo de unos mayores Quiroga y Sarmiento, que actuaban en el GOU y lo mantenían al tanto de la conspiración. Por otra parte, de años atrás solíamos enviar los "Cuadernos de FORJA" a un núcleo de jefes y oficiales, entre ellos a Perón —aunque no lo conocíamos personalmente— incluso cuando él estuvo en Italia.

La noche del 3 al 4 de junio de 1943 éramos unos 300 muchachos que estábamos en el local de FORJA, esperando los acontecimientos, todos con boina blanca. Nos habían pedido que fuéramos a Plaza del Congreso para dar calor civil al movimiento militar. En la Quema había un mozo Oviedo, amigo nuestro, que también había reunido gente. Finalmente no hicimos nada porque quedamos desconectados de Pomar. Cuando Rawson apareció al frente de la columna revolucionaria, todos quedamos bastante desconcertados.

De todos modos sabíamos que había un coronel Perón que era la esperanza de la juventud militar. Por intermedio del mayor retirado Fernando Estrada —que era íntimo amigo de Perón, uno de los pocos que se tuteaba con él— se concertó una entrevista poco después del movimiento militar. La noche anterior habíamos ido con Homero Manzi a la casa de Leopoldo Lugones (h.) y allí nos entrevistamos con el coronel Enrique González, secretario general de la Presidencia. Estábamos tratando de detectar al "hombre de la Revolución" y González nos pareció muy capaz. Señalo que después de un tiempo, cuando González vio que Perón estaba ganando la batalla, se abrió de la carrera y los dos se hicieron amigos.

Bueno. La charla con González duró hasta las 3 o 4 de la mañana Recuerdo que nos fuimos con Manzi a cenar al Tropezón y a las 8 en punto estábamos en el Ministerio de Guerra.

Perón me impresionó. Era un hombre informado, de gran rapidez mental; tenía una agilidad periodística —diría yo— para captar y asumir lo que se le decía. Sobre esto tengo una anécdota significativa. En una oportunidad hablaba yo con él de los problemas de la burocracia, su lentitud, etc. Al día siguiente abro el diario y leo el último discurso de Perón, dirigido a los empleados de la Secretaría de Trabajo. ¡Era, prácticamente, todo lo que yo había dicho, pero enriquecido, dicho con gracia y habilidad, mechado con estadísticas y conceptos originales! Comenté esto con Estrada y se echó a reír:

—Cuando usted se fue —me dijo Estrada— Perón dijo: "Ya tengo el discurso de mañana..."

Pero sigo con mi primera entrevista. Me pareció que Perón estaba en una buena línea y simpatizamos en seguida. No se habló de apoyar al gobierno ni mucho menos a una candidatura sino más bien de colaboración recíproca. Algo como aquello de "radicalizar la revolución y revolucionar el radicalismo" que yo lancé más tarde como consigna política. Coincidimos en que había que ganar la Revolución, porque aunque muchos no lo hayan creído así, lo cierto es que Perón nunca tuvo el gobierno en sus manos por esa época. Tenía parte del poder pero no todo el poder y debía luchar continuamente para que el proceso político y gubernativo no se le escapara de las manos. El general Perlinger, por ejemplo, lo enfrentaba a cada momento. Y cuando Perón se hizo cargo de la Secretaría de Trabajo, en la Casa de Gobierno se reían de él y auguraban su próximo fracaso. Además, el Presidente Ramírez creía en la posibilidad de una salida electoral con el radicalismo del Comité Nacional, es decir los alvearistas.

De modo que la tarea de ganar la Revolución era algo previo y básico. Perón estaba en la formación de un gran movimiento nacional con el radicalismo yrigoyenista.

Bien. En esta primera entrevista quedamos de acuerdo en que yo vería a Perón todas las mañanas a las 8, en el Ministerio de Guerra. Así lo hice durante un año, más o menos, hasta mediados de 1944. Por ese tiempo yo viajé mucho al interior, con la intención de ir arrimando amigos a nuestra idea. Participé de muchas reuniones: en Santa Fe con Roque Coulin, Pedro Murúa y Alejandro Greca; en Rosario con Alejandro Gómez y Héctor Gómez Machado; en Mendoza con Alejandro Orfila. Recorrí, prácticamente, la provincia de Buenos Aires entera. Me entrevisté en varias oportunidades con Sabattini en Villa María. Todos los amigos, con mayor o menor decisión, apoyaban el planteo de ganar la Revolución, pero algunos fueron indecisos cuando llegó el momento. Fue el caso de Sabattini, que un buen día, en 1944, se fue al Uruguay sin que nadie lo molestara... Yo debía viajar varias veces a San Ramón, donde se radicó.

El 31 de abril de 1944 Perón me hizo llamar a su casa, en la calle Arenales. Ese día conocí a Evita, que recién se había instalado con él. Hablamos del problema de la Intervención de Buenos Aires, vacante desde hacía cierto tiempo. Yo había insistido muchas veces que la clave del proceso político nacional era Buenos Aires. Que era indispensable nombrar a un militar que pudiera brindar una gran reparación histórica al radicalismo bonaerense —se entiende, al radicalismo intransigente, no al de Boatti que andaba en otras cosas— gobernando con ellos y resistiendo la previsible presión de los "orejudos".

Perón me ofreció el cargo y yo lo decliné, porque consideraba que sólo un militar de prestigio podía conducir esa difícil política. Pero ocurría que Perón no tenía poder suficiente como para designar un Interventor que le respondiera. Perlinger le vetaba sus candidatos y nuestro coronel vetaba, a su vez, los que proponía Perlinger... De todos modos, en esta conversación me anunció Perón que había un general, Sanguinetti, que estaba plenamente en nuestra idea y que ya estaba aceptado en las esferas oficiales. Me pidió que le trajera a los ciudadanos que irían como ministros de Sanguinetti. Al día siguiente le presenté dos amigos de toda confianza y Perón conversó con ellos, quedando muy satisfecho.

Pero ocurrió que esta vez, a Perón lo habían "pasado". Sanguinetti respondía, en realidad, a Perlinger, de lo que me di cuenta en una entrevista que tuvo con él al otro día. Así que nuestro plan quedó en nada y yo, naturalmente, quedé pagando ante los amigos... Entonces dejé de ver a Perón. Consideraba que él me debía una explicación. Yo podía ganar o perder —en política siempre se está ganando o perdiendo— pero no podía quedar como un charlatán ante mis amigos. Se lo dije a Perón secamente, cuando él, extrañado por mi ausencia, me hizo llamar. Él se excusó, estuvo cordial pero finalmente no dio las explicaciones que yo requería.

Al poco tiempo saltó Perlinger y Perón consiguió la designación de Teissaire como ministro del Interior. Yo me di cuenta que el proceso había variado de signo. Ahora se trataba de "enganchar"; de buscar gente, viniera de donde viniera. A mí ya no me interesaba este tipo de política aunque pienso que Perón pudo tener razón al formular esa apertura. Ya no lo vi hasta después de febrero de 1946."

[21] *Nos hubiera salido más barato que la publicidad que hicimos...* Referencia al autor de León Bouché.

[22] *Serían los verdaderos enemigos de la oligarquía.* Conviene señalar que hasta fines de 1944 la Unión Industrial apoyó públicamente al gobierno *de facto* y especialmente la obra de Perón al frente de la Secretaría de Trabajo y Previsión; a partir de los comienzos de 1945 la Unión Industrial formó parte del virtual frente de entidades empresariales armado contra Perón, aunque dentro de la misma organización muchos de sus miembros se opusieron a esta política, que culminó con el famoso cheque donando una gruesa suma a la Unión Democrática, en plena campaña electoral. Sobre este proceso, ver *Comportamiento y crisis de la clase empresaria* por Dardo Cúneo (Ed. Pleamar, Bs. As., 1967).

[23] *El cardenal primado.* Según referencia al autor del doctor Arturo Sampay, el arzobispo de Buenos Aires y primado de la Argentina, cardenal Santiago Luis Copello, siendo Vicario Castrense habría tenido una fricción personal con Perón, con motivo del folleto "Moral Militar" que éste, entonces capitán, escribiera en 1925 para el "Manual del Aspirante". Según Copello —y siempre a estar a la referencia mencionada— los conceptos de Perón tenían un sentido de "moral nietzscheana" y por ese motivo aquél pidió su separación del curso que dictaba. El episodio habría provocado un resentimiento entre Copello y Perón que continuó hasta 1945.

[24] *Luis B. Cerrutti Costa.* En su libro *El sindicalismo. Las masas y el poder* (Ed. Trafac, Bs. As., 1957). La versión comunista en *Esbozo de historia del Partido Comunista en la Argentina* (Ed. Anteo, Bs. As., 1948).

I

EL CAMINO DE LA OPOSICIÓN
(abril-setiembre 1945)

I

El 5 de abril fue siempre una fecha cara a los corazones radicales. Ese día, en 1931, la UCR obtuvo su más hermosa victoria electoral, cuando el pueblo de la provincia de Buenos Aires, a siete meses del derrocamiento de Yrigoyen, votó masivamente por la fórmula Pueyrredón-Guido. Desde entonces los radicales hicieron del 5 de abril una de sus efemérides favoritas: un símbolo de la vigencia de su partido, aun bajo la presión de cualquier dictadura.

El 5 de abril de 1945 una nutrida peregrinación desfiló por la casa del doctor Honorio Pueyrredón. El motivo formal era saludar a quien fuera el protagonista de la hazaña electoral de catorce años antes; por supuesto, el motivo real era hablar de política. Al caer la tarde eran tantos los visitantes y tenían tantas ganas de escuchar discursos, que algunas manos eficaces armaron un sistema de altoparlantes y comenzó el torneo oratorio. Cuando le tocó el turno al dueño de casa, llegó la policía y cortésmente pidió que se suspendiera el acto: la reunión contravenía el edicto de reuniones públicas. Hubo protestas y algún grito que Pueyrredón cortó de inmediato.

—Este caballero no hace más que cumplir con su deber —advirtió.

La concurrencia se disgregó después de entonar, *obviamente, el Himno Nacional.*[1] Seguramente Pueyrredón vio al oficial de policía como venido del cielo: era muy difícil para él hacer declaraciones públicas en ese momento. Era el dirigente más expectable de las corrientes intransigentes del radicalismo pero estaba —como lo estuvo toda su vida— demasiado atado a las direcciones partidarias para pronunciarse con claridad. Y en ese momento los radicales estaban exigiendo definiciones, frente al gradual descongelamiento político. Pueyrredón no podía darlas. De origen mitrista, se había vinculado a Yrigoyen sirviendo en su primer gobierno como canciller y conservaba una profunda adhesión personal hacia la memoria del viejo caudillo. Pero su posición fue indefinida en ocasión de la división radical entre yrigoyenistas y antipersonalistas y más tarde, después de haber sido el triunfador del 5 de abril, se manifestó débil frente a la conducción alvearista. Era como si Alvear lo intimidara; los yrigoyenistas de todo el país confiaban en él y veían en el ex canciller de Yrigoyen una esperanza de restauración partidaria. Pero Pueyrredón nunca adoptó una posición clara. Y esta indefinición, que había anulado su personalidad política, continuaba en 1945.

Acaso la certeza de que Pueyrredón no aceptaría ponerse al frente de las corrientes intransigentes fue lo que había llevado a *muchos dirigentes de este sector* [2] provenientes de todo el país a reunirse la víspera en Avellaneda. Eran los que habían enfrentado la conducción de Alvear durante la década anterior y ahora estaban dispuestos a seguir la lucha contra sus herederos. Algunos venían del yrigoyenismo y habían asistido con preocupación a la progresiva transformación de la vieja fuerza popular en una máquina electoral vacía de contenido. Otros habían resistido en varios distritos las "trenzas" internas que falsearon la representatividad de los organismos dirigentes y desvirtuaron la saludable vida partidaria. Y también estaban los que habían constituido, con anterioridad a 1943, movimientos internos agresivamente plantados contra la conducción mayoritaria, como el revisionismo bonaerense, o representantes del radicalismo cordobés que siempre fue la base de las resistencias antialvearistas.

En general, la concurrencia era de gente joven. Dos problemas preocupaban a los asambleístas de Avellaneda: en primer lugar, diferenciar al radicalismo de las restantes fuerzas políticas mediante la adopción de una definida línea programática. Y en segundo lugar, la necesidad de una apertura interna que hiciera posible la llegada a la dirección partidaria de las fuerzas renovadoras.

Alma de esta reunión fue un hombre de 38 años que era algo más que un político profesional: *era un auténtico apóstol*.[3] Contravenía la imagen clásica del dirigente radical, que normalmente era un profesional de cómoda posición económica, donante de cierta cuota de su tiempo a la política y aportes monetarios eventualmente importantes. Moisés Lebensohn era, por el contrario, un abogado pobrísimo, al que sus amigos debían mantener a veces. Activista nato, estaba totalmente consagrado a la política. Durante años trajinó por los caminos de Buenos Aires anudando relaciones partidarias, promoviendo reuniones, hablando incansablemente, arquitecturando la organización juvenil que sería más tarde su gran base de lanzamiento. Tal vez sus ancestros judíos le habían imbuido de un mesianismo que era su característica más singular: sentíase el augur de una gran Argentina —"el país soñado"— que fuera paradigma de una nueva humanidad, y para construirla fatigaba pueblo por pueblo, comité por comité. Cuando murió, en 1953, había formado un elenco de muchachos que literalmente lo adoraban; pero, como el otro Moisés, no pudo ver el final de su largo éxodo... En 1945, para los dirigentes radicales tradicionales, "ese rusito" era el más peligroso adversario, porque no solamente estaba reclutando gente joven en toda la provincia sino que su oratoria —armoniosa, bellamente construida, llena de suscitantes ideas— abría un estilo político desconocido que contrastaba con la orfandad conceptual de la conducción mayoritaria.

Lebensohn fue el gran animador de la reunión de Avellaneda, de la que salió una declaración que habría de tener prolongada vida en muchos espíritus: hasta 1961. Dentro de la hueca retórica de los manifiestos del bando democrá-

tico y de la confusión populista de los discursos de Perón,
la Declaración de Avellaneda es una aliviante excepción.
Tendía a conectar al radicalismo con los grandes temas económicos y sociales que en ese momento apasionaban al mundo. *Quienes promovieron su aprobación* [4] estaban bajo la influencia ideológica de Harold Laski y los teóricos del laborismo inglés y del "New Deal" y enfatizaron en consecuencia la necesidad de nacionalizar los servicios públicos y "los
monopolios extranjeros y nacionales que obstaculicen el progreso del país" y de reformar el régimen jurídico de la
propiedad inmobiliaria. Al lado de esos avances se hacía
también un análisis profundo del momento que vivía el
mundo, en vísperas de una posguerra que se adivinaba difícil y conflictuada. No figuraban en la Declaración de Avellaneda las histéricas denuncias de nazismo que colmaban otros
documentos opositores ni agotaba su contenido en el problema circunstancial del gobierno *de facto*. Era una profesión
de fe seria, honda, de largo alcance y por eso tuvo perduración. Destacaba el papel del radicalismo como instrument
de un movimiento histórico de carácter emancipador y la
necesidad de "depurar algunos elencos dirigentes y formar
las nuevas generaciones". Finalizaba el documento oponiéndose a la concertación de pactos o acuerdos electorales, "ya
que el radicalismo, como partido orgánico, aspira a afrontar por sí la responsabilidad de estructurar una nueva Argentina".

Un mes antes de la Declaración de Avellaneda había
aparecido lo que se dio en llamar por entonces el *Manifiesto
de los líderes* [5], firmado por la mayor parte de los dirigentes
del sector mayoritario de la UCR. El documento contenía
los habituales reclamos de elecciones y un severo ataque al
gobierno *de facto,* al que caracterizaba como "sistema extraño al espíritu nacional". La vaciedad de este documento
—que fue la primera manifestación organizada del sector
alvearista después del 43— contrastaba con la sólida enun-
ciación de la Declaración de Avellaneda: la confrontación
de ambos prefiguraba ya el inevitable enfrentamiento interno. Pues aunque en Avellaneda no se formalizó ningún mo-

vimiento, quedó tácitamente convenida la acción coordinada para el futuro entre todas las corrientes internas que ya se definían como intransigentes y renovadoras.

En esta acción era un valor entendido la jefatura de Amadeo Sabattini, aunque algunos sectores intransigentes —principalmente metropolitanos y bonaerenses— estaban menos próximos a sus directivas por razones de distancia y frecuentación. Sabattini capitalizaba un gran prestigio en todo el país, sobre todo en el interior. Su buena gobernación de Córdoba le rendiría dividendos políticos toda su vida, transformando aquella correcta administración provincial en una leyenda constantemente enriquecida en el recuerdo de su pueblo.

Político hábil, secundado por un ponderable grupo de dirigentes del interior y respaldado por el vigoroso radicalismo cordobés, Sabattini cautivaba el fervor popular cultivando un silencio que recordaba al de Yrigoyen y un modesto estilo de vida· que no era "pose" sino auténtica expresión de su personalidad. Había visto con complacencia la revolución que desalojó del poder al régimen conservador y *mantuvo contactos indirectos con Perón*.[6] A ello debióse la designación en un alto cargo oficial de Santiago del Castillo, que fuera su sucesor en el gobierno de Córdoba y su más leal colaborador. La designación de Del Castillo —insólita dentro de un régimen que llenaba sus elencos con militares o nacionalistas— evidenciaba el respeto que merecía al gobierno *de facto* la administración radical de Córdoba; y de parte de Sabattini, era un gesto de benevolencia hacia el nuevo orden instalado de hecho en el país.

En 1944 Sabattini se exilió voluntariamente. Se instaló en una localidad cercana a Montevideo, probablemente para no mezclarse con los políticos argentinos que abrumaban las mesas de la Dieciocho de Julio con sus conspiraciones y catilinarias antinazis. Desde San Ramón seguía aconsejando una política expectante y contemporizadora con el régimen militar. En algunos casos, sus amigos aceptaron cargos en las intervenciones, presumiblemente con su asentimiento. Naturalmente, esta actitud granjeó a Sabattini las iras

de todos los partidos, pronunciados ya frontalmente contra el gobierno militar, y también las del sector mayoritario de la UCR. Pero Sabattini no se inmutó: él sabía que
la evolución natural de los acontecimientos llevaba al gobierno a respaldarse en el radicalismo. Para ello debían
darse dos condiciones: primero, que el ejército presionase
al gobierno para garantizar una salida electoral libre de
injerencias oficiales. Y segundo, que el radicalismo se re-
organizara permitiendo el ascenso a su conducción de valores políticos reales. Hacia esos dos objetivos trabajaba Sabattini, que a fines de marzo de 1945 regresó al país y volvió
a instalarse en su modesta casa de Villa María. Su rostro,
anguloso y aquilino, enmarcado de profundas patillas, presidía un continuo desfile de visitantes de todo el país. Entre
sus contertulios habituales figuraba Gabriel Oddone, uno
de sus más fieles seguidores, presidente de la Mesa Directiva
de la UCR por un azar de muertes y renuncias, que era
quien mantenía un leve puente de correspondencias verbales
entre Sabattini y un hombre importante: el general *Eduardo
Ávalos, jefe del acantonamiento de Campo de Mayo.*[7]

Las reuniones radicales de esos días constituían sólo una
parte de los desperezos de la oposición. Los conservadores
anunciaban a mediados de abril que el Partido Demócrata
sería reorganizado en todo el país y exigían una rápida
convocatoria a elecciones, sin presiones fraudulentas ni candidaturas oficiales. Los socialistas, desde "La Vanguardia",
batían el parche incansablemente. Ya en enero, el órgano
que dirigía Américo Ghioldi desde la cárcel de Villa Devoto,
propugnaba la entrega del poder a la Corte Suprema de
Justicia. Ahora, en pleno mes de abril, mientras la Argentina hacía una desairada antesala en la Conferencia de San
Francisco, los socialistas insistían en su planteo judicialista,
alentados por la actitud del alto tribunal, que en esos días
había declarado inconstitucionales tres decretos del gobierno
de facto; uno sobre régimen de expropiaciones y otro sobre
traslado de magistrados judiciales. La Corte era ya un órgano
decididamente opositor y constituía una alternativa que los

adversarios del gobierno no dejaban de reservar. Los azorados ministros que en junio del 43 se apresuraron a reconocer al gobierno revolucionario reproduciendo la famosa acordada del 8 de setiembre de 1930, se sentían ahora apoyados por la creciente marea opositora: en una de las reuniones del Consejo Universitario de Buenos Aires se les tributó un voto de aplauso y "La Nación" y "La Prensa" no tardaron en dedicar sesudos editoriales a la independencia del Poder Judicial.

El planteo socialista, que por ahora se limitó a dejar caer la idea judicialista en algunas ediciones de "La Vanguardia", tenía importancia porque el viejo partido de Juan B. Justo era virtualmente el animador de la oposición. El comunismo, todavía en la ilegalidad, estaba imposibilitado de exponer públicamente su pensamiento. y el radicalismo estaba demorado en su reorganización y gravemente trabajado por los brotes "colaboracionistas" —como malévolamente se calificaba a los radicales que apoyaban al gobierno, con una palabra que los asociaba a aquellos franceses de Laval que habían servido a los ocupantes nazis bajo el régimen de Vichy.

Eran las usinas socialistas las que alimentaban de ideas a los sectores civiles opositores, editaban el semanario político más leído, impartían directivas para las batallas universitarias y —al lado de los comunistas— se enfrentaban en terreno sindical con los núcleos que ya comenzaban a definirse como "peronistas". Para un partido como el socialista, que nunca había podido salir de la Capital Federal, la empresa acometida era bastante meritoria...

Las dificultades más arduas de los socialistas se planteaban en el ambiente gremial. Como ya se ha dicho, muchos dirigentes sindicales de origen y militancia socialista se encontraron con que sus viejas organizaciones adquirían ahora una importancia que jamás habían tenido. Ganaban los conflictos, acrecía el número de sus miembros, robustecían su estructura económica, encontraban en la Secretaría de Trabajo un apoyo total. Y en la medida que sus organizaciones iban adelante, ellos sentían que se debilitaba su vinculación espiritual y disciplinaria con el viejo partido. Las autoridades socialistas veían con angustia que *sus activistas más prestigiosos se alejaban calladamente*.[8] Una resolución intentó frenar la deserción; ordenaba a los dirigentes socialistas que "en sus relaciones con el gobierno de hecho impuestas por la naturaleza de sus funciones, deben limitarse al trámite ordinario de los asuntos que interesen a la respectiva organización, pero sólo en cuanto tales gestiones encuadren dentro de los límites autorizados por la Constitución y por las leyes que ha sancionado el Congreso Nacional". El remedio era peor que la enfermedad: pretendía que los dirigentes sindicales ignoraran olímpicamente toda la legislación social del gobierno *de facto* y mantuvieran a sus respectivos gremios en una virginal actitud de rechazo de sus beneficios. No tenemos indicios de la repercusión que tuvo esta directiva en los elencos gremiales de origen socialista: probablemente sus dirigentes se encogieron de hombros y prosiguieron trabajando en estrecho contacto con la C.G.T. y la Secretaría de Trabajo: de otra forma serían barridos por sus propios compañeros.

Menos compleja era, en cambio, la actividad desplegada por los socialistas en el terreno de la educación. Toda una gimnasia opositora pudo desenvolverse desde marzo en adelante en los claustros universitarios y en los institutos de enseñanza superior. La gradual normalización de las universidades permitió la tumultuosa aparición de las tendencias opositoras en el estudiantado y los círculos profesorales. Aquí no surgían problemas como los que erizaban la lucha en el plano sindical; se trataba, simplemente, de barrer con los escasos bastiones nacionalistas que quedaban y hacer de las universidades otros tantos núcleos adversarios al régimen. No era una tarea difícil: los nacionalistas enquistados en el ámbito educacional estaban ya huérfanos del apoyo del gobierno, que contemporáneamente formulaba espectaculares demostraciones de aliadofilia, incautándose de las empresas alemanas y cambiando notas diplomáticas de amistoso tono con Estados Unidos, Gran Bretaña y los países americanos.

Las dos últimas fortalezas nacionalistas cayeron según una misma técnica operativa. Cuando Jordán Bruno Genta quiso inaugurar el curso en el Instituto Nacional del Profesorado, se armó un gran barullo que terminó con gritos, reparto de volantes y detención de alumnos; un retrato de Rosas, que el pintoresco rector lucía en su despacho, fue descolgado y destruido. El escándalo provocó, como era previsible, la intervención del Poder Ejecutivo, que una semana más tarde dio por defenestrado a Genta. En la Universidad de La Plata, de la que era presidente el doctor Ricardo de Labougle, se aplicó el mismo método: unos doscientos alumnos intentaron ocuparla, echaron a las autoridades y establecieron un espléndido bochinche: al día siguiente el Poder Ejecutivo intervino la casa de estudios. A fines de abril se completaba la normalización de la Universidad de Buenos Aires, con la elección del doctor Horacio Rivarola como rector.

Con esto quedaba articulado el frente opositor universitario, que por ahora quedaría limitado al ambiente profesoral y estudiantil pero pronto habría de proyectarse a todo el país. El gobierno *de facto* tuvo el buen sentido de no oponer resistencia en ese terreno, donde carecía totalmente de apoyo, por lo que la conquista de la importante base operativa resultó relativamente pacífica. No por eso la victoria dejó de ser muy estimulante para la oposición. En realidad, era la primera brecha que había rendido el régimen militar, después de casi dos años de montar guardia celosamente sobre todos los territorios por donde pudieran colarse sus adversarios.

Durante muchos días, las reuniones de consejos de facultades y las clases inaugurales de los profesores reincorporados a diversas casas de estudio fueron otras tantas oportunidades para enfervorizar el ambiente universitario contra el gobierno. Algunas grescas entre los muchachos de FUBA y los de la Alianza señalaron el fin de la hegemonía nacionalista en la Universidad de Buenos Aires. Hacia fines de mayo el proceso de recuperación estaba terminado: lo que no advirtieron los eufóricos muchachos de FUBA era que la normalización de las universidades significaba automáticamente su entrega a la añeja oligarquía profesoral...

Mayo fue un mes estimulante para la oposición. Nunca, desde 1943, habían pasado tantas cosas alentadoras en tan poco tiempo. El copamiento de las universidades, el ingreso de la Argentina a la Conferencia de San Francisco para formalizar su admisión a las Naciones Unidas y el anuncio —no muy preciso pero anuncio al fin— de que el gobierno *de facto* estaba dispuesto a iniciar las etapas preparatorias del retorno a la normalidad constitucional, fueron hechos que infundieron creciente osadía a la todavía desorganizada oposición.

Pero los motivos de esta nueva tónica no se originaban tanto en el país como en el exterior. Porque en mayo de 1945 sobrevino el derrumbe del III Reich. Los aliadófilos, que habían pasado por momentos tan amargos durante los últimos cinco años, podían deleitarse ahora saboreando titulares que hacían reales los sucesos que en el 40, en el 41, parecían utópicos: Mussolini colgado, Hitler muerto en circunstancias aún oscuras, el ejército alemán rindiéndose por centenares de miles, pedidos de paz, luego rendición incondicional, jerarcas nazis detenidos, las fuerzas aliadas dictando la ley del vencedor en el territorio que debió ser la sede del milenario nacionalsocialista.

No fue posible impedir la explosión de entusiasmo que siguió a la rendición del Reich. Durante tres días, las más importantes ciudades argentinas fueron recorridas libremente por manifestaciones que enarbolaban banderas francesas, inglesas, norteamericanas y soviéticas. Por supuesto, estas expresiones tenían un definido e inocultable sentido antigubernista. Fue en esos días cuando empezaron a corearse estribillos como: "Votos sí, botas no", y a cantarse: "No queremos dictadura ni gobierno militar" con música de la vieja marcha radical, que a su vez utilizaba la melodía de la itálica "Bersagliera". El gobierno no pudo menos que adherir al regocijo: declaró feriado el día en que los aliados anunciaron oficialmente la finalización de la guerra en Europa, pero denunció también un supuesto plan subversivo enmascarado en las manifestaciones populares.

No era desatinada la acusación, porque en esas jornadas la oposición hizo una activa gimnasia revolucionaria; la FUBA y la Juventud Comunista, en especial, tuvieron a su cargo la agitación y las consignas. Hubo choques con la policía en Boedo y cerca de Plaza de Mayo, con un saldo de un par de muertos y varios heridos. Pero todo esto sería apenas un preanuncio de lo que ocurriría más adelante.

La creciente osadía de la oposición se manifestaba tanto en sus propios movimientos como en las reacciones que suscitaba el progresivo aflojamiento de la máquina represiva del gobierno *de facto*. El 31 de mayo se firmó el decreto-ley sobre organización de los partidos políticos y justicia electoral. Era una buena ley; la redactaron *tres intachables magistrados y un destacado constitucionalista* [9] y la mayoría de sus disposiciones han pasado posteriormente a normas vigentes. Pero las fuerzas opositoras estaban decididas a invalidar ese instrumento. Lo consideraban peligroso en manos del gobierno militar y los dirigentes de los partidos tradicionales vislumbraban el riesgo suplementario de perder el control de sus organizaciones por la apertura obligatoria de canales que hasta entonces dominaban.

En consecuencia, el bombardeo comenzó de inmediato. El primero en atacar fue el presidente de la Cámara de Apelaciones en lo Federal, que publicó una nota personal —adecuadamente publicitada por los diarios— con objeciones al nuevo régimen. Era la voz judicial que necesitaban los partidos para atacar el estatuto. Pronto se difundieron documentos de los socialistas, radicales y conservadores rechazándolo.

Pero la sanción del estatuto tenía otras consecuencias además de la de dar pretexto a los ataques opositores. Porque su aparición inauguraba —quisiéralo o no el gobierno— la primera etapa del *tempo* político. De inmediato ocurrirían otros hechos cargados de significación: la libertad de unos 200 presos políticos y la derogación de medidas que impedían la aparición de algunas publicaciones y restringían la difusión de noticias. En los más distintos escenarios se iban sucediendo acontecimientos que contribuían a vigorizar el movimiento opositor: en Mendoza, a punto de exiliarse a Chile, Américo Ghioldi era instado por un personero del gobierno a permanecer en el país y al regresar a Buenos Aires se hacía cargo de la dirección de "La Vanguardia" en un fervoroso acto; monseñor De Andrea cumplía sus bodas de plata episcopales y el aniversario daba motivos para reuniones, discursos, crónicas periodísticas. (No podemos resistir a la tentación de reproducir los primeros versos —al menos— del poema que le dedicó en la oportunidad Manuel Mujica Lainez: "Hace veinticinco años / monseñor Miguel de Andrea / que la mitra episcopal / ceñisteis por vez primera." Algo que no queremos llamar piedad, pero que desde luego lo es, nos veda seguir transcribiendo ese horror.) Diego Luis Molinari, tildado de "colaboracionista", intentaba dar clase en la Facultad de Ciencias Económicas y elementos de FUBA convertían el aula en un campo de batalla; un grupo de caballeros apolíticos formaban una *Junta de Exhortación Democrática* [10] y formulaban impetraciones a los partidos para coordinar la lucha; en Santa Fe se efectuaban unas Jornadas Reformistas que terminaban con manifestaciones y choques con la policía... Y a mediados de junio comienza una serie de solicitadas firmadas por entidades como la Bolsa de Comercio, Cámara Argentina de Comercio, Asociación del Trabajo, Confederación Argentina del Comercio, la Industria y la Producción, Sociedad Rural Argentina, Confederación de Sociedades Rurales y otras, atacando frontalmente la política económica del gobierno.

¿Qué pasaba? ¿Qué nuevo aliento trasmutaba el anterior silencio de algunos jueces en solemnes opiniones constitucionales, la anterior reticencia de los diarios en una valentía desconocida, la indiferencia cívica de ciertos ciudadanos en urticante preocupación política? ¿Qué aliento daba vigor a esas fuerzas? Ya hemos señalado de qué manera galvanizó a la oposición el triunfo militar de los aliados en Europa. Pero desde principios de mayo había en el país una presencia nueva, de extraordinaria significación: la de Spruille Braden, embajador de los Estados Unidos.

II

En el creciente enfrentamiento de fuerzas, el gobierno *de facto* contaba con un hombre que, sin ser todavía un caudillo, era al menos un animador, un inspirador de estrategias. A la oposición, en cambio, le faltaba ese hombre. Tenía un conjunto de dirigentes de parejo nivel pero carecía de una individualidad que pudiera ordenar los esfuerzos dispersos.

Tal carencia fue cubierta el 21 de mayo de 1945. Ese día presentó sus credenciales el nuevo embajador de Estados Unidos. Durante más de cuatro meses sería el conductor virtual de la oposición. Su vertiginosa actuación habría de inyectar energía a las fuerzas opositoras y aún después de su alejamiento su acción tendría decisiva proyección. *El banquero Carlos Alfredo Tornquist* [11] —ex director de la CHADE— habría de resumir en una carta a Braden la significación de su presencia en la Argentina: "Usted fue para todos nosotros —le escribió en vísperas de su partida— la columna vertebral de una sana reacción."

Cuando llegó al país, Braden estaba en el cenit de su carrera diplomática. Tenía 51 años y hablaba fluidamente el español. No era un "self made man": había heredado cuantiosos intereses en la compañía que fundó su padre, la "Braden Copper", de Chile, a la que dedicó parte de su especialidad de ingeniero. Pero tenía de los "self made men" la misma agresividad, idéntica seguridad en sí mismo y una manera arrolladora de conseguir lo que se proponía. Era un temperamento atropellador y hasta su aspecto físico tenía algo de taurino, con su maciza estatura, sus carretillas cuadradas, su testuz siempre en posición de embestir. En realidad, Braden y Perón estaban cortados por la misma tijera. Años más tarde, el ex diplomático confesó que el jefe argentino lo había impresionado profundamente y que lo consideraba muy inteligente aunque —distinguió— "en algunas ocasiones podía ser increíblemente bruto e ignorante".

Para la oposición, Braden era el aliado que desembarcaba —¡al fin!— en playas argentinas para dirigir la operación definitiva contra el nazismo vernáculo. Para los sectores que en seguida rodearon a Braden, el totalitarismo, arrasado ya en Europa, subsistía aún en dos países del mundo, por lo menos: Japón y la Argentina. De Japón se encargaba Mac Arthur; de la Argentina, Braden.

A poco de llegar, la oficina de Braden, a tres cuadras de la Casa Rosada, estaba constituida en virtual sede del estado mayor opositor. Año más tarde se acusó a Braden en el Senado de la USA de haber malversado fondos de la Embajada para emplearlos con fines políticos. La acusación no prosperó pero, ciertamente, no había necesidad de echar mano de semejantes recursos: bastaba la presencia de Braden y su dinamismo para movilizar todas las fuerzas posibles para la gran ofensiva contra Perón.

Pero no todo estaba claro en la misión de Braden. Hay motivos para presumir fundadamente que detrás de sus invocaciones a la democracia, el representante norteamericano ocultaba también el propósito de tutelar determinados intereses y aun puede suponerse que la suerte de éstos condicionaba en gran medida la actitud de Braden frente a Perón. La posibilidad de que las líneas aéreas norteamericanas pudieran explotar comercialmente en el porvenir el mercado interno argentino y el futuro control de las empresas alemanas y japonesas incautadas por el gobierno argentino en virtud de la declaración de guerra no parecen haber estado ausentes de las preocupaciones del embajador, cuyos antecedentes, en esto de mezclar diplomacia con negocios, ya eran conocidos en Buenos Aires: en 1938, como representante adjunto de Estados Unidos en la Conferencia de Paz del Chaco, Braden maniobró de manera indisimulada para preservar los intereses de la Standard Oil, cuyos pozos lindaban con la zona en conflicto —lo que fue denunciado en su momento por voceros paraguayos—. Siete años más tarde y en el mismo escenario, Braden se esforzaba por implantar la democracia en un país cuyo gobierno, además de ser nazi, cargaba con un pecado mayor: negarse a garantizar un futuro promisorio a los "business" planeados *para*

la posguerra [12]... Por de pronto, tal vez como medida precautoria, dio por no concretados los arreglos con la misión
Warren de febrero y en consecuencia las cosas volvieron a
estar como antes en materia económica.

Una serie de agasajos y banquetes proyectaban casi
diariamente la maciza figura de Braden a las columnas periodísticas. Fotografías, crónicas y discursos se reiteraban
con la insistencia de una campaña electoral. Pero Braden
sabía que la política no se hace solamente con discursos; su
experiencia en Colombia y Cuba le había enseñado que hay
que mover todos los hilos para conquistar el objetivo deseado. *El 1º de junio se entrevistó con Perón.*[13] Fue una conversación intrascendente, en la que los dos adversarios se
limitaron a hacer vagas fintas; pero en la oposición creció
la sensación de que el enviado de Truman estaba convirtiéndose en vocero de las fuerzas contrarias al gobierno. Y el
propio Braden corroboró esta impresión cuando difundió
un insólito comunicado anunciando que *un emisario de Perón* [14] le había transmitido la seguridad de que, en adelante,
la libertad de prensa sería escrupulosamente respetada. Era
la primera vez en la historia de la Argentina que un embajador extranjero asumía el papel de protector de los derechos de sus habitantes. El gobierno tuvo que tragarse el
agravio. Y la oposición se alborozó; con semejante garante
parecía afirmada definitivamente la posibilidad de preparar
la ofensiva con todos los recursos disponibles.

Era, desde luego, una ofensiva en serio. El objetivo ópti-
mo era el derrocamiento del gobierno *de facto* mediante un
golpe militar de corte democrático; el objetivo mínimo,
la liquidación política de Perón y el mantenimiento tolerado
de Farrell con una rápida convocatoria a elecciones; el objetivo intermedio —en mayo/junio del 45, al menos— consistía en *la entrega del gobierno a la Corte Suprema de Justicia.*[15] Para cualquiera de estas soluciones era previa una
campaña de agitación que aislara al gobierno *de facto* de todo
apoyo civil y presionara psicológicamente sobre los grupos
militares, cuya actitud debía ser decisiva. El planteo llevaba
como valor entendido una intensa acción revulsiva del em-

bajador norteamericano, cuya representación lo tornaba invulnerable y que encarnaba en su maciza persona todo el poder de las potencias aliadas triunfantes en la guerra contra el nazifascismo.

Este plan no alcanzó a articularse formalmente pero existía de manera tácita en la mente de casi todos los dirigentes de la oposición, que por su parte habían asumido como tarea específica la misión de hilvanar un frente homogéneo de los partidos tradicionales contra el gobierno *de facto*. Esta vocación unionista se daba fervorosamente en el socialismo y la democracia progresista; de una manera vergonzante en el conservadorismo; agresivamente entre los comunistas, la FUBA y las entidades apolíticas como la Junta de Exhortación Democrática y otras que fueron formándose al ritmo de los acontecimientos.

Faltaba, en cambio, en la medida necesaria, dentro de la fuerza que debía ser el pivote del frente: la UCR.

Diversas motivaciones alimentaban la intransigencia [16] que esgrimían algunos sectores del radicalismo. Por un lado estaba la vieja repugnancia radical a integrar uniones con otros partidos; un rechazo atávico y temperamental que venía desde sus orígenes y hacía aparecer ese tipo de componendas como repudiables contubernios que violaban la gran tradición singularista de Alem e Yrigoyen. En este sentimiento se mezclaban muchos mirajes: desde la convicción de que el radicalismo era mayoría en el electorado y por consiguiente no precisaba del magro aporte de los restantes partidos, hasta la intuición de que el emparejamiento con la oligarquía y los comunistas podía serle fatal.

Pero también estaba un juego político cuya sutileza se quebraría si la UCR ingresaba incondicionalmente a una acción unitaria con las restantes fuerzas opositoras. Era el juego que mimaba Sabattini sobre el estrecho filo de una navaja. Se trataba de copar silenciosamente el gobierno, pero sin hacer pública esa maniobra; darle soga al ascendente barrilete de Perón hasta que se agotara cuando chocara con su propio "plafond"; no romper lanzas con el gobierno *de facto* y mucho menos con sus apoyos militares, pero sin apa

recer públicamente en actitud de colaboración oficialista.
Ya veremos cómo Sabattini fracasó en esta delicadísima empresa: sólo la maestría política de Frondizi, diez años después, conseguiría la hazaña de apoyar a un gobierno *de facto* sin aparecer apoyándolo, presionándolo hacia una salida electoral más o menos imparcial sin aparecer presionándolo y ganar una elección capitalizando los votos opositores. Era una dificilísima urdimbre la que debía tejer Sabattini desde su retiro cordobés; el riesgo de ella era que sus amigos se le fueran quedando en la tela que a su vez hilaba Perón desde el poder oficial; y que una vez allí, se encontraran demasiado cómodos para volver a emigrar hacia los fogones de Villa María.

Fueran cuales fueran los argumentos proclamados o los motivos reales, lo cierto era que en las filas radicales muchos se resistían a la composición política que ya se daba en llamar Unión Democrática. La gente joven, en especial, que se había incorporado al partido durante la vigencia del gobierno militar —a un partido disuelto, clausurado y silenciado— y que en su mayoría había llegado por la vía del regreso doctrinario a Hipólito Yrigoyen, se erizaba ante semejante perspectiva. El 30 de junio se realizó en la localidad bonaerense de Nueve de Julio un banquete —modalidad política también de añeja tradición radical—. Allí se congregaron los más importantes dirigentes partidarios, por primera vez después de dos años de obligada dispersión, y en esa oportunidad se expresaron ruidosamente las diferencias que separaban al núcleo mayoritario de las corrientes intransigentes. A partir de ese momento los sectores del radicalismo que habían heredado la conducción y la máquina alvearista pusieron en marcha un operativo destinado a afirmar su control sobre la estructura partidaria.

Al producirse la revolución del 43 —recordémoslo— *la UCR padecía una crisis profunda y violenta* [17], cuya repercusión había dejado un tendal de desintegraciones en los organismos directivos por obra de intervenciones, impugnaciones o dimisiones, que la habían puesto en un virtual estado de acefalía. En 1945 no existían —desde el punto de vista reglamentario— autoridades partidarias: lo más aproximado a ella era la Mesa Directiva del Comité Nacional, cuya integración estaba arrasada por fallecimientos y renuncias.

Una de las soluciones más simples y directas hubiera sido aceptar el Estatuto de los Partidos Políticos, que preveía la designación de un núcleo de promotores que tendrían a su cargo, "ab ovo", la reorganización de los partidos. Pero el unionismo radical no podía correr el riesgo de dejarse ganar el comando. El Estatuto fue tildado de totalitario, como ya hemos visto, y ello posibilitó un golpe de mano interno que fue ejecutado rápida y limpiamente, favorecido por la entrega de la Casa Radical al apoderado del partido —Emilio Ravignani, unionista— cuya sede sirvió desde entonces de cuartel general a las huestes unionistas. En ese momento, la Mesa Directiva del año 43 fue recompuesta mediante el rechazo, por ella misma, de las renuncias de sus miembros y en consecuencia entró a funcionar como *única autoridad legal del partido en el orden nacional* [18], fundándose en el estado de emergencia que se estaba viviendo y la necesidad de diferenciar a la UCR del "colaboracionismo" al que se habían entregado algunos radicales. Paralelamente a este "recauchutaje" —como fue calificada socarronamente la maniobra, en esos tiempos de escasez de neumáticos— el "coup d'État" siguió con el reconocimiento de los comités provinciales de Buenos Aires, Córdoba, Salta, Entre Ríos, Santa Fe y Mendoza, todos ellos presididos por unionistas, aunque esta circunstancia —sobre todo en Córdoba— no reflejaba en modo alguno la verdadera composición de las fuerzas internas.

De este modo, que los intransigentes debieron aceptar (faltos como estaban de organización y de una jefatura única y tildados algunos de ellos de ser proclives a un acuerdo con el oficialismo), el poder interno de la UCR quedó en manos de un organismo carente de representatividad y con amplia mayoría unionista. Es innegable que resultaba prácticamente imposible proceder de otra manera, puesto que la disolución impuesta a los partidos a fines de 1943 había aparejado el secuestro de la documentación interna, padrones de afiliados, etcétera. Pero los unionistas aprovecharon la coyuntura para invalidar cualquier otra solución viable y aferrar firmemente los controles partidarios, que les otorgaba la representación externa del partido en el orden nacional.

Pocas veces se vio en la historia del radicalismo una maniobra tan mañosa, tan hábil y justificada con argumentos tan ilevantables. Desde esa fantasmagórica Mesa Directiva resucitada con pases de prestidigitación, los herederos del alvearismo comenzarían la complicada operación de desplazar a la UCR hacia la unión con las restantes fuerzas opositoras y llevar en conjunto la gran ofensiva contra el gobierno *de facto* hasta la máxima intensidad.

Para esta táctica, el mes de julio entraba en condiciones muy favorables. Por de pronto, los partidos políticos se sentían más seguros, más apoyados. La reunión radical de Nueve de Julio mereció un solemne editorial de "La Nación": "...los partidos tradicionales han sobrevivido al decreto de disolución, pues los actos gubernativos carecen de imperio para poner término a lo que no es perecedero". Conferir el carácter de imperecedero a un partido que fuera blanco preferido de los fastidios del diario de Mitre hasta pocos años antes representaba una conmovedora solicitud. Casi tanto como la que demostraba, a propósito de la misma asamblea, el "New York Times", que dramatizó la cosa de esta suerte: "Estos hombres necesitaron mucho valor para proceder así (reunirse a cenar en Nueve de Julio F. L.). La suya es la más enérgica protesta que ha surgido hasta ahora dentro del país. Esta manifestación, sumada a la huelga de los estudiantes universitarios y a la oposición expresada ya por los grupos comerciales e industriales de Buenos Aires, que contó con la adhesión de los terratenientes (sic), revive la esperanza de que la Argentina emergerá de sus actuales dificultades convertida en una democracia mejor y más fuerte de lo que era antes."

Durante tres días se había reunido, a fines de junio, el Consejo Nacional del Partido Socialista. Su declaración fi-

nal era un vehemente llamado a la unión interpartidaria.
"Proclamamos —decían los socialistas— la necesidad de transformar la conciencia de los anhelos en unión político-demo-
crática, para salvar la legalidad y la libertad... Y destacamos
la responsabilidad de los grupos reacios a la unión democrática, en cuanto su actitud facilita la prolongación del
gobierno *de facto* y la desunión nacional prepara el terreno
a soluciones contrarias a la verdadera democracia." Y más
adelante insistía: "Afirmamos que la unión democrática es
el programa de la presente hora argentina; ella se impone
para consolidar la democracia, afianzar la libertad y desterrar
los restos del fascismo malsano que ha envenenado tantas
fuentes de la actividad nacional." De las recientes conquistas
sociales, en tanto objetivos "de la presente hora argentina",
nada decía el socialismo.

Un par de semanas más tarde, hacia mediados de julio,
eran los conservadores los que echaban su capa al ruedo.
El Partido Demócrata Nacional —decía el manifiesto de su
Comité Nacional— "ocupará el puesto de lucha que le corresponde en el escenario político del país". El documento
reclamaba la cesación del estado de sitio (que en realidad
había sido impuesto por un conservador, el ex presidente
Castillo, tres años y medio antes) y rechazaba el Estatuto
de los Partidos Políticos, anunciaba que el conservadorismo
lucharía por el federalismo, negaba representatividad al gobierno militar y generosamente se manifestaba "despojado
de rencores contra quienes lo han combatido, anhelando
contribuir a la unión de la familia argentina en la angus-
tiosa situación en la que se debate el país". Poco después
los conservadores harían su primera aparición pública en
la localidad bonaerense de Mercedes, con un gran almuerzo
en el que abundaron discursos y cabildeos; la mesa estuvo
presidida por dos figuras cuya significación política definía todo el acto: Antonio Santamarina y Alberto Barceló.

Entretanto, en este mes de julio, abundante en manifiestos, la UCR, ya controlada por la Mesa Directiva, presidida por Oddone, y en posesión de la Casa Radical (edificio que años atrás había sido señalado por los núcleos mi-

noritarios como construida con contribuciones de la CHADE) lanzaba su primer documento después de su rearticulación. Tenía una decidida intención antioficialista y no dejaba lugar a dudas sobre la actitud futura del partido mayoritario. "Afirma su clara postura frente al actual gobierno *de facto* de la Nación que se mantiene a espaldas de la voluntad del pueblo y en abierta violación de los derechos y garantías constitucionales" —decía—. El documento repudiaba el Estatuto de los Partidos Políticos, exigía el levantamiento del estado de sitio, la reimplantación de la libertad de prensa, la liberación de los presos políticos, el otorgamiento de garantías para el regreso de los exiliados, "la cesación de propagandas oficiales a favor de determinadas candidaturas" y la convocatoria a elecciones en fecha cierta. Señalaba el manifiesto que la UCR "es una fuerza histórica representativa de lo más puro de nuestra tradición democrática e intérprete del sentimiento mayoritario del pueblo argentino" y concluía haciendo una llamada "a las fuerzas obreras" cuyas conquistas legítimas —agregaba— no necesitan "la permanencia de gobiernos de fuerza ni la violencia de las luchas sociales". El mismo día, la Mesa Directiva suscribía una resolución decretando la expulsión de las filas partidarias de todo afiliado que fuera osado de aceptar un cargo oficial.

Pero los hechos políticos no tramitaban solamente a través de los canales partidarios. Había muchos frentes de ataque armados ya contra el gobierno *de facto*, desde los cuales se iba avanzando hacia un progresivo cercamiento del poder.

Por ejemplo, la Universidad. En julio ya estaba tan copada por los elementos democráticos, que éstos se permitían el dulce placer de tiranizar a los sospechosos de oficialismo. Así como se había impedido volver a la cátedra a Molinari, se hostilizaba a Rafael Bielsa y otros profesores. Y esta dictadura democrática a nivel universitario se institucionalizó cuando Clodomiro Zavalía propuso y consiguió hacer aprobar por el Consejo Universitario de Buenos Aires una resolución que preveía la suspensión o cesantía del personal docente que adhiriera "a ideologías o sistemas conarios a los principios de libertad y gobierno representativo". La resolución repetía, con signo inverso, el intemperante extremismo del gobierno militar que en noviembre de 1943 había exonerado al núcleo de profesores encabezados por Houssay y prefiguraba el revanchismo universitario de rótulo libertador que se desataría casi exactamente una década más tarde. A su vez, la FUBA invitaba a todos los estudiantes a lucir una cintilla de luto en la solapa "en señal de duelo por las libertades perdidas" y oficiaba de guardia de corps de los claustros profesorales, integrados en su mayoría por los mismos que años atrás habían promovido las ofensivas contrarreformistas. Como el propio Zavalía, abogado de la CHADE, que en 1930 fue decano de la Facultad de Derecho por obra de la represión uriburista contra los estudiantes reformistas y posteriormente funcionario del gobierno de facto de Uriburu, sin que en aquella oportunidad le preocuparan mucho "los principios de libertad y gobierno representativo".

También estaba la Justicia. Avalada por la vigorización opositora, la Corte Suprema se negaba a tomar juramento a los flamantes magistrados del fuero laboral. Era una inequívoca manera de hacer saber al gobierno que la Justicia del Trabajo sería declarada inconstitucional en la primera oportunidad que se presentara. Y también un elegante mensaje a los intereses patronales, para que no se preocuparan mucho de esa innovación legal — saludada en esos días como la más importante conquista en la historia del movimiento sindical.

Y por supuesto, Braden. Después de cumplir un impresionante fixture de banquetes y actos de todo tipo, el embajador de Estados Unidos había creído llegado el momento de iniciar su campaña en el interior. Ya era Braden un factor de poder tan importante como el gobierno mismo: baste señalar que un grupo de dirigentes comunistas del gremio de la carne le hizo llegar en una oportunidad un pedido de mejoras para que el embajador gestionara su aprobación ante las empresas frigoríficas... Ahora correspondía llevar su voz a otros escenarios. El 21 de julio arribó a Santa

Fe, invitado por la Universidad del Litoral, tierra amiga.
En el Jockey Club, en la Universidad, un público que apro-
vechaba para escandir las consignas opositoras ("Democracia sí, nazis no", "Militares al cuartel") se agolpó en todos
los actos prestigiados por la rotunda figura del representante de Truman, quien se enteró allí que en Buenos Aires
se había efectuado un insólito acto en el Teatro Casino (del
que ya hablaremos), y que las calles porteñas estaban inundadas de volantes injuriosos contra su persona arrojados
por desconocidos. La guerra entre Perón y Braden ya había
comenzado con las vías de hecho.

No era Braden hombre de achicarse ante esas hostilidades; al contrario, le venían como anillo al dedo dentro
de su plan de agitación. Cuando llegó a Retiro, de regreso de
Santa Fe, lo esperaba una verdadera multitud. No era el
embajador de un país extranjero el que descendía del tren:
era un verdadero líder político el que dificultosamente bajó
del convoy y pasó, ovacionado por el público, dándose tiempo para declarar a los periodistas que tenía la certeza de
que la campaña de injurias contra su persona era promovida por nazis refugiados en el país. Una catarata de adhesiones a Braden cayó ese día y los siguientes sobre las páginas de los diarios; la lectura de los nombres da la idea,
por mitades, de una Guía Social y de un "Quién es quién"
para estancieros, patrones de empresa, banqueros y políticos. "Que la opinión advierta a qué límites se está llegando", señala el texto del manifiesto de adhesión a Braden,
refiriéndose a los volantes. ¡Meterse con el embajador yanqui era el colmo de lo increíble, *el escándalo total!* [19]

Lo paradójico de todo esto consiste en que la escalada
opositora cobraba intensidad en la medida que el gobierno
de facto aflojaba los tornillos que habían mantenido clausurada hasta entonces la caldera política. A mediados de mayo
el gobierno había anunciado un plan de normalización institucional a cumplirse en varias etapas: derogación del decreto que disolvía a los partidos políticos, estatuto de los
mismos y justicia electoral, confección de los padrones,
"preparación electoral" y finalmente elecciones. De buena

o mala gana, este plan se estaba cumpliendo. En julio los partidos habían tomado posesión de sus respectivos locales y actuaban con relativa libertad. Ya no había presos políticos —o eran muy escasos— y sólo quedaban algunos dirigentes gremiales comunistas en las cárceles. Los exiliados eran libres de volver y algunos lo hicieron, aunque los más expectables permanecían aún en Montevideo, aconsejados por sus amigos, que no deseaban dar la sensación de que el país marchaba hacia la normalidad.

Hubo más. El 1º de julio Teissaire anunció que en pocos días más se formularían importantes anuncios políticos y el gabinete se reunió varias veces para analizar la situación. Fue el presidente Farrell quien hizo la impactante declaración en la comida de camaradería de las Fuerzas Armadas realizada el día 6. "He de hacer todo cuanto esté a mi alcance para asegurar elecciones completamente libres y que ocupe la primera magistratura el que el pueblo elija." Una ovación saludó sus palabras. Y entonces enfatizó: "Repito: el que el pueblo elija." En el mismo discurso anunció que la convocatoria a elecciones se haría antes de fin de año y explicó que la demora se debía a la necesidad de confeccionar debidamente los padrones electorales. Los aplausos que saludaron las palabras de Farrell dieron a todos los que lo escucharon a través de la cadena de radios, la nítida sensación de que las fuerzas armadas anhelaban salir de una vez del régimen que ellas mismas habían creado. Y salir correctamente.

Tiempo después de este hecho —ya en febrero de 1946— se publicó un folleto titulado "¿Dónde estuvo?", firmado por "Bill de Caledonia", seudónimo que ocultaba a Perón, que tenía un perro precisamente llamado así. Allí se aseguraba que las palabras de Farrell en la comida de camaradería "le fueron sugeridas por mí", es decir, Perón. Reproduciendo supuestos fragmentos de unas "Memorias de Perón", añadía "Bill de Caledonia":

—En efecto: la promesa de convocatoria para antes del 31 de diciembre de 1945 sin candidato oficial; que el candidato sería el que elegiría el pueblo; que el Ejército no comprometería su seriedad ni actuaría en política, como que se inaugurarían comicios absolutamente limpios, fueron sugestiones mías, que el general apuntó el 5 de julio en su despacho, a las 12.30 horas.

Sea o no verdad, la precisión, lo cierto es que en la citada comida Perón pronunció una corta alocución que no aludió para nada a las palabras presidenciales. Se limitó a decir —después de agradecer a la recién nacida Aeronáutica el honor de haberle conferido su representación y de hacer un llamado formal a la unidad de las fuerzas armadas— algo que parecía un lugar común, si no fuera porque indicaba una clara alusión a las actividades de Braden:

—No pedimos al destino nada extraordinario sino que los problemas argentinos se resuelvan en la Argentina entre argentinos.

La triple repetición del nombre nacional arrancó algunos aplausos. Pero la frialdad con que se recibieron sus palabras contrastó con la explosión de entusiasmo que marcó el anuncio presidencial. Al día siguiente todos los diarios opositores —o sea todos los diarios— subrayaban la promesa de Farrell y hasta daban cabida a comentarios como el que firmaba Oscar Ivanissevich en "La Nación": "El gobierno nacional, ¡Dios sea loado!, ha escuchado la voz de la República."

O al menos, la voz de la oposición. Porque el 1º de agosto aparecieron las modificaciones al Estatuto de los Partidos Políticos, que en gran medida se ajustaban a las críticas formuladas por la oposición. Las reformas establecían ahora el reconocimiento de los partidos Unión Cívica Radical, Demócrata Nacional y Socialista, a los que se calificaba de "actuación tradicional y raigambre histórica"; restablecía el sistema de lista incompleta para las elecciones presidenciales —volviendo así al régimen de la ley Sáenz Peña, que los conservadores torcieron en 1936 para posibilitar el triunfo de los candidatos concordancistas al año siguiente— y en general aligeraba el profuso texto legislativo anterior. Resultaba difícil criticar ahora una norma que carecía hasta de las mínimas trampas que la sutileza de abogados, jueces y políticos había denunciado anteriormente. No obstante lo cual, los partidos siguieron rechazándolo y el infaltable presidente de la Cámara de Apelaciones en lo Federal volvió a insistir en la peligrosidad del Estatuto.

Pero es que ahora todo estaba teñido de política. La Conferencia Nacional de Rectores, reunida en Buenos Aires, emitía una declaración solicitando el pronto regreso a la normalidad. Y en el teatro Casino anunciaba Alberto Anchart un "show" titulado "Se vienen las elecciones", donde los viejos personajes frecuentadores de la escena —política y teatral— regresaban a hacer las delicias del público: Palacios con su poncho y sus bigotes, Tamborini con su gran mechón sobre la frente, y un Perón generalmente silbado por el público...

Todo estaba teñido de política, en ese agosto del 45 cuyos primeros días acogieron, suspenso el ánimo, un acontecimiento que abriría una nueva era en el mundo: el lanzamiento de la primera bomba atómica sobre Hiroshima. Fue el 6 de agosto: el mismo día, exactamente, en que el nuevo ministro del Interior, J. Hortensio Quijano, anunciaba el levantamiento del estado de sitio. Y como todo estaba teñido de pasión política, Palacios, en Montevideo, al ser preguntado qué opinaba de la medida gubernativa, respondió:

—Se trata de un ardid...

Respuesta tan misteriosa como la de Luciano F. Molinas, que formuló la siguiente reflexión:

—Puede volver a regir en cualquier momento...

Claro que podía volver a implantarse en cualquier momento y con la perspectiva que dan los años asombra que no se hubiera tomado esa medida en momentos en que la oposición excedía todos los límites de la continencia política. Pese al levantamiento del estado de sitio que Castillo implantara cuatro años antes, pese al reconocimiento del Partido Comunista y a la revocación del decreto de disolución que había pesado sobre la Federación Universitaria

Argentina, las fuerzas antigubernamentales acentuaban su presión sobre el gobierno, ahora en el terreno callejero. Sus consignas no eran muy coherentes; por un lado se exigían elecciones inmediatas, sin candidaturas oficiales. Pero al mismo tiempo y desde las mismas fuentes se instaba que el gobierno entregara el poder a la Corte. En realidad, el plan era conseguir un desplazamiento violento del poder *de facto*.

Desde el 9 de agosto y virtualmente hasta fin de ese mes, Buenos Aires fue una vasta manifestación callejera. Empezó el 9 con un homenaje a Sáenz Peña en Diagonal Norte y Florida, que terminó a altas horas de la noche con manifestaciones, corridas y petardos. Siguió al otro día —ahora con el pretexto de la rendición del Japón y el fin de la guerra—, con manifestaciones que recorrieron el centro y culminaron luctuosamente frente a la Subsecretaría de Informaciones del Estado —en Avenida de Mayo al 700— con la muerte de un estudiante y un empleado de comercio, ultimados, según afirmaron los opositores, por la policía. A las manifestaciones democráticas respondían los contraataques de los nacionalistas, cuya sede fue allanada por orden judicial y que —según declaraciones de Mario Amadeo— nada tuvieron que ver con los tiroteos.

Sin solución de continuidad, al otro día de la muerte de los dos jóvenes, se realizó una concentración en Plaza San Martín, supuestamente en homenaje al Libertador, organizada por la Unión Obrera local y la Junta de la Victoria: adhesión de Braden por escrito, ovacionada por el público, tiroteos en la desconcentración, ataques de los manifestantes contra conscriptos que andaban por las inmediaciones —de franco, dijo después el Ministerio de Guerra; hostilizando a los manifestantes, aseguró "La Prensa"—. El 17 de agosto la colectividad norteamericana realizó un acto en el teatro Ópera, para celebrar el fin de la guerra. Braden pronunció una arenga casi subversiva:

—Cualquier ataque, por pequeño que sea, a los derechos del hombre, debe ser inmediatamente rechazado... Donde quiera y cuando quiera que estos derechos y libertades sean amenazados, habremos de salir a defenderlos... Un mundo que respete y defienda los derechos del hombre bajo la democracia no puede seguir tolerando que existan gobiernos cuya norma es la violencia y que humillan al hombre bajo la dictadura. Para asegurar la paz en el mundo, nosotros, las democracias victoriosas, debemos establecer ¡y estableceremos! la única soberanía legítima: ¡la inviolable soberanía del pueblo!

Al otro día, el escenario de los tumultos se trasladaba al foro de la oligarquía terrateniente: la Sociedad Rural. Por primera vez desde la inauguración de la tradicional fiesta del campo, no asistió al acto ninguna autoridad oficial: Perón, en ejercicio del Poder Ejecutivo por ausencia del presidente Farrell, que estaba en Paraguay, no fue ni se excusó. Sabía lo que le esperaba allí. Y el ministro de Agricultura se enfermó. Estas ausencias no hicieron más que excitar aún más la rechifla que se había preparado. Las consignas se vocearon entusiastamente por la elegante concurrencia:

> —¡Los caballos al cuartel!
> Me refiero al coronel.
> ¡Y las mulas al corral!
> Me refiero al general
> (con perdón del animal).

Cuando desfiló frente a la tribuna un artefacto de artillería arrastrado por caballos de tiro conducidos por un par de asombrados soldaditos, toda la furia antimilitarista de los asistentes a la Rural estalló en una silbatina ensordecedora. La concurrencia ya había tenido su cuota de palabras opositoras con el discurso del presidente de la entidad, José María Bustillo, ex diputado conservador. Fue una tarde de piedra libre contra el gobierno. *Jóvenes oficiales de caballería* [20] se habían negado a participar en las competiciones de salto y acusaron a las autoridades de la Rural de haber preparado las demostraciones contra el Ejército. Estas respondieron afirmando que "...el patriotismo en la República Argentina no es privilegio de los profesionales armados; el paisano que cultiva la tierra y el hombre civil

en general ama a la patria sobre todas las cosas y es tan
celoso guardián de su soberanía como el que más y está
siempre dispuesto a defenderla".

El mismo día de la Rural, la FUBA declaraba la huelga
por una semana, en señal de protesta por la violencia policial y a esta decisión se sumaban espontáneamente los alumnos de numerosos colegios secundarios, apoyados por algunos profesores, que fueron de inmediato exonerados. Y al
día siguiente los tumultos se instalaban en un foro menos
campestre que la Rural: el Palacio de Justicia, donde se
reclamó la entrega del gobierno a la Corte, mientras los
miembros del alto organismo, inocentemente, se encontraban en su despacho trabajando en el habitual acuerdo.

Casi veinte días de disturbios callejeros. La FUBA y la
juventud comunista eran animadores infatigables de esta
gimnasia revolucionaria, que tenía por marco un núcleo de
veinte manzanas de Buenos Aires, pero cuya repercusión
era convenientemente promovida por todos los diarios, las
agencias noticiosas y las declaraciones de las agrupaciones
democráticas que empezaban a constituirse: de médicos, de
abogados, de ingenieros. El levantamiento del estado de sitio había sido un reventón de calderas: todos los que durante dos años habían tenido que callar, se daban el gusto
de vociferar a pulmón lleno por las calles de Buenos Aires.
Pero no se gritaba siempre lo que se quería. Los activistas
imponían las consignas que debían vocearse:

—¡Radicales, socialistas, comunistas, unidad!

O también:

—¡La unidad nacional al fascismo aplastará!

Las manifestaciones solían tener puntos obligados de visita: "La Prensa", "Crítica", "La Razón", con estación final
en "La Vanguardia". Los democráticos, para aplaudir. Los
nacionalistas para romperles los vidrios. Y había también
víctimas obligadas: los conscriptos sueltos. Fueron días de
jolgorio. Los estudiantes y alumnos de secundaria recorrían
las calles desde la mañana, gozando el buen sol de ese
benévolo invierno, concentrándose y desconcentrándose, jugando al vigilante-ladrón con la policía, mimando el gesto

y la actitud de Paul Muni en *Contraataque* o de Humphrey Bogart en *Casablanca* y viendo teutones de la Gestapo en los más morochos agentes de la Brigada de Seguridad.

Palos, gritos, tiros en Buenos Aires. Y también muertos. Dos muertos, más de un centenar de heridos. El gobierno *de facto*, por primera vez, parecía indeciso. Perón se limitó a barbotar algunas amenazas ante los periodistas. Quijano reflexionó:

—¿Para esto querían que se levantara el estado de sitio?

En estos días de agosto, mientras los japoneses iban a Manila a firmar ante Mac Arthur el acta de rendición del Imperio del Sol Naciente, la oposición dominaba en Buenos Aires y en las calles de Córdoba, Rosario, Tucumán, Santa Fe, La Plata. Parecía que la batalla se iba a ganar sobre el asfalto. Pero las batallas políticas se ganan y se pierden en locales cerrados; frente a mesas, conversando pacíficamente. Y la oposición empezó a cerrar su cerco el 20 de agosto, en la Casa Radical, cuando los miembros de la *Junta de Coordinación Democrática* [21], visitaron oficialmente a la Mesa Directiva de la UCR para invitarla a unirse a los restantes partidos políticos a fin de exigir al gobierno *de facto* la entrega del poder a la Corte Suprema de Justicia. La unidad de los partidos estaba virtualmente resuelta y la Mesa Directiva de la UCR, presionada por un público gritón y barullero que copaba diariamente las instalaciones de la Casa Radical, no podía demorar su decisión. No bastaron para detenerla el violento manifiesto que publicó el Movimiento de Intransigencia y Renovación de la Capital Federal rechazando "una reorganización manufacturada por entreguistas" ni el telegrama que envió Amadeo Sabattini encareciendo "no cometer el gravísimo error de abandonar la intransigencia". Agregaba el dirigente cordobés que "solos y unidos fraternalmente los radicales debemos organizarnos democráticamente y con premura para de inmediato dar solución nacional a la que atentan el frente popular, el gobierno *de facto* y los intereses extranjeros que actúan en forma por demás denigrante".

Todo fue inútil: el 28 de agosto la Mesa Directiva de la UCR resolvió aceptar "una acción armónica con los partidos democráticos en los hechos y en los principios, las agrupaciones independientes, organizaciones obreras, profesionales y culturales, federaciones estudiantiles, comerciantes, ganaderos y agricultores, empleados, etcétera, que tienda exclusivamente a conseguir la inmediata normalización institucional". Se aclaraba que esa acción se realizaría "sin que sufra desmedro alguno la independencia y autonomía del partido ni su estructura, organización y dirección interna". En los puntos anteriores se hacía una violenta tirada contra los gobiernos del fraude: era la concesión retórica para Sabattini y los intransigentes. También se señalaba que "el radicalismo es contrario a toda clase de alianzas o pactos de carácter electoral". Esta precisión, aunque aparentemente también dirigida a tranquilizar a los intransigentes, en realidad estaba dedicada a la máquina interna, asegurando a sus dirigentes que no habría listas compartidas de candidatos y que el "partido mayoritario" ubicaría a sus hombres en los futuros equipos oficiales sin repartir los puestos con otras fuerzas.

Pero la ambigüedad de la resolución no dejó de irritar a los unionistas: semanas más tarde, en una asamblea partidaria realizada en Cosquín, el presidente de la Mesa Directiva no pudo usar de la palabra. Grupos organizados —después se denunciaría la presencia de comunistas en la asamblea radical— corearon gritos de unidad y obligaron a Oddone a abandonar la tribuna. En ese mismo acto, el joven dirigente Mario Roberto había acusado a Braden de ser "el verdadero coordinador de la unidad democrática".

La alusión de Sabattini a "los intereses extranjeros que actúan en forma por demás denigrante" se refería, por supuesto, a la actividad de Braden, que culminaba por esos días. El 25 de agosto los cables de Washington anunciaban la designación del movedizo embajador en un puesto clave de la diplomacia norteamericana. Por renuncia de Nelson Rockefeller —al que se le había atribuido excesiva blandura en el tratamiento del "caso argentino"— se haría cargo Braden de la secretaría adjunta del Departamento de Estado. La designación permitía una salida decorosa al hombre que en tres meses se había convertido en el virtual jefe de la oposición y cuya mera presencia era ya un factor de irritación agudísimo; y al mismo tiempo lo colocaba en la conducción de la política latinoamericana del Departamento de Estado. No podía haber sido peor la noticia para el gobierno *de facto*. Acaso en ese momento Perón empezó a perder la cabeza. Pues, indudablemente, eran muy amenazantes las declaraciones que inmediatamente formuló Braden a los periodistas, a quienes recibió en la cama por estar enfermo.

—Alguna vez se aseguró que mi política resultaba marcadamente personal —dijo—. No es así. No hice, no hago ni haré nada que no corresponda al rumbo de mi patria. De allí que pueda adelantarles que mi política no variará en lo más mínimo cuando me halle en Washington y que, antes bien, podré acentuarla debido a que contaré con mayores posibilidades de hacerlo...

Estas declaraciones y la breve y malhumorada de Truman —"me desagrada la situación argentina"— eran otros tantos golpes sobre el tambaleante gobierno *de facto*. A ellos debían sumarse los hechos políticos que sucedían ininterrumpidamente en estos últimos días de agosto: las múltiples declaraciones de solidaridad con los cuarenta profesores de enseñanza media exonerados por haber adherido a la huelga estudiantil; *el regreso de los exiliados en Montevideo* [22]; el pedido de los rectores de las universidades al Poder Ejecutivo para que las futuras elecciones fueran presididas por el presidente de la Corte Suprema y la presentación judicial de profesores de la Universidad Nacional del Litoral para que el alto tribunal se hiciera cargo del gobierno por razón de acefalía, el acto realizado por la UCR en Plaza del Congreso el 29 de agosto, primera reunión política importante después de la revolución de 1943, que contó con una apreciable concurrencia y terminó con corridas, gases lacrimógenos y desórdenes.

Pero todavía el mes de agosto reservaba al gobierno *de facto* una última bofetada, una afrenta final: la despedida que brindaron a Braden unas 600 personas en el Plaza Hotel. Seguro de su triunfo, listo para dar al régimen militar de la Argentina el golpe de remate desde su nuevo puesto en Washington, el embajador norteamericano se desbordó en *uno de los discursos más agresivos e insolentes* [23] que haya pronunciado jamás un diplomático en país alguno. Es de suponer que los gobernantes argentinos aguantaron ese último chubasco con la resignación del que debe sufrir la postrera humillación, la cachetada final, como precio del alejamiento del agresor... Pero el embajador promovido todavía quedaría una veintena de días más en el país, siguiendo atentamente un proceso que aceleraba su ritmo día a día. Y sólo habría de partir después de tener la evidencia de que los días del gobierno *de facto* estaban contados.

Y aparentemente estaban contados, no más. Parecía imposible que ningún gobierno pudiera resistir los ataques que desde tan diversos flancos se le llevaban. Ahora la tónica tumultuosa de la acción desplegada por la oposición durante el mes de agosto se convertía en algo más contenido pero de mayor repercusión sobre los destinatarios finales de su estrategia: las Fuerzas Armadas. La Corte Suprema seguía demostrando su inédita independencia: en los primeros días de setiembre anuló sentencias de la justicia militar contra supuestos conspiradores y dispuso la libertad de los seis militares retirados que estaban detenidos desde el mes de abril. Y la actitud de la Corte era imitada por otros jueces: ahora era fácil disparar sobre el gobierno. Uno de ellos resolvió que no había desacato en el hecho de *escupir en la puerta de la casa de Perón...* [24]

Pero el alto tribunal no se animó a acoger favorablemente la petición formulada por la Universidad del Litoral: hacerse cargo del gobierno parecía algo un tanto exagerado...

Sin embargo, la asunción del poder por el presidente de la Corte Suprema era una fórmula que estaba prosperando. Palacios la expuso concretamente en el acto que los socialistas realizaron frente a la Casa del Pueblo en honor de los exiliados recién llegados: "Desde esta alta tribuna —dijo— pido fervorosamente al hombre que asume la terrible responsabilidad de dirigir los destinos de la Nación, que entregue el gobierno a la Corte Suprema, para que vuelva al pueblo". En el mismo acto Américo Ghioldi anunció que "la desobediencia civil se ha iniciado". Una semana más tarde, la Federación de Colegios de Abogados precisaba la necesidad de que asumiera "el ejercicio del gobierno, el presidente de la Corte Suprema".

En la dirección opositora surgió entonces una brillante idea: efectuar una magna concentración cívica. No se trataba ahora de salir a la calle a tontas y a locas, a hacerse apalear por la policía, con el pretexto de la rendición de Japón o de homenajear a Sáenz Peña. Un acto grande, serio, con autorización policial; algo que fuera la despedida multitudinaria a Braden, que demoraba día a día su partida para llevarse la prueba incontestable de que el pueblo argentino repudiaba a la "dictadura nazifascista". Era exactamente el momento de intentar esa manifestación. Había ya una experiencia de calle muy valiosa: los primeros días de setiembre habían llevado las manifestaciones al interior, y en Córdoba, La Plata, Rosario, Santa Fe y Paraná los partidos opositores habían realizado actos entusiastas. En Buenos Aires, el Partido Comunista hizo su primera concentración pública después de años de clandestinidad, en el Luna Park; un acto alucinante en donde se hicieron presentes conservadores egregios como Antonio Santamarina, Alejandro Ceballos y José Castells, el gobernador justista del Chaco que —como recuerda J. J. Real— reprimió violentamente la huelga de los cultivadores de algodón. Un acto admirablemente organizado, con bonitas chicas haciendo colectas y los retratos de Stalin, Churchill y Roosevelt con la leyenda: "Contra el fascismo, sigamos su ejemplo", en el cual el comunismo vernáculo piropeó al conservadorismo con estas galanterías, dichas por Rodolfo Ghioldi: "Saludamos la reorganización del Partido Conservador, operada en oposición a la dictadura, que, sin desmedro de sus tradiciones sociales, se apresta al abrazo de la unidad nacional y que en las horas sombrías y en el terror carcelario mantuvo en la persona de don Antonio Santamarina una envidiable conducta de dignidad civil."

Era el momento de intentar una concentración monstruo. No fue fácil conseguir la autorización oficial. El ministro del Interior, zorro viejo, olfateaba que el éxito de la Marcha de la Constitución y la Libertad —así se denominó a la proyectada concentración— podría ser un golpe decisivo contra el gobierno *de facto* y su ya virtual candidato. Pero la situación internacional de la Argentina había vuelto a agravarse: la renuncia de Rockefeller, la declaración de Truman, la designación de Braden ensombrecían el panorama internacional, pese a los esfuerzos del nuevo canciller —el radical Juan I. Cooke— que publicó una larga declaración para demostrar las medidas adoptadas contra las personas y bienes de japoneses y alemanes y que purgó el servicio exterior de los funcionarios que habían sido servidores demasiado entusiastas del gobierno *de facto*. Por otra parte, el estado de sitio había sido levantado, las autoridades insistían en que había total libertad. El gobierno *de facto* no podía darse el lujo de prohibir la Marcha.

Después de algunas vacilaciones se autorizó la concentración. El acto se haría el 19 de setiembre; se iniciaría en Plaza del Congreso y la manifestación podría marchar por Callao hasta Plaza Francia. No habría oradores.

En seguida que se formalizó la autorización empezaron a llover adhesiones sobre la Marcha. Entidades gremiales y profesionales, todos los partidos políticos opositores y hasta el minúsculo Partido Popular, de orientación demócrata cristiana, hicieron pública su invitación a participar de ella. Y, por supuesto, la Sociedad Rural, la Bolsa de Comercio y la Asamblea Permanente del Comercio, la Producción y la Industria. Los diarios empezaron a publicar grandes avisos exhortando a concurrir. Las adhesiones llenaban columnas enteras. El 19 sería una prueba decisiva.

La víspera de la Marcha, Palacios se hizo cargo de su cátedra en la Facultad de Ciencias Económicas. Una enorme concurrencia se agolpó en el aula y colmó las instalaciones de la Facultad. Siempre mimado y bienquerido por la oligarquía, su auditorio era muy diferente al que, cuarenta años atrás, lo aclamara en la Boca como candidato a diputado. Palacios habló, naturalmente, de la juventud, de América y de los ideales. Pero el final de su discurso fue muy concreto. Se refirió a la acordada con que la Corte Suprema había reconocido al gobierno *de facto* surgido en 1943. Y dijo:

—La situación del país obligará pronto a la Corte Suprema a derogar la acordada y al presidente de ese tribunal a determinarse por sí mismo a cumplir la ley de acefalía.

Y agregó otro augurio:

—Mañana se realizará la Marcha de la Constitución y la Libertad. Centenares de miles de argentinos exigirán el retorno a la norma jurídica. Y si el gobierno no comprende que toda la Nación lo repudia, vendrá la desobediencia civil. Nos negaremos a pagar impuestos y afirmaremos que los empréstitos no serán reconocidos por el futuro gobierno. Las fábricas se cerrarán, se paralizarán todas las actividades del país. ¡El clamor del pueblo ensordecerá los oídos de los hombres pequeños de la dictadura! ¡Salvaremos así la dignidad de Argentina y el prestigio del Ejército!

Las palabras de Palacios eran muy significativas. No por el escape subconsciente de la mentalidad patronal que revelaban (¿quiénes cierran las fábricas sino los patrones? ¿quiénes pagan impuestos sino los pudientes?), ni tampoco por la desactualización que evidenciaba en materia financiera el viejo maestro (¿qué empréstitos si a la Argentina le debían más de 2.000 millones de dólares Gran Bretaña y Estados Unidos?) sino por la repentina preocupación demostrada en torno a la salvación del prestigio del Ejército. Palacios tuvo siempre una obsesión antimilitarista, tal vez más acentuada que la que alimentaban los socialistas en general. Despreciaba a los militares y se reía de ellos. Sus insólitas palabras, en vísperas de la demostración opositora, probaba claramente que la Marcha tenía dos destinatarios: uno, el flamante secretario adjunto del Departamento de Estado, Spruille Braden, que regresaría a su país dos días después.

El otro, los militares que conspiraban dentro del Ejército para derrocar al gobierno.

Y así las cosas, todo el país se aprestó a ver lo que ocurría en Buenos Aires el 19 de setiembre de 1945, entre Plaza del Congreso y Plaza Francia.

Si el mes de julio había sido, para la actividad opositora, el tiempo de los manifiestos y las primeras fintas, los dos siguientes acreditarían la toma de posiciones en la calle. La oposición ganó el asfalto y lo hizo agresivamente, sin temor a las hostilidades aliancistas ni a la malquerencia policial. Merecía la pena el esfuerzo porque las manifestaciones callejeras tendían a crear un estado de agitación que podía acentuar en las Fuerzas Armadas la sorda oposición ya existente contra Perón. Y además, existía la posibilidad de que el gobierno *de facto* respondiera desatinadamente a la provocación opositora y cayera en actos represivos que, a esa altura del proceso, el país ya no podía tolerar.

Pero la toma de la calle tenía también otras intenciones, aparte de la excelente gimnasia revolucionaria que suponía. En primer lugar, el espectáculo de la fuerza opositora estaba dirigido a congelar la corriente "colaboracionista" del radicalismo, que había sido estimulada desde principios de agosto por la designación de Quijano como ministro del Interior; la exhibición de potencia opositora evidenciaba a los eventuales "colaboracionistas" que era mal negocio vincularse con un gobierno que ya estaba prácticamente contra las cuerdas. Además, respaldaba a las autoridades de la UCR en la decisión formal de aceptar la coordinación con los restantes partidos, demostrando que las fuerzas democráticas en conjunto eran capaces de vertebrar una lucha concreta y decisiva. Y, en fin, también servía para demostrar en el exterior que el régimen de Farrell y Perón estaba entrando en agonía.

La estrategia urdida en las usinas opositoras era excelente. Quince años atrás, algo muy parecido había conseguido voltear al gobierno de Yrigoyen, en fechas casi idénticas a estas del 45: rechifla en la Rural, disturbios callejeros,

manifestaciones estudiantiles, muertos, declaraciones democráticas y, finalmente, el consabido paseo militar desde
Campo de Mayo hasta Plaza de Mayo... Era una buena
estrategia y algunos de los que la ejecutaban en 1945 no
hacían más que repetir lo ya hecho por ellos en 1930. Pero
ahora el gobierno *de facto* no estaba dispuesto a protagonizar el proceso padecido por Yrigoyen. Y por otra parte, la
ejecución de la estrategia opositora demostró aspectos negativos que más adelante adquirirían gran trascendencia.
Pues en las manifestaciones populares de la oposición no
se pudieron controlar algunos sentimientos que sus huestes
vivían intensamente. En primer lugar, su desbordado antimilitarismo.

Resultaba incongruente que la oposición apelara a las
Fuerzas Armadas para llevarlas al derrocamiento del gobierno si, al mismo tiempo, no podía ocultar su odio contra
las instituciones castrenses y sus hombres, de general a cons-
cripto. Por otra parte, las protestas callejeras, que teóricamente estaban dirigidas a exigir elecciones prontas y lim-
pias, no podían disimular su contenido clasista, patronal,
antipopular: oligárquico, en suma, aunque naturalmente no
fueran oligarcas la mayoría de los participantes. Pero tanto
los tipos humanos que llenaban las vocingleras columnas
como los vivas y mueras que lanzaban, traducían un amargo
resentimiento de las clases media y alta contra ese advene-
dizo que se había atrevido a operar teniendo como base dos
sectores aborrecidos: los "milicos" y la "chusma".

Además, en esos días quedó evidenciada a cara abierta,
sin ningún pudor, la función directiva que ejercía el embajador de Estados Unidos en la actividad opositora. Hasta
mediados de julio la acción de Braden se disimulaba en un
silencio cómplice dentro de las filas democráticas; a partir
de su gira a Santa Fe su función animadora adquirió una
indisimulada publicidad. Nadie podía negar que Braden era
el promotor principal de la acción opositora, pero algún
rezongo de un pequeño sector de FUA y el desapego cada
vez más agrio del sector intransigente de la UCR fueron,
dentro del frente opositor, los únicos signos de rechazo de

una intromisión "por demás denigrante", como había dicho Sabattini.

Guillermo Solveyra Casares —jefe, por entonces, de una especie de servicio de información oficial— asegura que se tomaron fotografías de reuniones secretas en las que aparecía Braden con todo el estado mayor de la oposición, y que los contactos del embajador con los comunistas se hacían a través de un capitán Durán, republicano español que servía en la Embajada como secretario particular de Braden.

Otra grave falla en la mentalidad opositora era la radicación de sus sentimientos en un marco ajeno a la realidad argentina. Preponderaba en sus huestes la visión deformada de un Adolfo Lanús o un Silvano Santander, que descubrían todos los días un espía nazi; o la sensibilidad alienada de una Victoria Ocampo o un Jorge Luis Borges, que sufrían los infortunios franceses con más intensidad que los del país propio; o las valoraciones de un Victorio Codovilla o un Rodolfo Ghioldi, que todo lo enjuiciaban en función de un modelo "democracia versus nazismo", al estilo europeo. A medida que se intensificaba la acción, estos enfoques se transferían a la mayoría de las fuerzas opositoras y eran asumidos como esquemas políticos infalibles.

La mayor parte de los dirigentes opositores veían en Perón a un nuevo Hitler y calcaban todo lo que pasaba en el país sobre el ejemplo nazi. Y si bien este tipo de diagnóstico simplificaba las consignas y dramatizaba la lucha contra "la dictadura nazifascista", también llevaba inevitablemente a tácticas equivocadas y sobre todo a una drasticidad en la acción política que excluía todo matiz. Pues, ¿cómo pactar con el nazismo? ¿Qué otra actitud podía tenerse con los adversarios sino la pelea frontal hasta su aniquilación? Rendición incondicional: como en Europa, como en Extremo Oriente. Era la única estrategia que había dado resultado en la guerra y no había por qué modificarla si lo que aquí ocurría era una repetición de la cruzada democrática contra el nazismo. Lo había dicho muy claramente Braden, a mediados de setiembre: "La guerra no ha terminado... Lucharemos contra el Mal donde quiera aparezca..." ¿Se podría pensar de los compatriotas que apoyaban o toleraban al régimen militar en términos más suaves que los requeridos para juzgar la alta traición? Justamente en esos días se condenaba en Francia a la última pena a Petain y Laval. ¿Qué menos que el fusilamiento merecían Quijano, Antille, Cooke, Borlenghi? Esta irreductibilidad sería la trampa que un mes más tarde impediría a la oposición tomar el poder.

Quienes más habían contribuido a conformar esta mentalidad eran los sectores opositores independientes y los comunistas. Los independientes eran los apolíticos de siempre: personajes que durante la mayor parte de su vida se habían sentido demasiado puros para meterse en política y ahora llegaban, impolutos y solemnes, a indicar el camino de la salida nacional. Los diarios de la época están llenos de sus nombres: figurones que no habían sentido frente al fraude, la violencia y la corrupción de la época anterior, el sagrado fervor que ahora los llevaba a integrar juntas de coordinación democrática, agrupaciones de profesionales democráticos, organizaciones de recuperación democrática... A falta de una trayectoria personal que los justificara —o para hacerla olvidar, en otros casos— estos próceres independientes insistían en sentirse héroes de la resistencia antinazi, radicalizando los términos de la lucha para hacer más meritoria, más heroica, su actuación contemporánea. Fueron los primeros en rodear a Braden, los primeros en presionar para la confección de una unión de partidos, los primeros en rotular de "colaboracionistas" a los radicales que no coincidían con la unión interpartidaria. Eran las señoras histéricas y los jovencitos de buena familia que se dolían del ensoberbecimiento de la chusma y lamentaban el analfabetismo de los militares. Estos independientes impusieron a la oposición su propia tónica y deformaron gravemente la mentalidad y el sentido de la lucha contra el gobierno *de facto*.

Pero también los comunistas fueron responsables en gran medida de esta deformación. Ellos volvían al escenario político después de un período de clandestinidad y persecución que no consiguió otra cosa que reforzar su estructura y rodearlos de un romántico halo de martirio y una envidiable leyenda de invencibilidad. Estaban de moda. En esos momentos el comunismo pasaba por su hora más gloriosa en todo el mundo. En la Conferencia de Potsdam —realizada en agosto de 1945 por los Tres Grandes— se habían ratificado los pactos firmados durante la guerra por Churchill, Stalin y Roosevelt: todavía duraba el idilio tejido bajo la agresión nazi, y la "guerra fría" era un término no inventado aún. Los comunistas participaban de los gobiernos de coalición en los países liberados del nazismo y el fascismo. En la Argentina, la lógica aspiración del PC era cobrar en botín de poder —siquiera compartido—, la deuda que la democracia tendría que reconocerle cuando cayera "la dictadura nazifascista". Los comunistas fueron el coqueluche, los niños mimados de la "saison" política de ese invierno. Todas las consignas, los lemas y los argumentos manejados por la oposición se originaron en las oficinas del PC. Y a medida que se articulara la campaña electoral, habrían de ser los comunistas —como hasta setiembre lo fuera Braden— los auténticos coordinadores e inspiradores de la lucha opositora. Ellos también deformaron la visión, el lenguaje y las técnicas políticas opositoras; pero al menos tenían el justificativo de que se limitaban a aplicar el arsenal dialéctico y operativo cuyo manejo había arrojado tan buenos resultados en el resto del mundo.

Pero pongamos las cosas en su justo lugar. La enorme mayoría de los que andaban en esas jornadas cuerpeando los sablazos del Escuadrón de Seguridad y coreando consignas opositoras, no tenían la menor idea de ser manejados por intereses ajenos a sus propias motivaciones. Esos argentinos estaban simplemente hartos de un régimen que había pasado por toda suerte de contradicciones y en cada vuelta del camino había dejado jirones de su inicial popularidad. Ahora explotaban —peligrosamente para el gobierno— todas las sandeces cometidas por el oficialismo durante dos años de marchas y contramarchas. Las represiones inútiles, los agravios contra personalidades opositoras, las palabras vacías con que se habían engolosinado tantos aprendices de gobernantes, las contradicciones y zonceras oficiales, la falta de libertad, dolorosamente sentida por un pueblo acostumbrado hasta entonces a hablar libremente, todos esos antecedentes, lanzados a la superficie por la explosión que siguió al levantamiento del estado de sitio, eran otras tantas causas para el encono opositor.

Había motivos éticos y políticos muy legítimos dentro de la oposición al gobierno *de facto*. La lucha de los partidos tradicionales retomaba la acción antifacista que durante la década del 30 habían librado los hombres más esclarecidos del país, cuyas últimas consecuencias alcanzaban al enfrentamiento con los gobiernos del fraude. Todo hacía presumir que Perón acariciaba una vocación totalitaria, y quienes se le oponían encaraban esta lucha como la última y decisiva etapa de una acción que había empezado contra los pitucos de la Legión Cívica y las organizaciones parafascistas de Uriburu y Justo. No es fácil reconstruir ahora la intensidad de la lucha que debió llevarse en esos años contra las aberraciones políticas e ideológicas que florecieron en la Argentina, en correspondencia con la prosperidad de los regímenes autoritarios de Italia, Alemania y España. En esos años, muchos de los esfuerzos de la mejor gente —de Lisandro de la Torre para adelante— debieron destinarse a la lucha antifascista, corriendo el grave riesgo de trasladar fuera del país el centro de gravedad ideológica de la lucha contra el régimen.

Como en todo movimiento cívico de envergadura, altos motivos y factores mezquinos operaban por igual en la movilización que poco después se llamaría Unión Democrática. Si los estudiantes de FUA se lanzaban a la calle para vengarse del oscurantismo medieval con que los habían afrentado los interventores nacionalistas del 43/44, no pocos de los profesores que actuaban a su lado pretendían, básicamente, volver a hacer de la Universidad un dominio cerrado para sus propios privilegios y una base de lanzamiento personal. Si muchos sindicalistas trataban de defender a los gremios de ser absorbidos por Perón y su sistema de dádivas, no faltaban empresarios y estancieros que los alentaban oscuramente a la lucha con la esperanza de anular las conquistas sociales y retornar al estado paternalista anterior a 1943. Si en muchos opositores alentaba una sincera ansiedad de fundar un régimen democrático, retomando un proceso histórico interrumpido en 1930, en otros existía un revanchismo contra sectores sociales marginados hasta entonces y que ahora cobraban conciencia de su importancia política y la expresaban agresivamente.

En la política, como en la vida, el idealismo y la venalidad se encuentran misturados de una manera muy estrecha. Los dos bandos que se enfrentaban en el 45 ofrecen al estudioso elementos de ambos orígenes y es inútil tratar de evaluar si prevalecía lo grande o lo mezquino en cada frente de lucha. En ese momento lo importante era la imagen que cada fracción lograría imponer a la opinión pública en el instante decisivo. En agosto de 1945 todavía no había imágenes definidas: sólo borradores, esbozos, mapas fragmentarios que debían completarse en el espíritu de los argentinos, cada cual a su modo, a medida que la lucha política obligara a efectuar movimientos tácticos a cada fracción.

Perón, con su populismo y sus consignas nacionalistas, capitalizaba sentimientos muy metidos en el alma argentina. La oposición, con su clamor por la democracia, afirmaba una línea ideológica muy respetable. Pero había en Perón una inescrupulosidad operativa que lo tornaba desconfiable a vastos sectores. Y sus opositores cargaban con un pesado "handicap" patronal y oligárquico suscitante de rechazos insuperables, que las ayudas de Braden acentuaban.

Todo estaba listo para la crisis que debía necesariamente romper el relativo equilibrio de fuerzas existente, ya muy definido a mediados de setiembre. Por un lado, Perón con todo el poder del Estado y un supuesto apoyo popular, todavía no evidenciado. Por el otro, la oposición con toda la prensa a su servicio, las universidades, las fuerzas empresarias, los partidos políticos y algunos sindicatos todavía manejados por socialistas o comunistas. Algo tenía que ocurrir —y pronto— para descongestionar y dar fluidez a ese virtual empate, para dinamizar un proceso cuyo mayor peligro radicaba en quedarse detenido en el plano político, porque la única salida sería, entonces, una guerra civil de signo social.

Yrigoyenistas perros: eso éramos. Nuestro Corán era El pensamiento escrito de Yrigoyen, de Gabriel del Mazo, y Amadeo Sabattini era nuestro profeta. Nos fascinaba la limpia trayectoria de don Hipólito, su intransigencia y su misterio. El 3 de julio fuimos, apenas abrieron la Recoleta, a rendirle homenaje, como si fuera un padre muerto hace unos días; después nos enteramos que los forjistas de Jauretche y los muchachos del Comité Nacional se habían trompeado al lado mismo del mausoleo.

Solíamos andar por la Casa Radical como perdidos, entre bolches y unionistas, que nos miraban con lástima o con bronca. Instintivamente sabíamos que en la lucha contra la dictadura caminábamos en malas compañías. Y entonces nos íbamos al "Pepe Arias" o al "Mare Nostrum" a hablar mal de los figurones y a lamentar que Pueyrredón se estuviera muriendo. A veces nos dejábamos arrastrar por las manifestaciones. Tomábamos una manifestación que nos dejaba en Florida y Corrientes y después nos embarcábamos en otra para descender en la Facultad... Volvíamos roncos y felices de habernos desahogado. Pero (muy en el fondo) algo nos decía que las chicas que habían ido del brazo con nosotros por un cuarto de hora, desatadas y audaces, los caballeros de rostros enrojecidos por el placer de putear a Perón, los niños bien que habíamos descubierto entre la multitud, no eran precisamente el pueblo que buscábamos. Faltaban curdas; sobraban voces que sabían cantar La Marsellesa demasiado correctamente.

Me acuerdo de ese 29 de agosto. Recorríamos con Boris todas las mercerías del barrio buscando boinas blancas para ir al acto radical. Encontramos dos después de una larga peregrinación. Con aire de lecheros fuimos a Plaza del Congreso y nos metimos entre la gente. Había un cartelón: "Movimiento de Intrasigencia y Renovación". Nos abrimos paso hacia allí y coreamos "Yrigoyen" y también "Intransigencia" mientras la tarde se iba acostando y la gente se calentaba con los discursos. Cuando salimos en manifestación por Callao, la policía montada se nos vino encima a la altura de Corrientes. En el desparramo alcancé a agarrar una gran bandera que alguien había tirado para poder correr. Dejé el asta en un bar, después que pasó el barullo; la bandera me la llevé a casa, envuelta en el cuerpo.

NOTAS

[1] *Después de entonar, obviamente, el Himno Nacional.* Ver *5 de Abril, una fórmula y una consigna contra la dictadura, 1931-1945* (Ed. Boina Blanca, Bs. As., 1945), folleto que recoge los discursos pronunciados en esa oportunidad.

[2] *Muchos dirigentes de ese sector.* Asistieron a la reunión de Avellaneda o adhirieron a la declaración que allí se aprobó, los siguientes dirigentes radicales: Francisco Ratto, Roque Coulin, Bernardino Horne, Crisólogo Larralde, Jacinto Fernández, Héctor Dasso, Roque Raúl Aragón, Eudoro Aráoz, Ricardo Balbín, Alberto Candioti, Oscar López Serrot, Absalón Rojas, Carlos A. Murúa, Pedro O. Murúa, Donato Latella Frías, Juan G. Fleitas, Lorenzo Larraya, Jorge Farías Gómez, Federico F. Monjardín, José Quinteros Luque, Ramón del Río, Humberto Cabral, Pedro Zanoni, Cándido Quirós, Francisco Rabanal, César A. Coronel, Miguel Sabatino, Elpidio Lazarte, Justo P. Villar, Santiago Maradona, Ernesto Dalla Lasta, Oscar Alende, Arturo Frondizi, Alberto H. Celesia, Aristóbulo Aráoz de Lamadrid, Ernesto P. Mairal, Ángel M. Lagomarsino, Celestino Gelsi, Alejandro F. Gómez, Armando Antille, Raúl Rabanaque Caballero, Federico Cané, Ataulfo Pérez Aznar, Rodolfo Carrera, Ricardo Sangiácomo, Luis R. Mac Kay, Ernesto F. Bavio, Eduardo Holt Maldonado, Juan O. Gauna, Víctor A. Alcorta, Eduardo H. Bergalli, entre otros. (Ver *El radicalismo. El Movimiento de Intransigencia y Renovación, 1945-1957*, por Gabriel del Mazo, Ed. Gure, Bs. Aires, 1957.)

[3] *Era un auténtico apóstol.* Ver *Pensamiento y acción*, por Moisés Lebensohn (Ed. Comisión de Homenaje de la Provincia de Buenos Aires, La Plata, 1965), con introducción de Julio Oyhanarte, que recoge los principales escritos y discursos de Lebensohn.

[4] *Quienes promovieron su aprobación.* El redactor de la Declaración de Avellaneda fue Arturo Frondizi.

⁵ *Manifiesto de los líderes.* Lo firmaron los siguientes dirigentes radicales: Antille Armando G., Aramburú Julio P., Acosta Guillermo, Astesiano Carmelo I., Aráuz Justo José, Acebal Enrique, Aramburú Domingo, Aramburú Ball I., Abella Juan, Armendáriz Alejandro, Albónici Segundo, Abella Manuel, Almaestre Alberto, Arlandini Enrique, Armendáriz H., Althabe Bernardino, Armendáriz Alberto, Agosti Carlos, Acuña Juan M., Anchordoqui Juan B., Allen Bernardo, Acosta Alfredo L., Arrestúa Felipe, Aguirre Aníbal, Aristel Alberto L., Aráoz Ricardo E., Arigós Ramón, Artabe Alberto, Agasse Domingo, Arín Boero Omar, Aceñalosa Bautista, Amoroto Miguel Ángel, Ávalos Faustino, Arias Manuel, Allende Alberto L., Aranguren José Ma., Amavet Uranga Ernesto, Arrebillaga Gregorio, Arribálzaga Enrique, Ardigó Héctor, Acosta Juan J., Álvarez Manuel, Alfaro José Gregorio, Asenjo Segundo Ramón, Arteaga Sola Domingo, Antonioli Carlos, Areco Rogelio, Ayala Venancio S., Acevedo Justo, Acuña Fernando F., Andreotti Saturnino P., Álvarez Ramón, Álvarez Delio S., Álvarez Julio, Audenino Juan B., Aimaretti Pedro, Asar Felipe, Amuchástegui Rodolfo R., Argüello Lencinas Carlos, Alonso Francisco, Arredondo Hugo, Argañaraz Arturo, Arregui Juan, Almada Aurelio, Amuchástegui Justiniano, Aristizábal Juan R., Argüello Domiciano, Artola Juan, Araujo Eduardo, Arbeletche Aníbal, Angio José, Aversa Carlos L., Ávila Antonio A., Alonso Palacios Vicente, Albarracín Godoy Jorge, Albarracín Marcos.

Boatti Ernesto C., Busaniche Julio J., Bertozzi Francisco, Baulina Ángel V., Bonazzola Romeo E., Berduc Alfredo M., Barreyro Emilio C., Berbeni Pedro, Bretal Vicente A., Ball Carlos A., Bartolucci Nicolás, Bellomo José Ma., Bringué Manuel, Bode Bernardo, Biancardi Otelo, Borgonovo Andrés, Báncora Héctor, Bruny Eugenio Reyes, Belotti Ángel, Berutti Enrique F., Bozzano Miguel A., Burlando Natalio D., Bacigalup Sandalio, Barragué Nilo, Bollies Ciriaco, Bissio Juan, Bardone José, Bendersky Juan, Bermúdez Eugenio, Brocca Victorio, Beretti Rienzo, Barraguirre Dionisio, Bosia Marte, Berastegui José, Bringas Ignacio, Benaventano Domingo, Buyatti Pablo, Benítez Alfonso, Balbi José, Borsani Héctor C., Bidone Juan, Barbagelata Reinaldo, Barrera Guillermo R., Brandoliso Ricardo, Bonet Eduardo, Brussa Domingo, Bauducco Enrique, Balboa Hernán, Baigorria Benjamín, Brollo Alberto E., Baragiola Emilio L., Bertellotti Ecio, Barbará Enrique, Benítez Pedro, Brasseco Roberto, Bértora Ignacio H., Bértora José M., Bruno Juan José, Balbi Ángel, Balbi Gerónimo, Bela Manuel E., Bur Félix S., Biasi Edison de, Borgobello Agustín F., Bazán C., Bleger David, Borgogno Domingo, Barbagelata José V., Belnicoff Manuel, Barrios José, Buroni Raúl, Biancamano V., Berlingeri Santiago A., Benedetti Constante, Berrondo Sebastián M., Bufa Benjamín, Burgueño Narciso.

Ceballos José Antonio, Candiotti Enrique A., Caggiano Luis C., Caffaratti Egidio, Chiappe Adolfo, Carpano Vicente A., Chidichino Juan B., Costa Orlando, Crespi Fortunato, Costas César, Cervera Juan, Cóppulo Ángel, Contemponi Francisco T., Campo Julio, Campo Ricardo del, Castiglioni Luis, Cerminaro Francisco, Cordón Antonio, Champalagne

Juan, Crescionini Luis, Crescionini Luis O., Codegoni José L., Capuzzi F., Corti Edmundo, Celaya Manuel, Castelau M., Chort Alberto, Cordini Miguel, Cuello José, Coutada Ataúlfo, Corte César L., Corte César J., Churruarín Raúl E., Camps Máximo, Comaleras José E., Chiessa Andrés P., Cusalli José, Cortea Emilio, Castellano Antonio, Cassani Carlos, Carranza Antonio E., Chávez Ramírez Justino, Chiosa Traverso Juan, Carbone Adán E., Cardone Adán Ernesto, Caccia Juan, Crespo Arturo, Cardoso Emeterio, Cantón Félix A., Ciminari Alberto, Comba Amado, Cortés Arturo, Cerrutti Armando R., Capillo Juan, Cárcano Manuel J., Costa Ignacio J., Copes Raúl A., Caspani Mario, Capello Celso, Carreras Juan Carlos, Carreras Eduardo, Cabutti Juan, Croissant Francisco, Chiaraviglio Valeriano, Croissant Pablo, Cabutti Victorio, Cangiani Tobías, Cámera José J., Conil Hipólito, Crespo Domingo, Carreras Porfirio, Cadirola Aquiles, Carussi Juan L., Corti Carlos F., Capellone Llerena N., Curletti José, Costa Rigesti Rodolfo, Céspedes Martín, Córdoba Vicente E., Ceratto Agustín, Casariego Rogelio M., Chaparro Horacio R., Chaparro Carlos A., Castro Vélez Sársfield Guillermo, Calvento Rouquad Alcides, Craig Ernesto, Cabral Humberto, Castellano Julio, Carrasco Gómez Alfonso, Cámera Emilio, Calabrese Salvador R., Climent Alberto Peral, Centeno Juan Carlos, Conte Luis A., Caballini Ítalo, Canedo Raúl, Casacallares Saúl, Christophersen Pedro, Cufré Orlando H., Cánepa Carlos, Casanova Celino, Costanzo M. F., Cisneros Carlos A.

Del Matti Juan J., Decavi José M., Duffy Eduardo N., Dans Rey José, Decavi Jorge Raúl, Domínguez Fernando, Delachaux Enrique, Duimión Jorge Faustino, Dietrich Rodolfo A., De Nardo Alfredo, Duclós Alfredo E., Dermonn Marcos E., Diez Mario B., Di Giorgio Domingo, Di Leo Amadeo, De Grazia Miguel, Diego Eduardo P. de, Danielis Emilio, Damiani Salvador, Damiani Alejandro, Degoy Norberto J., Domecq Emilio, Duarte Carlos A., Diamante Samuel, Duarte Ramón, Duarte Rodolfo, Duarte Leopoldo, Duarte Félix, Dettoni Enrique M., Domínguez Matías, Delacroix Agustín, Diez Luis, Dillon Mateo G., Devicenzi Conrado, Devicenzi Asencio, Devicenzi Raúl T., Devicenzi Federico T., Díaz Norberto, Duprat Ases, Durán Jorge, Datto Humberto, Dimotta Félix, Degani Bernardo, Domingorena Horacio O., Destruel Ramón, Demón Luis M., De Gregory José, Dellepiani Juan O., D'Agostino José A., Degui Santos F., Defagot Luis M., Delatorre Rafael, Daneri Bernardino, De Santis Luciano (h.), De Santis Leonides, Di Carlo Ángel, D'Angelo J., Deprati Atilio.

Eguiguren Atanasio, Erize Javier M. L., Elizalde Pedro B., Elorza Alberto, Eyto Francisco F., Elizalde Santos, Estrebeu Pedro, Etcheun Julio, Elordieta Domingo, Espinosa Arribillaga Lucas, Etchevehere Arturo J., Eyhartz Lineo Etchegorry Anselmo, Echazarreta Diego F., Escudero Eduardo, Escala A., Echenique Gilberto, Echazarreta Ricardo L., Erbetta Carlos, Erbetta César, Esser Alfonso, Echeverría Ernesto, Elkin Miguel, Elicteri Juan N., Escolarizi Giménez Alfredo, Ezcurra Enrique.

Ferreyra Vázquez José R., Florio Lucio, Ferrari Luis, Florez Félix, Fernández de la Puente Eduardo, Favitalle Santiago, Ferraro Antonio, Folco José, Finochietto Héctor, Ferreyra Miguel, Fernández Eduardo, Fassio Juan J., Flores Eliseo F., Freiberg Víctor, Fassano J., Fernández José A., Falcone Clemente, Frangi José F., Fano Juan D., Francisconi Orencio, Feijo Jesús, Franolich Juan Francisco, Fiasco Ángel Luis, Ferrerás Agustín, Fuentes Pedro A., Frutos Manuel, Frabissian Albino, Fernández Francisco, Ferreyra Valentín, Farías Teodoro, Finochietti Juan L., Figueroa Pío César, Flores Jacinto, Francheri Carlos, Franzotti Antonio, Ferreyra César, Ferreyra Avelino J. W., Fernández Julio C., Formichelli Enrique F., Finondo Rafael, Fornillo Dante H., Farioli Federico J., Figarol Juan, Fernández Rubio J. T., Fernández Raúl, Ferrando Miguel Ángel, Frugoni Zabala Ernesto, Ferrari Renato, Ferrar Francisco, Fiad José, Funes Juan Francisco, Fuentes Cayetano de la, Frega José, Fernández A., Fernández Justo M., Fonticelli Santiago, Ferrer Zanchi Alfredo, Frugoni Zabala Santiago, Frers Antonio C., Ferrer Enrique, Fernández Juan Carlos.

Gallardo Alejandro, Garay Fermín, Gómez Grandoli Clemente, Garayalde José Ma., Gómez Cello Pedro, Grassi Alfredo, González Gastelú Pedro, Galatoire Adolfo J., Gil Flood Mario, Gil Flood Luis, Grau Walter H., González Patiño José, Garona Juan A., Garona Alberto A., Gianoli D. A., Giussoni E., Grossi Juan, Gardella Felipe, González Gil Ramón, Galíndez Rodolfo, Gil Luis Ángel, Gómez Carlos E., Grecco Juan F. (h.), González Ramón E., Gottardi Carlos G., Girad Fernando, García Laurentino, Gaillard Agustín, Galicchio Miguel, García Roberto, Gambino Eduardo, Gonsebatt Uranga L., Giménez Martín, Gadea Daniel, Gómez Rogelio, Girard Julio A., González Juan M., Gallino Norberto F., Giménez Horacio M., Gandulfo Nicolás A., González José A., Garbellini Ricardo, Grela Ángel F., García Barrea Pedro, Guerscovich Santiago, Gómez Ángel, González Félix O., Guzmán Arias Alberto, Guerrero Rafael E., Godoy Martín J., Guevara Luis R., Gómez Ángel Alfonso, García Iturraspe Emilio, González Peire Bernardo, Guimard Ernesto, Gil Manuel, Gil Florentino, Gaggiano Agustín, Garay Ramón L., Gervasoni José Luis, Gasparotti Mario L., González Vicente, Griffa Telmo, Gamba Domingo, Gordillo Pedro José, García Tiscornia Luis E., Genolet José, Greca Pascual, Gaggero Pedro, Guida Carlos, Garcilazo José, González Arturo, Gauchat Enrique P., Guala Pío J., Gay Luis A., Giménez Gilberto, Guardiz Juan Gabriel, Gallo Luis M., Giobando Carlos, Garbino Lucio J. Ma., Gordillo Pedro N., Gordillo Alfredo, González Vocos J., González Miguel, Gorrini Enrique E., Gutiérrez Bazán Ricardo, Grosso R., Grancelli Chá Néstor, Gallegos Moyano Carlos, Guido Juan José, Goti Erasmo V., Goicochea Victorio, Guarrochena S. E.

Horne Carlos, Hansen Guillermo, Huarte Guillermo J., Heer Alfredo, Heer F. Gaspar, Hardi Gerardo, Harispe Bernardo, Hernández Adolfo, Herscovich L., Hillar Jorge, Haro Alcalde José y Hermida Leandro.

Irigoyen Ricardo M., Iturraspe Rodríguez José, Isleño José A., Illia

Arturo, Iturraspe Rodolfo, Irigoyen Héctor, Izaguirre José M., Ibarra Luis, Irazoqui Francisco, Iannuzzi Rafael, Irigaray N., Iannetti P., Indorato Pascual, Isella Carlos, Iraguirre Miguel P. e Izaguirre Ramón César. Jeannot Luis y Jarolavsky Manuel.

Kleiman Mauricio, Korob Abraham, Katsenelson J. y Kleiner Jacobo.

Laurencena. Eduardo, Latella Frías Donato, López José Eduardo. Lobos Tristán G., López Bravo Roberto A., Laborde Pascual H., López Fernando J., Lanfranco Augusto, Lerena Díaz Arturo, Lescano Marcos, Lescano Abelardo, Laurencena Eduardo (h.), Laurencena José Miguel, Liprandi Antonio J., Liprandi Víctor, Langevin Luis, Loustales Juan, Lera Lorenzo, López Alfredo, López Sanabria B., Latasa Domingo, Latasa Marcos, Latasa Fernando, López Rufo, Leonhardt Antonio, López Olmos Ramón, Leonelli Hugo, López Germán R., Landa Lucas (h.), Liceaga José V., Longhi Carlos Luis, Luzuriaga Raúl Guillermo, Lilué Antonio, Lahuirat José Joaquín y Larrañaga M. (h.).

Mosca Enrique M., Mihura Enrique, Michel Torino David, Montes Antonio Manuel, Molina José Miguel, Miramont Juan José, Montero Nicasio E., Mathieu Guillermo, Marabotto Andrés S., Maraboto José, Müller Luis, Maino Alejandro, Mensi Carlos P., Mussio Juan, Merlo V., Martins Emilio, Murias José (h.), Marti Bosch Roberto, Marino Pedro, Michellon Aníbal, Mariezcurrena Juan, Mauri E., Mello Antonio, Manzi Raúl A., Mercante Celestino, Menis Alberto J., Medina Allende Antonio, Márques José, Migoni Arnoldo, Molina Ricardo L., Malaponte Eugenio S., Marc Eugenio S., Marc Juan Carlos, Maciel Joaquín, Molineris Mario J., Marc Leandro H., Mantarás Manuel J., Medrano Armando W., Muñoz Alfredo, Manzani José, Menghi Domingo, Muchiutti Pedro L., Morgan David J., Mijno Teófilo, Minnitti Salvador, Macedo Julio J., Marsilli Hércules, Marzochi José P., Mendoza Félix, Mainetti Faustino, Mena Damián, Montes Carlos, Mondino Alfredo, Magnin Roberto, Merci Federico, Martínez Ramón, Miró Pla Wilfrido, Mainardi Gaudencio, Martínez Carlos B., Martínez Adolfo, Moix David, Montorfano José M., Michelena Ventura, Muzio Horacio, Mata Ibáñez Juan de, Menchaca Andrés D., Mercader Emir, Mac Kay Luis R., Mac Kay Alberto E., Míguez José S., Marcó Ulises P., Mihura Alberto F., Macedo Julián M., Mercier Alberto, Melo Abraham, Mihura Carlos, Mihura Eduardo J., Marcó Cipriano F., Marcó Teodoro E., Mihura Francisco, Martínez Héctor, Mundani Roberto, Mastrángelo Vicente, Mas Juan, Maggio Julio, Mendizábal Samuel, Márquez Francisco, Massimino D. B., Mastrángelo Umberto, Mundani Oscar P., Manubens Calvet Joaquín, Manubens Calvet Reginaldo, Martín Félix, Mercado José B., Meloni Luis F., Moyano Héctor Julio, Maino Roberto R., Molteni Eligio, Moyano Rodolfo, Monetto Juan B., Moyano José Ma., Molta Francisco, Miauro Pascual, Matov Arturo, Mottola Emilio, Mascolo Pascual, Miguens R., Maineri Lucio, Molinari A., Maringola Armando, Mazzarella Claudio, Martín Jorge, Martelletti César A., Marenda Eduardo, Marchetto Julio, Mariezcurrena Juan (P.), Monfarrel Ricardo y Morón Gerardo.

Noriega Juan J., Neyra Isidoro A., Novi Alberto C., Neyra Juan
B., Núñez Fortunato, Navamanuel Miguel, Noguerol Armengol José,
Nasimbera Juan V., Neme Miguel R., Nogueras Oroño César, Nizzo
Juan, Nicolato Maximiliano y Narvaja Enrique J.

O'Farrell Miguel Z., Ortiz Roberto M., Oliber Martín A., Otero Manuel, Olmos Adilón, Orlando Francisco, Ogando Emilio N., Ordoqui
Martín, Orsero Santiago, Otero Segundo, Ortiz Raúl J., Orellana Ricardo R., Osinaldi Apolinario, Ojeda Oscar Enrique, Ortega Manuel,
Otalora Estanislao, Osinalde Matías (ingeniero), Osinaldi Matías, Oviedo Juan T., Oñativia Arturo, Ortiz Héctor A., Oliva Antonio y Onsari
Fabián.

Paz Alberto J., Perette Carlos H., Piedrabuena Carmelo P., Poitevin
Emilio, Pagano David J., Pedemonte Samuel L., Peralta Ángel R., Piaggio
Juan José, Perales Alfonso, Pezzetti Víctor, Pellegrini Carmelo, Pintado
Enrique V., Pérez Raúl José, Palumbo Ventura, Pastor Armando A.,
Papuano José, Piazze Manuel H., Peirano Antonio, Peralta Jerónimo
M., Pagani Félix F., Padula Enrique N., Pooli Santiago, Petinari Manlio, Pereyra Segundo, Pellerino Eduardo J., Paralieu Alfredo J., Pérez
Martín José, Puyol Edmundo, Pujaco Raúl M., Poggi Erasmo, Pazzi
Arsenio, Piedrabuena Luis, Pícoli Arturo V., Pagano Oreste J., Pietropaolo Ángel, Pagano Mario M., Pagano Edmundo, Pagano Ítalo R.,
Palma Tomás, Pagani Juan, Piñón Benjamín, Pereyra Bernardino, Pereira Benedicto, Pintos Julio F., Perren Carlos, Petrozzi Antonio, Perette
Francisco, Poitevin Ramón A., Palma Guillermo, Picasso Pedro, Piaggio
Norberto, Piano Lesto A., Paredes Francisco C., Palacios Enrique, Palacios Sergio N., Palacios Fulgencio, Pazzi Andrés, Pibernus Juan B.,
Puig Armando J., Piattini José A., Posse Héctor, Pérez Pedro N., Piantoni Mario, Pierotti Tomás J., Ponzano Juan, Peña Horacio J., Petrazzini Ben Alfa, Paz Manuel, Paz Enrique, Pieres Juan Carlos, Paternostro
Ovidio, Pinto Manuel, Presas Roberto, Palazuelos Ramón, Perkins Walter Jorge, Padilla Eduardo, Panigo Luis, Peco José y Palero Infante
Rubén.

Querido Marcelo, Querido Anastasio y Quetglas Antonio.

Razquin Ramón, Rubino Sidney H., Repetto Marcelo J., Rodas Marcos A., Ramírez Amadeo, Rosas Ismael Santos, Ramos Luis M., Rodríguez José V., Ramella Domingo A., Río de Ortúzar Rubén, del Robles
Baltasar, Resta Juan Carlos, Rizzo Francisco, Rizzo José, Regueira José
A., Rodríguez Mera José, Rodríguez Mera Atanasio, Ruckauf Guillermo,
Rodríguez Víctor M., Ruiz Antonio A., Reyle Tomás M., Romero
Aurelio, Roldán Gumersindo, Ron Alberto A., Reggiori Martín, Ramos
Eduardo M., Rodríguez Oscar L., Rostand Aurelio, Ramírez Felipe,
Rossi Luis H., Rodríguez Agustín, Repeto Víctor, Rodríguez Apolinario,
Romero Acuña Arturo, Ramos Miguel, Roselli José M., Rico Pedro
B., Reynoso Larrazábal R., Reynoso Horacio L., Rebaque Thuiller
E., Reula Edmundo, Rodríguez Vagaria E., Rodríguez Vagaria R., Rosembrok Florencio, Rodríguez Luis Ma., Ravena Justo, Rizo Juan J.,
Reggiardo José A., Ruiz José G., Reggiardo Santiago C., Roig Jacinto,

Rotman José S., Reato José, Richart Juan Fritz, Riera Juan J., Ramírez Modesto, Rocca Juan Bautista, Ragazzin Silvano, Rebosolán Ángel, Ruiz Rodolfo, Remorino Mario, Rovaretti Juan V., Ratti Enrique A., Rodríguez Juan R. y Rodríguez Germán.

Sánchez Carlos A., Susán José C., Sagarna Guillermo, Seara Plácido, Santander Silvano (h.), San Juan Antonio, Suárez Roberto J., Silvestre Ernesto, Soracco Rolando A., Sanguinetti Raúl H., Sagasta Guillermo, Sagasta José Valle, Serantes Fernando, Sanders Carlos J., Sansobrino Arsenio, Scotti Francisco R., Sarlo Sabajanes Diego L., Sors Enrique, Sampietro José Alberto, Solari Eduardo, Segovia Eduardo, Segovia Domínguez Juan M., Surra Emilio, Siri Juan A., Schapira Miguel, Scacchi Juan G., Smosman Moisés, Sauret Héctor, Stilman Isaac, Salarrés Salvador, Scrocchi Alfredo, Saravia Carlos A., Sánchez Walterio, Segretti Juan D., Sutich Miguel, Schmied Efraín O., Santana Francisco, Saccone Horacio D., Staigel Valentín, Sosa Eulogio, Santia José A., Sotero Aquino Antonio, Saurit Arturo J., Stillo Victorio, Salatín Eduardo P., San Martín Román, Schweizer Bernardo, Silverio Firmo F., Siviero Firmo, Sellarés Melchor, Salto Calixto, Schuhmacher Pedro, Suárez Honorio J., Scheggia Eliseo, Sosa Santana, Sandoz Mariano C., Spilla Parachiolo D. P., Stuckert Guillermo, Serra Manuel, Sanmartino Félix, Schaer Sigurd, Sayavedra Modesto, Santucho Oscar D., Secchi Antonio, Sánchez Francisco, Sierra R., Santángelo Agustín, Sadoc Vidal Luna, Stegmann Eduardo, San Clemente J., Spinosa Alejandro F. y Suárez Leopoldo.

Tamborini José, Teissaire Eduardo (h.), Tettamanti Domingo, Tonelli José, Tessi Antonio, Troilo Eleogrado B., Traverso Guillermo, Torres Arturo, Troncoso Maciavio, Telleria Jorge, Torres Marcelino, Tessio Aldo A., Tojeiro Felipe, Tolcachir Bernardo, Torterolo José R., Tardelli Antonio, Tepsich Antonio (h.), Trumper Boris, Teberosky Manuel, Taylor Juan G., Thomas Pedro, Testoni Atilio, Tognoni Roberto, Todaro Vicente, Torello Eduardo y Tobías Roberto.

Uranga Raúl L., Urdániz Julio D., Unzué, Uranga León, Uranga Jorge P., Uncal Salvador, Uribarri Félix R. de y Urrozola Cristóbal.

Viale Salvador, Vázquez Aníbal S., Villarroel Raúl, Vegas Martin, Volonté M. A., Villalobos Serafín, Valedo Jorge Antonio, Villar Juan E., Valbuena Nemesio, Vila Juan, Villa José A., Villar Fidel, Vila Dionisio, Velázquez Roque, Vico Venancio M., Vuotto Enrique, Vázquez Sireno P., Villanueva Samuel, Virgilio Salvador J., Villanueva Rodolfo A., Valdez Lorenzo, Vivas Raimundo, Viril Mario, Vijande Eugenio, Vercelli Remo A., Vaccaro Benito, Vesco José Luis, Vottero Mateo, Vago Ángel, Ventimiglia Rogelio A., Vázquez Juan Carlos y Vítolo Alfredo.

Wexler Vidal, Weidmann Rodolfo A., Weidmann Roberto A., Watson J. E. K. y Watson Patricio.

Yadarola Mauricio, Yáñez Álvarez Javier, Yáñez Benito y Yacusky Y.

Zavala Ortiz Miguel Ángel, Zapata Pedro P., Zito Luis, Zanuttini J., Zuber Ignacio, Zinni Mario, Zadoff Aarón, Zarriello Raúl L., Zancolli Eduardo I., Zubieta Pascual y Zugasti José.

° *Mantuvo contactos indirectos con Perón.* Sabattini y Perón se entrevistaron personalmente en una sola oportunidad. Fue a mediados
de 1944, en el despacho del administrador de Ferrocarriles del Estado,
mayor Juan C. Cuaranta, quien fue el enlace de la reunión debido a
su amistad con el dirigente cordobés. Perón —que la había promovido—
lo esperaba en esa oficina y Sabattini habló con él durante un cuarto
de hora, sin testigos. Al despedirse, Perón le dijo a Sabattini:

—La respuesta, usted me la puede transmitir por medio de su amigo
—refiriéndose a Cuaranta.

Cuaranta llevó en su automóvil a Sabattini a su casa y durante el
trayecto el dirigente radical no se refirió a lo hablado. Pero en algún
momento, conversando sobre generalidades, dijo abruptamente Sabattini:

—Yo no soy contubernista...

Expresa Cuaranta —quien ha referido estos detalles al autor— que
en ese momento comprendió que la respuesta esperada por Perón no
llegaría jamás, y así ocurrió.

Según referencias al autor de Jorge Farías Gómez, quien las obtuvo
del propio Sabattini —ratificadas en parte por Arturo Frondizi—, el
objeto de la entrevista habría sido, por parte de Perón, ofrecer al
radicalismo todos los puestos electivos del futuro período presidencial
(senadores, diputados, gobernadores, legislaturas provinciales, munici-
palidades) con la condición de que el candidato a presidente fuera
propuesto por el Ejército. Sabattini, en esa oportunidad, manifestó que
el radicalismo haría cuestión previa y básica de la candidatura presidencial. "Yo u otro —manifestó el dirigente cordobés—, porque sobre
eso no habrá problema, pero el candidato a presidente tiene que salir
del radicalismo." Perón entonces le replicó que no parecía muy democrático que dos personas estuvieran barajando candidaturas y propuso
—sin concretar cuál sería la mecánica de su propuesta— que fuera la
masa radical la que decidiera en definitiva, lo que no fue aceptado
por Sabattini. Según referencia de la señora Clotilde Sabattini al autor,
el dirigente radical le habría dicho a Perón que, para que éste fuera
candidato, era condición *sine qua non* que se afiliara a la UCR, "pues
el partido —señaló— no puede llevar un candidato que no esté afiliado".
Según éstas y otras referencias, la conversación, que no fue larga, se
desarrolló en un ambiente de prevención y frialdad recíprocas. Por
esos días —según referencia de Raúl Tanco al autor— Perón lanzó
algún exabrupto contra Sabattini ante sus colaboradores del Ministerio
de Guerra: "¡Este Sabattini no entiende nada —afirmó— y su cerebro
cabe en una caja de fósforos...!"

Por su parte, en enero de 1969 Perón relató su entrevista con Sabattini al autor, de la siguiente manera: "Entre los políticos con quienes
conversé, hablé con Sabattini. Pero no me pude entender con él: era
totalmente impermeable. Era un hombre frío que no tenía ninguna
posibilidad de entrar en una cosa como la nuestra... Él estaba en los
viejos cánones... El que hubiera entrado era el otro cordobés, Del
Castillo: ése sí. Con Sabattini nos vimos una sola vez, en el despacho

del administrador de Ferrocarriles del Estado. Pero era un hombre que estaba con las fórmulas viejas; y en primer lugar él estaba... ¡con Sabattini! La impresión que saqué es que, si yo le hubiera ofrecido algo para ser, hubiera aceptado, pero yo... ¿qué le iba a ofrecer a Sabattini? Por otra parte, no estaba en nosotros hacer esto a base de ofrecimientos. Nosotros ofrecíamos ideales, aspiraciones."

Pregunta: ¿Usted ofreció a Sabattini todas las candidaturas reserván-dose la candidatura presidencial?

J. P.: No. De ninguna manera. No tratamos eso."

Sabattini sintetizó por escrito su pensamiento frente al gobierno *de facto* en una carta dirigida el 30 de noviembre de 1943, desde Uruguay, a un amigo (v. *Vida de Amadeo Sabattini,* por A. Vargas, Ed. Cívica, Bs. As., 1966). Decía la carta del dirigente cordobés: "Contesto a tus dos cartas, sin apuro alguno, porque creo como vos que hay para rato y no hay que ilusionarse. Que esto sea una dictadura militar fascista regenteada por los jesuitas eso no lo duda nadie ni lo he dudado desde la primera hora. Pero no debemos olvidar: 1º Que la neutralidad es tesis radical y la he sostenido siempre celosamente desde la época de Yrigoyen. 2º Que jamás hemos admitido contubernios con nadie y menos con comunistas y conservadores; yo me avergonzaría de estampar mi firma al lado de semejante porquería. No espero nada de nadie, he actuado con el máximo desinterés toda mi vida; y ésta terminará en la misma forma, salvo reblandecimiento. Creo que debe hacerse sin premuras: 1º No estar con tirios ni troyanos. 2º Reorganizar el partido, con la unidad de todos los radicales, empezando por la Capital Federal. 3º Actuar sin pedir permiso a nadie. 4º Estos militares necesitan de la UCR por ser la única salvación del país. 5º Saber esperar y esperar siempre. Un abrazo."

[7] *Eduardo Ávalos, jefe del acantonamiento de Campo de Mayo.* Sabattini y Ávalos se conocían personalmente de años atrás y se visi-taban con alguna frecuencia. En 1944, Ávalos y Sabattini se reunieron varias veces en la casa del mayor Juan C. Cuaranta.

[8] *Sus activistas más prestigiosos se alejaban calladamente.* Testimonio del profesor Américo Ghioldi al autor: "A nosotros, los socialistas, nos preocupaban las tácticas de captación de dirigentes gremiales que usaba Perón. Ese hombre operaba con ellos a través de dos formas: rodeaba a no pocos dirigentes gremiales de secretarias y los proveía de automó-viles... Con esas dádivas los proyectaba a un *status* que nunca habían tenido y los iba rindiendo gradualmente a sus propios objetivos.

El caso de Ángel Borlenghi fue bastante típico. De tiempo atrás observábamos que Borlenghi se iba volcando cada vez más hacia el apoyo a Perón, pese a su militancia socialista. El doctor Groisman, compartiendo nuestras inquietudes, hizo una pequeña reunión en su casa, a la que fue invitado Borlenghi. Yo concurrí también y hablé con vehemencia con ese compañero, explicándole cómo veíamos el proceso y tratando de sacarlo de esa posición. Pareció convencido, pero yo, en cambio, no estuve convencido de que esa convicción tuviera perdurabilidad... Y, efectivamente, pocos días después Borlenghi dijo o hizo algo —no recuerdo qué— significativo de que ya estaba totalmente entregado a Perón.

Lo de Borlenghi se repitió en otros casos más. A los dirigentes sindicales que Perón no podía captar, los metía presos. Había hombres de diferentes orígenes políticos: algunos radicales, algunos comunistas, algunos que originariamente fueron anarquistas, otros que conservaban desdibujadas sus juveniles convicciones sorelianas. Y, por supuesto, muchos socialistas. Perón arrasó con esos cuadros y lanzó a las directivas a militantes que, en la mayoría de los casos, eran ilustres desconocidos dentro de sus gremios."

Testimonio del coronel (R.) Domingo A. Mercante al autor: "En la Secretaría de Trabajo tuvimos que realizar una labor muy delicada, porque la gente de Casa de Gobierno no entendía o no quería entender nuestra tarea. A mediados de 1944 yo había concurrido, por indicación de Perón, a algunas reuniones con dirigentes radicales: J. Isaac Cooke, Alberto H. Reales, Armando Antille, Obdulio Siri y otros. De esas reuniones no pude sacar nada en limpio; cada uno hablaba una hora, retrotraía su relato a 1890... y en suma no se concretaba nada en materia de colaboración con el gobierno. Tuve entonces una conversación con los camaradas del GOU, sin que Perón lo supiera, y convinimos en hacer un planteo concreto a esos dirigentes: se les ofrecía todo, menos la Presidencia, que sería para Perón. No recuerdo con exactitud cómo fue el trámite de la respuesta, pero me consta, en cambio, que la contestación de ellos fue negativa. Desde ese momento yo comprendí que no se podía contar con los radicales y empecé a trabajar en otro sentido: formar un movimiento popular, sobre la base de los gremios con los que estábamos en contacto. Pero ocurría que los gremios estaban en su mayoría dirigidos por socialistas; la construcción y la carne eran comunistas, los telefónicos eran anarco-socialistas. Hubo que hacer un trabajo muy delicado, luchando no solamente para que los sindicalistas comprendieran que nuestra política estaba inspirada por un auténtico propósito de justicia social, sino para no provocar reacciones en las esferas oficiales, pues, aunque Farrell era un hombre de bien, nos estimaba y no ponía obstáculos a nuestra labor, había muchos funcionarios del gobierno y muchos militares que veían con alarma nuestro contacto con extremistas. Una vez, un alto jefe militar me acusó concretamente de ser comunista; y en otra oportunidad, el general Verdaguer, interventor en la provincia de Buenos Aires, me hizo un escándalo porque, según decía, yo estaba interfiriendo en su jurisdicción.

En esta lucha nuestra hubo toda clase de episodios. Me resulta inolvidable, por ejemplo, la asamblea que hicieron los trabajadores de la carne en Dock Sud, a fines de 1943, cuando resolvieron levantar una huelga que era, en realidad, el comienzo de una huelga general contra el gobierno. Hubo que traer de Neuquén, donde estaba preso, al dirigente comunista José Peter y ponerlo en libertad: todavía debe estar esperando en el Ministerio de Guerra la custodia policial que lo trajo y que lo dejó a mi cargo... Yo lo hice salir por otra puerta, después de hablar con él y anunciarle que estábamos dispuestos a conceder todas las conquistas que pedían sus compañeros y su propia libertad, siempre que retornaran al trabajo. Cuando fui al estadio donde se hizo la asamblea, llevaba bajo el uniforme la pistola, pues creía que "me harían bolsa"... Pero la asamblea —no sé, serían veinte o treinta mil personas, tal vez, que aclamaron con entusiasmo delirante a Peter— se portó conmigo correctamente y la huelga se levantó. Así obtuvimos nuestro primer triunfo.

En otra oportunidad Perón me avisó telefónicamente a la Secretaría de Trabajo que había una orden terminante del Presidente de detener a todos los dirigentes comunistas; habíase perpetrado un tiroteo y un vigilante había caído muerto, al parecer, por los comunistas. Con ese motivo se desató una gran represión contra los extremistas. Perón me avisó esto como a las 4 de la tarde: ¡y yo tenía citado a Pedro Chiaranti para dos horas más tarde! La gente de los sindicatos sabía que, cualquiera fuera su ubicación política, podía entrar y salir libremente de la Secretaría de Trabajo; jamás hice detener ni permití que se detuvieran a obreros allí. Era mi única arma para poder ententerme con ellos. Bien: traté de comunicarme con Chiaranti para que no viniera, pero no pudimos localizarlo... ¡y a las 6 en punto el hombre estaba en mis despacho! Tuve que hacerlo acompañar por mi secretario privado, llevarlo a mi automóvil y hacerlo dejar en lugar seguro para evitar su detención.

También había que luchar con la resistencia de algunos gremios. A Borlenghi, por ejemplo, recién pudimos comprometerlo después de conseguirle la jubilación para los empleados de comercio, una vieja aspiración del gremio. Llegué a fingir que íbamos a intervenir la Confederación de Empleados de Comercio, porque el hombre quería sacar tajada de su aproximación a nosotros, sin comprometerse políticamente. Cuando salió la jubilación debió hacer un acto frente a la Secretaría de Trabajo, al que asistió él con todo su estado mayor, y miles de empleados agradecidos. Con los metalúrgicos también tuvimos problemas. Una tarde se metieron como cien en mi despacho y de entrada nomás una mujer en avanzado estado de gravidez entró a putearme... Con dificultad logramos despejar la oficina; les habíamos "copado" el sindicato y estaban furiosos. Se lo dije muy claramente al desplazado dirigente comunista:

—Dedíquese a la política o a cualquier otra cosa, porque lo que es en su gremio ya no tiene nada que hacer...

En cambio en la construcción no pudimos entrar nunca: era un sindicato monolítico."

⁹ *Tres intachables magistrados y un destacado constitucionalista.* Los doctores Benjamín Villegas Basavilbaso, Rodolfo Medina y José M. Astigueta y el abogado Segundo V. Linares Quintana.

[10] *Junta de Exhortación Democrática.* La integraban las siguientes personas:

Octavio R. Amadeo, Adolfo Arana, Antonio M. de Apellániz, Gregorio Aráoz Alfaro, Francisco de Aparicio, José Aphalo, Eugenio de Alvear, Juan Manuel Albarracín, Domingo A. Achával, Rodolfo Alcorta, Carlos Acuña, Hugo V. Auletta, Juan Carlos de Arizabalo, Ernesto M. Arroyo, José de Apellániz, Mariano A. de Apellániz, Jorge Artayeta, Bernabé Artayeta, Ricardo Ávalos, Jorge J. Aphalo, Domingo M. Aphalo, C. Aguilar Becerra, Manuel G. Armengol, Amadeo Allocati (h.), Tomás Amadeo, Domingo Aráoz, Luis F. Acuña, Adolfo Bloy, Adrián J. Bengolea, Jorge M. Bullrich, Jorge Butler, Jordán B. Brunetti, Jorge A. Barril, Santiago Balduzzi, Carlos A. Barros, Horacio Beccar Varela, Ernesto Baldassarri, Jorge Bunge, Alberto Benegas Lynch, Luis M. Baudizzone, Amadeo Benítez, Néstor Belgrano, Roberto F. Barry, Mariano de Bary, Manuel Benegas, Alfonso M. Bengolea, Roberto J. Bullrich, Juan Carlos Bengolea (h.), Ricardo Becú, Ezequiel Bustillo, Teodoro Becú, Eduardo Bosch, Oscar Luis Basurto, Eduardo C. Benegas, Eduardo Bernasconi Cramer, Enrique E. Bullrich, Arturo A. Bullrich, Carlos A. Bardeci, Oscar J. Bardeci, Luis N. Baliño, Enrique Bordot, Miguel J. Bustingorri, Estela M. Basabe, Rodolfo Bosque, Teodoro Bronzini, Eduardo J. Baylac, Alberto Enrique Baila, Pedro J. Bianchi, Alejandro Ceballos, José María Cantilo, Mariano R. Castex, Vicente R. Casares, Miguel Cané, Cupertino del Campo, Eduardo Coll Benegas, Eugenio Caccia, Miguel Cané (h.), Rodolfo J. Clusellas, Julio F. Carrié, Juan Cosio, Rodolfo Coll Villatte, Justino A. César, Emilio Casal, Fernando de Carabassa, Enrique de Carabassa, Carlos Cabanne, Jorge S. Castro, Luis Cárdenas, Rafael Cosentino, Raúl Coll Villatte, Rolando E. Casares, Alfredo V. di Cio, Eneas Caccavaio, Alejandro Colecchia, Francisco A. Cafoncelli, Luis Alfonso Ceruti, Jorge Cabrera, Agustín A. Costa, Francisco Ceballos, José Cova, Benito J. Carrasco, Carlos M. Ceballos, Juan José Caride Ceballos, J. Horacio Coviella, Carlos Coviella, Cupertino del Campo (h.), Raúl A. Chilibroste, Ricardo J. Chilibroste, Carlos Chilibroste, P. Héctor Chiozza, Eduardo H. Duffau, Rafael Demaría, Enrique Duprat, Mariano Demaría Salas, Alberto Daponte, Jorge S. Detchessarry, Paúl Dedyn, Jorge Daponte, Marcelo Dupont, Gastón R. Delaunay, Julio Dassen, Roque Delillo, Julio Denies, Agustín Dillon, Pedro Dantiacq, Luis Esteves Balado, Mariano de Ezcurra, José Antonio Esteves, Juan M. Etchepare, Alberto P. Ezcurra, Héctor Ezcurra, Antonio R. Esquirós, Juan Escribano, Domingo H. Etcheverry, Bernardo Espil, Miguel Egozcue, Pablo Epifani, Ramón Etcheverría, Rosendo A. Enero, Rodolfo A. Fitte, Gustavo Figueroa, Luis José Figueroa Alcorta, Arturo A. Fauvety, Ricardo Fernández Guerrico, Alfredo Fazio, Carlos Fernández Speroni, Miguel Ángel O'Farrell, Amadeo I. Fornari, José Luis Franza, Jorge E. O'Farrell, Luis Frumento, Alejandro Frías, Eduardo O'Farrell, Ricardo G. Fernández Vázquez, Norberto A. Frontini, Abelardo J. Palomir, Ernesto Fassina, Enrique Gil, Luis R. Gondra, Roberto Gache, Federico Gómez

Molina, César L. Gondra, Rafael García Fernández, C. Giúdice, Pedro José Cerde, Carlos Groussac, Jorge Gándara, Arturo E. Goodliffe, Enrique Gallegos Serna, Juan C. García González, Carlos Giménez Zapiola, Enrique de Gandía, Juan García González (h.), Adolfo Gaggiolo, José González Ledó, César González Álzaga, Oscar L. Gómez, Francisco García, Federico Gallegos, Daniel Gunn, Eudoro Gallo Argerich, Adolfo D. Holmberg, Roberto Helguera, Carlos Hillner, Carlos Ham, Julio L. Hanón, Nicolás Halperín, Alfredo C. Israel, Alfredo Israel Ugalde, Domingo Iraeta, Federico F. Ituarte, Fernando A. Iturbe, Armando Jolly, Vicente Kenny, Lucio V. López, Jorge Lavalle Cobo, Alfonso de Laferrère, Eduardo Labougle, Miguel Laphitzondo, Ernesto Lix Klett, Eduardo V. López, Alejandro V. López, Alberto V. López, Arturo E. Llavallol, Ramón Lezica Alvear, Diego Lezica Alvear, Alfredo M. Laborde, Alfredo J. Ledesma, Arturo Richard Lavalle, Bautista Lohidoy, Emilio Lonhardtson, Mario Livingston, Antonio Lacativa, Camilo R. Labourdette, Leónidas A. Lagos, H. E. Lauder, Roberto J. Lynch, Ricardo Marcó del Pont, Raúl C. Monsegur, Luis V. Migone, Carlos M. Mayer, Arnaldo Massone, Eustaquio Méndez Delfino, José Marcó del Pont, Juan A. Madariaga, Marcos A. Malbrán, Jorge E. Malbrán, Alberto Milea, Anatolio Müller, Germán Carlos Mínguez, Leopoldo Melo, Nicanor Magnanini, Ernesto A. Marcó del Pont, Luis T. Molina Anchorena, Manuel R. Méndez, Sylla Monsegur (h.), Pablo S. Moreno, Alberto R. Mejía, Raúl Mendes Gonçalves, Alberto J. Montereano, Luis Martínez Dalke, Aquiles Martínez Civelli, Alvaro Martínez, Rogelio de Miguel, Emilio Minvielle, Nicolás Moss, Mauricio Mordcovich, Alfredo Moreno Videla, Sergio Morano, Rodolfo Magnín, Ricardo Núñez, Agustín E. Nistal, Florencio Noceti, Edgardo Nicholson, Domingo Nougués Acuña, Pedro Nigro, Julio Neumeier, P. H. Nigro, José R. Naveira, Adolfo F. Orma, Belisario Otomendi, Fernando L. Orioli, Carlos Olmedo Zumarán, Roberto S. Ocampo, Alberto P. Orlandini, Roberto M. Ortiz, Adrián Orquín, Bartolomé Ortelli, Juan Carlos Palacios, Víctor Pángaro, Juan M. Paz Anchorena, Máximo Portela, Guillermo Paz, Héctor M. Paz, Guillermo C. Pasman, Adolfo de la Puente, Juan A. Pearson, Julio V. Poviña, José Parma, Fulvio Pietranera, R. S. Pergolani, D. E. Palacios, Juan Pastori, Carlos Alberto Paillet, Roberto del Porto, Licurgo Piazza, Aníbal Peirano, Ricardo M. Quirno Lavalle, Eduardo Quereilhac, Jorge Quirno, Avelino Quirno, José M. O. Quirós, Héctor Ramos Mejía, Carlos Robertson Lavalle, Jorge A. Robirosa, Julio A. Rosa, Ricardo de la Rúa, Augusto Rodríguez Larreta (h.), Luis Rojas, Héctor Régora, Adolfo Roth, Miguel de Riglos, Carlos Ramos Mejía, Constantino Raybaud, José Rattaro, Ignacio E. Rossi, Pedro Repetto, Juan de Rosa, José A. Roca, Osvaldo Rocha (h.), Carlos Saavedra Lamas, José María Sarobe, Arturo Seeber, E. F. Sánchez Zinny, Raúl Saccone, Carlos Sánchez Otelo, José Spognardi, Ricardo Sauze, Francisco Salvatierra, José Sastre, Enrique Santa Coloma, José Tomás Sojo, Jorge A. Santamarina, Florencio Santurtun, Alejandro Shaw, Raimundo San Juan Miguel, Ángel Santamarina, Bernardo de San Martín, Miguel

A. Sauze, Sauze Juárez, Jorge Seeber, Abel Sánchez Díaz, Norberto Stapler, Vicente Spognardi, Abraham Scheps, C. M. Sabat, Mario Tezanos Pinto, Jorge Thenon, Jaime J. Thomas, R. Tobar García, Gualterio Thomander, Lorenzo C. Torres, Carlos A. Troise, José M. Usandizaga, Mario A. Usandizaga, Miguel J. Uribelarrea, Justo Urquiza Anchorena, Ricardo A. Urcola, Aníbal Villar, Antonio Vaquer, Manuel Vetrone, H. Villar, Marcos Vodovots, Benjamín Vila Virasoro, Ricardo Villanueva, Emilio Vernet Basualdo, Fernando Villa, Frank M. Virasoro, Ramón J. Vázquez, Mariano Villar Sáenz Peña, Cecilio del Valle, Guillermo Valdés, Pedro O. Vilches, Augusto Wybert, Juan Carlos Yraizos, Alejandro F. Zinny, B. Zubillaga y Ennio Hamlet Zavatarelli.

[11] *El banquero Carlos Alfredo Tornquist.* Ver "Noticias Gráficas" del 2-VIII-1949, donde se reproduce íntegramente su carta.

[12] *Para la posguerra.* Lamentablemente el ex embajador Spruille Braden se ha negado a contestar al cuestionario que le envió el autor con interrogantes sobre estos y otros aspectos de su misión en Buenos Aires, manifestando que no deseaba remover episodios ya olvidados.

[13] *El 1º de junio se entrevistó con Perón.* De los informes de la Embajada Argentina en Washington a la Cancillería de nuestro país, archivados en el Ministerio de Relaciones Exteriores y Culto, se desprenden algunas precisiones sobre los contactos personales entre Braden y Perón; el volumen correspondiente a 1945 de *Foreign Relations of the United States/Diplomatic Papers* habrá de corroborar y ampliar esta información. Los dos personajes se entrevistaron cuatro veces, por lo menos: el 1º, el 13 y el 30 de junio, y el 5 de julio. La primera entrevista parece haber sido puramente protocolar y relativamente cordial; en la segunda Braden se quejó de las restricciones que sufrían los corresponsales extranjeros para enviar sus informaciones y Perón prometió obviar el problema; hubo en esta charla sutiles amenazas por ambas partes. Sobre la tercera entrevista no hay mayor información. La última, en cambio, terminó de manera tormentosa. Se realizó en el Ministerio de Guerra y estuvo presente en ella el doctor Juan Atilio Bramuglia, según referencia al autor del doctor Arturo Sampay, quien afirma que en esa oportunidad el embajador habló largamente sobre problemas vinculados a la propiedad definitiva de los bienes alemanes y japoneses incautados por el gobierno argentino; también se refirió a las posibilidades de que las líneas aéreas norteamericanas pudieran realizar escalas comerciales en territorio argentino. Insinuó Braden —siempre según la referencia de Sampay— que si esos problemas se arreglaban, Estados Unidos no pondría obstáculos a una eventual candidatura presidencial de Perón. Después que el embajador se explayó un buen rato, Perón le respondió que esos arreglos y combinaciones económico-financieras parecían muy fáciles de hacer, pero que había un grave problema para llevarlas a cabo.

—¿Cuál problema? —preguntó Braden.

—Pues, que en mi país, al que hace eso, se lo llama hijo de puta...
—"y se quedó mirándolo, haciéndose el chiquito", agrega nuestro informante.

La reacción de Braden ante esta respuesta fue tan airada, que salió casi sin despedirse y aun se olvidó en el despacho su sombrero, que Perón, riéndose a carcajadas, lo tomó como un trofeo, devolviéndoselo al día siguiente por un ordenanza.

Añade Sampay que inmediatamente Perón reunió en su departamento a algunos de sus más íntimos colaboradores para formular un análisis de la conversación con Braden, llegándose a la conclusión de que el enfrentamiento estaba en su momento culminante. Perón dijo entonces que era necesario provocar al embajador para que se lanzara al ataque y él mismo redactó un panfleto atacando al representante norteamericano con palabras que harían fácilmente identificable su origen; luego envió el borrador al mayor Alfredo Job para que lo hiciera imprimir ("pocos nomás, los suficientes para que los tiren cerca de la Embajada") en los talleres gráficos del Congreso. De este modo se formalizó la "declaración de guerra" entre Perón y Braden, que tendría tan trascendentes consecuencias.

En conversación con el autor (enero de 1969) el ex presidente Perón se refirió a Braden de la manera siguiente: "Braden se había incorporado a la Unión Democrática... y yo lo utilicé porque, ¡claro!, era un elemento urticante... ¡Cómo lo iba a dejar de aprovechar! Yo me entrevisté con él varias veces, hasta cuando se tenía que ir... Porque él vino a consultar si tenía que irse... Yo le dije: "Pero hombre, no creo que le quede otro camino... Usted se ha engañado en este problema, ha perdido, ¿y qué quiere...?"

Una vez pidió entrevistarse con el presidente Farrell, pero Farrell no quería recibirlo y me pidió que lo atendiera yo. Lo recibí en el Salón Blanco, en la Casa de Gobierno. Él llegó, dejó su sombrero y nos pusimos a hablar a calzón quitado, como hablábamos siempre. Y me empezó a plantear una serie de problemas. Yo le dije: "Vea, embajador, nosotros, como movimiento revolucionario, queremos liberar al país de toda clase de férulas imperialistas. Usted se ha embarcado en una tendencia totalmente contraria a la nuestra y nosotros estamos en contra de lo que ustedes, los americanos, quieren, de acuerdo con su embajador." Me acuerdo que me habló de Cuba, me dijo que él había estado allí y que Cuba no era una colonia —porque yo le había dicho que no estábamos dispuestos a ser una colonia—. Entonces le dije: "Mire, no sigamos, embajador, porque yo tengo una idea que por prudencia no se la puedo decir." "No, dígamela", replicó él. "Bueno —le contesté—, yo creo que los ciudadanos que venden su país a una potencia extranjera son unos hijos de puta... Y nosotros no queremos pasar por hijos de puta..."

Se enojó y se fue. Y con el enojo se olvidó el sombrero. Estuvimos solos en la entrevista; por allí andaban cerca los edecanes... ¡Después.

los muchachos estuvieron jugando al fútbol con el sombrero de Braden!
Era un individuo temperamental. Un búfalo. Yo lo hacía enojar, y
cuando se enojaba atropellaba las paredes... ¡que era lo que yo quería!,
porque entonces perdía toda ponderación..."

Es de señalar que Perón repitió casi textualmente su conversación
con Braden, aunque sin nombrarlo, en el discurso de carácter reservado
que pronunció ante un grupo de jefes y oficiales en el Colegio Militar,
el 7 de agosto, y al que se hará referencia más adelante. Por su parte,
"La Vanguardia" del 30 de octubre de 1945 hizo un relato de la cuarta
—y probablemente última— entrevista entre Braden y Perón, que en
líneas generales se ajusta a la referencia brindada por Sampay y Perón,
inclusive en el detalle del sombrero olvidado.

[14] *Un emisario de Perón.* Testimonio del señor Oscar Lomuto al
autor:

"Yo hice Guerra y Marina en «La Razón» desde 1922. Conocía a
todos los militares que tuvieron actuación en el gobierno desde 1943.
Cuando a Perón lo nombraron Secretario de Trabajo y Previsión, él
me insistió en que 'le diera una mano'. Entonces reuní un pequeño
grupo de periodistas, entre ellos Marcial Rocha Demaría y Eduardo
J. Pacheco y nos pusimos a trabajar. Pero no porque fuéramos políticos
sino en términos puramente profesionales. Me nombraron director de
Prensa de la Subsecretaría de Informaciones del Estado, cuyo titular
era entonces el mayor Poggi. Posteriormente, cuando Perlinger renunció
como ministro del Interior, fui designado subsecretario de Informaciones.

En ese cargo tuve que aguantar muchas veces las presiones de distintos
militares, que querían clausurar diarios. Yo siempre me negué a tomar
esas medidas y dentro de todo, logré mantener un estado de cosas
relativamente normal.

Con Perón trabajábamos muy bien. Era un excelente profesional,
que a mi juicio sólo podía compararse con el general Manuel A. Rodríguez, el que fue ministro de Guerra de Justo. Con Perón se podía
hablar con absoluta franqueza. Rocha Demaría, en especial, era brutalmente sincero con Perón: solía decirle cosas tremendas, que el coronel
recibía sin enojarse. Le hacíamos un informativo diario —una carilla—
en el que sintetizábamos todos los hechos u opiniones en su contra.
Más tarde instalamos en Piedras al 300 una oficina donde Perón solía
mantener sus entrevistas reservadas.

En junio del 45 Perón me llamó y me dijo que yo tenía que hablar
con el embajador Braden.

—Decile que no va a haber problema con los periodistas y corresponsales extranjeros y arreglá con él cualquier cuestión sobre ese tema
—me dijo.

Fui a verlo a Braden y mantuvimos una conversación como de una
hora. Quedamos entendidos que las seguridades que le transmitía eran
de carácter privado y que no habrían de trascender. Hablamos cordial-

mente, en castellano, de manera muy informal. Al otro día casi me caigo de espaldas cuando veo en los diarios de la mañana un comunicado de Braden repitiendo todo lo dicho por mí... ¡Perón se agarró un estrilo bárbaro! Y yo, por supuesto... Me dijo que tenía que hacerle un juicio a Braden por haber roto su palabra de honor... Por supuesto, no le hice caso. ¡Qué iba a demandar a un embajador extranjero!"

[15] *La entrega del gobierno a la Corte Suprema de Justicia.* El Departamento de Estado acariciaba la esperanza de que el gobierno *de facto* resignara el poder en el alto tribunal de justicia. En su libro *Where are we Heading?* (Ed. Random House, New York, 1946), dice Sumner Welles que en las conversaciones secretas mantenidas por la misión norteamericana arribada a Buenos Aires en febrero de 1945, "que tuvieron lugar con el coronel Perón, el doctor Juan Cooke y otros líderes del gobierno argentino, se convino en que, si la Argentina cumplía con sus compromisos de defensa hemisférica contraídos en 1942, en Río de Janeiro, y aceptaba reingresar al concierto de las naciones americanas, lo que le sería propuesto con posterioridad a la Conferencia de México, los Estados Unidos abandonarían su actitud coercitiva y cancelarían todas las medidas restrictivas que habían sido impuestas en las relaciones económicas de ambos países. Quedaba establecido claramente que no se entregaría ningún tipo de material militar. Cuando se sugirió que la dictadura militar entregara el gobierno a la Corte Suprema de Justicia, hasta que se efectuaran las elecciones nacionales, la solución no los convenció y el coronel Perón rehusó con firmeza contraer ninguna obligación sobre cuestiones que —sostuvo— eran puramente internas".

[16] *Diversas motivaciones alimentaban la intransigencia.* Ver *Qué es la intransigencia.* Discurso del delegado por Córdoba ante la Honorable Convención Nacional, doctor Antonio Sobral, Buenos Aires, 1946", folleto que recoge el discurso pronunciado por este dirigente el 30 de diciembre de 1945 ante el alto cuerpo partidario y que resume, con mucha claridad, la posición intransigente. En los diarios de la época aparecieron versiones muy fragmentarias de este discurso.

[17] *La UCR padecía una crisis profunda y violenta.* Descripta en *Alvear,* por Félix Luna (Ed. Libros Argentinos, Bs. As., 1958) y *El Radicalismo. El Movimiento de Intransigencia y Renovación, 1945-1957,* por Gabriel del Mazo (Ed. Gure, Bs. As., 1957).

[18] *Única autoridad legal del partido en el orden nacional.* Integraban la Mesa Directiva de la UCR los señores Gabriel A. Oddone (presidente), Atanasio Eguiguren (vicepresidente 1º), Henoch D. Aguiar (vicepresidente 2º), Carlos E. Cisneros, Carmelo Piedrabuena, Julio F. Correa, José Víctor Noriega (secretarios), Raúl Rodríguez de la Torre (tesorero). De éstos, Oddone, Aguiar y Correa eran solidarios con

Sabattini; el resto eran unionistas. Los comités provinciales reconocidos por la resolución del 23 de julio estaban presididos por Ernesto C. Boatti (Buenos Aires), Mauricio Yadarola (Córdoba), Eduardo Laurencena (Entre Ríos), Jorge Albarracín Godoy (Mendoza), David Michel Torino (Salta) y Eduardo Teissaire (Santa Fe), todos ellos unionistas.

19 *El escándalo total.* El manifiesto de repudio a los volantes lanzados contra el embajador norteamericano y de adhesión al mismo fue firmado por las siguientes personas:

Octavio Amadeo, Telma Reca de Acosta, Vladimiro Acosta, Pascual Albanese, René Astiz de Battaglia, Domingo V. de Aphalo, Agustín Álvarez, Elena Capdepont de Álvarez, Jorge M. Aphalo, Santiago A. Aráoz, Mauricia Agar, Manuel J. Acosta, David Arias, Felisa A. de Herrera Vegas, Eduardo Aguirre, Toribio Ayerza, Héctor Achaval Rodríguez, Hortensia Aguirre, José Luis Álvarez, Eduardo Aguirre, Manuel J. Acosta, Mario Bertozzi, Ana María Barrenechea, Rómulo Bogliolo, Julio B. Berra, Demetrio Buira, José Bogliolo, Manuel V. Besasso, José Belbery, Ema Barrandegni, Aída Barbagelata, Teba Bronstein, Francisco Bussola, David Ángel Berquer, Dardo D. Bond Rocha, Carola P. del Cerri de Brewer, Raquel Brewer Moreno, Susana Brewer Moreno, Magdalena Bunge, Lucrecia M. de Bunge, Andrés Beltrami, Juan José Britos (h.), Roberto Banfi, Luisa Satriano de Banfi, Joaquina O. de Bortagaray, Guillermina C. de Bioy, Jorge Blanco Villalta, Magdalena B. de Paz, Jorge Baque, María Smith Balmaceda, Dardo Cúneo, V. Castagnino, Roberto Crespo, María M. de Campos, E. Corona Martínez, José A. Caeiro, Alberto T. Casella, D. Candia Marc, Nelly Dobranich, María S. A. de Duprat, J. J. Díaz Arana (h.), Alfredo Daurat, Teresa S. de Daurat, Elvira de la Torre de Carrasco, Manuel Dolz, Matilde Díaz Vélez, Matilde A. T. de Díaz Vélez, Iván Vila Echagüe, Carlos A. Frumento, Arturo Fernández, Narciso de Pilco, Teófilo Fernández Beyró, Benjamín A. Fernández, María A. Ferreyra, M. Gonçalves de Fernández, Rodolfo Coll Villate, Susana Corti Maderna, Américo Ghioldi, Julio V. González, A. Groppo, Osvaldo Giorno, N. Grigera Goa, Jacobo Garfunkel, Osvaldo Giancaglini Puig, Manuel Guerreiro, Manuel S. González Poccard, Roberto Gorostiaga, Alfredo Gastambide, María A. Gutiérrez, Avelino Gutiérrez, Rita G. de Gutiérrez, Adelina Gutiérrez, Eulogio Goñi, Nicolás Gutiérrez, Enrique García Mérou, Pablo Gorostiaga, Sara L. de García Mérou, Rosa E. Gerchunoff, Enrique Gil, Raquel C. de Guerrero, Adela Grondona, Adela F. V. de Grondona, Ernesto Duggan, Bernardo Houssay, A. Halperin, José Hueyo, Alicia Y. de Heaph, Héctor Iñigo Carreras, Carlos Israelson, Fernando A. Iturbe, Aquiles Irigaray, Celina M. de Iglesias, Susana Pérez Irigoyen, Julia L. de Jáuregui, Sara Jaroslavsky, Julio Korn, Ismael Kurlat, Hermán Kato, S. Villanueva de Kraues, Mauricio Kenny, Germán López, Eduardo Legarreta, Julia P. de López, Pedro A. Lavalle, Alfredo Lacau, Alfredo López, Juan D. Lamesa, Cora Livigston de Muñiz, Marcelo

Lamarca, Roberto J. Lynch, Eustaquio Méndez Delfino, Ana R. S. de Martínez Guerrero, Julia E. Martínez de Hoz, Esther Méndez Mendonca, Manuel P. Migone, Alicia Moreau de Justo, Ramón Muñiz, Enrique Mouchet, Paulina Medeiros, Narciso Machinandiarena, Celina Munin Iglesias, Carlos J. Manzone, Marcos Merchesky, Estela Máspero, Beatriz Máas, Bernardo Máas, Lila Martini, Noemí Martini, Mabel Manacorda, Ricardo Martorelli, Celia Méndez, Estela Méndez, Margarita L. Mayer, Cora M. de Méndez Delfino, Elena Whitte de Mayer, Genaro J. Macri, Cora Méndez Delfino de Mayer, Luis Magnanini, Raúl Medina, Ramón J. Méndez, Francisco F. Mondet, Edith G. de Corona Martínez, Oscar Martín, Jorge Moreno, Álvaro M. Martínez, Raúl L. Moret, Ernesto Marcó del Pont, José María Méndez, Osvaldo Maquieira Goñi, Agustín N. Matienzo, D. Nogués Acuña, Emilio Navas, Américo Nunziata, Eduardo Newbery, Delia M. G. de Nazar, Horacio E. Nazar, Ernesto Nazar, Susana D. de Nágueres, María E. Ochoa de Balvastro, Niza Ochoa Aráoz, Nizah Orayen, Gabriel O'Farrell, Francisco Pérez Leirós, Moisés Polak, Ángel Parra, Luis M. Pardo, Aldo Pellegrino, Julio F. Piñeiro, Manuel Peña Rodríguez, Luis Pan, Ramón Palazuelo (h.), Mario Piñeiro, M. Pérez del Cerro, Delia D. de Povina, René J. Pergolari, Pedro A. Perissé, Avelino Quirno Lavalle, Ricardo Quirno Lavalle, Silvio Ruggieri, Osvaldo Rocha, Julio A. Ramos, Sigfrido Radaelli, Dora Rajman, Estanislao Raver, M. I. Fernández Raver, Domingo Romano (h.), María A. Rollino, Cecilia Rees Grierson, Amalia Rees de Blanchard, G. Ruiz Moreno, Adolfo Rubinstein, Arturo Ravina, José E. Rozas, Daniel O. Rocha, Miguel Roig, Celia Repetto Britos, Rita G. de Rey Pastor, J. Rey Pastor, María E. Llavallol de Roca, Ambrosio Romero Carranza, María S. de Rodríguez, José M. Sáenz Valiente, J. Álvaro Sol, Hugo Stramer, Juan A. Solari, Santiago Sanguinetti, Juan Sanguinetti, Noemí Saslavsky, Mario Sciocco, Juan J. Britos Sayús, Luis de Salamanca, Narcisa G. P. de Sayús, Antonio C. San Martín, Carlos A. de Schleiner, Carlos G. de Schleiner, Horacio Sáenz, Luis Santamaría, Mercedes G. H. de Sánchez, Dalila Saslavsky, Nelly V. Saglio, Marta L. de Schuchard, Néstor Suárez, María J. Balmaceda de Smith, Juan Pablo Sablet, Rosa E. de Sehmann, Jorge Thenon, Ricardo Tobar García, Blanca Di Tella, Bruno Treves, Carlos M. Vico, Pedro Verde Tello, Carmen Valdés, Jesús de Vega, Julián S. Viaña, Eduardo Viglia, José Valls, Manuel A. Vetrone de la Torre, Nelly Velarde de Valls, Marcos Vodovoz, Marta Vicuña, Ricardo Vila Moret, Francisco Vila Moret, Marta Moret de Vila, María I. Moreno Villanueva, Mario Waismann, Pupe Waismann, Carlota Wilmart, Margarita Wilmart, Mercedes B. de Wernicke, María Luisa de Wernicke, José Wernicke, Enrique Wernicke, Guillermo de Zabaleta, Mariano de Zavalla, Pedro A. Zavalla, Ricardo Zavaleta, Elisa Perla Berg, Cora Ratto de Sadosky, Ricardo M. Ortiz y María Hortensia Palissa Mujica de Lacau.

Graciano F. Álvarez, Marcelino Álvarez, Concepción P. de Álvarez, María R. Sánchez de Álvarez, Lucrecia P. de Álvarez, Adolfo Álvarez,

Margarita Argúas, María M. de Carranza de Alemán, Eduardo Alemán, Matilde Alemán, María Isabel Alemán, Margarita Aguirre, Carmen A. de Atucha, María Teresa P. de Álzaga, Emilio Anchorena, Antonio M. de Apellániz, Enrique Amorim, Margarita Abella Caprile, José Aslan, María Luisa O. de Alvear, Carmen de Alvear, Eugenio de Alvear, Marta L. de Acevedo, Ángel Acuña, Eduardo Araujo, Ricardo Aráoz, Rosa C. de Acosta, Rodolfo Alcorta, Amancio Alcorta, Alberto Álvarez de Toledo, Blanca B. de Álvarez de Toledo, Edda P. V. de Anchorena, Teodolina de Alvear, Luis Álvarez de Toledo, José A. Antelo, Federico Álvarez de Toledo, David Arias, Olaf Altgelt, Mariano Castex, José M. Cantilo, Juan José Castro, Raquel Aguirre de Castro, Antuca L. A. de Centurión, Aurelia C. de Míguens Carranza, Benito J. Carrasco, C. A. de la Cruz, María Teresa Caro, Elisa del Campillo, Miguel Casares, Ana V. de Casares, Adela A. de Cuevas de Vera, Julio C. Caballero, María L. de la T. de Caballero, Ricardo Chilibroste, Clara O. de Castex, Carlos Caro, Inés O. B. de Caro, Adolfo Bioy, Adolfo Bioy Casares, Marta C. de Bioy, María Teresa M. de Britos, María Esther Sayús de Britos, Alfredo Britos, Leónidas Barletta, Eduardo Benegas, José P. Barreiro, Alberto Benegas Lynch, Jorge Luis Borges, Julio Baqué, Jaime Butler, Horacio Butler, Lucía Capdepont de Butler, Mario H. Bortagaray, Felisa A. de Bioy, Laura O. de Bunge, Marta M. de Bengolea, Juana Castro de Barreto, Jorge Bullrich, Enrique Bullrich, Eduardo Bullrich, Jovita B. de Barreto, Antonio Barreto, Eduardo Braun Menéndez, María Cristina E. de Bengolea, Fabián Jacobo Bengolea, Inés Berón, Silvina O. de Bioy Casares, Raúl Bordabehere, María E. Fernández Beyró, Magdalena Bullrich, Horacio Bullrich, Josefina Boneo, Ana Quirno de Castro, Pedro Chiaranti, María Elena B. de Lascano de Chenaut, Juan Carlos Cruz, Pablo Cárdenas, Adolfo Casablanca, Luisa Cantilo, Héctor Cantilo, Manuel A. Castagnino, Olga Cosettini, Juan José Díaz Arana, Ofelia Britos de Dobranich, René Dreyfus, Horacio Damianovich, Dolores V. Delacre, Max Dickmann, Enrique Dickmann, Marcelo Dupont, Carlos A. Dupont, Roberto Dupont, Horacio del Campo, Estefanía de la Torre Campos, Ernestina de la Torre Campos, Pío Díaz Valdés, Jorge Demarchi, Carlos Dumas, Juan Danuzzo Iturraspe, C. Bengolea de Danuzzo Iturraspe, Alberto Duhau, Jaime Delacre, María C. B. de Elía, José Luis Espósito, Elena D. de Espósito, Luis Fiore, Eva Franco, Rodolfo Fitte, Teresa P. de French, Ricardo French, Beatriz Ferrari, Ernesto M. Ferrari, Donald Fortin O'Farrell, Olga Bossi de Fernández, María Teresa M. Gainza, Alfredo González Garaño, Gilberto Gallo Morando, María Teresa A. de González Garaño, César Gondra, Enrique Gallegos Serna, Juan C. García González (h.), Carlos Grandín, Carlos Gallegos Moyano, José A. González, Julio Güemes, Alberto Ginastera, Enrique García Mérou, Horacio Gutiérrez, Santiago P. Giorgi, María Elena Chaves Grondona, Roberto F. Giusti, Eusebio Gómez, María Casilda Goñi, Silvia Guerrico, Martín Guerrico, Federico José Guerrico, Juan A. Guerrico, Enrique González, José García González, Roberto Guyer, Enrique de Gandía, Mariano A. Guerrero, Juan Carlos Guerrero,

Leopoldo Hurtado, Eduardo Helguera, Ana M. de Helguera, María Hedwan, Gregorio Halperín, Renata D. Halperín, Nicolás Halperín, Gerardo Iturbe, Emilio Jáureguy (h.), María Jaurés, Julia L. de Jáureguy, Josefina A. de Jacourt, Raúl Karman, César Karman, Adolfo Lanús, Lucio V. López, Tina Genoud de Lagos, Ernesto Lagos, Clelia Noceti de Lagos, Brígida F. de López Buchardo, Celia V. de Llavallol, Lauret O. de Llavallol, Juan F. de Larrachea (h.), Pedro J. Lasalle, Susana Larguía, Iris de León, Margarita Byrne de Lynch, Miguel A. Laphizondo, Jaime Llavallol, Arturo Llavallol, Jorge Lavalle Cobo, Josefa López, Salvador Leiva, Alfonso de Laferrère, Alejandro Lastra, Enrique Mosca, Carlos Mosca, Emilio Mihura, Raúl A. Monsegur, Raúl C. Monsegur, Elvira de la T. de Monsegur, Carlos Monsegur, Anunciada Mastelli, Ana Rosa S. de Martínez Guerrero, José Marcó del Pont, Celia M. de Moine Carranza, Juan Carlos Malagarriga, Lidia C. Martignoni, Elisa A. de Mac Grane, Jorge E. Mac Grane, Carlos Morea, Ada A. de Mujica Lainez, Manuel Mujica Lainez, Roberto Mujica Lainez, Nelly Mac Kinlay, Matilde I. Moyano Gacitúa, Evar Méndez, María Groussac de Macías, Delia S. W. de Macías, Marcelo Menache, Jorge Manrique, Guillermo Malbrán, Camilo J. Muniagurria, Luciano Molinas (h.), Mario Mosset Iturraspe, Luis V. Migone, Manuel V. Ordóñez, María Rosa Oliver, Ricardo H. Pueyrredón, Pedro Palacios, Oscar Puiggrós, Francisco Pociello Argerich, Maris T. O. de Pearson, Manuel Pinto, Francisco Pita, Pedro Payrot, Arturo Piacentini, Juan C. Palacios, Luis Piazzini, José N. Pinto, Horacio H. Pueyrredón, Edmundo Pinto, Ramón L. Pérez, Carmen F. de Pérez, Alberto Prando, Julio Noé, Martín Noel, Juan A. Nicholson, María T. J. de Nazar, Francisco Nazar, Alcira Olivé de Mollerach, Ambrosio Mollerach, Ricardo Molinas, Carlos Malbrán, Esther Mendes Gonçalves, Joaquín Muñiz, Isabel B. U. de Marcó, Horacio Marcó, José M. Olaeta, Pedro Miguel Obligado, Luis Pandra, J. Carlos Pini, María Pérez, Elena Pérez, Enrique Quintana, Ismael Rodríguez, Honorio Roigt, Manuel T. Rodríguez, Manuel Río, Antonio Robertacco, María C. C. de Romero Carranza, Luis Reissig, Amalia L. Radaelli, A. Romero Carranza, Alberto Rodríguez Larreta, M. D. A. de Rodríguez Larreta, Mercedes A. de Rocha, Alfredo Roland, José A. Rocha, Carlos Roland, Juan Carlos Rébora, Carlos Robertson Lavalle, Alberto Rosemberg, Emiro Seghizzi, Donald Smith Balmaceda, Donald J. Smith, Marisa Serrano Vernengo, Eduardo Sánchez Chopitea, Juan A. Sánchez Chopitea, Cristina V. de Sánchez, María Carmen Sánchez, Rosa de la Torre de Sánchez, Ignacia L. de Schuchard, Oscar Speciale, Mercedes A. de Suárez, Lola A. de Suárez, Celsa Suárez, Julia E. Martínez de Hoz de Salamanca, Antonio Santamarina (h.), Carmen Sayús Panelo, Sara Sayús, Marta Repetto de Sauberán, María A. Sayús, Ángel Sánchez Elía (h.), Ramón J. Santamarina, Josefina Gainza Paz de Sánchez Elía, Magdalena B. de Sánchez Elía, Josefina A. de Santamarina, María Panelo de Sayús, Alicia Sayús Panelo, Lucía Sayús de Panelo, María C. Sayús de Panelo, Jacobo Saslavsky, Luis Saslavsky, Juan Pablo Sablet, Horacio R. Thedy, Luis M. de la Torre, C. M.

Torres Lacroze, Rodolfo M. Taboada, Pedro E. Torre, Eugenio Turina, Florinda F. de Trotoli, Elvira R. de la Torre, Esther Dora Terzano, Susana de la Torre, Alberto Tarasido, Jorge Urquiza Anchorena, Odette B. de Ugalde Portela, Wenceslao Urdapilleta, Francisco Villanueva, Pía B. de Videla, Eleazar Videla, Francisco J. Verstraetenr, Juan S. Valmaggia, María E. K. de Woodgate, Rosario G. de Wilson, Federico Zorraquín (h.), Alejandro Pavlovsky, Juan B. Mignaquy, Mariano de Apellániz, Gabriel Capdepont, Juan Carlos Alurralde, Abel E. Correa, Ricardo Mignaquy, Jorge Eduardo Coll, Eulogio Goñi, Miguel Laphizondo, Mario D. Bidart Malbrán, Carlos M. Huergo, Alberto Schindler, Eduardo Goñi Durañona, Manuel Dolz, Rodolfo Bullrich, Ricardo Detchessarry, Aristóbulo H. Durañona, Raúl Rodríguez de la Torre, Teófila Méndez G. de R. de la Torre y Antonio Fernández Beyró.

[20] *Jóvenes oficiales de caballería.* Entre otros, Alcides López Aufranc, Pascual Pistarini, Adolfo Cándido López, Gustavo Martínez Zuviría y Tomás Sánchez de Bustamante.

[21] *Junta Coordinadora Democrática.* Integraban la delegación que visitó la Casa Radical los señores José María Cantilo, Bernardo Houssay, Eustaquio Méndez Delfino, Eduardo Benegas, Manuel V. Ordóñez, Arnaldo Massone y Germán López, este último en su carácter de presidente de FUBA.

[22] *Regreso de los exiliados de Montevideo.* En el primer grupo, que llegó el 25 de agosto, arribaron José Aguirre Cámara, Julio Noble, Julio González Iramain, Silvano Santander, Agustín Rodríguez Araya, Rodolfo Ghioldi, Héctor P. Agosti, Rodolfo Aráoz Alfaro, Gregorio Topolewski y Emilio Troise; en el segundo grupo, que llegó el 1⁰ de setiembre, regresaron Alfredo L. Palacios, Nicolás Repetto, Luciano Molinas y Santiago Nudelman, entre otros.

[23] *Uno de los discursos más agresivos e insolentes.* Se reproduce a continuación la crónica de "La Prensa", del 29 de agosto de 1945:

"Una elocuente y significativa demostración de simpatía y adhesión a la labor que ha venido desarrollando en nuestro país el embajador de la Unión, el señor Spruille Braden, constituyó el almuerzo que se sirvió ayer en su honor, en los salones del Plaza Hotel, ofrecido por los institutos argentino-americanos de cultura.

La demanda de tarjetas para asistir a la reunión excedió con mucho las previsiones de los organizadores, al punto de que una considerable cantidad de personas se hizo presente con el sólo propósito de escuchar los discursos, ante la imposibilidad de encontrar asiento en torno a las mesas. Concurrieron en total más de 800 personas, entre las cuales se contaban representantes calificados de todos los círculos culturales, diplomáticos y sociales, y que colmaban la capacidad del salón principal, el estrado y los vestíbulos. Muchas señoras siguieron el desarrollo del acto desde la galería superior que circunda el comedor.

Ornamentaba el centro del salón una gran panoplia con banderas argentinas y de la Unión, rodeada por las insignias nacionales de los países americanos. Además, por iniciativa de la señora Martina Britos de Repetto, se distribuyeron en las mesas ejemplares de una edición corriente de la "Despedida al pueblo de los Estados Unidos", de Jorge Washington, adornados y señalados en su interior con cintas con los colores argentinos y norteamericanos.

La concurrencia

En la cabecera de la mesa, y en los sitios destacados, acompañaron al obsequiado, entre otras personas, las señoras Rosa Martínez de Cantilo y Elvira Santamarina de Lezica Alvear, que se ubicaron a ambos lados del señor Braden; la esposa de éste, señora María Húmeres Solar; la señora Martina Britos de Repetto; los ex ministros del Poder Ejecutivo, doctores Carlos Saavedra Lamas, Manuel Alvarado, Tomás Le Breton y Jorge E. Coll, y señor José María Cantilo; el doctor Alberto Gainza Paz; los embajadores: de Brasil, señor Juan Bautista Lusardo; de Uruguay, señor Eugenio Martínez Thedy; de Cuba, señor Ramiro Hernández Portela; de Paraguay, doctor Francisco L. Pecci; el consejero de la embajada británica, sir Andrew Napier Noble, los ministros plenipotenciarios de Dinamarca, doctor Fin Lund, y de Grecia, señor Vassili Lappas; encargados de negocios de Perú, señor José J. Rada; de Honduras, señor Arturo Mejía Nieto; de Yugoslavia, doctor Víctor Kjuder; de Letonia, doctor Peters Z. Olins, y de Lituania, doctor Zazimiaras Grauzinis; los rectores de las universidades nacionales de Buenos Aires, doctor Horacio C. Rivarola; del litoral, doctor Josué Gollán (h.) ; de La Plata, doctor Alfredo D. Calcagno; de Córdoba, ingeniero Rodolfo Martínez; de Tucumán, doctor Prudencio Santillán, y de Cuyo, doctor Salvador Doncel; el senador cubano, señor Eduardo Chibás, que se encuentra de paso en nuestro país; los presidentes de los institutos Argentino-Venezolano, doctor Aquiles Ygobone; Norteamericano, profesor Ernesto Nelson; Boliviano, doctor Ludovico Ivanissevich; Brasileño, doctor Octavio Amadeo; Centroamericano, doctor Vicente S. Facio; Colombiano, señor Alberto Candiotti; Paraguayo, doctor Eduardo Crespo; Peruano, doctor Roberto Levillier; el vicepresidente del Instituto Argentino-Uruguayo, señor Alejo B. González Garaño, y representantes de otras entidades similares, algunos de los cuales han sido nombrados ya por otros cargos que ejercen; el presidente de la Academia Nacional de la Historia, doctor Ricardo Levene; el presidente del Círculo de la Prensa, señor Miguel A. Fulle; miembros de las misiones diplomáticas extranjeras, y muchas damas y caballeros vinculados a distintos círculos locales.

Llega el señor Braden

Poco después de las 13.20, llegó el señor Braden, acompañado por los agregados militar y naval a la embajada de la Unión, general Arthur R. Harris y capitán de navío Walter W. Webb. Al advertir su presencia, el público de pie, le hizo objeto de una cerrada ovación que se prolongó durante varios minutos, mientras el señor Braden, atravesaba el amplio salón hasta ubicarse en la cabecera de la mesa. El ambiente de cálida adhesión al huésped de honor se mantuvo en el transcurso de toda la reunión.

Discurso del señor Braden

En medio de los aplausos y vítores de la concurrencia se puso de pie el obsequiado para contestar, en castellano, el discurso del doctor Levillier.

Acalladas las aclamaciones del público, el señor Braden comenzó así su exposición, a la que hemos hecho acotaciones, lo mismo que al discurso del señor Levillier, para que los lectores tengan exacta medida de la impresión que produjo el orador:

"Mi admirado y querido amigo, el doctor Roberto Levillier, en el elocuente discurso que acaba de pronunciar en nombre de los institutos argentino-americanos de cultura, me ha dedicado unas palabras que encierran el más alto elogio a que un hombre puede aspirar y que, desde luego, no pretendo merecer; las acepto y agradezco, sin embargo, como testimonio que son de la buena amistad que él y los aquí reunidos demuestran con su presencia, profesarme; y a la que, por mi parte, correspondo con creces (aplausos); y, por sobre todo, porque esas palabras definen concretamente, si no mi personalidad, sí, al menos, el programa ideal al cual he tratado siempre de ajustar mi conducta pública y privada (muy bien). Quienes me conocen bien saben hasta qué punto desprecio y odio la mentira (muy bien, aplausos) grande o pequeña; el cinismo (¡bravo!, aplausos); la doblez; la maniobra taimada y subrepticia; la vacilación cobarde (¡bravo!), y, por último, el abandono con fines egoístas de lo que es esencial e inmutable por lo superficial y transitorio (aplausos).

En la primera parte de su discurso, el doctor Levillier nos ha descripto a grandes trazos el curso de la guerra, cuya fase más cruenta acaba de terminar en estos días. Con claro sentido histórico ha analizado algunos de los aspectos culminantes de lo que él llama "la trayectoria de Munich a Nagasaki", y, con ellos, la personalidad de dos de los tres grandes forjadores de la victoria de las armas de la democracia (aplausos). Historiador yo, a mi vez, o, mejor dicho, observador atento de la historia viva que aún no figura en los libros de texto (aplausos), me propongo contar a ustedes una anécdota relativamente reciente y que, en su aparente trivialidad encierra más de una profunda y provechosa lección. No citaré, por innecesario, nombres de personas o lugares (risas). Si exceptuamos uno o dos detalles de mero valor episódico, lo que en ella se narra podría igualmente haber acaecido en cualquiera de los países sometidos al yugo de la arbitrariedad (¡bravo!, muy bien).

Hace algún tiempo, cuando el éxito parecía acompañar de modo fulminante a los ejércitos nazis, el canciller de uno de los gobiernos satélites del "eje", se creyó en el caso de hacer méritos ante sus jefes extranjeros y, de pasada, hacer leña de un árbol que él y los suyos creían ya caído (risas). A tal objeto organizó una "espontánea" manifestación (grandes expresiones del público) —el calificativo era suyo, por supuesto— (risas) en contra de una de las Naciones Unidas. Seleccionó de entre sus huestes dos o tres centenares de "nacionalistas" (risas). También es suya la definición ya probada con anterioridad en análogas aventuras (risas) y les dio orden expresa de exigir, con gritos, con insultos y con piedras (risas), la inmediata reintegración a la soberanía patria de cierto famoso territorio (risas). Para completar la comedia (¡muy bien!, risas), el ministro envió, anticipadamente, unos cuantos agentes de policía al lugar del suceso, ostensiblemente con la misión de proteger la persona del embajador amenazado (grandes risas, aplausos, ¡muy bien!) y el lugar de su residencia.

Inútil es decir que la policía limitó su actuación a observar complacientemente los desmanes de los que se hacían pasar por patrióticos defensores de la soberanía nacional (¡muy bien! ¡bravo!). Arreciaron las pedradas (risas). A poco, no quedaba un vidrio sano en todo el frente de la embajada (risas). El embajador, que estaba perfectamente enterado del origen de la agresión y que, como la vida es corta, no quería esperar el resultado de una investigación oficial, decidió presentar su protesta ante quien correspondía (grandes aplausos y risas). Llamó, pues, al canciller por teléfono, le expuso lo que estaba sucediendo y solicitó urgentemente su intervención, a fin de que se pusiera término cuanto antes a tan insólito y soez incidente: pero no pudo conseguir del canciller otra cosa que la desganada promesa del envío de unos cuantos agentes más de policía (risas), y como ya sabía cuál era y cuál había de seguir siendo la conducta de esos agentes del gobierno, el embajador se apresuró a responder: "No es preciso que me envíe más policías, señor ministro; lo que hace falta es que me envíe menos *nacionalistas*" (grandes risas y prolongada ovación).

Espero convendrán ustedes conmigo que el hecho que acabo de relatar, presenta, en su reducido marco, las características típicas de lo que, sirviéndonos de una frase conocida, podríamos definir como los modos y modas del mal vivir de los regímenes fascistas (¡muy bien! aplausos). Uno por uno en él aparecen casi todos los elementos de que el fascismo se ha servido en sus torpes ardides desde los días de la llamada "marcha sobre Roma": la subversión y el desorden organizados por el propio gobierno, sirviéndose para ello de sicarios a sueldo, encubiertos bajo un disfraz honorable (¡muy bien! ¡bravo! ovación), la utilización de los medios coercitivos del Estado, no para reprimir, sino para amparar la subversión (muy bien); la fanfarronería del cobarde, (aplausos) que ataca al que cree caído y se humilla ante el poderoso; (gran ovación) el empleo calculado, al modo soreliano, de los métodos de violencia; la maniobra artera, embozada en un falso respeto a las normas establecidas, que lanza el ataque encubriendo su origen (¡muy bien!): el desacato a la ley de hospitalidad (prolongada ovación de pie) que impide atacar traicioneramente a quien se aloja bajo el propio techo (¡muy bien!); la práctica de la llamada táctica confusionista que invocando una aspiración perfectamente respetable persigue una finalidad que nada tiene que ver con la satisfacción de ese justificable deseo; el uso de la intimidación y la amenaza precisamente contra una persona que ese gobierno estaba en la obligación de proteger y respetar (¡muy bien!) (ovación), y por último... Pero, ¿para qué seguir? (risas). Creo que lo dicho basta para comprender por qué he relatado este suceso y por qué lo propongo como término de comparación. Podemos servirnos de él, por ejemplo, para investigar cuál sea la verdadera naturaleza de ciertos grupos que, hace pocos días, al grito de: "Abajo la democracia" y otros parecidos (aplausos), atacaron brutalmente a mano armada, con aquiescencia de la policía, a grupos inermes de ciudadanos que pacíficamente celebraban, en la capital de una de las Naciones Unidas, la victoria aliada sobre el Japón (larga ovación, de pie).

No seríamos leales a nuestra patria y a los principios que profesamos defender, si una vez descubiertas ciertas actividades no las denunciásemos abiertamente (¡bravo!) y no nos aprestáramos a eliminarlas de raíz (¡muy bien!); la guerra que acaba de terminar no ha sido librada para perseguir solamente al mayor criminal, sino también a sus secuaces, cómplices y encubridores (grandes aplausos). Empleando las palabras del informe secreto de Hager al emperador de Austria durante el Congreso de Viena, "no perdonemos en la persona de Murat los crímenes que hemos castigado en la de Bonaparte" (muy bien). De otro modo habríamos de dar por moralmente perdida la guerra que con tanto esfuerzo hemos ganado (¡bravo!, aplausos).

Vuelvo a dar las gracias al Dr. Levillier por sus cordiales palabras y a todos los aquí presentes por esta extraordinaria, conmovedora e inolvidable demostración de amistad. El pueblo argentino sabe que puede contar con la mía (gran ovación, el público, de pie, hace objeto de una gran demostración al orador), sabe que ya la tiene; quiero que sepa también que seguirá teniéndola en todo momento; que nadie imagine, pues, que mi traslado a Washington significará el abandono de la tarea que estoy desempeñando (ovación). La voz de la libertad se hace oír en esta tierra (¡bien!), y no creo que nadie consiga ahogarla (¡no!, ¡no!, ovación clamorosa). La oiré yo, desde Washington, con la misma claridad con que la oigo aquí en Buenos Aires (aplausos). Sé que es la voz de un pueblo consciente que, en uso de sus más altos y legítimos derechos, reclama para sí una vida nueva basada en la confianza y respeto mutuos (ovación). Si durante mi permanencia entre vosotros he reflejado fielmente el sentir del pueblo de los Estados Unidos —que no es otro que el de su gobierno—, espero poder interpretar con igual fidelidad, cuando me encuentre en Washington, el sentir del pueblo de la República Argentina (¡Braden!, ¡Braden!, gran ovación)." Hasta aquí. "La Prensa".

El "New York Times" interpretó así el discurso de Braden: "Entre escenas de enorme excitación y entusiasmo, Spruille Braden pronunció la denuncia más acerba contra el actual gobierno argentino que haya sido oída de persona con cargo oficial dentro o fuera de la Argentina.

Ese discurso fue pronunciado en el almuerzo dado en su honor por los institutos culturales argentino-norteamericanos y asistieron a él 1.800 personas. Más de un millar fueron rechazados por falta de lugar. Braden no mencionó directamente al gobierno argentino pero sus referencias fueron tan claras y habló en tono tan sarcástico y despectivo, que nadie tuvo la menor duda de cuál era el verdadero objetivo de sus palabras. En el calor del entusiasmo que provocaban sus palabras, las mujeres se pusieron de pie y actuaron como lo hacen en los partidos de fútbol los que dirigen las aclamaciones. Braden ridiculizó al gobierno argentino. Su actitud asume una importancia especial en estos momentos, puesto que no es solamente embajador en la Argentina sino virtualmente secretario asistente de Estado. Ninguno de sus oyentes duda de que su filípica contra el gobierno militar reflejaba el criterio oficial del gobierno norteamericano. (New York Times, del 29 de agosto de 1945.)

[24] *Escupir en la puerta de la casa de Perón.* Las autoras del —jurídicamente— discutido esputo eran las señoras Moreno de Zuberbuhler, Quirno Costa de Pampín y Achával de Santamarina.

II

EL CAMINO DE PERÓN
(abril-setiembre 1945)

I

Retornemos ahora unos meses atrás, a abril de 1945, para ver de qué manera enfrentaba Perón las crecientes dificultades que erizaban su camino hacia la presidencia. Porque el panorama del coronel se estaba ensombreciendo lenta y perceptiblemente. Es cierto que en ese momento dominaba el gobierno como nunca: su único posible rival, el coronel Enrique González, inteligente y ambicioso, no había encontrado una base operativa como la que su colega había conseguido montar en la Secretaría de Trabajo y Previsión y ya estaba fuera de carrera; el general Enrique Perlinger, que desde el Ministerio del Interior le opuso una sorda resistencia, había sido reemplazado por el contraalmirante Teissaire a mediados de 1944 y por intermedio de este sumiso comodín Perón controlaba varias intervenciones provinciales empezando por la de Buenos Aires. El presidente Farrell, que probablemente no simpatizaba en lo íntimo con su vicepresidente, estaba dispuesto a no cerrarle el camino de sus ambiciones; en el peor de los casos adoptaría una actitud prescindente frente a cualquier vuelco de la situación y sobre todas las cosas haría lo que el Ejército le indicara.

En el plano gubernativo, pues, Perón tenía casi todos los hilos en las manos y dentro de ciertas limitaciones obvias estaba en condiciones de orientar a su arbitrio la política oficial.

Pero ocurría que el margen de maniobra del gobierno *de facto* se estrechaba cada vez más. En mayo debieron cubrirse tres ministerios, carentes de titular desde la crisis provocada por la definición internacional de febrero: *los nuevos ministros* [1] no significaban nada y su promoción carecía de signo político: era un claro indicio de que el gobierno *de facto* disponía de muy pocas barajas a esta altura del juego.

Sí: Perón manejaba totalmente el gobierno pero el gobierno *de facto* estaba agotando las últimas etapas de la dinámica puramente revolucionaria, y para agravar la situación, se advertía claramente que había dos terrenos en los cuales crecían las dificultades. Eran, precisamente, los terrenos por los que el gobierno *de facto* debía transitar para marchar a una salida constitucional. Porque era en lo militar y en lo político donde comenzaba a empantanarse el impulso con que Perón había comenzado su carrera hacia la presidencia.

Era palpable que su persona no despertaba en los cuadros militares la adhesión que suscitara un año atrás. A mediados de 1944 Perón provocó —o al menos no impidió— *lo disolución del GOU* [2]: la logia, indispensable para tomar el poder y afirmarlo, ya resultaba un peso molesto, una instancia ante la cual debía someter sus movimientos. La liquidación de la logia había ampliado, indudablemente, su capacidad de maniobra. Pero provocó resentimiento entre los oficiales que antes se habían sentido partícipes del movimiento revolucionario y ahora veían claramente que éste se encauzaba en función de las intenciones políticas de Perón. Además, las humillaciones que había soportado el país en el marco internacional repercutieron dolorosamente en los cuadros militares, originando un amargo sentimiento de frustración cuyo destinatario era, naturalmente, Perón.

Y un elemento más incidía en la creación de la resistencia que se estaba articulando lentamente en el Ejército: su relación amorosa con Eva Duarte. Desde los primeros meses de 1944 esta "liaison" era notoria y, para muchos de sus camaradas, inaceptable. Que este coronel viudo recreara su cuarentena con una actriz, era irreprochable e inclusive estaba dentro de las más prestigiantes tradiciones del oficio.

—Me reprochan que ande con una actriz... ¿Y qué quieren, que ande con un actor? —solía bromear Perón con grueso humorismo cuartelero.

Pero que se exhibiera públicamente con ella, la presentara a sus amigos, viviera en su casa y la hiciera participar, en algunas oportunidades, en sus tertulias políticas, ya era atentar contra la ética militar...

Estos elementos, sumados a la intensa acción psicológica alimentada desde los sectores sociales afectados por las medidas promovidas desde la Secretaría de Trabajo y Previsión así como una profusa prensa clandestina que alimentaba con hechos —reales o inventados— todo el arsenal de ataques contra Perón, hacían cada vez más ancha la brecha entre éste y los elencos de jefes y oficiales. Este gradual desapego se evidenciaría físicamente meses más tarde, en ocasión de la cena de camaradería de las Fuerzas Armadas, realizada el 6 de julio, como ya se ha visto.

Desde luego, Perón seguía contando con muchos y muy buenos amigos en el Ejército. Su cargo en el Ministerio de Guerra lo habilitaba para estar al tanto de la evolución de las actitudes de sus camaradas y un grupo de fidelísimos oficiales cuidaba sus espaldas en el orden militar desde el edificio de Viamonte y Callao. Pero no ignoraba que la creciente frialdad de los cuadros podía desembocar en cualquier momento en una encrucijada política. Para impedirlo necesitaba producir hechos positivos. Y era este, justamente, el otro terreno fangoso que cada vez se le hacía más pesado.

El vuelco masivo del radicalismo hacia el oficialismo había fracasado. Perón era demasiado hábil para formular un ofrecimiento público a un partido cuya dirección no lo quería. No podía correr el riesgo de un desaire de este tipo. Se había limitado, entonces, a seducir individualmente, hombre a hombre, a algunos dirigentes. Algunos habían llegado vía FORJA. Otros, traídos por algunos interventores federales que le respondían plenamente, como Bramuglia, que a pocas semanas de iniciar su gestión tuvo *una entrevista*

con Ricardo Balbín [3], y otros dirigentes del radicalismo revisionista, a quienes les ofreció las situaciones comunales
de todo Buenos Aires. Ellos aceptaron —Balbín, con la salvedad de que no apoyaría a un candidato presidencial militar— pero el hecho de que la provincia estuviera conducida
por comisionados de origen radical no significaba que Perón
estuviera en vías de formar un partido propio. Fuera del
aporte de algunos dirigentes del interior —con significación
política local pero sin dimensión nacional— nada había logrado. Y aún tenía la sensación de que muchos de los dirigentes volcados al "colaboracionismo" estaban especulando
con la mayor frescura: obtenían del oficialismo todo lo que
podían, nutrían sus clientelas electorales pero estaban dispuestos a volcarse hacia cualquier posición en cualquier
momento. Creían hacerle un favor a Perón al arrimarle su
apoyo y sacarle nombramientos; de ninguna manera se consideraban desvinculados del radicalismo. Más bien esperaban que un movimiento de arrastre iría arrimando a la
UCR hacia el oficialismo y de este modo las actitudes individuales que iban adoptando quedarían eventualmente jus-
tificadas.

Pero además de este fracaso, Perón debía computar, en
estos primeros meses del 45, otras limitaciones políticas.
Los nacionalistas lo odiaban; lo consideraban un traidor.
De los partidos tradicionales no había llegado nadie, salvo
algunos socialistas que, como ya se ha señalado, estaban
cerca del oficialismo en función de sus responsabilidades
gremiales. Hasta entonces —y hasta varios meses después—
ningún argentino osaba denominarse "peronista".

Lo peor para Perón era que el territorio político se le
estaba achicando de manera alarmante. Las vagas declaraciones oficiales sobre elecciones debían concretarse cada
vez más: la situación internacional no dejaba mucho margen para evasivas. Sin apoyo entre los partidos tradicionales ni de un movimiento popular nuevo, el tiempo de Perón
estaba estrechamente vinculado a la duración de su control
sobre el Ejército. Sólo una circunstancia jugaba a su favor
en este terreno: la certeza existente en los cuadros milita-

res de qué una elección, en las condiciones vigentes, no haría más que retornar al régimen anterior a la revolución del 43, con alguna variación formal de elencos y rótulos. Es decir que la convocatoria a elecciones —estamos hablando de abril de 1945— significaba el fracaso de la revolución y de las Fuerzas Armadas que la habían avalado. Y esto no lo podían admitir los jefes y oficiales que, aunque no se sintieran entusiasmados por Perón, no podían aceptar que la institución pasara por la humillación de regresar mansamente a los cuarteles dejando que todo volviera a estar como antes. Los sentimientos antimilitaristas de la oposición —apenas velados en documentos públicos— tendían por reacción a que el Ejército viera el problema político como una cuestión de defensa propia. Más que defender al régimen *de facto* o a Perón, los jefes y oficiales de 1945 trataban de salvar el prestigio de las Fuerzas Armadas, cuyo destino parecía unido al destino del gobierno que era su criatura.

Perón tenía que descongestionar con urgencia el ambiente militar. El 23 de abril produjo un hecho importante en ese sentido. Distribuyó a la prensa una declaración en la que aseguraba no aspirar a la presidencia. Agregaba: "me opondré enérgicamente a todas las gestiones que se puedan hacer para erigirme en candidato". La declaración añadía una serie de conceptos, ya repetidos en anteriores oportunidades, sobre la necesidad de mantener las conquistas sociales de los trabajadores y abrir una nueva era política en el país.

¿Era sincero Perón? [4] Probablemente no. La declaración se emitió fríamente, por escrito y como de mala gana: no tuvo el resonante marco que podía haber acogido a un renunciamiento como éste. Por otra parte, los conceptos que incluía sugerían tácitamente la condición de que un hombre de la Revolución debía promover la trascendencia institucional posterior de la obra realizada por el gobierno *de facto*. Además, el momento en que se emitió la declaración era particularmente delicado para el régimen militar, a pocos días de la misión Warren, que había llegado a sustanciales acuerdos con el gobierno argentino en materia económica

y de equipamiento, cuyo cumplimiento estaba condicionado, notoriamente, a la rápida normalización del país. El deshielo diplomático se estaba produciendo aceleradamente y el gesto de Perón podía facilitarlo. En realidad la declaración de Perón tenía para él una ventaja: postergaba por decisión espontánea una interpelación de sus camaradas que tenía que llegar fatalmente y le permitía seguir actuando como un verdadero aspirante a la Presidencia amparando sus reales intenciones en la palabra empeñada. Total, los hechos a veces arrasan las palabras...

Lo que parece seguro es que no medió ninguna presión militar u oficial para que Perón formulara su sorpresiva declaración. En el ya mencionado folleto "¿Dónde estuvo?", transcribe "Bill de Caledonia" la explicación que dio Perón al hecho:

—Yo fui el primero en condenar una candidatura oficial. Cuando aparecieron los primeros indicios que me sindicaban como tal candidato, reunido con Mercante resolví poner fin a las especies circulantes con una declaración decisiva en la que negaba en forma absoluta la veracidad de tales afirmaciones y desautorizaba a quien girara mi nombre en tal sentido, condenando abiertamente la posibilidad de candidaturas oficiales que representaran la continuidad del Gobierno como imposición del mismo y no de la voluntad popular, dentro de la cual el Ejército jugaba un rol como fuerza también popular. Hice publicar tal declaración en los diarios.

Y agrega:

—Esta declaración fue personal. No soy hombre de dejarme imponer nada.

Esto último parece haber sido cierto. Dentro de la estrategia de Perón, lo mejor que podía hacer en ese momento era manifestarse públicamente ajeno a la eventual carrera presidencial, para prepararse a ella sin interferencias prematuras.

Pero a medida que crecía la osadía opositora y que el gobierno *de facto* se veía obligado a seguir abriendo compuertas al *tempo* político, Perón sentía que se le iba estrechando el cerco. La llegada de Braden y su actividad ulterior lo habrían de colocar en un enfrentamiento difícil; pero al mismo tiempo contribuiría a definir líneas políticas. En esta emergencia Perón estuvo brillante. Como lo hizo en otras ocasiones de su vida, resolvió atacar. Quedar a la defensiva era dejarse acorralar. La única salida era bajar la cabeza y embestir hacia el cerco para romperlo.

La indecisión radical, el cada vez más desganado apoyo militar, la limitación del terreno de maniobras del gobierno lo obligaban a un solo camino: crear un gran movimiento popular. Tenía la base: la Secretaría de Trabajo. Tenía algunos dirigentes y disponía de los recursos del Estado. Con esos solos elementos no se fabrica un movimiento auténticamente popular. Pero pueden ayudar mucho si se los maneja con habilidad y decisión. Perón lo hizo. Mientras seguía acentuando sus profesiones de fe yrigoyenista ante los políticos que lo visitaban más o menos clandestinamente, radicalizaba su posición en el terreno social. Era la única forma de movilizar las masas que hasta entonces lo veían con simpatía pero sin fervor.

En esta intención, el discurso que pronunció el 1º de mayo ante una concentración bastante apreciable de trabajadores reunidos frente a la Secretaría de Trabajo y Previsión, fue un aporte importante. Leído casi un cuarto de siglo después, no es posible negar que las palabras de Perón contenían conceptos de verdadero estadista.

Habló del estado en que se debatían los trabajadores antes de 1943 y recordó que aunque existían algunas leyes que reconocían sus derechos, era tan inextricable el cúmulo de trabas que obstaculizaban su ejecución que podía decirse que esas normas no se cumplían.

—Yo he removido ese estado de cosas —declaró Perón enfáticamente—, y si por haber salido en defensa del derecho de los hombres que trabajan, mi nombre ha de ser execrado por los que vivían felices con la infelicidad de cuantos contribuían a levantar e incrementar su fortuna ¡bendigo a Dios por haberme hecho acreedor a tal execración!

Habló después de política:

—Es preciso insistir en que los principios constitucionales han de imperar libremente porque ni el fraude ni la violencia ni las amenazas ni los halagos ni las veleidades de los hombres pueden torcer los caminos de nuestra vida institucional. Nuestra vida institucional se ha desarrollado en el ambiente tímido y confortable de los salones, como flor de invernadero... Hoy la vida es mucho más ardua que la transcurrida en el período que lleva recorrido nuestra patria como país libre y políticamente organizado. Por eso no debemos temer enfrentarnos con la realidad, por dura que sea... Y si nos angustiamos ante un problema social grave —que no hemos creado, provocado ni agravado, sino que existía y se disimulaba— debemos apelar a todos los remedios para lograr su curación.

Era el tema de la inserción de las masas en la vida política, que desarrollaría varias veces en los próximos meses. Pero esa inserción no debía desequilibrar la estructura de la comunidad:

—Conozco —dijo— los linderos que separan una reivindicación obrera de índole económico-social de otra que aspira al dominio del proletariado; conozco que tan peligroso es para nuestra paz interna el extremista que aspira al triunfo para vengarse de las injusticias recibidas como el potentado que financia las fuerzas opresoras del pueblo. Y conozco cuánto más peligrosa es la alianza entre unos y otros, cuando a toda costa pretenden apoderarse del poder con la secreta esperanza de sacarse del medio al aliado para quedar como único dueño y señor de la situación...

Luego denunció supuestas maniobras de las fuerzas patronales, que pretendían llevar al fracaso la política salarial del gobierno promoviendo el alza indebida de los precios como recurso político para llevar a los trabajadores a la desesperación. Pidió moderación a los obreros en sus reivindicaciones, señalando que el país no podía dar más de lo que tenía y que pretenderlo todo era utópico e irrazonable. Se refirió largamente a los problemas que debería encarar el país en la posguerra y se burló de los que temían esa etapa.

—Somos trabajadores y no somos tontos —aseguró—. Tenemos un territorio donde pueden criarse millones de cabe-
zas de ganado sin necesidad de techo. Hemos cosechado trigo
durante cuarenta años sin necesidad de abonar la tierra.
¡No hay que tener miedo al futuro!

Fue un brillante discurso, uno de los mejores que pronunció en esa época. Lo bastante moderado como para no
asustar a la clase media, a los pequeños propietarios ni a sus
propios camaradas; lo bastante avanzado como para garantizar a los dirigentes sindicales que la política social con-
tinuaría; lo bastante general como para marcar que no era
un demagogo atenido a lo circunstancial, sino un gobernante capaz de apreciar con visión y serenidad el futuro inmediato.

Sus ataques a las fuerzas patronales que no querían comprender —según él— su política y conspiraban al lado de sus
adversarios políticos quedarían justificados un mes y medio
después, y no porque Perón hiciera nada sino porque la
oposición vino a servirle en bandeja sus argumentos.

II

El 15 de junio una página entera de cada diario repro-
dujo un "Manifiesto de la Industria y el Comercio", firmado
por casi 300 entidades. "El gobierno prosigue e intensifica
una política económica y comercial cuyas consecuencias peligrosas nos hemos esforzado en demostrar" decía. Atacaba
la acción de la Secretaría de Trabajo, denunciaba que la
política de salarios aparejaba un proceso de inflación y que
sería imposible contener el aumento de los precios. Tres
días después, la Sociedad Rural publicaba una "solicitada"
que, en síntesis, postulaba la "libertad económica" citando
abundantemente a Churchill, Truman y Lord Samuel. Luego
sería el turno de la Confederación de Sociedades Rurales:
"El Estatuto del Peón elimina la jerarquía del patrón —que-
jábase— para dejar a merced de los peones o de cualquier
agitador profesional... conspirando contra la tranquilidad

y la vida de las familias y las de los hombres honestos que
trabajan en el campo."

Las expresiones de las entidades económicas [5] no tenían
el tono apocalíptico del documento de la Confederación de
Sociedades Rurales pero atacaban duramente la política oficial. A juzgar por su tono, el desastre económico era inminente en el país.

Es cierto que los aumentos salariales podían significar
inflación. Pero el producto bruto interno se incrementaba
y la masa de dinero no estaba en desproporción con los crecientes bienes y servicios. Además, esos aumentos ampliaban
el mercado consumidor, insertaban en el proceso económico
a amplios segmentos sociales que antes carecían de poder
adquisitivo y ahora se sentían habilitados para comprar más
productos. La clave residía en la forma que se condujera en
el futuro el proceso. Hasta ese momento la inflación no
intoxicaba más de lo que lo hiciera la expansión monetaria
iniciada por el gobierno de Castillo en 1942. A lo sumo,
mareaba un poco y producía una deliciosa euforia, como una
burbujeante champaña. Todo proceso de industrialización
acarrea algunas líneas de fiebre inflacionaria y mucho más
cuando se origina en una circunstancia externa (en este
caso la guerra) cuya cesación puede ser catastrófica si no se
articula paralelamente el mercado interno que lo sostendrá
después que desaparezca la anomalía originaria.

Pero estas consideraciones no preocupaban mucho a Perón. Lo importante era que la oposición se manifestaba
ahora a través de las organizaciones patronales. No era una
ocasión para desperdiciar. Dos días después el Vicepresidente entregaba a los periodistas una larga respuesta a la
presentación patronal, aumentada con sus propios comentarios. De entrada invalidaba la presentación, asegurando
que tenía un carácter netamente político. Después entraba
a teorizar sobre las dictaduras del proletariado y las dictaduras del capitalismo; el gobierno no quería ni una ni otra
cosa sino poner las cosas en su justo término medio. Pero
lo importante era el origen de la presentación:

—Las fuerzas que firman el manifiesto —dijo Perón—

han resucitado dentro del país la eterna oligarquía política que gobernó durante tantos año. Yrigoyen fue el primero que quiso poner las cosas en su lugar, abatiendo esa oligarquía económica que sustentaba la oligarquía política que era su instrumento... Y fue la reacción de esa oligarquía la que volteó a Yrigoyen...

Agregó que no iba a contestar ninguno de los cargos, porque no eran de carácter técnico sino cuestiones generales de carácter más o menos político. Sibilinamente aludió a la Semana Trágica, que uno de los documentos patronales había mencionado.

—Esto hace suponer que quieren otra Semana Trágica —distorsionó Perón—. Entendida así la tranquilidad social, no hay nada que conversar. Si se trata de matar cinco o seis mil obreros para luego obligar a trabajar como se quiera y por lo que se quiera con el objeto de asegurar veinticinco años de tranquilidad social, yo no me voy a prestar para eso...

También habló de los capitales foráneos —que según las presentaciones patronales huirían del país— para afirmar que "pocas veces se han invertido en forma estable y con miras al interés general de la Nación".

—No faltarán —dijo— capitales sino que por el contrario, los tendremos de muy buena fuente, proveniente del ahorro popular, establecido con los aportes y contribuciones de nuestro régimen de previsión social. Serán capitales argentinos al servicio del progreso del país y que, al propio tiempo, afianzarán los sistemas jubilatorios que protegen a nuestros trabajadores.

Pero Perón no se detuvo demasiado en esta peregrina idea sobre la función del dinero que empezaba a repletar las cajas de jubilaciones e insistió en el cariz político del problema.

—El fraude electoral y los negociados públicos no eran los únicos males que padecía nuestro país. También lo afectaba una profunda injusticia social, que los hombres del 4 de junio queremos eliminar en la medida que la época y las circunstancias lo permitan.

Ya estaba conseguido el efecto deseado: ahora eran los obreros los que tendrían que hablar. De inmediato vinieron las reacciones defensivas de las organizaciones sindicales. Los bancarios, los empleados de comercio, los de seguro, capitalización y ahorro, los telefónicos, la Unión Ferroviaria, la Unión Tranviarios, y otras asociaciones gremiales se lanzaron a una guerra de solicitadas, exaltando la política de la Secretaría de Trabajo y acusando a las entidades patronales de querer regresar a un pasado inaceptable. Daban cifras de ganancias, acusaban de insensibilidad a los patronos, usaban el lenguaje clásico del anarquismo de principios de siglo. Las publicaciones dejaron la sensación de que un proceso catalizador se estaba produciendo aceleradamente; que sindicatos enteros que hasta entonces se habían manifestado oficialistas con mucha reserva ahora estaban dispuestos a cualquier extremo para defender una política social cuyo promotor era atacado en esa forma, en coincidencia con la actividad político-diplomática de Braden.

Menos de un mes más tarde —el 12 de julio— la CGT organizó por primera vez un acto de apoyo a Perón. El proceso estaba maduro para jugar esta carta. Si en noviembre de 1944 fue escaso el acto destinado a recordar la creación de la Secretaría de Trabajo, ahora, ocho meses más tarde, la demostración de fuerzas fue impresionante. Concentraciones parciales en Congreso, Plaza San Martín y Monserrat, avanzaron ordenadamente hacia Diagonal Norte, entre Maipú y Florida, donde se realizaría el acto. Compacta, sólida, haciendo gala de un entusiasmo enronquecido que no se veía en las calles desde los tiempos de Yrigoyen, la multitud llevaba algunos cartelones con la inscripción: "Perón Presidente". Eran todavía una curiosidad: los obreros que llegaban de Berisso, de Lanús y Avellaneda, de San Martín, no pensaban en el problema presidencial. Simplemente sentían que Perón les había dado lo que no les había dado nadie y venían a gritar su apoyo. Los oradores contribuyeron a aclarar las cosas.

—No basta hablar de democracia —dijo Manuel Pichel, en representación de la CGT—. Una democracia defendida por los capitalistas reaccionarios no la queremos; una democracia que sea un retorno a la oligarquía, no la auspiciaremos.

Ángel Borlenghi fue más claro todavía:

—La revolución del 4 de junio, con todos sus errores, está a tiempo para pasar a la historia realizando una obra de justicia social completa. Y en esta materia la clase trabajadora afirma que no tiene por qué tener escrúpulos de carácter constitucional respecto de las facultades del gobierno *de facto* para dar leyes en beneficio de los trabajadores. Cuando en 1930 —recordó Borlenghi— se estableció un gobierno *de facto,* que se entregó amorosamente en brazos de la oligarquía, ¿han venido acaso los constitucionalistas a decir que ese gobierno no tenía funciones legislativas?

El acto fue importante y entusiasta. En ningún momento los oradores mencionaron el nombre de Perón; pero todo estaba cargado de una indeclinable adhesión personal al Vicepresidente. Fue esta la primera oportunidad en que los adictos a Perón vocearían su rotunda definición:

—Ni nazis ni fascistas: ¡Pe/ro/nistas!

Después que terminaron los discursos la manifestación avanzó hacia la Secretaría de Trabajo y Previsión y reclamó la presencia de su titular. Perón apareció en el balcón, sonriente, eufórico. Pronunció un corto discurso, en el viejo y buen estilo del hombre calumniado, atacado por todos, que sólo desea que su bandera siga adelante, quienquiera sea el abanderado. Después todo el mundo se fue a casa, feliz y contento.

Lo del 12 de julio fue algo señalable. *Perón necesitaba de esa evidencia de apoyo popular* [6], porque en ese momento Braden arreciaba su campaña. Recordemos que una semana antes Braden y Perón habían mantenido su borrascosa, última entrevista, y las hostilidades ya se habían desatado secretamente; ahora era menester una pública y desembozada acción bélica contra el embajador norteamericano, que se disponía a viajar a Santa Fe para continuar en el interior su campaña.

La ruptura pública de hostilidades se originó en un

suceso de carácter geológico ocurrido a varios miles de kilómetros de Buenos Aires. Unos trescientos peones chilenos
habían perecido, aplastados por un derrumbe en las minas
de la Braden Copper. Fue desde luego un hecho sólo impu-
table a la fatalidad. Pero la coincidencia de nombres venía
demasiado bien para desaprovecharla.

El 18 de julio Buenos Aires amaneció empapelada con
unos carteles que convocaban a un acto en el Teatro Casino,
en protesta por la tragedia de los obreros de la Braden
Copper. Firmaba una entidad desconocida: El Comité Gremial Americano, mágicamente implementado para este acto.

Un público más curioso que conmovido siguió, dos días
después, las películas que se pasaron y los oradores y poetas
que se turnaron en la tribuna para vociferar contra la explotación de los hermanos chilenos por los Braden. Por los
vivas y mueras que allí abundaron, por el anonimato de la
organización y participantes —el único nombre conocido
fue el de su locutor, Julián Centeya—, por la publicidad que
obtuvo el acto y su impunidad, por los volantes que se arrojaron, *todo el episodio olía desde lejos a Trabajo y Previsión*.[7] Era el primer disparo público de una lucha en la que
iban a medirse dos personajes igualmente obstinados. Todos
estos días y hasta el regreso de Braden de su campaña por
el litoral, las calles porteñas se vieron inundadas de volantes con textos como los que siguen.

¿Sabe Ud.:

Que el "cowboy" Braden expresó al cuerpo diplomático en pleno
que iba a "domar" en un mes al país de los *argentinos*, metiéndoselo en
el bolsillo como al morocho Batista? *¡Atención a los corcovos, muchachos!*

HOY   CIRCO   HOY
                  Con el formidable debut del
                          COWBOY
                          BRADEN
              de gran éxito en Cuba y Guatemala
                    Domadas de gobiernos
                  Pialadas de Prensa a Lazo
                    Rodeo de Traidores
HOY   DEBUT   HOY

¿Al Capone en Buenos Aires?

Noticias no confirmadas dejan suponer que un personaje parecido a Al Capone actúa en esta criolla ciudad de los Buenos Aires, tratando de extorsionar al país. Lo ayudan el Círculo de la Prensa, la Sociedad Rural y la Bolsa de Comercio.

¡OJO!

Nota: Informes en el Banco de Boston.

Aclaración:

Lincoln y Washington
no tienen nada que ver con
el "cowboy" Braden
"domador" de gobiernos sudamericanos.
El Gran Roosevelt se hubiera ahorrado de enviarnos un "cowboy" porque sabía que estaba de sobra entre los gauchos.

La campaña de *panfletos* [8] —de las que hemos seleccionado algunos pocos— cesó cuando el "cowboy" volvió a Buenos Aires. La Cancillería declaró que se haría una investigación para establecer su origen, lo que por cierto nunca se determinó. Ni hacía falta.

Después de este primer "round", Perón entró en una vertiginosa etapa oratoria. Casi todos los días pronunciaba un discurso, casi siempre con motivo de actos que diversos sindicatos realizaban para agradecerle las mejoras obtenidas. Parecía que estuviera aprovechando las últimas oportunidades de que disponía para apresurar el proceso de diferenciación política entre sus seguidores y sus adversarios.

El 19 de julio habla ante la Federación de los Obreros de la Alimentación. "Ha muerto todo prejuicio burgués y nace una nueva era en el mundo, en la cual han de afirmarse los derechos, las responsabilidades y la intervención de las masas obreras en la solución de los problemas fundamentales." El 25 saluda a los nuevos camaristas de la Justicia del Trabajo, que han jurado ante el presidente Farrell; la negativa de la Corte Suprema a tomarles juramento brinda a Perón una nueva oportunidad de reafirmar, si cabe, el sello revolucionario del nuevo fuero laboral. Al día siguiente habla en el recinto de la Cámara de Diputados de la Nación ante una comisión femenina que postula el voto para las mujeres con el auspicio de uno de los organismos de la Secretaría de Trabajo: "prometo empeñarme para que el voto femenino sea pronto una realidad argentina". (Núcleos de mujeres democráticas salieron en seguida a la palestra rechazando el sufragio femenino si no llegaba por la vía constitucional.) El 29, ante La Fraternidad: "Hay ciertos hombres que cuentan con todos los recursos necesarios para buscar sutilezas y anular, una a una, toda la justicia que se ha hecho durante nuestra administración. Es cuestión de habilidad. Hay muchos sistemas que sin violencia pueden ir anulando sucesivamente todas las conquistas obtenidas." Y en el mismo acto: "La actual política del gobierno nos ha puesto frente a poderosos enemigos. Las fuerzas vivas, los diarios pagados por estas fuerzas y por otras fuerzas menos responsables todavía; los funcionarios que vivieron siempre de los abultados honorarios que reditúan las empresas extranjeras y capitalistas; todos ellos se han colocado frente a la Secretaría de Trabajo. Si los obreros apoyan esta lucha, vencerán ellos y venceremos nosotros." Y todavía al día siguiente, ante la Asociación Empleados de Molinos Harineros, en el Teatro Maipo: "Nada de lo que hacemos nosotros está hecho con desinterés: si realizamos una construcción es porque queremos favorecer a alguien en nuestro propio beneficio. Si queremos que no haya fraude, estamos restringiendo la libertad; si queremos terminar una obra, estamos postergando la vuelta a la normalidad; si queremos realizar un programa completo para que nadie pueda en lo futuro mover ninguna de las conquistas alcanzadas por los hombres de trabajo, estamos tratando de perpetuarnos en el gobierno... y lo triste, señores, es que quienes hablan de esa manera son los que nunca hicieron nada, a pesar de haber dicho mucho; y son también los que reclaman libertad, justicia, normalidad, comicios libres, los que han escrito en la historia institucional argentina las páginas más anacrónicas."

Golpeaba bien, Perón. Sabía en qué lugar de la llaga debía poner el dedo... Las alusiones a la desaparición de los prejuicios burgueses tendían a hacerlo aparecer en posición más avanzada que sus adversarios dentro del movimiento sindical. Lo del voto femenino enviaba un galante sondeo a un eventual electorado, totalmente ignorado hasta entonces. La referencia a la habilidad con que se pueden anular las conquistas sociales estaba dirigida a la Corte Suprema y al Colegio de Abogados, que contemporáneamente negaban la constitucionalidad del fuero laboral. La insinuación sobre los poderes que lo enfrentaban respondía al alud de firmas que había recogido en esos días el documento de protesta por la campaña de volantes contra Braden. Las palabras sobre las calumnias lanzadas por quienes habían "escrito las páginas más anacrónicas" en la historia de las instituciones argentinas, contraatacaban los discursos de los conservadores en Mercedes.

Para todo tenía una respuesta rápida y oportuna el verborrágico coronel. Y un particular dinamismo, una cierta euforia lo llevaba en esos días a lanzar su ofensiva con todo vigor, porque el 28 de julio había sucedido en las altas esferas militares un hecho que parecía respaldar firmemente su política y abrirle el camino hacia la futura Presidencia.

En 1956, después del derrocamiento de Perón, se publicó un pequeño libro titulado *Así se gestó la dictadura* Lo firmaba "Gontrán de Güemes", un evidente seudónimo. En sus páginas se relataban diversos episodios producidos en las Fuerzas Armadas entre 1943 y 1945. Aunque el autor no disimula su antipatía por Perón, los hechos relatados son generalmente ciertos y han sido verificados posteriormente. Esa publicación difundió por primera vez *la existencia de un acta secreta* [9] levantada en una reunión de altos jefes militares en el Salón de Invierno de la Casa de Gobierno, el 28 de julio de 1945.

Esta reunión fue la culminación de una serie de conversaciones mantenidas por los mandos superiores del Ejército durante todo el mes de julio, a partir del anuncio formulado por el presidente Farrell en la cena de camaradería castrense. Frente a la cerrada oposición de los partidos políticos y demás fuerzas antigubernistas, los militares se manifestaban preocupados por la suerte que correría la obra de la Revolución en el curso del futuro gobierno constitucional. Si ya la Corte Suprema adelantaba con actitudes

muy significativas su opinión contraria a una realización
tan importante como la creación del fuero laboral; si las
entidades patronales amenazaban con invalidar en el momento oportuno la política salarial del gobierno *de facto*;
si toda lucha por dar a la Argentina un puesto preponde-
rante en el concierto americano, independiente de la gravitación de Estados Unidos y pareja por lo menos con la de
Brasil, corría peligro de quedar arrasada bajo la influencia
norteamericana, incontrastable en las filas opositoras...
resultaba urgente —decían los promotores de las reuniones
militares, entre ellos el general Ávalos— instrumentar una
salida política que garantizara para el futuro el mantenimiento de la obra revolucionaria.

A la luz de los últimos acontecimientos, el planteo era
inobjetable. Y aunque no se dijera, subyacía también un
elemento de autodefensa en los cuadros militares; en el encono opositor se hablaba ya de hacer juicios como los que
se estaban preparando contemporáneamente en Europa contra los jefes nazis, y el tono antimilitarista crecía en los sectores democráticos. La salida institucional para la Revolución
era, pues, un problema de prestigio de las Fuerzas Armadas
pero asimismo de cobertura personal para sus jefes.

Naturalmente, en las conversaciones mantenidas el nombre
de Perón se jugó abundantemente. Aunque muchos tenían
reservas sobre su conducta pública y privada, aunque la intensa acción psicológica de la oposición no dejaba de influir
sobre sus camaradas, en los mandos subsistía la idea de que
Perón era el hombre más capaz de la Revolución y el único
apto para sacarla adelante. De capitán para abajo la cosa era
distinta y la sorda hostilidad contra Perón crecía al ritmo de
la intensidad de la acción opositora. Pero en las Fuerzas Armadas los que mandan son los de arriba... y en julio de
1945 la opinión de los coroneles y generales era que Perón debía tener vía libre para protagonizar la salida constitucional.

Así pues, el 28 de julio se realizó la reunión decisiva,
presidida por el general Farrell, en el Salón de Invierno de
la Casa Rosada. El acta que se leyó y aprobó —redactada
por Humberto Sosa Molina— decía así:

"1º) *Resolución*: Concordante con la decisión expresada por el señor Presidente en la anterior reunión de generales y oficiales superiores, orientar en forma definitiva la política del gobierno, para la cual:

a) Deben continuarse las gestiones de acercamiento, ya iniciadas con el partido mayoritario, y en caso de no obtener resultado promover la formación de un nuevo partido que levante la bandera de la Revolución.

b) Continuar fomentando el apoyo de las masas a los dirigentes de la Revolución, para que éstos puedan presionar con ella, como caudal electoral.

2º) Eliminar los intereses de círculos, a fin de que todos los miembros del Poder Ejecutivo respondan a una sola orientación política en forma clara, terminante y decisiva.

3º) Reorganizar el gabinete y para obtener los objetivos señalados:

a) Que el Presidente proceda de acuerdo con el Vicepresidente.

b) Que se eliminen del gobierno los hombres de tendencias políticas contrarias.

4º) Frente a la negativa de los dirigentes de los partidos políticos de colaborar y respetar la obra de la Revolución, que el gobierno busque la forma de que la voluntad de la mayoría popular, que se la considera favorable a la Revolución, pueda expresarse libre y democráticamente de manera que el Presidente que surja sea la expresión de esa voluntad popular.

5º) Los generales y oficiales superiores firmantes expresan su lealtad y apoyo para que el gobierno pueda alcanzar los objetivos que se han señalado, los que se vinculan con el éxito o fracaso de la Revolución y su justificación ante la historia.

Buenos Aires, julio 28 de 1945."

Modelo de prosa militar hasta en las incorrecciones gramaticales, esta resolución era la luz verde que necesitaba Perón para lanzarse, con las espaldas cubiertas, a la conquista del poder. Es explicable, entonces, la euforia con que en esos días hablaba, la seguridad con que contraatacaba a sus adversarios, la actividad que desplegaba en sus largas jornadas. Ya estaba en condiciones de emprender la etapa final.

Y no sólo en condiciones políticas sino en condiciones físicas: tal vez en ningún momento dispuso de *una capacidad de trabajo más admirable* [10] y un poder de atracción más irresistible. Estaba en los finales de sus sanos y robustos 49 años y prodigaba sin cansancio su tiempo a la acción pública. A las 8 de la mañana ya estaba instalado en su despacho del Ministerio de Guerra. Allí hacía sus entrevistas políticas y conversaba con toda laya de visitantes sin perder su sonrisa, su dinamismo. Almorzaba frugalmente en una habitación contigua a su despacho, generalmente acompañado por uno o dos de sus ayudantes; luego dormía una siesta que era sagrada en sus costumbres. Más tarde se dirigía a la Secretaría de Trabajo y Previsión, donde reinaba desde temprano una actividad incansable; aquí atendía a dirigentes gremiales y se reunía con sus consejeros personales, reclutados en el viejo equipo de profesionales del antiguo Departamento Nacional del Trabajo y ampliados día a día con nuevos adherentes.

Fue en la Secretaría de Trabajo donde Perón desarrolló ese tipo de oratoria en la que llegó a ser insuperable: la dirigida a grupos de gente no demasiado numerosos, en un tono menor a veces irónico, a veces humorístico, a veces emotivo, pero siempre ameno, informado y con las necesarias caídas en la exageración y el tremendismo que necesita quien protagoniza un proceso como el que dirigía Perón.

Las conversaciones con sus colaboradores se prolongaban durante la cena, en la Secretaría de Trabajo o en su casa. Vivía en el departamento de Eva Duarte, situado en Posadas entre Callao y Ayacucho; en 1945 alquiló también el del frente, de modo que en el mismo piso disponía de un departamento íntimo para vivienda, y otro para recibir la gente con quien debía conversar reservadamente.

No tenía tiempo para meditar ni leía libros; apenas si podía recorrer los informes diarios que le pasaba el grupo de periodistas de la Subsecretaría de Informaciones. Pero pescaba al vuelo los datos, la información, las estadísticas, las precisiones de que se valía después para sus discursos; y el interminable comercio con la gente en ambientes tan diferentes como los que frecuentaba le permitían tener una visión amplia y exacta de la situación. A lo cual hay que sumar, naturalmente, su propia formidable intuición y una cultura general no desdeñable, sobre todo en materia histórica, que sabía aplicar con oportunidad.

III

Pero las "gestiones de acercamiento ya iniciadas con el partido mayoritario" estaban empantanadas. Al brote de colaboración que inició Bramuglia en la provincia de Buenos Aires y algunos otros interventores en sus respectivos distritos desde principios de año, había sucedido un brusco enfriamiento. Los unionistas, desde la Mesa Directiva de la UCR, fulminaban cualquier intento de acercamiento al oficialismo y la resolución del 23 de julio, decretando la expulsión de todo afiliado que aceptara cargos en el gobierno, había detenido a muchos que no habrían visto con disgusto una cierta migración hacia el oficialismo. Y en los sectores intransigentes no había avanzado la actitud de colaboración más de lo que ya existía, que era poco. En realidad, a medida que la oposición se vigorizaba, que los partidos y distintas fuerzas mostraban un creciente empuje y se veía más cercano el evento electoral, se iba congelando la transfusión que lenta y casi vergonzantemente había alimentado al oficialismo desde el sector radical.

Conversaciones había habido muchas: acuerdos, muy pocos. La meditación de algunos dirigentes radicales proclives en algún momento al entendimiento con el gobierno *de facto* era muy simple. ¿Vale la pena el riesgo de saltar el cerco oficial? ¿Ser llamado traidor por los correligionarios para entrar en una aventura política que hasta ahora no tiene más probabilidades de triunfo que las que puede tener nuestro propio y mayoritario partido? Perón hablaba un lenguaje que no era el tradicional de los radicales; se proclamaba yrigoyenista pero nada en él hacía recordar a Yrigoyen; olía a nazismo y además era militar... ¿A qué trepar a su carro? ¿A gozar las prebendas del oficialismo por unos meses, unas semanas quizás, hasta que el alud opositor lo barriera? ¿Tirar por la borda toda una vida de radicalismo?

No se puede decir que Perón no haya sido paciente en su propósito de seducir a la UCR. Fueron innumerables los mensajeros que envió a distintos dirigentes, del sector intransigente en su mayoría, pues descontaba que el unionismo le sería totalmente refractario. La propuesta era siempre la misma:

—Al radicalismo, todo menos la candidatura presidencial. De ahí para abajo, todo...

Tampoco puede decirse que los radicales no hayan sido fieles a su actitud opositora. Las ofertas fueron rechazadas siempre. Hay que pensar que la UCR podía haberse convertido automáticamente en gobierno, llenando los cuadros del poder *de facto* y disponiendo tranquilamente una salida electoral de la que sería la exclusiva beneficiaria, con una sola excepción. Esa excepción —tan importante aunque menos simbólica que la bandera de lises del Conde de Chambord— fue en última instancia el elemento no negociable que impidió el arreglo. Pues pensándolo bien, el radicalismo yrigoyenista no podía estar en contra de una revolución que había derrocado al régimen conservador y que prometía elecciones sin fraude después de haber cumplido de buena o mala gana con sus compromisos internacionales. Pero el paso final no alcanzó a darse. A veinticinco años de los hechos, ya estamos en condiciones de juzgar si los radicales se equivocaron al rechazar un entendimiento que podía haber abierto una etapa política de insospechables proyecciones.

Perón activó durante todo el mes de julio los esfuerzos que venía haciendo para estimular el desplazamiento radical. El 24 —al día siguiente de la resolución de la Mesa Directiva resolviendo la expulsión de los radicales que aceptaran cargos en el gobierno— se hizo un acto en el Parque Retiro organizado por elementos que se definieron como

radicales yrigoyenistas. Los oradores eran casi desconocidos pero si faltó notoriedad no escaseó entusiasmo. Allí se
distribuyeron volantes con la letra de una marcha radical,
algunas de cuyas cuartetas rezaban así:

> *Fue de Alem y de Yrigoyen*
> *su profunda convicción:*
> *ni tan ricos ni tan pobres*
> *que es el lema de Perón.*

> *La doctrina de Yrigoyen*
> *practicada por Perón*
> *asegura la justicia*
> *para toda la Nación.*

> *El recuerdo de Yrigoyen*
> *y la obra de Perón*
> *nos indican el camino*
> *de la rei-vin-di-ca-ción.*

Marcando así la palabra "rei-vin-di-ca-ción", para que
los muchachos no se trabucaran al entonarla...

Era medianoche cuando los manifestantes —unos 3.000—
llegaron frente al departamento de Perón. El coronel salió
al balcón e improvisó algunas palabras:

—Sois soldados de un gran ciudadano: Hipólito Yrigoyen
—dijo—, y de una gran causa: la democracia verdadera.

Dijo también que sus enemigos eran los mismos que
fueron enemigos de Yrigoyen y agregó:

—Los radicales, hombres de sentimientos puros, han de
saber reaccionar. Si algunos piden libertad, nosotros también la pedimos y por eso el 4 de junio salimos a defenderla
a sablazos. Pero no la libertad del fraude ni tampoco la de
asociarse al fraude para disputar minorías arrojadas como
un hueso. ¡Ni tampoco la libertad de vender el país ni la de
explotar al pueblo trabajador!

No sabemos si Perón recordó esa noche que él mismo,
quince años antes, estaba conspirando contra Yrigoyen. Pero
estamos seguros que su sagacidad política le indicó que esa

pequeña y vocinglera manifestación era sólo el sabalaje de algunos comités metropolitanos. No servían. Para atraer al radicalismo había que usar de otros medios, moverse en otras esferas. Cuatro días después de ese curioso acto, ya disponía del asentimiento militar para intentar la apertura radical a nivel de gobierno. Había que lanzarse a esta experiencia con los elementos disponibles, fueran los que fueran. Si tenía éxito, el partido mayoritario o buena parte de él podría ser arrastrado a la órbita oficial. De todos modos, la salida comicial ya no podía demorarse: estaba solemnemente prometida por Farrell y era exigida por las Fuerzas Armadas. Y ella involucraba como una condición previa la articulación de una fuerza electoral. Había que marchar con los que se tuvieran a mano...

El 2 de agosto la noticia explotó como una bomba en todo el país. El dirigente radical J. Hortensio Quijano había sido designado ministro del Interior.

Quijano era el típico "rubichá" correntino, el patrón a la antigua, despótico y paternal, arbitrario e imprevisto. Un siglo atrás hubiera podido ser un caudillo jordanista, violento, ecuestre, chinetero. Sus bigotazos y su desprolija melena le daban un aspecto anacrónico, acentuado por el cuello "palomita" que solía usar por entonces. Vestía siempre de negro: sus amigos aseguraban que cargaba luto permanente por su primera mujer, una de las más bellas niñas de la sociedad de Goya. En Corrientes no había conseguido nunca ascendiente político: fue candidato a vicegobernador en una disidencia antipersonalista, en la década del 20. Después sus comprovincianos lo hicieron delegado invariable al Comité Nacional y allí intimó con Alvear, que apreciaba sus originalidades.

La oposición intentó ridiculizar a Quijano y aún subsiste de su persona una imagen excéntrica. En realidad era una figura muy interesante: había construido un pequeño ferrocarril para su estancia en el Chaco, luchando a brazo partido con los poderosos intereses de La Forestal, y el mantenimiento de esa aventura empresaria lo tuvo año a año

al borde de la quiebra. Todo el litoral sabía que para ser protegido de Quijano bastaba caer a su estancia y pedir trabajo alegando deber varias muertes. El mismo Quijano solía contar que una vez llegó un correntino de aspecto insignificante; él le preguntó si había cometido algún delito.

—Delitos no, *che* patrón —contestó el hombre—. Maté un gringo en Alvear y un brasilero en Curuzú; pero respeto a mi semejante y no soy robador...

Y Quijano estallaba en grandes risas que descomponían su rostro de cacique toba y terminaba atorándose de tos y escupiendo un semejante gargajo sobre la más próxima alfombra...

El *compromiso de Quijano* [11] era conseguir para el gobierno *de facto* el apoyo de un sector importante del radicalismo. Pero no estaba en condiciones de cumplir esa promesa. Quijano carecía de envergadura nacional y sus amigos venían del antiguo alvearismo, precisamente el sector que nutría el ala unionista de la UCR, muy comprometida con los otros partidos opositores y absolutamente reacia a colaborar con el régimen militar.

Seguramente pensaba que determinados actos que aliviaran la tensión de la atmósfera política —levantamiento del estado de sitio, suavizamiento de la represión, seducción organizada de los niveles intermedios del radicalismo en el interior— irían creando progresivamente las condiciones para una entrada masiva de los radicales en el apoyo al gobierno. Estaba dispuesto a jugarse en este intento.

—Se han de cumplir en los períodos constitucionales —manifestó al hacerse cargo del Ministerio del Interior— los principios de democracia integral sancionados en 1853 que el país aún no ha vivido en toda su plenitud. La Revolución... culminará con el más absoluto respeto a la inalienable soberanía del pueblo.

Dos días después se difundía el decreto por el que se levantaba el estado de sitio; horas antes, Quijano había sido expulsado del partido en que militara toda su vida, por aplicación de la resolución que fulminaba con esa sanción a los afiliados que aceptaran cargos en el gobierno *de facto*.

El nuevo conductor de la política oficial se encogió de hombros, musitó ante los periodistas que su radicalismo no dependía de una ficha de afiliado y volvió a examinar los nombres de los candidatos a interventores federales que deberían ejecutar sus planes en las provincias.

A mediados de agosto y por una semana, Perón fue Presidente de la Nación. Lo habilitó el viaje de Farrell al Paraguay en retribución de la visita que el general Higinio Morínigo había efectuado meses antes a Buenos Aires. En su breve provisoriato debió afrontar Perón los momentos culminantes de las manifestaciones callejeras de la oposición, que probablemente no dejó de tener en cuenta el titular interino del Poder Ejecutivo para extremar su acción agitativa. Para oponerse a esas manifestaciones, Perón no contaba ahora sólo con la acción de la policía, comandada por su íntimo amigo Filomeno Velasco, particularmente odiado por la oposición ("Qué risa/qué asco/la cara de Velasco" coreaban los manifestantes), sino también con el aporte de una fuerza de choque de innegable denuedo: la Alianza Libertadora Nacionalista.

Los nacionalistas —ya hemos dicho antes— abandonaron a Perón cuando fue evidente que el coronel instaba al gobierno *de facto* a declarar la guerra a Alemania y Japón. Por su parte, Perón se apresuró a acelerar la dispersión de los elementos de aquel origen que quedaban todavía enquistados en algunas reparticiones oficiales, en la Universidad o en intervenciones federales, con la alegre frescura con que siempre supo desprenderse de quienes ya no necesitaba. Porque ahora Perón no precisaba de los nacionalistas: no servían para la política de masas que empezaba a instrumentar: eran "piantavotos"...

Pero cuando los términos de la lucha política se radicaron en las figuras de Perón y de Braden, respectivamente, un apreciable sector del nacionalismo —el que integraba los escalones diestros en el pugilato callejero— no resistió la tentación de sumarse a la acción directa contra el representante de Estados Unidos y sus aliados locales. La bolada era demasiado atrayente para dejarla pasar... La mayor parte de los inspiradores teóricos del nacionalismo quedaron en ese momento en una posición neutral (después serían arrastrados por el torrente peronista) pero los muchachos de Queraltó, enfundados en sus impermeables, fanáticos y decididos, hicieron su cuartel general en una casa de la calle San Martín casi esquina Corrientes y desde allí se lanzaron a molestar a las manifestaciones democráticas dondequiera que se hicieran presentes, volviendo a exhumar los slogans ("Patria sí, yanquis no", "Mate sí, whisky no", "Soberanía o Muerte") que habían enmudecido desde febrero.

Sin embargo, Perón sabía que era muy arduo contrarrestar la explosión callejera de la oposición. Podía costar muertos y heridos en número mayor de lo que realmente costó, justamente cuando las relaciones con Estados Unidos se deterioraban de nuevo y Braden asumía la jefatura opositora de modo desembozado. Entonces dejó que la policía bloqueara las manifestaciones, asintió silenciosamente a la contraofensiva aliancista y se dedicó a cuidar sus espaldas en el flanco más débil: el del Ejército, mientras Quijano se esforzaba por arrimar al gobierno *de facto* el apoyo de la mayor cantidad posible de radicales y él trataba de reclutar adherentes en los sectores universitarios e industriales.

No ignoraba Perón que estaba protagonizando un proceso cuya marcha era irreversible. Lo dijo con mucha claridad el 11 de agosto, en la Secretaría de Trabajo y Previsión, frente a una delegación sindical:

—La República hoy se halla dividida en dos bandos perfectamente claros y reconocibles. Esta división ha tenido origen en la acción de esta casa...

Había que aclarar los términos de esta división y mostrar qué sentido tenía la diferenciación, allá donde el esclarecimiento importaba más: en los casinos de oficiales. Este fue el propósito que lo llevó al día siguiente del levantamiento del estado de sitio al Colegio Militar, para dirigirse a un buen número de jefes y oficiales de las guarniciones de Buenos Aires. Fue un buen discurso, claro ordenado y convincente, aunque incurso en algunas de sus exageraciones habituales y algún trabucamiento en las estadísticas y cifras que manejó sueltamente.

Como la reunión fue reservada, las palabras de Perón no se publicaron en ese momento; algunos párrafos trascendieron a la prensa política opositora pero el discurso se conoció en forma completa *recién doce años más tarde*.[12]

Perón formuló en esa oportunidad una de las más concretas exposiciones sobre la marcha de la revolución y sus objetivos. Comenzó explicando los motivos de la acentuada politización que se vivía en esos días en todo el país: era que la revolución había tenido —dijo— una etapa económica, luego una social y ahora entraba a la política, "vale decir que por un tiempo el centro de gravedad de la acción estará en el aspecto político". Recordó que en el orden económico el gobierno *de facto* trató de solucionar los problemas derivados de la guerra, recuperar los servicios que son propios del Estado y defender las riquezas del país, "de manera que ninguna de ellas pudiera ser entregada en lo futuro a manos extranjeras". En el aspecto social se trataba de organizar el trabajo y el descanso así como instituir la previsión social. Y en el orden político —siguió diciendo Perón— había "que devolver al país la soberanía popular, que había sido durante tantos años un mito", asegurar que esa falsedad no se repitiera y terminar "con los negociados, coimas y robos que se han realizado en todos los gobiernos".

Luego describió las dificultades que había enfrentado el gobierno revolucionario, en momentos en que el país casi no podía importar ninguno de los productos que antes habían sido indispensables. "Sin embargo —jactóse— las actividades del país han seguido tan normales y tan naturales como antes de la guerra, cuando importaba la mitad de lo que necesitábamos para vivir." Afirmó que, además de esta hazaña, "se había preparado al país para encarar la reforma que necesita para desenvolver su actividad".

"Vemos —dijo Perón— en qué consiste esta reforma, de la cual nunca he hablado a nadie pero de la que hoy puedo ya hablar porque he realizado una gran parte de ella." La reforma en cuestión tendía a organizar la riqueza, la producción y el trabajo. Aquí confundió un poco los términos y habló de sistematizar el consumo interno y la exportación; salió del paso con algunas estadísticas ligeramente arbitrarias y se lanzó luego a hablar de la reforma agraria, un tema al que se refirió varias veces en esas semanas.

Para Perón, el problema de la reforma agraria estaba referido casi exclusivamente al de la emigración rural. "Es necesario llegar a la reforma agraria por cualquier medio. En caso contrario llevaremos al país, a corto plazo, a agrupar toda la población en las ciudades y nos vamos a comer los unos a los otros." Aludió a Rivadavia y a la ley 12.636 de Consejo Agrario y aseguró que había que accionar de otra manera.

Acotemos que un mes más tarde volvería a hablar del mismo tema; fue también una de las raras oportunidades en que Perón nombró a personajes del pasado histórico argentino. Dijo en esta ocasión:

—Rivadavia hubo de hacerla (la "reforma rural") pero no se animó. Sarmiento la iba a hacer en su gobierno pero no pudo realizarla. Yrigoyen también quiso hacerla pero en mi concepto se equivocó un poco el procedimiento, y la oligarquía, poderosa como es, lo derribó.

Pero no es la oportunidad de comentar estos desvaríos histórico-políticos. Sigamos glosando el discurso de Perón ante sus camaradas. Indudablemente estaba deslumbrándolos con su manejo de ideas y cifras. Siguió insistiendo a lo largo de algunos párrafos en la idea de la reforma agraria, manifestando que la tierra debía dejar de ser un bien de renta para convertirse en un bien de trabajo y que todo argentino tiene derecho a trabajar la tierra y ser dueño de la tierra que trabaja. "La revolución ha levantado la bandera de la reforma agraria y esa será una de las grandes conquistas de la revolución", enfatizó. Y agregó todavía: "Después de realizada esta reforma vendrá por orden de importancia y conveniencia, la tercera etapa, consistente en la organización de la riqueza." Y en seguida abordó el tema que por entonces desenvolvía con mayor fluidez: ¿quién se opone a estas reformas?

Los enumero: La Bolsa de Comercio, la Unión Industrial, los ganaderos. Para todos tuvo un epíteto directo: "quinientos que viven traficando con lo que otros producen", "doce señores que no han sido jamás industriales", "los que han hecho una especulación con el ganado"... Imaginamos a Perón —perfectamente dueño, en esa época, de esos recursos del histrionismo político que según Ortega y Gasset son indispensables a todo político— dramatizando el tono de su voz, marcando su actitud oratoria. Dijo:

—Para nosotros hubiera sido mucho más fácil seguir el camino ya trillado y entregarnos a esas fuerzas, que nos hubieran llenado de alabanzas. Entonces todos los diarios nos aplaudirían, pero los hombres de trabajo estarían en iguales o peores condiciones que antes. Les aseguro que si hoy me decidiera a entregar el país, mañana sería el hombre más popular de Buenos Aires. No les quepa la menor duda. Esa es la combinación para hacer la maniobra; me lo han dicho impúdicamente...

Y dando a su discurso un tono menor, confidencial, contó que veinte veces le habían propuesto arreglarse con quienes lo atacaban. ¿A qué precio? —había preguntado él—. Arreglándose en los negocios internacionales; cuestiones de transporte, de industria... Y aquí, sin nombrarlo, puso el nombre de Braden en la mente de todos los que lo escuchaban:

—Me dijo un señor, con palabras muy elegantes, pero que en el fondo decían lo mismo, que si yo entregaba el país sería en una semana el hombre más popular en ciertos países extranjeros...

Y aquí Perón culminó triunfalmente el párrafo con un recurso efectista, impactante, que debió golpear a fondo en el corazón de sus camaradas:

—Y yo le contesté: a ese precio prefiero ser el más oscuro y desconocido de los argentinos. ¡Porque no quiero llegar a ser popular en ninguna parte por haber sido un hijo de puta en mi Patria!

El auditorio estaba ya entregado. Ahora, Perón podía redondear su pensamiento y decir lo más importante.

—Esa es la famosa reacción en la que verán ustedes que están los señores que han entregado siempre al país.

Señaló a sus opositores: los grandes capitalistas, sus abogados, los que están detrás de ciertas embajadas, los diarios pagados por esas mismas embajadas... Ahora llegaba la advertencia y la amenaza. Párrafos atrás había recordado que un mes antes "pusimos de 250.000 a 300.000 hombres en Diagonal y Florida, acto que podemos repetir en cualquier momento". Pero ahora señalaba:

—Esa reacción ya ha entrado en las Fuerzas Armadas —subrayó significativamente— y tenemos ahora la contrarrevolución en marcha, a la que debemos parar haciendo lo que sea necesario hacer.

Esto era lo que Perón quería decir a los jefes y oficiales reunidos en el Colegio Militar, en el fárrago de verdades y falsedades, realidades y utopías que lanzó en esa pieza oratoria, admirable por su poder de convicción y por la habilidad con que la fue diciendo en función del auditorio que era su destinatario. Era la advertencia que quería formular ante 'militares cuya lealtad y confianza vacilaban ahora, ante el empuje de la ofensiva opositora. El discurso del 7 de agosto de 1945 —desconocido por más de una década— fue una recapitulación de la obra del gobierno *de facto* y la formulación de un programa que —era obvio— sólo podría realizar el propio expositor. Pero su importancia, repetimos, radica en las veinte palabras que dedicó al peligro de la reacción opositora en las instituciones armadas.

Aunque Perón desbarraba en los temas económicos y tenía ideas demasiado simplistas en materia agraria, estaba bien informado de lo que ocurría en los cuadros castrenses. Porque exactamente dos meses más tarde esa reacción que denunciaba triunfaría en la guarnición más importante del país y provocaría su caída.

Pero los procesos castrenses se desarrollaban en el ámbito cerrado de los cuarteles y los buques de guerra. Mucho más evidente era el proceso político que trataba de conducir Quijano por esos días. La renuncia del ministro de Hacienda (que por un momento pareció conducir a una crisis de gabinete) y el relevo del canciller abrieron dos vacantes en el gobierno, que fueron cubiertas con sendos radicales: Armando Antille, dirigente santafecino de alguna importancia, cuya persona era grata a los radicales porque había sido el defensor judicial de Hipólito Yrigoyen en los días aciagos de 1930, y Juan I. Cooke, originario del alvearismo, cuya tarea más urgente sería la de probar que eran infundadas las acusaciones contra el gobierno argentino con que Nelson Rockefeller se había despedido de su cargo.

Quijano, Antille y Cooke formaban el equipo radical dentro del gobierno *de facto*. No provenían del círculo políticamente más encumbrado de la UCR, pero eran dirigentes conocidos por todo el partido. Su ejemplo podía ser imitado por otros muchos, pese a la rápida energía con que las autoridades radicales los expulsaron, al igual que *los nuevos interventores federales en San Luis, San Juan y Corrientes*.[18]

Pero si Quijano había imaginado un aluvión de radicales arribando al oficialismo, su decepción debió llegar pronto. Ningún dirigente de envergadura nacional "saltó el cerco", aunque eran relativamente numerosos los hombres de prestigio local —como Miguel Tanco, de Jujuy— que se mostraban cada vez más disgustados con la impermeabilidad de las autoridades partidarias y más proclives a aceptar la aventura de apoyar a Perón.

Argumentos para atrapar radicales no faltaban, ciertamente. ¿Por qué no apoyar a Perón? ¿Qué tacha de fondo, qué objeción podía hacerse contra este hombre nuevo que en menos de dos años se había convertido en un auténtico caudillo? ¿Acaso los radicales no habían estado añorando un conductor desde la muerte de Yrigoyen? ¡Ahí lo tenían ahora: joven, dinámico, inteligente! ¿Qué se podía decir contra el gobierno *de facto*? ¿Que era nazi? Si había existido gente, dentro del proceso revolucionario, que sintió simpatía por el Eje, ya había sido eliminada; y por Perón. Por otra parte, ¿no había sido Sabattini neutralista, no había recibido una condecoración de Mussolini, no había ayudado con avisos pagados del gobierno cordobés al diario nazi "El Pampero"? ¿Que el gobierno *de facto* había vulnerado la libertad? ¡Por supuesto! ¡Las revoluciones no se hacen

con timideces! Pero ahora se había levantado el estado de
sitio y no había presos ni exiliados y todo el mundo podía
decir cuanto se le viniera en gana, como lo demostraban
ostensiblemente los barullos callejeros de esos días...

Los argumentos no eran sólo de defensa. Los había también de ataque, y no menos persuasivos. Pues, lo importante
—se decía— era que la revolución de 1943 se había hecho
contra los conservadores; era la utópica revolución que no
habían podido hacer Pomar y los Bosch. Lo importante
era que a Perón lo atacaban los mismos que habían atacado
a Yrigoyen: la Sociedad Rural, la oligarquía, con el agravante de Estados Unidos, cuya acción contra Perón se evidenciaba a través de Braden. La política social de Perón,
¿no retomaba lo mejor de la política obrerista de Yrigoyen?
Su nacionalismo, ¿no traducía los más profundos sentimientos del radicalismo tradicional? Y, finalmente, ¿quiénes eran
los radicales que estaban cerradamente contra Perón? Los
Tamborini, los Mosca, los Laurençena, todo el elenco antipersonalista que antes se unió con los conservadores y que
estuvo siempre contra Yrigoyen. Ellos eran los que ahora
dominaban el partido. ¿Qué esperaba la UCR de la unión
con sus enemigos de siempre, los socialistas y los conservadores? Una oportunidad como esta no se presentaría más:
adueñarse de un líder popular excepcional y tomar el poder
que se les ofrecía en bandeja en todo el país...

Estos eran los interrogantes y las dudas que se planteaban
a los radicales en las catorce provincias. En muchos casos
las respuestas eran afirmativas, sobre todo cuando se trataba
de núcleos de origen yrigoyenista, hartos de ser minoría
dentro de un partido dominado por la máquina alvearista.
En otros casos, la tambaleante situación del gobierno *de
facto,* acosado en todos los frentes, detenía la emigración
hacia el oficialismo que muchos deseaban íntimamente por
diversos motivos. De todos modos, en esos días se jugaba la
futura ubicación política del radicalismo o de gran parte
de su caudal electoral. Y los dos bandos pugnaban para
obtener la seducción del "partido mayoritario", pues nadie
ignoraba que la autoridad de la Mesa Directiva era muy

relativa y que en última instancia sería la masa partidaria
la que definiría la actitud final.

Para acelerar la decisión en el sentido deseado por Quijano empezó a aparecer, a mediados de setiembre, el diario
"La Época". En ese momento, toda la prensa era opositora.
Los grandes diarios de Buenos Aires y casi todos los órganos tradicionales del interior disparaban sobre el gobierno
de facto con distintos grados de saña. Del lado de Perón
sólo había un semanario de escasa circulación: —"Defren-
te"—, oxigenado desde la Subsecretaría de Informaciones
del Estado, y "Política", que aparecía desde fines de julio,
dirigida por Ernesto Palacio. "La Época" había sido el viejo diario de Yrigoyen, fundado por José Luis Cantilo en
1915. Tuvo su momento de esplendor en la década del 20;
en ocasión de la revolución de 1930 sus oficinas fueron sa-
queadas y desde entonces apareció esporádicamente. Un dirigente radical de tercer orden, Eduardo Colom, inscribió
la marca a su nombre en la década del 30. Sacó algunas ediciones sueltas a partir de 1944, en tono de apoyo al gobierno *de facto*. Hacia julio de 1945 ya aparecía semanalmente
y se permitía anunciar algunas primicias como el futuro ingreso al gabinete de Quijano, Cooke y Antille. Dos días antes
de la Marcha de la Constitución y la Libertad empezó "La
Época" a aparecer diariamente, como vespertino; merced
a una oportuna ayuda oficial. Durante varios meses fue
el único diario que apoyó a Perón, contra la abrumadora
superioridad de "La Prensa", "La Nación" y "El Mundo",
por la mañana, y "La Razón", "Crítica" y "Noticias Gráficas", por la noche. Sin embargo, "La Época" empezó a venderse bien. Era un diario agresivo, politizado al máximo,
con secciones fijas llenas de malignidad y buena memoria,
donde se enjuiciaba implacablemente a los dirigentes opositores. Mantenía cierta independencia frente a la estrategia de Perón: no atacaba a Braden, por ejemplo, y hablaba
con respeto de Sabattini, como si esperara que un milagro
llevara al dirigente de Villa María a pronunciarse, finalmente, por el apoyo a la Revolución. "La Época" cumplió
un papel muy importante en esos días y en los que vendrían

en octubre. Pero el destino político de Perón no se jugaba solamente en el plano político.

IV

Hemos visto cómo la ofensiva opositora se precipitó sobre todos los frentes en el mes de agosto. Perón se veía ahora en figurillas para atender todos los ataques. Fue entonces, hacia fines de agosto, cuando empezó a equivocarse, a perder esa lucidez con que siempre había actuado: la fría y despiadada lucidez que lo había llevado hasta entonces a golpear en el punto en que debía y en la oportunidad adecuada. Entre fines de agosto y mediados de octubre Perón actuó como un suicida: de manera desorbitada, absurda e incomprensible. Dejaría de ser el sereno conductor de un proceso para obrar como un hombre acorralado, oscilante entre extremos que iban desde las amenazas indiscriminadas hasta la depresión total.

Era bastante comprensible semejante caída. Muchas y muy poderosas eran las fuerzas que en su contra se habían desencadenado —y la palabra no es vana en este caso—. El piso vacilaba bajo sus pies; el andamiaje que había pacientemente construido a través de dos años crujía por todas partes. ¿Por dónde empezar a apuntalarlo?

Los partidos políticos estaban en plena demostración de fuerzas y no había modo de impedirlo: el levantamiento del estado de sitio amparaba sus derechos, todos los diarios publicaban sus ejercicios, y las relaciones con Estados Unidos estaban demasiado tormentosas para imponerles restricciones. Al lado de los partidos, toda clase de organizaciones prosperaban en una tácita coalición opositora: escritores, artistas, profesionales, comerciantes, industriales, ganaderos. Y la Universidad, con sus profesores más agresivos todavía que la FUA; y la FUA convencida de su heroico papel y devolviendo golpe por golpe. Y la CGT donde los dirigentes comunistas y socialistas, libres ya de actuar en sus antiguos medios, presionaban para alejar la central obrera de la órbita oficialista. Y las fuerzas armadas, que no se mantendrían por mucho tiempo ajenas a la agitación del ambiente. Y Braden, más locuaz que nunca, más activo que nunca...

Perón había tratado de tomar contacto, durante el mes de agosto, con dirigentes universitarios y empresarios. De esas entrevistas saldrían *algunas adhesiones*.[14] Pero la seducción individual era un trabajo penoso y el tiempo ya no alcanzaba para ese tipo de proselitismo. Perón decidió entonces usar con los estudiantes —el sector más activo de la oposición— los métodos de persuasión que había usado con los obreros. Les hablaría, les haría ver cómo los estaban utilizando. Confiaba en su capacidad de convencimiento y suponía que existirían brechas, dentro del frente estudiantil, por donde colar su bandera de enganche.

Fue una de las "gaffes" más estruendosas de su carrera. El 28 de agosto habló por radio: no podía dirigirse de otro modo al estudiantado, porque era impensable que la FUA acudiera físicamente a su convocatoria. Dirigirse a los estudiantes era ya un error, porque ellos constituían un frente totalmente impermeable al oficialismo, dominados como estaban por vivencias, emociones y aun prejuicios que no dependían de razonamiento, y sensibilizados, además, por la reciente muerte de un compañero en una de las manifestaciones callejeras. Intentar seducirlos era una utopía y su intento estaba condenado al fracaso; además podía abrir a Perón nuevos flancos débiles en un momento difícil que sólo podía superar absteniéndose de irritar inútilmente al adversario. Todo está permitido en política, menos aquello que de antemano se sabe que será ineficaz...

Pero el error hubiera podido paliarse en parte si el tono elegido por Perón hubiera tenido el acento de sencillez y campechanía grato a la gente joven. Y en esto también se equivocó Perón, porque cayó en el peor estilo posible: ampuloso, anacrónico, con la reiteración de un tiempo de verbo caído en desuso.

—Os vi al principio sobrecogeros expectantes, cuando la primera jornada revolucionaria del 4 de Junio; comprendí entonces que vosotros la esperabais, porque hasta las casas de estudio había llegado también en parte el ambiente de sensualidad ahogando la vida misma de la República.

Pero —dejando aparte el tono— la palinodia de Perón contenía algunas verdades indiscutibles:

—La cátedra no siempre era ocupada por los más capaces de nuestros maestros y muchas de las conquistas que habíais logrado en las cruentas luchas de la reforma universitaria se desvirtuaban frente a los habilidosos manejos de ciertos grupos que primero bregaban por su hegemonía dentro de los claustros para después oponerse a sus antagonistas vencidos, en una permanente pugna de desplazamiento.

Esto era cierto y los estudiantes no lo desconocían. Como tampoco desconocían que por esos días, uno de los máximos responsables de ese estado de descomposición de la Universidad, José Arce, había sido designado embajador ante el gobierno de China. Pero la anécdota no desvirtuaba la veracidad de lo dicho por Perón, que seguía diciendo:

—Justifiqué vuestros afanes cuando actuabais en el rol de estudiantes secundarios y universitarios, pero no puedo justificar ahora vuestra conducta en defensa de posiciones políticas que no desempeñasteis y que muchos de aquellos a quienes el pueblo las confió, desnaturalizáronlas tanto, que hasta el 3 de junio de 1943 el país había caído en un verdadero festín, donde en levadura de fraude, violencia y vejámenes a la ciudadanía, todo se compraba y vendía, hasta la Patria misma. ¿Es que acaso os habéis olvidado de aquel espectáculo que avergonzaba a la República? ¿Es que acaso muchos de vosotros o de vuestras familias no habéis sido vejados en el instante de depositar vuestro voto cuando la ciudadanía iguala sus diferencias de problemas, culturas, orígenes y posición social?

Eran memorias vergonzosas pero reales. El rectorado de la Universidad de Buenos Aires era desempeñado por Horacio Rivarola, que fue director de Correos en el gobierno de Castillo y cuya repartición fue acusada de haber sido la sede donde se practicó el fraudulento cambio de urnas en ocasión de las elecciones de Entre Ríos, en 1941.

—Os habéis olvidado —seguía Perón— de que hasta el recinto augusto de las leyes fue manchado por la mácula de un crimen, donde apuntaba ya el doloroso proceso de descomposición en que habría de caer la República.

Don Antonio Santamarina, de quien fuera protegido el asesino del senador electo por Santa Fe, Enzo Bordabehere, era uno de los héroes de la resistencia antiperonista, aclamado por los comunistas.

—Preguntad, jóvenes compatriotas, a los malos políticos que os sustraen a vuestras jornadas de estudios... para pediros vuestro apoyo en la alharaca callejera, qué han hecho ellos en sus partidos respectivos desde el 3 de junio acá para depurarlos de los elementos que implantaban el fraude y la violencia como supremo recurso electoral o se beneficiaron en silencio con los rezagos del mismo. Observad con qué súbita intención se apresuran a expulsar del seno de los partidos a las figuras ciudadanas que colaboran con el gobierno, mientras que ni vosotros ni nadie puede señalar un solo caso de cancelación para tantos dirigentes que corrompieron con el fraude, la coima y el peculado, la vida política y social argentina.

Se quejaba de que el régimen anterior a la Revolución no había provocado la reacción "de las llamadas *figuras apolíticas* que viven siempre a la sombra de todos los gobiernos ni provocó las renuncias de las cátedras por vuestros profesores ni alteró la vida de los claustros universitarios ni conmovió a las distintas entidades y colegios gremiales ni proyectó grandes y sibilinos editoriales periodísticos sobre la unión sagrada del pueblo ni tornó necesario que nadie os sacara a la calle..."

También había una *interesante autocrítica en el discurso de Perón* [15] cuando reconocía que la intervención decretada a la Universidad permitió a "los lastimados por vuestras propias conquistas" y a "los resentidos del proceso anterior" intentar la formación de "una Universidad intransigentemente medieval, comenzando por cambiar las figuras rectoras de la patria, que habían recibido ya el espaldarazo simbólico de la historia". A su vez —reconocía Perón— "tuvimos que desplazarlos a ellos y... devolvimos la autonomía a la Universidad mediante elecciones absolutamente libres". Recordaba que el gobierno había reconocido a los organismos estudiantiles y anunciaba que en breve plazo se reimplantaría "el voto estudiantil para actuar en la integración de las ternas de profesores". Atribuía a la fatalidad la muerte del estudiante ocurrida en días anteriores y finalizaba previniendo a los estudiantes contra los "políticos oscuros que se intuyen desplazados definitivamente del escenario nacional" que "planean e impulsan todo un movimiento de resistencia al que bregan por sumar vuestros impulsos generosos en un juego que intentan llevar hasta a la avanzada armada".

Fue poner el rostro para recibir las cachetadas. Durante semanas llovieron sobre los diarios las respuestas de todas las federaciones universitarias, casi todos los centros de estudiantes y muchas agrupaciones reformistas. Desde el sarcasmo hasta la indignación, las reacciones de los estudiantes recorrieron toda la gama del rechazo.

El fracaso de la exhortación de Perón no pudo sorprender a nadie que conociera la tensión que existía por entonces en los medios estudiantiles. No era en cambio tan previsible el éxito de la ofensiva opositora en el terreno sindical. Y sin embargo, en este crítico mes de setiembre, cuatro importantes organizaciones se desafiliaron de la CGT dando a su actitud un neto contenido antioficialista. La central obrera corrió un serio riesgo de dividirse y además la lucha por la hegemonía de los sindicatos adquirió caracteres de violencia entre los que seguían a Perón y sus adversarios. El gobierno *de facto* no había podido detener la creciente combatividad de la oposición, no había conseguido el vuelco del radicalismo, a pesar de la entrega de ministerios e intervenciones federales a algunos dirigentes; no había logrado atenuar la hostilidad de Estados Unidos hacia su régimen, pese a sus esfuerzos. Si ahora perdía la batalla en el terreno sindical, Perón estaba liquidado.

El levantamiento del estado de sitio había aparejado la libertad o el regreso al país de no pocos dirigentes sindicales opositores, casi todos socialistas o comunistas. Volvieron prestigiados por las persecuciones de que habían sido objeto y se lanzaron de inmediato a la recuperación de las organizaciones gremiales en las que habían actuado. En otros casos, los dirigentes sindicales que no estaban totalmente comprometidos con Perón sintieron la presión de la ofensiva opositora y creyeron llegado el momento de apartar a sus organizaciones —y apartarse ellos mismos— de una aparcería que podía costar cara a corto plazo.

Es así como el 5 de setiembre la comisión directiva de La Fraternidad —la importante organización ferroviaria— decide desvincularse de la central obrera. Fue un violento impacto contra la CGT, al que siguió la desafiliación de la Unión Obrera Textil tres días después, el Sindicato del Calzado y, días más tarde, la Confederación General de Empleados de Comercio, cuyo desplazamiento no pudo o no quiso evitar Borlenghi.

Hay que señalar que la CGT había tratado hasta entonces de no aparecer públicamente en una posición pro peronista. En ocasión del acto del 12 de julio los oradores no mencionaron nunca el nombre de Perón y el acto mismo fue organizado por el Comité de Unión Sindical de la Central Obrera, y no por ésta como tal. En una publicación que efectuó a fines de setiembre, la central obrera justificaba su trayectoria de los dos últimos años sin nombrar a Perón y adhiriendo, en cambio, al movimiento de opinión tendiente a lograr la normalización constitucional. Pero nadie podía llamarse a engaño: dentro de la CGT prevalecía un sentimiento de adhesión a Perón, aunque muchos dirigentes veteranos lo condicionaran y otros lo negaran. Y todo ataque contra la autoridad o el poder de la central obrera significaba, en los hechos, debilitar la base de sustentación más sólida de Perón.

En esta sorda lucha por el poder sindical hubo episodios menos sutiles: *más brutales y evidentes* [16], como el que ocurrió el 3 de setiembre en Berisso. Dividido el gremio de trabajadores de la carne en dos organizaciones antagónicas —una comunista, dirigida por el veterano José Peter,

recién llegado del exilio después de más de un año de prisión, y otra peronista, conducida por Cipriano Reyes— se
iba a realizar una asamblea para tratar el conflicto que
mantenían los obreros con los frigoríficos Swift y Armour.
Estalló un tiroteo cuyo origen no pudo determinarse y durante un buen rato se cambiaron balazos fervorosamente.
Decenas de trabajadores cayeron heridos, entre ellos tres
hermanos de Reyes, uno de los cuales, Doralio, falleció dos
días después. Su entierro, desde Berisso hasta La Plata, fue
una impresionante manifestación de dolor popular que los
diarios apenas recogieron, pero que paralizó las actividades
de toda esa zona por espontánea decisión de la población.
Con ese fino sentido de la oportunidad que tenía por entonces, Perón fue al cementerio de La Plata, aguantó a pie
firme la larguísima lista de oradores y cerró el acto con un
par de párrafos sobrios y rotundos:

—Ahora sí —dijo—, ¡nos sentimos soldados de una misma
causa!

Fue uno de los pocos hechos hábiles que produjo en
este lapso crítico. Porque una semana después cometió otra
"gaffe" tan torpe como la perpetrada con los estudiantes,
pero más grave, porque esta vez el destinatario del error
era el Ejército, nada menos que el apoyo armado del gobierno *de facto*.

Era indudable que los cuadros castrenses estaban ya hondamente trabajados por el clima político del país. En esos
días Carlos Sánchez Viamonte formulaba una nueva presentación ante la Corte Suprema de Justicia instándola a
hacerse cargo del poder, aunque el alto tribunal ya se había
pronunciado negativamente ante la presentación anterior y
similar de la Universidad del Litoral. La Universidad de
La Plata solicitaba que se sancionara a todo el que se titu-
lara presidente de la Nación sin serlo legalmente. Y Luciano
Molinas predicaba la desobediencia civil. Era natural que
estos hechos repercutieran en el Ejército con distinta intensidad; era imposible que los militares se sustrajeran a la
atmósfera general, calentada al rojo por los diarios, espe-

cialmente "La Razón", muy leído en la clase media, que sostenía una violenta campaña antigubernista.

Los jefes y oficiales estaban, por lo menos, sensibilizados. Las manifestaciones de agosto habían impresionado en los cuarteles. Todavía no había madurado un clima opositor, pero todo iba hacia ello. La presencia de Braden y el tono antimilitarista de la oposición eran acaso las únicas circunstancias que detenían una aproximación más acelerada de muchos hombres de armas con los adversarios del gobierno. Y a medida que se aproximaba la fecha de la Marcha de la Constitución y la Libertad, la promoción publicitaria de los diarios y las radios —el gobierno prohibió la difusión de avisos por radio, dos días antes de la manifestación— iba creando una expectativa que también vivían las Fuerzas Armadas, especialmente las que guarnecían a Buenos Aires.

Perón consideró necesario, entonces, difundir una "orden general" al Ejército. Fue su segundo gran error de esos días y también lo fue por su forma, más que por su contenido. Porque el documento emitido por el ministro de Guerra el 15 de setiembre resultaba demasiado simplista y elemental, aun para los militares del 45.

Denunciaba la Marcha como parte de una confabulación de la que participan "en primer término los políticos del fraude que fueron derrocados por la revolución del 4 de junio y aquellos que negociaron al patrimonio nacional con las concesiones y los negociados. A su zaga marchan otros que, en su falta de patriotismo, han llegado hasta la infamia de propiciar la intervención extranjera. En segundo lugar se han enrolado en la campaña de difamación los avaros e injustos que, faltando a sus deberes de cristianos y argentinos, se niegan a reconocer la justicia de la política social que ha sostenido la Revolución. En tercer término se han incorporado a este movimiento los representantes de los capitales que en alguna forma han sido lesionados por la política de recuperación económica que ha caracterizado a la obra revolucionaria".

El ataque era demasiado sobreabundante para ser con-

vincente: docenas de jefes y oficiales eran parientes, amigos o conocidos de gente ardientemente opositora que no
eran políticos fraudulentos, "avaros e injustos" o pulpos
capitalistas. Pero el tono tremendista continuaba:

"Estas fuerzas oscuras fijaron como primer objetivo la
creación de un cuadro falso destinado a presentar al gobierno como enemigo de los intereses del pueblo de la República, de la democracia y de la libertad. Una parte de la
prensa, la venal y paga, está al servicio de los mezquinos
propósitos contrarios al orden y a la tranquilidad, difundiendo diariamente un panorama social y político desfigu-
rado, para confundir a la opinión pública, a cuyo fin se fal-
sean y tergiversan los hechos, las circunstancias y los propósitos del gobierno."

También este párrafo resultaba excesivo para muchos
de sus destinatarios. Calificar de "venal y paga" a la inmensa mayoría de los diarios del país, aquellos que en sus
hogares se leían desde siempre, cuyos editoriales eran co-
mentados como opiniones sagradas, era algo inaceptable
para grandes sectores del Ejército. La orden general señalaba los fines de la denunciada confabulación, de la siguiente manera: "Ahora, frente al fracaso de sus planes iniciales
y a la circunstancia de que la Corte Suprema de Justicia
de la Nación ha declarado improcedente la solicitud formulada para que asumiera el gobierno de la República, estos
mismos elementos que desde el poder negaron sistemática-
mente su auspicio a la preparación de la defensa nacional,
recurren a las Fuerzas Armadas en un desesperado esfuerzo
por dividirlas y anularlas. Saben que es el único camino
por el cual podrían llegar a realizar sus planes, que pueden
sintetizarse con la vuelta a la situación existente antes del
4 de junio: el fraude como medio para llegar al poder y la
utilización del poder en provecho de una oligarquía insensible a las necesidades y a los intereses vitales del pueblo."

"Es propósito fundamental del gobierno —continuaba la
directiva— mantener al Ejército totalmente sustraído y extraño a la contienda política que se avecina, por considerar que el mismo debe situarse siempre por sobre los inte-

reses de partido y banderías, ya que como institución armada está exclusivamente al servicio de la Nación."

Cualquier militar podía preguntarse, al leer este párrafo, si "mantener al Ejército totalmente sustraído y extraño" al juego político no era hacer el juego político del gobierno, puesto que la directiva había invalidado, líneas antes, toda la acción opositora. La orden finalizaba atribuyendo a "los malos políticos" el propósito de "dividir a los hombres de armas en facciones y destruir su disciplina" para aniquilar "los poderes del Estado" y preparar "el camino para la disolución y el caos".

Disolución... Caos... Aniquilamiento... Eran palabras demasiado usadas para producir el efecto deseado. Desde 1930 para acá, no hubo gobierno que no haya echado mano de ellas cada vez que se necesitó justificar algún acto de fuerza. La orden de Perón finalizaba disponiendo que "cuanto rumor, propaganda o requerimiento llegue a un jefe u oficial debe ser rechazado con dignidad de soldado, porque así lo exige su deber militar para con el país, independientemente del de camaradería y lealtad para con aquellos que en estas horas difíciles tienen la responsabilidad del gobierno y en sus manos el honor y el prestigio del Ejército".

La orden general del 15 de setiembre —cuyas copias fueron distribuidas a los periodistas para su publicación— no produjo el efecto deseado en el Ejército. El lenguaje del documento, su maniqueísta diferenciación entre buenos y malos, su agresivo estilo no podía convencer a los hombres de armas, que habían visto con agrado la política social de la Revolución pero que también observaban con preocupación el vendaval que se gestaba desde la oposición, la exaltada hostilidad de la clase media —de la que venían en su inmensa mayoría— y las críticas justas que, en no pocos casos, merecía el gobierno.

No hubo receptividad para esta orden [17], que fue juzgada en los casinos de oficiales como un recurso de baja política. Pero aún quedaba un tercer paso en falso para Perón y lo daría en las vísperas mismas de la Marcha de la Constitución y la Libertad, cuya realización atraía en esos momentos la expectativa de todos, oficialistas y opositores, civiles y militares.

Fue el día anterior a la manifestación, en un discurso que propalaron todas las radios por la noche, apenas un par de horas después que Alfredo Palacios convocara a la ciudadanía a hacer de la Marcha una decisiva expresión de repudio al gobierno y anunciara desde su recuperada cátedra en Ciencias Económicas la desobediencia civil, la negativa a pagar impuestos y reconocer empréstitos y la futura asunción del gobierno por el presidente de la Corte Suprema de Justicia. El discurso de Perón, en cambio, era una directa incitación a ignorar la manifestación opositora y contenía veladas amenazas.

—Dentro de breves horas —dijo Perón— distintas calles de la Capital Federal habrán de constituirse en escenario para el anunciado desfile de la llamada Marcha de la Constitución y la Libertad... La anunciada convocatoria sólo encubre un acto más en la lucha sin cuartel que oscuras fuerzas de regresión están librando contra el gobierno a través de una táctica que consiste en atacar por oleadas para tratar de derribarlo... Estamos en presencia hoy de un nuevo intento para reconquistar de golpe el terreno perdido en dos años de acción revolucionaria... cohesionado por ciertas figuras políticas de un pasado que no les permite posibilidades futuras; con otros "apolíticos" quizás más perniciosos que los anteriores porque viven medrando al amparo de todos los gobiernos y ayudados por determinados agentes foráneos...

Después denunció que la Asamblea Permanente de la Industria, el Comercio y la Producción se había reunido en la Bolsa de Comercio y decidido el cierre de establecimientos para facilitar la concurrencia a la Marcha; y también que se habían constituido "teams" para sabotear "la obra social del gobierno" recolectando fondos en entidades patronales con el fin de mantener una lucha violenta contra las autoridades. Repitió algunos conceptos ya vertidos en otros discursos y terminó previniendo a los trabajadores que el triunfo de la oposición significaría la pérdida de las conquistas alcanzadas.

En el alud de acontecimientos que se precipitaron después, el discurso de Perón quedó como uno de los tantos que había pronunciado y se perdió en el granero de los hechos superados. No tuvo incidencia política, pues sus seguidores no necesitaban de las advertencias de Perón para no concurrir a la Marcha ni los que estaban dispuestos a ir dejaron de hacerlo porque el Vicepresidente hubiera hablado. Analizado retrospectivamente, nos confirma la impresión de que en esos días Perón estaba, en el fondo de su espíritu, obnubilado e inseguro, aunque todos los testimonios coinciden en afirmar que exteriormente aparecía tranquilo y seguro de sí, como siempre.

Un análisis sereno de la situación lo hubiera llevado a abstenerse de pronunciar esa arenga. Si la Marcha triunfaba, Perón aparecería como directamente derrotado, ya que se había esforzado en desalentar a sus posibles concurrentes; si fracasaba, era difícil que atribuyeran el mal éxito a sus palabras y siempre habría pretextos —como el de la huelga de transportes, por ejemplo, que iba a paralizar la ciudad— para explicarlo. Y de todos modos Perón aparecía apelando a un recurso poco simpático y totalmente ajeno a las reglas de juego. El discurso del 18 de setiembre, pues, si careció de importancia política tiene interés histórico porque muestra el embotamiento de esa certera intuición que hasta entonces había caracterizado la acción pública de Perón.

En ese ambiente de alta tensión se llegó al 19 de setiembre de 1945. Buenos Aires tenía, desde la mañana, un aspecto insólito, paralizado su transporte por una inesperada huelga que se atribuyó a maniobras de la Secretaría de Trabajo para impedir el acceso a la concentración; había muchos comercios cerrados en adhesión a la Marcha y un aire de día feriado flotaba sobre la ciudad, ya que muchas instituciones habían resuelto dar asueto para facilitar la concurrencia. La Secretaría de Trabajo y Previsión había prevenido que las fábricas y establecimientos que cerraran debían pagar el jornal a sus trabajadores; la Unión Industrial Argentina respondió que jamás se había pensado no abonar el día a los obreros y que gustosamente las empresas pagarían esa jornada no laborable.

Todo el país estaba pendiente de lo que ocurriría después del mediodía entre la Plaza del Congreso y la Plaza Francia. Eran muchos los que creían que la Marcha abriría una nueva etapa en el enfrentamiento político; muy pocos pudieron adivinar que inauguraría el mes más agitado, dramático y decisivo de la historia contemporánea de nuestro país.

V

Existe una natural tendencia a enjuiciar a los personajes históricos según una valoración única, inmodificable. Pero en la historia, como en la vida, los seres humanos cambian y varían y el tiempo va dirigiendo esas imperceptibles transiciones. Para evocar al Perón de 1945 hay que olvidarse del Perón de 1955. Diez años de poder absoluto cambiaron profundamente su personalidad; la clásica frase de lord Acton no por clásica deja de ser verdadera. Para comprender lo que significó Perón en 1945 hay que oscurecer el recuerdo del derrocado de 1955. Los testimonios de quienes lo siguieron de cerca durante esos dos lustros certifican sin vacilar esa transformación.

Pero ni siquiera hacen falta tales testimonios. Basta comparar sus discursos del 45 con los del 55 para advertir el cambio. En la época que relatamos, la oratoria de Perón era fresca, original, feliz en sus ocurrencias y hasta en sus ocasionales chabacanerías. Fueran oportunos o no, sus discursos proponían al país un nuevo estilo y ofrecían explicaciones para entender la coyuntura que se estaba viviendo. Expresaban una personalidad arrolladora, sanamente agresiva, nutrida de una sabiduría suburbana que su auditorio comprendía inmediatamente. Los discursos de 1955, en cambio, fueron ululantes convocatorias al odio o se limitaban a repetir fórmulas verbales que antes tuvieron contenido y ahora eran palabras vacías, una liturgia hueca y falsa. La usura de los diez años que corren entre su ascenso y su caída se da en Perón en términos de Verbo, o sea de espíritu.

Por eso es indispensable sacudirnos la imagen última de Perón para entender cómo la Argentina lo vio y lo sintió en 1945, cuando gran parte de su pueblo quedó deslumbrado frente a este muchachón que exorcizaba sus malos espíritus con su vozarrón y su sonrisa, "como si siempre tuviera un clavel en el uniforme"...

Como ocurre siempre con las grandes presencias históricas, Perón dividía todas las instituciones, provocaba enfrentamientos en todos los niveles, era motivo de choques y definiciones, centraba todas las polémicas. Era el provocador de actos de conciencia que millones de argentinos se hacían, algunos en la intimidad inviolable del espíritu, otros en el diálogo apasionado del café, la oficina, la fábrica, la esquina del barrio: los foros cotidianos que los hombres de este país frecuentan para agotar en común las cuestiones que los desvelan.

Perón actuaba en esto como una fatalidad histórica: el país tenía una urgente necesidad de definirse. Pero él mismo había ahorrado prudentemente los enfrentamientos, cada vez que pudo hacerlo. Siempre trató de no crearse enemigos inútilmente y en esto, como en tantos otros aspectos, su capacidad de maniobra fue vastísima.

Así, *nunca se había lanzado en los hechos contra la oligarquía* [18], pese a sus abundantes ataques verbales. La oligarquía funcionaba como una entelequia de cómodo uso oratorio, un fantasmón galerudo y enlevitado que agitaba cada vez que le era necesario. Pero jamás la atacó en la base de su poder económico, es decir, la tenencia de la tierra; y lo más que hizo en esa época fue referirse dos o tres veces en sus discursos, de manera muy vaga, a la necesidad de una "reforma rural". No pasó de allí y, en cambio, pactó con algunos de sus prohombres: con José Arce, por ejemplo, jefe de una de las fracciones de la oligarquía profesoral, a cuyos amigos entregaría en 1946 el manejo de la Universidad; o con Ramón Cárcano, acaso el más inteligente y último representante de la gran oligarquía —cuyo hijo Miguel Ángel fue embajador en Gran Bretaña y jefe de la delegación argentina a la Conferencia de San Francisco—, que desempeñó un alto cargo en el gobierno *de facto* y cuyo experimentado consejo escuchó muchas veces. Esto, sin contar con los entendimientos electorales que fraguó más adelante con dirigentes locales del conservadorismo, como Morrogh Bernard en Entre Ríos, José Emilio Visca y Uberto Vignart —aquel que se proclamara "el diputado más fraudulento del país"— en la provincia de Buenos Aires.

Tampoco, pese a sus frecuentes efusiones verbales contra el capitalismo y el imperialismo, Perón abrió un frente de lucha real contra sus expresiones concretas. *El caso de la CHADE es típico.*[19] Uno de los grandes escándalos que justificó el movimiento revolucionario del 4 de junio fue el negociado de la CHADE. Durante la presidencia de Ramírez se designó una comisión investigadora que trabajó durante varios meses con eficacia y patriotismo para esclarecer el episodio y deslindar responsabilidades. Cuando llegó el final de sus tareas, los investigadores encontraron una fría recepción en el gobierno. Se secuestraron los ejemplares ya impresos del informe, en dos tomos, y se ordenó paralizar la impresión de los cuatro tomos de anexos, así como el encajonamiento de la documentación original, que todavía hoy se encuentra depositada en una oficina pública con carácter reservado.

Una versión inconfirmable aseguró en su momento que la CADE —sucesora de la empresa investigada— fue defendida en su momento por el embajador de España, que se empeñó ante el gobierno *de facto* para que la investigación terminara sin ruido. También se aseguró que la CADE donó un millón de pesos para la campaña electoral de Perón: si esto fue así hay que pensar que el entendimiento venía desde 1944, por lo menos, pues lo cierto es que Perón jamás aludió públicamente a este sucio asunto, del que podía haber sacado políticamente mucho partido. Lo concreto es que ni durante su hegemonía sobre el gobierno *de facto* ni posteriormente, durante sus períodos constitucionales, la CADE fue molestada por Perón ni los implicados en la investigación —algunos de ellos públicos adversarios de Perón, como Alejandro Shaw, Alberto Hueyo, Carlos Alfredo Tornquist— fueron señalados por él o por los organismos de propaganda que de él dependían. Más aún: algún funcionario subvencionado de años atrás por la CHADE pasó a ser en 1944 miembro *del equipo más íntimo de Perón* [20] en la Secretaría de Trabajo. La primera vez que Perón se refirió peyorativamente al asunto de la CHADE fue en 1956, desde el exilio, en su libro *La fuerza es el derecho de las bestias.*

Lo mismo puede decirse de la investigación sobre la sucesión de Otto Bemberg —otro de los grandes escándalos que precedieron a la revolución de 1943— y a los ferrocarriles británicos, a los que se autorizó un sustancial aumento de tarifas en 1944 y la devolución con fondos del Estado de las retenciones indebidamente hechas a su personal.

Agresivo y revolucionario en las palabras, protagonista él mismo de un proceso revulsivo que habría de transformar profundamente el país, Perón administró prudentemente sus enemistades y nada hizo para echarse encima más hostilidades de las que había provocado. En cambio, tenía una especial vocación para aglutinar gente e ideas y hacerlas suyas; en sus discursos y en sus conversaciones privadas recogía al vuelo aportes de distintas vertientes políticas e ideológicas. Atraía las contribuciones del yrigoyenismo, el forjismo, el nacionalismo, cierto vago populismo marxista, el socialcristianismo, y con todos esos elementos, agregándole su propia salsa, llegaba a un resultado que no era original, desde luego, pero para la Argentina de 1945 significaba algo profundamente novedoso, en el fondo y el estilo.

Esto de no echarse encima enemistades inútiles era una actitud prudente. En ese momento su fuerza era más aparente que real. Desde principios de año controlaba, como hemos señalado antes, los principales resortes del gobierno, pero eso no era demasiado importante en un momento en que el gobierno se veía cercado por una conjura vigorosa y audaz, que reunía en un solo impulso opositor a fuerzas tan diferentes como las grandes empresas, el estudiantado, la influencia de la embajada norteamericana, los partidos tradicionales, las asociaciones de comerciantes y ganaderos, los sindicatos ajenos a la órbita oficialista, la burocracia estatal (salvo los organismos creados por el gobierno *de facto*), toda la Marina, un sector no despreciable del Ejército, los intelectuales, la justicia, la inmensa mayoría de los diarios... Frente a esta avalancha de fuerzas, sólo restaba a Perón el manejo del aparato represivo del Estado —muy condicionado por las circunstancias nacionales e internacionales— y sus propias huestes.

¿Quiénes formaban filas al lado de Perón? Como en el caso de la oposición, también aquí coincidían la venalidad y el idealismo. Disponiendo de los recursos del poder como disponía, Perón ganó a su causa a muchos elementos políticos y sindicales a base de prebendas que fueron comprometiendo a dirigentes de diversos sectores. En las provincias, sobre todo, algunas intervenciones federales se convirtieron en activas agencias de colocaciones y por consiguiente el reclutamiento peronista estuvo teñido de cierta corrupción que, por otra parte, no era muy diferente a la ejercida por otros gobiernos del pasado, de todos los signos políticos.

En ese informe movimiento carente todavía de organización, de nombre, de ideología y de medios de expresión, militaba gente llegada de todos los partidos populares. Muchos de ellos habían debido romper lazos políticos, de amistad y hasta de familia con actitudes que en algunos casos tenían algo de suicidio. Había gente que decía: "Fulano está con Perón" con la misma tristeza con que se dice de alguien que se ha convertido en un tramposo o se ha hecho homosexual. En 1945, en la época en que estamos, al menos ser peronista no era fácil: era zambullirse en una aventura política que, si fracasaba, dejaría el tendal de hombres aniquilados. Porque nunca se odió tanto en el país como en aquel año; nunca los argentinos vivieron de una manera tan físicamente palpable el odio de los unos contra los otros. Los "colaboracionistas", sobre todo, que se habían separado de sus partidos —especialmente los radicales— para apoyar al gobierno, tenían en caso de fracaso un futuro cuyas variantes iban desde las horcas de Nuremberg hasta la muerte política...

Por otra parte, aunque todos estaban unidos por la empresa política común y la común adhesión a su jefe, los que apoyaban a Perón constituían un movimiento muy heterogéneo. Había radicales del viejo cuño yrigoyenista, formados en la tradición del liberalismo político; sindicalistas de todas las tendencias y orígenes, desde el más vergonzoso amarillismo hasta el anarquismo o el socialismo reformista; nacionalistas que estaban con Perón por un sentimiento visceral de rendimiento ante el hombre fuerte, el líder, el caudillo. Y, por supuesto, fluctuando alrededor del poder oficial, los arribistas y tránsfugas que siempre forman el cortejo de todos los gobernantes. Pero el naciente peronismo de 1945 estaba nutrido por un sentimiento que salvaba sus pecados de origen, la inescrupulosidad de su reclutamiento y la vaguedad de su ideario: todos vivían esa aventura como un audaz salto al futuro. Tenían la intuición de que al alcance de su mano, dirigidos por ese extraordinario conductor, un país nuevo se ofrecía para ser modelado sin limitaciones de ninguna clase, con la libertad creadora que anima a los que se sienten ajenos a todo compromiso.

No era fácil describir esto con claridad pero ellos lo sentían así. Era milagroso que así fuera, porque los procesos políticos contemporáneos venían dándose en un juego de complicaciones apto para la confusión.

Incluso dentro del gobierno las distintas tendencias empezaban a perfilarse al conjuro de la proximidad de las elecciones. La llegada de los radicales traídos por Quijano, si bien reforzó la estructura del poder ampliando sus bases de sustentación política, también acarreaba nuevas tensiones y conflictos. El flamante canciller era un político inteligente, parlamentario fogueado, diestro en todas las mañas del alvearismo del que provenía. Cooke empezó a hacer su propia política desde que se hizo cargo de su importante función. En su ansiedad de presentar en el exterior una buena imagen, aceleró todas las medidas contra las empresas e instituciones alemanas y japonesas, explicó prolijamente a Braden lo que el gobierno argentino había hecho y pensaba hacer en relación con bienes y personas enemigas y en su afán por limpiarse de toda sospecha hizo adoptar medidas represivas contra algunos que habían participado en la campaña contra el embajador norteamericano, como la poetisa uruguaya María Luz Brun —ex esposa del pintor mejicano Siqueiros—, que fuera la voz lírica en el "show" antibradenista del teatro Casino, tres meses antes. Cooke aspiraba probablemente a una fórmula encabezada por un radical: él mismo, tal vez, y alcanzó a copar por unos días la situación de la provincia de Buenos Aires, como ya veremos.

Las distintas líneas de intereses políticos que empezaban a esbozarse dentro del gobierno no preocupaban demasiado a Perón, que contaba, en última instancia, con su gran ascendiente sobre el presidente Farrell. Pero menos le preocupaba la heterogeneidad del movimiento que estaba aglutinado en su torno. Él comprendía que necesitaba de todos y no podía excluir a ninguno. Por eso, el slogan de "radicalizar la revolución" que había lanzado Arturo Jauretche desde 1944 no podía funcionar. Perón no podía retacear su movimiento a los límites de un mero radicalismo disidente. Debía ensancharlo hasta dar cabida a todos los aportes posibles: se sentía capaz de imprimir carácter a ese cotarro donde convivían elementos de los orígenes más dispares. Los radicales eran bienvenidos porque contribuían con la posibilidad de volcar una buena parte del electorado mayoritario pero de ninguna manera podían considerarse los dueños exclusivos del movimiento en formación. "Radicalizar la revolución" era atarse las manos y entregarse. Y a mediados de 1945 Perón tenía ya la sensación de que los ofrecimientos de entrega total al radicalismo formulados

hasta entonces ("De la vicepresidencia para abajo, todo...")
se habían tornado innecesarios. Por eso reclamaba la herencia de Yrigoyen y agitaba algunos de los lemas emocio-
nales del viejo radicalismo; pero también hacía flamear
banderas antiimperialistas y chauvinistas que eran gratas
a los nacionalistas; o hablaba un lenguaje criptomarxista
para conmover a los veteranos dirigentes sindicales o formulaba profesiones de fe religiosa para captar a los católicos o renegaba indiscriminadamente de la vieja política
para reunir a los sectores apolíticos que no se sentían in-
terpretados por ninguno de los partidos tradicionales. Había que amuchar gente, en ese momento crítico en que se
estructuraba un gigantesco frente opositor: ya llegaría el
momento de dar forma a su propio movimiento o de efectuar las purgas indispensables para eliminar a los inde-
seables.

En vísperas de la Marcha de la Constitución y la Libertad todo estaba ya dispuesto para la gran definición
nacional. El país que pocos meses antes parecía ajeno a las
preocupaciones políticas era ahora un hervidero en el que
no existían fervores vacantes. El proceso se aceleraba ver-
tiginosamente hacia su necesaria crisis.

La política tiene su propia estética. Hay procesos políticos confusos, feos, aburridos; y otros que tienen una belleza que se da en el ritmo con que avanzan y la claridad
diferenciadora que aparejan. El año 45 contiene un proceso
político apasionante por su significación y plasticidad: los
términos son netos, drásticos, se perfilan y marchan hacia
su confrontación en un dramático *crescendo* que resulta fascinante al observador. Y en este preciso punto de nuestra
crónica se está abriendo en toda su hermosura uno de los
espectáculos más extraordinarios que es dable contemplar
al ser humano: la lucha por la conquista del poder.

No había peronistas. Al menos, no conocíamos ninguno.
En la Facultad, en FUBA, en los grupos juveniles del
partido era lógico que no los hubiera. Pero es que tampoco
los encontrábamos en otros lados. Y llegamos a convencer-
nos que no existían; que ningún argentino ni ebrio ni dor-
mido podía ser tan miserable que estuviera con la dictadura nazifascista...

Cuando mi padre fue a saludar a su amigo Quijano, a
desearle suerte en su futura gestión ministerial, yo, enculado
en el vestíbulo del Hotel Colón, miraba con asombro a ese
tipo que llevaba su avilantez al punto de aceptar un cargo
del gobierno de facto: algo realmente vergonzoso. Cuando
íbamos en tranvía nos fijábamos en la solapa de los pasajeros y descubríamos, felices, las moneditas con la efigie de
la Libertad que lucían algunos. Y no podíamos detectar, lo
juro, a los que portaban el "DL-DL" con que se distinguían
los adictos de la dictadura. Mirábamos con lástima a los
contados cadetes que eran osados de andar los domingos por
Santa Fe, a tomar el té con sus novias en la América o la
Santa Unión. Sí: no había peronistas. O si los había, ¿dónde estaban? Uno iba al cine y cuando salía Farrell la sala
se venía abajo de silbidos y patadas y tenían que cortar el
noticiario para que terminara el escándalo; uno salía con
una chica y resultaba que era furibunda luchadora por la
Libertad y la Democracia y había encabezado la huelga en
su colegio o copiaba volantes contra el gobierno en la oficina. ¿Dónde estaban? ¿Existían?

Hablábamos de eso en el café frente a la Facultad, mientras comprobábamos con satisfacción que la abolición de la
propina —solemnemente proclamada por Perón en ese setiembre del 45— no funcionaba; pagar el laudo y además
la propina salía más caro pero de alguna manera estábamos
haciendo desobediencia civil... Cruzábamos apuestas sobre
la caída de la dictadura. ¿En seguida de la Marcha? ¿En un
mes? ¿Antes de fin de año? Germán López, Chacho Taboada, el Rubio Zavala, el Negro Amaro, Quico Calot, eran

*nuestros jefes: los que decían ¡Aquí FUBA! y uno tenía
que salir a romperse la cara con los aliancistas.*

*A veces íbamos a verlo a don Ricardo Rojas. En su caso-
na colonial, rodeado de libros y de antiguas imágenes, el
viejo nos hablaba largamente de la Patria y su destino y
nos dejaba su sello por muchos días.*

NOTAS AL CAPÍTULO II

[1] *Los nuevos ministros.* Antonio J. Benítez para Justicia e Instrucción
Pública; Ceferino Alonso Irigoyen para Hacienda; César Ameghino
para Relaciones Exteriores y Culto.

[2] *La disolución del GOU.* Ver *Así se gestó la dictadura* por Gontrán
de Güemes (?) (Ed. Rex, Bs. As., 1956) que refiere los hechos con
tendencia marcadamente antiperonista pero ajustándose, en general, a
la verdad. También *De la vergüenza de ser argentinos* por Logia Falu-
cho (folleto s/pie de imprenta, 1945) panfleto sobre el GOU y su
significación.

[3] *Una entrevista con Ricardo Balbín.* Referencia al autor del doctor
Arturo Sampay. Esta y otras entrevistas similares fueron notorias en
su momento: "La Vanguardia" dedicó varios venenosos sueltos a este
entendimiento.

[4] *¿Era sincero Perón?* En conversaciones con el autor (enero de 1969)
el ex presidente Perón brindó una explicación de su declaración del
23 de abril de 1945. "A principios de 1945, cuando ya se tuvieron los
equipos de ejecución más o menos formados en el Consejo Nacional
de Posguerra, nosotros empezamos a cogobernar: ya algunos de los
decretos o decretos-leyes que sancionaba el gobierno los elaborábamos
nosotros en ese organismo. Ya estábamos, pues, entrando en materia.
Entonces yo convoqué a los coroneles que habían hecho la revolución
—los que quedaban, porque el grupo había raleado— y les dije:

—Bueno, señores, aquí ya no queda nada más por hacer; aquí está
toda la obra de la revolución preparada. Lo que ahora necesitamos es
llamar a elecciones, llegar a un gobierno legal, realizar las reformas
que están ya preparadas, a través de un régimen constitucional.

Porque los gobiernos *de facto* no consolidan nada; son como los que
escriben en el aire. Lo que consolida las reformas es la acción gubernativa a través de la Constitución y la ley. Pero resultó que los oficiales
no estuvieron de acuerdo... No querían elecciones. Pensaban que el
país no estaba preparado, que la revolución no estaba suficientemente

consolidada; en realidad, lo que no querían era entregar el gobierno...
¡Hasta hubo uno que llegó a proponerme hacer otro golpe de Estado
y ponerme a mí de presidente! Pero yo, como dictador, no quería.
Supongo que algunos querían seguir manejando la cosa, como lo habían hecho hasta entonces; pero yo no me prestaba a eso. No nos
pudimos poner de acuerdo. Yo tuve la sensación de que no iba a haber
elecciones porque ellos no las querían y entonces renuncié. ¿Para qué
iba a andar de candidato manoseado si ellos no iban a dar elecciones?
Yo tenía la convicción de que, para tener derecho a hacer lo que
queríamos hacer, debía haber un verdadero plebiscito que nos otorgara
un mandato. Para mí no había nada más claro. Pero, naturalmente,
todo eso ocurriría si había elecciones..."

⁵ *Las expresiones de las entidades económicas.* Ver *Comportamiento
y crisis de la clase empresaria,* por Dardo Cúneo (Ed. Pleamar, Bs. As.,
1967), donde se estudia la evolución de la actitud de los sectores empresarios frente a Perón.

⁶ *Perón necesitaba de esa evidencia del apoyo popular.* Testimonio
del ex presidente Perón al autor (enero de 1969): "Una revolución
necesita un realizador y cien mil o doscientos mil 'predicadores.' Había convertido el Departamento Nacional del Trabajo, un organismo
oscuro e intrascendente, que de organismo sólo tenía el nombre, en
Secretaría de Trabajo y Previsión; y desde allí quería yo empezar a
preparar la revolución y todo eso lo tenía minuciosamente preparado
y planificado. En este puesto yo realizaba, porque tenía oportunidad
de hacerlo desde que estaba dentro del gobierno —era ministro de
Guerra y secretario de Trabajo— y fue allí donde convoqué a muchos
políticos con quienes había hablado antes de que ocurriera la revolución del 43. 'Señores, les dije, aquí se está preparando la revolución.'
Trabajamos día y noche durante seis meses; fue entonces cuando se
presentó el asunto de San Juan, que nos favoreció un poco porque nos
hicimos conocer. Y fue allí donde formamos nuestro cuerpo de predicadores. Los lanzamos por toda la República para que predicaran lo que
nosotros pensábamos: una concepción de la revolución de tipo humano.
Cuando pasaron esos seis meses, yo llegué a los 'capos' de esos grupos
de predicación y les dije:
—Bueno, señores, vamos a ver si esto es cierto. Porque hace meses
que estamos trabajando, y si esto no ha entrado... Yo necesito que
en Diagonal y Florida, en la estatua del viejito Sáenz Peña, me hagan
ustedes una concentración. Si reúnen cien mil, yo estoy satisfecho...
Hicieron la concentración, los muchachos. Y reunieron trescientos
cincuenta mil... No fue la CGT: fueron los predicadores... Teníamos de todo, distintas clases de predicadores, porque nosotros usábamos
un sistema que es eficaz: hablar a cada uno con sus propios elementos.
En el ambiente sindical predicaban los dirigentes sindicales; en el
ambiente político, los dirigentes políticos, y en el ambiente económico,

los dirigentes económicos... Así teníamos todos los estamentos —diremos así— llenos con la prédica...

Cuando se consiguió eso, yo dije:

—Bueno, la revolución, desde el punto de vista humano, ya está preparada."

[7] *Todo el episodio olía de lejos a Trabajo y Previsión.* El ex presidente Perón niega toda participación en esos hechos. Declaración al autor (enero de 1969) : "Yo no estuve en nada de eso. Tampoco fue *teledirigido.* Lo del teatro Casino fue espontáneo totalmente. Otras cosas pasaron también frente a algunos bancos americanos, pero nosotros no teníamos nada que ver con eso... ¡Teníamos tanto que hacer que como para meternos en eso andábamos!"

[8] *Panfletos.* De la colección del doctor Horacio J. Guido, quien la facilitó generosamente al autor.

[9] *La existencia de un acta secreta.* El ex presidente Perón, en conversación con el autor (enero de 1969) negó la existencia del acta. "Hubo muchos alcahueteos, digamos —manifestó—, pero nada concreto en ese sentido. Además, Farrell era conservador y no hubiera estado en una gestión de acercamiento con los radicales..." El ex presidente Farrell, en conversación con el autor, tampoco recordó el acta del 30 de julio, aunque señaló que el intenso ritmo de acontecimientos de esos días podría confundirlo.

[10] *Una capacidad de trabajo más admirable.* Testimonio del ex presidente Perón al autor (enero de 1969) : "Después de la concentración de Diagonal y Florida, yo les dije a mis colaboradores de la Secretaría de Trabajo y Previsión que ellos debían seguir con su tarea, mientras yo me dedicaría a crear el instrumento para preparar técnicamente la revolución. Fue cuando se creó el Consejo Nacional de Posguerra, que tenía dos misiones: una, estudiar cómo teníamos que hacer para que el país no tuviera que pagar la segunda guerra mundial, así como había tenido que pagar la primera guerra... La segunda era preparar técnicamente la revolución y para eso creamos un cuerpo 'de concepción' con dirigentes políticos, empresarios, obreros, etcétera. Lo mejor que había. Inicialmente éramos como doscientos y luego quedamos reducidos a unos cincuenta, que es cuando realmente fue efectivo el trabajo. Entonces empezamos a crear una ideología. ¿Bajo qué ideología haríamos la revolución? Fue entonces cuando yo escribí un trabajo, un programa, que después se publicó con el nombre de 'La Comunidad Organizada' y yo leí, años más tarde, y convenientemente retocado 'para filósofos', ante el Congreso de Filosofía reunido en Mendoza, siendo ya presidente. Ese trabajo fue la ideología, lo invariable: sobre esa base había que crear la doctrina, es decir, las formas de ejecución de la ideología. Así nos lanzamos a planificar los objetivos de la revolución a largo

plazo, con la ayuda de la estadística, que nos permitía comprender en qué estado se encontraba el país."

[11] *El compromiso de Quijano.* El 20 de mayo de 1946, en una comida que se realizó en un comité de la UCR Junta Renovadora, el coronel Perón —ya presidente electo— se refirió a sus primeros contactos con Quijano. Dijo Perón en esa oportunidad: "Hace un año y ocho meses se trataba de dar orientación política a la revolución. Buscamos darle la orientación del viejo Partido Radical que se había mantenido puro en los últimos quince años. Así procuramos formar una fuerza en ese sentido dentro del gabinete, pero debíamos librar una verdadera batalla dentro del mismo y hicimos luego el acercamiento con hombres del radicalismo. Comencé a hablar con políticos de nuestro país y, después de eso, tras muchas conversaciones con los más capacitados, me tocó elegir al que debía ocupar el Ministerio del Interior. Fue el doctor Quijano, con quien conversé por tercera vez en mi despacho del Ministerio de Guerra. Confieso que no había encontrado político más identificado con el pensamiento revolucionario. Lo propuse y el resto ya lo saben ustedes. Desde ese momento la orientación nueva tomó cuerpo definitivamente."

La referencia es interesante porque señala con precisión el momento en que el gobierno *de facto* habría comenzado sus contactos políticos: setiembre de 1944, un año y ocho meses antes de las palabras de Perón.

[12] *Recién doce años más tarde.* "La Vanguardia" y algunos diarios clandestinos dieron versiones más o menos deformadas del discurso, semanas después. Su texto completo puede leerse en *El sindicalismo*, por Luis B. Cerrutti Costa (Ed. Trafac, Bs. Aires, 1957).

[13] *Los nuevos interventores federales en San Luis, San Juan y Corrientes.* Abelardo Álvarez Prado, Emilio Cipolletti y Ernesto Bavio, respectivamente.

[14] *Algunas adhesiones.* Ramón Carrillo y Ricardo Guardo, del ambiente universitario; Miguel Miranda, Orlando Maroglio, Raúl Lagomarsino, de los círculos industriales.

[15] *Interesante autocrítica en el discurso de Perón.* Como lo señalan acertadamente Alberto Ciria y Horacio Sanguinetti en su libro *Los reformistas* (Ed. Jorge Álvarez, Buenos Aires, 1968).

[16] *Más brutales y evidentes.* Ver *Crónicas proletarias*, por José Peter (Ed. Esfera, Buenos Aires, 1968).

[17] *No hubo receptividad para esta orden.* En Córdoba, el general Osvaldo Martín, jefe de la IV División, se negó a difundirla en la guarnición a su cargo.

[18] *Nunca se había lanzado en los hechos contra la oligarquía.* Sobre sus relaciones personales con los círculos de clase alta, y su pensamiento histórico, dijo el ex presidente Perón al autor (enero de 1969): "Es curioso, yo tengo muchos amigos en el Jockey Club, porque yo hacía mucha esgrima allí... Y no he estado nunca contra ellos; vea usted que nosotros no hicimos un gobierno hostil a ellos. Claro, el pueblo tomó algunas actitudes contra ellos, pero, ¡vamos!, ellos hacía un siglo que tomaban actitudes contra el pueblo... y nadie les había dicho nada... El asunto de la reforma agraria, por ejemplo. Nadie abandona su tierra sin defenderla; la primera reforma agraria que se hizo en Esparta costó un ojo de la cara... el del legislador que sacó tierras a los ricos para darlas a los pobres. Yo pensé, entonces, que había que hacer una reforma agraria, sí, pero incruenta, evitando el exceso y el abuso. Además, es un problema muy complejo; por empezar, en ese momento no había un mapa agrológico del país, es decir, no sabíamos qué calidad tenía la tierra que debíamos entregar paulatinamente. Usted comprende que no se puede entregar la tierra a la marchanta... Hay que fijar una unidad económica también y establecer que sea indivisible, lo que importa una modificación del Código Civil. Todo eso teníamos que hacerlo poco a poco, sin improvisación.

Por eso, en la concentración de fuerzas que se nucleó en 1945 había muchos conservadores: Morrogh Bernard, Visca, Uberto Vignart, Ramón Cárcano, Joaquín de Anchorena y muchos de la juventud conservadora. Había una necesidad de hacer una revolución y ellos también estaban en esa idea. En cuanto nosotros despertamos esa necesidad, ganó adhesiones en todos los sectores. Por otra parte, mi origen es conservador: mi padre era estanciero en la provincia de Buenos Aires... y si no hubiera sido conservador no hubiera sido estanciero allí. Mi abuelo y mi padre tenían estancia en Lobos. Yo me acuerdo que el primer amigo que tuve allí fue un domador que se llamaba Sixto Magallanes, domador de la estancia de mi padre —cuando yo era muy chico, porque yo estuve muy poco en Lobos, en seguida fui a la Patagonia— y este paisano andaba siempre de boina colorada, que era como la divisa conservadora...

Lo cual, por supuesto, no afecta el gran respeto y consideración que siempre he tenido por la figura histórica de Yrigoyen. Para mí fue un grande hombre. Vea: hay dos líneas históricas en el país, con referencia a los hombres de gobierno: la línea hispánica y la línea anglosajona. Eso se ve desde el primer gobierno patrio en adelante. Todos los que presidieron el país en nombre de la línea anglosajona, son masones, desde Posadas, primer Director Supremo, Alvear, etcétera. Sólo hay tres que no fueron masones: Juan Manuel de Rosas, Hipólito Yrigoyen y Juan Perón. Los demás han sido todos masones... Es decir que la línea hispánica, que es la línea nacional —porque la otra es la línea colonial— está representada también por Yrigoyen, que es un hombre de mi línea... Cuando yo hube de defender a España en 1947, no la defendí por Franco, ¡a mí me importa tres rábanos Franco! Defendí la línea hispánica y yo he sido siempre congruente con esa línea. Yrigoyen fue el que declaró el 12 de Octubre, Día de la Raza... A lo largo de la historia que he leído y estudiado, llegué a esa conclusión; y cuando se llega a esa conclusión, uno se da cuenta que hay cosas que no pueden violentarse. A mí me hubiera sido mucho más fácil en ese momento, en 1947, decir 'que se arregle España como pueda...' Me acuerdo que Bramuglia, mi canciller, estaba en una posición diferente... ¡claro! él era republicano, como que era socialista, y me dijo 'para qué nos vamos a exponer, este asunto no conviene'; y yo le dije 'No, ministro, nuestro gobierno es un gobierno nacional; y las fuerzas que hoy están contra España en las Naciones Unidas representan toda la línea antinacional. De manera que habrá que sucumbir, si es necesario, pero en esta posición. Y como yo soy el responsable de esta actitud, decido que sea así'.

Yo estuve en la revolución del 30, contra Yrigoyen; era oficial de la Escuela de Guerra y ¡claro! era una revolución militar y había que obedecer. Pero Yrigoyen era un grande hombre: un hombre independiente, un paisano de convicciones firmes, honesto, de esos que a uno le dan la mano y es como si firmaran un contrato... En la revolución del 30, como militar, había que estar... Además, la precedió una campaña que engañó a todo el mundo... lo mismo que pasó en el 55... Es la misma revolución, con la misma saña; al pobre Yrigoyen lo mataron y a todo el que tenga la desgracia de caer en esta lucha le pasará lo mismo, le harán la misma leyenda que a Yrigoyen o a mí...

Y ya que hemos hablado de Rosas, recuerdo que durante mi gobierno hubo una iniciativa para repatriar los restos de Rosas. Yo la hubiera auspiciado con toda decisión; si hubiera sabido que yo iba a caer en el 55, lo hago... Nosotros estábamos en un trabajo de revisión histórica, pero yo pensaba que había que preparar lo bien antes de repatriar esos restos. Preparar bien todo, explicarlo todo y recién después traerlo, pero apoteóticamente, no vergonzosamente como se lo quería traer. Esto era lo que yo sostenía. Ahora, si hubiera sabido que el 55 caía del gobierno, hubiera llevado a cabo ese acto mucho antes... Me parecía que todavía no estaba maduro, que había que preparar todo eso."

[19] *El caso de la CHADE es típico.* En conversación con el autor (enero de 1969) el ex presidente Perón explicó su actitud ante la investigación Rodríguez Conde, de la siguiente manera: "Siempre he sido contrario a arrojar lodo sobre los argentinos, porque en el fondo la Argentina está formada por los argentinos... Esa investigación llegaba a esta conclusión: el señor Brossens, que era el gerente general o presidente de la compañía, había hecho sus declaraciones, que eran muy simples. Ellos habían ofrecido la prolongación de los servicios de la compañía y en el Concejo Deliberante habían dicho que no, que iban a hacer caducar la concesión si no se les pagaba algo así como once millones de pesos de entonces... Entonces la compañía dijo que sí, que pagaban, y pagaron los once millones de pesos a los que iban

a tratar el asunto, o sea a los concejales. Se armó un gran escándalo, se exiliaron algunos de los implicados y creo que uno se suicidó. Bien: se llegaba a probar, a través de la investigación, que todo eso había sido una coima infame. Entonces, ¿qué se iba a hacer con eso? ¿Matarlos? Ya estaban sancionados moralmente con todo el barullo que se hizo y lo que se supo. ¿Para qué seguir con eso? ¡Hubiéramos tenido que devolver los once millones a la compañía! Claro, se había demostrado que era una coima y a la compañía no se la podía castigar. Brossens me dijo una cosa muy lógica; me dijo 'es como si uno fuera por la calle, le ponen el revólver en el pecho y le dicen que entregue la cartera. Yo saco la cartera y se la doy... ¿y usted me quiere meter preso a mí?' ¡Tenía toda la razón del mundo!

¿Qué ganaba el país con infamar más la función pública, que ya estaba bastante infamada? También yo recibí el Libro Negro del Empréstito Patriótico y del Instituto Movilizador, de tiempos de Justo... Vinieron algunos y me dijeron: 'Esto vamos a publicarlo en los diadios'. Pero yo les dije que no. Si el Estado no se va a beneficiar, ¿por qué vamos a perjudicar a personas que no vale la pena perjudicar? ¿Por qué vamos a ponernos en evidencia ante todo el mundo con unos sinvergüenzas?"

El señor Brossens a quien se refiere Perón como "gerente general o presidente de la compañía", es el ingeniero René T. Brossens, director delegado de SOFINA y vicepresidente y director general de la CHADE y su sucesora CADE, entre 1936 y 1956; es la misma persona a que alude Perón en carta a Eva Duarte, el 14 de octubre de 1945, desde Martín García, diciendo: "El amigo Brosen (sic) puede serte útil en estos momentos, porque ellos son hombres de muchos recursos" (en nota al capítulo siguiente se reproduce esta carta *in extenso*).

En conversación con el autor, el ingeniero Brossens —actualmente retirado de la actividad empresaria— dijo: "Conocí a Perón por intermedio del consejero de la Embajada de Bélgica en Buenos Aires a mediados de 1943, poco después de haberse iniciado la investigación Rodríguez Conde. Me pareció un hombre inteligente y preparado y no tengo inconveniente en decir que simpaticé inmediatamente con él. Le expliqué nuestra posición frente a la investigación iniciada por el gobierno *de facto* y conversamos varias veces sobre el asunto; incluso en una oportunidad lo hicimos con el intendente de Buenos Aires y el secretario de Obras Públicas de la Municipalidad en su presencia, en una larga discusión sobre el problema de los aumentos de tarifas que CADE reclamaba. Así se creó una vinculación con Perón a la que no podría calificar de amistad; pero hubo cierta frecuentación que seguía durante todo su gobierno posterior.

Cuando la comisión Rodríguez Conde concluyó su gestión y presentó su informe, ocurrió afortunadamente, lo que yo había previsto: la pasión política de la 'clique' nacionalista que llevó adelante el asunto había envenenado la objetividad del informe y lo que se sugería al gobierno en relación con el futuro de la empresa era tan desmesurado y arbitrario que me costó poco demostrar a Perón su irrazonabilidad. Perón debe haber resuelto entonces 'enterrar' el informe Rodríguez Conde y así ocurrió. Por supuesto, no medió ningún tipo de retribución ni nada semejante; Perón resolvió dejarlo de lado porque sus proposiciones, si se hubieran adoptado, hubieran sido desastrosas para la empresa, pero sobre todo, para el país. No hay que olvidar que los equipos de provisión eléctrica de Buenos Aires debían renovarse parcialmente de manera urgente y los nuevos grupos generadores sólo podían fabricarse en Estados Unidos, donde SOFINA —cuyo presidente, Heineman, vivió en Nueva York durante la guerra— tenía influencia. Una medida arbitraria contra CADE podía aparejar la imposibilidad de renovar esos equipos... Perón entendió la situación perfectamente.

En cuanto al apoyo económico que CADE habría dado a Perón en su campaña electoral, debo decir que la CADE, como tal, no dio dinero. Si los accionistas extranjeros de la compañía fueron solicitados en este sentido, teniendo en cuenta que Perón había salvado a la CADE de una expropiación injusta u otras medidas arbitrarias, eso no lo sé. Pero puedo afirmar que tampoco hubo aportes de dinero de su parte, materializados en el país."

[20] *Del equipo más íntimo de Perón.* El abogado español José Figuerola, de quien dijo el ex presidente Perón al autor (enero de 1969): "Es uno de los mejores estadígrafos que tiene el país. Lo mejor que he encontrado. Un hombre que vale mucho. Figuerola compiló todas las estadísticas y se dio cuenta que eran todas mentiras..."

III

EL HURACÁN DE LA HISTORIA
(setiembre-octubre)

I

Para sus organizadores, la Marcha de la Constitución y la Libertad fue un éxito rotundo. *La policía dijo que 65.000* [1]; algunos dirigentes opositores aseguraron que medio millón. Entre estos dos tendenciosos topes osciló la multitud que se congregó en la Plaza del Congreso ese miércoles 19 de setiembre de 1945 después de almorzar, bajo un cielo primaveral; escuchó allí una proclama, desfiló por Callao entre los aplausos de balcones y ventanas y luego se derramó sobre Plaza Francia para atender allí la lectura de otro manifiesto y disgregarse eufóricamente después, sin incidentes.

Esta escueta reseña no refleja ni remotamente lo que fue y significó la Marcha. No se trataba sólo del sorprendente número de manifestantes ni de su perfecta organización ni tampoco de la presencia del estado mayor de la oposición en pleno. Fue impresionante como expresión de fuerza, pero más aún como toma de posesión de Buenos Aires por algo que parecía, al fin, el pueblo. Ni más ni menos que eso: y una sonora cachetada en el ya bastante golpeado rostro del régimen.

En verdad, como fuerza política, la Marcha fue admirable. Varios camiones con altoparlantes transmitían marchas, consignas, arengas; centenares de "comisarios" aceleraban o retardaban el paso de la columna, mientras otros se ocupaban de vigilar las bocacalles y proximidades en previsión de eventuales provocaciones —que no se produjeron—. Grandes cartelones con las efigies de San Martín, Belgrano, Moreno, Rivadavia, Echeverría, Mitre, Urquiza, Sarmiento y Roque Sáenz Peña reclamaban el patrocinio de toda la Historia para el acto. Casi cien carteles más, portados por los manifestantes, citaban frases de la Constitución Nacional y de los próceres. Centenares de banderas flameaban sobre el río humano. La Universidad —estudiantes, profesores— se había volcado allí; virtualmente no hubo actividad en los Tribunales; muchas fábricas dieron asueto a su personal al mediodía: "Cerraron sus puertas todas las casas de comercio de la ciudad", exageraba "La Prensa", pero no demasiado. La huelga de los empleados tranviarios no había afectado mucho a la concurrencia: la gente concurría a través de otros medios y días después, repuesta del impacto, la única voz periodística que respondía al oficialismo, "La Época", diría con resentimiento: "¿Qué los iba a afectar la huelga de transporte? ¡Si todos iban en automóvil!"

No todos iban en automóvil a la Plaza del Congreso. Pero la composición del público era, a ojos vista, de clase media para arriba. Sin embargo, para juntar unas 200.000 personas no se puede echar mano solamente a la clase media y también había ferroviarios con "overalls" y municipales con sus "mussolinos" y tranviarios con sus grises uniformes, con el aire serio y disciplinado de los militantes de izquierda. No obstante estas presencias proletarias —calurosamente ovacionadas por el público—, algunos corresponsales extranjeros distinguieron la fisonomía del acto en otra forma: el "Daily Mail", de Londres, diría que la marcha "fue una demostración política, pero ni Bond Street podía haber hecho una exhibición tal de modelos y ni aun Mr. Cochran, el conocido empresario teatral, lograría reunir tantas mujeres bonitas para exhibirlas en una mezcla semejante de pasión política y de alegría".

Después de la proclama de Plaza del Congreso, la multitud empezó a desfilar ordenadamente por Callao. Al pasar frente a los balcones del Hotel Savoy, las figuras de Ricardo Rojas y Adolfo Güemes provocaron un aplauso constante;

en la esquina de Corrientes la manifestación engrosó con nutridos aportes de público que allí esperaba. Al llegar a la esquina de Viamonte, el mudo edificio del Ministerio de Guerra fue silbado y abucheado; rigurosamente cerradas sus puertas y ventanas, desde el quinto piso Perón y sus colaboradores miraban las primeras filas.

—Yo me voy a dormir la siesta —dijo el coronel—. Sigan mirando ustedes y cuéntenme sus impresiones.

Y efectivamente, se fue a dormir en la pequeña habitación que tenía dispuesta al lado de su despacho; algunos de sus colaboradores se habían ocupado de que octavillas conteniendo citas truncas de Sabattini y una presentación jurídica contraria a la entrega del gobierno a la Corte, *llovieran sobre la manifestación* [2] desde algunas casas. Pero fue en Santa Fe y Callao donde se ensanchó el río humano hasta ocupar toda la avenida. *Caras conocidas encabezaban la manifestación* [3]: don Joaquín de Anchorena y Antonio Santamarina contestaban a los aplausos con elegantes galerazos; Rodolfo Ghioldi, Pedro Chiaranti y Ernesto Giúdice, con el puño en alto; Alfredo Palacios, con vastos ademanes que no desacomodaban su chambergo. Al llegar a Melo, algo que pareció un incidente detuvo el paso; era el general Arturo Rawson, que vestido de uniforme arengaba a la multitud. Algunos no entendieron la presencia del autor material de la revolución de 1943 y silbaron; en seguida se restableció el orden: ¡era el Ejército democrático que hablaba por su boca! Dos veces tuvo que repetir Rawson su arenga entre las aclamaciones del fluente público. En cambio, al general Pedro P. Ramírez lo silbaron cuando lo descubrieron en otro balcón.

En las cercanías de Plaza Francia una insólita presencia se mezcló a la multitud. Era Spruille Braden, todavía en Buenos Aires con las valijas ya listas; el nuevo Secretario Adjunto de Asuntos Latinoamericanos no podía irse sin comprobar con sus propios ojos el resultado de su gestión diplomática. Cuatro días más tarde, al subir al avión que lo conduciría a Washington, dijo que no sólo había estado en la parte final de la Marcha sino que el personal de la Em-

bajada de Estados Unidos había sido dispuesto estratégica-
mente a lo largo del itinerario. Ellos habrán informado eficazmente sobre la cantidad y la calidad del público, aunque
más difícil era reflejar la euforia, el fervor y los estribillos
que se cantaban: "Con tranvía o sin tranvía se quedaron en
la vía"; "A Farrell y Perón hoy le hicimos el cajón"; "Juan-
cito, yo te decía, que sin tranvía igual se hacía"; "Desde el
cabo al coronel, que se vayan al cuartel"; "Votos sí, botas
no". O las innumerables Marsellesas, bien o mal pronuncia-
das, que se entonaron.

Al caer la tarde Buenos Aires todavía estaba estreme-
cida con el aliento poderoso de la Marcha. Una felicidad
cuya dulzura se saboreaba hasta en el delicioso cansancio
de la caminata emborrachaba a la oposición. Parecía el comienzo del fin. ¿Qué gobierno podía aguantar semejante
exhibición de fuerzas? ¿Quién podía poner en la calle tanta
gente? Lo que no advertían quienes así pensaban era que
en este país, en tiempos de fervor político cualquiera de los
bandos puede congregar de un día para otro doscientas
mil personas...

II

La prensa opositora sacó buen partido de la Marcha durante varias jornadas. Además de reproducir "in extenso"
las declaraciones que de seguido hicieron los radicales, los
socialistas, los conservadores, los comunistas, los demócratas progresistas, la FUA, la Federación de Colegios de Abogados (que además prohibió a los abogados de todo el país
aceptar cargos del gobierno *de facto*), los sindicatos libres
y otras instituciones subrayando la magnitud del acto; además de dedicar puntualmente sus editoriales a comentarlo,
destinaron un espacio asombrosamente grande a reseñar la
manifestación. "La Prensa" dio íntegramente sus tres primeras páginas; "La Nación" también, con el agregado de
dos páginas de fotografías en huecograbado; "El Mundo"
informaba de la Marcha a través de ocho páginas; "La Ra-

zón", seis; "Medio millón de personas en la Marcha", titulaba "Crítica"; y "El Mundo": "Juró luchar el pueblo por el imperio de la ley"; "Vibró ayer Buenos Aires en un solo clamor: Libertad y Constitución". "La Nación": "Fue grandioso el desfile", "Una imponente muchedumbre formó en la Marcha de la Constitución y la Libertad". "Nunca hubo en Buenos Aires un acto cívico más numeroso y expresivo que la Marcha de la Constitución y la Libertad" ("La Prensa"). Así eran los cabezales de los diarios, al otro día.

Había párrafos que no pueden olvidarse: "La Nación" traía esta delicia: "...en algunos puntos distantes del centro de la ciudad, varios conductores inspirados con propósitos malévolos, invitaban a ocupar sitios en sus camiones a los gritos de '¡A la Constitución!' Los obreros escuchaban las invitaciones y ansiosos por alcanzar la meta de sus ideales se instalaban en los camiones, seguros de que serían trasladados al lugar de la concentración general. ¡Vana esperanza! Lo que hacían esos camiones era trasladarlos a la plaza Constitución, tratando de alejarlos cuanto fuera posible de la ansiada meta".

En los días subsiguientes fueron llegando las repercusiones del exterior. El "New York Times" dedicaba un editorial a la Marcha y aseguraba en sus titulares que "250.000 personas se congregaron en favor de la libertad; multitud récord gritó: Muera Perón". El "Herald Tribune" apuntaba más alto: "500.000 piden el fin del régimen de Perón". Los diarios uruguayos, brasileños y hasta cubanos pronosticaban que la Marcha significaba un pronto cambio en la política argentina. Pero entre los cables llegaban también algunas expresiones desconcertantes y "La Prensa" los reproducía honradamente: de Londres decían que "muchos informes contradictorios llegaban desde Buenos Aires; algunos de ellos dicen que el movimiento ha sido fomentado por los 'intereses monetarios' que están utilizando el frente popular por el efecto que ello produce". Y en Gran Bretaña también se comentaba que difícilmente podía calificarse de fascista a un régimen que permitía un acto tan importante y significativo.

Interpretaciones, podían hacerse muchas; pero lo real y concreto era que esta vez la oposición había producido un hecho político trascendente, por sí misma. La cachetada al régimen había restallado en todo el mundo, sonora, tremenda... Y el gobierno *de facto* tambaleaba, aunque cinco días después Perón reanudara imperturbablemente su cotidiana actividad oratoria y aunque Quijano felicitara a la policía por el orden y la cultura que habían reinado durante la Marcha.

Los signos del deterioro oficial eran ya inocultables. *Una discreta ola de renuncias* [4] y declinaciones de cargos en el sector bancario y diplomático indicaba por esos días que no eran muchos los que querían seguir embarcados en un bote que hacía agua por todos lados. Había trascendido que en Córdoba el jefe de la IV División, general Osvaldo Martín, se había negado a difundir la orden general radiada por el ministro de Guerra en vísperas de la Marcha. Pero fueron los episodios ocurridos en la provincia de Buenos Aires los que asestaron los golpes más directos sobre Perón.

Ocurría que el interventor de Buenos Aires estaba jaqueado de tiempo atrás por Campo de Mayo. Diversos episodios lo habían desgastado ante la poderosa guarnición comandada por el general Eduardo Ávalos. En realidad, la hostilidad contra Bramuglia encubría la hostilidad contra Perón, a través de su más inteligente y eficaz colaborador. El mismo día de la Marcha, el Presidente debió aceptar la renuncia de Bramuglia, que decidió abandonar su cargo sin consultar a su jefe. La vacante del puesto político más importante del gobierno —después del Ministerio del Interior— provocó una rápida lucha de facciones dentro del oficialismo. Cooke presionó para ganar la provincia; Perón no pudo afrontar la posibilidad de que desairaran a su posible candidato, quienquiera fuese, en momentos tan delicados como los que estaba atravesando, y tuvo que resignarse a aceptar la designación de Alberto H. Reales, un incondicional de Cooke. Pero en el breve lapso que duró este forcejeo, Ramón del Río, ministro de Gobierno de Buenos Aires a cargo interinamente de la Intervención, se dio el lujo de enviar un ultimátum público a Quijano: "O el señor Ministro fija una clara política o nombra inmediatamente un sucesor en la Intervención de Buenos Aires. No puedo prolongar un interinato que podría hacerme solidario con una política que no conozco." Y concretamente fijaba en 48 horas el plazo para abandonar su cargo. Radical revisionista, del Río creía en una solución sabattinista y dejó aclarado que no había ocupado su cargo para fraguar candidaturas oficiales. El escándalo terminó —en el plano público, al menos— con la asunción de Reales, a cuyo juramento asistió Perón. ¡Qué otro remedio!

Para el oficialismo, el único alivio de esos días tensos fue la partida de Braden. Todo el gobierno debe haber emitido un inmenso ¡uff! Todavía eufórico con la imagen multitudinaria de la Marcha, el ex embajador no dejó de hacer declaraciones hasta último momento, prometiendo acentuar su política desde su nuevo cargo en Washington. Había almorzado en las vísperas de su viaje con Cooke —que extremó sus seguridades de que liquidaría todo cuanto oliera a nazismo— y con Quijano —que volvió a ratificarle que habría elecciones pronto—, pero estos agasajos no alteraban, desde luego, su firme convicción de que el régimen de Farrell era un peligro para el continente, que Perón era un aventurero nazi al que había que aplastar y que ambos no tardarían en ser volteados.

No era sólo Braden el que abrigaba estas seguridades. La inminente caída del gobierno *de facto* era ya una sensación generalizada después de la Marcha. Al día siguiente, el Partido Socialista reclamaba la inmediata entrega del poder a la Corte. Y Sabattini, arribado a Buenos Aires por un día para asistir al sepelio de Honorio Pueyrredón —fallecido el 22 de setiembre— dijo en una improvisada reunión de radicales intransigentes que la unidad con los restantes partidos era conveniente, pero sólo para voltear a la dictadura; a las elecciones —agregó— la UCR debía concurrir sola, con sus banderas y sus candidatos propios.

Voltear al gobierno... ¿Quién daba, a una semana de la Marcha, un peso por Farrell y Perón? Cuatro días después del acto aparece un documento firmado por casi treinta almirantes y capitanes de navío retirados reclamando al gobierno *de facto* un acto de renunciamiento —nótese el levísimo matiz empleado para no usar la palabra "renuncia"— y señalando que no debía permitirse "continuismo ni fábrica de sucesiones" ni candidatos apoyados desde las esferas oficiales ni mucho menos surgidos de ellas.

El manifiesto de los marinos retirados fue un verdadero impacto. Hasta entonces, *nunca la Marina había adoptado actitudes políticas propias*.[5] Acollarados desganadamente a sus camaradas de tierra, los marinos habían aceptado la revolución de 1930 y la de 1943, tratando de salir indemnes de los avatares de un proceso que también los comprometía. Alimentaban ahora un creciente rencor contra Perón, y el manifiesto encabezado por el prestigioso almirante Domecq García expresaba en realidad el pensamiento de toda la institución naval. Era, además, el primer síntoma de ruptura de la unidad que, a tuertas o derechas venían llevando las Fuerzas Armadas. El documento certificaba la alineación opositora de una de las dos armas —la Aeronáutica apenas contaba—. Ahora ya estaban definidos todos. ¿Qué quedaba por hacer? Esa última semana de setiembre estaba cargada de tensiones e inminencias. Algo tenía que ocurrir urgentemente. La oposición necesitaba precipitar en hechos una saturación de la atmósfera política que no podía mantenerse indefinidamente o el gobierno tenía que inventar algo que descargara el ambiente. Pero en los altos niveles de la oposición no se desconocía esta necesidad. Ya se deslizaban nombres, datos y fechas. El esfuerzo realizado se encauzaría hacia el anhelado movimiento revolucionario; el *crescendo* opositor que venía desplegándose desde mayo reventaría ahora, muy pronto, antes de fin de semana. ¿Dónde? En Córdoba. ¿Quién? El general Rawson.

El general Arturo Rawson había sido el autor material de la revolución del 4 de junio de 1943. Triunfante el movimiento, anuncióse que se haría cargo de la Presidencia pero no alcanzó a hacerlo; sus compromisos aliadófilos despertaron la desconfianza del GOU y fue sustituido por el general Pedro Pablo Ramírez. En compensación, Rawson fue agraciado con la embajada en Brasil, que desempeñó hasta enero de 1944. Al producirse la ruptura de relaciones con el Eje incurrió en la jactancia de proclamar públicamente ese hecho como una victoria propia. Sus antiguos camaradas de conspiración lo llamaron entonces a Buenos Aires y aquí quedó, desplazado y sin cargo ninguno, observando cómo la revolución que él había llevado al éxito se iba convirtiendo en un proceso electoral con beneficiario concreto. Vinculado a la clase alta de Buenos Aires, recibía Rawson sutiles y persistentes presiones que lo inducían a encabezar una acción revolucionaria. ¿No había sido el héroe del 4 de junio? ¿No se sentía traicionado? ¿Quién con más prestigio en el Ejército podía dar el golpe democrático que todo el país reclamaba? Una ventaja suplementaria tenía Rawson: su consuegro era jefe de la IV División, con asiento en Córdoba y uno de sus hijos revistaba en uno de los regimientos de esa guarnición. Cierto que el general Osvaldo Martín había sido relevado por el ministro de Guerra pocos días antes de la Marcha, pero aún no tenía remplazante.

La jornada de la Marcha fue decisiva para la motivación de Rawson. Vestido con su uniforme, fue aclamado por los que pasaban bajo su departamento. Estaba eufórico y el fervor de la gente lo resolvió a dar el paso final. Ya no podía tener dudas; todo el país estaba contra la dictadura. Tal vez quería cancelar un sentimiento de culpa, rectificando el proceso de una revolución que había soñado diferente... Esa misma noche partió en automóvil para Córdoba: un par de sobrinos y unos pocos amigos lo acompañaban. Allí lo esperaría, en el momento oportuno, Alfredo Palacios, para hacerse cargo de los menesteres civiles de la revolución y dirigir, sin duda, algún mensaje a la juventud.

Rawson presidió el 20 al mediodía una reunión de oficiales, a los que comprometió para acompañarlo en el alzamiento. No eran, ni con mucho, los suficientes para volcar la situación militar, pero confiaban en que una actitud decidida modificaría de inmediato la relación de fuerzas en todo el país. Al día siguiente Rawson regresó a Buenos Aires para prestar declaración ante un tribunal militar que lo había citado con motivo de su actitud durante la Marcha. No fue detenido y al otro día —sábado 22— estaba de nuevo en Córdoba. Se había resuelto que la revolución estallara el lunes 24 a medianoche; Palacios ya estaba allí ¡siempre listo! Pero en la tarde del día señalado, fuerzas de artillería rodearon la unidad de comunicaciones donde estaban reunidos los conjurados. No hubo violencia ni resistencia; se entregaron de inmediato y el 25 por la mañana el país se enteraba que los generales Rawson y Martín habían sido detenidos por incitar a la rebelión y que la proclama del frustrado movimiento sostenía la necesidad de entregar el gobierno a la Corte.

Al día siguiente, a media tarde, Quijano anunciaba que el Presidente acababa de firmar un decreto restableciendo el estado de sitio. Y los telégrafos invisibles de la oposición anoticiaban esa misma noche que centenares de personas eran detenidas por la policía en todo el país, que "Crítica" había silo allanada y se había reimplantado una rígida censura sobre los diarios.

Por supuesto, la medida oficial era excesiva. Imponer de nuevo el estado de sitio y desatar una ola de detenciones por el hecho de haber sorprendido a dos generales —uno retirado y otro relevado— en reuniones conspirativas, no significaba otra cosa que un pretexto. El gobierno *de facto*, acosado, golpeado en todos sus flancos, asfixiado casi por la marea opositora, vio en el conato de Córdoba un excelente motivo para justificar de alguna manera las medidas represivas a las que tenía que echar mano urgentemente.

Pero era un recurso desesperado. En realidad, el gobierno había caído en la provocación opositora y acelerado la crisis inevitable. Perón podía darse el gusto de saber detenidos a casi todos sus adversarios más importantes, pero la repercusión de estas arbitrariedades sería contraproducente.

Los últimos días de setiembre el país vivió una experiencia curiosa. Quien leyera los periódicos sin tener otros elementos de juicio podría creer que estaba viviendo en una tierra prodigiosa, donde las crónicas de conferencias y exposiciones, los agasajos a visitantes extranjeros y las reuniones de filatélicos y floricultores agotaban la atención del público y las preocupaciones editoriales de los diarios. Pero en las cárceles de ese reino de mentirijillas se podía asistir a un espectáculo alucinante: tiesos ex ministros en calzoncillos largos o políticos eminentes preocupados por sus pelucas y bragueros, profesores universitarios, profesionales, militares y marinos retirados, los personajes más conspicuos del país llenaban sus cuadras. Lo más que pudieron permitirse los diarios opositores fue publicar, días más tarde, que la Sociedad Rural había agasajado a su presidente, José María Bustillo; que la Bolsa de Comercio había hecho un caluroso recibimiento al suyo, Eustaquio Méndez Delfino; que la Unión Industrial había acogido entusiastamente a su titular, don Luis Colombo: en todos los casos, estos caballeros "se habían reintegrado a sus tareas después de haber permanecido alejados de ellas durante algunos días". Para los lectores avisados, estas reticencias bastaban.

En realidad, la detenciones duraron muy poco. La gran mayoría de los arrestados no tenía nada que ver con el movimiento de Rawson y los jueces atendieron rápidamente los recursos presentados a su favor; otros lograron eludir la acción policial y se refugiaron en embajadas amigas, de modo que en una semana más casi no había detenidos de la redada lanzada con motivo del abortado movimiento de Córdoba. Pero aparte de agudizar el malestar, ya poco menos que incontenible, reinante en Campo de Mayo, las medidas represivas llevaron a todas las universidades del país a cerrar sus puertas en protesta por la detención de sus rectores y muchos consejeros, profesores y dirigentes estudiantiles. Y esto era bastante serio.

Ocupadas por los estudiantes, las universidades constituían una bulliciosa protesta, un elemento de presión muy poderoso. El 29 de setiembre el ministro de Instrucción Pública emplazó a las autoridades universitarias a reabrir las puertas de las casas de estudio en plazo perentorio; dos días más tarde el rector de Buenos Aires contestaba la intimación explicando las razones de la medida y aduciendo que la Universidad "no declinaba de su función cultural". En todas las ciudades del país con sede universitaria era dable ver a los edificios coronados de una juventud gritona que exhibía banderas y carteles: "El fin del payaso", rezaba uno enarbolado en la Facultad de Derecho de Buenos Aires. Amigos y familias pasaban viandas y abrigos a los ocupantes por las puertas excusadas, ante la impasible vigilancia de unos pocos policías: la cosa tenía un aire picaresco, divertido.

Entretanto, el gobierno persistía en su acción represiva. El 2 de octubre se dio un comunicado anunciando que el juez federal de Córdoba había sido separado de su cargo: se castigaba así su actitud de poner en libertad, personalmente, a algunos ciudadanos vinculados al movimiento de Rawson y Martín. El gobierno revolucionario no había tocado a casi ningún juez hasta entonces, respetando la inamovilidad de los magistrados judiciales con mayor consideración que el gobierno revolucionario de Uriburu, que en 1930 echó a varios jueces y camaristas sin que ese acto provocara ninguna reacción de la Corte Suprema. Pero esta vez el alto Tribunal no iba a tolerar semejante ultraje: cuatro días después la mayoría de sus miembros emitió una acordada declarando nula la medida contra el juez federal de Córdoba. El acuerdo fue elevado al ministro correspondiente y se publicó tres días más tarde en "La Vanguardia", que fue secuestrada con ese motivo. También se difundió en la publicación técnica "La Ley", de circulación relativamente restringida; a los diarios se les prohibió aludir a ella, bajo pena de severas sanciones.

El 5 de octubre a la madrugada, la policía entró en las *distintas facultades de la Universidad de Buenos Aires* [6]; el día anterior lo había hecho en las de La Plata y dos días después ocuparía la Universidad del Litoral. En todos los casos la orden del gobierno se cumplió por la policía con lujo de brutalidad. Muchachos y chicas fueron golpeados a mansalva. Hartos de los trabajos extra motivados por los estudiantes, los agentes de seguridad aprovecharon a fondo la piedralibre que les brindó la autoridad. Las cárceles, que iban desocupándose de políticos, empresarios y figuras representativas detenidas una semana antes, ahora se llenaban con estudiantes: en Buenos Aires hubo que soltar a los yiros y mecheras del Buen Pastor para que pudieran entrar las muchachas detenidas en las facultades... Esa tarde, un par de centenares de damas que se proclamaron madres, hermanas, novias de los estudiantes presos, hizo una silenciosa concentración frente a la Casa Rosada; fueron corridas con gases lacrimógenos y los diarios recibieron orden de no publicar una palabra del episodio.

En medio del tenso ambiente que existía en todo el país, Perón había restringido un tanto su actividad oratoria. El 3 de octubre habló en Cuatro de Junio (Lanús) ante obreros ferroviarios. No aludió a los hechos recientes, repitió más o menos las mismas cosas que venía diciendo desde meses atrás y se limitó a firmar que combatía "con armas leales y de frente contra todos los que compran y venden el país". Sólo aspiraba —dijo— a hacer la dicha del país y después morir. Fue un discurso apagado y poco imaginativo. A su alrededor todo ardía sordamente. Al día siguiente, por la noche, en los alrededores de la Facultad de Ingeniería un grupo de aliancistas tiroteó a un grupo democrático y un estudiante, Aarón Salmún Feijóo, fue asesinado por negarse a vivar a Perón.

Un gobierno puede golpear indefinidamente contra un sector social, económico o político. Puede inventarlo como enemigo público o usarlo para justificar medidas odiosas. Pero no puede castigarse a todos los sectores indefinidamente. En las últimas semanas de setiembre y primeras de octubre, el gobierno de Farrell había conseguido echarse encima el odio —físico y palpable— de miles de argentinos, agredidos y vejados directa o indirectamente por las indiscriminadas medidas de represión. No obstante la censura, las noticias de los últimos hechos circulaban por todos lados, magnificadas por la carencia de información y la excitación general. Se aseguraba que en la toma de las universidades habían resultado varios estudiantes muertos; se denunciaban torturas y apremios contra distinguidas personalidades detenidas; se afirmaba que el gobierno planeaba un "pogrom" ejecutado por los aliancistas, en vista de que muchos estudiantes opositores eran judíos. Sin embargo, no existía en ese momento un clima de miedo: por el contrario, los núcleos activistas de la oposición operaban con extrema audacia. Había un intenso tráfico de armas, reuniones permanentes en la clandestinidad, distribución de material subversivo. La FUA era la vanguardia de todo este movimiento y resultaban infructuosos los esfuerzos policiales para detectar a sus cabecillas y sus guaridas. No había temor. Por varias razones: en primer lugar, toda la oposición campeaba con la estimulante certeza de que el pueblo, en su inmensa mayoría, repudiaba al gobierno. En segundo lugar, aunque la represión oficial no era blanda, existían ciertas seguridades: los jueces estaban dispuestos a paliar en todo lo posible la acción policial y detrás de la actividad opositora había apoyos fuertes, influyentes y con dinero. Era natural: los dirigentes de las organizaciones empresariales de ganaderos, industriales y comerciantes veían en esta lucha una cuestión de vida o muerte y abrían de buen grado sus billeteras. Y en última instancia no faltaba una embajada para refugiarse o una red perfectamente montada para escapar al Uruguay, si la hermandad opositora —especialmente la estudiantil— montada en todo el país no alcanzaba a amparar al activista prófugo.

Nunca vivió la Argentina un clima tan parecido al de la guerra civil. El 6 de octubre se realizó el entierro de Salmún Feijóo. Pañuelos y banderas saludaron al paso del cortejo fúnebre del estudiante asesinado, desde la casa de su familia, en Barracas, hasta la Recoleta. Había dolor y odio en esos miles de hombres y mujeres que convirtieron el sepelio en una manifestación de repudio al gobierno y que escucharon durante una hora y media los discursos que se

dijeron en la necrópolis. Era un sábado. El lunes 8 empezaron a circular rumores extraños en Buenos Aires. Todo
parecía en suspenso y las versiones más increíbles pasaban
de boca en boca. A la madrugada del 9 muchos se decepcio-
naron cuando no leyeron en los diarios nada que permitiera
abrigar alguna esperanza en un cambio radical de la situación. Lo único más o menos notable era la designación de
un tal Oscar L. Nicolini como secretario de Comunicaciones. Pero las versiones arreciaban y aseguraban de reuniones oficiales, asambleas en Campo de Mayo, inquietud castrense. El martes 9 de octubre, durante la mayor parte de
la jornada, se vivió a la expectativa de acontecimientos que
tenían que producirse de un momento a otro. Y a la tarde
de ese día la noticia reventó en todo el país: el coronel Perón renunciaba a sus cargos de vicepresidente de la Nación,
ministro de Guerra y secretario de Trabajo y Previsión.

Ahora sí comenzaban esas diez vertiginosas, caóticas y
decisivas jornadas que imprimirían carácter a la historia
del país durante toda la década siguiente.

III

Las jornadas que siguieron resultan muy difíciles de
relatar. Un enorme complejo de prejuicios oscurece por uno
y otro lado, la verdad histórica vivida por entonces. Los peronistas los elevaron a la categoría de mito nacional, *los
sacralizaron* [7] e hicieron de esos acontecimientos la sustancia de una liturgia cuyos oficios todavía siguen celebrando.
Los que fueron sus opositores resolvieron, simplemente, no
creer en la realidad de esos días: para ellos no existieron, y
cuando debieron obligadamente referirse a esas fechas lo
hicieron con resentimiento y una terca obnubilación de juicio. Además, aquellos que de alguna manera participaron en
la gestación de los acontecimientos que culminaron el 17 de
Octubre tienden involuntariamente a sobreestimar su propia
actuación. Y por último, la manera confusa, dispersa y frag-
mentaria en que fueron desarrollándose los sucesos torna

dificultosa su reconstrucción objetiva. De todos modos hay que intentar hacerlo y para ello es necesario retrotraer el hilo de los hechos a la creciente oposición de la guarnición militar de Campo de Mayo contra Perón, inocultable ya desde la última mitad del mes de setiembre.

Las manifestaciones callejeras de agosto y la desdichada orden general del 13 de setiembre se sumaban al malestar que ya existía contra una política social que parecía desenfrenada y peligrosa. Las deserciones sufridas por la CGT a principios de setiembre acentuaron en los círculos castrenses la impresión de que el pretendido apoyo popular a Perón era muy relativo. Y esta impresión se corroboró cuando un buen número de oficiales del acantonamiento asistió a la Marcha, vestido de civil: esa multiud era la propia, esa gente era el tipo de gente que los militares conocían y trataban... El frustrado golpe de Córdoba no promovió mayor solidaridad en Campo de Mayo: fue calificado de prematuro y mal preparado y además prescindía de la tradicional hegemonía que ejercía la guarnición porteña sobre el Ejército; no obstante, la llegada de una decena de oficiales detenidos —entre ellos los generales Martín y Rawson— no dejó de suscitar cierta simpatía en Campo de Mayo, donde quedaron presos. Pero en cambio, las medidas represivas lanzadas por el gobierno cayeron francamente mal. No era que escandalizaran mucho la clausura de universidades, los apaleamientos de estudiantes o la detención de profesores; pero esos actos comprometían demasiado a la institución armada.

Había además algunos concretos que molestaban a Campo de Mayo. Reiteradas fricciones —menores pero múltiples— habían terminado por erosionar las relaciones de los jefes militares con el interventor de Buenos Aires provocando su renuncia, como hemos visto. Ahora se presentaban *otras fuentes de disgusto* [8]: la actuación de algunos funcionarios de la Subsecretaría de Prensa de la Nación y ciertas exacciones ilegales que empleados subalternos de la Secretaría de Trabajo y Previsión intentaron ejercer contra industriales de la zona aledaña a la guarnición. Eran problemas minúsculos, si se quiere, pero en el estado de potencial irritación en que se hallaba la oficialidad joven a fines de setiembre, resultaban detonantes para cualquier reacción.

El general Ávalos [9], jefe de la guarnición y por ello depositario del mayor poder militar del país (en esa época el Comandante en Jefe del Ejército no ejercía un mando directo de las fuerzas), era íntimo amigo de Perón y hasta entonces no había puesto objeciones a su política; más aún, la había estimulado en varias ocasiones y fue uno de los promotores de la reunión del 28 de julio, de la que saldría el acta que comprometía el apoyo militar a la salida política de la Revolución. Pero las circunstancias antes mencionadas también habían modificado la relación entre Perón y Ávalos quien, por otra parte, percibía claramente el malestar de sus subalternos de Campo de Mayo.

Un acto de gobierno de significación puramente burocrática precipitó la reacción: la designación del nuevo Director de Correos y Telecomunicaciones. Ocurría que *el teniente coronel Francisco Rocco* [10], jefe de una de las unidades de Campo de Mayo, aspiraba públicamente a ese cargo y se sintió desairado con la designación de Nicolini, un oscuro funcionario al que Eva Duarte guardaba gratitud por haberla ayudado *en sus años de pobreza*.[11] La vinculación de Nicolini con la compañera de Perón era notoria y por consiguiente su designación fue interpretada como una concesión de tálamo; una prueba más de que, como se venía afirmando, "esa mujer" ejercía una irresistible influencia en el ánimo de Perón. El nombramiento fue un trapo rojo a los ojos de la *oficialidad de Campo de Mayo* [12] y la indignación ya no pudo disimularse.

¿Qué motivos pudo llevar a Perón a cometer esa virtual provocación? Es posible que haya querido probar hasta qué punto le respondían los mandos, jugándose por un nombramiento indefendible; también podría presumirse que la designación de Nicolini se le haya pasado en la tensión de esos días, con las universidades en insurrección, la Corte prácticamente alzada contra el gobierno y un ambiente de contenida violencia en todas partes. Esta conjetura se afir-

maría por el hecho de que fue Quijano quien firmó la designación de Nicolini. Hasta podría admitirse que Perón
creyó llegado el momento de provocar la crisis final, pues
de todos modos su permanencia en el gobierno no podía
durar más allá de la convocatoria a elecciones, cuyo decreto ya estaba despaciosamente elaborándose. Sea cual fuera
la explicación, lo real es que Campo de Mayo interpretó
la designación del nuevo funcionario como algo inadmisible.

El mismo día en que Nicolini tomaba posesión de su
cargo —sábado 6 de octubre—, Ávalos va al Ministerio de
Guerra por la mañana y habla con Perón. Le transmite el
desagrado de Campo de Mayo y le pide que deje sin efecto
el cuestionado nombramiento: el ministro alega que ya no
puede hacer nada. Insiste Ávalos y Perón se mantiene en
su posición. Entonces, el jefe de Campo de Mayo apela a
Farrell y esta vez formula cargos de duplicidad y falta de
claridad en los procedimientos del ministro de Guerra; el
Presidente le pide que hable nuevamente con Perón. A la
tarde, nueva reunión de Ávalos y Perón, en el departamento de éste; a quinientos metros están enterrando a Salmún
Feijóo, mientras los dos jefes debaten sus discrepancias. Eva
Duarte está presente.

Perón se queja de las interferencias de Campo de Mayo
y dice que se pretende desplazar a la gente que le responde.
Su amiga interviene un par de veces instándole a que no
ceda y después le dice:

—Lo que tendrías que hacer es dejar todo de una buena
vez y retirarte a descansar... ¡Qué se arreglen solos!

Finalmente Ávalos sugiere a Perón que escuche el pensamiento de Campo de Mayo. Así se convencerá que su planteo responde al unánime sentir de sus camaradas de la guarnición más importante del país. Lo invita a que vaya allá y
se reúna con los jefes de las unidades. Perón acepta conversar pero indica que la reunión debe hacerse en el Ministerio de Guerra. Quedan convenidos en realizar el encuentro
el lunes 8, a las 11 de la mañana, en la sede ministerial de
Viamonte y Callao. Esa noche Mercante encontró a Perón

en su departamento y lo notó nervioso e irascible. A pedido de Eva Duarte se quedó a dormir allí; pero a la mañana siguiente, cuando salieron juntos, el estado de ánimo del coronel no había variado. Dijo que estaba harto de ese tipo de problemas y que en cualquier momento renunciaría. Mercante, entonces, intentó calmarlo, pero Perón, en un acceso de ira insólito en él, llegó a tirar su gorra contra el piso del automóvil *que los conducía al Ministerio de Guerra.*[13]

Todo el día domingo se debate en Campo de Mayo lo que va a decirse al día siguiente: como las fuerzas están acuarteladas desde la reimplantación del estado de sitio, las reuniones son largas y numerosas, aunque reservadas. La guarnición se encuentra en pleno estado deliberatorio y los jefes de unidades recogen las opiniones de sus oficiales a medida que éstos las van exponiendo. Estas asambleas se prolongan toda la tarde y buena parte de la noche en distintos locales. Y a la mañana siguiente, cuando Ávalos y los jefes parten hacia Buenos Aires, los oficiales ponen a la tropa en pie de guerra: desconfían de lo que pueda ocurrir en el ministerio y están dispuestos a marchar sobre la Capital Federal si olfatean algo raro. Antes de salir, Ávalos trata de tranquilizar los ánimos de los oficiales —reunidos en el Comando de Campo de Mayo— y dice que de seguro todo se solucionará satisfactoriamente, ordenando que no se hagan aprestos bélicos que puedan provocar alarma.

Ese día el coronel Perón cumplía 50 años de edad. Los suboficiales del Ministerio de Guerra le habían preparado un "lunch" en el sótano del edificio. Ellos y los periodistas que por allí rondaban —inútilmente, pues las informaciones sobre la inquietud castrense no podían publicarse en los diarios— pudieron creer que la inusual afluencia de militares al edificio se debía al propósito de saludar al ministro en su día. Pero eran otros los motivos de las visitas; y el crecido número de visitantes se debía a una maniobra, pues Perón había invitado a la reunión a unos cuarenta jefes de la guarnición de Buenos Aires y alrededores, como el general Ramón Albariños, jefe de la 2ª División con sede en

La Plata. De este modo, los diez enviados de Campo de Mayo entraban en una reunión donde estarían en minoría...

A las 11 se abrió la conferencia.[14] Perón habló brevemente, con tono enérgico y seco. Exhortó a conversar con entera franqueza y previno que él se retiraría del salón para que todos expusieran su opinión libremente; adelantó, sin embargo, que no podía aceptar interferencias en su acción de gobierno y mucho menos en momentos tan graves como los que atravesaba el país, que reclamaban su atención para resolver asuntos muy importantes. Aclaró que del encuentro debía salir una decisión concreta y definitiva, y que él, personalmente, hacía de ello una cuestión de confianza: si el Ejército no lo apoyaba —dijo— no tendría inconveniente en pedir su retiro. Y con un gesto dramático finalizó su corta alocución dirigiéndose directamente a Ávalos:

—¡Pero si se me ratifica la confianza serás vos el que te retires del Ejército, porque estas cosas tienen que terminar de una vez!

Se levantó y abandonó el salón acompañado por sus colaboradores del Ministerio, mientras los militares empezaban a discutir.

Perón jugaba una carta que meses antes lo había salvado brillantemente de una situación parecida, aunque mucho menos grave. El general Fortunato Giovanonni, jefe de Gendarmería, le había planteado la supuesta disconformidad del Ejército con su política. Perón le dijo entonces que haría una reunión de jefes con la siguiente condición: si era cierto lo que Giovanonni afirmaba, él renunciaría a sus cargos, pero si se le ratificaba el apoyo su interlocutor dejaría el Ejército. Se hizo la reunión, Perón obtuvo un voto de confianza abrumador y Giovanonni debió solicitar su retiro... Ahora Perón confiaba en lograr el mismo resultado, en la seguridad de que la mayoría de los jefes convocados lo apoyaban. Ocurrió exactamente lo que había previsto, pero las consecuencias serían diferentes, como veremos.

La discusión no fue larga ni profunda. Mientras en el quinto piso del edificio se jugaba su destino político, Perón bajó al sótano a presidir el agasajo que se le ofrecía:

cordial y sonriente, estuvo allí un rato departiendo con todos, recordando algunos episodios de su vida militar. De sus cincuenta años de vida —comentó con alguien— había dado treinta y cinco al Ejército; ¡y justo el día que cumplía el medio siglo sus camaradas venían a hacerle semejante planteo...!

Cuando volvió al quinto piso del Ministerio, la reunión estaba terminando. Los quejosos habían sido comidos con la misma facilidad con que momentos antes Perón había ingerido los bocadillos del "lunch"... Ávalos había intentado repetir sus cargos contra Perón, pero Albariños lo interrumpió abruptamente:

—¡Campo de Mayo no es el Ejército! ¡La posición de Campo de Mayo no es la del Ejército!

Otros jefes opinaron que había que dejar gobernar a Perón y que no se entendían los motivos del cambio que habían sufrido las opiniones de quienes antes lo apoyaban incondicionalmente. No se conversó mucho más: en realidad, la reunión expresaba la honda división del Ejército y el desconcierto de sus responsables después de dos años de tumbos tras las marchas y contramarchas del gobierno *de facto*. Frente al clima que vivía el país, la mayoría de los presentes creía indispensable dar libertad de acción a Perón para sacar a la Revolución del atolladero en que estaba. Los enviados de Campo de Mayo no intentaron discutir: estaban en minoría y ya no era cuestión de argumentos. Al retirarse, Ávalos habría dicho que, de acuerdo con el tácito compromiso contraído, *estaba dispuesto a pedir su retiro*.[15] A las dos de la tarde la delegación llegaba, con las orejas gachas, a Campo de Mayo donde se la esperaba ansiosamente. De inmediato se hizo una reunión de jefes. Ávalos se limitó a relatar lo ocurrido, ratificando su decisión de retirarse. Había sido víctima —dijo— de la misma jugarreta que se le había hecho a Giovanonni.

El relato de Ávalos cayó como un balde de agua fría. En una atmósfera de desconcierto y depresión, algunos pidieron al jefe de la guarnición que esperara unos días antes de concretar su decisión. Otros reaccionaron violentamente y dijeron que *Campo de Mayo debía avanzar sobre Buenos Aires* [16] sin perder más tiempo. Ávalos pidió calma y se resolvió realizar una nueva reunión a la mañana siguiente.

Pero a medida que la oficialidad joven se iba enterando de los acontecimientos a través de los relatos de sus jefes, una indignación incontenible crecía en sus ánimos. Los aprestos bélicos de la mañana se habían hecho calculando que los delegados podían caer en alguna emboscada, ser víctimas de algún hecho violento; pero que los hubieran "tragado" de esa manera, era inconcebible... Se empezaron a realizar asambleas en todas las unidades y a cambiar impresiones. Al anochecer Ávalos recibía un pedido de tres puntos suscripto por toda la guarnición. Se pedía que tomara las medidas necesarias para desplazar a Perón de todas sus funciones, convocar inmediatamente a elecciones y concretar comicios absolutamente libres. No se mencionaba la posibilidad de derrocar a Farrell ni mucho menos de entregar el gobierno a ninguna institución ajena al Ejército: Campo de Mayo entendía que las Fuerzas Armadas, que habían asumido la responsabilidad del proceso revolucionario, debían conducirlo hasta su salida institucional para justificarse históricamente.

Entretanto, en el Ministerio de Guerra no dejaban de percibirse síntomas del malestar de Campo de Mayo. Perón descontaba que Ávalos estaba terminado y no pensaba que pudiera intentar nada. Pero algunos de sus colaboradores creyeron aconsejable cerciorarse. Por lo menos *dos de ellos fueron al acantonamiento* [17] para tomar una impresión directa. Hablaron con Ávalos y por supuesto éste simuló que todo estaba en orden. ¡Qué iban a mostrar su juego los ya virtuales insurrectos! ¡A maniobra, maniobra y media! Los bomberos de Perón regresaron con la noticia de que había tranquilidad en Campo de Mayo y así terminó esa tensa jornada, de la cual el país nada sabría hasta varios días después.

Fue una noche desvelada, pero a la mañana siguiente —martes 9 de octubre— Campo de Mayo amaneció con el indisimulable aire de una guarnición que se apresta a marchar en pie de guerra hacia su objetivo. Todas las unidades estaban prestas a avanzar sobre Buenos Aires para obtener la consecución del plan elevado a Ávalos el día anterior. En realidad, Campo de Mayo se lanzaba a una verdadera patriada, porque no se habían establecido contactos con las divisiones del interior del país y no se ignoraba que los regimientos de Buenos Aires —el 1, 2 y 3 de Infantería—, el Colegio Militar y la Aeronáutica eran ajenos, en el mejor de los casos, al movimiento. Pero los jefes de Campo de Mayo estaban convencidos que actuando con rapidez y decisión habrían de copar la situación y que la población civil se volcaría a la calle en masa una vez iniciado el operativo. No era la primera vez que Campo de Mayo, por sí solo, volteaba un gobierno...

En el Ministerio de Guerra, el optimismo de la noche anterior había cedido desde muy temprano a una ajetreada expectativa. El grupo de los colaboradores de Perón había hecho una rápida apreciación del panorama militar y *aconsejaba reprimir*.[18] La aviación podía bombardear a los rebeldes en cuanto salieran de su acantonamiento y la 2ª División acercarse a Buenos Aires, cuyas entradas defenderían los regimientos leales. Fue el propio Perón quien se negó a tomar medidas represivas. Ante la insistencia de sus colaboradores derivó la resolución al Presidente, con quien fue a entrevistarse el coronel Franklin Lucero, jefe de la Secretaría del Ministerio de Guerra y autor de la orden de operaciones que se trataba de ejecutar. Mientras Lucero cumplía su misión, Perón permanecía en el Ministerio de Guerra esperando los acontecimientos, mientras iban llegando a acompañarle algunos de sus camaradas más adictos, entre ellos el jefe de policía, coronel Filomeno Velasco y el secretario de Aeronáutica, brigadier Bartolomé de la Colina. A algunos de sus interlocutores les manifestó que haría lo que Farrell ordenara pues no quería hacer correr sangre por su causa. Esa mañana su agenda de actividades incluía una visita a la Escuela de Guerra para la inauguración de un curso; hizo avisar que no podría concurrir, ignorando que algunos capitanes, alumnos del instituto, estaban esperándolo con sus pistolas al cinto, *conjurados para asesinarlo en cuanto entrara.*[19]

A las nueve de la mañana todo estaba listo en Campo de Mayo. Pero antes de dar la orden de marcha, Ávalos dijo que hablaría con el presidente una vez más, para tratar de obtener el alejamiento de Perón sin necesidad de lucha. Es posible que Ávalos y Farrell se hayan entrevistado la noche anterior; el presidente estaba reunido con sus ministros desde temprano en la residencia oficial de la Avenida Alvear. De todos modos, a media mañana Farrell se había convertido en árbitro de la situación: por un lado, el enviado de Perón le pedía autorización para comenzar la represión contra Campo de Mayo y, por el otro, Ávalos le rogaba que fuera a la guarnición para tomar una impresión directa de la situación.

Farrell aceptó la invitación y aseguró que estaría en Campo de Mayo antes de la una de la tarde. Rogó a Ávalos que mantuviera la tranquilidad de su gente y a Lucero le pidió que transmitiera un abrazo a Perón y que ya le haría saber sus noticias. Más astuto de lo que generalmente se suponía, Farrell había dejado que el proceso avanzara hasta convertirse en un nudo que sólo él podía desatar. Mientras Perón efectuaba poco después del mediodía una breve visita a la Casa de Gobierno para dirigirse luego a su departamento, Farrell seguía demorando su viaje a Campo de Mayo, tratando de informarse con exactitud de la situación. Ya estaba en la guarnición el general de ejército Carlos von der Becke, comandante en jefe, figura prestigiosa aunque inoperante, en una vaga misión de pacificación. Y a medida que avanzaba la mañana se iban sumando espontáneamente a los sublevados algunos oficiales de los regimientos de Buenos Aires que se negaban a apoyar a Perón, así como un buen golpe de alumnos de la Escuela de Guerra y algunos aviadores... aunque sin sus máquinas.

Eran casi las dos de la tarde y Farrell no llegaba. La situación de Campo de Mayo era ya explosiva. Al fin, cuando la tensión se hacía insoportable, arribó el presidente acompañado de los generales Diego Mason y Juan Pistarini, ministro de Obras Públicas y una persona más cuyo aspecto resultaba insólito entre tantos uniformes: el doctor J. Hortensio Quijano. Al llegar el grupo, la oficialidad agrupada cerca del Comando entró al amplio comedor, sin distinción de grados. Quijano esperó afuera hasta que Farrell, antes de iniciar la reunión, manifestó que deseaba que el ministro del Interior también estuviera presente y lo hizo invitar a pasar.

Empezó la reunión [20] en el gran comedor del Comando. Rodeando una amplia mesa estaban el presidente, Ávalos, los generales y Quijano; alrededor del grupo, un centenar de jefes y oficiales. Reinaba un silencio impresionante cuando Ávalos empezó a hablar. Las palabras del jefe de Campo de Mayo fueron muy breves.

—El señor Presidente ya ha sido informado por el que habla del pensamiento y la decisión de Campo de Mayo —subrayó significativamente la palabra "decisión"—. Ahora, los oficiales aquí reunidos esperan su respuesta.

Farrell estaba inocultablemente emocionado. No es aventurado conjeturar que en ese momento su recuerdo evocaría la vieja camaradería que lo vinculaba a Perón, el hombre que lo había hecho presidente... Comenzó diciendo que tenía el deber de llamar a la reflexión a los oficiales; no desconocía las nobles razones que los impulsaban pero les advertía que ellos ignoraban algunos problemas y antecedentes de alta política. Existía, por ejemplo, el peligro de que el desplazamiento de Perón provocara un levantamiento de obreros, que podía desembocar en una guerra civil. Sugirió, sin mucho énfasis, que podría llegarse al resultado que deseaba Campo de Mayo dando a Perón un plazo prudencial para que se retirara voluntariamente.

Insólitamente enérgico, Ávalos dijo:

—Estamos cansados de los engaños y los procedimientos equívocos del coronel Perón —y un murmullo aprobatorio surgió del compacto bloque de uniformes que rodeaba la mesa.

Afirmó que Campo de Mayo exigía que esa misma tarde el pueblo argentino conociera oficialmente el alejamiento del ministro de Guerra.

—Por otra parte —agregó Ávalos— el señor Presidente puede estar tranquilo respecto a una eventual guerra civil pues la única forma de evitarla es, precisamente, con el alejamiento del coronel Perón.

Entonces preguntó Farrell si al hablar del alejamiento de Perón se estaba haciendo referencia a sus funciones como ministro de Guerra. Cortante, Ávalos precisó:

—¡No señor! ¡Nos referimos al alejamiento de todas sus funciones públicas! ¡Al Ministerio de Guerra, a la Vicepresidencia de la Nación y a la Secretaría de Trabajo y Previsión!

Con un gesto de asombro, Farrell, dirigiéndose con un amplio ademán a todos los presentes, preguntó:

—Pero entonces... ¿lo que ustedes quieren es el alejamiento definitivo del coronel Perón?

—¡Sí señor! —fue la respuesta unánime de los asistentes, dicha a gritos y repetida durante un largo rato.

Nunca se había producido en el Ejército un diálogo como este. Farrell hizo un gesto de resignación o de asentimiento y pidió a los presentes que se retiraran para conferenciar brevemente con los generales que allí estaban. Un poco de mala gana empezaron los oficiales a evacuar el salón cuando se oyó una voz:

—Con permiso, señor Presidente, quisiera expresar unas breves palabras.

Era Quijano, que intentaba el último recurso para salvar de la caída a su amigo Perón. El concurso se reagrupó, Farrell lo autorizó a hablar y el ministro comenzó su discurso.

Ducho en lides políticas, Quijano comprendía que era indispensable disipar el efecto fulminante del estentóreo pronunciamiento que se había escuchado momentos antes, para ir creando una atmósfera menos emotiva y conseguir salvar algo. Se extendió, pues, en consideraciones personales, expresadas en un tono cálido y convincente. Habló de sus antecedentes familiares, de su tierra natal, de los propósitos que lo llevaron a colaborar con la Revolución rompiendo solidaridades políticas y amistosas de toda su vida.

Pero las breves y directas frases que se habían cambiado antes entre Farrell y Ávalos hacían que el discurso de Quijano resultara latoso. Un oficial cuyo nombre no se ha registrado gritó desde atrás:

—¡Está fuera la cuestión!

Desconcertóse el orador por un momento y entonces Ávalos lo interrumpió:

—Señor ministro, su actuación no está en tela de juicio.

—Está en juego, señor general —respondió Quijano con tono enfático— porque el origen de todo lo que está ocurriendo es un nombramiento que lleva mi firma. Soy un hombre responsable de mis actos y en este caso, como en todos los que he certificado con mi firma, tengo que asumir la total responsabilidad de aquello que pueda derivarse de ese acto.

Era ahora indudable que Quijano pretendía minimizar el problema, retrotrayendo la cuestión a la designación de Nicolini. Pero, ¿quién se acordaba ahora de Nicolini? Otras eran las cosas que se debatían. Ávalos, decidido a no dejarse enredar en este planteo, se puso de pie y concluyó drásticamente, casi despectivamente.

—El señor ministro no es responsable ante nosotros de ese nombramiento y no lo es por cuanto el nombre del señor Nicolini le ha sido impuesto y él debió acceder a esa imposición. Además —agregó ya dirigiéndose a los presentes, más que a Quijano— conozco perfectamente los entretelones de ese asunto y sobre ese particular hablaré después personalmente con el doctor Quijano.

Hubo un silencio. Farrell reiteró entonces su deseo de *conferenciar con los generales.*[21] Vuelta a retirarse todos los oficiales; pero antes de abandonar el comedor algunos *indicaron a dos de ellos* [22] que asistieran a la reunión en nombre de todos. A pesar de la resuelta actitud de Ávalos, no confiaban enteramente en su capacidad de decisión.

—Y que renuncie hoy... No les aflojen... —eran las recomendaciones que hacían los oficiales a sus delegados, mientras iban dejando el salón.

Pero la reunión fue breve. Ya con sus pares, Farrell

ofreció su renuncia: todos coincidieron en pedirle que continuara. Se decidió entonces la forma en que se comunicaría a Perón la decisión adoptada. Luego se habló ligeramente de su sucesor.

—A usted no le conviene ser ministro de Guerra, Ávalos —dijo Farrell.

—No se trata de que me convenga o no. Yo haré lo que diga Campo de Mayo —contestó Ávalos.

A los pocos minutos se abrieron las puertas y los oficiales que ansiosamente esperaban afuera fueron informados de que una comisión saldría en seguida para pedir a Perón que renunciara, en nombre del presidente. Una explosión de entusiasmo acogió el anuncio. Poco después trascendía que el mismo Farrell —que todavía habría de permanecer en Campo de Mayo un par de horas más— se había comunicado telefónicamente con Perón anunciándole la llegada de una comisión que le comunicaría su decisión definitiva. Todo se había desarrollado en menos de una hora.

Perón había descansado unos minutos en su departamento, después de mediodía, para regresar luego al Ministerio de Guerra. Estaba serio pero tranquilo. Mientras en Campo de Mayo se tramitaba su suerte, un buen número de amigos colmaba la antesala de su despacho. Todos eran *partidiarios de pelear* [23] y algunos jefes de unidades allí presentes garantizaban el éxito en caso de enfrentamiento. Perón insistía en que no habría de luchar para mantener una situación personal y que esperaba la indicación del presidente para adoptar la actitud que correspondiera.

A las cuatro de la tarde llegaron al Ministerio los generales Pistarini y von der Becke y el ministro Quijano. Subieron al despacho de Perón, ya repleto de gente, y allí le comunicaron que el presidente creía conveniente que renunciara, en vista de la actitud de Campo de Mayo. Claramente se escuchó la voz de Perón:

—Entonces... ¿el presidente está de acuerdo?

Se le contestó afirmativamente. Entonces Perón se sentó frente al escritorio y escribió de su puño y letra una breve esquela: "Excelentísimo señor Presidente de la Nación: Renuncio a los cargos de Vicepresidente, ministro de Guerra y Secretario de Trabajo y Previsión con que Vuestra Excelencia se ha servido honrarme." Y entregando la hoja a Pistarini:

—Esto es para que vean que no me ha temblado la mano... —dijo.

En seguida redactó, en la misma forma, una solicitud de retiro.

De la Colina lloraba abiertamente. Otros permanecían en un emocionado silencio. Perón fue saliendo de su despacho entre abrazos y saludos militares. Iba a su casa, *donde lo esperaba su compañera.*[24]

Quijano siguió viaje a la Casa de Gobierno mientras sus colegas de comisión retornaban a Campo de Mayo para dar cuenta al Presidente de la gestión realizada. Quijano no había podido salvar a Perón; pero al menos podía presentar los hechos de una manera favorable a éste. La sede gubernativa hervía de rumores y conjeturas. El ministro del Interior se encerró unos minutos en su despacho para redactar la declaración que formularía y a las seis de la tarde leyó a los periodistas los siguientes párrafos:

—Quiero comunicarles que en la reunión de gabinete de esta mañana, el gobierno resolvió llamar a elecciones para el mes de abril. A pedido mío y como un homenaje al Día de la Raza, que es el día de la propia argentinidad, solicité que el decreto se firmase el día 12 de Octubre.

Hizo una pausa para que la noticia quedara subrayada por sí sola y continuó:

—El señor Vicepresidente de la República, coronel Perón, en su oportunidad contrajo un compromiso íntimo consigo mismo que significaba un compromiso con el pueblo de la República y con las instituciones armadas, de renunciar a todas las funciones que desempeñaba actualmente, así que el Poder Ejecutivo resolviese el llamamiento a elecciones. Anticipándose en dos días a la fecha del decreto, el coronel Perón ha presentado su renuncia de Vicepresidente de la

Nación, de ministro de Guerra y de Secretario de Trabajo y Previsión. Dejo al criterio periodístico y al sentimiento público el comentario de esta actitud, que como ciudadano dignifica al país porque es expresión de su propia dignidad; y dignifica al Ejército porque también es expresión de sus mejores virtudes.

Saludó abruptamente a los periodistas, evitando preguntas, y volvió a su despacho.

El comunicado —que de inmediato se difundió por la red oficial de radioemisoras— era una mañosa deformación de la verdad. Cuando se conoció en Campo de Mayo provocó disgusto y renovó el malestar que ya parecía superado. Pero frente al hecho de la renuncia de Perón, que en esos momentos provocaba en todo el país manifestaciones de júbilo —y también de pesar—, pasó poco menos que inadvertido. Total..., ¡a enemigo que huye! —pensaron los oficiales de la guarnición triunfante, dedicados a celebrar su triunfo.

Sin embargo, la declaración oficial, que daba como héroe de la jornada a Perón y como subhéroe a Quijano —con su repentina hispanofilia y sus galimatías sobre dignidad y dignificación— sería el punto de arranque de una serie de ambigüedades y contradicciones cuyas consecuencias ya veremos.

Prescindiendo del comunicado de Quijano, la noticia de la renuncia de Perón fue un verdadero impacto. Hay que recordar que los diarios no habían publicado nada del duro proceso que hemos reseñado: incluso subsistía la clausura de "Crítica". Sólo algunas radios uruguayas difundían lo que podían saber del proceso, con abundantes ingredientes de fantasía y sensacionalismo. La noticia, pues, fue sin metáfora una verdadera bomba: ruidosa, inesperada, conmovedora. A medida que en Buenos Aires la gente salía del trabajo o de los cines —de asistir al estreno de "Pampa bárbara", por ejemplo— se enteraban de la novedad con expresión incrédula. Anochecía cuando en el centro de Buenos Aires empezaron a agruparse manifestaciones que recorrieron algunas calles gritando "Ya se fue" y "Libertad"; hubo choques con otros grupos que vivaban a Perón y cargas de

la policía. Tres heridos graves fueron el saldo de estas confrontaciones. Al mismo tiempo se improvisaban manifestaciones semejantes en Rosario y Córdoba. En La Plata, sede
de las más violentas represiones contra los estudiantes, los
manifestantes fueron a cantar el himno frente a la casa del
presidente de la Universidad [25], que dos días antes había salido en libertad.

Ese martes 9 de octubre no terminaría sin que nuevas
felicidades llovieran sobre la oposición: las renuncias del
jefe y subjefe de policía trascendieron al filo de la medianoche, y del Buen Pastor salieron todas las estudiantes detenidas; además, durante todo el día, el *juez federal* [26] se había
constituido en Villa Devoto para acelerar la liberación de
los estudiantes que todavía quedaban detenidos. Todo había
sido tan súbito e inesperado que los rumores más descabella-
dos circulaban como verdades de ley: que Ávalos y Perón
habían reñido a balazos y que el primero estaba herido, que
Campo de Mayo se había sublevado porque el presidente de
la Corte se había refugiado allí al ser buscado por la policía... Los periodistas interrogaban a los altos funcionarios
que podían encontrar pero nadie respondía nada. Sólo el
canciller Cooke dijo algo significativo:

—Tengo la impresión que el coronel Perón ha renunciado para quedar en libertad de acción...

Al día siguiente el diario católico "El Pueblo" pregun-
taría inocentemente qué necesidad hay de que un alto funcionario renuncie por el hecho de que el gobierno convoque
a elecciones... Pero en la noche del 9 de octubre no había
oportunidad para formularse estos interrogantes. Mientras
el país peronista —porque ese día una parte del país ya en-
pezó a llamarse peronista— se debatía en una sombría confusión, el país opositor se sentía en la gloria, viviendo exactamente el revés de la pesadilla que lo había abrumado hasta
las seis de la tarde...

Perón estaba en su casa. Lo acompañaban sus colaboradores inmediatos del Ministerio de Guerra, Mercante y
algunos pocos oficiales de regimientos de Buenos Aires; Eva
Duarte le había servido una comida fría que Perón devoró

rápidamente, vestido con un "fumoir" rojo. Eduardo Colom llegó para saludarlos y escuchó *sus comentarios finales*.[27]

—Todo esto es cosa de ese tanito de Villa María... Lo ha enloquecido a Ávalos. Le prometió la Vicepresidencia y ese irresponsable ha jugado el destino de la Revolución...

Justificaba su actitud de renunciar sin intentar resistencia y mencionaba a los jefes que le habían sido leales. Toda su verborragia se derramaba ahora, en la intimidad, después de esos días de tremenda tensión. En el departamento de la calle Posadas flotaba un clima de derrota irreparable, total...

IV

Ahora la imagen de los hechos tiende a descomponerse como en un caleidoscopio enloquecido. Las cosas importantes empiezan a ocurrir contemporánea y paralelamente en muchos lados distintos. Para no perderse es necesario tener en cuenta que en esos días caóticos, todos —en ambos bandos— fueron francotiradores. Casi nadie se ajustó a un plan y ni siquiera trató de ser coherente con una línea de acción. La falta de una información clara contribuyó a complicarlo todo: la oposición, por ejemplo, tardó dos días (dos preciosos e irrecuperables días) en entender que Ávalos no era un instrumento de Perón; Campo de Mayo, que había llevado adelante el proceso con una decisión inconmovible, dejó que se produjeran las más gruesas evidencias de una reacción favorable a Perón sin admitir su gravedad. Quien pretenda dar un sentido lógico a los hechos que corren entre el 10 y el 19 de octubre perderá el tiempo. Prejuicios, fobias, odios irracionales, terquedades asombrosas y una ineptitud increíble nutren los actos de los opositores; torpeza y derrotismo connotan las actuación de los amigos de Perón, salvo unos pocos. El único elemento que actúa con lógica, con decisión y con una intuición admirable es el pueblo. La presencia popular, al final de estas jornadas, es lo único que salva y otorga categoría histórica a este mísero proceso, que el martes 9 a la noche se iniciaba en un inquietante estado de fluidez.

Esa noche, los jefes y oficiales de Campo de Mayo visitaban a Farrell para reiterarle su adhesión y pedirle que designara a Ávalos como ministro de Guerra. No sin razón, al llegar ese día de Montevideo Sanmartino y Palacios —éste había pasado al Uruguay después del conato de Rawson y volvía ahora con los lauros del nuevo exilio— declaraban: "continúa el mismo elenco gubernativo". Al otro día, por la mañana, se aceptaba la renuncia de Perón agradeciéndosele los servicios prestados y se nombraba ministro de Guerra en su reemplazo al jefe de Campo de Mayo.

El miércoles 10 fue una jornada de expectativa: ambigua y tironeada. Los diarios de la mañana informaban escuetamente de la renuncia de Perón reproduciendo sin mayores comentarios el comunicado leído por Quijano. No había más detalles y tanto "La Nación" como "La Prensa" exudaban desconfianza. No era para menos porque la noche anterior el propio Quijano había prohibido la salida de "Noticias Gráficas", "La Razón" y nueve diarios más y toda la información era la oficial, es decir, la que sostenía la tesis del espontáneo renunciamiento de Perón.

En realidad, el candidato de Farrell para ocupar el Ministerio de Guerra era el general Humberto Sosa Molina: el presidente intentó convencer a sus visitantes que era el nombre más viable en la generalidad de las guarniciones pero ellos insistieron en Ávalos. Momentos antes, todo el ministerio, de bastante mala gana, había ofrecido su renuncia. En el transcurso de la jornada, mientras los grupos opositores empezaban a reconstituirse lentamente en diversas reuniones, se conocieron los nombramientos del *nuevo secretario de Aeronáutica* [28] y de los titulares de la Policía: el flamante jefe de la repartición, coronel Aristóbulo Mittelbach, era amigo de Perón y hombre de confianza del Presidente.

Después de almorzar, nueva reunión de ministros. Ávalos, aunque ya ha sido designado, no concurre porque aún no se ha hecho cargo del Ministerio de Guerra. En la reunión, Farrell informa que Perón ha solicitado autorización para despedirse del personal de la Secretaría de Trabajo; considera el Presidente que conviene acceder al pedido para tranquilizar a los gremios, donde se ha percibido inquietud.

Efectivamente, la había. Algunos dirigentes sindicales convocaron en la noche anterior a una reunión informal para considerar los hechos; unos setenta dirigentes se reunieron en Quilmes y resolvieron designar a los mismos promotores para que se pusieran en contacto con Perón y le expresaran su solidaridad. El miércoles por la mañana la delegación buscó al coronel sin hallarlo, hasta que al mediodía *lo encontraron en su casa*.[29] Solveyra Casares, presente en esa reunión, recuerda todavía la vehemencia con que los dirigentes obreros se dirigieron a Perón:

—Usted ya ha cumplido con el Ejército... ¡Ahora ya es nuestro! ¡Usted es nuestro líder! —le decían.

Allí surgió la idea de que Perón se despidiera formalmente de los obreros en la Secretaría de Trabajo. Dentro de la tesis que estaba difundiendo el gobierno, era perfectamente lógico que Perón se alejara con todos los honores del organismo que había creado. Mercante obvió a través de Quijano algunos problemas y consiguió que se instalaran altoparlantes y se difundiera el acto *a través de la red oficial de broadcastings*.[30] En las primeras horas de la tarde empezó a anunciarse por radio que a las 19 se realizaría el acto frente al edificio de la Secretaría.

Cuando Perón apareció en un palco apresuradamente montado sobre la calle Perú, una compacta multitud llenaba toda la cuadra, desde Victoria (hoy Hipólito Yrigoyen) hasta Julio A. Roca, rebalsando ambos límites: serían unos setenta mil, desbordantes de fervor, que coreaban gritos como "Perón Presidente" y "Un millón de votos". Sólo una eficaz organización y una amplia receptividad podían haber congregado en tan pocas horas un público como ese. Perón se había despedido, momentos antes, del personal de la Secretaría: muchos le habían manifestado su intención de renunciar pero él les pidió que permanecieran en sus puestos.

Sus palabras —aparentemente sus palabras póstumas—

fueron admirablemente seleccionadas. El hombre que la noche anterior aparecía triste y desganado, en presencia de
la multitud había crecido y cobrado lucidez. No fue el suyo
un discurso beligerante ni aludió al origen de su alejamiento:
tácitamente se amparó en la explicación dada por Quijano.
Después de las palabras iniciales manifestó su fe en la permanencia de la obra social de la Revolución:

—La obra social cumplida es de una consistencia tan firme
que no cederá ante nada y la aprecian, no los que la deni-
gran, sino los obreros que la sienten. Esta obra social, que
sólo los trabajadores la aprecian en su verdadero valor, debe
ser también defendida por ellos en todos los terrenos.

Reseñó luego la labor cumplida y anunció que dejaba
firmados dos decretos: uno sobre asociaciones profesionales, "lo más avanzado que existe en esta materia" —aseguró— y otro referente al "aumento de sueldos y salarios, im-
plantación del salario móvil, vital y básico y la participación en las ganancias" que beneficiaría *a todos los trabajadores argentinos.*[81] Después de semejante anuncio, Perón
expresó algo cuya intención no parecía muy clara:

—Y ahora, como ciudadano, al alejarme de la función
pública, al dejar esta casa que para mí tiene tan gratos recuerdos, deseo manifestar una vez más la firmeza de mi
fe en una democracia perfecta, tal como la entendemos aquí.
Dentro de esa fe democrática fijamos nuestra posición in-
corruptible e indomable frente a la oligarquía. Pensamos
que los trabajadores deben confiar en sí mismos (sic) y
recordar que la emancipación de la clase obrera está en el
propio obrero. Estamos empeñados en una batalla que ganaremos, porque el mundo marcha en esa dirección. Hay que
tener fe en esa lucha y en ese futuro. Venceremos en un
año o venceremos en diez, pero venceremos. En esta obra, para mí sagrada, me pongo desde hoy al servicio del pueblo. Y
así como estoy dispuesto a servirlo con todas mis energías,
juro que jamás he de servirme de él para otra cosa que no
sea su propio bien... Y si algún día, para despertar esa
fe ello es necesario, ¡me incorporaré a un sindicato y lu-
charé desde abajo!

Las palabras de Perón llevaron la efervescencia al máximo. Nadie entendía bien por qué esa lucha podía durar diez años pero indudablemente todos sentían que Perón estaba ahora mucho más cerca de ellos que antes. Dijo algunos párrafos más pidiendo tranquilidad y calma, repitiendo la consigna "de casa al trabajo y del trabajo a casa". Hizo una frase efectista:

—Pido orden para que sigamos adelante en nuestra marcha triunfal: pero si es necesario, ¡algún día pediré guerra!

Y luego se le mezcló la letra de un bolero en la despedida:

—No voy a decirles adiós... Les digo "hasta siempre", porque de ahora en adelante estaré entre ustedes más cerca que nunca. Y lleven, finalmente, esta recomendación de la Secretaría de Trabajo y Previsión: únanse y defiéndanla, porque es la obra de ustedes y es la obra nuestra.

La explosión de entusiasmo fue memorable. La desconcentración fue larga y gritada, pero tranquila: esta vez fueron los democráticos quienes agredieron a los manifestantes. Un antiperonista desaforado disparó algunos tiros contra los que se retiraban en la esquina de Callao y Lavalle y frente a la casa de Perón también hubo un par de disparos contra un grupo que estaba allí vivando al coronel.

Mientras Perón se despedía así de los trabajadores, a no mucha distancia, en el Departamento Central de Policía, se efectuaba otra ceremonia de adiós: Velasco y Molina se alejaban formalmente de sus cargos. El ex jefe arengó a la tropa, la felicitó por su comportamiento en los últimos hechos y manifestó que se iba orgulloso de ellos. Cuando terminó, algo insólito ocurrió en las filas de uniformados parados en posición de firmes. Se escucharon gritos:

—¡Viva Perón!

Y también aplausos al jefe que se iba. Es que Velasco dejaba la Policía, pero el espíritu que le había insuflado habría de persistir. Los agentes de seguridad, en su gran mayoría, se sentían identificados con Perón. Durante los últimos meses se les habían elevado los sueldos, mejorado las condiciones de trabajo y provisto de nuevos elementos; además, la policía había expuesto el cuero en las algaradas callejeras, gozado de amplia libertad para la represión y sentido físicamente el odio y el desprecio de los sectores opositores, especialmente de los estudiantes. En octubre de 1945 la policía no era sólo una institución armada del Estado sino un cuerpo políticamente homogéneo, movido por sólidas motivaciones. Que seguramente se robustecieron cuando, terminado el acto, el propio Perón acompañado de Mercante concurrió al Departamento para saludar al íntimo amigo que había caído a su lado.

En suma, si el día anterior había marcado la derrota de Perón, el miércoles 10 fue una jornada que arrimó puntos a sus barajas. No se había desmentido la tesis oficial del renunciamiento, el gabinete que le era adicto se mantenía en el Policía, a quien el Presidente le había encargado momentos noche "La Época" tituló su primera página así: "La renuncia del Coronel Perón emociona hondamente al Pueblo" y también en la primera hoja comentó la dimisión como "Gesto magnífico". Pero algo mucho más importante había ocurrido ese día: en unas pocas horas había conseguido reunir un respetable número de obreros a los que había dejado su mensaje, transmitido a todo el país a través de la red oficial de broadcastings. La derrota de la víspera se había compensado en una medida bastante satisfactoria. Pero no era Perón el único que lo advertía: en Campo de Mayo también se escuchaba radio.

Cuando en la guarnición se difundió el discurso de Perón ante la Secretaría de Trabajo, el disgusto reemplazó de nuevo la euforia que había reinado hasta entonces. Que Quijano presentara la defenestración como un espontáneo renunciamiento había sido chocante pero en última instancia se podía explicar como una maniobra para hacer menos brusca la transición; pero que al día siguiente de su expulsión Perón dispusiera de la red oficial de broadcastings como si nada hubiera pasado, era algo ya inadmisible. Los hechos parecían dar la razón a los comentarios radiales en castellano difundidos desde Nueva York, que presentaban los últimos sucesos argentinos como una burda maniobra consumada entre Perón y su incondicional Ávalos. Los jefes y oficiales que se habían jugado en el operativo de liquidación de Perón estaban furiosos. Y no eran los únicos. Dos ómnibus y unos treinta automóviles conduciendo alumnos de la Escuela Superior de Guerra llegaron a Campo de Mayo casi sobre la medianoche: algunos de esos oficiales eran los que en la mañana del día anterior habían planeado hacerle a Perón un Barranca Yaco en la sede del instituto militar. El *subdirector de la Escuela* [32] habló con Ávalos en presencia de todos para significarle la urgencia de detener a Perón. Fue una reunión tormentosa y el flamante ministro de Guerra *debió imponerse a gritos* [33] en varias oportunidades.

Aseguró que al día siguiente, al hacerse cargo del Ministerio de Guerra, todo cambiaría: en pocas horas el panorama quedaría definitivamente aclarado. ¿Y Quijano? ¿Y los otros ministros? Ya habían ofrecido sus renuncias: en cuanto apareciera el decreto de convocatoria a elecciones se aceptarían las dimisiones y habría de constituirse un nuevo gabinete, de probada filiación democrática. ¿Y Perón? Estaba terminado: el de la tarde había sido su acto póstumo; mañana pediría a Farrell que lo hiciera detener para que no se anduviera haciendo el loco. ¿Y los amigos de Perón distribuidos en las guarniciones de la Capital, en la Secretaría de Trabajo, en las intervenciones federales? Todo se iría cambiando en su momento. Pero tranquilo, sin impaciencia...

Y en efecto, algo diferente se percibió en la cargada atmósfera política cuando al otro día —jueves 11— Ávalos, ya en posesión de su cargo, dijo estas palabras a los periodistas:

—Desde este momento ha cambiado la política del país. No hay candidaturas oficiales.

Y todavía esa noche (noche sin diarios opositores porque no aparecieron "La Razón" ni "Noticias Gráficas" ni por supuesto "Crítica", clausurada desde el 4) la declaración de Ávalos se amplió a través de un comunicado de la Presidencia. Afirmaba que "durante las consultas realizadas el 9 de octubre por el primer magistrado con los jefes y oficiales de Campo de Mayo —que culminaron con la renuncia del señor Coronel Perón— aquéllos reiteraron su anhelo de que el futuro gobierno sea la expresión auténtica de la voluntad popular, oponiéndose en tal sentido a toda candidatura que no surja de aquella voluntad, con el vivo deseo de que se evite en absoluto toda insinuación o sugestión oficial".

¿De modo que las historias de Quijano sobre renunciamientos y compromisos eran desmentidas por el mismo gobierno? ¿Así que la dimisión de Perón había sido la culminación de un proceso militar? Pero todavía vino una confirmación más, minutos después, apenas pasada la medianoche, cuando empezaba la fecha clave del 12 de octubre: apareció el decreto que obsesionaba a la oposición desde meses atrás, convocando al pueblo a elecciones generales para elegir presidente y vicepresidente de la Nación, gobernadores de provincia y legisladores nacionales y provinciales, para el 7 de abril de 1946. Quijano había firmado el decreto como último acto de su gestión, acompañándolo de un mensaje en el que afirmaba la necesidad de que el voto "tenga un sentido económico y social" para que "sólo surjan de las urnas los hombres capaces y honestos que merecen la confianza de la República".

Pero entre el juramento de Ávalos —por la mañana— y la aparición del decreto de convocatoria —a medianoche— habían seguido sucediendo cosas importantes. Los opositores empezaban a percibir que, después de todo, este había sido realmente, un golpe de Estado... A mediodía el ministro Antille, después de entrevistar a Farrell, reconocía que algunos colegas habían presentado sus renuncias. Se abría la posibilidad de una acefalía, de una vacancia de poder que era urgente aprovechar. Los dirigentes que una semana antes languidecían en la cárcel, ahora disponían de un ancho campo de maniobras. Pero eso sí: que fueran urgentes y decisivas. Ellos recién se estaban apercibiendo de que tenían el poder al alcance de la mano...

Esa noche, el suntuoso edificio del Círculo Militar, sobre Plaza San Martín, se convirtió en sede de una tumultuosa reunión castrense. Casi trescientos oficiales de todos los grados, incluyendo una veintena de marinos, se reunieron para resolver si volteaban a Farrell, si lo mantenían obligándolo a cambiar de gabinete o si se entregaba el poder a la Corte. Hubo un caótico debate. En algún momento se proclamó la necesidad de *matar a Perón*.[34] La llegada de Palacios interrumpió por un momento la asamblea; el líder socialista expresó que debía entregarse el poder a la Corte. Finalmente se resolvió de manera bastante confusa enviar una delegación para conversar con Ávalos. Expresión de la desorientación reinante, *los enviados* [35] debían pedir el levantamiento del estado de sitio, la inmediata convocatoria a elecciones (en momentos que finalizaba la asamblea se difundía por todas las radios el decreto de convocatoria) y la detención y procesamiento de Perón. Lo curioso es que la delegación no llevaba una opinión unificada: los marinos opinaban que debía entregarse el gobierno a la Corte y los militares postulaban el mantenimiento de Farrell. Todos coincidían, en cambio, en la necesidad de despedir al gabinete y designar nuevos ministros civiles. La comisión trató de comunicarse con Ávalos pero el ministro les rogó que postergaran la entrevista para la mañana siguiente: hacía tres días que no dormía.

Pero no era la del Círculo Militar la única reunión importante de esa noche. La Junta de Coordinación Democrática y una cantidad de personajes que la rodeaban también estaba analizando febrilmente el panorama político. Los últimos hechos empezaban a convencerlos de que acaso, después de todo, se estaba produciendo un "tournant" total de la situación. Crecía ahora la osadía opositora y estaban resueltos a jugar al todo o nada. Con Farrell, nada; el gobierno a la Corte. Pero si como consigna de lucha, lo de "el gobierno a la Corte" no era mala, como táctica política era pésima. Tratar de imponer esa solución era utópico. Ni el Ejército podía aceptar esa vergonzosa confesión de su fracaso ni la oposición disponía de poder para implementarla. Además, si Campo de Mayo era el ejecutor del golpe de Estado ¿por qué debía abandonar su prosecución a una institución ajena? Por otra parte, la Corte no inspiraba confianza a vastos sectores de la oposición, como el radicalismo intransigente; así lo habría de decir Luis Dellepiane en la Casa Radical días más tarde, acusando al alto tribunal de haber convalidado todos los actos antipopulares de los últimos quince años. Más aún: para los sectores obreros, un gobierno ejercido por la Corte era una directa provocación: se trataba del mismo tribunal que se había negado a tomar juramento a los jueces laborales y cuya opinión negativa sobre una serie de decretos de sentido social era bien conocida. Una objeción más: el presidente de la Corte puede hacerse cargo del gobierno en determinadas circunstancias, al solo efecto de convocar a elecciones dentro de los próximos treinta días; en este caso, las elecciones ya estaban convocadas, de modo que carecía de objeto su gestión. Y todavía una objeción de carácter práctico: el presidente de la Corte era un *respetable magistrado judicial* [36] que nada sabía de política y cuya vida había transcurrido entre libros y dictámenes. No era difícil suponer que caería rápidamente en manos de la gente que constituía su círculo habitual, representativa de lo más reaccionario del país. ¿Sería capaz ese jurisperito de instrumentar el complejo y delicado proceso de la normalización constitucional, en un país que estaba a punto de arder por los cuatro costados?

Pero ningún argumento convencía a la Junta de Coordinación Democrática, convertida de hecho en representante de los partidos tradicionales. Obnubilados por el resentimiento antimilitarista y el temor instintivo a la presencia popular, esos aprendices de políticos o apolíticos declarados se movían en un mundo nutrido por sus propias certezas, que nada tenían que ver con la realidad. Lo peor era que esos profesores universitarios, esos juristas, esos profesionales cuyos nombres aparecían en aquellos días como voceros de la mitad del país, eran manejados por personajes como Federico Pinedo o Antonio Santamarina, duchos en trapicheos de minorías pero totalmente ineptos para conducir la política de masas; o por Victorio Codovilla, que conocía la técnica de la lucha entre sectas pero cuya carrera burocrática en el comunismo local era una ejemplar antología de equivocaciones. Ninguno de estos personajes entendía nada del nuevo país y fatalmente tenían que errar.

El análisis retrospectivo hace que nos parezca increíble un error tan grueso como el que cometieron los dirigentes opositores. Esos hombres, formados en su mayoría en la dúctil escuela negociadora del conservadorismo se tornaron rígidos justamente cuando debían ser flexibles, se llenaron de retórica cuando debían ser prácticos, desbordaron de odio y desconfianza cuando debían acortar distancias con el Ejército. Actuaron instintivamente, no racionalmente, llevados por prejuicios y fobias en el preciso instante en que debían obrar con frialdad y decisión. Les faltó, es cierto, una cabeza conductora: si hubiera estado Braden en Buenos Aires, el proceso hubiera seguido secuencias muy diferentes... Pues a la luz de los hechos resulta evidente que lo único que debía hacerse era tomar todo el poder posible con quien fuera y en cualquier condición. ¿Para qué perder tiempo debatiendo si debía o no quedar Farrell? ¿Para qué crear la posibilidad de un peligroso vacío de poder? Farrell haría lo que se le mandara, una vez que estuviera rodeado por un gabinete homogéneo y decidido. Había que no perder un minuto en ese problema menor: facilitarle a Ávalos la formación de un gabinete con militares democráticos y pedir, a lo más, el Ministerio del Interior para una figura civil que fuera potable a todos los sectores —que los había, porque en el mercado político argentino abundan las figuras apolíticas dispuestas a sacrificarse por el país en los momentos de confusión...

Y sobre todo, no tocar a Perón. Neutralizarlo, silenciarlo, desmontar el aparato que había montado pero nunca convertirlo en mártir; negociar con los sindicatos sin hostilizarlos, presionar a los patronos —que ya querían ver derogadas todas las iniciativas sociales promovidas por Perón— para que comprendieran que la nueva legislación era irreversible y abrir rápidamente la carrera electoral para que el país empezara a distraerse. Eso era, básicamente, lo que exigía el momento político y social que se vivía en octubre del 45. Y fundamentalmente era indispensable rodear este operativo de un espíritu generoso, cegando todo cuanto fuera expresión de ese estilo político y vital que diez·años más tarde se llamaría "gorilismo"... Pero los dirigentes democráticos de 1945 estaban incapacitados para llevar adelante una política como esta. Condicionados por sus intereses, sus emociones y sus agravios —algunos de ellos relativamente justificados— querían jugar al todo o nada, sin advertir que ni siquiera participaban reglamentariamente en el juego; que eran colados cuyo ingreso a la rueda dependía de la buena voluntad de los jugadores. Y los jugadores reales —el gobierno y el ejército— ¿cómo podrían admitir a quienes llegaban proponiendo arrasarlos y humillarlos?

Esta crónica no puede clausurarse sin registrar un hecho que en ese momento pasó casi inadvertido: la llegada a Buenos Aires, al filo de la medianoche del jueves 10 de octubre, de un hombre que se dirigió silenciosamente a una casa situada a menos de cien metros del departamento donde Perón, casi solo, se hundía nuevamente en la depresión y el pesimismo. Ese hombre era Amadeo Sabattini, que viajaba desde Villa María *llamado por Ávalos*.[37] Dentro de la creciente confusión que comenzaba a desatarse, ese "vozarrón saludable que viene de la plebe" —como lo calificara Deodoro Roca años atrás— podía ser el que indicara la solución viable.

El "tanito de Villa María"... Es obviamente simbólico el hecho de que aquella noche Perón y Sabattini estuvieran tan cercanos físicamente —el primero en su departamento, éste en la casa de su hija, en Callao y Leandro N. Alem— pero en absoluta ignorancia el uno del otro... Sus caminos, que en algún momento se habían cruzado, ahora se alejaban definitivamente. Perón sabía muy bien dónde estaba su enemigo, cuando horas después de su renuncia barbotó su ira contra el dirigente cordobés: nunca le habían preocupado mucho esos figurones de los partidos políticos, carcamanes que jamás podrían convocar el fervor popular. Le preocupaba, en cambio, Amadeo Sabattini: un líder con real prestigio en todo el país, el único que podía medírsele en una confrontación electoral. Lo había cortejado, le había enviado señales amistosas y todo había sido en vano. La indecisión de Perón, esa larga demora en el poder que terminó por desgastarlo, se debía básicamente a su esperanza de llegar a un acuerdo con Sabattini.

—Si su amigo Sabattini hubiera aceptado, hace tiempo hubiéramos largado la carrera —le dijo Teissaire a *un amigo del dirigente intransigente* [38], a principios de 1945.

Pero Sabattini se sentía fuerte. Si Perón era desplazado del poder y se lograba que el gobierno observara un cierto "fair play" ¿quién podría arrebatarle la candidatura presidencial del radicalismo? Sabattini admitía la coordinación de esfuerzos con los restantes partidos al solo efecto de conseguir una apertura electoral sin continuismo ni presiones; o sea, al solo efecto de liquidar la influencia de Perón. Una vez desaparecido el candidato oficial, carecía de sentido cualquier forma de Unión Democrática. Cada fuerza iría a las elecciones con su propio caudal y allí se verían las realidades. Y en el plano de la vigencia popular, la realidad era él...

Por eso Sabattini alentó indirectamente a Ávalos y hasta es posible que, tal como lo acusaba Perón, le hubiera insinuado la posibilidad de integrar *una eventual fórmula.*[39] El binomio Sabattini-Ávalos sería, desaparecido Perón, la fórmula integradora del ala popular del radicalismo con el Ejército recuperado para la democracia; el otro sector radical, el alvearista, podía irse a buscar suerte en alianza con socialistas, comunistas y conservadores. ¡No era necesario ser muy sagaz para adivinar el resultado de una confrontación planteada en esos términos!

Parece comprobado que Sabattini adquirió tácitamente el compromiso de rodear al gobierno *de facto* con radicales intachables de origen yrigoyenista, en la eventualidad de que Perón fuera desplazado y se abriera la posibilidad de comicios libres, sin candidaturas oficiales. Y a eso llegaba don Amadeo, el único dirigente opositor que en ese momento entendía al país, en esa noche cuyo caleidoscopio reflejaba al gobierno en desbande, la oposición entregada al placer de los juegos verbales y las Fuerzas Armadas debatidas en una confusión suma.

V

El día siguiente traería mayor claridad en la confusión. Es decir que la oposición acentuaría sus equivocaciones, pero ahora de manera muy pública y concreta. Fue la jornada de la Plaza San Martín. El interés y la curiosidad asediaban al Círculo Militar donde —había trascendido— militares y marinos se encontraban en sesión permanente desde la noche anterior.

A partir de las diez de la mañana de ese viernes 12 de octubre —y a favor del feriado— empezó a congregarse un gentío que "La Prensa", al otro día, caracterizaba así: "Era un público selecto formado por señoras y niñas de nuestra sociedad y caballeros de figuración social, política y universitaria; jóvenes estudiantes que lucían escarapelas con los colores nacionales; trabajadores que querían asociarse a la demostración colectiva en favor del retorno a la normalidad." Este público fue creciendo a lo largo de la jornada, cercó el antiguo edificio de la familia Paz, participó en las alternativas que iban produciéndose, efectuó un "déjeuner sur l'herbe" y vociferó consignas, dijo y escuchó arengas, inscribió lemas antimilitaristas en las paredes del Círculo ("La Vanguardia" elogiaría más tarde la actividad política de los "rouges" femeninos y los espejitos de cartera, en uno de los sueltos más tilingos que registran los anales periodísticos argentinos), colocó crespones en las banderas, cantó innúmeras veces el Himno Nacional y La Marsellesa, dio libre curso a sus aborrecimientos y devociones, silbó a la Policía, abucheó a Vernengo Lima, casi linchó a un militar y se retiró hacia medianoche, después de tres sangrientas refriegas con policías y aliancistas.

Dentro de la mitificación que se ha hecho de esos días, la literatura peronista exageró el carácter indudablemente

oligárquico que prevaleció en la reunión de Plaza San Martín y aseguró que restos de *caviar y pavita y botellas de
champagne*[40] cubrieron abundantemente la zona. Por supuesto no fue así: pero salvando exageraciones es indiscutible que la concentración del 12 de octubre fue como si la
cabecera de la Marcha del 19 de setiembre hubiera *instalado
allí su vivac*.[41] Por los personajes que estuvieron, por su
tono general, la concentración de Plaza San Martín parecía
un esfuerzo para restaurar el antiguo régimen, más que
buscar la normalización constitucional.

A la misma hora en que empezaba a reunirse el "público selecto" frente al Círculo Militar, en la Secretaría de
Trabajo y Previsión se efectuaba una reunión de fisonomía
muy diferente. Mercante, cuya renuncia todavía no había
sido aceptada, conversaba con unos veinte dirigentes gremiales, convocados el día anterior. Fue este el primer intento de organizar alguna reacción en favor de Perón y de allí
surgió la iniciativa de convocar al organismo superior de la
CGT para instrumentar un movimiento. Pero los dirigentes no estaban seguros del éxito: necesitaban algunos días
para consultar a las bases y además la CGT había sufrido
demasiados embates en setiembre como para confiar plenamente en ella. Faltaban motivos para una movilización:
ni siquiera se había designado al reemplazante de Perón y
la central obrera no podía hacer nada que pareciera oponerse a la normalización constitucional, contraviniendo
sus propias manifestaciones de diez días atrás. Pero aun
vacilante, la reunión de esa mañana fue el primer paso
hacia un movimiento cuya forma y sentido todavía no se
entrevía.

Una de las preguntas que los sindicalistas formularon a
Mercante más acuciosamente fue la del paradero de Perón,
pero él mismo no lo sabía con certeza. El coronel había salido de Buenos Aires esa madrugada. Había buenos motivos
para no quedarse en la ciudad: las amenazas de muerte que
se habían proclamado públicamente en Campo de Mayo y
en el Círculo Militar, la creciente presión sobre Farrell para
que ordenara su detención, incluso el cansancio y la tensión

acumulados sobre sus espaldas en los últimos días. Perón había resuelto irse a San Nicolás. Presumiendo que podría ser buscado, indicó a Mercante que si era interrogado sobre su paradero, no lo ocultara. Mercante pidió a su amigo que dejara sus señas por escrito, para no pasar por delator y Perón escribió *una esquela en ese sentido*.[42]

Hacia la medianoche del jueves dejó su departamento y se fue en automóvil con Eva Duarte, el hermano de ésta, y "Rudi" Freude, hijo de un amigo suyo; el mismo Perón manejaba. Al despedirse de Mercante, éste le dijo:

—No se va a ir ¿no? ¿Nos vamos a seguir jugando?

—¡Claro que sí! —fue la respuesta. El requerimiento de Mercante aludía a la posibilidad de que Perón decidiera irse del país, que se había barajado entre otras durante las conversaciones mantenidas en esos días con diferentes amigos. Mercante lo escoltó con su propio automóvil hasta pasar la Avenida General Paz. Pero el viaje de Perón se detuvo en una localidad cercana a Buenos Aires; Freude lo convenció de que fuera a pasar unos días en la isla que tenía su padre en el Delta y poco después se encaminaron hacia allí.

Al día siguiente, mientras la reunión opositora de Plaza San Martín alcanzaba su máximo frenesí, Mercante fue a encontrarse con Perón. Cuando llegó a la casa donde suponía que había pasado la noche, encontró que la policía tenía detenidos a Juan Duarte y Freude. Un oficial de investigaciones le indicó que por orden superior debía señalarles el paradero de Perón. Mercante se puso en contacto telefónico con Mittelbach y le pidió que viniera, para conducirlo al lugar donde estaba el coronel. Poco después una pequeña caravana de automóviles lo llevó hacia el Tigre. En dos lanchas hicieron el corto trayecto hasta el Tres Bocas: cuando llegaron, pudieron distinguir a Perón paseando del brazo con su compañera frente al embarcadero isleño.

Breve conversación de Mittelbach con Perón: el jefe de policía le comunicó que Farrell había ordenado detenerlo porque existían motivos para temer por su vida. Perón preguntó adónde lo llevarían y su interlocutor le dijo que creía que sería enviado a un buque de la Armada o tal vez a la isla Martín García. Perón reaccionó con disgusto. Le pidió que hablara con el Presidente para que no se lo sacara de su jurisdicción natural, como correspondía a su estado militar, Mittelbach así lo prometió y todos volvieron a embarcarse. En Tigre subieron al automóvil de Mercante: Perón, Mittelbach, un chofer, el dueño del vehículo y Eva, que por momentos no podía reprimir el llanto. Llegaron al edificio de Posadas pasada la medianoche y el jefe de Policía dejó que Perón, Eva y Mercante subieran al departamento. Minutos después llegó el mayor Héctor D'Andrea, subjefe de Policía, a quien el presidente le había encargado momentos antes la tarea de detener a su ex vicepresidente y conducirlo a la cañonera "Independencia". Volvió a pedir que no se lo detuviera en un lugar ajeno al Ejército; D'Andrea se limitó a expresar que cumplía órdenes del Presidente. Una docena de automóviles estacionados en la cuadra de Posadas entre Callao y Ayacucho daba cuenta de que algo importante estaba ocurriendo en el aristocrático barrio.

Mientras Perón se afeitaba, Mercante le reseñó los contactos que había tomado esa misma mañana y la decisión con que los dirigentes sindicales recibieron sus indicaciones.

—Esté absolutamente seguro, Perón, de que vamos a conseguir la reacción que esperamos. Absolutamente seguro —reiteró—. Quédese tranquilo porque todo está en marcha...

Una breve y emotiva despedida con su compañera y luego Perón bajó para subir en un automóvil con D'Andrea y Mercante. El vehículo enfiló hacia el puerto y se detuvo en la pasarela de acceso a la cañonera "Independencia". Descendieron. Eran casi las tres de la madrugada del sábado. Estaba brumoso y Perón, con un chucho de frío, subió el cuello de su impermeable. Mercante dio un apretado abrazo a su amigo y le murmuró por última vez:

—¡Confianza! ¡Tenga confianza!

Perón murmuró unas palabras recomendándole a Eva y luego, suelto y natural, subió la pasarela. Su amigo quedó mirándolo desde abajo. De pronto advirtió que el marinerito que montaba guardia a su lado estaba llorando; por su morocho rostro le corrían las lágrimas silenciosamente.

—Entonces sentí una enorme tranquilidad —evoca Mercante a casi un cuarto de siglo de los hechos— ¡y supe con claridad total que íbamos a *ganar la partida*! [43]

Mientras el hombre que hasta tres días antes había sido todopoderoso andaba en estas peregrinaciones, en Buenos Aires los hechos iban adquiriendo un vertiginoso ritmo. A media mañana Ávalos recibió a los delegados del Círculo Militar. Estrictamente, sólo representaban a los militares y marinos que se habían reunido allí la noche anterior: muchos de los deliberantes estaban retirados del servicio activo, no habían asistido representantes de las divisiones del interior y en el caso de la Marina, quien llevó la orientación del cuerpo fue el *almirante Domecq García* [44], que tenía ochenta y seis años de edad y hacía diecisiete que estaba desvinculado del servicio. De modo que los delegados sólo podían llevar la expresión de un grupo más o menos representativo de camaradas y nada más. Sin embargo, la conferencia entre Ávalos y los delegados adquirió la dimensión de un cambio de ideas definitivo entre la totalidad de las Fuerzas Armadas y el ministro de Guerra.

Ávalos pidió que le tuvieran confianza, rechazó la idea de entregar el gobierno a la Corte porque el Ejército —dijo— no lo aceptaría y auguró que en pocas horas más se aceptaría la renuncia del ministro Quijano. Mientras Ávalos y sus visitantes dialogaban, se difundía por radio la arenga de Quijano subrayando la importancia de la convocatoria a elecciones anunciada en la medianoche anterior. Luego fueron todos a visitar a Farrell en la residencia presidencial de Avenida Alvear. Vuelta a hablar de las mismas cosas e insistencia de los delegados en que el gabinete Quijano fuera despedido de inmediato y que Vernengo Lima —que se había incorporado al grupo— fuera designado ministro de Marina. Farrell dijo que sí. También pidieron los enviados del Círculo Militar que se dispusiera la detención de Perón y su procesamiento; Farrell no dijo que no, pero señaló que era amigo suyo: horas más tarde ordenaría la detención, que de inmediato se hizo efectiva, como hemos visto.

A las dos de la tarde se difundió por radio que el gabinete había presentado su renuncia y que el presidente estudiaba la futura integración del ministerio. Se agregaba que estaba contemplándose la aplicabilidad del Estatuto de los Partidos Políticos y que los ciudadanos que fueran llamados a colaborar representarían "la máxima garantía por su prestigio, experiencia e imparcialidad". En el vocabulario de la época, hablar de gente con prestigio y experiencia era hablar de conservadores... A esa hora miles de personas colmaban ya los alrededores del Círculo Militar, coreaban estribillos antimilitaristas y tenían virtualmente cercado el palacio de los Paz. Momentos antes, un grupo de niñas y caballeros compraron "sándwiches" y bebidas y las fueron repartiendo graciosamente entre la concurrencia. Cuando se difundió el comunicado oficial de boca en boca (recordemos que no existían radios portátiles en esos felices años) una explosión de entusiasmo sacudió al gentío. Era la primera derrota pública del gobierno militar. Pero los personajes importantes que allí estaban no se contentaban con un simple cambio de gabinete. Ellos insistían: ¡Gobierno a la Corte!

Al mediodía, valiéndose de un improvisado altoparlante, Alejandro Lastra, en nombre de la Junta de Coordinación Democrática, había anunciado a la multitud que los partidos que este organismo agrupaba, así como los obreros y estudiantes, exigían la entrega del gobierno a la Corte. Las palabras de Lastra fueron aclamadas; pero la verdad era que se trataba sólo de un "bluff". La UCR, el partido cuantitativamente más importante, no se había pronunciado al respecto y Sabattini estaba en ese momento moviéndose para evitar una decisión de la Mesa Directiva que frustrara el operativo que planeaba. Por otra parte, la Junta de Coordinación Democrática no asumía ninguna representación: era un conjunto de caballeros que actuaba para urgir la constitución de una Unión Democrática y se mantenía en contacto con los partidos y los restantes grupos opositores de estudiantes, empresarios, comerciantes, ganaderos e industriales pero de ningún modo era un organismo suprapartidario; al anunciar que todos los partidos pedían la entrega del gobierno a la Corte interpretaban en parte la opinión de la oposición pero sobre todo expresaban sus propios deseos. Se habían reunido horas antes en el estudio de Paseo Colón donde Alejandro Lastra atendía los asuntos jurídicos de los ferrocarriles británicos; luego lo hicieron en el domicilio del ingeniero Justiniano Allende Posse; mucha retórica y pocas decisiones prácticas fueron el saldo invariable de estos conciliábulos. "Sabíamos que pedir que el poder pasara a la Corte era una consigna muy mediocre; pero lo cierto es que en ese momento era la única que podía unir al mosaico que constituía la oposición" —ha dicho Germán López, quien representaba en esas deliberaciones a la juventud universitaria, como presidente de FUA.

De todos modos, lo del gobierno a la Corte era aparentemente la única propuesta de la oposición congregada en Plaza San Martín. Ghioldi y Palacios lo reiteraron a los periodistas, bajo los árboles de la plaza, agregando el segundo que había que detener y procesar a Perón. Todo el clima de la concentración era de exaltación civilista y repudio a los militares. En una reunión realizada en el local de un diario de la tarde, Sanmartino había dicho que el Ejército estaba de rodillas y era necesario terminar con él; al día siguiente, el semanario comunista "Orientación" titularía su primera página así: "Rendición incondicional: ¡el Gobierno a la Corte!"

Cuando la delegación que había entrevistado a Ávalos y Farrell regresó al Círculo Militar, sus comitentes la recibieron con disgusto: no los habían mandado para que Vernengo Lima volviera ungido ministro sino —los marinos— para que se concretara la entrega del poder a la Corte; o al menos —los militares— para que se ordenara la detención de Perón. Hubo discusión y hasta escenas de pugilato en los señoriales salones. Uno de los enviados, el general Guglielmone, intentó hacerse oír desde el balcón. "¡Que se vayan! ¡Botas no, votos sí! ¡Al cuartel!", fueron los gritos que hicieron imposible su discurso. Minutos después fue Vernengo Lima quien trató de hablar desde el balcón. Su arenga fue una extraña antífona, con el coro del "público selecto" interrumpiéndolo a cada frase: un triste espectáculo que culminó cuando en su desesperación por conseguir la confianza de su vociferante auditorio, gritó el célebre in promptu:

—¡Yo no soy Perón! [45]

Todo era inútil. Los alrededores del Círculo Militar, convertidos en improvisada tribuna, daban acogida a cualquiera que quisiera lanzar sus peroratas, como el actor Pedro Quartucci, estudiantes variados y otros personajes. En un momento dado, alguien puso un cartel en el frente del Círculo: "Se alquila." Un militar, indignado, quiso sacarlo: diez, veinte personas, entre ellas varias señoras se le vinieron encima y lo hubieran linchado si no lo salvan a tiempo. De todos modos quedó *gravemente lesionado*.[46] En otro momento le arrebataron su carga a un canillita que voceaba "La Época" y formaron con los diarios una pira a cuyo alrededor se improvisó una danza en la que no fueron las menos entusiastas las damas que prefiguraban a las "señoras gordas" de diez años más tarde... Y así siguió el candombe democrático durante toda la tarde.

Era la hora del té cuando la *Junta Coordinadora Democrática entrevistó a Ávalos*.[47] Se conoce *una versión taquigráfica de la conversación* [48] a la que precedió una breve charla con el almirante Leonardo Mac Lean en la antesala del ministro de Guerra; el marino les manifestó que su arma también era partidaria de la entrega del gobierno a la Corte, pero que este criterio no había prevalecido. Calificó a Ávalos de *energúmeno* [49] y los hizo pasar con un gesto de desaliento.

Al entrar al despacho se produjo un gracioso equívoco: los visitantes manifestaron a Ávalos que estaban dispuestos a escucharlo pero éste, asombrado, les dijo que él no los había llamado, que creía que la audiencia había sido solicitada por ellos... Los miembros de la Junta iban a retirarse cuando Ávalos les pidió que, no obstante, se quedaran para cambiar ideas. El pequeño "imbroglio" era un testimonio del caos de esa jornada. Abrió el fuego Ordóñez:

—La opinión nuestra es la de todo el país. Debe entregarse el poder a la Corte Suprema de Justicia.

Responde Ávalos:

—Eso no puede ser. No es decoroso para el Ejército.

Agregó que la revolución del 9 de octubre era más fuerte que la del 4 de junio, porque ésta se hizo contra un gobierno claudicante, mientras que aquélla se hizo contra un gobierno fuerte.

—A mí se me dijo que a Perón no lo volteaba nadie. Lo volteé. Además no puede entregarse el gobierno a la Corte, pues esto no sería constitucional. Recuerden que hay un Presidente. Yo no soy abogado, pero esto creo que significa que los argentinos tienen un gobierno y éste puede devolver la normalidad por medio de elecciones.

Terció Carreira:

—Y bien, señor Ministro, ustedes, que han hecho la revolución, pueden hacer que renuncie el Presidente y no habría dificultades...

—Eso no. Farrell es un buen hombre y es amigo mío. Estamos dispuestos a formar un gobierno. Ya verán ustedes que quedarán satisfechos y dentro de siete días me lo van a decir... Eso sí, nada de políticos; buscaré figuras de prestigio y que valgan y signifiquen una garantía.

A una pregunta de Houssay, reiteró que Farrell aceptaría sus consejos. Lastra inquirió sobre el levantamiento del estado de sitio; Ávalos dijo que por ahora no se levantaría:

—Se nos vendría la avalancha...

Aseguró que terminaría rápidamente con los amigos de Perón, anunció que éste sería detenido y se jactó de haber puesto en libertad a los estudiantes que todavía estaban presos. Poco después terminó la entrevista, no sin que Ávalos —abierto de piernas en su despacho, bien clavados los pulgares en el cinturón, sobrador y seguro— afirmara que él tenía sus amigos y que gobernaría con ellos.

Entretanto, el público seguía cercando el Círculo Militar. Ya se habían agotado las arengas, los slogans; tizas y "rouges" se gastaron injuriando las paredes del edificio.

El público, antes eufórico, ahora estaba irritado. Había transcurrido todo el día y los resultados del esfuerzo común eran bien flacos. Todos los signos anunciaban que la nerviosa jornada terminaría en tragedia. Y así sucedió. La agresividad verbal contra los militares y policía había llevado los ánimos a un punto de efervescencia, sumándose a todo ello la falta de noticias concretas sobre las deliberaciones —ya inconducentes— que seguían realizándose en el interior del Círculo Militar y la evidencia —ya incontestable— de que el gobierno no sería entregado a la Corte. Hacia el anochecer habían estallado grescas parciales entre aliancistas que merodeaban las inmediaciones, con grupos estudiantiles y de la juventud comunista.

A eso de las nueve de la noche ardió de súbito un espectacular tiroteo entre los efectivos policiales y un sector de manifestantes; la Plaza San Martín se convirtió en un campo de batalla. Casi media hora duró la fusilada. Por ambos lados había ganas de matar y no se ahorraron balas. La mayor parte del público abandonó rápidamente el lugar, pero quedaron grupos de activistas que más tarde volvieron a tirotearse con la policía.

El comunicado policial —firmado por el subjefe D'Andrea— aseguró que los agentes fueron agredidos cuando exhortaban pacíficamente a la dispersión; todos los partidos y organismos opositores así como muchos testigos presenciales afirmaron que la agresión partió de los efectivos de seguridad, que se lanzaron a una carga de caballería como si estuvieran en Balaklava... La polémica fue y es inútil y seguramente los dos bandos tenían razón: la carga de odio abundaba en los dos frentes... El saldo de los tiroteos arrojó *un muerto* [50] y más de cincuenta heridos, entre ellos una buena docena de policías.

La jornada del 12 de octubre había sido negativa para la oposición, a pesar de que en su momento fue considerada como una demostración de fuerza muy convincente. Pero la oposición no solamente no había podido imponer su planteo de entregar el poder a la Corte sino que había carecido de imaginación y ductilidad para modificar su táctica, vista la imposibilidad de convencer al Ejército y al gobierno. Además, los sectores reunidos alrededor de la Junta de Coordinación Democrática habían evidenciado cruda y agresivamente el histerismo antimilitar que los dominaba, lo que ciertamente no pasó inadvertido a los centenares de oficiales que estaban mezclados a la multitud, vestidos de civil, ni a los que se encontraban en el Círculo. Tampoco habían disimulado la intención restauradora del régimen anterior a 1943 establecida por la presencia de muchos personajes que aparecieron en papel protagónico, sin contar a aquellos que se movían entre las bambalinas con menos notoriedad, pero acaso con mayor eficacia. Por otra parte, en la reunión había campeado un definido estilo social: el "tout Buenos Aires" estaba allí y los aportes de los partidos democráticos y organizaciones estudiantiles no alcanzaron a modificar el aspecto aristocrático, de "buen tono" del público, más aún del que había tenido la Marcha, lo que hacía más drástico el carácter clasista del enfrentamiento que se avecinaba.

Los diarios saludaron la concentración de Plaza San Martín como un triunfo de la democracia, un cabildo abierto que inauguraba una nueva etapa para el país. Pero la verdad es que fue una derrota para la oposición. No tanto por lo que pudo hacer como por lo que reveló sobre el verdadero carácter de una fuerza que, por debajo de la retórica de sus dirigentes, alimentaba resentimientos, prejuicios y limitaciones que debían vedarle, fatalmente, el camino del poder. Esta incapacidad, al borrar una alternativa posible, tornaba más oscuro aún el panorama político. Torpeza en la oposición, violencia por todas partes, un gobierno casi acéfalo, con el gabinete recién despedido y un solo ministro, Ávalos, en ejercicio, y otro, Vernengo Lima, que todavía no había asumido su cargo: este era el tétrico panorama con que se cerraba aquel inolvidable 12 de octubre. Y aún debe agregarse al conjunto un hecho que todavía no era conocido por el público, pero que pondría un factor emotivo de tremenda peligrosidad en este sombrío panorama: la detención de Perón.

Habían sido jornadas demasiado tensas para que su clima
demoledor se mantuviera indefinidamente. El sábado 13
amaneció un día de primavera, brillante, fresco, glorioso:
de esos que Buenos Aires suele regalar por excepción antes de precipitarse a la caldeada gelatina de su verano. La
ciudad parecía tranquila. El resto del país, absolutamente
normal. La Plaza San Martín era recorrida desde la mañana
por pequeños grupos atribulados, que buscaban los signos
de la violencia de la noche anterior, sobre la que no había
aún información periodística dada la hora en que se desató.
Ya se sabía que habían cesado las reuniones del Círculo
Militar, pero la versión de la detención de Perón, ocurrida
esa madrugada, corría velozmente por todos los círculos,
aunque tampoco los matutinos nada decían al respecto.

"La Prensa" publicaba, por primera vez desde la reimplantación del estado de sitio, un editorial sobre la actualidad política. Es de imaginar la avidez con que sus lectores
devoraron la opinión del prestigioso matutino. ¿Qué decía
"La Prensa"? Saludaba lo que calificaba de "triunfo de la
opinión pública". "En tres días —expresaba— se ha trans-
formado el panorama político de la República." Afirmaba
que acababa "de destruirse un nuevo personalismo". Esta
palabra —"personalismo"— había sido el caballito de batalla de la lucha contra Yrigoyen, quince, dieciocho años
atrás... La alusión a este "nuevo personalismo" asociaba
al caudillo radical y a Perón con intención peyorativa: curiosamente coincidía con los esfuerzos que el Vicepresidente
había hecho para lograr una identificación de su persona,
en la sensibilidad popular, con la figura del jefe radical.
(Por esos días también "La Vanguardia" denunciaba la
"peronización yrigoyenista" del oficialismo bonaerense.) Y
luego entraba a la sustancia, como correspondía a uno de
sus famosos "artículos de fondo" que otrora volteaban ministerios o eran citados en el Congreso. ¿Cuál era el fondo
del problema nacional para "La Prensa" del 13 de octubre
de 1945? Pues... castigar a los policías culpables de haber
maltratado a los estudiantes... ¡En momentos en que la
oposición, desorientada y confusa, requería aclaraciones y

definiciones concretas, su máxima expresión periodística minimizaba la situación del país a un desquite — una vindicta, en el mejor de los casos a nivel policial!

El hecho da una idea de la ineptitud política de los sectores más representativos de la oposición; y la acentúa la circunstancia de que el editorial del diario de los Paz fuera comentado en los círculos opositores como un mazazo sobre el agonizante régimen de Farrell; como una luminosa referencia para los núcleos que seguían esperando, después de todo, que el gobierno resignara su poder en la Corte.

Pero en los altos niveles del gobierno —de lo que quedaba del gobierno—, las preocupaciones eran otras. Era urgente constituir gabinete. Vernengo Lima juró a mediodía su cargo y de inmediato se repartió con Ávalos la responsabilidad ministerial con carácter provisional: el titular de de Marina, los de Instrucción Pública y Relaciones Exteriores. El mismo sábado se hizo cargo *Juan Fentanes* [51] de una repartición que no podía seguir vacante: la Secretaría de Trabajo y Previsión.

Esa misma tarde, después de una conferencia entre Farrell y sus dos únicos ministros, Ávalos retorna a la residencia presidencial con una inesperada compañía. Erguido a pesar de su edad, bigote y cabello blanco, severamente trajeado de oscuro, el visitante era la imagen del señorío, el sosiego y el equilibrio intelectual. Se trataba del doctor *Juan Álvarez* [52], Procurador General de la Nación, a quién Farrell llamaba para pedirle que se encargara de la formación de un nuevo gabinete.

¿Quién sugirió el nombre de Álvarez y qué significaba su aparición en el panorama político? Fue Sabattini quien deslizó la sugerencia a Ávalos, en una entrevista mantenida en la casa de su yerno, *en la mañana del sábado*. [53] El líder radical se había entrevistado con sus amigos durante la víspera. Mientras miles de personas se desgañitaban en la Plaza San Martín pidiendo la entrega del poder a la Corte y Perón era buscado por la policía, Sabattini evaluaba cuidadosamente si convenía allegar al desfalleciente gobierno militar algunos de sus fieles para llenar rápidamente las vacantes ministeriales y acelerar el proceso de normalización. La dureza de la posición opositora —compartida unánimemente por el ala mayoritaria de la UCR— y la violencia policial de esa noche, terminaron por disuadir a Sabattini de la alternativa de rodear a Ávalos, quien le había hecho saber que tenía a su disposición todas las carteras ministeriales, menos las dos militares. Algunos de sus visitantes lo instaban a aprovechar el ofrecimiento de Ávalos: Arturo Jauretche le aconsejó que hiciera "funerales de primera" a Perón y *tomara el poder.*[54] *Eduardo Colom se puso a sus órdenes* [55] y con él, "La Época", cuyo tiraje había crecido verticalmente esos días.

En ese momento decisivo, Sabattini creyó que el ofrecimiento de Ávalos —que llevaba el valor entendido de conducir el proceso de normalización y su propia candidatura presidencial— tenía el inconveniente de dar a su futura postulación un dejo oficialista que no le arrimaría ventajas. Prefería ser ligeramente opositor, pero con un gobierno controlado por Ávalos y dispuesto a hacer juego limpio. Entonces se decidió a actuar para que la UCR no se pronunciara por la entrega del poder a la Corte y paralelamente buscó una solución intermedia: aconsejó a Ávalos, en la mañana del sábado, que sugiriera a Farrell el nombre de Álvarez. El dirigente cordobés había conocido a Álvarez en sus mocedades rosarinas y tenía un alto concepto de su patriotismo. La solución que proponía tenía varias proyecciones: Álvarez no era la Corte, pero era un hombre de la Corte y eso apaciguaría a la oposición; formaría un gabinete teñido de conservadorismo, pero se portaría decentemente en el proceso de normalización. Y Sabattini tendría una contrafigura, un "sparring" sobre el cual golpear sin mayor riesgo...

La solución pareció viable a Ávalos. Aunque había contado con tener por colegas a "sus amigos", los hombres del radicalismo intransigente, como Francisco Ratto, Héctor Dasso o Roque Coulin, la variante de Álvarez era interesante. El sábado al mediodía se la planteó a Farrell, que estaba entregado de antemano a cualquier sugestión de su ministro de Guerra y sólo se preocupaba por dos cosas: no agraviar al Ejército entregando el poder a la Corte —cosa que Quijano, antes de irse, le había puntualizado *con mucha claridad* [56]— y no permitir agresiones contra su amigo Perón.

Después de una estirada conversación, Álvarez aceptó considerar la posibilidad de convertirse en una suerte de primer ministro. Era cosa nueva dentro de los hábitos institucionales argentinos y el procurador tomó muy a pecho el toque británico de su investidura, pues actuó con el parsimonioso decoro de un *leader* parlamentario al que la Reina convoca a formar ministerio... Tardó un día entero en aceptar el ofrecimiento presidencial, después de consultar con el presidente de la Corte Suprema y sus colegas del alto tribunal, y otros tres más para llevar a Farrell la lista de los ministeriables, después de un exasperante proceso de pausadas entrevistas y morosas conversaciones con sus amigos. Cuatro días escribiendo y tachando nombres, mientras el país entero empezaba a temblar sobre sus cimientos...

Pero si estos eran los hechos notorios que la opinión pública seguía al minuto, otras cosas menos resonantes estaban configurando silenciosamente un proceso de creciente peligrosidad. Por ejemplo: esa misma mañana del sábado 13, el capitán Héctor Russo, que había sido hasta dos días antes director de Delegaciones Regionales en la Secretaría de Trabajo y Previsión y fuera detenido inmediatamente después de la renuncia de Perón, al ser puesto en libertad empuñó un teléfono y empezó a comunicarse con las oficinas de la Secretaría distribuidas en todas las provincias. Comunicó que el coronel había sido detenido esa madrugada, que la CGT estaba por reunirse para considerar una declaración de huelga general, que la reacción patronal se había apoderado de la Secretaría, que en todo el Gran Buenos Aires existía inquietud. Aconsejó mantenerse en contacto y preparados para *cualquier eventualidad.* [57]

El mismo día y sin tener contacto con Russo, Mercante cumplía también una fatigosa jornada. Después de haber dejado a Perón en la cañonera que lo conduciría a Martín

García, empezó a recorrer los aledaños de Buenos Aires para ratificar las gestiones del día anterior. Durante todo el sábado habló con centenares de dirigentes de todos los niveles. Ellos tenían la consigna de esperarlo en determinados lugares; Mercante iba llegando cuando podía, les contaba la prisión de Perón y señalaba el jueves 18 como fecha óptima para una huelga general. A veces la gente que lo esperaba no estaba en las lecherías, que eran los lugares de cita, y entonces los mismos mozos le decían:

—¿Usted es el teniente coronel Mercante? Los muchachos lo esperan en el corralón de la esquina...

O en el taller de la vuelta o en la casa de enfrente. Nadie falló a la cita y Mercante, previniendo su próxima detención, dejó la consigna de atender sólo sus indicaciones o las de Hugo Mercante, funcionario de la Secretaría de Trabajo y Previsión. Sus trabajos terminaron a la tarde, cuando se presentó al Ministerio de Guerra —que lo había citado con urgencia— y se le dio orden de presentarse arrestado en Campo de Mayo, donde permaneció hasta el 17 de octubre al mediodía, virtualmente incomunicado.

Pero algo todavía menos detectable que estas conferencias sucedía también ese sábado primaveral: en centenares de fábricas y empresas del cinturón industrial de Buenos Aires, al ir a cobrar la quincena, los obreros se encontraron con que el salario del feriado del 12 de octubre no se pagaba, a pesar del decreto firmado días antes por Perón. Panaderos y textiles fueron los más afectados por *la reacción patronal*.[58]

—¡Vayan a reclamarle a Perón! —era la sarcástica respuesta que se daba detrás de la ventanilla de pago a las preguntas que formulaban los obreros.

Algunos dirigentes trataron de comunicarse con la Secretaría de Trabajo y Previsión para denunciar la infracción, pero —según se dijo después— no fueron atendidos; lo mismo habría pasado el lunes y martes siguientes, cuando el organismo ya tenía titular. El nuevo secretario de Trabajo y Previsión pronunció esa noche del sábado una alocución radial que era jurídicamente un modelo. Aseguraba

que las conquistas obreras serían respetadas y perfecciona-
das en la medida de lo posible, opinaba que la Secretaría a
su cargo no debía promover "audaces improvisaciones" en
materia laboral, pero tampoco quedar rezagada; aseguraba
a los patrones que no se impondrían medidas que ellos no
hubieran estudiado previamente y anunciaba que el organismo no sería sede "de actividades personalistas o partidarias". Con palabras bastante angelicales concluía afirmando que "esta Secretaría... resolvería con criterio de
equidad y justicia las diferencias entre capital y trabajo
que no se hayan podido conciliar... al resolver esos problemas, la solución final debe satisfacer a ambas partes".
Como definición de un organismo laboral era teóricamente
perfecta: pero el académico discurso, pronunciado precisamente en ese momento, cuando la caída de Perón era interpretada por grandes sectores de obreros —y no sin razón—
como augurio de liquidación de las mejoras obtenidas hasta
entonces, resultaba definidamente patronal. Y así lo interpretó también la prensa opositora. "Que así sea", rezaba
irónicamente el encabezamiento de "La Razón" al discurso
y "La Nación" dedicaba dos días después un editorial a "La
tarea reconstructiva", que entre otras cosas exigía —según
el diario de los Mitre— la revisión de la política de la Secretaría de Trabajo y Previsión, "cuyos trastornos causa-
dos en la organización económica ha dado origen a consecuencias dañosas en alto grado".

Tampoco podía establecer con precisión, pero sí presumirse, la íntima reacción de millones de argentinos frente
al rencoroso titular con que "Crítica" anunció, en la tarde
de ese sábado 13, la detención de Peron: "Ya no constituye
un peligro para el país." O el inexplicable silencio de "La
Época", que nada dijo de ese hecho en tal día y al siguiente
afirmó, inconvincentemente, que no había publicado la noticias en aras de la tranquilidad pública... O los alucinantes,
morosos pasos de Álvarez, que el sábado se iniciaba "en
función de primer ministro europeo", como lo calificaba
respetuosamente "Noticias Gráficas". Después de hablar
con el presidente, Álvarez entrevistó al otro día al titular

de la Corte Suprema para requerirle formalmente su aquiescencia para cumplir el encargo conferido, luego reunió a los
presidentes de todas las Cámaras Federales de Apelaciones
del país para confirmar su apoyo, tras lo cual volvió a visitar al presidente de la Nación para contestar afirmativamente al encargo de formar gabinete y a continuación empezó a recibir en su despacho durante tres días a una larga
cola de ministeriales, algunos de los cuales eran como para
ponerse a temblar: Melo, Saavedra Lamas, Hueyo, Iturbe,
Pinedo...

Eran, indudablemente, hechos cuya repercusión se ignoraba, porque el clima exultante creado por la gran prensa
ocultaba —de una manera tan miope como suicida— las expresiones que llegaban desde abajo, desde los cañaverales
de Tucumán, desde Alta Córdoba, desde los suburbios de
Rosario, desde Berisso, Ensenada y Avellaneda. Si alguien
hubiera tratado de determinar objetivamente lo que estaba
ocurriendo en esos estratos olvidados, hallaría que ese sábado empezaba a formarse en el espíritu de millones de argentinos, distribuidos en todo el país, un oscuro y amargo
complejo de sentimientos: indefensión frente a las abusos
patronales, resentimiento por la pérdida de un organismo
estatal que ya sentían como algo propio, pena a causa de la
prisión del hombre que les había hablado como a seres humanos, irritación por el torpe revanchismo de la prensa
opositora, burla por la ineptitud de los nuevos salvadores
que le habían salido al país...

VI

Pero no había lugar para estos análisis en las filas opositoras. A partir de la concentración de Plaza San Martín,
una euforia creciente, una sensación de triunfo arrollaba
todas las cavilaciones.

—Las cosas se están aclarando —se permitió decir el domingo el presidente de la Corte.

Y su cautelosa expresión pareció certificar que el proceso se encarrilaría definitivamente en el sentido deseado por la oposición.

En efecto, el minúsculo gabinete bipersonal estaba empeñado en continuar halagando a la oposición, brindándole garantías y satisfacciones. El sábado renunció en pleno *la Corte Electoral* [59] y el lunes se deroga el Estatuto de los Partidos Políticos, "atendiendo a los íntimos reclamos de la ciudadanía", según el decreto pertinente. Se releva al director del Colegio Militar y se cambian los jefes de un par de regimientos de la Capital Federal; se ordena la devolución de las universidades a sus autoridades y la reapertura de las casas de estudio; se disuelve la Subsecretaría de Informaciones del Estado y se exonera —en un lujo de ensañamiento— a sus funcionarios principales; se repone al juez federal de Córdoba y se dispone la libertad de Victorio Codovilla, *el último preso político* [60]; se sustituye al jefe de policía interino por el coronel Emilio Ramírez, *enemigo personal de Perón.*[61] Se emiten comunicados garantizando la libertad de prensa.

Todas estas medidas, adoptadas entre el sábado 13 y el martes 16 de octubre, tendían a dar a la oposición la seguridad de que el gobierno, aunque siguiera presidido por Farrell, estaba sinceramente resuelto a acelerar el proceso de normalización. En realidad, Ávalos y Vernengo Lima, detentadores virtuales de todo el poder —pues Álvarez seguía parsimoniosamente sus consultas y el Presidente aceptaba todas las propuestas que le llevaban sus dos ministros— estaban equivocados en el concepto: no eran los partidos y núcleos opositores los que necesitaban garantías; eran los centenares de miles de trabajadores los que las requerían, en su creciente inquietud. Porque, además, estas medidas de democratización que se adoptaban no disminuían en la oposición la desconfianza existente contra el gobierno ni el rencor contra todo lo que oliera a militar.

Típica fue, en ese sentido, la resolución adoptada por la Mesa Directiva de la UCR el lunes 15. Durante tres días —sábado, domingo y lunes— se había deliberado tormentosamente en la Casa Radical. El edificio de la calle Tucumán estaba copado por los comunistas, que dejaban entrar a quienes querían, echaban a los que consideraban "colaboracionistas", pedían a gritos la expulsión de Sabattini y aturdían a las autoridades partidarias con sus vociferaciones. Se estaba ejerciendo una enorme presión para que la UCR se pronunciara por la entrega del poder a la Corte, mientras Sabattini se esforzaba por evitarlo. Algunos partidarios de Sabattini insistían en que diera marcha atrás a la apertura Álvarez y se decidiera a llenar el poder con su gente. *Arturo Frondizi le explicó* [62] que el malestar en el Ejército era muy grande contra la oposición y que el país no estaba en condiciones de aguantar un gabinete conservador. Pero Sabattini no quiso escucharlo:

—A Perón lo he sacado de un ala —contestó—, y voy a volver a sacarlo si es necesario. Algunos amigos están impacientes por ocupar las posiciones públicas, pero eso es inconveniente. Deje que haya un gobierno conservador: ¡el camino a Villa María va a ser chico para la fila de coches de la gente que va a ir a verme!

La Mesa Directiva deliberaba a puertas abiertas y todo el que lo deseara (siempre que pudiera atravesar las espesas filas que guarnecían el salón) podía expresar su opinión por sí o en nombre de los más increíbles organismos. El sábado corrió la versión de que Sabattini iría personalmente a la Casa Radical para exponer su parecer, contrario a la entrega del gobierno a la Corte, pero finalmente no concurrió. Al día siguiente continuaron las discusiones, y Luis Dellepiane, uno de los fundadores de FORJA, llevó la voz de la posición intransigente. Su discurso provocó explosiones de ira y hasta incidentes. El lunes seguía aún el debate, aunque los hechos habían tornado inoficiosa cualquier declaración, puesto que nadie ignoraba que el poder no se entregaría a la Corte y que Álvarez estaba en plena gestión. Pero eso no importaba: en el clima de ficción en que se vivía, el radicalismo continuaba deliberando si la Corte debía hacerse cargo del poder o no. Lo mismo —se ha dicho— podría haberse discutido si debía gobernar un descendiente de los Incas...

Fue entonces cuando el secretario de la Mesa Directiva dijo estas palabras que podrían inscribirse en la más selecta antología de la estupidez política:

—Tengan la absoluta seguridad —solemnizó Carlos E. Cisneros— que de esta Mesa Directiva no puede salir jamás algo que importe un contacto con el gobierno militar...

Se ovacionó calurosamente esta suicida expresión, que vedaba al partido más importante de la oposición el menor diálogo con quienes, desde el poder, trataban de llevar las cosas en el sentido deseado por la oposición... Y a continuación se aprobó una declaración que afirmaba que "los cambios habidos recientemente en el gobierno *de facto* no han modificado en forma alguna su esencia" y que la solución de la crisis consistía en la entrega del poder al presidente de la Corte Suprema de Justicia "reclamada por la opinión unánime de la República". Es difícil imaginar *mayor estolidez*.[63] Esa noche del lunes, Sabattini, que había hecho cuanto había podido, según su criterio, regresó a Villa María.

Estamos a martes 16 de octubre. El panorama del país, después de los agitados días de la semana anterior, presenta características muy curiosas: el gobierno *de facto,* dirigido por Ávalos y Vernengo Lima, se esfuerza en complacer a la oposición, que ya ve colmadas sus aspiraciones en puntos importantes como la renuncia y detención de Perón, la convocatoria a elecciones, la derogación del Estatuto de los Partidos Políticos, las medidas de democratización adoptadas y la entrega de la conducción futura a un hombre insospechado como Álvarez. A pesar de esto, algunos sectores insisten en la entrega del poder a la Corte —caso de la UCR— o de un gabinete de "concentración nacional" —caso del Partido Comunista—, y todos señalan la necesidad de acelerar el ritmo de la "desperonización" y revisión de la política anterior. En el ejército existía un cierto malestar debido al subido tono antimilitarista con que se había expresado la oposición en esos días; Campo de Mayo, autor de la defenestración de Perón, sentía que su esfuerzo no era apreciado como hubiera correspondido. Existía una desconfianza recíproca entre Ejército y oposición y en ésta persistía la aversión contra el gobierno *de facto* y contra Farrell, adquiriendo el carácter de categoría política fundamental.

Sin embargo, dentro de esta atmósfera notábase a la altura del martes 16 un indudable alivio. Un día más y Álvarez presentaría su gabinete a Farrell y todo empezaría a andar mejor. Para el jueves 18 estaba anunciada la solemne reapertura de las universidades, esos bastiones de la democracia, que no dejarían de atalayar "la tarea reconstructiva". ¿Y Perón? Estaba terminado. Se lo procesara o no, esa pesadilla había concluido y por ahora estaba bien enjaulado en Martín García. ¿Y los obreros? Bueno, se hablaba de una huelga general, pero los sindicatos democráticos ya habían alertado a los trabajadores contra esa maniobra fascista y el Partido Socialista, junto con los comunistas, controlaban perfectamente la situación gremial...

Para completar las cosas buenas, el Senado de Estados Unidos acababa de prestar acuerdo para la designación de Braden. El impetuoso embajador *tuvo alguna oposición en el cuerpo*.[64] El senador Tom Connally había dicho: "Algunos de nosotros opinamos que lo mejor es no intervenir en los asuntos internos de otros países. Quisiera que nadie pensara que al aprobar el nombramiento de Spruille Braden vamos a retornar a la política del *big stick* y a la diplomacia del pasado. La única clase de gobierno que tiene valor para el pueblo es la que el pueblo adopte y mantenga, y no puede ser impuesta desde el exterior." Pero eso se había superado y el amigo Braden ya era secretario adjunto para Asuntos Latinoamericanos: en adelante, el proceso de democratización tendría un centinela más, en el mismísimo corazón del Departamento de Estado...

Sí: todo empezaba a andar bien el martes 16 de octubre. No se había equivocado el presidente de la Corte en su cautelosa profecía de dos días antes. Parecía un sueño que a una semana de la renuncia de Perón la situación hubiera dado un vuelco tan espectacular: ¡Si hasta el calendario de fusilamientos de Francia había ayudado!: el martes los diarios informaban con fruición sobre los detalles de la ejecución del colaboracionista Pierre Laval... ¡Hasta los locos hacían su aporte!: Enrique Badesich, *el pintoresco diputado bromo-sódico* [65], había interpuesto un recurso de hábeas corpus en favor de Perón que, desde luego, fue rechazado por la justicia... A una semana de la caída de Perón sólo podía provocar burla el retórico titular con que "La Época" se adornaba ese martes por la tarde: "Desde La Quiaca hasta Tierra del Fuego, desde el Atlántico a los Andes, se pide, se clama y se exige la libertad del coronel Perón."

Pero aunque parecía increíble, "La Época" no exageraba, y sólo la voluntaria ceguera de los dirigentes opositores podía ignorar el poderoso movimiento que ese mismo martes empezaba a desatarse en todo el país. Era el resultado de las gestiones que unos pocos amigos de Perón iniciaron al día siguiente de la renuncia de su jefe. Y más que eso, era el efecto de la torpeza con que la oposición se había conducido esos días. Pero sobre todas las cosas era la forma como un pueblo empezaba a cobrar conciencia de su propia fuerza y su madurez.

Los ajetreos de Mercante del viernes 12 y sábado 13 así como la noticia de la detención de Perón, habían apresurado la reunión de la Comisión Confederal de la CGT. Conviene señalar que en ese tiempo aquella sigla representaba muy poco: más que una central obrera era, simplemente, el conjunto de los sindicatos más importantes. La CGT no tenía estructura orgánica, ni siquiera local propio. Pero los sindicatos unidos bajo ese nombre tenían una vigencia que los hechos iban a probar pronto. Desaparecido Mercante de la circulación el sábado 13 a la noche, serían los dirigentes gremiales quienes siguieron agitando el ambiente, sobre todo a partir del lunes 15, cuando la gente retornó al trabajo después de ese fin de semana largo que había comenzado el jueves por ser feriado el día siguiente. Pero no había mucho que agitar: en los ambientes obreros había amargura y rabia y en todos lados desbordaban las ganas de salir a la calle.

El lunes 15 la FOTIA declaró la huelga en Tucumán. El

domingo 14, algunos delegados de la FOTIA habían llegado a Berisso y allí, desde el cuartel general de Cipriano Reyes, anunciaron a través de los altoparlantes el movimiento que se preparaba en Tucumán:

—Como en los tiempos de Güemes —dijeron— ¡marcharemos con lanzas y tacuaras para pelear por nuestra libertad y por la libertad de nuestro líder!

En Rosario la CGT local declaró que gestionaría la libertad de Perón. Hubo manifestaciones en Berisso y Ensenada, promovidas por la gente del Sindicato de la Carne. Un grupo de dirigentes sindicales presididos por José Tesorieri visitó ese día a Ávalos para significarle la inquietud existente en los medios sindicales y la impresión que había causado la detención de Perón; el ministro de Guerra les aseguró que las conquistas sociales serían mantenidas y que la detención del coronel respondía a su propia seguridad. Las palabras de Ávalos no tranquilizaron a sus visitantes: acaso descontaban la sinceridad del ministro, pero los nombres que se estaban jugando para el futuro gabinete evidenciaban que detrás de la reacción antiperonista se movían los intereses y las mentalidades más retrógradas del país.

Ese martes a la tarde se reúne, por fin, la Comisión Central Confederal de la CGT —cuyos integrantes estaban todos esos días en permanente contacto— en la sede de la Unión Tranviarios. Punto único del orden del día: huelga general.

No se ha podido localizar *el acta correspondiente* [66] y no hubo periodistas allí, de modo que la reconstrucción del episodio sólo puede hacerse *a base de testimonios*.[67] Todos ellos coinciden en que fue una reunión ardua y prolongada. Componían el organismo una cincuentena de dirigentes y muchos de ellos, aunque estaban reconocidos por las conquistas sociales debidas a Perón, no creían que el movimiento obrero debía jugarse por él. Hacían fe de la palabra de Ávalos y señalaban que no era aconsejable lanzar a los trabajadores a semejante aventura en nombre de un militar. Un dirigente de origen socialista dijo en un momento de la discusión:

—Otros coroneles no van a faltarnos... ¡Bastará que vayamos a Campo de Mayo y aparecerá una docena!

Los que estaban a favor de la declaración de huelga destacaron que la renuncia de Perón había inaugurado la reacción patronal; que en muchas empresas se habían negado a pagar el feriado del 12 y que el nuevo titular de Trabajo y Previsión no los había recibido. Enfatizaron que no se trataba de defender a un militar sino de preservar las reivindicaciones conquistadas, fuera civil o militar quien las hubiera posibilitado.

Las dos posiciones estaban parejamente repartidas y hubo sorpresas en las actitudes de algunos delegados. De Borlenghi, por ejemplo, se dijo años después en el Congreso Nacional que se pronunció en contra de la huelga. Después de casi diez horas de debate, a la una de la mañana se votó: la moción por la huelga triunfó por 21 votos contra 19. Es ya legendaria la circunstancia de que el forjista Libertario Ferrari volcó la votación pronunciándose contra el mandato que le había conferido su propia organización.

Trabajosamente había triunfado la posición favorable a Perón. Sin embargo —y esto es algo que no se ha destacado anteriormente— la resolución de la CGT disponiendo la huelga no mencionaba para nada el nombre de Perón. El comunicado anunciaba la realización de una huelga general por 24 horas a partir de las 0 del día jueves 18, por los siguientes motivos: contra la entrega del gobierno a la Corte y contra todo gabinete de la oligarquía; por un gobierno que consulte las aspiraciones de los trabajadores; por la realización de elecciones libres en la fecha fijada; por el levantamiento del estado de sitio y la libertad de los presos civiles y militares; por el mantenimiento de las conquistas sociales; por la rápida firma del decreto de aumento general de salarios y sueldos y la institución del salario básico y participación en las ganancias. Y de yapa, agregaba la CGT también la reforma agraria y el cumplimiento del Estatuto del Peón.

Esta copiosa enumeración y —sobre todo— la significativa omisión del nombre de Perón, sumado al parejo resultado del escrutinio, acreditan que la declaración de huelga general fue un difícil parto, que sólo pudo producirse a fuerza de compromisos recíprocos y concesiones. Las masas arrasarían con todo eso: no acatarían la orden sino que habrían de lanzarse a la calle cuando los participantes de la reunión estaban metiéndose en la cama. No saldrían a defender las abrumadoras consignas enumeradas por la CGT sino que concentraron su empeño en un objetivo único: la libertad de Perón. Sobrepasaron a sus dirigentes, desbordaron a sus sindicatos y a la central obrera, así como desmoronaron en cuestión de horas la paciente urdimbre tejida por Álvarez, las cavilaciones de Sabattini, la retórica de los partidos, las declamaciones de la Junta de Coordinación Democrática, las previsiones del flamante secretario adjunto de Asuntos Latinoamericanos, los sesudos editoriales de la gran prensa y las ingeniosas tertulias de cuarteles, clubes y salones. Todo fue arrasado por una masa que no se sentía interpretada por nadie, ni siquiera por la CGT, y que intuía que su única garantía era un hombre que en ese momento, antes del alba del miércoles 17, viajaba en una lanchita hacia Buenos Aires, taciturno y ensimismado, rodeado por media docena de acompañantes a quienes sólo las leyes del honor naval les impedían tirarlo por la borda...

La suma de azares inverosímiles que se fueron dando en aquellos días permitió que Perón volviera a Buenos Aires exactamente cuando millares de trabajadores, en vez de entrar a las fábricas, comenzaban a marchar hacia la ciudad, empujados por un instinto oscuro e indetenible, casi sin jefes ni plan previo.

Perón había llegado a Martín García en la mañana del sábado 13 y fue alojado en un chalet custodiado por dos centinelas. Es posible que íntimamente haya agradecido ese descanso forzoso que le permitía pensar con tranquilidad después de una semana de tensiones y sobresaltos, pero no lo sabemos: Perón jamás se refirió públicamente a su breve confinamiento, y en el folleto "¿Dónde estuvo?" dramatizó los hechos a su favor. Sin embargo, *de las cartas que escri-*

bió en esos días [68] y ahora se conocen por primera vez, puede deducirse su estado de ánimo en la isla. Perón daba por concluida su vida política. Confiaba vagamente en que su acción podía tener alguna trascendencia después de algunos años, pero ahora no pensaba en otra cosa que en casarse cuando concedieran su solicitud de retiro y después irse a vivir al Chubut o a cualquier lugar tranquilo, al lado de su amada. Se sentía traicionado por Ávalos y Farrell y aspiraba a escribir un libro para justificarse. Estaba bien de salud, aunque un repentino insomnio lo molestaba. Se consolaba de su situación con la árida satisfacción de no haber escapado del país, como muchos de sus enemigos habrían creído que lo haría. Su separación de Evita lo desesperaba y su único deseo en ese momento era conseguir que lo llevaran a Buenos Aires, para estar cerca de ella.

Al día siguiente de su llegada lo visitó un funcionario de Trabajo y Previsión, el capitán médico Miguel Ángel Mazza. Perón aprovechó para hacerlo portador de algunas cartas: a Eva Duarte, a Ávalos quejándose de haber sido sacado de su jurisdicción natural y preguntando qué motivos existían para estar detenido; a Mercante y a Farrell, pidiendo que lo hicieran trasladar a Buenos Aires. Su visitante regresó a media tarde y fue fiel transmisor de los deseos y mensajes de su amigo.

En realidad, el preso tenía razón: no se habían formulado cargos contra él y era antirreglamentario tenerlo confinado en un establecimiento de la Marina. No estaba prófugo ni había intentado sustraerse a la autoridad militar. Para reforzar su pedido indicó a Mazza que informara desfavorablemente sobre el estado de su salud y la incidencia del clima en la isla. (En verdad, Martín García no es mala isla: los presidentes que allí habitaron no se quejaron nunca, aunque Yrigoyen —quince años atrás— insistía en que pululaban ratas y alimañas. Pero Frondizi —diecisiete años más tarde— solía comentar que no había encontrado un paraje más propicio a la lectura y la meditación...)

Las gestiones de Mazza tuvieron éxito. Al día siguiente Farrell pidió insistentemente a Vernengo Lima que dispusiera el traslado de Perón, asegurando que estaba enfermo: la noticia se filtró y "La Prensa" del martes 16 adelantaba que el coronel sería trasladado al Hospital Militar. Aunque de mala gana, el ministro ordenó que *dos médicos civiles* [69] fueran a la isla y dictaminaran si correspondía o no la traslación. El martes 16 a la noche arribó la comisión. Después de recibir a los galenos y conferenciar brevemente a solas con Mazza, el coronel les hizo decir que se negaba a ser revisado. La autoridad de la isla se puso en contacto radiofónico con el ministro de Marina pidiendo instrucciones, y Vernengo Lima, de acuerdo con el pedido del Presidente, ordenó que embarcaran a Perón y lo trajeran al Hospital Militar de Buenos Aires. Sin duda, Mazza lo anotició que ya estaban estallando manifestaciones en su favor, pero en ese momento Perón sólo aspiraba a ser sacado de allí. Hasta entonces había seguido muy vagamente los últimos acontecimientos a través de la radio, que poco o nada decía de la inquietud popular. Es divertido imaginar que en esos momentos, Perón, como otros muchos argentinos debieron hacer durante su hegemonía, tuvo que recurrir a las radios uruguayas para enterarse de la realidad de su país...

Pero que había manifestaciones gritando por la libertad de Perón, era ya inocultable. Esa misma tarde del martes 16, tres o cuatro millares de personas avanzaron desde Avellaneda hacia la Capital: fueron disueltos sin violencia apenas cruzaron el puente. Algunos se filtraron, no obstante, y se reunieron frente a la Secretaría de Trabajo y Previsión, después en la Plaza de Mayo y más tarde ante el local de "La Época". No eran más de 300 y se fueron disgregando sin que la policía —a la que aplaudían— tomara mayor intervención. En algunas zonas del Gran Buenos Aires y en barrios de la Capital se tiraron volantes reclamando la libertad de Perón. Tenemos uno a la vista. Dice así: "La contrarrevolución mantiene preso al liberador de los obreros argentinos, mientras dispone la libertad de los agitadores vendidos al oro extranjero. Libertad para Perón. Paralizad los Talleres y los Campos. Unión Obrera Metlúrgica." Y la conmovedora errata —"Metlúrgica"— delata la urgencia e improvisación de esas manifestaciones. También en el centro de Córdoba hubo algún barullo. En Tucumán la provincia empezaba a cesar sus actividades, acatando la decisión de la FOTIA. En algunas fábricas de Avellaneda se habían realizado paros parciales y en Berisso y Ensenada manifestaciones con banderas al viento recorrieron las calles principales. Todo esto ocurría mientras la CGT estaba en pleno debate, como hemos visto.

El gobierno no ignoraba estos estremecimientos, que merecieron, en cambio, apenas una distraída mención en cuerpo chico en la prensa grande. Al mediodía del martes 16 había expedido Ávalos un comunicado haciendo saber que Perón no estaba detenido y que las medidas adoptadas en relación con su persona obedecían a razones de seguridad. Otro comunicado, ya avanzada la tarde, anunciaba insólitamente que "el Ejército no intervendrá contra el pueblo en ninguna circunstancia" y volvía a insistir en que Perón no estaba detenido. Y el 17 los diarios de la mañana transcribían una extensa entrevista de Ávalos con la Agencia Reuter. Decía el ministro de Guerra que Perón había sido "invitado a trasladarse a la isla Martín García en nombre del presidente de la Nación y en el mío propio, a fin de evitar que se cometiera algún atentado contra él". Agregaba Ávalos: "No es un secreto que querían atacarlo y que la multitud pedía a gritos su cabeza (seguramente se refería a la concentración de Plaza San Martín. F. L.) Yo hice la revolución con el coronel Perón y además soy ministro de Guerra: jamás hubiera cargado con la responsabilidad y la vergüenza de un atentado y es doloroso tener que señalar este hecho cuando el atacado estaba caído e indefenso." Concluía afirmando que no existía ningún cargo contra Perón y que los rumores sobre su enjuiciamiento no eran más que infundios. En conversación con el autor, el ex presidente Farrell sostuvo que había hecho detener a Perón por razones de seguridad personal del propio Perón y que le pareció oportuno hacerlo trasladar a Buenos Aires "porque era una ilusión, una esperanza", cuando la efervescencia de los trabajadores se tornó evidente.

Por supuesto, Perón ignoraba todo esto. En el "chalet"

donde lo habían alojado, esperaba nerviosamente una decisión sobre su persona. Bien pasada la medianoche, los médicos y sus acompañantes se embarcaron con Perón en la lancha que los había traído. Mareados e incómodos iban todos en silencio hacia Buenos Aires, esa noche de viento grueso. A las 6.30 de la mañana desembarcaron en Puerto Nuevo; un cuarto de hora después el detenido —o lo que fuere— entraba al Hospital Militar y ocupaba una "suite" en el quinto piso, habitualmente usada por el capellán de la institución.

Era un día como cualquier otro. Los madrugadores podían ver en los quioscos el primer número de una nueva revista porteña: "Don Fulgencio". Los que planeaban ir al cine esa noche podrían vacilar entre ver "Laura", con Gene Tierney, "El castillo siniestro", con Basil Rathbone o —para extasiarse con selvas, danzas y sacerdotisas— "La favorita de los dioses", con Dorothy Lamour. También podía verse en el teatro Maipo una revista de nombre premonitorio: "Está por sonar la hora...", con Sofía Bozán y Marcos Caplán. Los admiradores de la técnica podían correrse al aeródromo de Morón, a admirar el Lancastrian cuatrimotor que había unido a Londres con Buenos Aires en un vuelo experimental con apenas cinco escalas y solamente treinta y cuatro horas de vuelo.

Era un día como cualquier otro. Lástima que pegajoso y húmedo, según se advertía desde la madrugada. Empezaba el 17 de Octubre de 1945.

VII

No hay nada en nuestra historia que se parezca a lo del 17 de Octubre. Acaso el único antecedente que reconozca una vaga semejanza con esa jornada sea el movimiento del 5 y 6 de abril de 1811, cuando el gauchaje de los suburbios de Buenos Aires, conducido por "el alcalde de las quintas" se concentró en la Plaza Mayor para apoyar al gobierno supuestamente conservador de Saavedra contra la oposición supuestamente progresista de los partidarios de Moreno. En aquella oportunidad, la orgullosa clase mercantil que había hecho la Revolución de Mayo y los jóvenes patriotas que juraban por la memoria de Moreno sintieron el mismo asombro (o la misma repugnancia) que sintieron los porteños de 134 años más tarde, cuando descubrieron una caliente y vociferante presencia popular cuya existencia no habían imaginado hasta entonces.

Porque lo más singular del 17 de Octubre fue la violenta y desnuda presentación de una nueva realidad humana que era expresión auténtica de la nueva realidad nacional. Y eso es lo que resultó más chocante a esta Buenos Aires orgullosa de su rostro europeo: reconocer en esa hora desaforada que tenía el color de la tierra, una caricatura vergonzosa de su propia imagen. Caras, voces, coros, tonos desconocidos: la ciudad los vio con la misma aprensión con que vería a los marcianos desembarcando en nuestro planeta. Argentinos periféricos, ignorados, omitidos, apenas presumidos, que de súbito aparecieron en el centro mismo de la urbe para imponerse arrolladoramente. Por eso lo del 17 de Octubre no provocó el rechazo que provoca una fracción política partidista frente a otra: fue un rechazo instintivo, visceral, por parte de quienes miraban desde las veredas el paso de las turbulentas columnas. Empezaba la mañana cuando comenzaron a llegar rotundos, desafiantes, caminando o en vehículos que habían tomado alegremente por asalto y cuyos costados repetían hasta el hartazgo el nombre de Perón en tiza, cal y carbón. A medida que avanzaban, las cortinas de los negocios bajaban abruptamente con tableteo de ametralladoras. Venían de las zonas industriales aledañas a Buenos Aires. Nadie los conducía, todos eran capitanes.

El día anterior, Arturo Jauretche se había encontrado con un dirigente forjista de Gerli.

—¿Qué hacemos mañana, doctor?

—¿Mañana? ¿Qué pasa mañana?

—Y... la gente se viene para Buenos Aires... ¡No los para nadie! Todos están con Perón...

—¿Y quién organiza eso?

¡Qué sé yo! Nadie... Todos... ¿Qué hacemos nosotros?

Jauretche confiesa que nada sabía de semejante movimiento. Pero no vaciló.

—Mirá, si es así, cuando la gente salga, ¡agarrá la bandera del comité y ponete al frente...!

Y cuenta:

—Pedro Arnaldi movía treinta votos en Gerli. El 17 de Octubre a la madrugada pasó el puente Pueyrredón con su bandera al frente de diez mil almas...

La cosa había empezado bien temprano, a la hora en que los obreros van llegando a las fábricas con la bronca del madrugón y el sabor amargo del mate en la boca. Pero esta vez no entrarían. Una consigna transmitida casi telepáticamente los detenía en los ingresos, los iba agrupando afuera y los fue sacando hacia las avenidas. En algunas fábricas había piquetes en las puertas, pero en la mayoría de los establecimientos el movimiento fue espontáneo o se actuó siguiendo el ejemplo de los compañeros de empresas vecinas. Eran las 7 de la mañana y en Avellaneda, la avenida Mitre estaba llena de gente, gritos, banderas y carteles improvisados. Algunos pasaron el puente, hasta que la policía lo levantó; otros atravesaron el Riachuelo en bote o por otros accesos. Cipriano Reyes recuerda el espectáculo cinematográfico —son sus palabras— que presentaba el Riachuelo cuando la gente empezó a pasar en barcas medio deshechas o haciendo equilibrios sobre tablones amarrados a guisa de balsas... Cuando el puente volvió a tenderse tan misteriosamente como había subido, nuevos contingentes cruzaron ese roñoso Rubicón. En Gerli, en Banfield, en Quilmes estaba ocurriendo lo mismo y renovados arroyos se sumaban al río grande que se movía desde Avellaneda y Lanús hacia el centro. Troncos y obstáculos de toda clase impedían el tráfico del Ferrocarril Sud pero, por otra parte, ya a las 8 de la mañana la mayoría de los obreros ferroviarios habían abandonado el trabajo.

Antes de las 10 de la mañana eran ya nutridas las columnas que marchaban hacia el centro de Buenos Aires. Un instinto certero —que reforzaba la consigna repetida por todos— los llevaba a la plaza histórica, a la manzana por donde habían pasado los tiempos de la Patria, la plaza escolar de la Historia de Grosso con sus paraguas y su Frenchiberuti repartiendo escarapelas... Era, en su mayoría, gente joven y con un estilo indiscutiblemente argentino, en lo bueno y lo malo: desde 1936 la aglomeración suburbana se veía reforzada anualmente con más de 150.000 argentinos del interior. Eran los que venían huyendo de la miseria provinciana, la aridez de la vida rural, la fatalidad climática, la tiranía de la explotación agraria. Rostros morenos y pelos renegridos conformaban el rostro proteico de esa multitud pobremente vestida, que repetía sin cansancio un solo grito, un solo nombre. Llegaban sin rencor ni prepotencia, simplemente exponiendo su fuerza, al corazón de una ciudad que muchos recorrían por primera vez. No había agresividad en esos desordenados batallones: en el peor de los casos se limitaban a gritar groserías a quienes los miraban desapartados desde las veredas o los balcones, con un tic de disgusto en la cara. A su paso, a la noticia de que llegaban, la ciudad iba apagando su actividad.

En cambio había agresividad en los que salieron de Berisso y Ensenada. Habían cortado el paso de los tranvías, recorrido los frigoríficos y el puerto, piqueteado los negocios. A las 8 de la mañana, la zona se había volcado entera a la calle. Avanzaron hacia La Plata y anduvieron toda la mañana como perdidos: silbaron al pasar por la Universidad, apedrearon las vidrieras de "El Día" y más tarde saquearían la casa del presidente de la Universidad. Algunos jinetes encabezaban la columna, como si el espíritu bárbaro y feral de la montonera hubiera transmigrado a éstos, sus descendientes urbanos. Al mediodía improvisaron un acto frente a la Casa de Gobierno. A esa misma hora —aunque ellos no lo supieran— en Zárate se hacían manifestaciones y en Tucumán llegaba al centro de la ciudad la marcha a pie que los obreros azucareros habían iniciado el día anterior en Lules y Mercedes; al mediodía, ellos y los ferroviarios, que habían abandonado su trabajo a media mañana, hacían un ululante acto en las escalinatas de la Casa de Gobierno. En Córdoba la marea avanzó también desde la periferia y las piedras abundaron contra el Jockey Club, el Club Social, la casa del rector, el Instituto Cultural Argentino-Norteamericano, el Banco Israelita. En Salta, desde el mediodía empezaron a recorrer las coloniales calles grupos de trabajadores, obligando a cerrar negocios.

Pero nada de eso se sabía en Buenos Aires ni importaba mucho. Con una terquedad de hormigas, filtrándose entre las poco severas formaciones policiales, dando rodeos si no podían ir directamente, a pie, en tranvías cuyo recorrido obligaban a invertir, en ómnibus y camiones, testimoniando todas las paredes, millares de hombres y mujeres seguían avanzando hacia Plaza de Mayo. *Así lo recuerda Leopoldo Marechal* [70]:

"—Era muy de mañana... El coronel Perón había sido traído ya desde Martín García. Mi domicilio era este mismo de la calle Rivadavia. De pronto me llegó desde el oeste un rumor como de multitudes que avanzaban gritando y cantando por la calle Rivadavia: el rumor fue creciendo y agigantándose, hasta que reconocí primero la música de una canción popular y en seguida su letra: 'Yo te daré / te daré, Patria hermosa / te daré una cosa, / una cosa que empieza con P / ¡Peróooon!' Y aquel 'Perón' retumbaba periódicamente como un cañonazo... Me vestí apresuradamente, bajé a la calle y me uní a la multitud que avanzaba rumbo a la Plaza de Mayo. Vi, reconocí y amé a los miles de rostros que la integraban: no había rencor en ellos, sino la alegría de salir a la visibilidad en reclamo de su líder. Era la Argentina 'invisible' que algunos habían anunciado literariamente, sin conocer ni amar sus millones de caras concretas y que no bien las conocieron les dieron la espalda. Desde aquellas horas me hice peronista..."

Un dirigente metalúrgico, *Ángel Perelman, cuenta así su experiencia* [71]: "...en la mañana del 17 de Octubre vinieron a buscarnos al Sindicato Metalúrgico, en la calle Humberto I⁰, unos compañeros de Barracas.

"—¿Qué pasa? —preguntamos.

"—En Avellaneda y en Lanús la gente se está viniendo al centro —contestaron.

"—¿Cómo es esto?

"—Sí, no sabemos quién largó la consigna, pero toda la gente está marchando desde hace algunas horas hacia Buenos Aires.

"—Pero la CGT en la reunión de anoche —les dijimos— dio la orden de la huelga general. ¿Qué es esa marcha?

"—No sabemos —dijeron esos compañeros—. La cosa viene sola. Algunas fábricas que estaban trabajando, porque no habían recibido a tiempo la orden de la huelga general, han parado el trabajo, pero los hombres, en vez de irse a la casa, enfilan hacia Plaza de Mayo. ¿Ustedes saben algo?

"—Lo único que sabemos —respondimos— es que Evita está en un auto recorriendo los barrios y difundiendo la orden del paro general.

"En realidad, la idea de volcarse sobre la Plaza de Mayo brotó espontáneamente en el seno profundo de las masas populares, porque de otra manera no hubiera podido surgir. No hay orden alguna capaz de movilizar a un tiempo a centenares de miles de hombres, mujeres y niños, sino cuando esas multitudes sienten la necesidad de manifestarse en los momentos decisivos de su existencia.

"Nos lanzamos a la calle a restablecer todos los contactos. El teléfono del sindicato sonaba desde hacía dos horas confirmando todo lo dicho por los compañeros de Barracas. Tratamos de tomar contacto con el cuerpo de delegados metalúrgicos del Gran Buenos Aires. Pero se había prácticamente diluido en el océano de mil manifestaciones y columnas parciales; las masas habían deglutido a los sistemas de organizaciones sindicales y los miles de delegados de fábrica estaban a la cabeza de la muchedumbre que debía encontrar su unidad a través de cien calles y barrios en la histórica Plaza de Mayo.

"A las 8.15 horas pasamos en el taxi de un chofer amigo, cargado de metalúrgicos, por la esquina de Independencia y Paseo Colón, en circunstancias en que un grupo de manifestantes era disuelto (y se reagrupaba una cuadra más adelante) por la policía. Ya a las 8.40 de la mañana habían llegado a ella refuerzos de la Policía Montada. Nos encontramos con un vigilante bastante desorientado, como toda la policía lo estaba ese día. A nuestras preguntas contestó que en la jurisdicción de la comisaría 30ª la policía intentaba inútilmente disolver una manifestación de unos 10.000 obreros y obreras reunidos frente al puente Pueyrredón.

"A esta hora —eran las 9.30— habíamos pintado el taxi con letreros a cal que decían 'Queremos a Perón'. Seguimos recorriendo los barrios y la muchedumbre nos aclamaba al ver el coche pintarrajeado. Espontáneamente y con los elementos que encontraban a mano, los trabajadores, sobre la marcha, improvisaban leyendas, carteles y cartelones de todo género y con las frases más pintorescas, pero que tenían de común un nombre: Perón. A medida que pasaban las horas en ese día sin término ni fatiga, se repetía el espectáculo, barrio tras barrio; en la calle Belgrano, hacia el puerto, se disolvía sin resistencia un grupo de 40 personas; después seguían caminando por las veredas, con la consigna inesperada que unificó al pueblo ese día, todos a Plaza de Mayo. Se creó un sistema de comunicaciones que no se fundaba en el telégrafo sino en la noticia que volaba de viva voz de grupo a grupo y que adquirió una perfección insospechable cuando comenzaron a aparecer los camiones cargados de obreros.

"A alguien o a muchos se les ocurrió al mismo tiempo por obra de la necesidad, la iniciativa de detener un camión, un colectivo, un ómnibus o un tranvía, ordenar imperativamente a los guardas y choferes cambiar de rumbo y dirigirse hacia el centro. La propia multitud —esto lo vimos decenas de veces— tomaba los cables del troley de los tranvías, los daba vuelta y el motorman empezaba a manejar el vehículo en dirección inversa. Los manifestantes subían entonces atropelladamente al tranvía, lo ocupaban por entero y se encaramaban a sus techos, mientras que los trabajadores que no habían podido meterse en el vehículo hacían lo mismo con el ómnibus, camión o tranvía siguiente. El sistema de transporte de Buenos Aires adquirió un orden rígido: ese día funcionó en una sola dirección."

Hasta aquí, Perelman. Y ahora preguntamos: ¿Quién, grande o chico, no ha soñado tomar por asalto un tranvía, un ómnibus, un colectivo, con toda la barra vociferando, y obligarlo a hacer el recorrido que a uno se le cante? ¿Quién chico o grande, no ha deseado en una mañana de verano, sacarse los zapatos y refrescarse los pies en la fuente de una plaza? ¿Quién no oculta, bajo cualquier personalidad, un instinto profundo de abrazarse con los desconocidos cuando un sentimiento común lo arrastra, como un viento poderoso, a fundirse en una fraternal comunidad? Todo eso se daba misteriosamente, milagrosamente, esa mañana. Y por eso las canciones que surgían de las columnas en marcha eran canciones festivas, las que se cantan en los paseos dominicales o al regreso de las excursiones, como aquella que recordaba Marechal o esta otra que se entonaba con la ondulante música de "La mar estaba serena" y que se transformó así: "Perón no es un comunista / Perón no es un dictador / Perón es hijo del pueblo / y el pueblo está con Perón." O la que el mismo Perelman recuerda en su vivaz testimonio: "Salite de la esquina oligarca loco / tu madre no te quiere, Perón tampoco." Y con la tonada de una canción italiana que estaba de moda, "Zazá", se las arreglaban para que el nombre de Perón se repitiera interminablemente...

Aire de verbena, de fiesta grande, de murga, ¿por qué no? y de candombe, con las contorsiones que los más ágiles o los más jóvenes efectuaban incansablemente. Aire fresco, popular, saludable, bárbaro, vital. La política en términos de masas era algo tan olvidado desde Yrigoyen en adelante, que el espectáculo del pueblo derramado por las calles dejó alelados, turulatos, a todos aquellos que se habían manejado idealmente dentro de la ficción política impuesta primero por diez años de fraude electoral y después por una democracia que en boca de muchos sólo era retórica. Se habían habituado a invocar a una entelequia llamada pueblo, a la que se atribuía apriorísticamente determinadas opiniones. Ahora el pueblo estaba aquí, para expresarse por su propia boca, por su propia, ronca voz. No era una abstracción: era el pueblo real, de carne, huesos, pelos, olor a sudor y malos modales. No eran los obreros antitabáquicos y antialcohólicos, asépticos, de Juan B. Justo; no eran los serviciales "puntos" de comité. Era el pueblo de veras, pueblo en serio, en dimensión masiva, incontrastable. Aquí estaba, avanzando por el bajo, viniendo por Rivadavia, llegando por Constitución, acercándose desde San Martín y Mataderos, desde Lanús y Parque de los Patricios...

¿Y ahora?

Antes del mediodía eran diez o quince millares los que habían logrado llegar frente a Casa de Gobierno. A esa hora, Buenos Aires estaba ya enteramente paralizada. Algunos grupos, buscando el paradero de Perón con una constancia y una intuición de perros fieles, habían peregrinado por Puerto Nuevo, la Penitenciaría, el Ministerio de Guerra y los alrededores de la cárcel de Villa Devoto. A las 10 de la mañana un par de miles de personas se había instalado frente al Hospital Militar y allí reclamaban la presencia de Perón. Estaba prohibido el acceso a la institución por temor a desórdenes, pero la gente imaginaba a su líder preso, incomunicado y enfermo. Querían verlo, tocarlo, comprobarlo. Una corta delegación de ferroviarios pudo subir al fin y consiguió cambiar unas palabras con él. Estaba almorzando.

—Dicen que estoy en libertad, pero no me dejan salir —dijo cautamente el coronel.

No era verdad. A esa altura de la jornada, Perón ya podía hacer lo que le diera la gana y no sólo podía comunicarse con cualquiera —telefónicamente o por otro medio— sino que probablemente hubiera podido salir, si se le antojaba. Habían empezado a llegar sus antiguos colaboradores: *civiles y militares que venían eufóricos y excitados* [72], describiendo el insólito espectáculo que vivía la ciudad. Algunos lo exhortaban a salir y ponerse al frente de las masas. Perón no sabía qué hacer, en ese momento, pero intuía

muy claramente lo que no debía hacer: tuvo el buen criterio
de dejar que los acontecimientos siguieran su curso, aunque
no es totalmente descartable la posibilidad de que el penoso
viaje en lancha lo hubiera fatigado y esperara a estar totalmente en cajas, antes de adoptar alguna decisión que supu-
siera un desplazamiento de su persona.

Lo curioso es que, en la Casa de Gobierno, también se
estaba en la tesitura de que las cosas siguieran su cauce.
Farrell y Ávalos —que estuvo, este último, cruzándose del
Ministerio a la Casa de Gobierno, como la naranja de la sala
al comedor— recibían sin inmutarse los partes de la policía dando cuenta del creciente paso de manifestantes. El
Presidente miraba desde la ventana la creciente aglomeración y de cuando en cuando musitaba:

—¡Esto se está poniendo lindo!...

...gozando sin disimulo con la preocupación de Ávalos,
de cuyos desplantes estaba ya harto.

El ministro de Guerra tranquilizó a jefes de Campo de
Mayo, que alarmados por las noticias que difundían las radios uruguayas, le pedían que les impartiera la orden de
marchar sobre la ciudad y detener por acto de presencia
el alud que seguía creciendo. También Vernengo Lima instó
a Ávalos para que hiciera disolver a la regular multitud
que hacia el mediodía ya se había hecho compacta frente a
la Casa de Gobierno; incluso parece haber ofrecido marinería al efecto.[73]

Pero Ávalos no daba mayor importancia a la concentración. Sabía que desde el punto de vista operativo era imposible mover a Campo de Mayo en menos de cinco o seis
horas; no tenía confianza en la policía —con toda razón—
y después de todo, esa gente no cometía desmanes, no agre-
día, respetaba a los uniformados, no hacía más que gritar y
hacer payasadas... Había que dejarlos desahogar, se les
darían seguridades de que Perón estaba bien y luego volve-
rían a sus casas. Se le ocurrió una idea: ¿por qué no llamar
a Mercante? Los obreros lo conocían y harían caso del ex
director de Acción Social de la Secretaría de Trabajo y
Previsión. Poco antes de las 12 telefoneó a Campo de Mayo

ordenando que pusieran en libertad a Mercante y que lo trajeran a la Casa de Gobierno.

Ya era mediodía. Había amenazado llover un par de veces y en la zona de Belgrano cayeron cuatro gotas ("Aunque caiga el chaparrón / todos, todos con Perón", coreó, feliz, la gente apiñada frente al Hospital Militar), pero la tormenta se alejó y el tiempo seguía caluroso, sin aire, pesado. Farrell y sus dos ministros se quedaron a almorzar en la sede gubernativa. Perón, en pijama, trataba de no ver a nadie. Y en el Palacio de Tribunales, severamente trajeado de oscuro, el procurador general de la Nación convocaba a sus futuros ministros para ultimar detalles y unificar criterios. Alrededor de esos personajes, un pueblo creciente, rugiendo las consignas que espontáneamente habían surgido de su seno, empezaba a llenar la Plaza de Mayo. *Así lo vio Raúl Scalabrini Ortiz* [74]: "Un pujante palpitar sacudía la entraña de la ciudad. Un hálito áspero crecía en las densas vaharadas, mientras las multitudes continuaban llegando. Venían de las usinas de Puerto Nuevo, de los talleres de Chacarita y Villa Crespo, de las manufacturas de San Martín y Vicente López, de las fundiciones y acerías del Riachuelo, de las hilanderías de Barracas. Brotaban de los pantanos de Gerli y Avellaneda o descendían de las Lomas de Zamora. Hermanados en el mismo grito y en la misma fe iban el peón de campo de Cañuelas y el tornero de precisión, el fundidor, el mecánico de automóviles, el tejedor, la hilandera y el empleado de comercio. Era el subsuelo de la patria sublevada. Era el cimiento básico de la Nación que asomaba como asoman las épocas pretéritas de la tierra en la conmoción del terremoto. Lo que yo había soñado e intuido durante muchos años estaba allí presente, corpóreo, tenso..." Y finaliza diciendo: "eran los hombres que están solos y esperan, que iniciaban sus tareas de reivindicación".

Lo que ocurrió aquella tarde es difícil o acaso imposible de describir ordenadamente. Las crónicas de los diarios confunden, la cronología no funciona, los testimonios de los actores se contradicen. Todo fue confusión y caos, un accionar individual de francotiradores sueltos, moviéndose como ruedas que no combinan con sus engranajes naturales. En la Casa de Gobierno y en el Hospital Militar —los dos centros de poder político más importantes de esa jornada—, las entradas y salidas de esos personajes tienen el ritmo absurdo de un guiñol enloquecido. Propuestas, decisiones, sugestiones, órdenes y contraórdenes aparecen y desaparecen a lo largo de esas horas, subiendo y bajando todos los niveles. Sólo en dos lugares hay una absoluta seguridad en la acción: en el Palacio de Tribunales, donde a la hora de la siesta Ávarez y su gabinete redactaban cuidadosamente la nota que elevarían al Presidente estableciendo las condiciones en que aceptarían sus designaciones; y en la Plaza de Mayo, donde la multitud seguía empeñada en un solo objetivo: ver y escuchar a Perón. Eran dos formas de seguridad muy diferentes en su motivación: los amigos de Álvarez se movían con la asombrosa certeza de los ciegos, ignorando deliberadamente lo que estaba pasando afuera, ¡un poco de barullo, algunos negros haciendo bochinche frente a la Casa Rosada!... Y el pueblo en la Plaza, voceando sus sentimientos sin equivocarse, rechazando a unos ("¡Traidor!", le gritaban a Ávalos) o aplaudiendo a otros ("Perón encontró a un hermano / Hortensio Jota Quijano"; "Perón, Quijano / y el pueblo soberano"; "Con Perón y con Mercante / la Argentina va adelante"; "Farrell y Perón / un solo corazón"), ubicando a cada actor en su exacto juego, como si poseyeran todos los datos, como si conocieran toda la información, ¡ellos, que apenas leían los diarios y no tenían acceso a ningún cabildeo palaciego!

Entretanto, la ciudad y el Gran Buenos Aires estaban totalmente paralizados. Unos por adhesión, otros por temor, otros por las dudas, los lugares de trabajo se habían ido vaciando de gente. Un gran silencio medroso flotaba sobre Buenos Aires. Este silencio es lo que más *impresionó a Ernesto Sábato*.[75] "Estaba en Santos Lugares con la extraña impresión de lo que era una revolución popular... había un silencio profundo, no había noticias, todo estaba paralizado. Yo tuve la impresión de que algo muy poderoso y hasta

lleno de misterio estaba aconteciendo; la impresión de que
una fuerza enorme y silenciosa, casi subterránea, se había
puesto en movimiento. Siempre había asociado la palabra
revolución con la idea de ruido, de corrida, de gritos. Y de
pronto desde allí, desde Santos Lugares, tuve la sensación
de que un movimiento popular podía ser algo potente pero
silencioso."

Pero en Plaza de Mayo, en cambio, no había silencio,
sino gritos repetidos:

—¡Perón! ¡Queremos a Perón!

Lentamente crecía la gente. El mar recibiendo el aporte de plurales arroyos era una socorrida metáfora que no
podía dejar de usarse al ver ese espectáculo cada vez más
impresionante. Fue entonces cuando el embajador de Gran
Bretaña llegó allá a curiosear y dejó, de paso, *un significativo testimonio*.[76] Cuenta que en las primeras horas de la
mañana, los gerentes de los ferrocarriles fueron a verlo
para decirle que se había declarado una huelga espontánea,
sin organizadores conocidos. "En la tarde de ese día —relata
sir David Kelly— decidí que era necesario ir a la Casa Rosada
para decirle al único ministro que quedaba —el ministro de
Marina (sic) — que debía asumir la responsabilidad de proteger los ferrocarriles. Debo confesar asimismo que me
impulsaba una enorme curiosidad por saber qué estaba pasando. Al acercarme a la Casa Rosada había un cordón de
policía montada pero no hacía esfuerzo alguno por impedir
el paso de la gente ni se metía para nada con la multitud.
El chofer quería retroceder y tuve que insistir para que
siguiera adelante, a muy poca velocidad. Tal como lo había
esperado, la multitud nos dio paso no bien vio la bandera
inglesa, limitándose a gritar en forma amistosa: ¡Abajo Braden! ¡Viva Perón! Llegué a la Casa Rosada y el ministro de
Marina me prometió que haría todo lo posible en el asunto
de los ferrocarriles; pero por el momento ni él mismo estaba
seguro de lo que estaba sucediendo."

Ahora la preocupación de Ávalos era tranquilizar a la
gente y hacerla desconcentrar. Mercante ya estaba en la Casa
de Gobierno; Ávalos le ordenó que se dirigiera a la multitud.

Poco antes se había pedido a la Municipalidad que instalara un sistema de altavoces. Mercante ya había estado en el Hospital Militar, había hablado con Perón y consideraba que todavía faltaba gente para considerarse triunfador. Ante la perentoria orden de Ávalos tomó el micrófono y dijo exactamente las palabras que debía pronunciar para que la multitud no lo dejara seguir:

—El general Ávalos...

Una silbatina ensordecedora, un rugido de rabia reventó en la Plaza. Con aire desolado Mercante se volvió hacia Ávalos: no podía seguir hablando. Antes o después Ávalos intentó tomar el micrófono: bastó que un locutor anunciara su presencia para que se repitiera la rechifla. El episodio se reiteró, dos o tres veces. En algún momento apareció Colom enarbolando un ejemplar de "La Época". La gente lo reconoció y lo aplaudió: trabajosamente Colom logró hacerse entender: Perón estaba bien y pronto estaría en la Plaza de Mayo. Cólera de Ávalos: no era eso lo que quería que se dijera.

Poco a poco se iba colmando la Plaza. Después del mediodía, las manifestaciones que durante toda la mañana habían paseado y vociferado por La Plata, Berisso, Ensenada y los suburbios del sur, se habían volcado decididamente hacia el centro. Hasta entonces, las columnas que habían avanzado sobre la ciudad eran las de Avellaneda, Lanús y San Martín, además de las que colecticiamente se iban formando en los barrios. "Los que quieran a Perón / que se vengan al montón" decía uno de los carteles que encabezaba una de esas columnas. Así, amontonándose, habían estado llegando: los refuerzos de la zona de frigoríficos arribaron hacia las cinco de la tarde. El calor seguía siendo insoportable y las fuentes de la Plaza de Mayo daban entrada a todos los que pudieran acercarse.

Habían aparecido ya los diarios de la tarde. Nada más elocuente que esas ediciones para entender la confusión de la jornada. "La Época" anunciaba para el día siguiente una "Marcha de la Verdad" e informaba que "decretaron la huelga por 24 horas los trabajadores de todo el país".

Agregaba: "Avellaneda es un bosque de chimeneas apagadas" e informaba del paradero de Perón y la marcha de grupos obreros sobre la Capital; en su conocido libro, Colom explica que esa edición se hizo sobre la información que le trajo Diego Luis Molinari, sin saber si era verdad o no lo que le refería... "Noticias Gráficas" daba en sus dos ediciones vespertinas la noticia de la inminente constitución del gabinete; relegada a la tercera página venía la información sobre manifestantes que llegaban a la Capital desde la provincia y una corta noticia de una "agitada reunión frente a la Casa de Gobierno". Para "La Razón" también lo más importante era el futuro gabinete, pero en su primera plana brindaba este titular en cuerpo menor: "Numerosos grupos en abierta rebeldía paralizaron en la zona sur los transportes y obligaron a cerrar fábricas, uniéndose luego en manifestación a la Capital Federal." Pero "Crítica" les ganó a todos: mencionaba lo que estaba ocurriendo en todo el país desde la madrugada con estas palabras: "Grupos aislados que no representan al auténtico proletariado argentino tratan de intimidar a la población", y publicaba una fotografía que era canallesca desde el aspecto de la ética periodística: diez o doce personas cruzaban con aire cansino un amplio espacio abierto. "He aquí una de las columnas que desde esta mañana se pasean por la ciudad en actitud 'revolucionaria'. Aparte de otros pequeños desmanes, sólo cometieron atentados contra el buen gusto y contra la estética ciudadana afeada por su presencia en nuestras calles. El pueblo los vio pasar, primero un poco sorprendido y luego con glacial indiferencia", afirmaba el diario de los Botana.

Sin embargo, no interesaban los diarios: servirían después para hacer antorchas. La realidad era esa, orgiástica, triunfante. Seguían pasando hacia la Plaza las últimas columnas con los mismos gritos y cantos de la mañana, con una admirable unidad, como si los que cruzaron los puentes a la madrugada fueran los mismos que llegaban cuando el sol se estaba acostando. La policía ya no actuaba para nada: los agentes miraban sonrientes a los manifestantes y a veces gritaban ¡Viva Perón! Los otros argentinos asistían desde la vereda a este desfile interminable. No hubo incidentes ni agresiones ni cristales rotos. No era ni remotamente un bogotazo. Era una pacífica ocupación de la ciudad.

A eso de las 19 el proceso empezó a tomar un cariz netamente político. Perón, todavía en pijama, seguía informándose de lo que ocurría. Los grupos que custodiaban el Hospital Militar habían raleado porque ahora la consigna concreta era concentrarse en Plaza de Mayo y no dispersarse en otros lugares. Dos o tres veces, según parece, Farrell había hablado telefónicamente con él. Tenían que entrevistarse: Perón daba largas. Antille, Quijano, Pistarini y otros iban y venían desde la Casa de Gobierno al Hospital Militar, llevando y trayendo mensajes y tratos. Un pequeño grupo, en la sala de espera de la "suite", diseñaba ahora las tácticas inmediatas: tomar la policía y el regimiento 3, esperar que la Plaza estuviera totalmente colmada, exigir la renuncia de Ávalos y Vernengo Lima, imponer el nuevo ministerio, anunciar que Perón hablaría al pueblo desde los balcones de la Casa de Gobierno. El triunfo estaba en la mano. Todas las equivocaciones y las defecciones de días atrás quedaban borradas: el pueblo había rectificado el rumbo de la historia.

La Casa de Gobierno, entretanto, era algo bastante parecido a un manicomio, con sus grupos de exaltados y de deprimidos, con sus corrillos de monomaníacos, obsesos y mitómanos. Aunque la custodia era rigurosa, a cada rato se colaban personas con distintos pretextos. Quijano entró a las 19 por una puerta excusada golpeando y pidiendo a gritos que le abrieran; a Mercante, Ávalos lo había hecho detener después de su incursión microfónica. lo cual no obstó para que al rato saliera de nuevo, rumbo al Hospital Militar. Algunos jefes de Campo de Mayo habían llegado a comprobar con sus propios ojos lo que pasaba.

Ávalos se había deslizado de la cólera al mutismo; parecía estar resignado a que pasara lo que debía pasar y no dejaba de estar impresionado por el espectáculo de la multitud, siempre más grande y más rugiente. Lo que pocos tenían en cuenta era que Ávalos estaba agotado, después de diez días de intensísima tarea. Poco le costaría a Mercante, a eso de las 20, convencerlo que debía entrevistarse con Perón.

Por su parte, Vernengo Lima, que había insistido un par de veces en la idea de proceder a despejar la Plaza por la fuerza, estaba advirtiendo que se quedaba solo; se preocupó de tomar contacto con las unidades de la Marina a fin de que estuvieran listas para cualquier eventualidad. Farrell era acaso el único que conservaba la serenidad. Sabía que él no estaba en cuestión y veía con íntima simpatía la presencia popular; entre las 19 y las 20 abandonó la sede gubernativa y se fue a buscar tranquilidad en la Residencia Presidencial, después de hacer decir a Perón que allí lo aguardaba para conferenciar.

Pero algo faltaba para agregar un toque sonambúlico, increíble, a ese loquero. Eran las 20.30 cuando entró a la Casa de Gobierno el secretario del Procurador General de la Nación: venía a traer la lista ministerial formada por Álvarez, con el "curriculum" de sus integrantes y una cuidadosa nota firmada por todos, manifestando que aceptaban sus cargos en el entendimiento de que se les otorgaría "plenitud de facultades", se levantaría el estado de sitio y no se adoptarían medidas cuya validez requiriera sanción legislativa... Un vodevil de Feydeau no hubiera regulado mejor la entrada de ese funcionario que venía a transmitir algo incomprensible de parte de un fantasma ya olvidado... Afuera, la plaza repleta parecía una caldera a punto de reventar pero Álvarez y sus amigos nada habían visto, nada habían comprendido... Lo recibieron con estupefacción, lo despidieron con cortesía y después el manicomio siguió funcionando en su plenitud. Ni siquiera se leyó la lista de ministros propuesta por Álvarez; si lo hubieran hecho se hubiera agregado un buen elemento para los discursos que ya se estaban anunciando por los altoparlantes, porque esa nómina era, sencillamente, *un escarnio para el país.*[77]

Días después, la prensa publicaba la fotografía de Álvarez con su nonato gabinete. Aparecía al lado de las imágenes multitudinarias de la Plaza de Mayo y las que reflejaban la marcha sobre Buenos Aires de columnas ululantes, camiones repletos, tremolar de banderas y carteles. Pocas veces dos líneas históricas pudieron confrontarse gráficamente de una manera tan directa. Esa fila de apergaminados caballeros al lado de un pueblo que se lanzaba a tomar el poder con rotunda determinación, con alegría, con un fervor que parecía olvidado, eran como los símbolos del país nuevo, desbordante de vitalidad y esperanza, al lado del país que había quedado definitivamente atrás.

La entrevista de Ávalos con Perón en el Hospital Militar marcó el fin de una actitud que, sin ser de resistencia activa al retorno de la hegemonía política del coronel, al menos había resistido la entrega total del poder. Acompañado por Mercante, el ministro de Guerra conversó unos minutos con Perón. Se ignora lo que hablaron: Mercante dice que el coronel trató con dureza a su antiguo amigo; Raúl Tanco, que vio la escena desde afuera, afirma que Ávalos gesticulaba animadamente, en actitud de dar explicaciones y su interlocutor lo escuchaba en silencio y al final le dio unas palmaditas cariñosas en el rostro, como tranquilizándolo. Perón, a casi 25 años del suceso, dice no recordar esta entrevista. El hecho es que al regresar Ávalos a la Casa de Gobierno —y ya estamos casi en las 21 horas— se comunicó telefónicamente con Campo de Mayo y sin agregar comentarios anunció que Perón hablaría al pueblo desde los balcones. La noticia confundió del todo a los jefes que días atrás se habían jugado por el derrocamiento de Perón. Pero ya era tarde para reaccionar.

Tan tarde, que ya el jefe de policía había renunciado y la fuerza de seguridad quedó por unas horas a cargo de un funcionario subalterno hasta que luego asumió su mando, sin orden de nadie, el coronel Molina, subjefe de policía hasta una semana antes; tan tarde, que el ex jefe del Regimiento 3 se había constituido en la unidad y asumido su mando en una rápida operación. Con la policía y el regimiento que guarnecía el acceso sur de la ciudad en manos de amigos de Perón, cualquier maniobra política estaba ya plenamente garantizada.

Sin embargo, el personaje alrededor del cual giraba todo este carrusel insólito, sólo quería salir si contaba con todas las garantías. Varios mensajeros suyos habían ido a entrevistarse con Farrell para unificar criterios. En un momento de esa caótica tarde, Antille quiso dirigirse al pueblo como "delegado del coronel Perón ante el general Farrell" pero la multitud seguía insistiendo:

—¡Perón! ¡Perón!

Y una creciente irritación, que hasta entonces no se había notado, crecía cada vez más en el gentío de Plaza de Mayo. En algún momento, una puerta de entrada a la Casa de Gobierno estalló bajo la presión de la gente y un corto grupo de desharrapados invadió la sede gubernativa; en una de esas se lo vio a Farrell hablando con Ávalos, bajo la atenta mirada de un desconocido en alpargatas...

Ya no se podía esperar mucho. Ávalos había cedido posiciones en todos los frentes y ahora aceptaba la última condición de Perón, que era hablar desde la Casa de Gobierno. Antille regresó al Hospital Militar para decir a su comitente que el presidente lo esperaba en la Residencia. Aceptaba todo. Ya era peligroso esperar más.

Hasta ese momento, Perón estaba en actitud pasiva, aguardando que el proceso hablara por sí solo, dando tiempo a que la presencia popular fuera incontrastable, borrara cualquier idea de reacción militar y desintegrara por el solo hecho de estar allí, los tambaleantes restos de la estructura de poder montada en los días anteriores por Ávalos y Vernengo Lima. Estaba serio y poco locuaz. De cuando en cuando preguntaba a los que lo rodeaban:

—¿Hay mucha gente, che? *¿Realmente hay mucha gente?* [78]

Eran casi las 21.30. Después de conversar con Antille recibió Perón un nuevo llamado telefónico de Farrell: lo estaba esperando. Recién entonces se decidió: habló por teléfono con Eva y empezó a vestirse. El 18 Brumario, Napoleón estaba pálido y desencajado y una persistente diarrea maculaba la gloria de su jornada: el 8 de noviembre, Lenin estaba en un cuartucho del Instituto Smolny disfrazado con una ridícula peluca roja, ignorando que todo el poder estaba en sus manos. El 17 de Octubre de 1945 Perón vivió durante todo el día desgarradoras dudas, vacilaciones tremendas. Mientras el pueblo se sentía triunfante y reflejaba su fe en jocunda exaltación, su líder se encerraba en un hosco mutismo. Tal vez lo más difícil para un conductor de masas es determinar en qué exacto momento debe considerarse vencedor.

Perón lo supo recién a las 23.10, cuando al salir al balcón de la Casa de Gobierno una visión alucinante le golpeó el rostro y un poderoso bramido retumbó largamente en la histórica plaza, aclamando locamente su nombre.

A las 21.45 estaba Perón con Farrell en la residencia; conversaron hasta las 22.25 y después los dos se dirigieron juntos a la Casa de Gobierno. Los altoparlantes estaban anunciando desde las 21 que Perón hablaría aproximadamente a las 23. En la plaza se podía tocar físicamente la excitación de la multitud. ¿Cuánta gente había en ese momento frente a la rosada sede del poder argentino? "La Época" alardeó al día siguiente de 1.000.000 de personas; el locutor que hablaba por momentos para pasar los comunicados, asignó medio millón y el diario "El Mundo", nada amistoso para Perón, coincidió más tarde en esta cifra. Probablemente el número objetivo deba situarse entre las 200.000 y 300.000 almas. Pero lo más importante no era el número sino la tensión de la gente, que con un frenesí infatigable seguía aclamando el nombre de Perón, reclamando su presencia, cantando y moviéndose. Antorchas fabricadas con diarios, palos y carteles ponían sobre la gran masa oscura que cubría ahora de bote en bote la Plaza de Mayo, una constelación de luminarias, como si el cielo estrellado se hubiera volcado sobre el pueblo.

Eso es lo que vio Perón cuando salió al balcón, minutos después de las 23, tras haber mantenido una nueva conferencia con Farrell y héchose desear varios minutos más. Al aparecer su inconfundible figura, la imagen que durante toda la jornada había reclamado la gente, estalló una ovación que duró un cuarto de hora. Si es verdad lo que dice Ortega y Gasset, que la felicidad es estar "fuera de sí", esto era la felicidad total, porque el espíritu individual se había fundido en una exaltación colectiva irresistible. La gente parecía haberse vuelto loca: gritaban, saltaban, lloraban y coreaban estribillos con voces cada vez más enronquecidas. Allí estaba el hombre por el cual se habían jugado. Sano y salvo. Vencedor. Y ellos aclamaban a su líder pero también voceaban su propio triunfo.

Empezó entonces una curiosa pantomima, algo realmente único en los anales políticos de cualquier país. El gentío no estaba apurado por escuchar a su amado: por ahora, simplemente quería mirarlo, aclamarlo y comprobar que estaba a su lado. El esfuerzo de toda la jornada requería compensarse alargando el final, como un acto de amor sabiamente regulado. Seguía alzándose el griterío desde todo el volumen de la plaza. Algunos, haciendo malabarismos debajo del balcón, alcanzaban una bandera argentina a Perón, ("Con Perón y con Mercante/la Argentina va adelante"), que la tomó y la hizo flamear entre la clamorosa ovación de la multitud. Después otra bandera para Farrell. Luego llegaron unas flores. Un inescuchado locutor seguía reclamando silencio para que el presidente empezara su discurso pero el bochinche seguía, exaltadamente, incontèniblemente. Una y otra vez Farrell y Perón debieron abrazarse ("¡Farrell y Perón/un solo corazón!") y Quijano también tuvo que participar en el juego ("¡Perón encontró un hermano/Hortensio Jota Quijano!"). Así, diez minutos, un cuarto de hora...

Finalmente Farrell logró hacerse oír. Más que un discurso, sus palabras se limitaron a ser una presentación de "el hombre que por su dedicación y su empeño ha sabido ganarse el corazón de todos: el coronel Perón". Entrecortadas sus frases por gritos y aclamaciones, teniendo que reclamar atención y silencio varias veces a gritos, Farrell continuó trabajosamente anunciando que el gabinete había renunciado y que Mercante sería designado secretario de Trabajo y Previsión. Entusiastas gritos saludaron estas noticias.

—¡Atención, señores! —vociferó Farrell—. De acuerdo con la voluntad de ustedes, el gobierno no será entregado a la Suprema Corte de Justicia Nacional. Se han estudiado y se considerarán en la forma más ventajosa posible para los trabajadores las últimas peticiones presentadas.

Un par de lugares comunes más y un saludo final.

—Con la unión y el trabajo hemos de llegar a obtener la más completa victoria de la clase humilde que son los trabajadores. Nada más.

Casi no se oyeron sus últimas palabras. Ahora sí, el pueblo reclamaba la voz de Perón: la reclamaba urgentemente, salvajemente, en la aceleración ansiosa del orgasmo colectivo, la plenitud de la posesión de ese muchachón sonriente que no se cansaba de agitar los brazos y de la multitud que se le entregaba abriéndose toda a él. A nadie le importó la recomendación del locutor pidiendo que no se obligara al orador a alzar la voz, dado su estado de salud. Perón se hacía desear ahora; se anunció que descansaría un poco antes de hablar. El locutor invitó a cantar el Himno Nacional: fue una idea feliz porque de algún modo el cántico descargó en parte la tensión de la gente. Broncamente resonaron las notas del himno, entonadas por centenares de miles de voces sin fatiga. Y al terminar volvió el griterío, el nombre de Perón repetido mil veces, con su redonda y sonora eufonía. Al fin apareció nuevamente en el balcón y se dispuso a hablar. Una explosión de multitud *saludó su primera palabra* [79]:

—¡Trabajadores!

De allí en adelante no fue un discurso sino un diálogo lo que se oyó. Un diálogo muy diferente al que días atrás había sostenido Vernengo Lima con el "público selecto" de Plaza San Martín; aquél había estado enmarcado por el recelo, la histeria y la intolerancia de un sañudo coro que rechazaba y cuestionaba las palabras del orador. Este diálogo de la Plaza de Mayo era, en cambio, una comunión de amor y fidelidad consagrada una y cien veces por la multitud.

—Hace casi dos años, desde estos mismos balcones, dije que tenía tres honras en mi vida: la de ser soldado, la de ser un patriota y la de ser el primer trabajador argentino.

Aquí, cuatro minutos de aclamaciones. Continuó Perón:

—En la tarde de hoy, el Poder Ejecutivo ha firmado mi solicitud de retiro del servicio activo del Ejército. Con ello he renunciado voluntariamente al más insigne honor al que puede aspirar un soldado: lucir las palmas y los laureles de general de la Nación. Lo he hecho porque quiero seguir siendo el coronel Perón y ponerme, con este nombre, al servicio integral del auténtico pueblo argentino.

—¡Presente! ¡El pueblo con Perón!

—Dejo el honroso uniforme que me entregó la Patria para vestir la casaca de civil y confundirme con esa masa sufriente y sudorosa que elabora el trabajo y la grandeza de la Patria. Con esto doy un abrazo final a esa institución que es un puntal de la patria: el Ejército. Y doy también el primer abrazo a esa masa grandiosa que representa la síntesis de un sentimiento que había muerto en la República: la verdadera civilidad del pueblo argentino. Esto es el pueblo.

—¡Es el pueblo! ¡Es el pueblo!

—¡...es el pueblo sufriente que representa el dolor de la tierra madre que hemos de reivindicar!

Aquí empezó a levantarse en la multitud la pregunta que insistentemente se le haría en el curso de su arenga: la pregunta que no podía contestar porque estaba comprometido a no referirse a su prisión:

—¿Dónde estuvo? ¿Dónde estuvo?

Perón siguió hablando del pueblo, "el mismo que en esta histórica plaza pidió al Congreso que se respetaran su voluntad y sus derechos". Después de otras frases igualmente vagas dijo algo importante porque apuntaba a la significación de los sucesos de ese día:

—Muchas veces he asistido a reuniones de trabajadores. Siempre he sentido una enorme satisfacción; pero desde hoy sentiré un verdadero orgullo de argentino porque interpreto este movimiento colectivo como el renacimiento de una conciencia de los trabajadores, que es lo único que puede hacer grande e inmortal a la Patria.

Y siguió:

—Hace dos años pedí confianza. Muchas veces me dijeron que ese pueblo al que yo sacrificaba mis horas, de día y de noche, habría de traicionarme...

—¡Nunca! ¡Nunca!

—Que sepan esos indignos farsantes, que este pueblo no engaña al que no lo traiciona. Por eso, señores, quiero en esta oportunidad como simple ciudadano, mezclado en esta masa sudorosa, estrecharla profundamente contra mi corazón... como podría hacerlo con mi madre.

Aquí llegó al clímax la emoción de la multitud y el orador aprovechó para pedir que "se cree un vínculo de unión que haga indestructible la hermandad entre el pueblo, el ejército y la policía".

—Que sea esa unión eterna e infinita— agregó— para que este pueblo crezca en la unidad espiritual de las verdaderas y auténticas fuerzas de la nacionalidad y el orden. Esta unidad la sentimos los verdaderos patriotas porque amar a la Patria no es amar sus campos sino amar a nuestros hermanos. Que esa unidad se afiance en la felicidad futura amalgamándose en un estrato formidable de este pueblo, que al mostrarse hoy en esta plaza en número que pasa del medio millón, está indicando al mundo su grandeza espiritual.

—¿Dónde estuvo? ¿Dónde estuvo?

—Preguntan ustedes dónde estuve... ¡Estuve realizando un sacrificio que lo haría mil veces por ustedes!

Y rápidamente salió del tema enviando un recuerdo a "nuestro hermanos del interior que se mueven y palpitan al unísono con nuestros corazones en todas las extensiones de la Patria". Dedicó una frase "a ellos que representan el dolor de la tierra" pero la multitud seguía rugiendo:

—¿Dónde estuvo? ¿Dónde estuvo?

—Señores... ante tanta insistencia les pido que no me recuerden lo que hoy ya he olvidado. Porque los hombres que no son capaces de olvidar no merecen ser queridos ni respetados por sus semejantes y yo aspiro a ser querido por ustedes...

—¡El pueblo con Perón!

—...y no quiero empañar este acto con un mal recuerdo.

Después, en tono paternal, dijo que había llegado la hora de aconsejarlos. Les pidió que se unieran, que fueran más hermanos que nunca, anunció que diariamente se incorporarían "a esta hermosa masa en movimiento los díscolos o descontentos", pidió que todos recibieran su inmenso agradecimiento "por las preocupaciones que han tenido por este humilde hombre que les habla".

—Por eso hace poco les dije que los abrazaba como abrazaría a mi madre, porque ustedes habrán tenido los mismos dolores y los mismos pensamientos que mi pobre vieja habrá sentido en estos días...

Dejó que pasara la cálida ola que provocaron estas palabras y dijo que esperaba tiempos de paz y de construcción para la Nación.

—Sé que se habían anunciado movimientos obreros. Ya, desde este momento, no existe ninguna causa para esto. Por eso les pido como un hermano mayor, que retornen tranquilamente a su trabajo. Y por esta única vez... ya que nunca lo pude decir como secretario de Trabajo y Previsión...

—¡Mañana es San Perón!

—...les pido que realicen el día de paro...

—¡Mañana es San Perón/que trabaje el patrón!

—...festejando...

(Ovaciones y gritos por un largo rato.)

—...la gloria de esta reunión de hombres de bien y de trabajo, que son la esperanza más pura y más cara de la Patria.

Ya terminaba. Pidió, finalmente, que al abandonar la plaza lo hicieran con mucho cuidado: "Recuerden que entre ustedes hay muchas mujeres obreras, que han de ser protegidas aquí y en la vida por los mismos obreros." Finalmente dijo que estaba "un poco enfermo y fatigado" y que necesitaba un descanso "que me tomaré en el Chubut", para reponer fuerzas y volver a luchar hasta quedar exhausto, si fuera preciso. Y agregó, todavía:

—Y ahora, para compensar los días de sufrimiento que

he vivido, yo quiero pedirles que se queden en esta plaza quince minutos más, para llevar en mi retina el espectáculo grandioso que ofrece el pueblo desde aquí.

Había terminado su parte pero siguió en el balcón un buen rato más, saludando con las manos cruzadas sobre la frente —al estilo de los campeones de box—, abrazándose con unos y otros, sonriéndose con las ocurrencias que podían percibirse entre el imponente vocerío que no cesaba. Luego se retiró, convocando una última ovación al formular un vasto ademán de saludo de despedida. Su parte concluía y había cumplido su compromiso: no referirse a su prisión y ordenar la tranquila desconcentración de la multitud.

Ésta se fue retirando muy lentamente. Aunque la perspectiva de la inmensa mayoría era una infinita caminata —no había en las calles de Buenos Aires un ómnibus, un colectivo, un tranvía—, la gente no tenía apuro por irse. Vivían morosamente su triunfo, la gloria de esas nupcias consumadas a través de aquel diálogo erótico nutrido de recíprocas declaraciones de amor, con celosos interrogantes sobre su paradero y reiteradas afirmaciones de una mutua vocación de entrega; la multitud sentía su condición de cuerpo místico y cada uno de sus componentes era un Príncipe Encantador que había rescatado al objeto de su amor de las garras del Dragón...

En todo el país la gente que estaba en su casa empezó a apagar los receptores: había millones que vivían la misma euforia de sus compañeros de Plaza de Mayo y otros millones de argentinos que no salían de su asombro y entraban en una negra desesperación. A esa misma hora, un buen golpe de dirigentes de la oposición estaban tocando los timbres de diversas embajadas para pedir asilo...

En Plaza de Mayo, poco a poco empezaron a ralear los sectores más alejados de la Casa de Gobierno. Sobre la una de la mañana, Buenos Aires empezó a poblarse otra vez de columnas que repasaban las calles en sentido inverso al recorrido anterior, voceando siempre su felicidad, borrachas de júbilo. Pero esa noche no podía terminar sin un toque dramático y violento. Al pasar una de las columnas por la sede de "Crítica", se inició un denso tiroteo, según parece desde las ventanas del diario. Dos muchachos de filiación nacionalista cayeron muertos y cuarenta heridos quedaron tirados en la Avenida de Mayo. La policía, que rodeó de inmediato el local del vespertino opositor, no pudo acercarse durante más de una hora, debido al intenso tiroteo. Se requirió entonces al Regimiento 3, que emplazó sus bases en Plaza del Congreso, y se disponía a bombardear "Crítica" cuando cesó el fuego. En la medrosa noche porteña, la sirena de "Crítica" se crispaba de rato en rato, como un alarido pidiendo auxilio o un sibilante estertor de agonía.

Después de terminado el discurso, Perón permaneció unos minutos más en la Casa de Gobierno, conferenciando con Farrell y Ávalos. Lo molestaba un fuerte dolor de cabeza y tomó un par de aspirinas. Estaba serio y preocupado y ninguna euforia se reflejaba en su rostro. Presumía que Vernengo Lima intentaría alguna reacción en la Marina y por eso habló un rato con *el jefe de la flota de mar* [80], que estaba en la sede gubernativa, induciéndole a que hiciera deponer cualquier resistencia y designándolo, de hecho, nuevo ministro de Marina. No confiaba totalmente en la garantía que había prometido Ávalos. Su discurso había sido de apaciguamiento, pero ignoraba si Campo de Mayo toleraría el violento cambio político que se había definido esa noche.

De todos modos, las cartas ya estaban jugadas y Farrell estaba dispuesto a entregar a sus amigos las manijas claves del poder. Su presencia en Buenos Aires era más que inútil, peligrosa e irritativa. Aprobó un comunicado que se difundiría poco más tarde, a las 2 de la mañana, señalando que de inmediato se constituiría el nuevo gabinete y que la concentración había terminado en completo orden. Los treinta o cuarenta militares que estaban en el Salón de Invierno lo vieron aparecer con Farrell, ya despidiéndose.

—Resuelva usted —decía el presidente como terminando la conversación—. Usted ha ganado la partida...

—No, mi general. El que resuelve es usted.

—Bueno; ¿qué hacemos con Ávalos?

—Pues... que se vaya a su casa...

Se despidieron allí mismo y Perón salió de la Casa de Gobierno, *a buscar a Eva a su departamento.*[81] No la veía desde la madrugada del 13, cuando fue detenido. De allí los dos se dirigieron al Hospital Militar para saludar a Mercante. Luego, en automóvil, la pareja partió hacia San Nicolás. *El 17 de Octubre de 1945 había terminado.*[82]

¿Realmente todo había terminado? No para Vernengo Lima. A eso de las 21, el ministro de Marina, al enterarse que Perón venía hacia la Casa de Gobierno, había cambiado apresuradamente su uniforme por un traje civil y tomó un taxímetro para dirigirse al puerto. Iba dispuesto a sublevar la Marina y su propósito no era descabellado: descontaba que Ávalos haría lo mismo con Campo de Mayo, aunque no puede afirmarse si su colega se comprometió a ello o si Vernengo Lima interpretó demasiado libremente su pensamiento. De todos modos, él estaba decidido: no podía admitir que esa pueblada torciera el rumbo del movimiento que había desplazado a Perón.

Después de una breve reunión con los jefes de buques en el rastreador "Drummond" —el mismo que había alojado al presidente Castillo el 4 de junio de 1943— envió mensajes a la flota de mar y a las dependencias navales, comunicándoles que no acataba la autoridad del gobierno y envió a Mac Lean a Campo de Mayo para coordinar el movimiento revolucionario con la guarnición, que suponía ya sublevada. Cuando el enviado de Vernengo Lima llegó a Campo de Mayo, casi a la madrugada del 18, encontró a todos durmiendo y Ávalos mismo debió ser despertado para confirmar a los marinos que el acantonamiento obedecía al gobierno y que él ya no era ministro de Guerra. El intento de Vernengo Lima —que contó con el respaldo disciplinado y total de la Marina— murió, pues, antes de nacer y su exteriorización se redujo a un desplazamiento de buques que cesó en la mañana del 18.

Es que Ávalos estaba ya espiritualmente vencido desde las últimas horas de la tarde. Al principio había visto la concentración como una expresión popular inofensiva, que era aconsejable permitir para evitar males mayores. Luego, la creciente exigencia de la multitud lo fue llevando a un estado de vacilación y dudas: en lo único que se mantuvo firme fue en su decisión de no usar la violencia —lo cual, por otra parte, no era mucho mérito porque no contaba con fuerzas inmediatas—. Finalmente tuvo que ceder a la evidencia y aceptar que estaba derrotado. La entrevista con Perón terminó de destruirlo y luego, en la Casa de Gobierno, minutos antes que el coronel se dirigiera al pueblo, había conferenciado con él y con Farrell para obtener, por lo menos, que en su discurso Perón no dijera nada que pudiera enardecer a la multitud. Por su parte prometió que Campo de Mayo no se movería y ratificó su renuncia. Fue por eso que Ávalos, al terminar el discurso de Perón y después de otra conferencia con los mismos interlocutores, se limitó a dirigirse silenciosamente al Ministerio de Guerra para entregarlo formalmente a von der Becke. Intentó entrar vanamente, debiendo golpear la puerta para que le franquearan el paso. En ese trance, al saludarlo inocentemente *un periodista* [83], toda la amargura de la derrota, la fatiga y la tensión de tantos días estallaron en Ávalos con un exabrupto tabernario:

—¿Cómo me va? ¡Y cómo quiere que me vaya! ¡Como la mierda!

Bien pasada la medianoche Ávalos llegó a Campo de Mayo. Presidió una última reunión de jefes, anunció su renuncia y confirmó su promesa de que Campo de Mayo, en aras de la tranquilidad del país, acataría lo ocurrido. Hubo algunas protestas y lamentos, pero ya todo estaba consumado. Y además, algunos de los jefes que días antes se habían pronunciado contra Perón volvían ahora impresionados del fervor popular. Ellos habían hecho lo que pudieron, la oposición no supo recoger los frutos de su patriada y el pueblo ahora había dicho su palabra. ¿Qué más podían hacer? Se fueron a dormir y estaban en el quinto sueño cuando llegaron los marinos con su planteo. Aclarado el equívoco, Campo de Mayo siguió durmiendo. Ahora sí, todo había terminado. Pero no del todo: ahora seguía la fiesta popular.

El 18 el calor y la humedad eran inaguantables en Buenos Aires. No era día para trabajar: ya se había instituido una nueva jornada de holganza en el santoral de los argentinos: "San Perón". Durante nueve años más, los ritos multitudinarios de cada 17 de Octubre concluirían invariablemente con el estribillo que nació en 1945:

¡Mañana es San Perón,
que trabaje el patrón!

La euforia del triunfo, la indescriptible sensación de haber sido protagonistas de un acto histórico y haber barrido al enemigo, llevó a la gente a retornar otra vez a la Plaza de Mayo. Nadie trabajó en el país ese 18 de octubre: no hubo transportes, ni bancos, ni espectáculos, ni administración pública, ni escuelas, ni fábricas, ni comercios. Todo el país holgaba con absoluta uniformidad: jamás hubieran soñado los dirigentes de la CGT que su orden de huelga se cumpliera de manera tan absoluta. Pero naturalmente, nadie se acordaba de la orden de la CGT y ese jueves el paro se cumplió porque los triunfadores necesitaban renovar la certeza de la victoria. Muchos grupos y manifestaciones recorrieron las calles de las principales ciudades. Ese día no aparecieron "Clarín" por la mañana ni los tres vespertinos opositores; sólo salió "La Época" que, con titulares tamaño catástrofe proclamaba que Perón había sido ungido presidente por un millón de argentinos en Plaza de Mayo. Tampoco "El Día" y "El Argentino", de La Plata, salieron, así como "La Voz del Interior" y "Córdoba", de Córdoba, además de otros periódicos.

El país, fue ese día, un vasto campamento donde centenares de miles de personas tomaron posesión de calles y plazas alegremente, con absoluta falta de inhibiciones. La humedad y la baja presión invitaron a tirarse en el pasto, sacarse toda la ropa posible. Ahora carecía de objeto hacer manifestaciones, pero el ímpetu del día anterior persistía y la gente seguía caminando voceando sus canciones y estribillos. El regreso a la ciudad era un acto de repetida posesión; la habían derrotado y ahora querían volver a sentirla así, entregada, temerosa, indefensa. Como ocurrió el 17, tampoco el 18 hubo desmanes ni violencias en Buenos Aires; sólo algunos atrevidos arrancaron la placa con el nombre de Alfredo Palacios, en la casa del dirigente socialista. Contorsiones, gritos y burlas cuando tropezaban con gente de corbata y saco: nada más. En realidad, los desmanes fueron perpetrados por los antiperonistas: algunas de las columnas que seguían manifestando —entre ellas una de hombres y mujeres que fue a aplaudir al Departamento de Policía— fueron tiroteadas desde automóviles que huían después. Uno de ellos fue detenido: sus ocupantes eran jóvenes de *patricios apellidos*.[84]

En otras ciudades hubo un poco más de agresividad popular. En La Plata se rompieron las vidrieras de algunos negocios y excepcionalmente hubo saqueos a tiendas y comestibles: bien es cierto que era imposible conseguir lugares para comer y algunos de los manifestantes estaban en su ajetreo desde hacía más de 48 horas. En Córdoba, la gente que había llegado desde su cinturón fabril hizo un vivac en el centro y se tiraron piedras contra los diarios opositores. En Rosario también hubo algunos incidentes menores. Lo cierto es que durante 48 horas, las que después serían calificadas como "hordas peronistas" fueron dueñas de las principales ciudades y sin embargo no provocaron ningún incidente serio. Días más tarde, la escritora Delfina Bunge de Gálvez publicaba en el diario católico "El Pueblo" un comentario lleno de sensatez, que le valió ser expulsada de la Asociación de Escritoras Católicas. Se refería a los acontecimientos del 17 de Octubre así: "¿Va a estallar ahora el odio contenido? ¿Van a comenzar las hostilidades? Semejante multitud debía sentirse poderosa para llevar a cabo cualquier empresa. Tiene allí, a un paso, la Catedral, pueden incendiarla. Allí está la Curia, que tantas veces fue el objeto del insulto anticlerical. Pero la multitud se muestra respetuosa. Hasta se vio una columna en la que parte de sus componentes hacían la señal de la cruz al enfrentarse con la Iglesia... No dominan en esta reunión los *muera* ni los *abajo*. Estas gentes cansadas y con hambre no se quejan... Se me objetará que en algunas ciudades hubo desmanes. ¡Milagro portentoso sería que ninguno hubiera habido en parte alguna! Los hubo hasta entre los cruzados que iban a rescatar el Santo Sepulcro... Pero sabido es que estos desmanes fueron la excepción; y yo me refiero aquí especial y únicamente a la gran concentración de Plaza de Mayo." Al describir a los manifestantes decía que "su aspecto era bonachón y tranquilo. No había caras hostiles ni puños levantados, como los vimos hace pocos años. Y más aún nos sorprendieron con sus gritos y estribillos: no se pedía la cabeza de nadie".

Manuel Gálvez cuenta en su libro de memorias *En el mundo de los seres reales* que, con motivo de este artículo, su esposa y él tuvieron que dejar de colaborar en "El Pueblo". "Ella —dice Gálvez— recibió cartas hirientes firmadas y cartas anónimas infames. Por teléfono le decían insolencias. Amigas y amigos se nos alejaron. Y lo que fue el colmo, el director de 'El Pueblo' tuvo que renunciar y jubilarse..."

Era el rencor de los que habían visto el alud desde sus casas. En cambio, no había habido odio ni rencor en la gente que había salido a la calle. Todo se había hecho en un tono festivo. En La Plata un grupo de muchachones —como decía la prensa seria— entró en una empresa de pompas fúnebres y obligó a que les entregaran un ataúd. Después salieron con algazara a enterrar simbólicamente sus aborrecimientos: los oligarcas, los estudiantes, los yanquis, los judíos, los comunistas... O acaso también enterraban el olor hediondo de los frigoríficos, el capataz prepotente, el hambre de la lejana provincia de donde habían llegado, las ollas populares de años anteriores, la desocupación, el comisario que no los había dejado votar... Allí marchaban "los muchachos peronistas" —los verdaderos— enterrando un pasado odioso que creían haber liquidado para siempre con el esfuerzo de "todos unidos"...

Actos improvisados se fueron armando en todos lados, al caer la tarde del 18, cuando se habían agotado las caminatas y las vociferaciones. En Avellaneda, Rosario, Santa Fe, Córdoba, exultantes oradores anónimos empezaron a acuñar un vocabulario propio, con palabras prestadas de las más diversas vertientes ideológicas —oligarquía, imperialismo, cipayos, vendepatrias, lealtad, argentinidad, explotación, justicia social, lucha de clases— pero que en esas voces enronquecidas adquirían una sinceridad nueva, un contenido diferente. Rendidos, sin voz, oliendo a sudores viejos, crecidas las barbas y desmelenados, después de casi dos días de callejear, se demoraban sobre las ciudades conquistadas. Gritándolas, embadurnándolas con cal y carbón, recorriéndolas y meándolas afirmaban su posesión, demostraban que las habían vencido y que ellas no debían olvidarlo. Se iba apagando la jornada del 18 sobre un país totalmente paralizado, que en algunos casos estaba debatiéndose en la estupefacción y en otros se exaltaba en la gloria del triunfo; y las rondas se armaban y se deshacían en la noche, como una tenia gigantesca que no se apaciguaba ni se derramaba del todo, que renacía a cada momento en otros barrios, otras plazas, otras ciudades. Y sobre estas fantasmagorías que pronto habrían de retornar a sus ranchos y sus conventillos, sus extramuros y villas miseria, soplaba un viento de historia.

VIII

Así fue como, en poco más de una semana, quedó frustrada la escalada que la oposición había venido ejecutando inteligentemente desde marzo, cuando la recuperación de las universidades permitió convertirlas en usinas de hostilidades contra el régimen para pasar luego a la agitación de la opinión pública a través de la acción de Braden y después a la agitación callejera. Paralelamente, el nucleamiento orgánico de las entidades patronales, el escamoteo de algunos sindicatos de la órbita oficial y la coordinación de las actividades particulares opositoras con vistas a una futura unidad electoral, reforzaban el frente contra Perón. Después, la escalada había culminado con la Marcha de la Constitución y la Libertad, el frustrado golpe de Córdoba y las ocupaciones de las universidades. En este punto, la acción opositora, orquestada por la casi totalidad de los diarios y favorecida por casi dos meses de libertad de prensa había alcanzado su punto de saturación. Es entonces cuando, influida por esta campaña, una parte del Ejército con el apoyo de la Marina voltea a Perón, cuyos errores políticos no habían dejado de favorecer indirectamente a sus adversarios. Se había abierto la oportunidad que venía persiguiendo la oposición desde dos años atrás y con particular intensidad desde marzo de 1945: tomar el poder y liquidar la obra de un gobierno que consideraban fascista y demagógico.

Pero una semana bastó para que esta posibilidad se desvaneciera, aunque todo se dio para facilitarla. La deformada visión de la realidad que se habían impuesto los dirigentes opositores les cerró el camino del poder. Nunca la vieja clase dirigente argentina estuvo más cerca de recuperar todo. Nunca su fracaso fue más merecido.

Sólo quedaba el derecho a la grita y a ello se dedicaron los voceros de la oposición. Demostraron en esto tanta miopía como en la acción política directa. En lugar de formular una sincera autocrítica cayeron fácilmente en el agravio gratuito al pueblo. Es curioso comprobar que los partidos que se autocalificaban como representativos de la clase obrera fueron los más desbocados en esta competencia. El Partido Comunista, por ejemplo, en un manifiesto difundido una semana después, enjuició al movimiento popular como "malón peronista con protección oficial y asesoramiento policial que azotó al país" y aseguró que había provocado "la exteriorización del repudio popular de todos los sectores de la República y millones de protestas". El semanario "Orientación", vocero oficial del Partido Comunista, se pronunciaba así: "...el malevaje peronista que, repitiendo escenas dignas de la época de Rosas y remedando lo ocurrido en los orígenes del fascismo en Italia y Alemania, demostró lo que era arrojándose contra la población indefensa, contra el hogar, contra las casas de comercio, contra el pudor y la honestidad, contra la decencia, contra la cultura e imponiendo el paro oficial, pistola en mano, y la colaboración de la policía que, ese día y al siguiente entregó las calles de la ciudad al peronismo bárbaro y desatado". Este enjuiciamiento tenía en "Orientación" una expresión gráfica muy directa: un dibujo que mostraba a Perón manejando prostitutas, borrachos y matones, con este epígrafe: "El coronel mostró su elenco de maleantes y hampones que ya tuvo oportunidad de conocer el país los días 17 y 18. Lo lamentable es que, junto a ese elenco, haya podido arrastrar por el engaño, a algunos honestos elementos obreros sin experiencia ni perspicacia política."

Estas palabras, dignas de un almacenero minorista, serían dramatizadas meses después por Victorio Codovilla ante la Conferencia Nacional del Partido Comunista: "Esa huelga y los desmanes perpetrados con ese motivo por las bandas armadas peronistas deben considerarse como el primer ensayo serio de los naziperonistas *para desencadenar la guerra civil.*" [85]

Posteriormente, el juicio comunista debió necesariamente moderarse y así, en el *Esbozo de historia del Partido Comunista Argentino* publicado en 1947, las jornadas de octubre sólo merecen esta distraída referencia: ". . . los días 17 y 18 de Octubre, fuerzas de la policía y del ejército, apoyándose en un sector del pueblo, restablecieron a Perón en el gobierno, aunque nominalmente continuara en él el general Farrell". Ya se habían olvidado los hampones, los malones, las escenas "dignas de la época de Rosas". Más adelante, la esforzada tarea de borrar los juicios pronunciados al filo de los sucesos llevó a los voceros comunistas a pasar limpiamente por la crónica eludiendo la referencia y es así como *Benito Marianetti* [86], en su libro *Argentina, realidad y perspectiva* omite del todo la mención del 17 de Octubre, lo cual hace decir graciosamente a *Juan José Real* [87] que "como para el gallego del cuento, para Marianetti el 17 de Octubre *no existe*". . .

El Partido Socialista no le fue en zaga al comunismo.

El 23 de octubre "La Vanguardia" produjo un editorial escrito por Ghioldi, que expresaba entre otras cosas: "En los bajos y entresijos de la sociedad hay acumuladas miseria, dolor, ignorancia, indigencia más mental que física, infelicidad y sufrimiento. Cuando un cataclismo social o un estímulo de la policía moviliza las fuerzas latentes del resentimiento, cortan todas las contenciones morales, dan libertad a las potencias incontroladas, la parte del pueblo que vive ese resentimiento y acaso para su resentimiento, se desborda en las calles, amenaza, vocifera, atropella, asalta a diarios, persigue en su furia demoníaca a los propios adalides permanentes." Fue en este editorial donde Ghioldi sacó de la terminología marxista la palabra tremendamente agraviante con que englobaría a los 300.000 argentinos que marcharon sobre Plaza de Mayo y a los centenares de miles que anduvieron en otras ciudades del país en actitud similar: "lumpen-proletariat". El proletariado "lumpen" es el que se mueve en el filo del crimen, el matonismo, el crumiraje. Para Ghioldi era sólo "lumpen" el proletariado que protagonizó el 17 de Octubre: revelaba así la misma mentalidad que Benjamín Villafañe, el senador conservador que afirmó en pleno Senado de la Nación que la gigantesca procesión que acompañó los restos de Yrigoyen a su última morada estaba formada "por los cien mil prontuariados por hurto, homosexualidad y robo que figuran en los archivos policiales".

La UCR, con la conducción unionista, no dejó de aportar su palabra al enjuiciamiento del 17 de Octubre. La Mesa Directiva publicó el 24 un manifiesto que aludía marginalmente a los sucesos afirmando que "reparticiones públicas planearon al detalle este acto y se sabe con certeza que, en gran parte, pudo realizarse usando de la coacción y la amenaza", agregando que se "ultrajó a la ciudadanía con la ayuda policial, en un espectáculo de vergüenza como nunca ha presenciado la Nación". No detallaba la autoridad radical de qué manera podía montarse una máquina de coacción y amenaza apta para movilizar a punta de pistola a 300.000 almas. Eso lo diría el secretario de la Mesa Directiva en una declaración difundida el mismo día. Decía Cisneros que "el debate en el Senado de la Unión, como ciertos comentarios en los diarios de Londres y de otras ciudades, revelan que la información que poseen sobre la manifestación del 18 del corriente... no es completa". A juicio de Cisneros no podía tolerarse que en Estados Unidos o Gran Bretaña se pensara que "la masa trabajadora argentina apoya totalmente" a Perón y por ello precisaba en varios puntos que: la manifestación no fue espontánea: fue preparada por la Policía Federal y la oficina de Trabajo y Previsión; en las fábricas y en los gremios compulsivamente obligaban muchos oficialistas y la policía a abandonar el trabajo y plegarse a la manifestación; el número de los manifestantes no fue mayor de 60.000 personas "de las cuales un 50 % lo constituían mujeres y menores, teniendo informaciones fehacientes de que muchos de éstos recibieron dinero para concurrir"; la preparación del acto fue muy anterior a la caída de Perón y contó con toda la ayuda oficial en camiones y medios de transportes "y hasta el reparto de alimentos a los manifestantes en la propia Plaza de Mayo"; los manifestantes vejaron a personas, asaltaron comercios, injuriaron a la población vivando a su candidato y llevando como lema o estribillo estas palabras: "Viva la alpargata y mueran los libros", "Haga patria matando un estudiante", etc. Concluía la declaración de Cisneros afirmando que "las aspiraciones legítimas del obrero son reconocidas por el país entero y su actual adelanto se debe a la legislación social, en su mayor parte realizada por el radicalismo". No hay que asombrarse de estas apabullantes declaraciones: recuérdese que quien las firmaba era el mismo dirigente que había asegurado, dos días antes, que la UCR no tendría el menor contacto con el gobierno militar... La estupidez política suele tener *una íntima coherencia*.[88]

Por su parte, los diarios opositores tuvieron tardías y prudentes reacciones. "La Prensa" no dijo nada sobre los sucesos del 17 y 18 en forma editorial, aunque, desde luego, dio amplio espacio a las declaraciones de repudio que empezaron a proliferar cuatro o cinco días más tarde. "La

Nación" sólo aludió tangencialmente a la concentración sin profundizar mucho, refiriéndose a los grupos que "en esta ciudad han acampado durante el día en la plaza principal, en la cual, a la noche, improvisaban antorchas sin ningún objeto, por el mero placer que les causaba ese procedimiento". Esto de las antorchas pareció ser lo que más molestaba al diario de los Mitre, aunque dos días después el tono se hizo más áspero, cuando condenó, también editorialmente, "el insólito y vergonzoso espectáculo de los grupos que se adueñaron durante un día de la Plaza de Mayo, el asalto a diarios en varias partes del país, el ataque a residencias particulares y el saqueo de varios comercios".

Un torrente de declaraciones de diversas instituciones, centros y agrupaciones pobló las páginas de los diarios después que pasaron los primeros días de estupefacción. Todas condenaban en términos más o menos similares los hechos del 17 y 18 de Octubre. La FUBA señalaba con especial énfasis el daño causado a la casa de Palacios y planteaba "con absoluta intransigencia y con carácter de impostergable el problema fundamental de la libertad... condición de todo mejoramiento social". La FUA, reunida en Santa Fe, se limitaba a recordar que la trayectoria reformista había sido de estrecha identificación con la clase obrera y que ésta no podría progresar asociada con Perón, "que tiene en las manos sangre de obreros y estudiantes". El Partido Comunista aseguraba que "la auténtica clase obrera representada por sus sindicatos libres e independientes... ha sido ajena a esos desmanes". Y la Comisión Gremial del Partido Socialista se lamentaba de las "exteriorizaciones carnavalescas, los desmanes y atropellos inicuos" de esos días, les encontraba un parecido a la Marcha sobre Roma y descontaba que "el paro del 18 fue ajeno a la decisión de los auténticos trabajadores organizados". Agregaba el organismo socialista que la acción de la Secretaría de Trabajo y Previsión "está retardando el proceso ascensional de la clase obrera y sus declaraciones de justicia social constituyen un sarcasmo".

Pese a estas afirmaciones, la prensa del exterior miraba con más realismo los hechos y varios diarios norte-

americanos expresaban su amargo asombro por el inesperado apoyo con que había demostrado contar Perón. El senador La Follette no disimuló su convicción de que Perón
parecía estar firmemente apoyado por el pueblo, pero su
declaración provocó tal escándalo que días más tarde la rec-
tificó. Braden, por su parte, impertérrito, se limitó a prometer que Estados Unidos extirparía el fascismo en todo el
mundo, apareciera donde apareciera.

Como se habrá advertido, los juicios opositores sobre lo
ocurrido el 17 y 18 de Octubre se basaban principalmente
en dos líneas de acusaciones: 1º que no había sido un acto
espontáneo sino compulsivamente organizado por el oficialismo, y 2º que los manifestantes no representaban a los
auténticos obreros porque habrían incurrido en desmanes y
atropellos.

La veracidad de la primera serie de argumentos era
muy relativa. Es cierto que los partidarios de Perón usaron,
mientras pudieron, los dispositivos oficiales ya montados,
pero ello ocurrió sólo en los primeros días subsiguientes a
su renuncia. La marcha sobre Buenos Aires fue un movimiento espontáneo en su origen, que se adelantó en 24 horas a la fecha indicada por Mercante y también al día señalado por la CGT para efectuar el paro, trocando además la
actitud pasiva de la huelga por la activa del avance —no
ordenado por nadie— sobre la Plaza de Mayo y con una
consigna diferente a las que lanzara la central obrera. También es cierto que hubo tolerancia policial, pero esta actitud obedeció más bien al sentir general de los agentes de
seguridad (ya demostrado estentóreamente en el Departamento de Policía al día siguiente de la renuncia de Perón)
que a una directiva concreta de la Jefatura, ejercida en ese
momento por un enemigo de Perón. Y por supuesto no hubo
dinero ni compulsión en la organización de la marcha sobre
Buenos Aires; una cierta organización se fue trabajosamente montando recién en las primeras horas de la tarde
del 17, cuando los dirigentes sindicales y los asesores civiles
y militares de Perón comprendieron que el éxito dependía

de que la mayor cantidad de gente se concentrara frente a la Casa de Gobierno. El resto lo hizo la gente espontánea e intuitivamente.

La segunda línea de argumentos es todavía más insostenible. La representatividad de un movimiento popular no puede juzgarse por el hecho de que sus actores cometan o no desmanes: hacerlo así equivaldría a negar representatividad a la Revolución Francesa, por ejemplo, porque en su transcurso se cometieron matanzas y abusos. Aun cuando el 17 de Octubre hubiera tenido un rojo marco de llamas y sangre, no por eso dejaría de estar revestido de la representatividad que tuvo. Pero, además, falseaban la verdad quienes tan escandalizadamente denunciaban desmanes. No los hubo u ocurrieron en cantidad despreciable, salvo que por desmanes se entiendan las violencias verbales, las bromas gruesas, el tono plebeyo y chabacano que campeó esos días en los vivaques populares, las procacidades no exentas de gracia que los manifestantes dispararon con irreprimible jocundidad. Era lo menos que se podía esperar de un movimiento como éste; y fue lo más que ocurrió. En verdad, parece milagroso que centenares de miles de personas hayan tenido varias ciudades a su merced durante dos días y no se hubieran sentido tentadas a hacerse, por lo menos, de algunos de los bienes materiales que nunca habían poseído. No ocurrieron saqueos ni violencias sino en mínima medida, y ninguno en Buenos Aires. Claro está que se dieron escenas desagradables desde el punto de vista estético: no era un espectáculo grato el que ofrecían esas mujeres desgreñadas, esos muchachones de astrosa pinta, esa gente sucia, sudada y vociferante. Para ver gente linda había que haber ido cuatro días antes a la Plaza San Martín; y aquí, en cambio, se hubiera asistido a un real desmán, como el casi consumado linchamiento de un militar o la pedrea sobre la ambulancia que intentaba rescatarlo...

La empecinada miopía de la oposición, la misma que le había vedado tomar el poder, seguía impidiéndole ver con claridad la trascendencia de definición que tuvo el proceso de octubre. Tomaban el rábano por las hojas, se rasgaban las vestiduras frente a aspectos formales descuidando las esencias, pretendían juzgar los hechos en términos estéticos. Dejaban fuera de todo análisis las significación profunda de esa irrupción de las masas en la vida política. Alfred Sauvy ha explicado que los hechos son como alimentos: cuando los hechos resultan demasiado amargos, el organismo los rechaza. Por eso los sectores opositores a Perón rechazaron, no creyeron en el hecho concreto del 17 de Octubre: resolvieron no creer en él y olvidarlo inmediatamente.

En los sectores políticos que representaban a la clase media —como la UCR, el Partido Demócrata Progresista y los organismos universitarios o apolíticos que formaban parte de la oposición— esto no era de extrañar y aun podía comprenderse. Lo incomprensible es la incapacidad de los partidos que se decían representativos del proletariado. Y sin embargo la cosa tenía su explicación. Eternas fuerzas minoritarias, el Partido Socialista y el Partido Comunista habían elaborado intelectualmente un obrero ideal, un arquetipo que se parecía mucho a ese honrado artesano de disciplinada militancia que concurría a las bibliotecas populares, no tomaba alcohol ni fumaba y podía citar a Marx y Spencer... Cuando les golpeó la cara la visión de estos obreros de carne y hueso que no eran salvacionistas del marxismo sino hombres comunes que sudaban, puteaban y tomaban vino, que vivaban las alpargatas y vituperaban los libros, entonces optaron por negar que éstos fueran la realidad proletaria del país. No querían trabajar con esa realidad maloliente. Prefirieron seguir moviéndose elegantemente entre sus invenciones intelectuales.

Así les habría de ir...

Ya se ha prevenido sobre la mitificación que sufrió la jornada del 17 de Octubre. A medida que el peronismo se fue burocratizando, la movilización popular adquirió la categoría de una gesta de titanes. Se atribuyó a Eva Perón un papel que no tuvo, se describió a Perón como un vidente, un estratega que desde el primer momento supo la reacción que desataría el pueblo; figurantes secundarios se vistieron con papeles de primeros actores en la medida que les fue posible y se otorgó a la CGT una importancia determinante que estuvo lejos de tener. Por su parte, los derrotados calificaron a los hechos del 17 de la manera que ya se ha visto.

Frente a tales tergiversaciones es hora de ajustar los hechos y formular análisis objetivos y desapasionados. Esta tarea no cabe en este trabajo, pero no es inoportuno señalar algunos aspectos que deberá tener en cuenta quien quiera emprenderla.

Hay que estudiar, por ejemplo, qué motivos existieron para que las manifestaciones populares tuvieran *un matiz antisemita* [89]; ni tan violento ni tan importante como para teñir de racismo esas jornadas, pero muy perceptible de todos modos. Para examinar este insólito perfil habría que recordar, entre otras cosas, la participación de elementos aliancistas como activistas de última hora, que excitaron la latente prevención antijudía de algunos sectores del proletariado. Y también habría que destacar que los comunicados policiales vinculados a los sucesos universitarios de días anteriores formularon discriminaciones para que las listas de detenidos arrojaran una alta proporción de apellidos semitas, como para demostrar que la FUA estaba manejada por los judíos.

La caracterización del 17 de Octubre requiere asimismo aclarar la agresiva actitud de las masas frente a lo universitario. Los lemas de "Haga patria, mate un estudiante", o "Alpargatas sí, libros no", fueron coreados, verdaderamente; pero su significación se exageró por los dirigentes políticos opositores para invalidar la manifestación popular como una demostración irracional, antiintelectual, digna de la aprobación de Goebbels. Habrá que examinar hasta qué punto el compromiso político que vinculaba a las universidades con la oposición las colocaba, en la mentalidad popular, en el mismo frente que había que atacar y por consiguiente todo lo que oliera a estudiantes o profesores era algo que estaba en la barricada de enfrente. No se atacaba a lo universitario por ser universitario: se lo atacaba porque allí acampaba el enemigo.

Estos aspectos apuntan, en realidad, a las claves mismas del mistério peronista: ese movimiento heterogéneo en sus dirigentes y sólidamente homogéneo en su base, que arrastró todo lo bueno y lo malo de las corrientes políticas que lo precedieron. Un movimiento que protagonizó diez años argentinos, con aciertos grandes y errores tremendos, con virtudes fascinantes y pecados imperdonables, bajo cuyo signo la Argentina todavía transitará mucho tiempo. Ese movimiento que se bautizó e hizo su irrupción arrolladora al proceso del país, aquella jornada de octubre caliginosa y pesada.

Porque hay que decirlo de una vez: el 17 de Octubre de 1945 es la fecha más importante de los últimos treinta años, y por varios motivos. En primer lugar, porque marcó el comienzo de la integración de la clase obrera como tal en el proceso político nacional, al que era ajena hasta entonces.

Los trabajadores rurales y urbanos votaban, desde luego, repartiendo su preferencia en distintas parcialidades, seguían a los dirigentes de sus simpatías y formaban parte de los partidos tradicionales de manera individual. Pero no existían en tanto clase social, no se manifestaban como presencia total y masiva y por consiguiente, la clase trabajadora no era un activante de hechos. La rápida industrialización del país y la formación de un sector ·social directamente ligado a la actividad industrial, nucleado en sindicatos cuyas reivindicaciones fueron respaldadas por la Secretaría de Trabajo y Previsión, contribuyeron a que el proletariado adquiriera en muy poco tiempo una clara conciencia de sus intereses y una creciente noción de su poder, que se robusteció al máximo cuando el 17 de Octubre los trabajadores comprobaron físicamente que su conjunto era algo poderoso, algo que podía barrer como un huracán las maniobras de los dirigentes políticos tradicionales, la influencia de los intereses patronales, la fuerza militar, el poder invisible de las embajadas extranjeras, el prestigio idolátrico de los grandes diarios y de los figurones intelectuales o sociales. La inserción de la clase obrera como tal en el mapa político del país, fue el gran saldo del 17 de

Octubre; un saldo que, guste o no, se debe a Perón y del que nadie podrá prescindir cuando se trate de inventariar los elementos fundamentales de la comunidad nacional para una empresa política trascendente.

En segundo lugar, el 17 de Octubre inició una nueva fórmula —como *lo ha señalado agudamente Dardo Cúneo* [90]— que podría sintetizarse así: "Ejército + Sindicatos = Poder." Ese inusual diálogo sostenido a gritos entre Perón desde los balcones de la Casa de Gobierno y el pueblo desde Plaza de Mayo, inauguró un entendimiento que duró exactamente diez años y se interrumpió en setiembre de 1955, cuando el mismo Perón, acosado por el inminente derrumbe de su régimen, insinuó la posibilidad de crear las milicias obreras. Hasta entonces, el sistema había funcionado a la perfección: el poder sindical brindaba al régimen su legitimidad y las Fuerzas Armadas aportaban el apoyo de la fuerza. Cuando Perón pareció asentir a que se permutaran las funciones de cada elemento, se desató la revolución que lo voltearía, declarada triunfante —no lo olvidemos— por decisión de una junta de generales a la que Perón transfirió su poder. Después, el divorcio de las Fuerzas Armadas y el poder sindical se acentuó por otros factores: pero es indiscutible que las exigencias del país de hoy no podrán cumplirse si de algún modo no se restablece (con las debidas ampliaciones) la fórmula que el 17 de Octubre de 1945 se impuso ruidosamente en la Plaza de Mayo, por milagro de amor, entre un coronel ya retirado pero representativo del Ejército, y el pueblo en actitud de plebiscito.

En tercer lugar, el 17 de Octubre marcó una irreductible división entre los argentinos que contribuyó a clarificar el proceso y acelerar la ubicación conceptual de cada espíritu. Una división cuyos términos no admitían ninguna posibilidad de síntesis y sólo aceptaba que una de las alternativas fuera aplastada políticamente para que la otra pudiera hacer su experiencia del poder y construir el país a su modo. En tiempos normales no es deseable una división de la comunidad en términos tan drásticos. Pero cuando se plantea un tema fundamental, cuando la Nación se enfrenta con una posibilidad que tiene que ser asumida o rechazada, sin términos medios, lo menos malo es que la alternativa se plantee sin concesiones y hasta el final. Contarse de una vez, saber quiénes están de un lado y quiénes del otro y actuar en consecuencia. Es lo que decía Quiroga al general Paz en 1830, en vísperas de Oncativo, cuando el rumbo nacional tenía que optar entre el unitarismo o el sistema federal: "Estamos convenidos en pelear una sola vez para no pelear toda la vida. Es indispensable ya que triunfen unos u otros, de manera que el partido feliz obligue al desgraciado a enterrar sus armas para siempre."

En 1945 el tema contemporáneo era el de la justicia social, el de la justa distribución de la riqueza, así como en otros tiempos de la Patria había sido la emancipación, el sistema de organización del país, la forma de insertarlo en la corriente mundial de progreso o la manera de hacer efectiva la soberanía popular; y como después de Perón lo sería el camino para conquistar el desarrollo nacional. En 1945 lo que se estaba jugando era la justicia social, aunque las fuerzas antiperonistas lo negaran y centraran el debate en la reconquista de las formas democráticas y aunque muchos dirigentes opositores creyeran esto con sinceridad. Pero el debate no se centraba en la democracia: lo que objetivamente estaba en tela de juicio era la obra cumplida por Perón en la Secretaría de Trabajo y Previsión, su trascendencia o liquidación. Podía haber acuerdo en muchas cosas entre el peronismo y el antiperonismo —y de hecho lo hubo en algunos casos— pero no en éste: los intereses estaban enfrentados totalmente y las mentalidades que expresaban una u otra posición eran radicalmente distintas.

Lo ocurrido el 17 de Octubre liquidó cualquier ambigüedad. De allí en más, la división fue tajante y la única solución era enfrentarse y confiar la suerte del país al bando que demostrara ser más numeroso en las urnas, única manera de resolver este tipo de problemas en el plano político. Y después, que "el partido feliz" obligara "al desgraciado a enterrar sus armas para siempre"...

Hay, además, otros aspectos importantes en las jornadas de octubre. Los señalaremos al pasar, sin intentar profundizar su significación. Véase, por ejemplo, la vigencia nacional del movimiento que culminó el 17 de Octubre. Habrá notado el lector que hasta ahora el proceso político tramitaba exclusivamente en Buenos Aires; el resto del país se limitaba a recibir lo que ocurría en la capital de la República, imitando a veces en dimensión local las ocurrencias de la gran ciudad, como movimientos estudiantiles, actos públicos, huelgas, etcétera. El 17 de Octubre tuvo su expresión masiva en la Plaza de Mayo y borró con su poderosa imagen la realidad de otros muchos actos similares que explotaron contemporáneamente en decenas de ciudades y pueblos. Estas manifestaciones, sobrevenidas en todo el país con la misma espontaneidad y según el mismo estilo de la de Buenos Aires, perdieron importancia frente a la acción popular que fue decisiva, pero valen como traducción de una voluntad homogénea que se dio tanto en Berisso como en Salta, en Bahía Blanca como en Villa María.

También está la definitiva pérdida de la cita del radicalismo con el Ejército. Desde 1932 la UCR y el Ejército buscaban y rehuían una alianza en un "ballet" político bailado durante quince años, más o menos clandestinamente, con momentos en que ambas fuerzas parecían aproximarse e instantes de ostentosos alejamientos. Los jefes militares más esclarecidos comprendían que la institución castrense no podía seguir comprometiéndose con el apoyo que prestaba incondicionalmente a los gobiernos del fraude y la entrega; desde la revolución de 1943 el "ballet" parecía que habría de terminar en un amoroso abrazo entre los dos danzarines... Pero las jornadas de octubre asistieron al definitivo rompimiento: Sabattini, que no había querido entenderse con el Ejército dominado por Perón, no pudo hacerlo con el que lideró Ávalos por breves días. Así se alejaron para siempre los caminos del radicalismo y del Ejército. Ya nunca se cruzarían de nuevo porque el Ejército advirtió que la virtud mayoritaria había emigrado de la UCR a una fuerza todavía inorgánica, pero poderosa ya y trascendente; y hasta 1955 la apoyó.

Las jornadas de octubre marcaron también el fin de la era de la oligarquía como clase gobernante. La irrupción del pueblo en las decisiones del poder aventó a la oligarquía del proceso nacional. De allí en adelante, la oligarquía pudo gobernar a través de sus vicarios, pudo vetar, embrollar o impedir: pero no pudo conducir de manera directa las claves del poder ni fue capaz de manejar una política según su visión y sus intereses. El secretario de Álvarez, saliendo de la Casa de Gobierno en el atardecer del 17 de Octubre mientras el clima emocional de la multitud iba alcanzando su punto máximo, fue la última escena de una larga representación que la oligarquía había mimado —a veces con grandeza, a veces de manera mísera— desde 1880 y cuyo telón bajaba sin que nadie lo advirtiera.

Esta evidencia nos conduce también a marcar el admirable instinto político con que actuaron las masas peronistas. Como ya se ha señalado, la decisiva semana de octubre asistió a un concurso de equivocaciones en el que participaron todos los actores de uno y otro bando. Todos dieron palos de ciego, todos cayeron en desaciertos o prefirieron incurrir en evasiones a asumir responsabilidades y adoptar decisiones. Todos, incluso Perón. Lo que salvó a esas jornadas y les dio categoría histórica fue la presencia del pueblo, que instintivamente, desbordando a sus conductores, rechazando directivas, se lanzó a una empresa directa y no renunció a su empeño hasta que su obstinación no conquistó la victoria. El pueblo anónimo fue el único que no erró. Lo superó todo: la maniobra opositora, la vacilación gubernativa y la renuencia de su propio conductor, a quien supo infundirle la decisión que le faltó durante toda la jornada estelar.

Otros aspectos habría que destacar: por ejemplo el debilitamiento del poder de los políticos y la importancia de la política, en razón inversa del robustecimiento de los sindicalistas y la importancia de los sindicatos. Este proceso se originó en octubre de 1945 porque ¿qué influencia podían tener los caudillos partidarios y la acción de los comités frente a la creciente función de los dirigentes sindicales y las organizaciones gremiales? ¿Qué podía significar la política del "servicio personal" —un puesto municipal, un favor del comisario, una recomendación— cuando los términos políticos que ahora se inauguraban se daban en magnitudes de centenares de miles, de millones acaso? Ahora que las masas habían irrumpido en la sede de las grandes decisiones nacionales, los partidos políticos, tal como estaban organizados hasta entonces, comenzaban a entrar en crisis, aunque nadie lo advirtiera todavía.

También habría que destacar el fervor con que ambos bandos actuaron en esos días. La literatura peronista posterior se burló del "picnic de Plaza San Martín", pero eso fue tan injusto como las calificaciones de hampones y maleantes que los opositores dedicaron a los trabajadores congregados en Plaza de Mayo. La incomunicación entre ambos frentes de lucha era total y ello explica los equivocados enjuiciamientos recíprocos. Lo cierto es que la enorme mayoría de ambos bandos actuaba en esos días con una auténtica y apasionada entrega a sus ideales, con una intensidad como pocas veces se vio en nuestra historia. Lo de Plaza San Martín, por ejemplo, no fue chiste: jóvenes universitarios que vivían diariamente en una lucha casi clandestina, militantes comunistas endurecidos en las ordalías de la Sección Especial enfrentaron a la policía con alegre corazón, a tiro limpio. Menos violenta pero no menos fervorosa fue la fatigosa marcha peronista sobre Buenos Aires.

Este fervor, esa entrega era el resultado de una certeza que estaba presente en ambos bandos: la de que cada uno estaba luchando por lo más importante de su vida. Cada uno luchaba por su propia libertad. Lo que ocurría era que la libertad tenía significado diferente para cada bando. Para los antiperonistas su libertad era el derecho a hablar, escribir y leer lo que se les antojara, saberse exentos de estado de sitio, de atropellos policiales y abusos. Para algunos antiperonistas la libertad era algo menos respetable: seguir siendo patrones indiscutidos en la estancia o en la empresa o continuar manejando el país como lo habían hecho siempre. Para los peronistas, en cambio, la libertad era eman-

ciparsé del miedo a perder el trabajo, mirar de igual a igual
al capataz, sentirse amparado por su delegado sindical, no
sentir a cada rato el ladrido de la miseria; la libertad era la
posibilidad de asumir esa nueva dignidad que les permitía
elegir un empleo u otro sin sentirse acorralado por la desocupación o que se traducía en una camisa de piel de tibu-
rón o un bolígrafo asomando del bolsillo del saco...

Como ocurre en las grandes encrucijadas de la Historia, cada cual sentía que no estaba definiendo solamente el
rumbo colectivo sino también su propio destino individual.
Y efectivamente fue así. La Argentina ya no fue la misma
después del 17 de Octubre de 1945. La transición que sobrevino ese día nos afectó a todos de una u otra manera. Todavía nos afecta.

*Bueno, ahí estaban. Como si hubieran querido mostrar
todo su poder, para que nadie dudara de que realmente existían. Allí estaban, por toda la ciudad, pululando en grupos
que parecían el mismo grupo multiplicado por centenares.*

*Los mirábamos desde la vereda, con un sentimiento pa-
recido a la compasión. ¿De dónde salían? ¿Entonces existían?
¿Tantos? ¿Tan diferentes a nosotros? ¿Realmente venían a
pie desde esos suburbios cuyos nombres componían una vaga
geografía desconocida, una "terra incognita" por la que nunca habíamos andado? ¿Sería posible que los moviese el nombre de ese hombre, el aborrecido, el sonriente monologuista
que hacía apalear estudiantes, metía presos a los jueces, cerraba diarios, clausuraba universidades? Nos parecía increíble todo eso y las columnas que marchaban, cada vez más
espesas, cada vez más impresionantes en su frenesí, se nos
figuraban por momentos ejércitos de fantasmas, zombies
conducidos por un anónimo comando de hombres con los du-
ros rostros y los precisos gestos de los nazis de las películas ...*

*Habíamos recorrido todos esos días los lugares donde se
debatían preocupaciones como las nuestras. Nos habíamos
movido en un mapa conocido, familiar: la Facultad, la Recoleta en el entierro de Salmún Feijóo, la Plaza San Martín,*

la Casa Radical. Todo, hasta entonces, era coherente y lógico; todo apoyaba nuestras propias creencias. Pero ese día, cuando empezaron a estallar las voces y a desfilar las columnas de rostros anónimos color tierra, sentíamos vacilar algo que hasta entonces había sido inconmovible. Y nos preguntamos, apenas por un instante, si no tendrían razón ellos, los extraños, los que pasaban y pasaban y seguían pasando sin siquiera mirarnos, coreando sus estribillos y sus cantos, lanzando como una explosión el rotundo nombre de aquel hombre.

Sin embargo, no alcanzamos a dudar. Simplemente pensamos que era una lástima tanta gente buena defendiendo una mala causa. Piadosamente los contemplamos, aplastados bajo el rigor de la baja presión. Y después nos fuimos a seguir recorriendo el mapa de siempre, ahora alterado por cierta extraña soledad. Recién cuando escuchamos la voz desde la radio, catapultada por una tormenta de rugidos, nos dimos cuenta de que algo estaba pasando en el país. Pero como no entendimos qué era, exactamente, lo que pasaba, nos quedamos mirando sobradoramente desde la vereda. Así diez años más.

NOTAS AL CAPÍTULO III

[1] *La policía dijo que 65.000.* El autor trató de encontrar los informes que la policía pasa diariamente a los altos funcionarios del gobierno y que suelen detallar con gran objetividad las novedades en el orden político, sindical, estudiantil, etcétera, correspondientes a 1945. Desgraciadamente, pese a la buena voluntad del jefe de la Policía Federal, general Fonseca, esos informes no pudieron ser localizados por haberse destruido.

[2] *Llovieron sobre la manifestación.* Testimonio del ex general Raúl Tanco: "Unas semanas antes de la Marcha de la Constitución y la Libertad, Raúl Bustos Fierro y César Guillot redactaron una presentación o documento dando las razones jurídicas por las que la Corte Suprema de Justicia no podía hacerse cargo del gobierno. Lo hacían para oponerse a la consigna de la oposición, que reclamaba 'el gobierno a la Corte'. Pero los autores del documento no consiguieron que ninguno de los diarios lo publicaran, ni aun pagándolo como 'solicitada'.

Raúl Apold, que era cronista de 'El Mundo' en el Ministerio, me contó eso, conjeturando que a lo mejor nosotros podíamos 'meterlo' en su diario, si hablábamos con el secretario de redacción. Una noche fuimos, casi al cierre de la edición, y hablamos con el secretario, un señor Alemán; él accedió a publicar el documento, medio de contrabando... Fue un baldazo de agua fría esa publicación. Pocos días después se realizaba la Marcha de la Constitución y la Libertad y nosotros hicimos imprimir como doscientos mil ejemplares de la presentación de Bustos Fierro y Guillot y los tiramos sobre la manifestación desde distintas casas y balcones de la avenida Callao. Descuento que no hizo mucha gracia a sus organizadores esta inesperada lluvia de panfletos...

El día de la Marcha estábamos con Perón en el Ministerio, en Viamonte y Callao. Se había dado orden de cerrar los visillos y ventanas, para evitar incidentes. Perón no parecía dar importancia a la manifestación. Cuando ésta empezó, nos dijo:

—Bueno... yo me voy a dormir... Ustedes miren, calculen y después me informan...

Yo me quedé admirando la sangre fría de este hombre que ni siquiera sentía curiosidad por ver a la manifestación opositora. Y efectivamente, un par de horas más tarde, cuando la Marcha estaba terminando, fuimos a comentarla y él estaba roncando tranquilamente en el dormitorio que tenía instalado al lado de su despacho..."

[3] *Caras conocidas encabezan la manifestación.* De la confrontación de distintos diarios se ha elaborado la siguiente lista, que incluye a las personalidades que figuraron a la cabeza de la columna: Gabriel Oddone, Nicolás Repetto, Laureano Landaburu, Alfredo Palacios, Rodolfo Ghioldi, Juan José Díaz Arana, José María Cantilo, Alejandro Lastra, Juan Carlos Rébora, Justiniano Allende Posse, Luciano Molinas, Manuel V. Ordóñez, Eustaquio Méndez Delfino, Américo Ghioldi, Ernesto Sanmartino, Enrique Dickmann, José Urbano de Aguirre, Tomás Le Breton, Juan Antonio Solari, Juan S. Valmaggia, Leopoldo Melo, Carlos Saavedra Lamas, José de Apellániz, Pedro Groppo, Julio V. González, Julio Noble, Rodolfo Martínez, Enrique Butty, Arnaldo Massone, Luis Reissig, Santos Gollán, Eduardo Benegas, Germán López, Pedro Chiaranti, Horacio Rivarola, Gregorio Aráoz Alfaro, Antonio Santamarina, Joaquín de Anchorena, Mariano Castex, José P. Tamborini, Enrique M. Mosca, Pablo Calatayud, Ernesto Giúdice, Ricardo Levene. También algunos militares retirados, como Adolfo Espíndola, Francisco Suárez, Carlos Márquez, Juan Tonazzi y Enrique Fliess.

Estas 49 personas tenían la siguiente filiación política: *radicales*, 4, tres unionistas y un intransigente (Tamborini, Mosca, Sanmartino y Oddone); *socialistas*, 6 (Ghioldi A., Repetto, Palacios, Dickman, Solari y González); *comunistas*, 3 (Ghioldi R., Chiaranti y Giúdice); *demoprogresistas*, 3 (Molinas, Díaz Arana, Noble); *conservadores o vinculados a los gobiernos de la Concordancia*, 20, distinguiéndose éstos en: ex legisladores nacionales conservadores, 2 (Landaburu y Santamarina) ; ex altos funcionarios de los gobiernos nacionales entre 1931/43, 8 (Lastra, Rébora, Allende Posse, Méndez Delfino, Aguirre, Apellániz, Butty y Rivarola) ; ex ministros de los gobiernos nacionales entre 1931/43, 7 (Cantilo, Saavedra Lamas, Melo, Groppo, Calatayud, Márquez y Tonazzi) y 4 más (Aráoz Alfaro, Castex, Anchorena y Martínez) que sin agravio pueden incluirse entre la nómina conservadora. La abrumadora preponderancia numérica de las personalidades de filiación conservadora se completa señalando a Ordóñez ("La Prensa") y Valmaggia ("La Nación") ; Le Breton (ex antipersonalista) ; Benegas y Massone (empresarios) y Levene (académico).

⁴ *Una discreta ola de renuncias.* Por esos días el doctor Ramón J. Cárcano renunció a su cargo de director de Previsión Social y su hijo Miguel Ángel a la embajada en Gran Bretaña; el doctor Raúl Migone al consulado general en Canadá; los doctores Ernesto Hueyo, José de Apellániz, Ernesto Bosch y José Evaristo Uriburu a sus cargos de directores del Banco Central.

⁵ *Nunca la Marina había adoptado actividades políticas propias.* Ver *Una gran lección,* por Guillermo D. Plater (Ed. Almafuerte, La Plata, 1956), donde se relata el proceso revolucionario de 1943 visto desde el ángulo de un sector de la Marina.

⁶ *Distintas facultades de la Universidad de Buenos Aires.* Crónicas de la ocupación policial, en *Students Politics in Argentina,* por Richard J. Walter (New York, 1968) ; *Forma y sentido de la resistencia universitaria en octubre de 1945,* por Augusto T. Durelli, en "Ciencia y técnica", diciembre de 1945; *La Universidad Argentina bajo la dictadura de Perón,* trabajo colectivo en "Revista de América", tomo XI (Bogotá, setiembre de 1947).

⁷ *Los sacralizaron.* El proceso de conversión en mito de las jornadas que culminaron el 17 de Octubre puede seguirse a través de las siguientes obras, entre otras: *Diecisiete de octubre, jornada heroica* (publicación oficial, sin pie de imprenta, 1948) ; *Cuentos del 17 de octubre,* por Adolfo Diez Gómez (Biblioteca Infantil General Perón, Bs. As., 1948) ; *Antología poética de la Revolución Justicialista,* por Antonio Monti (Ed. Librería Perlado, Bs. As., 1954), que incluye, entre otras composiciones, la *Marcha triunfal de los descamisados,* de Ramón Rafael Ezeyza Monasterio; *Hechos e Ideas, publicación de cuestiones políticas, económicas y sociales,* director Enrique Eduardo García, año VI, tomo XI, agosto de 1947; *Fue el 17 de octubre,* romance por Rafael García Ibáñez (Biblioteca Peronista, Municipalidad de la Ciudad de Buenos Aires, edición de la Subsecretaría de Informaciones de la Presidencia de la Nación, 1948) ; *Obras y hechos del peronismo,* revista mensual, núm. 1 agosto de 1947; *Interpretación histórica del 17 de octubre,* por

Santiago Ganduglia (Subsecretaría de Informaciones de la Presidencia de la Nación, 1953) ; *La mujer en la gesta heroica del 17 de octubre,* por María Granata (Subsecretaría de Informaciones de la Presidencia de la Nación, 1953) ; *El hombre del destino,* por Aparicio Luna (José María Torres Clavero) , Ed. Justicia Social, Bs. As., 1946; *Voici l'Argentine,* 17 de octubre, Jour de la Résurrection Nationale", París, 1960.

[8] *Otras fuentes de disgusto.* Ver *Acontecimientos militares en Campo de Mayo entre los días 6 y 19 de octubre de 1945,* folleto sin autor, fecha ni pie de imprenta (16 págs.) , apareció a fines de 1945; detalla ordenadamente los hechos con tendencia antiperonista. También "La Vanguardia" del 16-10-1945, donde se reseña el proceso, equivocando a veces el orden cronológico; íd. "La Prensa" del 13-10-1945.

[9] *El general Ávalos.* Lamentablemente, éste se ha negado a formular declaraciones al autor, alegando que sus testimonios vertidos a una revista de Buenos Aires fueron tergiversados.

[10] *El teniente coronel Francisco Rocco... aspiraba públicamente a ese cargo.* Referencia al autor del general (R.) Oscar Uriondo.

[11] *En sus años de pobreza.* Referencia al autor del doctor Arturo Jauretche.

[12] *Oficialidad de Campo de Mayo.* Eran jefes de las unidades de la guarnición los tenientes coroneles Antonio Carosella (Grupo de Artillería Montada) , José M. Ruiz Monteverde (Regimiento 8⁹ Caballería) , Gerardo Gemetro (Regimiento 10⁹ de Caballería) , Florencio Piccione (Escuela de Caballería) , Julio Gómez (Escuela de Suboficiales) , Héctor Puente Pistarini (Escuela de Artillería) , Francisco Rocco (Escuela de Comunicaciones) y Ramón Narvaja (Escuela de Infantería) .

[13] *Que los conducía al Ministerio de Guerra.* Las entrevistas Ávalos-Perón en *Acontecimientos...*; lo demás, referencia del coronel (R.) Domingo A. Mercante al autor.

[14] *A las 11 se abrió la conferencia.* Ver *Acontecimientos...* y referencias al autor del ex general Raúl Tanco.

[15] *Estaba dispuesto a pedir el retiro.* Referencia al autor del ex general Raúl Tanco.

[16] *Campo de Mayo debía avanzar sobre Buenos Aires.* Sostuvieron esta posición los tenientes coroneles Francisco Rocco y Juan C. Cuaranta, el mayor Pablo Alderete, el comandante de Gendarmería José A. de la Rosa y el capitán Enrique Schetini (referencia al autor del general (R.) Juan C. Cuaranta) .

[17] *Dos de ellos fueron al acantonamiento.* El coronel Franklin Lucero (ver *El precio de la lealtad,* por Franklin Lucero, Bs. As., 1959) y el teniente coronel Raúl Tanco (referencia del ex general Tanco al autor).

[18] *Aconsejaba reprimir.* Ver *El precio de la lealtad,* por Franklin Lucero, Bs. As., 1959.

[19] *Conjurados para asesinarlo en cuanto entrara.* Testimonio del general (R.) Rosendo Fraga a revista "Primera Plana", del 23-9-1965.

[20] *Empezó la reunión.* Ver *Acontecimientos...* y referencias al autor del general (R.) Juan C. Cuaranta.

[21] *Conferenciar con los generales.* Estuvieron presentes Farrell, Ávalos, Carlos von der Becke, Juan Pistarini y Diego I. Mason.

[22] *Indicaron a dos de ellos.* El coronel Indalecio Sosa y el teniente coronel Juan C. Cuaranta.

[23] *Todos eran partidarios de pelear.* Estaban en esa posición los generales Ramón Albariños, jefe de la 2ª División con sede en La Plata y Humberto Sosa Molina, jefe de la 3ª División, con sede en Paraná, que se comunicó telefónicamente con Perón para reiterarle su lealtad; los coroneles Oscar R. Silva, jefe del Colegio Militar, y Filomeno Velasco y Juan Molina, jefe y subjefe, respectivamente, de la Policía de la Capital; el comodoro Bartolomé de la Colina, secretario de Aeronáutica, que había hecho concentrar a la aviación en el aeródromo de Morón; y por supuesto, los colaboradores cercanos a Perón en el Ministerio de Guerra, tenientes coroneles Tanco, Uriondo y Herrera, además del coronel Lucero. El teniente coronel Mercante se encontraba en ese momento en la base aérea El Palomar.

[24] *Donde lo esperaba su compañera.* Detalles de la renuncia, por referencias del ex general Raúl Tanco. También en *Diecisiete de octubre, la revolución de los descamisados,* por Eduardo Colom (Ed. La Época, Bs. As., 1946), donde se refieren correctamente los hechos, aunque con tendencia a dramatizarlos con intención properonista.

[25] *Presidente de la Universidad.* El doctor Alfredo E. Calcagno.

[26] *Juez federal.* El doctor Horacio Fox.

[27] *Sus comentarios finales.* Ver *Diecisiete de octubre, la revolución de los descamisados,* por Eduardo Colom.

[28] *Nuevo secretario de Aeronáutica.* El comodoro Edmundo Sustaita, amigo de Perón; el día anterior había ofrecido bombardear Campo de Mayo con sus aviones (referencia al autor del coronel (R.) Mercante).

[29] *Lo encontraron en su casa.* Ver *La naturaleza del peronismo,* por Carlos Fayt y otros (Ed. Viracocha, Bs. Aires, 1967). Los dirigentes que promovieron la reunión fueron Luis Gay, Alcides Montiel y Ramón W. Tejada. A la casa de Perón también concurrió Cipriano Reyes; quien los llevó fue el mayor Fernando Estrada, funcionario de la Secretaría de Trabajo y Previsión.

[30] *A través de la red oficial de broadcastings.* Referencia al autor del coronel (R.) Mercante.

[31] *A todos los trabajadores argentinos.* Fue un borrador del decreto que se sancionaría en diciembre de 1945 bajo el número 33.302, creando el Instituto Nacional de las Remuneraciones, que no llegó a funcionar, e instituyendo el salario vital y móvil, que tampoco tuvo vigencia, así como el sueldo anual complementario (aguinaldo) que, éste sí, tuvo inmediata aplicación. Mercante alcanzó en esta oportunidad a hacer firmar este decreto a Quijano y Pistarini, pero no al presidente Farrell.

[32] *Subdirector de la Escuela Superior de Guerra.* El general Virginio Zucal.

[33] *Debió imponerse a gritos.* Ver testimonio del general (R.) Rosendo Fraga en "Primera Plana", del 28-9-1965.

[34] *Matar a Perón.* Lo postuló el mayor Desiderio Fernández Suárez, que once años más tarde fue jefe de la Policía de la Provincia de Buenos Aires y en tal función ordenó algunos de los fusilamientos con que se clausuró la intentona revolucionaria peronista del 8 de junio de ese año. (Ver *Operación masacre,* por Rodolfo Walsh, Ed. Jorge Álvarez, Buenos Aires, 1969.)

[35] *Los enviados.* Los generales Enrique Quiroga, Orlando Peluffo y Alberto Guglielmone y los almirantes Leonardo Mac Lean, Francisco Clarizza y Horacio Smith. Pasados los acontecimientos, Peluffo fue sometido a juicio militar "por arrogarse una representación del Ejército que nadie le había conferido".

[36] *Respetable magistrado judicial.* El doctor Roberto Repetto. En 1945 tenía 64 años, habiendo ingresado a la carrera judicial 35 años antes. Renunció a su cargo después del triunfo electoral de Perón, en abril de 1946, por lo que fue excluido del fallo condenatorio que recayó sobre sus colegas del alto Tribunal en el juicio político que se les siguió en 1947. Falleció en 1950.

[37] *Llamado por Ávalos.* Referencia al autor del general (R.) Juan C. Cuaranta. También en "Clarín", en la columna "¿Qué dice la calle?", del 13-10-1945, se registró esta versión, al igual que en la sección "Trastienda política", del diario "La Época", del 29-10-1945.

[38] *Un amigo del dirigente intransigente.* El general (R.) **Juan C. Cuaranta.**

[39] *Una eventual fórmula.* Además de las reuniones mantenidas por Ávalos y Sabattini en la casa del entonces teniente coronel Cuaranta, se reunieron varias veces en la casa del industrial Alberto Rusconi (referencia de la señora Clotilde Sabattini al autor).

[40] *Caviar, pavita y botellas de champagne.* Ver *La traición de la oligarquía,* por Armando Cascella (Ed. Mundo Peronista, Buenos Aires, 1953).

[41] *Instalado allí su vivac.* De la confrontación de los distintos diarios se ha elaborado la siguiente lista de las personalidades que en distintos momentos estuvieron presentes en la Plaza San Martín el 12 de octubre de 1945: Alfredo Palacios, Bernardo Houssay, Pedro Ledesma, Carlos del Campillo, Leopoldo Silva, Carlos Saavedra Lamas, Pedro Groppo, Adolfo Bioy, Carlos Alberto Acevedo, Rodolfo Corominas Segura, José Heriberto Martínez, Américo Ghioldi, Jorge Eduardo Coll, Diógenes Taboada, José María Cantilo, Ernesto Sanmartino, Silvio Ruggieri, Justiniano Allende Posse, José María Bustillo, Roberto Ortiz, José María Paz Anchorena, José María Sáenz Valiente, Eugenio Blanco, Carlos Sánchez Viamonte, Horacio Rivarola, Rodolfo Martínez, Josué Santos Gollán. De esta lista pueden señalarse seis ex ministros de los gobiernos de la Concordancia (Saavedra Lamas, Groppo, Acevedo, Coll, Taboada y Cantilo); seis ex altos funcionarios de los mismos gobiernos (Ledesma, Silva, Allende Posse, Bustillo, Paz Anchorena y Rivarola), y dos ex senadores por partidos concordancistas (Corominas Segura y Martínez).

[42] *Una esquela en este sentido.* "Coronel Juan Perón. Bs. As., 11 de octubre de 1945. A S. E. Sr. Ministro de Guerra. Comunico a V. E. que a fin de esperar mi retiro he solicitado licencia. Desde la fecha me encuentro en la Ea. del Dr. Subiza en San Nicolás (casa del Dr. Subiza, San Nicolás: UT 79 S. Nicolás [firmado] Juan Perón." Publicado en *17 de Octubre, la Revolución de los Descamisados,* por Eduardo Colom (Ed. La Época, Bs. As., 1946).

[43] *¡Ganar la partida!* Referencia al autor del coronel (R.) **Mercante.**

[44] *Almirante Domecq García.* Ver *Apuntes de tres revoluciones,* por Bartolomé Galíndez (Bs. As., 1956).

[45] *¡Yo no soy Perón!* Texto del discurso del almirante Vernengo Lima, pronunciado el 12 de octubre de 1945 desde los balcones del Círculo Militar, según "La Razón" del mismo día:

"Señores, yo soy el almirante Vernengo Lima. Es la primera vez en mi vida que tengo el honor de improvisar delante de una cantidad de gente que tiene su corazón en el mismo lugar donde yo tengo el mío. Yo comprendo las inquietudes de todos ustedes, pero puedo apreciar mejor la situación, porque estoy bien informado de cosas que ustedes, por la posición en que están, acaso ignoran.

"Yo he estado recién con el señor presidente de la República." (Protestas del público: "No es nuestro Presidente.")

"Nuestro país tiene en este momento una gran tabla de salvación, que es la Suprema Corte, pero nuestro país también tiene instituciones armadas a las cuales yo tengo el orgullo de pertenecer y que ustedes tienen la obligación de respetar, porque son de ustedes. Antes de recurrir a la última tabla de salvación en este naufragio, es necesario que las instituciones armadas, honestamente, democráticamente, con la mayor imparcialidad que les puedo garantizar, y aseguro que la tenemos, lleven al país a tener un gobierno del pueblo, por el pueblo y para el pueblo." (Gritan: "No debemos creer eso".)

Contesta: "En el almirante Vernengo Lima usted no tiene derecho a dudar."

"El año 30 el pueblo de la República encabezado por un general, fue llevado a una posición y, desde entonces, fue una falsificación la democracia. El Ejército ha salido para poner remedio a ese mal. Hoy es indispensable que el Ejército lleve al país al verdadero juego de sus instituciones democráticas. El Ejército y la Marina estamos hoy con todo corazón dentro de esa idea." (Dicen: "Eso lo han dicho muchas veces.")

Contesta: "Yo no soy Perón."

"Señores, ahora que ya les he dado la idea fundamental, les voy a comunicar que todo el gabinete ha renunciado. Tengo la palabra del general Farrell y del Ejército y la Marina, que está dentro de la misma línea de pensar que ustedes, de hacer responsables a los culpables de todos estos inconvenientes y, especialmente, al coronel Perón.

Estoy autorizado a decirles que el gabinete será constituido por los mejores hombres del país, civiles, honrados, de experiencia y de sano juicio. Quiero decir a ustedes que tengo el honor de expresar que voy a ser ministro de Marina. Yo, que soy el almirante más antiguo de la Armada, con estos galones que he honrado toda mi vida, les digo a ustedes que garantizo lo que he dicho, con mi nombre, y con mis galones de oficial de marina."

[46] *Gravemente lesionado*. El teniente coronel Molinuevo. Según versión de "Crítica", cuando una ambulancia intentó abrirse paso para trasladar a Molinuevo, el "selecto público" apedreó el vehículo y le impidió llegar hasta el lugar donde estaba el herido, por lo que debió entrar por el acceso posterior del Círculo Militar. Señalemos que "Crítica" se caracterizó en esos días por su agresiva actitud antiperonista. Julio Irazusta ha señalado con precisión la importancia de este bárbaro episodio en *Perón y la crisis argentina* (Bs. As., 1956), al decir: "No

habiendo intervenido (los opositores) en la solución sino con opiniones, ambicionaban suplantar a los hombres de armas que la habían dado y los amenazaron con gritos de *Nuremberg*, símbolo de la justicia impuesta a la parte derrotada en la guerra mundial por parte de la vencedora y que por lo menos en ésta, procedía de una victoria inequívoca. El apaleamiento a las puertas del Círculo Militar de un jefe antiperonista volvió peronistas por el más elemental instinto de propia conservación a todos los oficiales que habían derrocado al coronel."

⁴⁷ *Junta de Coordinación Democrática entrevistó a Ávalos.* Concurrieron Manuel V. Ordóñez, Santos Gollán, Arnaldo Massone, Tiburcio Benegas, Bernardo Houssay, Emilio Carreira, Alejandro Lastra, Luis Reissig, Pedro Chiaranti y Germán López.

⁴⁸ *Una versión taquigráfica de la conversación.* Se reproduce en *Así se gestó la dictadura,* por Gontrán de Güemes (Buenos Aires, 1964).

⁴⁹ *Energúmeno.* Referencia al autor del señor Germán López, quien también ha brindado otros detalles de la entrevista con Ávalos.

⁵⁰ *Un muerto.* El médico Eugenio Luis Ottolenghi.

⁵¹ *Juan Fentanes.* Vinculado a grupos socialcristianos, Fentanes fue director de la revista "Criterio". En ese momento era funcionario de la Presidencia de la Nación.

⁵² *Juan Álvarez.* Tenía 67 años en 1945 y había ingresado a la carrera judicial 43 años atrás; falleció en 1954. Álvarez fue una interesante figura que en su juventud escribió una excelente *Historia de las guerras civiles argentinas* que rompió todos los métodos historiográficos usados hasta entonces. Durante su actuación como Procurador General de la Nación tuvo oportunidad de traducir su sentido nacional en dictámenes resonantes. Pero carecía en absoluto de sentido político. "Con la Argentina que surgió de la ley Sáenz Peña, Álvarez nunca quiso reconciliarse. Más aún: nunca llegó a comprenderla... creía que en medio de la culpable indiferencia de gobiernos obstinados en no ver el peligro, la Argentina había vivido desde 1916 al borde de la guerra civil y de la insurrección proletaria. Los disturbios, pacientemente planteados desde los antípodas, se sucedían con amenazante frecuencia. Y el estallido final se producirá en cualquier instante y un alud de sangre y barbarie cubrirá la nación entera... Sus aspiraciones seguían siendo las de 1907, de 1914, exasperadas por un curso de hechos que minuciosamente las olvidaba... (Tulio Halperin Donghi, *Juan Álvarez, historiador*, en "Sur" Nº 232, enero y febrero de 1955).

⁵³ *En la mañana del sábado.* La entrevista de Sabattini con Ávalos fue referida al autor por Jorge Farías Gómez, quien obtuvo el testi-

monio, en esos días, de Raúl Barón Biza (dueño de la casa donde se alojaba el dirigente cordobés), Santiago del Castillo y Tulio Montes.

[54] *Y tomará el poder.* Referencia del doctor Arturo Jauretche, quien brindó al autor el siguiente testimonio: "Cuando Sabattini llegó a Buenos Aires, se vivía un verdadero caos; cada uno obraba individualmente, como podía y cuando podía.

Sabattini se alojaba en la casa de Barón Biza, cerca de la Recoleta. Yo fui a verlo temprano. Lo encontré inclinado más bien a la idea de "el gobierno a la Corte". Le hablé con vehemencia.

—Ávalos está dispuesto a entregarle el poder a usted —le dije—. ¿Por qué no lo toma? Usted, doctor Sabattini, tiene que tomar el poder. Poner los ministros y mandar adelante el proceso. A Perón, la gente lo quiere, hay que convencerse. Pero si el propio Ejército lo ha defenestrado, hay que hacerle un funeral de primera... Mande que hable por radio el hombre más respetado del radicalismo, por ejemplo don Elpidio. Que diga que el Ejército ha resuelto que ningún militar puede ser candidato. Que se vaya con todos los honores porque si no la reacción popular puede ser muy peligrosa. Y en seguida, no desaprovechar la oportunidad. Hay que tomar la oportunidad por la trenza, porque es calva...

Sabattini pareció impresionado. Seguimos conversando y en un momento dado tuve la impresión de que había logrado convencerlo. En eso entra una chinita y anuncia a los doctores Jacinto Oddone y Henoch Aguiar. Ambos eran miembros de la Mesa Directiva del Comité Nacional de la UCR y amigos, los dos, de Sabattini. Él se excusó y pasó a una salita a atenderlos. Yo me quedé, porque tuve el pálpito de que Oddone y Aguiar venían a traer un planteo exactamente contrario al mío.

Efectivamente, después de un rato largo, tal vez una hora, salió Sabattini. Había cambiado completamente.

—Los amigos del Comité Nacional creen que conviene insistir en el planteo de que el gobierno entregue el poder a la Corte... —me dijo.

Fue la última vez en mi vida que lo vi a Sabattini. Me despedí así:

—Sepa, doctor, que la historia ha pasado al lado suyo y usted la ha dejado escapar. Nunca más tendrá esta oportunidad. Usted ha terminado políticamente. Adiós."

[55] *Eduardo Colom se puso a sus órdenes.* Referencia al autor de la señora Clotilde Sabattini.

[56] *Con mucha claridad.* Referencia del doctor J. Hortensio Quijano al padre del autor, formulada el 13 de octubre de 1945 en el City Hotel y que el autor escuchó y anotó en un "Diario" político que llevaba por entonces. Quijano agregó en esa oportunidad que él "había salvado al país de dos situaciones brutales" (sic) y que antes de abandonar el gobierno había arrancado de Farrell dos promesas: no entregar

el poder a la Corte ni formar un gobierno de coalición. También dijo que "en poco más de dos meses de gestión ministerial había logrado lo que nadie consiguió en dos años, es decir, convocar a elecciones y hacer renunciar a Perón" (sic). Fue testigo de esta conversación Ismael Bruno Quijano, sobrino del ministro renunciante, entonces compañero de estudios del autor.

[57] *Cualquier eventualidad.* Testimonio del capitán (R.) Héctor Russo a la revista "Primera Plana" el 19-X-1965.

[58] *La reacción patronal.* Ver *Del Anarquismo al Peronismo* por Alberto Belloni, Ed. A. Peña y Lillo, Bs. As., 1960.

[59] *La Corte electoral.* El organismo creado en virtud de lo dispuesto por el Estatuto de los Partidos Políticos estaba integrado por los doctores Francisco Diego Balardi, Estanislao Berrotarán y José M. Astigueta. Se constituyó al día siguiente de la renuncia de Perón y de inmediato designó las "juntas de promotores" para los tres partidos que subsistían como reconocidos. Pese a que Enrique Mosca había denunciado semanas antes que en el caso del radicalismo estas "juntas de promotores" estarían integradas por "colaboracionistas" para entregar la UCR al oficialismo (Ver *Unión, Democracia, Libertad* por Enrique M. Mosca, Ed. Juan Perorti, Bs. As., 1946, con los discursos pronunciados por el dirigente radical en 1945/46), lo cierto era que las personas nombradas por la Corte Electoral para hacerse cargo de la reorganización de sus respectivos partidos constituían un grupo altamente representativo y casi unánimemente opuestos al gobierno. Para la UCR fueron nombrados Elpidio González, Adolfo Güemes, Amadeo Sabattini, José P. Tamborini, Enrique Mosca, Eduardo Laurencena, Miguel Campero, Gabriel Oddone, Obdulio Siri, José Benjamín Ábalos, Julio Correa, Ernesto Boatti, Martín Noel, Miguel Tanco y Belisario Moreno Hueyo (de éstos sólo Tanco ingresaría al peronismo). Para el Partido Demócrata fueron nombrados Raúl Díaz, Juan F. Cafferata, Laureano Landaburu, Rodolfo Corominas Segura, Vicente Solano Lima, Pedro J. Frías, Eduardo Paz, Carlos Serrey, Eduardo Deheza, Néstor Patrón Costas, Herminio Arrieta, Adolfo Vicchi, Juan F. Morrogh Bernard, Urbano de Iriondo y Ángel Sánchez Elía (de éstos sólo Morrogh Bernard ingresaría al peronismo). Para el Partido Socialista fueron nombrados Alfredo Palacios, Nicolás Repetto, Arturo Orgaz, Julio V. González, Enrique Dickmann, Juan A. Solari, Américo Ghioldi, Ceferino Garzón Maceda, Andrés Justo, Manuel Palacín, Pedro Verde Tello, José Pfleger, José Pena, Silvio Ruggieri y Carlos Sánchez Viamonte (de éstos ninguno ingresó al peronismo). Las juntas no alcanzaron siquiera a constituirse pues casi todos sus integrantes manifestaron públicamente su negativa a integrarlas. El viernes 12 de octubre el gobierno anunció que estudiaba la aplicabilidad del Estatuto, y los flamantes miembros de la Corte Electoral presentaron, en consecuencia, su renuncia, que

les fue aceptada el lunes 15, juntamente con el anuncio de la derogación del Estatuto de los Partidos Políticos.

[60] *El último preso político.* Victorio Codovilla, exiliado en Chile
desde el principio del gobierno militar, regresó al país a fines de
setiembre, en virtud del levantamiento del estado de sitio. Cuando se
dirigía a Buenos Aires volvió a reimplantarse el estado de sitio y fue
detenido en la Penitenciaría Nacional, lo que no le impidió estar perfectamente informado de las alternativas de esos días y enviar directivas
a su partido.

[61] *Enemigo personal de Perón.* Como otros jefes del GOU y revolu-
cionarios de la primera hora, entre ellos los generales Peluffo, Perlinger
y Gilbert y el coronel González, todos los cuales fueron colocándose en
posición antagónica a Perón. (*V. El Peronismo, sus causas,* por Rodolfo
Puiggrós, Ed. Jorge Álvarez, Bs. As., 1969).

[62] *Arturo Frondizi le explicó.* Testimonio brindado al autor por el
doctor Arturo Frondizi:
"En seguida de la renuncia de Perón llegó Sabattini a Buenos Aires
y se instaló en lo de Barón Biza. En la Casa Radical, virtualmente
copada por los comunistas, se discutía permanentemente la actitud
que debía adoptar el partido. Los intransigentes eran agraviados y hasta
agredidos: yo me salvé porque muchos de los que allí estaban copando
la casa habían sido defendidos por mí cuando fueron presos políticos.
Me pareció indispensable montar guardia al lado de Sabattini y allí
me quedé no sé cuánto tiempo, insistiéndole para que aceptara el
ofrecimiento del general Ávalos.
—Haga algo, doctor —le decía yo—. ¡Dé un paso al frente! ¡Cualquier
cosa! Por ejemplo ir a la Casa Rosada a hablar con Ávalos...
Le dije que el doctor Álvarez andaba formando un gabinete con
conservadores y que eso el país no lo aguantaría.
—En el Ejército hay malestar. Se han dicho cosas terribles contra las
Fuerzas Armadas en la Casa Radical, y entre la gente que asistía a los
debates públicos había muchos oficiales vestidos de civil, escuchando
todo eso... El Ejército no va a permitir que se vuelva a lo de antes,
al 43... ¡Usted tiene que evitarlo!
Hay que señalar que en ese momento el prestigio de Sabattini era
inmenso en todo el país. Era un caudillo extraordinario y veía con
mucha claridad el proceso. Pero se le había escapado algún aspecto
fundamental.
—Vea, Frondizi —me contestó en esa oportunidad—. A Perón yo lo
he sacado del ala y voy a volver a sacarlo cuantas veces sea necesario.
Algunos amigos nuestros están impacientes por ocupar funciones de
gobierno pero es conveniente esperar. A nosotros nos conviene un
ministro conservador. Deje que ocurra eso y el camino de Buenos Aires

a Villa María va a ser chico para la fila de coches de los que van a venir a vernos...

Y agregó:

—Y no se preocupe por Perón. Está terminado.

El planteo de Sabattini era correcto, en líneas generales. Lo que no previó fue el movimiento popular que trajo a Perón de vuelta."

[63] *Mayor estolidez.* La resolución de la Mesa Directiva de la UCR decía así: "Que los cambios habidos recientemente en el gobierno *de facto* no han modificado en forma alguna su esencia. La anarquía a que ha sido llevado no puede encontrar remedio en el simple cambio de hombres que hasta ayer han actuado en absoluta solidaridad de ideas y propósitos. Que la UCR mantiene con firmeza su posición frente a todo gobierno que no sea la expresión legítima de la soberanía y por lo tanto la ratifica en los actuales momentos, con la prohibición expresa a sus afiliados de colaborar, directa o indirectamente, con gobiernos que no hayan surgido o surgieren de su propio seno. Que ha compartido y comparte la acción valiente del pueblo en su reclamo por la inmediata normalización institucional y contempla con simpatía el esfuerzo patriótico de sectores de las Fuerzas Armadas movidos por idénticos anhelos. Que producida la acefalía del gobierno, la entrega del poder al Presidente de la Corte Suprema de Justicia reclamada por la opinión unánime de la República es la solución que resuelve la grave crisis política que agita y perturba la vida de la Nación. Buenos Aires, 15 de octubre de 1945" (firmado) Gabriel Oddone y demás integrantes de la Mesa Directiva. (Ver "Resoluciones fundamentales de interés público y partidario adoptadas por la Mesa Directiva del Comité Nacional desde el... de julio hasta el 14 de diciembre de 1945. Buenos Aires, 1945" folleto).

[64] *Tuvo alguna oposición en el cuerpo.* Para acelerar la designación de Braden, un grupo de ciudadanos argentinos envió un telegrama al senador Tom Connally, presidente de la comisión de Relaciones Exteriores del Senado de Estados Unidos, haciéndole saber que "la opinión pública democrática argentina coincide con la posición de Mr. Braden respecto al problema de la libertad en América" y "consideraría como una actitud amistosa para nuestro pueblo y nuestra democracia su confirmación". Firmaban la comunicación, entre otros, Eduardo Araujo, Francisco de Aparicio, Alejandro Ceballos, Héctor González Iramain, Mariana Sáenz Valiente de Grondona, Adela Grondona, Bernardo Houssay, Alicia Moreau de Justo, Andrés Justo, Susana Larguía, Ana Rosa Schlieper de Martínez Guerrero, Raúl Monsegur, Victoria Ocampo, Arturo Orzábal Quintana, María Rosa Oliver, Eugenia Silveyra de Oyuela, Cora Ratto de Sadowsky, Juan Antonio Solari.

[65] *El pintoresco diputado bromo-sódico.* Enrique Badesich fue un personaje, mezcla de loquito y vivillo, que hizo las delicias del país

en los años 20. Andaba por Córdoba vestido con un traje de papel y botones de vidrio, pronunciaba parrafadas oratorias desopilantes y había pasado por todos los oficios de la picaresca argentina, entre ellos el de autor de libros, uno de los cuales se titulaba *Los ósculos del crepúsculo*. En 1922, un grupo de muchachos de Córdoba fundó el Partido Bromo-Sódico Independiente lanzando la candidatura de Badesich a diputado provincial. Lo increíble es que tanto barullo hicieron los muchachos con su "candidato"... que lograron hacerlo elegir legislador. Por supuesto, al llegar su diploma a la comisión de poderes de la Legislatura cordobesa fue rechazado por considerarse que el electo no reunía las condiciones requeridas para ocupar su banca. La broma llegó entonces a su culminación: los promotores de la candidatura de Badesich lo trajeron a Buenos Aires para que hiciera aquí una campaña de protestas contra "el abuso institucional" y reclamara a Yrigoyen la intervención a Córdoba... Todo el país se dobló de risa con la campaña del "diputado bromo-sódico" hasta que los diarios y la gente empezó a cansarse del pintoresco personaje y éste volvió al anonimato. No es improbable que el recurso de hábeas corpus a favor de Perón interpuesto por Badesich haya sido promovido por algunos imaginativos opositores, para ridiculizar al presunto beneficiado y bloquear iniciativas similares. (Ver *El diputado bromo-sódico*, por Héctor J. Iñigo Carrera, en revista "Todo es Historia", Nº 25).

[66] *El acta correspondiente*. El documento no obra en la biblioteca o archivo de la Confederación General del Trabajo, donde lo hizo buscar el autor. Cipriano Reyes, en conversación con el autor, sostuvo que no fue la CGT la que se reunió el 16 de octubre, sino algunos de los principales sindicatos.

[67] *A base de testimonios*. El más importante, el de Alberto Belloni en su citado libro. Ángel Perelman reproduce lo dicho por Belloni y es poco lo que se ha agregado posteriormente a esta confusa sesión de la CGT, no faltando aportes tendientes a crear más confusión, como el de Emilio Morales en "El 17 de octubre de 1945" (en revista "El Obrero", Nº 1, noviembre de 1963) que es una antología de errores y trasposiciones de hechos, nombres y episodios.

[68] *De las cartas que escribió en esos días*. Perón escribió cinco cartas, que se sepa, estando en Martín García; de ellas sólo se conocía el texto de una. Líneas abajo se brinda el texto inédito de dos más; sólo quedarían, pues, otras dos para completar este epistolario. Las cinco cartas de Perón fueron:
1º) El 13 de octubre, día de su llegada, a Eva Duarte. La despachó por correo certificado. Es probable que esta misiva no haya sido muy explícita, ya que Perón sospechaba que podrían interceptar su correspondencia. Esta carta no ha sido localizada ni hay referencias de que su destinataria la haya recibido.

2º) El mismo 13, a Mercante. La envió por intermedio de Mazza. Esta carta, inédita hasta ahora, ha sido generosamente facilitada al autor por el doctor Domingo A. Mercante, lo que hace posible su publicación por primera vez. Su texto dice así:

"Isla de Martín García, 13 de octubre de 1945

Sr. Tcnel. D. Domingo Mercante

Bs. As.

Mi querido Mercante:

Ya estoy instalado aquí, *incomunicado* a pesar de la palabra de honor que me dieron en su presencia. El Independencia me condujo y cuando llegué aquí supe lo que vale la palabra de honor de los hombres.

Sin embargo yo tengo lo que ellos no tienen: un amigo fiel y una mujer que me quiere y que yo adoro. Mando más que ellos porque actúo en muchos corazones humildes.

Desde que me "encanaron" no hago sino pensar en lo que puede producirse si los obreros se proponen parar, en contra de lo que les pedí. No le pido que venga porque no lo dejarán que me vea: tal es la prohibición según me han comunicado acá.

Le he escrito al General Farrell pidiéndole que me acelere al plazo mínimo el retiro del Ejército que solicité y le ruego que usted me haga la gauchada de ocuparse de ello a fin de terminar de una vez con eso. Si el General Farrell se ocupa puede salir inmediatamente. Yo le saqué en el día el del Tcnel. Ducó.

Hoy le escribo a Evita pidiéndole una radio para no estar tan aislado, se puede mandar por el barco llevándola al puerto. El Coronel Job le puede informar cómo se hace.

Escríbame con las novedades de ésa pues aquí llegan sólo lo de los diarios y un poco tarde.

Le encargo que arreglen con Subiza para plantear mi caso en forma legal, pues yo no he cometido delito alguno ni militar ni civil. Si estoy a disposición del P. E. tengo el mismo derecho de los demás para acogerme a la ley. Sería interesante que me informara cuál es mi situación pues aún no sé de qué se trata.

Aquí no se está mal del todo en lo material. El clima parece bueno y el Jefe de esto es un hermano de Ladvocat que parece buena persona; sólo he conversado brevemente y me ha resultado lo más correcto y camarada de cuanto he tratado hasta ahora; aquí hay un mayor Copello que es un excelente camarada y que esta tarde he charlado con él, ambos han sido del Ejército.

Me ha hecho gracia que algunos creyeran que yo me "iba a escapar". Son unos angelitos pues si lo hubiera querido hacer tenía diez Embajadas con amigos que me hubieran acogido con los brazos abiertos. Ellos olvidan que yo soy un "soldado de verdad" y que si no hubiera querido entregarme hubiera sido otro el procedimiento que habría seguido. Con todo estoy contento de no haber hecho matar un solo hombre por mí y de haber evitado toda violencia. Ahora he perdido

toda posibilidad de seguir evitándolo y tengo mis grandes temores
que se produzca allí algo grave. De cualquier modo mi conciencia no
cargará con culpa alguna, mientras pude actuar lo evité, hoy anulado
no puedo hacer nada.

Lo que me revienta es que no puedo dormir. Mis nervios han hecho
crisis luego de estos dos años de tan intensas sensaciones y comienzan
hoy a desquitarse de todo lo que los tuve tensos. Sin embargo estoy
tranquilizándome poco a poco.

Le encargo mucho a Evita porque la pobrecita tiene sus nervios rotos
y me preocupa su salud. En cuanto me den el retiro me caso y me voy
al diablo.

Salude a todos los amigos y en especial al "peronismo". Dígales que
estoy pasando lo único que me faltaba para completar mi personalidad:
hasta ahora no había tenido la oportunidad de "ser víctima" y con
todo se aprende en esta vida, aunque sea a costa de sacrificios tan
penosos como este.

La ingratitud es flor lozana de nuestros tiempos. Se la vence con los
valores eternos y esos Dios no los reparte sino en una ínfima proporción de los vicios. La virtud crece con el sufrimiento y el dolor es su
maestro, esperemos de Dios la recompensa, que los hombres son pérfidos
y traidoramente injustos.

Querido amigo: usted es de los exelsos (*sic.*) por eso vivirá amargado
pero con una conciencia feliz. La conciencia es la madre del alma, por eso
nos adormece con una canción de cuna cuando está pura y limpia.

Con mi abrazo fraterno y amigo le lleguen todos mis sentimientos y
todos mis amistosos recuerdos. Un gran abrazo (firmado) Perón."

3º) El 14 de octubre, a Ávalos. La envió por intermedio de Mazza
y fue publicada en el libro *17 de Octubre, la Revolución de los Descamisados,* por Eduardo Colom (E. La Época, Bs. As., 1946). Su texto
dice así: "Isla de Martín García, 14 de octubre de 1945. A S. E. el Sr.
Ministro de Guerra — Comunico al señor Ministro que el día 12 de
Octubre a la noche he sido detenido por la policía federal, entregado
a las fuerzas de la Marina de Guerra y confinado en la isla de Martín
García.

"Como todavía soy un oficial superior del Ejército en actividad y
desconozco el delito de que se me acusa como asimismo las causas
por las cuales he sido privado de libertad y sustraído de la jurisdicción que por ley me corresponde, solicito quiera servirse ordenar
se realicen las diligencias del caso para esclarecer los hechos y de acuerdo a la ley disponer en consecuencia mi procesamiento o proceder a
resolver mi retorno a jurisdicción y libertad, si corresponde — Juan
Perón, Coronel."

4º) El mismo día 14, a Farrell. La envió por intermedio de Mazza.
Esta carta ha sido conservada por su destinatario, quien se ha negado
reiteradamente a hacerla pública. Era una corta misiva pidiendo al
presidente que activara el trámite de su retiro y lo hiciera trasladar
a Buenos Aires, invocando razones de salud. El ex presidente Farrell

manifestó al autor que esa carta se encuentra entre sus papeles pero que no piensa hacerla pública, por tratarse de una carta privada.

5º) El mismo día 14, a Eva Duarte. Fue enviada por el mismo medio que las cuatro anteriores. Esta carta, inédita hasta ahora, ha sido cedida por su actual poseedor, un militar en actividad que la rescató del dormitorio de Perón, en la Residencia Presidencial de la Avenida Alvear, durante la revolución de 1955. Su gentileza permite su publicación, por primera vez. Dice su texto:

"Martín García, 14 de octubre 1945 - Sta. Evita Duarte
Bs. As.

Mi tesoro adorado:

Sólo cuando nos alejamos de las personas queridas podemos medir el cariño. Desde el día que te dejé allí con el dolor más grande que puedas imaginar no he podido tranquilizar mi triste corazón. Hoy sé cuánto te quiero y que no puedo vivir sin vos. Esta inmensa soledad está llena de tu recuerdo.

Hoy he escrito a Farrell pidiéndole que me acelere el retiro, en cuanto salgo nos casamos y nos iremos a cualquier parte a vivir tranquilos.

Por correo te escribo y te mando una carta para entregar a Mercante. Ésta te la mando con un muchacho porque es probable que me intercepten la correspondencia.

De casa me trasladaron a Martín García y aquí estoy no sé por qué y sin que me hayan dicho nada. ¿Qué me decís de Farrell y de Ávalos? Dos sirvergüenzas con el amigo. Así es la vida.

En cuanto llegué lo primero que hice fue escribirte. No sé si habrás recibido mi carta que mandé certificado.

Te encargo le digas a Mercante que hable con Farrell para ver si me dejan tranquilo y nos vamos al Chubut los dos.

Pensaba también que conviene si iniciaron algunos trámites legales, le consultaras al Doctor Gache Pirán, Juez Federal muy amigo mío, sobre la forma cómo puede hacerse todo. Decile a Mercante que sin pérdida de tiempo se entreviste con Gache Pirán y hagan las cosas con él. Creo que se podrá proceder por el juzgado federal del mismo Gache Pirán.

El amigo Brosen puede serte útil en estos momentos porque ellos son hombres de muchos recursos.

Debes estar tranquila y cuidar tu salud mientras yo esté lejos para cuando vuelva. Yo estaría tranquilo si supiese que vos no estás en ningún peligro y te encuentras bien.

Mientras escribía esta carta me avisan que hoy viene Mazza a verme lo que me produce una gran alegría pues con ello tendré un contacto indirecto contigo.

Estate muy tranquila. Mazza te contará cómo está todo. Trataré de ir a Buenos Aires por cualquier medio, de modo que puedes esperar tranquila y cuidarte mucho la salud. Si sale el retiro nos casamos al día siguiente y si no sale yo arreglaré las cosas de otro modo pero liquidaremos esta situación de desamparo que tú tienes ahora.

Viejita de mi alma, tengo tus retratitos en mi pieza y los miro todo el día, con lágrimas en los ojos. Que no te vaya a pasar nada porque entonces habrá terminado mi vida. Cuidate mucho y no te preocupes por mí, pero quereme mucho que hoy lo necesito más que nunca.

Tesoro mío, tené calma y aprende a esperar. Esto terminará y la vida será nuestra. Con lo que yo he hecho estoy justificado ante la historia y sé que el tiempo me dará la razón.

Empezaré a escribir un libro sobre esto y lo publicaré cuanto antes, veremos entonces quién tiene razón.

El mal de este tiempo y especialmente de este país son los brutos y tú sabes que es peor un bruto que un malo.

Bueno mi alma querría seguirte escribiendo todo el día pero hoy Mazza te contará más que yo. Falta media hora para que llegue el vapor.

Mis últimas palabras de esta carta quiero que sean para recomendarte calma y tranquilidad. Muchos pero muchos besos y recuerdos para mi chinita querida. (firmado) Perón."

Las cartas transcriptas están escritas de puño y letra, con la característica grafía de Perón, en papel de block común, tamaño chico, del tipo que suele venderse en las cantinas y proveedurías militares. Su estado de conservación es perfecto.

[69] *Dos médicos civiles*. Los doctores Nicolás Romano y José Tobías, que viajaron acompañados de un oficial de marina y un oficial de la policía federal. El 27-1-1946 Romano publicó en los diarios un relato de su actuación en el episodio.

[70] *Así lo recuerda Leopoldo Marechal*. En *Palabras con Leopoldo Marechal* por Alfredo Andrés (Ed. Carlos Pérez, Bs. As., 1968).

[71] *Ángel Perelman cuenta así su experiencia*. Ver *Cómo hicimos el 17 de octubre*, por Ángel Perelman (Ed. Coyoacán, Bs. As., 1961).

[72] *Civiles y militares que venían eufóricos y excitados*. A lo largo de la jornada se anotó en el Hospital Militar la presencia de las siguientes personas: J. Hortensio Quijano, Armando Antille, Filomeno Velasco, Raúl Tanco, Juan I. Pistarini, Bartolomé de la Colina, Domingo A. Mercante, Antonio Benítez, Miguel Ángel Mazza, Bartolomé Descalzo, Eduardo Colom y Franklin Lucero.

[73] *Marinería al efecto*. En la revista "Che" Año 1 Nº 3, un dirigente estudiantil cuyo nombre no se registra afirma que fue llamado por Vernengo Lima quien le pidió que los elementos de FUBA agredieran la concentración popular, a lo que aquél se habría negado. Consta, en cambio, que oficiales de marina estaban esperando órdenes de Vernengo Lima para disolver la multitud.

[74] *Así lo vio Raúl Scalabrini Ortiz.* En *Los ferrocarriles deben ser del pueblo argentino* (Tierra sin nada, tierra de profetas), Bs. As., 1946.

[75] *Impresionó a Ernesto Sábato.* En revista "Che", Año 1, Nº 3.

[76] *Un significativo testimonio.* En *El poder detrás del trono* (Ed. Coyoacán, Bs. As., 1962).

[77] *Un escarnio para el país.* El gabinete propuesto presentaba la siguiente integración: Dr. Juan Álvarez (Interior); Dr. Jorge Figueroa Alcorta (Justicia e Instrucción Pública); Dr. Isidoro Ruiz Moreno (Relaciones Exteriores y Culto); Dr. Alberto Hueyo (Hacienda); Dr. Tomás Amadeo (Agricultura); Ing. Antonio Vaquer (Obras Públicas). La edad promedio de los ministros era de 64 años. Los antecedentes de algunos de los propuestos ministros establecían indubitablemente su significación. De Figueroa Alcorta se dijo en su momento que estuvo vinculado al proceso que había envuelto en 1942 a un grupo de cadetes militares. Hueyo había sido ministro de Hacienda de Justo y en esa función fue el autor de la rebaja de sueldos a los empleados públicos, cuando los capitalistas locales se negaron a tomar un empréstito; fue director de la CHADE cuando esta empresa implementó venalmente la prórroga de su concesión y por ese motivo la Comisión Investigadora presidida por el coronel Rodríguez Conde dictaminó que Hueyo había incurrido presuntivamente en el delito de cohecho. Amadeo fue uno de los más íntimos amigos de Braden y en su carácter de presidente del Museo Social Argentino le dedicó un banquete en el que pronunció uno de los discursos más rendidos que recibió el embajador norteamericano durante su estadía en Buenos Aires. Vaquer desempeñó, en la presidencia de Ortiz, un alto cargo en la Coordinación de Transportes, el organismo más odiado de la "década infame", montado como consecuencia del pacto Roca-Runciman para salvar las líneas de tranvías inglesas en perjuicio de la industria criolla de los colectivos. Es de señalar que Álvarez había ofrecido el Ministerio de Obras Públicas al ingeniero Atanasio Iturbe, presidente de varias compañías ferroviarias británicas; debió Iturbe explicarle que el cargo que se le ofrecía era incompatible con su actividad profesional, al servicio de intereses extranjeros.

[78] *¿Realmente hay mucha gente?* Referencia al autor del ex general Raúl Tanco.

[79] *Saludó su primera palabra.* Curiosamente, no existe un texto fidedigno del discurso que pronunció Perón el 17 de Octubre de 1945. Las distintas versiones de los diarios —incompletas en su mayoría— difieren notablemente, al igual que las brindadas posteriormente en libros o artículos periodísticos. El autor se ha manejado, para el caso,

con el texto que presenta Eduardo Colom en *17 de octubre, revolución de los descamisados* (Ed. La Época, Bs. As., 1946) compulsado con otras versiones dignas de fe. Por otra parte, no existe —que el autor sepa— una grabación completa de ese discurso; en Radio Nacional estaba archivado un disco con su registro, que fue secuestrado después de la revolución de 1955 junto con otros materiales de la época peronista y presumiblemente destruido —según se le manifestó en la emisora oficial—. Tampoco se ha registrado la imagen de Perón en ese momento: en el Archivo General de la Nación (Sección Gráfica) existe una película de un minuto de duración, aproximadamente, que el autor ha tenido oportunidad de ver, pero sus tomas se dirigen a las manifestaciones populares de esa jornada sin alcanzar el momento culminante del discurso. La empresa Sucesos Argentinos —decana de las dedicadas a filmar noticiarios— tampoco cuenta en su archivo con una película del discurso.

El hecho de que no se conserve un testimonio exacto y completo del momento más importante de la vida política de Perón —el gobernante más filmado, fotografiado y grabado del país— es bastante paradójico. O reviste acaso un sugestivo simbolismo, como si ese instante, por no pertenecer tanto a Perón como al pueblo, debiera quedar registrado en la memoria colectiva y desde allí proyectarse a la leyenda, el mito y hasta el folklore...

[80] *El jefe de la flota de mar*. El almirante Abelardo Pantín. Según Guillermo D. Platter (Ver *Una gran lección*. Ed. Almafuerte, La Plata, 1956). Pantín aceptó el ministerio "a condición que no se tomaran represalias contra Vernengo Lima". El mismo Pantín hizo gestiones ante Vernengo Lima para que depusiera su actitud y el 22 de octubre fue a Puerto Belgrano para tranquilizar a la oficialidad naval y asegurar que el gobierno daría elecciones libres, sin candidaturas oficiales. Después de un debate, los marinos aceptaron los dichos de Pantín.

[81] *Fue a buscar a Eva a su departamento*. La literatura peronista posterior se empeñó en describir a Eva Perón en una actitud aguerrida y militante durante las jornadas de octubre, aunque nunca se formularon precisiones sobre ese supuesto activismo. Incluso Juan José Sebrelli ha recogido esa revalorización en su libro *Eva Perón ¿aventurera o militante?* (Ed. Siglo Veinte, Bs. As., 1966) en el que, dicho sea de paso, incurre en equivocaciones tan gruesas como fijar el día de la renuncia de Perón el "miércoles 1º de octubre" o localizar su casamiento en Junín.

Lo cierto es que ella no jugó ningún papel relevante en esos días, circunstancia que por cierto no disminuye en nada su extraordinaria personalidad. Y no pudo jugar ningún papel por la sencilla razón de que Eva Perón era, por entonces, apenas Eva Duarte. No tenía más preocupaciones políticas que las derivadas de la actividad de su amante; no conocía sino a los amigos más íntimos de Perón, no tenía mayor contacto con dirigentes sindicales y su irregular situación le vedaba el acceso a los círculos militares. Por otra parte, la imagen que la oposición hacía de ella ("La Vanguardia" del 28-IX-1945 decía: "...una primera actriz que ha logrado últimamente gran popularidad, no precisamente por su condición de actriz. No diremos su nombre: evitarte satisfacciones inconducentes...") no favorecía su lanzamiento a una acción pública. Perón, por otra parte, no ignoraba la disminuyente posición que ella soportaba y en la carta del 14 de octubre que se ha trascrito antes aludía a la misma cuando mencionaba su "situación de desamparo".

Después de la detención de Perón, ella abandonó el departamento de la calle Posadas y buscó refugio en casas amigas. Se sabe que estuvo en lo de su antigua jefa de compañía teatral, Pierina Dealessi (Ver *Prehistoria de Eva Perón* por José Capsitski en revista "Todo es Historia", Nº 14) y en el departamento de su hermano Juan, escondida o simplemente buscando aliento en esos tristes momentos, con su compañero detenido y sus amigos presos o dispersos. También se sabe que instó al Dr. Bramuglia a presentar un recurso de hábeas corpus que éste se negó a interponer. El profesor Vicente Sierra ha referido al autor que la propia Eva Perón le contó que, después de la detención de Perón, ella tomó un taxímetro para salir de Buenos Aires y dirigirse después a San Nicolás, a la casa del doctor Román Subiza. Cuando pasaban la calle Las Heras, el chofer del taxímetro se detuvo frente a un grupo de estudiantes y les avisó que la pasajera que llevaba era Eva Duarte: los estudiantes, entonces, la golpearon al punto que más tarde, al intentar repetir su salida de la Capital, pudo pasar sin que la policía la reconociera, debido a los hematomas y golpes en el rostro. Este episodio —repetimos— fue relatado por Eva Perón al historiador Vicente Sierra hacia 1948, agregando que no le gustaba contarlo y que era una de las pocas personas a quien hacía esa confidencia.

El autor no ha podido confirmar el relato pero lo cierto es que el 17 de Octubre Eva Duarte presentaba alguna lastimadura o arañazos, producto —según se dijo— de una violenta discusión con un chofer de taxímetro (ver testimonio de Miguel Ángel Mazza en "Primera Plana" del 12-X-1965) lo que confirmaría lo sustancial de esta versión.

En síntesis, el papel de Eva Perón en las jornadas que precedieron al 17 de Octubre fue mínimo: el de una mujer enamorada desprovista de medios para defender a su hombre. Es posible que, tal como lo refiere Ángel Perelman en la cita trascrita anteriormente, haya visitado locales sindicales en la mañana del 17; durante el trascurso de la jornada decisiva intentó visitar a Perón en el Hospital Militar, pero no pudo llegar. Mantuvo contacto telefónico con él y regresó después a su departamento de la calle Posadas, donde escuchó el discurso de Perón en los balcones de la Casa de Gobierno, y allí esperó que él la buscara para irse a San Nicolás.

[82] *El 17 de Octubre de 1945 había terminado.* En conversaciones con el autor (enero de 1969) el ex presidente Perón recordó esas jornadas de la siguiente manera: "Después de mi renuncia, yo agarré mis papeles, como hago siempre, y me fui al Tigre, a una isla Ostende de un amigo alemán que me la prestó y me fui a vivir allí. A los dos o tres días cayó Mittelbach, el jefe de policía, y me dice:

—Vea, el general Farrell dice que usted está conspirando o preparando una revolución...

Le dije:

—Dígale al general que esté tranquilo; hay gente que ha querido hacerme esa revolución para mí y yo no he querido; no voy a ser tan tonto que quiera hacerla por mi cuenta...

Ellos no me creyeron. Y cometieron el error de meterme preso. Me llevaron a Martín García. Yo me fui con mi cartera y mis papeles y seguí trabajando en Martín García lo mismo que antes... Pero a todo esto, de los coroneles y oficiales que habían estado conmigo, ninguno estaba de acuerdo con lo que estaba pasando. Era un sector del Ejército el que me movía el piso pero no todo el Ejército...

Ávalos, por ejemplo. No tenía gran importancia porque se manejaba con cuatro o cinco muchachos y ellos eran los que plantearon el asunto este; estaba Rocco y otros... querían ser designados en cargos, cosa en cierta medida despreciable para el momento que se estaba viviendo. Pero Ávalos, no; Ávalos era una buena persona, un buen muchacho...

Bueno: me meten en Martín García y entonces todos los sectores de las fuerzas juveniles, los gremios, etc. empezaron a movilizarse y organizaron una marcha sobre Buenos Aires, que fue el 17 de Octubre. Claro... llegaron a la Plaza de Mayo y empezaron a romper la reja de la Casa de Gobierno, rompieron la ventana del Ministerio de Marina y empezaron a entrar por allí... El asunto se puso bastante grave, porque la fuerza militar es fuerte pero es frágil, porque no se apoya en nada que sustente. Cuando se vieron así, me mandaron buscar y me trajeron a la Casa de Gobierno. Yo estaba en el Hospital Militar, porque andaba medio mal de una pleuresía que había tenido y el clima me había hecho mal... pero fui más que todo para hacer tiempo allí.

Pregunta: ¿Usted tenía idea que se podía producir algo parecido a lo que ocurrió?

J. P.: Sí, sí, es claro, porque yo conocía lo que me informaban los muchachos... Ahí estaban Mercante, Evita, una cantidad de gente que tenían muchos contactos y que trabajaban muy bien, eran gente inteligente, capaz, y junto con ellos muchos dirigentes, que fueron los que armaron el movimiento. Fue algo muy bien organizado...

Pregunta: ¿Usted se entrevistó con Ávalos en el Hospital Militar?

J. P.: No. A Ávalos lo vi en la Casa de Gobierno. Al menos, no recuerdo haberlo visto a Ávalos en el Hospital Militar. El que vino a verme fue el general Pistarini, de parte de Farrell. Yo le dije 'mire, yo hago lo que ustedes quieran... No soy una manzana de la discordia... Ustedes han hecho un disparate y ahí tienen las consecuencias...'

Entonces me llevaron a la Casa de Gobierno. Cuando llegué allí me encontré con Farrell, los ministros, los generales, etc. Me dijo Farrell: 'Bueno, Perón, ¿qué pasa?' Yo le contesté:

—Mi general, lo que hay que hacer es llamar a elecciones de una vez. ¿Qué están esperando? Convocar a elecciones y que las fuerzas políticas se lancen a la lucha...

—Eso está listo —me contestó— y no va a haber problemas.

—Bueno, entonces me voy a mi casa...

—¡No, déjese de joder! —me dijo y me agarró de la mano—. Esta gente está exacerbada, nos van a quemar la Casa de Gobierno... Venga, hable.

Entonces fui al balcón y hablé lo que pude improvisar en aquel momento. Imagínese, ni sabía lo que iba a decir... ¡tuve que pedir que cantaran el Himno para poder armar un poco las ideas! Y así salió aquel discurso.

Después me fui a San Nicolás, a lo de Subiza y más tarde a la quinta de San Vicente, que tenía desde hacía muchos años, para trabajar en la organización de la campaña."

[83] *Un periodista.* Raúl Apold, quien refirió la anécdota al autor.

[84] *Patricios apellidos.* Livingston, Díaz Sáenz Valiente, Pueyrredón.

[85] *"Para desencadenar la guerra civil."* Discurso ante la Conferencia Nacional del Partido Comunista, diciembre de 1945, recogido en *Batir al nazi-peronismo para abrir una era de libertad y progreso*, por Victorio Codovilla (Ed. Anteo, Bs. As., 1945).

[86] *Benito Marianetti.* En su libro *Argentina, realidad y perspectiva* (Ed. Platina, Bs. As., 1964), en su segunda parte, "El Peronismo" y "La Unión Democrática y las izquierdas".

[87] *Juan José Real.* En *El 17 de octubre y el Partido Comunista*, en revista "Qué Hacer", Año 1, N° 4.

[88] *Una íntima coherencia.* Tanto la declaración de la Mesa Directiva de la UCR como la declaración de Cisneros, en *Unión Cívica Radical/ resoluciones fundamentales...* etc. (Bs. As., 1945).

[89] *Un matiz antisemita.* La DAIA denunció que el 17 y 18 de Octubre se cometieron atentados contra las sinagogas de la calle Paso en la Capital Federal, de Villa Lynch en la provincia de Buenos Aires y una de la ciudad de Córdoba. También se atentó contra el Instituto Argentino-Israelita de esta última ciudad. Muchas inscripciones de "Haga patria, mate un judío" aparecieron en esos días.

[90] *Lo ha señalado agudamente Dardo Cúneo.* En *El desencuentro argentino* (Ed. Pleamar, Bs. As.).

IV

LA UNIÓN DEMOCRÁTICA
(noviembre 1945-febrero 1946)

I

Si los partidos políticos hubieran tenido una visión más ajustada de la realidad, se habrían negado a participar en el juego electoral que se abrió con posterioridad a las jornadas de octubre. Razones constitucionales y políticas hubieran podido justificar una abstención electoral: recusar al gobierno como instrumento al servicio de una candidatura y fulminar de nulidad la postulación de Perón, que había sido vicepresidente de la Nación —aunque de hecho— y no podía, por lo tanto, aspirar constitucionalmente a ser elegido para la primera magistratura. Por supuesto que estas recusaciones y objeciones se formularon de manera muy vehemente por la oposición, pero sin llegar a su conclusión lógica, es decir, la negativa a participar en comicios realizados en semejantes condiciones.

Además, si los opositores fueran más objetivos, si no estuvieran cegados por sus propios prejuicios, se habrían dado cuenta que la carrera de las urnas estaba perdida de antemano para ellos: la movilización popular del 17 y 18 de Octubre era un testimonio abrumador y sólo podían no verlo quienes insistían en minimizarlo o calificarlo de maniobra compulsiva y venal. Una formal manifestación anunciando que la oposición no legalizaría las futuras elecciones y que el próximo gobierno constitucional sería considerado una continuación del *de facto* hubiera podido provocar serios problemas en el oficialismo. El ambiente internacional se había hecho nuevamente muy duro para el gobierno de Farrell y la presencia de Braden en una posición determinante de la política interamericana facilitaba un acercamiento de la Argentina que podía tornar insostenible la situación del régimen *de facto* o al menos poner la atmósfera en un estado muy revulsivo.

Por supuesto, no se adoptó semejante estrategia. En primer lugar, la oposición estaba compuesta por fracciones heterogéneas, cada una con sus intereses particulares, y no existía un comando único capaz de adoptar una decisión de tal envergadura. Además, la oposición estaba convencida de que bastarían comicios mínimamente libres para triunfar. Sus dirigentes tenían la absoluta seguridad de que la mayoría popular estaba contra Perón: se operaba en ellos un curioso fenómeno de psicología colectiva consistente en borrar de la memoria —a través de un proceso consciente o subconsciente— la evidencia del 17 de Octubre. Es notable comprobar que después de las declaraciones que hemos reseñado en torno a esos sucesos, las fuerzas antiperonistas dejaron de ocuparse totalmente de esas jornadas. Diez días después del fenómeno popular más significativo y trascendente de esos años, ya nadie se acordaba de él en el campo opositor. No merecía analizarse. No había existido. La oposición contraponía al amargo recuerdo del 17 de Octubre la exaltación del 19 de setiembre, fecha en que se realizó la Marcha de la Constitución y la Libertad y afirmaba en ese éxito su certeza de que la unidad de las fuerzas democráticas garantizaba una abrumadora victoria electoral.

Existían otras razones para ser optimistas. La virtual candidatura de Perón, aunque contaba indiscutiblemente con la simpatía del gobierno *de facto*, carecía en absoluto de los medios políticos que debían implementarla: Perón tenía que empezar por inventar el o los partidos que lo apoyarían y poner en marcha desde el vamos un arduo proceso político. En cambio, la oposición estaba constituida por todos los partidos tradicionales, por las fuerzas históricas que se habían repartido la hegemonía del país a partir de la ley Sáenz Peña.

¿Quién podría contrarrestar su peso electoral? Allí estaba la UCR, el ejército civil con un glorioso medio siglo de luchas cívicas, con sus cuadros intactos —apenas erosionados por la seducción oficialista—, sus clientelas tradicionalmente leales a los caudillos y capitanejos repartidos por todo el país, su mágica y antigua repercusión en el corazón de los argentinos. Y el Partido Socialista, con medio siglo a cuestas también, con sus prestigiosas figuras, su labor legislativa en el plano social, su sólido electorado metropolitano, su vigencia en el gremialismo libre. Y el Partido Demócrata Progresista, que algunos votos no dejaría de arrimar en Santa Fe y la Capital Federal, menos computables ciertamente que una trayectoria ocupada por la batalladora imagen de Lisandro de la Torre. Y el Partido Comunista, incógnita numérica por cuanto había vivido en la clandestinidad en la última década, pero cuya combatividad, capacidad organizativa y disciplina eran indiscutibles. Y esto, para no contar a los conservadores, cuya era estaba demasiado cercana para ser admitidos oficialmente en la conjunción democrática pero que, por supuesto, apoyarían el esfuerzo antiperonista.

¿Quién podría prevalecer sobre esta formidable composición de fuerzas? A la que debían sumarse otros aportes que no eran estrictamente políticos pero cuyo peso era ponderable: el de la juventud universitaria, los sindicatos no sometidos a la órbita oficial, la prensa seria en su totalidad, la mayoría de las broadcastings, las entidades profesionales de clase media que agrupaban a médicos, abogados, ingenieros, etcétera, las organizaciones patronales, la Sociedad Rural, la Bolsa de Comercio... Y *ainda mais* los judíos —porque en el peronismo se daban brotes antisemitas—, los comerciantes minoristas —porque el gobierno los acusaba de elevar artificialmente los precios—, los pequeños propietarios rurales —porque el Estatuto del Peón los ponía al arbitrio de la autoridad laboral—, los propietarios de casas de renta —porque la congelación de alquileres los perjudicaba—, los maestros —porque el peronismo aparecía como un fenómeno irracional y antiintelectual—. Y tantos otros sec-

tores con agravios ignorados, que aprovecharían la elección
para votar en contra de la dictadura...

Examinados estos elementos, era locura planear una
abstención electoral y el asunto ni se discutió. Por otra parte, el gobierno tuvo la astucia de (o se vio obligado a) recomponer sus cuadros cuidando de no aparecer dominado
totalmente *por los enemigos de Perón*.[1] *El nuevo ministro
del Interior* [2], un prestigioso militar retirado, fue enfático
en sus afirmaciones de que las elecciones serían libérrimas,
las Fuerzas Armadas custodiarían los comicios y habría
absoluta igualdad de oportunidades para todos los partidos;
en igual sentido instruyó a los interventores federales y corroboró sus palabras, a poco de jurar su cargo, derogando
formalmente el decreto que había disuelto los partidos políticos en diciembre de 1943 —el que, por otra parte, ya estaba derogado en los hechos desde junio—. Pero no duró más
de dos semanas en su puesto: había tomado con demasiada
seriedad lo de la prescindencia gubernativa... Se le ocurrió
prohibir una manifestación peronista y planeaba relevar a
los interventores federales más comprometidos con el ex-
vicepresidente; de inmediato se le plantearon problemas que
su carácter intransigente no toleró. Con bastante ingenui-
dad hizo saber el 3 de noviembre que se había "excedido"
en sus "posibilidades mentales" y que por consejo médico
debía "suspender toda actividad intelectual (sic) por un
tiempo que no puede fijarse por ahora". Ni siquiera fue
al Ministerio a despedirse de sus fugaces colaboradores. De
inmediato fue reemplazado por *un general en actividad* [3],
coterráneo de Quijano y amigo de Perón.

Pero esta sustitución no amilanó a la oposición. En realidad, aunque parezca increíble, las expresiones opositoras
respiraban optimismo hacia fines de octubre. Del cuadro
que tenían a la vista se había borrado —como se ha señalado— el espectáculo arrollador que vio todo el país el
17 y 18 y quedaban en cambio dos saldos positivos del interregno Ávalos-Vernengo Lima: la convocatoria a elecciones
para una fecha cierta (fecha que el nuevo ministro del Interior calificó de adelantable si los partidos lo creían con-

veniente) y la derogación del Estatuto de los Partidos Políticos.

La convocatoria a elecciones era ya un compromiso irreversible de las Fuerzas Armadas con el país y marcaba concretamente el calendario electoral de los próximos meses. La derogación del Estatuto favorecía directamente al sector unionista del radicalismo: una reorganización de carácter judicial podía poner en peligro el dominio que ejercía el alvearismo sobre la máquina partidaria. Alejado ese riesgo, el núcleo podía seguir manejando el partido para llegar a la unión interpartidaria y proclamar los candidatos que le fueran gratos.

Los intransigentes no lo ignoraban y se lanzaron, por su parte, a intentar la última batalla por el poder partidario. Sabattini había fracasado en su sofisticada maniobra tendiente a controlar el gobierno después de la caída de Perón, mas contaba con su prestigio popular para impedir la unidad interpartidaria e imponer su propia candidatura. Leal a sus amigos, el 29 de octubre envió a Ávalos un telegrama que también suscribieron Horne, Ratto y Coulin:

—Usted nos posibilitó comicios libres, sin candidaturas oficiales. Hoy, en la adversidad, lo saludamos.

El general derrotado —a punto de ser relevado de la jefatura de Campo de Mayo—, contestó:

—Con la conciencia tranquila de haber cumplido siempre con mi deber de argentino, agradezco nobles y sentidas expresiones.

Ese mensaje desató contra el dirigente cordobés las iras de los unionistas. Se habló de expulsarlo y sólo la cordura de algunos dirigentes evitó planteos irreparables. Lo cierto era que en el radicalismo predominaba la confusión. Mientras los radicales ya definidos como peronistas empezaban a reunirse para formar un partido con la bandera de Perón, los intransigentes se aprestaban a una lucha en la que se sentían aplastados por la máquina partidaria, por un lado, y requeridos por los peronistas, del otro. El 1º de noviembre se reunió en Rosario un centenar de *dirigentes intransigentes de todo el país* [4], para formalizar la constitución del Movimiento de Intransigencia y Renovación. Sabattini prometió allí a sus amigos que vendría a Buenos Aires para ponerse al frente de los trabajos políticos del sector que orientaba.

Por su parte, el unionismo, acompañado por todos los partidos, marchaba decididamente hacia el frente único. No muy seguros de su propia hegemonía interna, los primates del grupo lanzaron a fines de octubre un globo de ensayo: que no se esperara la reunión de la Convención Nacional sino que se hiciera una encuesta interna de la que podría salir la fórmula presidencial. La idea tuvo una gélida acogida y entonces se postuló resucitar a la caduca Convención Nacional de 1943 para que este cuerpo se reuniera y proclamara candidatos. El argumento era que las elecciones nacionales se habían adelantado —el 13 de noviembre se decretó que las elecciones se realizarían el 24 de febrero, atendiendo a los rezongos de la prensa opositora— y que era escaso el tiempo material para poner en marcha el aparato partidario. Pero también esta iniciativa tropezó con el legalismo de los radicales en general y la oposición intransigente en particular. En definitiva se resolvió reorganizar el partido en todo el país, aunque siempre bajo la dirección controlada por los unionistas.

Esta hegemonía era la condición indispensable para la concreción de la Unión Democrática. En las dos primeras semanas de noviembre los partidos opositores ejercieron una intensa presión sobre la UCR para obtener su asentimiento. Primero, los socialistas, los comunistas y los demoprogresistas, a través de notas formales, urgieron a la Mesa Directiva radical a aceptar una acción electoral conjunta. De aquí en adelante la Casa Radical asistió a un bullicioso desfile de delegaciones, asociaciones y grupos que reclamaban la unidad interpartidaria. Médicos, abogados, ingenieros en sucesivas representaciones, los caballeros de Exhortación Democrática, los estudiantes secundarios nucleados en CODES, la Unión Obrera local, el minúsculo Partido Concentración Obrera, empleados de diversas radios, delegaciones de mujeres católicas, un mundo de gente contribuyó a dar la impresión de que la unidad electoral era una exigencia del país entero. Atrás de este aparato publicitario estaba, por supuesto, la probada técnica de los comunistas, que presentó toques refinados como, por ejemplo, el poema alusivo que leyó Córdova Iturburu o el telegrama enviado por argentinos *residentes en Nueva York* [5] impetrando la definición radical.

En 1943, una estrategia similar se había empantanado cuando al negociarse la fórmula presidencial del proyectado Frente Democrático, los socialistas y los comunistas se trabaron en áspero enfrentamiento en torno a la candidatura vicepresidencial. Entonces se había aceptado que el primer término de la fórmula fuera radical, pero el segundo debía ser un socialista —según los socialistas— o Luciano Molinas —según los comunistas—. La discusión estaba en punto muerto cuando sobrevino la revolución del 4 de junio. Esta experiencia no fue vana: ahora los socialistas se apresuraron a declarar que aceptarían la fórmula completa que proclamaran los radicales; de inmediato el Partido Comunista y el Demócrata Progresista adhirieron a esta actitud. En realidad, ya existía un convenio urdido en alto nivel, que reconocía a Tamborini como único candidato posible a presidente y daba la opción entre Eduardo Laurencena y Enrique Mosca para el segundo término de la fórmula.

Mientras se estaba en estos trajines, los partidos democráticos reiniciaban su actividad con actos en el Luna Park o en el salón Augusteo, según la confianza que tuvieran en sus propios efectivos. A cada uno de ellos asistían delegaciones de otros partidos y en cada discurso se formulaban elogios a las fuerzas aliadas y llamamientos a la unidad de todos los sectores democráticos.

Al fin, el 14 de noviembre la Mesa Directiva de la UCR se expidió solemnemente por la Unidad Democrática, después de una larga sesión a la que también fueron invitados *representantes del sector intransigente*.[6]

Pero en esto de la Unión Democrática había una ambigüedad insalvable. Pues la tal unidad sólo consistía, en esencia, en el compromiso de todos los partidos opositores de votar una fórmula presidencial común: la que proclamara, a fines de diciembre, la Convención Nacional de la UCR. Y aquí terminaba la unidad electoral. Gobernadores, diputados nacionales, legisladores provinciales y demás cargos electivos serían disputados por cada partido en forma independiente. Era, pues, una acción electoral común sólo en el máximo nivel electivo, lo que restaba significación al sentido que sus inspiradores querían dar a la Unión Democrática, presentada como un frente de todas las fuerzas opuestas a Perón, una expresión total y monolítica de la ciudadanía contra la dictadura. Además, faltaba en la Unión Democrática el conservadorismo, que en esos momentos, desairado y olvidado en apariencia, anunció que iría a las elecciones llevando su propia fórmula. Los comunistas insistieron en que el conservadorismo debía integrar la unión interpartidaria; pero los agravios de la era del fraude estaban demasiado frescos para que esa píldora fuera tragada por los radicales.

De modo que ni la Unión Democrática era tal ni la oposición intransigente tenía formalmente mucho sentido. Tal como se planteaba, la combinación no exigía ningún aparato político: simplemente un partido proclamaba su binomio presidencial y los tres partidos aliados se comprometían a votarlo. Pero en los hechos, esta sencilla fórmula se fue convirtiendo en un verdadero "partido de partidos". La presión comunista fue obteniendo gradualmente que se creara un organismo interpartidario que dirigiera la acción común y juntas provinciales interpartidarias; que se aprobara una plataforma electoral también común, que se institucionalizara la sigla y los lemas de la Unión Democrática, que se realizara una campaña electoral única con oradores de todos los partidos. Todo eso se irá viendo páginas adelante, pero conviene saber desde ya que el sencillo *modus vivendi* de un primer momento se convirtió finalmente en una creación extraña a la tradición política argentina, cuyas limitaciones y servidumbres estaban dadas por la heterogeneidad de sus componentes, los compromisos que necesariamente la trababan y la confusa imagen que transmitió al pueblo.

Pero la Unión Democrática era ya un hecho consumado y al sector intransigente sólo le quedaba la posibilidad de ganar la mayor cantidad posible de comités en las elecciones internas. A esta tarea se dedicaron sus dirigentes con todo vigor. El 17 de noviembre llegó Sabattini a Buenos Aires: una gran cantidad de gente lo esperaba en Retiro, incluso algunos grupos que vivaron a Perón con menudeo de puñetazos: eran aquellos peronistas que no se resignaban aún a perder al dirigente cordobés. Tres días más tarde se inauguraba el local central del Movimiento de Intransigencia y Renovación en Bolívar al 500, un viejo caserón donde se hacía el semanario "No" que era —con la revista "Raíz", de la que sólo apareció un número ese año— la expresión periodística del sector sabattinista. Los intransigentes se apresuraron a movilizar a sus simpatizantes en la inscripción radical metropolitana, que comenzó el 16 de noviembre y terminó tres semanas después, tratando de oponer a la tradicional "trenza" alvearista su flamante aparato de "punteros" y caudillejos parroquiales. A mediados de diciembre se realizaron elecciones internas en la UCR en casi todo el país y los resultados arrojaron cifras alentadoras para la fracción minoritaria: la Intransigencia había ganado ampliamente en Córdoba y Corrientes y presentado buena lucha en Santa Fe y Buenos Aires; en la Capital Federal arrimó 16.500 votos a los 20.000 unionistas. En suma, la Convención Nacional estaría dominada por los unionistas, pero el Movimiento de Intransigencia y Renovación era ya una realidad electoral dentro del radicalismo y las listas de candidatos a cargos electivos tendrían una buena proporción de figuras nuevas.

Todos los partidos de la Unión Democrática andaban, por esos días, en idénticos trajines. Se reunía el Congreso del Partido Comunista —ostentando su recién otorgada personería—, afirmando la conducción ortodoxamente stalinista de Codovilla y su grupo; los socialistas de Buenos Aires y Córdoba realizaban sus respectivos congresos y hasta el

Partido Demócrata Progresista armaba sus flacas estructuras en Santa Fe y Capital Federal. Los demócratas nacionales, ajenos formalmente a la Unión Democrática, también reordenaban sus huestes en Buenos Aires y Córdoba y hasta se constituían núcleos de signo demócrata cristiano, como el Partido Popular, de breve vida. Los diarios no daban abasto en la información de carácter político; dos o tres páginas de "La Nación" y "La Prensa" estaban dedicadas permanentemente a noticiar sobre reuniones, asambleas, convenciones, afirmaciones, impugnaciones y toda la vocinglería que precede a las etapas electorales.

Frente a semejante intensificación cívica era urgente que la Unión Democrática hiciera una gran exhibición de fuerzas antes que se proclamaran sus candidatos a la presidencia. *La Junta Interpartidaria*[7] resolvió realizar un gran mitin en Plaza del Congreso, el 8 de diciembre. El *jefe de Policía*[8] se opuso alegando que se producirían incidentes, pero el ministro del Interior no pudo menos que acceder.

La preparación del acto insumió varias semanas y la concentración se llevó a cabo según el exitoso modelo de la Marcha de la Constitución y la Libertad, con centenares de "comisarios", prohibición de lemas partidarios, profusa exhibición de banderas argentinas y cartelones con frases de próceres, lema único "Por la Libertad contra el Nazismo", todo ello bajo la advocación de Sáenz Peña, cuyo retrato presidió el acto. Pero esta vez había interés en promover los nombres que en pocas semanas más la Unión Democrática sostendría para las candidaturas de presidente y vicepresidente de la Nación, de modo que la lista de *oradores*[9] culminaba con José P. Tamborini, cuya aparición ante el micrófono fue saludada con insistentes gritos de ¡Presidente! ¡Presidente!

El acto llenó cumplidamente las esperanzas de sus organizadores. La tarde de ese sábado invitaba a la concurrencia. Hubo entusiasmo, marsellesas, gritos contra Perón, poemas y proclamas leídos por locutores profesionales. Pero el final fue luctuoso. Jóvenes aliancistas provocaron en varios puntos a los "comisarios" democráticos: reventaron pugilatos y corridas y en un momento dado se generalizó un brutal tiroteo. Cuatro muertos (dos de ellos radicales, un socialista y un comunista, todos afiliados a sus respectivos partidos) y casi 30 heridos rubricaron la barbarie de esa tarde. Las autoridades de la Unión Democrática acusaron directa y enérgicamente a la Policía por su actuación en un memorial que fue devuelto por el Ministerio del Interior "por no guardar estilo"; el jefe de Policía intentó echar la culpa a los concurrentes al acto, pero era tan evidente que la provocación había partido de elementos ajenos al mitin que el propio Perón debió publicar un comunicado. Decía que "sujetos irresponsables al grito de *Viva Rosas, Mueran los judíos, Viva Perón,* escudan su indignidad para sembrar la alarma y la confusión. Quienes así proceden viven al margen de toda norma democrática y no pueden integrar las filas de ninguna fuerza política argentina".

Pero los muertos estaban muertos. Contristadas manifestaciones rodearon los sepelios de los cuatro argentinos asesinados, testigos mudos de la profunda división que existía en el país entre dos bandos que estaban convencidos, cada uno de ellos, de tener el monopolio de la verdad.

Hasta esta agresividad era un dato más de la intensa vibración política que vivía el país. Algo insólito y pocas veces visto en la historia política. Todo había pasado a segundo plano: la revolución venezolana que había volteado a los herederos de "Bisonte" Gómez y permitido el ingreso de Acción Democrática al gobierno o la revolución brasileña que echó por tierra a Getulio Vargas ya no despertaban los fervores que habían convocado dos meses antes. La política y su magia embrujaba a todos. Centenares de dirigentes de toda laya recorrían las provincias buscando allegar fuerzas a sus respectivas divisas, suavizar asperezas internas, seducir adversarios. Subterráneas corrientes de dinero fluían misteriosamente y habilitaban locales, hacían sudar las prensas, posibilitaban viajes y giras, allegaban subvenciones y dádivas, ponían en marcha los costosos aparatos partidarios en ambos bandos. Las paredes se doblaban bajo el peso de los carteles y las pinturas; las radios transmitían permanentemente audiciones de los diversos partidos. La cercanía del verano predisponía a abandonar las actividades particulares para dedicarse, durante los meses que restaban para las elecciones, a arrimar esfuerzos. Cerrábanse bufetes, distraíanse ocupaciones y cada cual, en las más diversas esferas, buscaba la forma de hurtar tiempo a sus empleos y profesiones para dedicarlo a su partido. Las universidades se despoblaban: en la de Buenos Aires, sacudida durante todo el mes de noviembre por un conflicto ocurrido en la Facultad de Medicina entre *el decano, peronista* [10], y un grupo de profesores apoyados por el rector de la Universidad, la paz volvía por inercia porque estudiantes y profesores dejaban las aulas para enfilar hacia los comités.

II

En ese ambiente tenso y vertiginoso, el gobierno parecía haber pasado a segundo plano. Como si un clima de pachorra y siesta hubiera descendido sobre la Casa Rosada, los actos oficiales eran cada vez más raros y la manía decretatoria que antes lo había caracterizado cesaba poco a poco. No era que el gobierno estuviera adoptando una actitud neutral frente a la contienda electoral; en los puestos claves seguían prevaleciendo los amigos de Perón. Pero la potencia que desplegaba la Unión Democrática no dejaba de asustar a algunos altos funcionarios, que ya contemplaban como eventual la posibilidad de que Perón fuera derrotado en las urnas. Y esta perspectiva ponía prudencia y cálculo en las oficinas. En realidad, la estructura burocrática tradicional era desafecta a Perón y sólo la Secretaría de Trabajo y Previsión estaba abiertamente comprometida con "el candidato del continuismo", como se lo empezó a llamar por entonces —o "el candidato imposible"—, como lo definió la Junta de Abogados Democráticos, después de analizar eruditamente las tachas legales que pesaban sobre su postulación.

A principios de diciembre el ministro del Interior había dictado las normas a que se ajustaría el acto eleccionario; las Fuerzas Armadas custodiarían los comicios desde días antes y se ocuparían del traslado de ·las urnas. La directiva provocó satisfacción en el campo opositor: era una real garantía de corrección en el acto comicial y equivalía al cumplimiento de las promesas que se formularon después de las jornadas de octubre. Pero mientras se difundía ese decreto, una gestión de trascendente importancia se estaba tramitando en las esferas oficiales, promovida por Trabajo y Previsión y concretamente por Hugo Mercante. Era el decreto de participación en las ganancias, cuya preparación anunciara Perón al despedirse de los obreros al día siguiente de su renuncia.

En los medios sindicales el decreto se había convertido, en un mes y medio, en algo parecido a un mito. Las conjeturas sobre cuándo y cómo saldría eran materia de las conversaciones cotidianas de centenares de miles de trabajadores durante noviembre y diciembre; "el decreto" era un remedialotodo que estaba flotando en el aire y en cualquier momento cobraría forma concreta. La presión gremial se fue acentuando en el mes de noviembre y el 11 de diciembre se organizó en Plaza de Mayo un acto instrumentado por la CGT y la Federación de Empleados de Comercio, instando a su pronta sanción. Hablaron Silvio Pontieri y Ángel Borlenghi, que puntualizaron la necesidad de hacer realidad una medida que el pueblo trabajador reclamaba insistentemente. El acto —que fue, en realidad, una manifestación peronista más— aceleró la sanción de la iniciativa. El 20 de diciembre se anunció que había sido firmado el decreto, que llevaría el número 33.302/45. Por la tarde, una nueva concentración frente a la Casa de Gobierno aclamó al secretario de Trabajo y Previsión, que no olvidó de señalar que la medida se debía a una iniciativa de Perón; y a Farrell, que se limitó a agradecer las ovaciones.

El decreto no instauraba la participación en las ganancias, como se había anunciado; se explicó que por falta de tiempo ese aspecto quedaba a estudio. En cambio, se creaba el Instituto Nacional de Remuneraciones, se establecía un aumento general de salarios y se creaba el "sueldo anual complementario" o aguinaldo, con la mención de que empezaba a regir inmediatamente y se extendía a casi todos los trabajadores el beneficio de las vacaciones pagas, aumentando, a la vez, las indemnizaciones por despido. "Lo menos importante fue el aumento de salarios —dice Luis B. Cerrutti Costa— porque él desaparece con el aumento de precios; pero el pago de las vacaciones y de hasta seis meses de enfermedad, la indemnización por despido y por muerte, son conquistas permanentes, ajenas para siempre a las oscilaciones de la economía." Y aquí empezó la angustia de la Unión Democrática. ¿Cómo atacar el decreto? Aunque la medida tenía una intención escandalosamente electoralista, repudiarla a sesenta días del comicio parecía insensato, y lo era. Pero aceptarla era homologar el golpe político más rendidor que el oficialismo había dado en favor de su candidato. En la opción, la Unión Democrática tascó el freno y formalmente guardó silencio. Codovilla, en la Conferencia del Partido Comunista, formuló una peregrina interpretación:

—El aumento de los salarios —dijo el dirigente comunista— debe ser resultado de las luchas organizadas de la propia clase obrera, pues el objetivo del "peronismo" consiste en hacer ciertas concesiones provisionales a algunos sectores obreros para destruir sus organizaciones independientes y de clase y forzarlas a entrar en sindicatos estatales.

Agregó que el aumento de salarios debía ser seguido por un aumento de producción y que a las grandes empresas no les preocupaba mayormente la política obrerista promovida por Perón.

Pero sí les preocupaba. Al día siguiente de la aparición del decreto, la Junta Ejecutiva de la Asamblea Permanente de Entidades del Comercio, la Industria y la Producción se pronunció violentamente contra la medida y resolvió convocar, para una semana más tarde, a "todas las entidades representativas del país". En ese lapso se fueron pronunciando las "fuerzas vivas", por supuesto en un sentido negativo y con declaraciones que ocupaban grandes espacios en los diarios. Al día siguiente de Navidad, el Colegio de Abogados y la Asociación de Abogados declaran que el decreto es inconstitucional. Y al otro día, una reunión que aglomera a casi 2.000 personas en la Bolsa de Comercio de Buenos Aires trata el candente problema. "Es la asamblea patronal más numerosa y representativa *que se haya reunido nunca en el país.*" [11] Preside la reunión Eustaquio Méndez Delfino y a su lado están Arnaldo Massone, Luis Colombo, José María Bustillo, Alejandro Shaw, Joaquín S. de Anchorena y otros dirigentes empresarios.

Los discursos son violentos, irritados. Dice Méndez Delfino:

—Las erogaciones que el decreto impone y que no pueden cumplirse, no se habrán de cumplir. ¡Nadie en el mundo puede obligar a dar lo que no se puede y menos lo que no se tiene!

¿Realmente no se podía? El aumento de salarios oscilaba entre el 5 % (para los salarios que superaban los $ 800) y el 25 % (para los que no llegaban a $ 200). La participación de las ganancias quedaba postergada y todos sabían que esa postergación sería definitiva, lo mismo que la concreción del Instituto Nacional de Remuneraciones. El aumento de salarios y de indemnizaciones así como el aguinaldo escocían, por supuesto, pero nada impedía el traslado de estos aumentos a los precios y la experiencia mundial demostraba que tardaban menos los aguinaldos en salir de las empresas que retornar multiplicados por dos, ya que el aguinaldo se cobra para ser automáticamente gastado. Puede discutirse en el plano económico la conveniencia o inconveniencia, a largo plazo, de implementar una legislación social tan avanzada antes que estuviera capitalizada la infraestructura industrial correspondiente. Pero lo que no puede discutirse es que el debatido decreto tuviera entidad para "convulsionar la vida de la República" o "crear males irreparables" como clamaba la Cámara de Comercio, la Propiedad y la Industria de la provincia de Buenos Aires. En realidad, era inaceptable para la mentalidad empresaria de aquella época por las mismas razones que hacían inaceptable el Estatuto del Peón o el fuero laboral: porque rompía la tradicional relación patrono-obrero.

Pero esta vez las fuerzas patronales estaban resueltas a pelear. Durante 1944 y la mayor parte de 1945 habían tenido que tragar las medidas impuestas por la Secretaría de Trabajo y Previsión porque todavía no estaba montado un aparato político opositor que apoyara la resistencia patronal, limitada a protestas más o menos líricas y a litigios judiciales, en la confianza de que, a la larga, la Corte Suprema corregiría los excesos obreristas del oficialismo. Ahora las circunstancias habían cambiado: medio país estaba enfrentado con el gobierno y su candidato y se podía disponer de medios de expresión más efectivos y formas de lucha más directas. La Unión Democrática seguía guardando silencio, pero los protagonistas de la resistencia patronal eran, en muchos casos, los mismos personajes que actuaban al frente de la oposición en funciones directivas.

Se inició entonces un vasto operativo tendiente a desconocer el decreto 33.302. En la maniobra no intervinieron solamente las entidades patronales —lo que era lógico— sino algunas organizaciones sindicales que giraban en las órbitas socialista o comunista. La Federación Obrera Nacional de la Construcción, el Sindicato de la Industria Metalúrgica, la Federación Obrera de la Alimentación se pronunciaron, increíblemente, contra el decreto. Naturalmente, esas organizaciones no representaban la voluntad de la enorme mayoría de los trabajadores que, fueran o no peronistas, sentían que de esta lucha dependía una serie de beneficios permanentes, además del hecho de que antes del 7 de enero —así lo disponía el decreto— tendrían en el bolsillo un sueldo más y un aumento para el futuro...

El movimiento de los patrones comenzó con una energía que debió causar inquietud en las esferas oficiales. Pasó el fin de año y ninguna empresa pagó el aguinaldo. La Secretaría de Trabajo y Previsión, rodeada desde el 3 de enero por larguísimas colas de obreros que venían a denunciar el incumplimiento del decreto, se limitó a expedir un comunicado recordando que el plazo para pagar el aguinaldo vencía el 7. Pero el día 8 continúa la firme actitud patronal en todo el país. y empieza a extenderse entonces un clima de huelga general. En Córdoba la CGT declara un paro por 24 horas; en La Plata y Rosario se van paralizando las actividades. En la noche del 8 muchos comercios céntricos de Buenos Aires son ocupados por su personal y se cierran bares y cafés. El recuerdo del 17 de Octubre está presente en todos los espíritus. Paro en Avellaneda. Paro en Berazategui. Paro en Santa Fe. Paro en Rosario, donde ya las empresas de transporte han decidido abonar el aguinaldo a fin de que el personal ponga fin a la huelga y el frigorífico Swift llega a un acuerdo con sus trabajadores.

La táctica patronal varía entonces. Ya que las declaraciones no han surtido efecto ni los dictámenes sobre inconstitucionalidad del decreto han alterado la impavidez oficial; ya que los trabajadores —pese a la actitud patronal de los "sindicatos libres"— van espontáneamente a la huelga y están ocupando fábricas y comercios, se recurrirá al "lockout". El 10 de enero la Cámara de Grandes Tiendas de Buenos Aires dispone la clausura de sus establecimientos los días 13, 14 y 15. Esas tres jornadas permanece clausurada una gran cantidad de fábricas y comercios en todo el país, respondiendo a las órdenes de los dirigentes del movimiento. Tres días sin negocios, sin industria; tres días de holganza y tal vez de holgorio para los trabajadores. El centro de las grandes ciudades presenta un aspecto desolado, que los diarios se apresuran a reflejar a través de amplias fotografías. La situación de la Unión Democrática es insostenible. Algo había que decir sobre un problema cuya gravedad motivaba la postergación de la gira proselitista de sus candidatos. El 12 se expide el Comité Nacional de la UCR en una larga declaración que hace equilibrios retóricos: rechaza "el absurdo de que para mejorar la condición de los humildes haya que empobrecer a los pudientes", convoca a la reflexión de los trabajadores, alerta sobre "la nivelación en la miseria" y dice que el radicalismo formula su pensamiento "sin detenerse a pensar si agrada o desagrada a pocos o a muchos". La Comisión de Coordinación Gremial del Partido Socialista

publica una declaración más o menos en los mismos términos, que concluye afirmando que sólo la unidad de los trabajadores contra la dictadura y el nazifascismo podrá solucionar los problemas que los afligen. El Partido Comunista
es más sutil: sugiere a los patronos entenderse "con los sindicatos libres"; los otros... ¡que se embromen!...

Pero a esta altura del enfrentamiento, "los otros" ya
no dudaban del triunfo. A pesar de las enormes listas de
empresas cerradas que presentan los diarios, el "lockout"
ha fracasado por la sencilla razón de que es, por definición,
un recurso de corta duración. "Ya el viernes (18) la Cámara de Grandes Tiendas publica un comunicado anunciando
que llegará a un acuerdo. Los industriales gráficos se deci-
den a pagar en dos cuotas. El personal de transporte de la
ciudad de Buenos Aires cobra. El gremio de Luz y Fuerza
anuncia que la patronal abonará y los textiles informan a
sus personales que el aguinaldo ya no es resistido por la patronal. Una semana después del 'lockout' nacional dispuesto por la Bolsa de Comercio, el pago era normal; la que
aparecía como poderosa agrupación patronal aconseja finalmente a sus filiales que lleguen a acuerdos directos *con sus
personales*."¹²

Después de tanto barullo, antes de cumplirse el mes de
su sanción, el decreto 33.302 quedaba pacíficamente incorporado a la legislación positiva. Pero el movimiento de rebelión de los patrones, además de dejar en una incómoda
situación a las organizaciones gremiales socialistas y comunistas que se jugaron en contra de su aplicación, había servido por reacción para cohesionar a la masa de trabajadores
en torno a Perón, ausente de este proceso, pero promotor de
la iniciativa. Sirvió, además, para dar mayor personería a
la CGT y para que muchos indecisos se volcaran definitivamente al peronismo. El saldo de este movimiento era
amargamente negativo para la Unión Democrática, porque
en plena campaña se había introducido un tema revulsivo
que sacó al enfrentamiento electoral de sus naturales cauces
políticos para colocarlo violentamente en el plano social.

Cuando estos episodios ocurrieron, la Unión Democrática ya había proclamado su fórmula presidencial y se disponía a iniciar su primera gira proselitista. El 27 de diciembre se había reunido la *Convención Nacional de la UCR* [13], con amplia mayoría unionista. En un ambiente tenso, perturbado dos o tres veces por incidentes, el cuerpo aprobó todo lo actuado por las anteriores autoridades y sancionó una plataforma electoral que de inmediato fue olvidada. Tres días más tarde se procede a la elección de la fórmula presidencial.

Era público ya, de semanas atrás, que el binomio sería encabezado por Tamborini y completado por el dirigente santafecino Enrique Mosca; se habían girado también los nombres de Sabattini y de Adolfo Güemes como posibles candidatos al segundo término de la fórmula, para dar entrada a la corriente intransigente, *pero ni ellos estaban dispuestos a aceptar* [13 bis] ni el sector mayoritario de la UCR podía cancelar sus compromisos con los "partnairs" de la Unión Democrática. La votación arrojó 130 sufragios para Tamborini y 39 en blanco: éstos eran los intransigentes, que optaron por asentir pasivamente a la candidatura mayoritaria, en aras de la unidad partidaria. De inmediato, delegados de los partidos Socialista, Comunista y Demócrata Progresista saludaron a Tamborini y a Mosca, reconociéndolos como candidatos propios. "La Unión Democrática ya tiene abanderados", solemnizó "La Vanguardia" en su primera página.

El 3 de enero se constituyó el *Comité Nacional de la UCR* [14], con lo que quedó completo el proceso de reorganización partidaria. Cualquiera podía advertir que el binomio presidencial y los presidentes de los cuerpos superiores del partido habían, sin excepción, enfrentado a Yrigoyen años atrás, y *pertenecido al antipersonalismo.* [15] La presencia de este equipo en la conducción radical no era una coincidencia: la tradicional fuerza mayoritaria estaba copada por un grupo que había abandonado deliberadamente el estilo político con que Yrigoyen la había convertido en un instrumento de significación nacional y vibrante dimensión popular. El alvearismo se había adueñado otra vez de la UCR y ahora se trataba de desdibujar su singularidad para rebajar el partido a un común denominador que fuera aceptable al socialismo, el comunismo y hasta el conservadorismo, que semanas más tarde resolvería no presentar fórmula presidencial, en tácito apoyo a la Unión Democrática.

La noche de fin de año, Tamborini y Mosca se dirigieron por radio a todo el país. El tono de sus discursos prefiguraba el de la futura campaña electoral. Ambos dirigentes pronunciaron hermosas oraciones cívicas omitiendo cuidadosamente referirse a los temas que apasionaban al pueblo en ese momento, por ejemplo, el aguinaldo. Naturalmente, los candidatos democráticos no podían hablar otro lenguaje: estaban aprisionados por el esquema *Democracia contra nazifascismo* que daba el tono a la lucha de la Unión Democrática. Esa alternativa era tan drástica como la de "Civilización o Barbarie". Pero planteos como éstos sólo son útiles cuando se dispone de poder político suficiente para ubicar a cada elemento de la realidad en el término conveniente. Cuando se está en la oposición, es riesgoso plantear semejantes alternativas. Mas todo estaba demasiado avanzado para cambiar el estilo y la mecánica de la lucha y, además, el itinerario de la Unión Democrática obedecía a fatalidades ajenas a su voluntad. La candidatura de Perón, apoyada por todo el poder oficial, había obligado a reunir la totalidad de las fuerzas opositoras; a su vez, la unidad opositora excluía la candidatura de Sabattini, la única que hubiera podido oponerse con alguna perspectiva de éxito contra el aparato oficial; y la presencia de Tamborini al frente de la coalición democrática la teñía inevitablemente de pasatismo, parsimonia, irrealismo, le daba un aire tan digno como rancio y anacrónico.

Esta candidatura era una cruel broma que el destino le gastó a Tamborini. Era uno de los políticos más completos que tuvo el país por esos años: cultísimo, versado en los más diversos temas, suave y paciente en el modo, dotado de una memoria asombrosa. La fineza de su espíritu no se correspondía con su pesado aspecto físico ni con su rostro, basto y abotagado, que tenía sin embargo cierta hermosa fealdad. Lo que más sorprendía al tratarlo era su voz aflautada, impropia de su corpachón: una voz de paisano litoral cuyo absurdo se iba olvidando a medida que Tamborini se demoraba en las charlas sobre literatura y arte que le eran gratas. Hubiera sido un gran presidente, veinte años antes. En 1945 ya no era útil al país. No lo entendía. Si su nombre no despertaba resistencias tampoco convocaba entusiasmo. Y para enfrentar a Perón se necesitaba un hombre que transmitiera emotividad y fervor. Tamborini era demasiado honrado para caer en un estilo que no era el suyo y se limitó a cumplir con su misión a su manera, pausada, chirle y decorosa.

Tal vez este decoro del candidato de la Unión Democrática fue lo que impidió que su partido se dividiera. Desde principios de diciembre los intransigentes veían con claridad que el aparato unionista habría de imponerse dentro del radicalismo. Muchos dirigentes del sector minoritario estaban ciertos de que esto significaba la derrota en las urnas. Se planteó entonces a Sabattini la posibilidad de abandonar el partido, pero él se negó a homologar esta aventura. Pensaba Sabattini que si Perón ganaba, su gobierno sería un caos a breve plazo y entonces, frente al previo fracaso de la conducción radical, sólo quedaría la Intransigencia como solución nacional: el planteo era correcto, pero el dirigente cordobés se equivocaba en el plazo, porque para que ello ocurriera habrían de pasar trece años. Ahora, frente a la proclamación de Tamborini y la toma de la dirección radical por el viejo equipo antipersonalista, la táctica intransigente debía consistir en ganar todos los baluartes internos posibles y colaborar sinceramente con la Unión Democrática, que estaba encabezada por un correligionario personalmente inobjetable. Después de las elecciones ya se vería.

Esta táctica tuvo un resonante triunfo a mediados de enero, en la provincia de Buenos Aires. Desde fines de diciembre la convención radical de Buenos Aires estaba empantanada. Ernesto Boatti, dueño de la máquina electoral interna, no podía sacar adelante su candidatura a gobernador: le faltaban unos pocos votos para obtener el número reglamentario, y la minoría intransigente, conducida con inteligencia y obstinación por Lebensohn, se mantenía firme en la tesis de que el candidato radical fuera ungido por el voto directo de los afiliados. Seis, ocho, diez veces se repitió la votación en el seno del cuerpo, sin que variaran las cifras, a través de tediosas sesiones y afanosos cabildeos. Al fin, frente a una "impasse" que ya cobraba aspectos ridículos, los unionistas cedieron. Se resolvió efectuar la designación de la fórmula provincial y demás cargos electivos por la vía del sufragio directo. Total, los "boattistas" estaban seguros de ganar: dominaban el aparato partidario desde una década atrás.

El 13 de enero se realizó la elección interna. Los intransigentes bonaerenses recibieron el apoyo de sus amigos metropolitanos, cordobeses y santafecinos, y Roberto Parry, un jurista de honda vocación política, dirigió la operación con un ajuste perfecto. Y sucedió lo que parecía increíble: los precandidatos intransigentes, Juan Prat y Crisólogo Larralde, triunfaron por 35.000 votos contra 34.000... La fórmula Prat-Larralde sería, pues, la que la UCR llevaría a las elecciones nacionales y del mismo modo, la lista de candidatos a diputados nacionales y legisladores provinciales tendría mayoría intransigente. Una semana más tarde la hazaña se repetiría en la Capital Federal; aunque el Movimiento de Intransigencia y Renovación no alcanzó a triunfar, sus precandidatos se ubicaron cómodamente en la lista que oficializaría la UCR.

Los triunfos intransigentes de enero tuvieron una gran trascendencia. En esos momentos pareció que significaban solamente la afirmación de un movimiento interno cuyo bagaje humano y doctrinario tendía a llenar las carencias del unionismo. Meses más tarde se advirtió que estas elecciones internas habían permitido brindar a un núcleo de hombres nuevos la posibilidad de transformar a la UCR en una fuerza capaz de hacer frente al poder peronista sin caer en la regresión ni confundirse con otras corrientes políticas. El bloque de diputados nacionales de la UCR —el famoso "Bloque de los 44"— fue dirigido por intransigentes, que dieron un tono diferente, a veces revelador, a la acción legislativa del radicalismo. Y en dos años más, la conducción de la UCR quedaría definitivamente en manos de la Intransigencia. En realidad, el 13 de enero de 1946 ganó trascendencia definitiva un movimiento que revitalizaría al radicalismo tradicional, lo convertiría en un equipo de recambio político perfectamente apto para tomar el poder con posterioridad a la caída de Perón y, con el tiempo, daría a la Nación tres presidentes.

III

Mientras en lo interno radical se iban dando estas ocurrencias, la campaña electoral ardía en todo el país. Ambos bandos acentuaban su agresividad y en esas primeras semanas de enero no pasaba día sin que se registraran grescas y pugilatos entre peronistas y democráticos. La FUBA había iniciado en la Capital Federal una serie de "actos relámpagos" antes de fin de año, que hubieran tenido algún efecto si se realizaran en los barrios populares o en los suburbios; se limitaron al centro de la ciudad, donde no era gracia, y perdieron seriedad cuando se extendieron a las soleadas playas marplatenses. Los aliancistas, por su parte, no dejaron de hostigar a los fubistas dondequiera los encontraban. Comunistas y laboristas se tirotearon una noche en Liniers. Los pegadores de carteles se liaban a cada rato. La rivalidad callejera tuvo una culminación trágica el 10 de enero, cuando desde un automóvil se acribilló a balazos un local aliancista en Córdoba al 3900, causando la muerte de un joven militante. En el interior el panorama no era menos tenso: en Cruz del Eje se atentó contra dos periodistas radicales y algunos actos de la Unión Democrática terminaron violentamente en Añatuya (Santiago), La Florida (Tucumán) y en Malagueño (Córdoba).

Las campañas electorales pacíficas son un lujo de ciertos pueblos o indicios de indiferencia cívica. En la Argentina de 1946 todos estaban comprometidos hasta el tuétano con alguno de los dos campos antagónicos. En realidad, estar con Perón o con la Unión Democrática dependía de algo visceral; era inútil la propaganda, porque las definiciones individuales venían del año anterior y eran irrevocables. Pero de todos modos había que cumplir los ritos cívicos consabidos y la Unión Democrática, por su parte, debía cubrir un largo rezago en la carrera por el poder. Muchas cosas permitían ser optimistas a sus dirigentes. El dinero afluía a las cajas partidarias con generosidad, sobre todo después del fracaso de la rebelión patronal; día a día se sumaban nuevas adhesiones de pequeños núcleos provinciales —el antipersonalismo santafecino, por ejemplo o el Partido Popular metropolitano, de orientación demócrata-cristiana— y el aporte universitario y femenino vigorizaba su acción, que a mediados de enero, ya se traducía en centenares de actos diarios en todos los distritos. La prensa independiente apoyaba a Tamborini-Mosca sin ninguna reticencia y la voz de sus dirigentes se podía escuchar en todo el país a través de las radios. Los más conocidos artistas del cine y el teatro publicaban sus adhesiones personales en "Clarín", día tras día, con su retrato, su firma y una frasecita de circunstancias.

En este ambiente de optimismo y entusiasmo iba mediando enero; para el 16 se anunciaba el comienzo de la primera gira de la fórmula presidencial democrática. Un hecho inesperado obligó a postergarla una semana; un hecho que fue, sin duda, el único punto a favor que pudo anotarse la oposición durante esta lucha. La cosa ocurrió así:

A fines de diciembre, un avisado empleado de banco descubrió que en la cuenta particular del general Ramón Albariños —interventor de Buenos Aires— se había depositado un cheque por $ 420.000 —¡de aquella época!— firmado por el *presidente del Jockey Club de La Plata* [16], y que sobre ese depósito Albariños había girado varios cheques destinados a publicaciones afectas a Perón. Un diario de los universitarios reformistas de La Plata hizo la denuncia pública, cor. Dombos y platillos; dirigentes opositores iniciaron querella judicial contra Albariños. Este *intentó defenderse* [17], pero aparentemente el caso no tenía vuelta: el interventor federal había aceptado una donación injustificable y destinado parte del dinero a fines políticos, quedándose con el resto.

La cosa no hubiera pasado del escándalo mismo, si no fuera que el *comandante electoral de Buenos Aires* [18] se hartó de la manifiesta parcialidad de Albariños y planteó a Farrell la opción: o el interventor saltaba o él renunciaba a su función explicando públicamente sus motivos. La actitud del comandante electoral provocó la inmediata solidaridad de sus camaradas de armas y un grupo de almirantes visitó al Presidente el 17 de enero con el ministro de Marina, apoyando a su compañero. Hubo inquietud en las esferas oficiales, movimientos insólitos en el Departamento de Policía y rumores de golpe de Estado. Farrell no podía jugarse ya por Albariños: aceptó su renuncia y días después lo compensó del mal rato designándolo jefe de la guarnición de Campo de Mayo. En su reemplazo nombró interventor de Buenos Aires a un hombre *de su personal confianza* [19] que no modificaría en nada la política de su antecesor. La Unión Democrática no ganó ni perdió con el cambio de Albariños, pero obtuvo una victoria moral y debilitó el frente adversario al probar sus reiteradas acusaciones de parcialidad oficial hacia la candidatura peronista.

Pero la escaramuza se olvidó pronto porque el mismo día en que los almirantes dialogaban con Farrell, la embajada de Estados Unidos producía un acto que no tenía precedentes en el país. El encargado de negocios norteamericano convocó a la gente de prensa y distribuyó copia de trece telegramas que —según se informó— habían cambiado durante la pasada guerra, la embajada del Reich en Buenos Aires y diversos servicios del gobierno de Hitler.

—Los he llamado —dijo el diplomático norteamericano— para que sepan quiénes son los verdaderos "vendepatrias"...

Los documentos se habrían hallado en las búsquedas

realizadas con motivo de los procesos de Núremberg y certificaban conexiones, apoyos y subvenciones de los nazis *a varios diarios argentinos.*[20]

Lo insólito del hecho era que, fuera cual fuese el grado de autenticidad de los documentos, parecía poco prudente que un gobierno extranjero diera a publicidad esas significativas piezas a un mes de las elecciones, cuando todo el país estaba agudamente sensibilizado, y agregar nuevos elementos de revulsión a tal ambiente era echar leña a un fuego ya crepitante.

Los documentos distribuidos por la embajada norteamericana fueron reproducidos "in extenso" por toda la prensa antiperonista y seguidos —como era previsible— por una secuela de "solicitadas", desmentidos e impugnaciones. Pero nadie protestó por la intromisión que suponía la actitud de la diplomacia norteamericana. Perón no se sentía afectado directamente, porque él no caía en la volteada; los nacionalistas aludidos y salpicados por la publicación eran "out-siders" dentro de su movimiento. Fueron pocos los que advirtieron que los documentos no eran más que un globo de ensayo que Braden, desde Washington, dosificaba cautelosamente. La falta de reacción ante la maniobra lo persuadió de que había llegado el momento de lanzar su bomba atómica propia, la que estaba preparando de tiempo atrás para aniquilar al "nazifascismo argentino".

Mientras los candidatos de la Unión Democrática y una nutrida comitiva interpartidaria trepaban al "Tren de la Victoria" el 21 de enero, para iniciar su primera gira, Braden daba los últimos toques a una publicación mucho más explosiva que la de los trece telegramas. Tal vez ya en ese momento acababa de decidir su nombre: Libro Azul...

El "Tren de la Victoria" sufrió un accidentado itinerario. Al salir de Retiro, donde fue despedido por una entusiasta multitud, entre la que se distinguía un grupo de dirigentes conservadores, debió hacer un desvío por un descarrilamiento ocurrido horas antes en su ruta; más tarde hubo de detenerse en una estación suburbana para bajar a dos colados que a toda costa querían viajar con la comitiva y en su fervor turístico-político se tiraron a las vías delante del tren para impedir que volviera a arrancar sin ellos...

Con breves paradas y rápidos actos en las localidades más importantes del trayecto, el convoy hizo su primera escala en Santiago del Estero al día siguiente. Allí pronunció Tamborini su primer discurso proselitista. Al otro día empezaron los atentados. En Güemes, mientras el tren estaba detenido, gritos primero, luego piedras y, finalmente, balazos empezaron a llover sobre los vagones desde los galpones de la estación y de las locomotoras paradas allí; un largo rato duró la agresión, que fue parcialmente repelida desde el tren. En la ciudad de Salta el acto de la Unión Democrática pudo terminar en una masacre, porque columnas peronistas intentaron atacar la concentración sin que la policía pusiera mucho empeño en evitarlo; hubo, no obstante, pugilatos aislados. En Jujuy, el 24, el acto central fue también perturbado y en San Pedro menudearon balazos y pedreas. Todo hacía pensar que en Tucumán el "Tren de la Victoria" sería convertido en colador; al entrar a esta provincia un juez hizo detener el convoy y a poco se queda la comitiva en medio del campo. Superado el inconveniente, un mayor del Ejército se presentó en el tren manifestando que tenía orden de custodiarlo: Tamborini declinó el ofrecimiento, pero el oficial insistió en cumplir sus órdenes y desde ese momento un coche motor con conscriptos precedió su marcha. En varios puntos del trayecto debieron apagarse las luces de los vagones para evitar blancos fáciles. Al llegar a Recreo un incendio destruyó parte del furgón que llevaba material de propaganda y el equipaje de los pasajeros; en Chumbicha se descubrieron fallas en los frenos... En Catamarca el acto se realizó normalmente y también en La Rioja, pero al salir de esta ciudad hubo piedras y gritos en la estación: el propio Tamborini, con su imponente físico, hubo de bajar de su vagón-dormitorio para correr a los insolentes. El 27 llegaba la peregrinación a Córdoba, donde el acto central tuvo contornos impresionantes; al día siguiente se realizaba en Rosario un tupido desfile por la calle

Córdoba y un acto de proclamación de concurrencia pocas veces vista. El 29 de enero volvía a Buenos Aires el "Tren de la Victoria", con sus banderas argentinas al frente, exhibiendo las perforaciones de los balazos y marcas de las pedradas. Esta gira tan llena de peripecias no podía dejar de tener un final violento: la policía sableó alegremente a la multitud que se había apiñado en Retiro para recibir a Tamborini, Mosca y sus acompañantes...

Pero los infortunios del viaje no alcanzaban a empañar el creciente optimismo de los dirigentes democráticos. La gira había sido un éxito. Todos los actos habían sido entusiastas y numerosos y la prensa adicta se había encargado de magnificarlos en grado superlativo. La pareja de candidatos se había repartido coordinadamente la tarea oratoria: los discursos de Tamborini tenían dimensión presidencial, grandeza de miras, abstracciones retóricas de alto vuelo, mientras Mosca acusaba al gobierno de irresponsabilidad y parcialidad, afirmaba que maquinaba "la piratería electoral" y marcaba con cifras la inminencia de una catástrofe económica. El resto de la comitiva se había portado bien: don Elpidio González había sido una de las atracciones más aplaudidas.

Faltaban poco más de veinte días para las elecciones. El ardiente verano político estaba llegando a su clímax. Verano diferente, en todo sentido, vociferado, discutido. Parecía que las fuerzas antagónicas estaban emparejando su potencia. Si la Unión Democrática había salido con retraso y tenía que luchar con la desafección oficial, había logrado movilizar con gran efectividad el aparato de los partidos que la componían. Frente a un peronismo todavía desorganizado aunque siempre fervoroso, en los primeros días de febrero la oposición había resuelto ya todos sus problemas internos, integrado sus listas, proclamado la totalidad de sus candidatos. En la Capital Federal comunistas y demócratas progresistas habían formado una lista común —"De la Unidad y la Resistencia"— que, con integración de independientes, pugnaba por escamotear algunas bancas a sus camaradas de trinchera radicales y socialistas. En casi todas las provincias los conservadores proclamaban su apoyo a los candidatos presidenciales de la Unión Democrática. Intransigentes y unionistas, olvidadas ya sus riñas, cooperaban estrechamente: "boattistas" acompañaban a Prat y Larralde en su gira por Buenos Aires, y Sabattini sería herido, días más tarde, por una piedra que arrojaron contra el tren que lo llevaba por Tucumán. La prensa peronista podía reírse de los prohombres democráticos, podía describir al "Tren de la Victoria" como una murga carnavalesca, pero era innegable que los dirigentes opositores conocían bien el oficio político y se estaban empleando a fondo en esta última y decisiva etapa por la conquista del poder.

Tanto era así que la presión opositora ya alcanzaba a producir algunos hechos en el seno del gobierno. Se había rumoreado por esos días que existía la intención de postergar la fecha de las elecciones o al menos prorrogar el plazo de presentación de candidaturas, a fin de dar tiempo a los peronistas para arreglar sus problemas internos. La Unión Democrática clamó contra esa nueva prueba de parcialidad, los diarios publicaron editoriales afirmando que las elecciones no debían postergarse y, después de un acuerdo de ministros, se anunció oficialmente que las elecciones eran inamovibles y tampoco se modificarían los plazos: trascendió que en reuniones de militares y marinos se había criticado severamente la posibilidad de una postergación electoral. Esto no obstó a que la Junta Interpartidaria difundiera el 1º de febrero un manifiesto denunciando hechos que acreditaban, a su juicio, subrepticias ayudas oficiales a la candidatura de Perón.

Con prescindencia de la buena fe con que se formularon, las denuncias opositoras formaban parte de la táctica de la Unión Democrática: si no eran atendidas se podía redoblar el clamoreo sobre parcialidad oficial; si eran escuchadas, su sustanciación no dejaba de molestar al gobierno o embromar al peronismo... A principios de enero Mosca denunció que jefes militares en actividad entrenaban fuerzas de choque. El ministro de Guerra le pidió que ratificara sus dichos, Mosca lo hizo y unas semanas después la autoridad militar sancionó a un par de militares por realizar actividades políticas. Un mes más tarde, uno de los candidatos a senador por la Capital Federal de la lista "Unidad y Resistencia" denunció que existía el plan de hacer "un nuevo 17 de Octubre", incitar a las masas a tomar la Casa de Gobierno y entregar el poder a Perón, sin elecciones. La Unión Democrática hizo suya la denuncia, que de inmediato dio motivo a una investigación por las autoridades militares, llegándose a convocar al mismo Perón para que prestara declaración; por supuesto, el plan denunciado no existía ni remotamente.

Hay que señalar que el proceso electoral estaba ya, virtualmente, en manos de las Fuerzas Armadas, cuyos distintos delegados se harían cargo a partir del 18 de febrero de los efectivos policiales en todo el país: El gobierno de Farrell había tratado de restañar las heridas que dejaron en las instituciones armadas las jornadas de octubre, indultando a los militares que fueron detenidos en Córdoba en el mes de setiembre, y este gesto, unido a la entrega del poder electoral a las tres armas, creaba en los marinos, militares y aeronautas un sentido de responsabilidad que estaban decididos a cumplir escrupulosamente.

El 2 de febrero arrancó la segunda gira de la Unión Democrática, que debía abarcar el litoral. El mismo día se difundía un fallo de la Corte Suprema que difícilmente podía encuadrarse en el plano estrictamente judicial. Se trataba de un juicio en que se discutían las facultades de las Delegaciones Regionales de la Secretaría de Trabajo y Previsión para aplicar multas. La sentencia del alto tribunal establecía que aquellos organismos vulneraban la Constitución. El fallo era el golpe más fuerte que había sufrido la legislación social del gobierno *de facto* desde que la Corte se negara a tomar juramento a los jueces del trabajo. Ni el más ingenuo podía pensar que el pronunciamiento —dictado apenas reanudada la actividad forense después de la feria y a sólo veinte días de las elecciones— carecía de contenido político. En los medios gremiales el fallo provocó ira: se dijo que la Corte intentaba anular las conquistas obreras desquiciando el organismo encargado de hacer cumplir la legislación laboral; se acusó directamente al alto tribunal de colusión con la Unión Democrática. Hubo incitaciones a una huelga general y en algunos sectores ocurrieron algunos paros parciales el mismo día en que se conoció la sentencia.

Para aclarar conceptos, *el Secretario de Trabajo y Previsión* [21] emitió un comunicado señalando que el pronunciamiento no afectaba la estructura ni la función del organismo a su cargo y exhortando a la tranquilidad —lo que le valió una querella por desacato a la Corte, iniciada por el Partido Demócrata de Buenos Aires—. Pero en esos días los hechos se sucedían a un ritmo enloquecido y ni siquiera el triunfo del seleccionado argentino en el torneo sudamericano de fútbol alcanzaba a distraer a la gente del proceso que envolvía a todos. En una semana el fallo de la Corte quedó aparentemente olvidado: es de presumir, sin embargo, que no serían pocos los obreros que recordarían en el cuarto oscuro este sutil sablazo judicial contra un organismo que la clase trabajadora sentía como cosa propia... Y muy pocos los que repararon en el comunicado de la Junta Interpartidaria de la Unión Democrática, tendiente a tranquilizar a los trabajadores sobre los alcances del fallo.

Entretanto, la comitiva democrática recorría el litoral. En Santa Fe (donde la columna de la Unión Democrática recibió el saludo del doctor Manuel de Iriondo, el frustrado candidato a vicepresidente de Patrón Costas, en 1943), en Concepción del Uruguay, en Concordia, luego en Resistencia y Corrientes los candidatos de la Unión Democrática participaron en otras tantas proclamaciones. Fueron, en general, actos numerosos y esta vez el periplo careció de las incidencias que habían empañado la primera gira. El 7 de febrero regresaban a la Capital Federal por la vieja estación del Lacroze y dos días más tarde se realizaba la proclamación oficial de Tamborini-Mosca en la intersección de las avenidas de Mayo y Nueve de Julio.

Fue una concentración que colmó las esperanzas de los dirigentes interpartidarios. Las fotografías que aparecían al otro día en los diarios establecían una compacta masa cubriendo un par de manzanas. Ricardo Rojas, Luciano Molinas, Rodolfo Ghioldi, Alfredo Palacios y los integrantes de la fórmula presidencial se explayaron largamente sobre los temas habituales. Tamborini dijo: "Antes que nada, he de ser el presidente de la Constitución Nacional" y acusó a la Secretaría de Trabajo y Previsión de ser un instrumento demagógico y totalitario. El acto transcurrió sin incidentes y en un clima de fiesta cívica que era ya casi una excepción en esta accidentada campaña. Los grandes diarios aseguraron que la multitud reunida no dejaba dudas sobre el próximo pronunciamiento electoral. Y realmente, así lo parecía. El 12 de febrero "Crítica" hizo un detenido examen de la situación política en cada provincia y aseguraba —con la salvedad de que en la duda se había optado por criterios desfavorables a la Unión Democrática— que Tamborini-Mosca obtendrían 332 electores sobre 44 de Perón. Todas las conjeturas son válidas en períodos preelectorales. Pero a miles de kilómetros de Buenos Aires, en una oficina de la ciudad de Washington, ese mismo día estaba ocurriendo un hecho que modificaría semejantes profecías y evaluaciones.

IV

Roberto Levillier era un ex diplomático que durante la estadía de Spruille Braden en la Argentina había formado parte del círculo de nativos que rodeaba íntimamente al embajador norteamericano. Después de la partida de Braden (al que agasajó con un banquete de despedida y un profuso discurso) siguió manteniéndose en contacto epistolar con él.

El último día de diciembre de 1945, Levillier escribía a Braden anoticiándole de lo que pasaba en el país. Hablaba, por ejemplo, del decreto sobre aumento de sueldos y aguinaldo, "que de ser llevado a cabo, contra la voluntad del pueblo, provocará la ruina de la industria". Contaba a su amigo que los sectores democráticos estaban acongojados frente a las negras perspectivas que se abrían si llegara a triunfar Perón. Le señalaba que los nazis refugiados en la Argentina podían fabricar la bomba atómica y sugería que se aplicara "una acción unilateral para impedir tan terrible tragedia". Alegaba que no se trataba de un asunto interno argentino sino "de guerra o paz. Para los nazis —agregaba— la Argentina sería tan sólo un trampolín cómodo, bien situado, a utilizar para saltar y retornar un día victoriosamente a Europa".

Ignoramos lo que pudo haber pensado Braden de *estos delirios* [22] pero dado los amigos que tenía en Buenos Aires es lícito pensar que este tipo de juicios y sugestiones no serían raros en las epístolas que recibía desde aquí. De todos modos, algo aprovechable había en la carta de Levillier. El ex diplomático aconsejaba al Secretario Adjunto de Asuntos Latinoamericanos hacer una "amplia investigación en la Argentina y denunciar a todos los militares y funcionarios del gobierno que hubieran estado vinculados a los nazis, en una publicación oficial del Departamento de Estado".

La respuesta de Braden, aunque muy formal, expresaba que compartía el análisis de su corresponsal y sugería que una acción multilateral debería eventualmente considerarse. Pero no debemos inferir a Braden el agravio de suponer que la carta de Levillier le hizo brotar la idea que estallaría como un hongo atómico el 11 de febrero de 1946 en Washington. Seguramente Braden acariciaba esta iniciativa desde el fracaso de la tesis sostenida por el canciller uruguayo Rodríguez Larreta, quien había sugerido en noviembre de 1945 la conveniencia de una acción colectiva "contra los gobiernos del continente que violaron los derechos y libertades básicas del pueblo". La "Doctrina Rodríguez Larreta" fue auspiciada por el gobierno norteamericano con sospechosa premura pero se recibió fríamente por parte de varios países latinoamericanos, entre ellos Brasil y Chile. A principios de diciembre la iniciativa del canciller uruguayo estaba ya muerta y enterrada. Es muy probable que en ese momento Braden buscara un medio menos complejo, más directo, para agredir al régimen de Farrell y a su heredero posible.

Entre diciembre y enero, en ciertos círculos opositores empezó a correr un insólito susurro. Se daba como posible una intervención armada de Estados Unidos en la Argentina, que habría de liquidar rápida y eficazmente el régimen de Farrell y toda posibilidad de su continuación. En la actualidad, semejante versión parece descabellada y en ese tiempo también lo fue: pero no hay que olvidar que hacía sólo seis meses que había terminado la guerra y no parecía absurdo que Truman (que había puesto punto final al conflicto con la masacre de Hiroshima) resolviera concluir con el foco nazi del continente de una manera no menos tajante. Al fin de cuentas, la "Doctrina Rodríguez Larreta" tendía a algo parecido y la carta de Levillier no alude a una mera posibilidad sino que la postula concretamente. Lo que significa que en el ambiente que alimentaba a Braden de noticias desde Buenos Aires, la idea no era tenida por irrealizable. Había mucha gente de la oposición que en enero de 1946 soñaba con un desembarco de gallardos "marines" para salvarnos de las garras nazis... Es sugestivo que *a mediados de enero, Ricardo Rojas* [23], dirigiéndose a un grupo de jóvenes que lo visitaba en su casa, aludiera a las "voces desesperadas que vaticinan que la defensa de nuestras instituciones tendrá que venir de afuera", agregando que "es una verdadera vergüenza la sola insinuación en tal sentido".

Desembarco, no: pero un acto político importante, era lo que Braden estaba dispuesto a producir en relación con la Argentina. A fines de enero ya se filtraban versiones a la prensa asegurando que el Departamento de Estado poseía "documentos irrefutables" que demostraban la connivencia del régimen argentino con el nazismo durante la guerra. El 1º de febrero un portavoz del Departamento de Estado formula un desmentido, que el gobierno de Farrell se apresura a destacar. Pero las versiones crecen día a día y los cables adelantan que las "pruebas irrefutables" serán dadas a publicidad muy pronto. En el gobierno argentino hay cierta ansiedad, pero no surge de los archivos del Ministerio de Relaciones Exteriores que se hayan efectuado gestiones en Washington para evitar el golpe que Braden se aprestaba a asestar. Es de suponer que en los círculos gubernativos norteamericanos se había trabado un breve tira y afloja entre los que querían dar a luz las dichosas pruebas y los que consideraban imprudente hacerlo a tan poca distancia de las elecciones argentinas. Todavía no se han publicado los volúmenes correspondientes a 1945 y 1946 de los documentos del Departamento de Estado: cuando se editen podrá saberse mucho más de lo que ahora se sabe sobre la tramitación de la jugada planeada por Braden. Es posible también que Dean Acheson, superior inmediato de Braden, haya esperado hasta tener una evidencia de que el documento no haría más que agregar un golpe de gracia al agonizante régimen de Farrell y su aspirante a delfín; es sugestivo, en este sentido, que el mamotreto titulado "Consulta entre las repúblicas americanas respecto de la situación argentina" —más conocido como Libro Azul— haya sido entregado oficialmente a los representantes diplomáticos de los países latinoamericanos justamente dos días después del acto de proclamación de Tamborini-Mosca en la Capital Federal, cuya magnitud, en la ponderación de agencias noticiosas y corresponsales extranjeros, parecía un adelanto concluyente y decisivo de la derrota de Perón.

El caso es que al día siguiente de la entrega del Libro Azul por Acheson y Braden a los azorados diplomáticos latinoamericanos, el Departamento de Estado empezó a distribuirlo a los diarios y agencias. El 13 de febrero toda la prensa opositora se abría gozosamente de páginas para recibir la larguísima transmisión cablegráfica. "No es, conforme se verá —avisaba cautelosamente "La Nación" en el copete que inauguraba las tres hojas de nutrida tipografía— un documento de orden común ni aparece inspirado en un propósito contra el país y el pueblo argentino."

Algo semejante diría Laurencena, presidente de la UCR, días más tarde:

—El Libro Azul no sólo no es una injerencia en nuestra política sino que es un gesto amistoso y lleno de consideración *para el pueblo argentino*. . .[24]

Durante dos días se publicaron *los sucesivos capítulos*

del Libro Azul [25], que en total abarcaba casi diez páginas de diario tamaño sábana. Al día siguiente de concluir la publicación, el gobierno emitió un breve comunicado calificándolo de "insólita injerencia" en la política argentina. Luego habló el canciller Cooke —que desde agosto hacía ingentes esfuerzos para demostrar que él, por lo menos, no era nazi— para refutar con generalidades el sentido del texto y prometer rebatirlo prolijamente *en una publicación oficial.*[26]

La Unión Democrática hizo suyas las acusaciones del Libro Azul. Sus dirigentes se apresuraron a agregar su propio capítulo de cargos contra Perón, a los que formulaba el documento oficial norteamericano, y la Junta Interpartidaria emitió una violenta declaración señalando que Farrell tenía la obligación de explicar las acusaciones que pesaban sobre él y que Perón no podría jamás ser presidente porque "se encuentra en absoluta inhabilitación legal y es el representante más típico del nazifascismo en América; significaría un permanente factor de perturbación interna, una bandera de desafío y un peligro de guerra en el continente". Nada menos.

Todo el país estaba al rojo vivo en esta última etapa de la campaña. El sábado 16 los candidatos presidenciales de la Unión Democrática emprendieron su tercera y última gira, para agitar la zona de Cuyo, mientras centenares de actos se llevaban a cabo diariamente, bajo las banderas interpartidarias o de cada partido unionista, a lo largo de todo el territorio y especialmente en la Capital Federal y Buenos Aires. La campaña entraba en sus finales con las mismas características de violencia en que se había desarrollado: el viernes 15 sufrió agresiones un acto radical que se realizaba en Lanús, de cuyas resultas murieron dos jóvenes —uno allí mismo, el otro días después— y cayeron treinta heridos. El lunes 18 un acto organizado por un grupo de "damas democráticas" en un cine del barrio de Belgrano, terminó con sus promotoras sitiadas en un club de las inmediaciones, corridas por elementos nacionalistas. Pero lo más grave ocurrió el martes 19 al mediodía. Regresaba a Plaza Once el "Tren de la Victoria" después de su gira por Cuyo, continuada por la zona central y sur de Buenos Aires. Los candidatos fueron recibidos por un público numeroso y después de desembarcar se alejaron del lugar; entonces ocurrió algo —tal vez una provocación verbal o quizás algo más grave— que hizo perder la serenidad a la policía. Un absurdo tiroteo se desató sobre Plaza Once y los nombres de tres muchachos más —uno afiliado a la UCR, otro al PDP— engrosaron la sangrienta nómina de los caídos por causa de la violencia política.

El lunes a medianoche las autoridades militares se habían hecho cargo de las fuerzas policiales en todo el país. Dos días más tarde, en un ambiente que ya se hacía insoportable por la tensión de los dos bandos en pugna, jinetes del Regimiento de Granaderos a Caballo General San Martín empezaron a patrullar las calles de la Capital Federal. Su presencia —aplaudida por todos— trajo cierta tranquilidad en los ánimos y los dos últimos días de la campaña no fueron manchados por los violentos sucesos de las pasadas jornadas.

Ya se estaba en los finales de la lucha. El jueves 21 los candidatos democráticos afrontaron la proclamación en Avellaneda en un acto protegido por un espectacular dispositivo de seguridad, con nidos de ametralladoras en las bocacalles y piquetes de conscriptos custodiando las inmediaciones. Al día siguiente, la UCR clausuró su campaña con un entusiasta acto en el Luna Park, adonde llegaron Tamborini y Mosca después de haber cerrado la actividad preelectoral en La Plata. Esa jornada final pareció, al menos en la Capital Federal, totalmente conquistada para la Unión Democrática: mientras los radicales llenaban el Luna Park, los comunistas y demócratas progresistas proclamaban la lista de la Unidad y Resistencia en Plaza Once y a su vez los socialistas consagraban a sus candidatos frente a la Casa del Pueblo. Esa misma tarde, una lluvia de volantes, octavillas y papel picado cayó desde muchos edificios del centro porteño, como una expresión final de la propaganda democrática. "A diferencia de la otra nieve, que enfría las manos y la nariz

—poetizó 'La Nación'— esta nieve de impresos era de las que hacen arder el corazón."

Empezaba ahora el día neutro que instaura la ley electoral antes de la jornada comicial. Centenares de veraneantes llegaban a la Capital Federal desde Mar del Plata y otros lugares de descanso, para cumplir con sus deberes cívicos. Los diarios independientes no disimulaban su absoluta certeza en el triunfo de la Unión Democrática. Representantes de la prensa de todo el mundo habían arribado al país para asistir al curioso espectáculo de un gobierno tildado de nazifascista presidiendo elecciones que, se había prometido, serían las más correctas de su historia. *El comandante electoral* [27] se había dirigido por radio a todo el país para reiterar que el libre veredicto de las urnas sería religiosamente respetado por las Fuerzas Armadas.

Después de la agotadora campaña, se abría ahora la jornada decisiva. Los dirigentes democráticos podían sentirse satisfechos. Más no hubiera podido hacerse, dentro de las circunstancias de tiempo y en las condiciones políticas que formaban el contexto de esa lucha. Desde el punto de vista de la técnica electoral, la movilización lograda por la Unión Democrática en poco más de dos meses era una auténtica hazaña.

Y sin embargo, la Unión Democrática llegaba a la víspera de los comicios con una grave falla: para grandes sectores de los argentinos no era más que un supremo esfuerzo tendiente a retrotraer al país a lo que había sido antes de 1943. El tipo de personalidades que la dirigían, sus candidatos, el tono general de la campaña y sus apoyos más o menos clandestinos, más o menos sospechados, todo había contribuido a presentarla como algo regresivo, anacrónico, pasatista.

Es cierto que había un contenido reaccionario y una suma tilinguería dentro de la Unión Democrática, que por momentos constituyeron sus características más salientes. No faltaron hombres que en su seno se angustiaban al advertir que estas excrecencias desbordaban la limpia intención reconstructora que también existía dentro del complejo conglomerado. Pero era muy difícil evitarlo porque la desdicha mayor de la Unión Democrática fue que no pudo controlar los hechos que redondearían gradualmente su imagen. Fatalidades sucesivas la fueron condicionando. La rebelión de los patrones, por ejemplo, el fallo de la Corte, el Libro Azul, se habían originado en esferas ajenas a su entidad (sin perjuicio de que existieran contactos personales entre algunos dirigentes democráticos y quienes produjeron esos hechos o que, en algunos casos, unos y otros fueran los mismos) sin contar con torpezas incalificables como el famoso cheque de la Unión Industrial, del que ya se hablará. Aunque la Unión Democrática no había producido directamente esos hechos, tuvo que asumirlos y eso le sería fatal. Cada una de estas ocurrencias ratificó para muchos argentinos la convicción de que la conjunción interpartidaria no era más que un siniestro instrumento al servicio del capitalismo más crudo y el imperialismo más voraz...

No era así, por supuesto. Pero objetivamente, en la opción planteada al país, la Unión Democrática era el pasado. Y si sus dirigentes no supieron superar las desgracias que recayeron sobre ella, fue porque, para su mentalidad, ninguno de esos hechos eran negativos. Ellos estaban convencidos de que los trabajadores odiaban el aguinaldo y que el país había recibido con alivio el Libro Azul... Y esto ocurría porque la mayoría de los dirigentes democráticos construyeron para su propio uso un país que no era el real. En lugar de intentar comprenderlo, rechazaban este país que no era el que ellos habían gobernado o cogobernado hasta el año 1943.

Por eso, a un cuarto de siglo, los dirigentes democráticos del 46 —muchos de ellos hombres dignos y sinceramente patriotas— nos parecen como el legendario Rip van Winkls, moviéndose como espectros en una realidad que les resultaba ininteligible, después de su largo sueño.

Después de 1946 se hizo habitual *vituperar a la Unión Democrática* [28] desde los mismos sectores que la habían formado. Pero muchas de las críticas que se le formularon re trospectivamente fueron injustas. La Unión Democrática no fue una cosa simple, y enjuiciarla con simpleza es un error. No era, por supuesto, la caterva de chupasangres y vendepatrias que describía la panfletaria literatura peronista ni tampoco, es obvio, la pléyade de héroes civiles depositaria de los mejores valores del país —como se autocalificaba—. Es cierto que la Unión Democrática fue el último esfuerzo del liberalismo tradicional para enquiciar al país en las formas políticas y económicas anteriores a 1943. Pero también era un intento para evitar el acceso al poder de un hombre que aparentemente no se sentía limitado por las normas que rigen en una democracia común.

Muchos de los que integraban la conjunción interpartidaria no condenaban íntimamente la política social de Perón y miraban con simpatía su postura nacionalista; no les asustaba la profunda renovación de métodos y formas que su presencia había aparejado en el escenario nacional. Pero desconfiaban de su verbalismo revolucionario y su demagogia. Esta actitud mental, mucho más comprensiva del fenómeno peronista, no pudo prevalecer. Las fuerzas que operaban dentro de la Unión Democrática con sentido más regresivo terminaron por imponerle un tono cargado de anacronismo y superficialidad. Por eso, para los sectores populares ganados por la propaganda peronista, la Unión Democrática aparecía como una banda de ridículos personajes al servicio del capitalismo, de Braden y la oligarquía. Las piedras que se arrojaban sobre el "Tren de la Victoria" eran expresiones de una indignación popular perfectamente justificada para sus agresores.

Del mismo modo, muchos argentinos que militaban en la Unión Democrática juraban que Perón era un títere de los criminales nazis escondidos en el país y que cada peronista no era más que un delincuente pagado para vociferar por "el candidato imposible". Había una incomunicación total y una incomprensión absoluta entre los dos bandos en que se había dividido el país. Un odio recíproco y sin atenuantes. El final lógico de ese estado de cosas era la guerra civil. Si no estalló fue porque la campaña electoral no fue larga y, sobre todo, porque cada frente en pugna tenía la seguridad de triunfar en las elecciones.

Así se había llegado al 24 de febrero de 1946.

Mediados de enero de 1946. Un comité radical en Lanús Oeste: pieza a la calle, paredes chorreadas de cal, algunas láminas de los próceres partidarios, la familiar fealdad de todos los comités. Yo, fiscal del Movimiento de Intransigencia y Renovación en las elecciones internas del partido. Nos han reunido a todos los fiscales en Avellaneda, el día anterior.

—No hay que moverse de las mesas para nada. Estos boattistas son muy pícaros y en cuanto vean que los fiscales intransigentes se levanten un minuto, nos vuelcan los padrones... Hay que controlar bien los documentos de los afiliados, firmar todos los sobres, puntear el padrón, mirar bien el cuarto oscuro. Hay que estar a las siete y media de la mañana en sus puestos y quedarse hasta que se cierre la elección. Al mediodía les llevarán una vianda y si hay remplazantes se los relevará. Ojo con el escrutinio, no se dejen embarullar. Cuando terminen, se vienen con las actas al comité central. Si todos los intransigentes cumplen con su deber, Juan Prat será candidato a gobernador por la UCR y Crisólogo Larralde candidato a vicegobernador. Y entonces no hay Perón que valga en Buenos Aires. ¡En febrero ganamos las elecciones nacionales de punta a punta en la provincia!

Los boattistas, después de todo, no parecen ser tan mala gente. Son dueños del comité pero me tratan amablemente. Yo no me muevo de la mesa en toda la mañana y sigo firme, controlando los documentos de los votantes, firmando los sobres, entrando al cuarto oscuro a intervalos para comprobar que nuestras boletas no han sido sustraídas. Vienen a votar tipos extrañísimos, casi todos en pijama y con rancho. Saludan al caudillo boattista, votan y se van. El caudillo me mira con simpatía (o con lástima) y a veces me dice:

—¿Está cansado, joven? ¿No gusta un matecito? ¿Un cafecito?

No se habla para nada de política: los usos radicales vedan hablar de política cuando hay elecciones internas.

Al mediodía las tripas me rugen de hambre y desfallezco por ir al baño. No viene el relevo ni llega la vianda. Los dueños del comité me invitan a pasar para comer tallarines. Yo, gimiendo por dentro, declino el ofrecimiento. Se compadecen y me hacen servir en la mesa donde está la urna, un enorme plato de tallarines con tuco y una botella de cerveza helada.

Hace un calor infernal. Yo, que empecé correctamente vestido de saco y corbata, ahora estoy despechugado, sudando como un caballo. Los tallarines boattistas y la cerveza me han liquidado. Me siento mal. A las seis se cierra el comicio, se hace el recuento de votos y después el escrutinio. En mi mesa, al menos, a Prat y a Larralde les ha ido como el culo.

Vuelvo al comité central. Sueño con darme una larga ducha fría en mi casa y después acostarme. Pero ocurre que, milagrosamente, Prat y Larralde están triunfando en toda la provincia, según informan. Yo entrego tímidamente mi acta, como si tuviera la culpa de la derrota intransigente en Lanús Oeste. La jornada termina a la madrugada siguiente, con mucha cerveza y grandes cantidades de sándwiches de mortadela y abrazos con los amigos y una alegría tremenda porque, después de todo, Prat será el candidato a gobernador de la UCR y Larralde el candidato a vicegobernador ¡y en febrero no hay Perón que valga en la provincia porque ganaremos la nacional de punta a punta!

NOTAS AL CAPÍTULO IV

[1] *Por los amigos de Perón.* Después de las jornadas de octubre el gobierno se integró en la siguiente forma: vicepresidente de la Nación: general Juan I. Pistarini; ministro del Interior, coronel (R.) Bartolomé Descalzo; Relaciones Exteriores, doctor Juan I. Cooke; Justicia e Instrucción Pública, doctor José M. Astigueta; Hacienda, coronel Amaro Ávalos; Agricultura, ingeniero Pedro S. Marotta; Guerra, general Humberto Sosa Molina; Marina, almirante Abelardo Pantín; secretario de Aeronáutica, comodoro Edmundo Sustaita (en noviembre se lo rem-

plazó por el brigadier Bartolomé de la Colina) ; secretario de Trabajo
y Previsión, coronel Domingo A. Mercante. Las intervenciones federales
estaban desempeñadas por: general Ramón Albariños (Buenos Aires) ;
doctor Juan M. Varela (Catamarca), sustituido en noviembre por el
doctor Emilio Escobar; doctor Hugo Oderigo (Córdoba) ; doctor Ernesto F. Bavio (Corrientes) ; doctor Eduardo Franchelli López (Entre Ríos),
en remplazo del general Humberto Sosa Molina; doctor César Méndez
Chavarría (Jujuy) ; doctor Rafael Ocampo Giménez (La Rioja) ; general Aristóbulo Vargas Belmonte (Mendoza) ; doctor Arturo S. Fassio
(Salta), sustituido en noviembre por el coronel Ángel Escalada; Emilio
Cipoletti (San Juan) ; Abelardo Álvarez Prado (San Luis) ; Oscar A.
Aldrey (Santa Fe) ; Alberto Sáa (Santiago del Estero) ; almirante Enrique B. García (Tucumán).

[2] *El nuevo ministro del Interior.* El coronel (R.) Bartolomé Descalzo,
presidente del Instituto Sanmartiniano. Poco después de asumir su
cargo, declaró que "el Ministerio (del Interior) no puede ser un comité.
A mí me han encargado dirigir la política interna del país sin que
haya candidato oficial alguno. No he venido aquí a prestigiar a ninguna persona".

[3] *Un general en actividad.* El general Felipe Urdapilleta.

[4] *Dirigentes intransigentes de todo el país.* Días antes se habían
unificado en diversos distritos algunos núcleos que en años anteriores
sostuvieron posiciones antialvearistas. A la reunión de Rosario concu-
rrieron, entre otros, Amadeo Sabattini, Roque Coulin, Francisco Ratto,
Julio Correa, Arturo Frondizi, Atilio Cattáneo, Oscar López Serrot,
Héctor Bergalli, Héctor Dasso, Crisólogo Larralde, Moisés Lebensohn,
Emir Mercader, Alberto M. Candioti, Oscar Alende, César Coronel, Juan
O. Gauna, César Barros Hurtado, Raúl Rabanaque Caballero, Aristó-
bulo Aráoz de Lamadrid, Roque Raúl Aragón, Celestino Gelsi, Eudoro
Vargas Gómez, Justo P. Villar, Arturo Illia, Ataúlfo Pérez Aznar, Mario
Bernasconi, Francisco Rabanal y Cándido Quirós. Adhirieron a la
declaración posteriormente, Ricardo Rojas, Adolfo Güemes, Elpidio
González, Ernesto Giuffra, Jacinto Fernández, Jorge Farías Gómez,
Miguel Campero, Federico Monjardín, José Benjamín Ábalos y otros.
La declaración intransigente de Rosario reclamaba la unidad radical
dentro de los principios radicales, condenaba el colaboracionismo con
el oficialismo y postulaba la inmediata reorganización de la UCR de
acuerdo con su carta orgánica, con voto directo, representación de minorías, régimen de asambleas de afiliados y exigencia de dos tercios para
las reelecciones. Expresaba también que el Movimiento de Intransigencia
y Renovación procuraba la reconstrucción de la UCR para afrontar la
restauración de la normalidad a fin de asegurar el imperio de medidas de
justicia social y económica. El documento, redactado por Frondizi, puede
leerse íntegramente en la revista "Raíz" (Nº 2, octubre de 1946).

[5] *Argentinos residentes en Nueva York.* Entre ellos Alberto Casella, Alfredo Sordelli, Raúl Migone, Gregorio Bermann, Adolfo Dorfman, Marcelo Aberastury, Isidro J. Ódena, Sergio Bagú.

[6] *Representantes del sector intransigente.* Sentaron su posición disconforme en representación de la intransigencia radical, Héctor Ratto y Roque Coulin. Este último, prestigioso dirigente santafecino y motor del movimiento, falleció repentinamente al día siguiente. La resolución de la Mesa Directiva determinaba, en su artículo 1º, "realizar la unión de las fuerzas democráticas argentinas con los partidos políticos Socialista, Demócrata Progresista y Comunista... al solo efecto de proseguir la lucha contra el actual gobierno *de facto,* impedir el continuismo de la dictadura y restablecer en el país la plena normalidad constitucional". El texto íntegro de la resolución y sus fundamentos, en "Resoluciones fundamentales..."

[7] *Junta Interpartidaria.* Estaba integrada por Carlos Cisneros y David Michel Torino (UCR); Silvio Ruggieri y Juan Antonio Solari (PS); Juan José Díaz Arana y Santiago Giorgi (PDP); Gerónimo Arnedo Álvarez y Rodolfo Ghioldi (PC).

[8] *Jefe de Policía.* El coronel Filomeno Velasco, después gobernador de Corrientes durante la primera presidencia de Perón.

[9] *Oradores.* Néstor Grancelli Chá, por la juventud; José Peter, por el PC; Enrique M. Mosca, por la UCR; Gerónimo Arnedo Álvarez, por el PC; Alicia Moreau de Justo, por el PS; Alberto Gerchunoff, por los intelectuales; Alfredo Palacios, de nuevo por el PS; J. J. Díaz Arana, por el PDP y, finalmente, Tamborini. Es de señalar que en su discurso Tamborini hizo un alegato por la industrialización, afirmando que la Argentina ya no podía ser más un país de economía agropecuaria.

[10] *El decano, peronista.* El doctor Ramón Carrillo, que posteriormente fue secretario de Salud Pública durante el gobierno peronista.

[11] *...que se haya reunido nunca en el país.* De *Historia viva de la legislación del trabajo,* por Hugo L. Sylvester (Ed. Asociación Obrera Minera Argentina, Bs. As., 1968), que estudia documentalmente este movimiento de resistencia.

[12] *...con sus personales.* Idem.

[13] *Convención Nacional de la UCR.* La presidió Mario M. Guido.

[13 bis] *Ni ellos estaban dispuestos a aceptar.* En los primeros días de diciembre se habían entrevistado Tamborini y Sabattini. El primero, virtual candidato a presidente de la Unión Democrática, ofreció al

dirigente cordobés integrar la fórmula como candidato a vicepresidente, ofrecimiento que Sabattini declinó. En realidad, la oferta formulada por Tamborini era un gesto puramente formal, destinado a comprometer la lealtad del jefe de la intransigencia con la Unión Democrática. (Declaración al autor de Guillermo D'Andrea Mohr, secretario privado de Tamborini en ese momento.)

[14] *Comité Nacional de la UCR.* Lo presidió Eduardo Laurencena.

[15] *Pertenecido al antipersonalismo.* Tamborini, siendo diputado, protagonizó ásperas incidencias con el sector yrigoyenista, al que calificó de "genuflexo", nombre que tuvo tanta vigencia política como el de "contubernistas" con que se les retrucó cuando la fórmula Melo-Gallo recogió el apoyo de las fuerzas antirradicales en 1928; fue también ministro del Interior del presidente Alvear. Mosca dirigió el antipersonalismo de Santa Fe, su provincia. Guido marcó, al ser elegido presidente de la Cámara de Diputados en 1924, la división formal entre yrigoyenistas y antipersonalistas, al ser apoyado por los sectores antirradicales en una prefiguración del "Frente Único" de 1928 y se reincorporó a la UCR en 1931. Laurencena era gobernador de Entre Ríos al producirse la revolución de 1930 y estaba enfrentado a Yrigoyen; su gobierno fue uno de los dos que la dictadura de Uriburu no intervino; se reincorporó a la UCR en 1935, a instancias de Alvear, cuando las fracciones de origen radical se unificaron en Entre Ríos alrededor de la candidatura de Tibiletti.

[16] *Presidente del Jockey Club de La Plata.* Uberto Vignart, que siendo diputado conservador, en 1937, se jactó en pleno Congreso de ser "el diputado más fraudulento del país".

[17] *Intentó defenderse.* En el libro *Verdad y Justicia,* por Ramón A. Albariños (Buenos Aires, 1947). Al producirse el episodio, Albariños publicó un comunicado afirmando que el propósito de la querella iniciada contra él era "promover escándalo en torno a un acto administrativo regular y legítimo, siguiendo un plan sistematizado de difamación en contra de las autoridades nacionales y provinciales". La querella —iniciada por el doctor Enrique Broquen en representación de la organización Patria Libre—, se fundaba en la publicación efectuada por el periódico "Renovación", de la Federación Universitaria de La Plata y planteaba una cruel disyuntiva: si la donación del Jockey Club era para Albariños personalmente, ¿por qué causa se hacía? Si era para la provincia, ¿por qué se depositaba en la cuenta corriente de Albariños y por qué no se establecía la causa de la donación?

[18] *Comandante electoral de Buenos Aires.* El vicealmirante José Zuloaga.

[19] *De su personal confianza.* Arturo Sáinz Kelly, pariente de Farrell, que había sido ya designado Interventor Federal en la provincia de Buenos Aires con posterioridad al 17 de octubre, debiendo renunciar por desinteligencias con el entonces ministro Descalzo.

[20] *A varios diarios argentinos.* "El Pampero", "Ahora", el diario católico "El Pueblo" —al cual no se lo había anteriormente incluido en la *lista negra* por consideración a la jerarquía eclesiástica, aclaró el encargado de negocios de Estados Unidos—, "Deutsche La Plata Zeitung", "Cabildo", "Momento Argentino" y otros de menor importancia. También establecía el apoyo prestado por los servicios nazis a Manuel Fresco, ex gobernador conservador de Buenos Aires, para montar un diario que defendiera la política neutralista de Castillo.

[21] *El secretario de Trabajo y Previsión.* El capitán Héctor Russo, designado después de la renuncia de Mercante. Es de señalar que el mismo día que apareció el pronunciamiento de la Corte Suprema, un fiscal de la Cámara Comercial de la Capital Federal dictaminó la inconstitucionalidad de los tribunales de trabajo creados por el gobierno *de facto.*

[22] *Estos delirios.* La carta de Roberto Levillier a Spruille Braden se publicó en "Noticias Gráficas" del 2 de agosto de 1949, al igual que su contestación

[23] *A mediados de enero, Ricardo Rojas.* Sus declaraciones se publicaron en "Noticias Gráficas" del 18 de enero de 1946.

[24] *Para el pueblo argentino.* Fundaba Laurencena su aserto en que el gobierno norteamericano, al publicar el Libro Azul, había advertido al pueblo argentino sobre la calaña de sus gobernantes actuales y los que aspiraban a serlo en el futuro; y que lo inamistoso hubiera sido ocultar esas verdades, poseyéndolas. Era curiosa la dualidad del criterio utilizado por Laurencena, que muchos opositores repitieron: cuando el Episcopado Argentino, en uso de un derecho pastoral indiscutible, emitió en noviembre de 1945 un documento recordando a los católicos sus deberes cívicos (como se verá más adelante), todos los sectores liberales clamaron contra la supuesta injerencia de la Iglesia en la política. El Departamento de Estado, en cambio, podía descargar un documento como el Libro Azul, a días de las elecciones, sin que eso fuera injerencia... Al contrario, era un "acto amistoso y lleno de consideración" hacia nuestro país...

[25] *Sucesivos capítulos del Libro Azul.* La publicación del Departamento de Estado estaba contenida en un volumen de 131 páginas con tapas de color azul, titulado "Consultas entre las repúblicas americanas respecto a la situación argentina". Señalaba, al comienzo, que el 3

de octubre de 1945 el Departamento de Estado dio comienzo a consultas con las repúblicas americanas sobre la situación argentina; todos los países convinieron en participar en ellas y entretanto el gobierno de Estados Unidos hizo una prolija evaluación de las informaciones que habían llegado a su poder, en relación con la Argentina, de la documentación encontrada en los países del Eje después de su derrota. Las informaciones recabadas permitían afirmar los siguientes puntos: 1º Miembros del gobierno militar argentino colaboraron con agentes del Eje en tareas de espionaje y en la concreción de propósitos perjudiciales al esfuerzo de las naciones aliadas; 2º Dirigentes nazis, actuando a través de diversos grupos y organizaciones, colaboraron con grupos totalitarios argentinos, con el propósito de crear un Estado nazifascista; 3º Miembros del gobierno militar surgido en junio de 1943 han conspirado para socavar a gobiernos vecinos con el propósito de deteriorar su ayuda a las naciones aliadas; 4º Los sucesivos gobiernos argentinos han dado protección al Eje en asuntos económicos, con el propósito de salvaguardar la potencialidad industrial y comercial del Eje en la Argentina; 5º Los sucesivos gobiernos argentinos conspiraron con el enemigo para adquirir armas alemanas. Además —continúa la parte preliminar del Libro Azul— los gobiernos argentinos, de Castillo en adelante, observaron una política positiva de ayuda al Eje; han violado sus promesas de colaboración con las repúblicas americanas; han intentado minar el sistema interamericano; han intentado, en colaboración con grupos nazis, crear un Estado totalitario en el hemisferio americano, "objeto que ha sido cumplido en parte"; han recurrido al engaño y la duplicidad en sus relaciones con el resto de América.

Luego el documento desarrollaba cada uno de esos temas, trascribiendo documentos originados en la embajada alemana en Buenos Aires y otros informes. En diversos capítulos acusaba a los dirigentes del gobierno de Castillo y su sucesor *de facto*, de ser cómplices del nazismo. Acusaba a Ramírez, Farrell, Perón y dirigentes del GOU, de realizar reuniones con Paz Estenssoro y Belmonte Pabón, en Bolivia, para derrocar el régimen constitucional del país vecino. Se señalaba que no se controlaron las firmas y fondos de las empresas de propiedad alemana y se analizaba la política interna del gobierno *de facto*.

Una larga lista de nombres, señalados por la publicación oficial con distintos grados de responsabilidad, aparecía a lo largo del nutrido texto, entre ellos los de casi todos los militares dirigentes del GOU o con responsabilidad gubernativa en el gobierno *de facto*, como Oscar Ibarra García, Alberto Uriburu, León Scasso, Carlos Ibarguren, Basilio Pertiné, Manuel Fresco, Homero Guglielmini, Gregorio Aráoz Alfaro, Ramón G. Loyarte, Guillermo Zorraquín, Horacio Pueyrredón, Floro Lavalle, José Mella Alfageme, Alejandro von der Becke, etcétera. También eran acusados los diarios "Cabildo", "Choque", "Clarinada", "Crisol", "Cruz del Sur", "La Fronda", "Momento Argentino", "El Pampero", "El Pueblo" y otros como subvencionados en su momento por la embajada alemana; y "Democracia", "La Época" y "Tribuna" como subvencionados por el gobierno *de facto*. Se refería, en capítulos especiales, a los empresarios alemanes Ludwig Freude y Richard Staudt.

Los últimos capítulos del Libro Azul se destinaban a un minucioso análisis del régimen argentino, el trato a los opositores, las restricciones a la prensa, la actuación de la Secretaría de Trabajo y Previsión en relación con los sindicatos. Entre otras cosas decía el documento del Departamento de Estado: "El ejemplo más espectacular de los métodos de fuerza (empleados por la Secretaría de Trabajo y Previsión) se produjo el 17 de Octubre de 1945 cuando la Confederación General del Trabajo, con ayuda de la policía, impuso en toda la Nación la huelga general de apoyo a Perón. Los trabajadores se hallaron aterrorizados y se cerraron los negocios por la intimidación a mano armada. Las fábricas fueron asaltadas mientras la policía protegía a los manifestantes. Los testimonios sobre este asunto son abrumadores." A continuación se formulaban análisis de tono similar sobre la situación universitaria y educacional en la Argentina, las restricciones a la prensa opositora y los planes de reequipamiento militar encarados por el gobierno *de facto*.

El Libro Azul terminaba con un breve párrafo destacando que "el gobierno de Estados Unidos espera recibir de los gobiernos de las demás repúblicas americanas sus opiniones basadas en estas premisas".

En días posteriores, los diarios publicaron numerosas "solicitadas" de personas aludidas por el Libro Azul, entre ellos Luis A. Polledo Arturo Rawson, Mario Amadeo, Urbano de Iriondo, Alberto Uriburu, H. H. Pueyrredón, H. A. Pueyrredón, Alejandro von der Becke, Basilio Pertiné, Antonio M. Delfino, A. M. Delfino y Cía. S. A., Francisco Filippi, Servando Santillana, Enrique Ruiz Guiñazú, Oscar Ibarra García, Ramón A. y Norberto G. Loyarte (en defensa de su padre, fallecido dos años antes), Compañía General de Construcciones (en defensa de sus presidentes Ludovico Freude y Rodolfo Rosauer), Justo Bergadá Mugica, Ricardo W. Staudt, etcétera.

[26] *En una publicación oficial.* Fue el libro titulado *La República Argentina ante el Libro Azul* (Ed. Ministerio de Relaciones Exteriores y Culto, Bs. As., marzo de 1946).

[27] *El comandante electoral.* El general de Ejército Carlos von der Becke, al que estaban subordinados los siguientes jefes: general de división Diego I. Mason (Capital Federal); vicealmirante José S. Zuloaga (Buenos Aires); general de brigada Raúl A. González (Corrientes); general de brigada Ambrosio Vago (Córdoba); general de brigada Estanislao López (Tucumán); general de brigada Víctor Majó (Mendoza); comodoro Roberto E. Bonel (San Luis); general de brigada Ernesto Florit (Santiago del Estero); general de brigada Pedro Abadíe Acuña (Salta); general de brigada Carlos Kelso (San Juan); general de brigada Pablo Dávila (Santa Fe); coronel Julio B. Montoya (Catamarca); coronel Emilio T. Olsen (La Rioja); coronel Guillermo C.

Genta (Jujuy). Ver *Las Fuerzas Armadas restituyen la soberanía popular* (Ed. Presidencia de la Nación, mayo de 1946).

[28] *Vituperar a la Unión Democrática.* Ver, entre otros, *Tres revoluciones* (Ed. Perrot, Bs. As., 1959), con la versión taquigráfica de mesas redondas realizadas en la Facultad de Derecho de Buenos Aires; y la versión taquigráfica de otras reuniones similares realizadas en el mismo instituto, dirigidas por Carlos S. Fayt, en *La naturaleza del peronismo* (Ed. Viracocha, Buenos Aires, 1967).

EL PERONISMO
(noviembre 1945-febrero 1946)

I

Pasada la medianoche del 17 de Octubre, Perón y su compañera se alejaban de Buenos Aires buscando unos días de descanso en San Nicolás, en la finca de Román Subiza. El hombre que 24 horas antes era un mero detenido, llevado de Martín García a Buenos Aires como un molesto paquete, ahora era un triunfador, ungido por la multitud en una dimensión nunca vista anteriormente en el país...

Desde agosto había estado asestando palos de ciego, incapaz de encontrar una salida a sus ambiciones políticas; después de su caída había dado por clausurada su carrera y su única aspiración era casarse y escribir sus memorias. El día mismo del alud había estado vacilante y retraído. Ahora, la irrupción popular abría por sí sola el camino de la consagración electoral y el juego quedaba limpiamente abierto para él. Acaso ese vuelco del destino era el toque de la fortuna que —según Maquiavelo— es, con la "virtú", la condición del éxito del político.

Pocos días estuvo la pareja afuera. El 22 de octubre se encontraban de regreso en Buenos Aires y al día siguiente Perón daba un paso que algunos de sus amigos consideraban riesgoso para su carrera: el casamiento con María Eva Duarte. Estaba decidido a hacerlo de tiempo atrás y sólo aguardaba su retiro para unirse legalmente a ella sin tener que pasar por las reglamentarias instancias castrenses. Fue una ceremonia casi clandestina. El escribano a cargo del Registro Civil de Junín vino a Buenos Aires con el libro correspondiente y en el departamento de la calle Posadas, donde vivían juntos desde mediados de 1944 se realizó rápidamente el acto, en presencia de Mercante, Juan Duarte y algún otro testigo íntimo. El casamiento religioso se realizaría un par de meses después. El acto no trascendió en ese momento ni tuvo resonancia periodística. Sin embargo, dentro del proceso peronista tenía una extrema importancia porque certificaba la defunción de la actriz María Eva Duarte y el nacimiento de una mujer llamada Eva Perón.

Después la pareja se instaló en la quinta que tenía Perón en San Vicente, alternando su estadía allí con escapadas al departamento de Posadas. En ambos lugares Perón atendía a su gente. Le esperaba una tarea muy dura. Aunque ya era incontrovertible el apoyo popular de que disponía, no contaba con ningún instrumento político para hacerlo efectivo y la inorganicidad de sus huestes era total. Había que empezar a inventar, desde el nombre en adelante, las fuerzas que llevarían a cabo la acción electoral. Perón contaba con el apoyo de amplios segmentos de la clase obrera y también con la amistad del gobierno. Pero entre estas dos bases de lanzamiento no existía nada y ese vacío debía ser llenado con urgencia. Peor que nada, porque sus seguidores provenían de vertientes ideológicas y sociales tan distintas, que era utópico pretender unificarlos. Con buen criterio Perón dejó que cada sector se fuera organizando según sus medios y posibilidades, reservándose un papel de árbitro final en las pujas que inevitablemente habrían de sobrevenir.

En dos locales muy diferentes empezaron, inmediatamente después de las jornadas de octubre, las tareas de organización del peronismo. En el City Hotel, convocados por Quijano, los radicales ya definitivamente escindidos del partido constituyeron una Junta Reorganizadora de la UCR *con dos delegados por cada distrito*.[1] La primera idea de los "colaboracionistas" —copar la UCR y volcarla al apoyo de Perón— ya había sido abandonada, vista la dura actitud antiperonista de las autoridades radicales. El gobierno de

Farrell tampoco se prestaba al gigantesco fraude que suponía despojar a la UCR de su nombre, su personería y sus bienes, en beneficio de la minoría disidente. Sólo restaba entonces organizar un radicalismo paralelo y formar una estructura dirigente en todo el país con los caporales que se pudieran atraer. No ignoraban Quijano y sus amigos que el radicalismo era antiperonista en su mayoría y que los dirigentes del nuevo partido pertenecerían, en general, a la tercera línea. Pero también sabían que a través de la UCR Junta Reorganizadora podía canalizarse el eventual sentimiento peronista de la clase media; y además eran ellos, con su experiencia comiteril de muchas décadas, los únicos que dentro del movimiento administraban el "know how" político, la técnica del reclutamiento y de las mañas electorales indispensables para llegar al comicio.

El 29 de octubre los radicales de Quijano pasaron su prueba de fuego en un acto público realizado en el Salón Augusteo. Este tradicional local era la sede de los prudentes: quienes no se animaban a afrontar la enormidad del Luna Park recalaban en el Augusteo, mucho más pequeño, más íntimo y céntrico que el gran estadio. El acto fue un éxito: el público llenó la sala y desbordó a la calle y aunque había muchos curiosos, impacientes por ver las caras de los "colaboracionistas", fue indudable el fervor de la concurrencia, que vibró con las reiteradas invocaciones a Yrigoyen, los denuestos contra el alvearismo del Comité Nacional de la UCR y las apelaciones al nombre de Perón. Hablaron César Guillot, Tanco —acaso el único dirigente con real prestigio popular del nuevo partido—, Colom, Massaferro y, en último término, Quijano, que hizo planeos siderales en su decimonónica oratoria.

De ahí en adelante, la UCR Junta Reorganizadora (poco después la entidad se denominó Junta Renovadora y así terminó por llamarse) empezó activamente su tarea en la Capital Federal y en las provincias, no sin que trascendieran los forcejeos de sus dirigentes por salir adelante en los recién inaugurados cuadros: ¡radicales al fin! El 23 de noviembre ya estaban los radicales renovadores en condiciones de pasar la prueba del Luna Park. El acto fue una demostración de fuerza que sorprendió a los mismos opositores. Bajo retratos de San Martín, Yrigoyen y Perón, los oradores reiteraron su entronque con el radicalismo tradicional y Antille y Quijano proclamaron de hecho la candidatura de Perón a la presidencia. A la salida hubo manifestaciones, antorchas, corridas amistosas por parte de la policía y un pequeño "pogrom" en el barrio Once, por cuenta de los activistas del nacionalismo.

Pero en otro lugar de la ciudad, paralelamente a esto, empezaba a organizarse otra fuerza de signo peronista con características novedosas dentro de la tradicional política del país. En un taller de escultor del pasaje Seaver —en el corazón del barrio norte— se reunieron, también al filo de las jornadas de octubre, los dirigentes sindicales peronistas y el 24 de octubre se fundó allí el Partido Laborista, designándose *una mesa directiva provisional* [2] que redactó una declaración de principios aprobada por doscientos asambleístas tres días después. El 10 de noviembre se eligió el *comité directivo* [3], se aprobó la carta orgánica y la plataforma electoral: una semana más tarde el flamante partido instalaba su sede central en la calle Cerrito al 300, sobre la avenida Nueve de Julio. "Una Nueva Conciencia en Marcha", rezaba el lema partidario pegado en anchos carteles que lucían un logotipo con las iniciales de la nueva agrupación, entrelazadas de una manera demasiado parecida a la del socialismo. La gente se reía de los triciclos pedaleados por fatigados activistas bajo el ardiente sol de noviembre, que paseaban por las calles el emblema y el "slogan" laborista. Pero era realmente la expresión de una nueva conciencia: la del poder de las masas afirmada en las jornadas de octubre, que ahora tendía a encauzarse a través de un canal cívico diferente a todos.

Pues el Partido Laborista tenía una esencia puramente sindical y su aparato consistía en las organizaciones gremiales adictas a Perón. Su Carta Orgánica lo definía como "una agrupación de trabajadores de las ciudades y el campo que tiene por finalidad luchar en el terreno político por la emancipación económica de la clase laboriosa del país". Estaba integrada por sindicatos, agrupaciones gremiales y afiliados individuales y su Declaración de Principios abundaba en una concepción cerradamente clasista, con un vocabulario que tomaba anchos préstamos *del lenguaje marxista*.[4] Era una experiencia revolucionaria: el fruto político de octubre, el intento del nuevo proletariado argentino para llegar al poder por su propia gravitación. No es de extrañar, entonces, que las inauguraciones laboristas tuvieran un inédito fervor.

Recuerda Gay [5] que los activistas "llegaban a la Capital muchas veces sin más recursos económicos que los propios a los que habían reunido algunos partidarios, cuando no lo hacían aprovechando el cumplimiento de una misión sindical, en muchos casos encomendada ex profeso para facilitar el cumplimiento de la labor política. Luego volvían a su pueblo o provincia y cubrían grandes distancias para cumplir los deberes señalados, siempre afrontando la misma dificultad y por ello utilizando los medios de locomoción más variados. A lomo de mula en el norte, viajando con el maquinista, cuando los delegados eran *fraternales* como Nerio Rodríguez, el prestigioso militante tucumano que pertenecía a La Fraternidad Ferroviaria; en camiones o autos que facilitaban quienes dejaban de atender su trabajo para colaborar con su partido".

Por eso existía una gran diferencia de tensión emocional entre los radicales de la Junta Renovadora y los laboristas. Aquéllos procedían de un viejo partido que los había repudiado y expulsado; sólo podían aportar al ruedo político la exaltación de la tradición yrigoyenista —lo que en muchos casos resultaba insincero como ocurría con Quijano, que siempre fue alvearista— y la reiteración, ya fatigosa, de formas cívicas utilizadas anteriormente. En cambio, los laboristas, vírgenes en política pero protagonistas de ásperas luchas sindicales, se sentían representantes de un fenómeno original, renovador, revolucionario, exento de ataduras y compromisos con el pasado.

Para cualquier observador resultaba evidente que estos dos estilos políticos, estos dos tipos humanos, estas dos maneras diferentes de concebir el país no podían tener otra comunidad que la acción política directa para ganar una elección. Se hubiera requerido una paciencia y fineza política excepcionales para mantener un equilibrio permanente entre el laborismo y el radicalismo renovador. Porque además, a los celos naturales entre ambas fuerzas y sus obvias codicias electorales, se agregaba otro factor conflictivo: la incomunicación personal entre sus respectivos elencos dirigentes. Por su ubicación social, por sus preocupaciones cotidianas, por sus afinidades humanas, hasta por su indumentaria y su lenguaje, los capitanejos del radicalismo renovador y los activistas del laborismo eran extraños los unos a los otros. Había mayor identidad entre los radicales del Comité Nacional y los de Quijano, correligionarios hasta la víspera, que entre éstos y los laboristas.

Perón, que siempre había sentido la visceral desconfianza que los militares suelen sentir por los políticos, simpatizaba naturalmente con la muchachada fervorosa e informal que constituía los flamantes cuadros del laborismo. Pero también advertía el riesgo de encerrarse en una estructura política de signo cerradamente clasista. Ahora había que ganar una elección y la táctica era abrirse, no cerrarse; ganar voluntades, no asustar a nadie. Por eso fue soslayando el problema durante el transcurso de la campaña, arbitrando en cada caso, laudando cada vez que pudo, intrigando oblicuamente, suavizando asperezas, manteniendo la precaria alianza. Cuando su triunfo quedó asegurado, cortó de un sablazo el nudo gordiano de ese matrimonio mal avenido, disolviendo las dos fuerzas para integrar otra —el Partido Único de la Revolución, primero; luego, bravamente, el Partido Peronista— que tendría la ventaja de una homogeneidad total, pero también el inconveniente de una progresiva burocratización, un centralismo degradante y una estratificación infecunda y peligrosa.

Pero el radicalismo renovador y el laborismo no agotaban la nómina de las fuerzas que en noviembre de 1945 aparecieron para apoyar a Perón. El 15 de noviembre apareció una declaración firmada por Arturo Jauretche, último presidente de FORJA. Afirmaba "que el pensamiento y las finalidades perseguidas al crearse FORJA están cumplidas al definirse un movimiento popular en condiciones políticas y sociales que son la expresión colectiva de una voluntad nacional de realización cuya carencia de sostén político motivó la formación de FORJA". En consecuencia se resolvía la disolución de FORJA, dejando en libertad de acción a sus afiliados; la mayoría de ellos ingresaron de hecho al movimiento peronista, *con variada fortuna.*[6]

También estaban los nacionalistas. Ellos no tenían —como no lo tuvieron antes ni lo tendrían después— un aparato partidario propio. La Alianza Libertadora Nacionalista era un grupo que no representaba a la totalidad del nacionalismo, aunque nucleaba el sector juvenil más combativo; esta organización ya apoyaba a Perón desde agosto. Pero estaba el nacionalismo tradicional, el que floreció en la revolución de 1930, creció mimando los sueños corporativos de Uriburu, se robusteció con gajes de poder bajo Fresco, jugueteó en tiempos de Justo con entelequias monarquistas, gozó su turno de oficialismo con Castillo y Ramírez. Venían de un hábito aristocrático, hispanista y católico. Habían desconfiado siempre del populismo de Perón pero mucho menos les gustaba la alternativa de los partidos democráticos. Defenestrados por el propio Perón no menos de dos veces —al romper relaciones con el Eje y al declarar la guerra a Alemania y Japón—, los nacionalistas olvidaban ahora sus agravios para apoyarlo. Después de todo, Perón se parecía bastante al Mesías político cuyo advenimiento habían esperado siempre: hombre de armas, joven, atractivo, con una clara posición antiyanqui, dueño de las palabras que había tomado de su arsenal y que pronunciaba con una rotunda voz de líder que los conmovía: "cipayos", "vendepatrias", "década infame", "soberanía".

Perón los necesitaba. Los nacionalistas podían aportar a su campaña el ingrediente intelectual que no podían darle los caudillejos radicales de Quijano ni los dirigentes sindicales. Necesitaba nutrir con un contenido de vibración nacional, criolla, tradicionalista, una prédica que el laborismo podía desviar peligrosamente hacia la izquierda y al puro materialismo. Además los necesitaba para la invectiva política, la pulla inteligente, el manejo de los motes y el ridículo: estos intelectuales formados en la admiración por la belleza estilística de Charles Maurras y Drieu La Rochelle eran expertos en tales usos. A su vez —como tantos otros— ellos se le acercaron de nuevo, convencidos de que ahora sí, definitivamente, superados los conflictos palaciegos que habían obligado a Perón a alucinantes gambetas políticas, habrían de manejarlo y lo convertirían en mero portavoz de su ideario.

El 30 de octubre Perón se reunía con *el estado mayor del nacionalismo* [7] en una cena realizada en la mansión del doctor Norberto Gorostiaga. Allí se fumaron copiosas pipas de paz, mientras Perón explicaba su estrategia anterior, justificaba sus decisiones en el orden internacional, enfatizaba su enfrentamiento con Braden y usaba el más impecable lenguaje nacionalista. La alianza quedó sellada. Ese mismo 30 de octubre empezó a aparecer el diario "Tribuna", dirigido por Lautaro Durañona y Vedia, una de las mejores plumas del nacionalismo. El titular del primer número era toda una definición: "El pueblo ya Hizo su Elección." Durante toda la campaña electoral, "Tribuna" fue un eficacísimo instrumento de lucha: ingenioso, *bien escrito* [8], heredero de la mejor tradición periodística de "Cabildo" pero con un contenido popular cuya carencia había sido siempre la gran falla de la prensa nacionalista.

El aporte del nacionalismo a la victoria electoral de Perón fue grande aunque inorgánico. El candidato asimiló lo que quiso de su ideología, recogió sus escasos votos, influyó a través de sus voceros en sectores de la clase media y alta, dispuso de sus fuerzas de choque, moderó *sus desbordes racistas* [9] y después, pasada la elección, fue relegando su bagaje a un rincón. "Tribuna" sobrevivió hasta mediados de 1947: tuvo tiempo de oponerse a la aprobación del Acta de Chapultepec, votada por la mayoría peronista del Congreso...

Y no estaban todos, aún. Porque había que computar a la gente que nunca se había sentido representada por los partidos políticos ni tenía adscripción gremial, pero que sencillamente le gustaba Perón. Los de la baja clase media, artesanos, pequeños comerciantes, jubilados, personas con algún predicamento barrial que resistían a entrar en los comités de los radicales renovadores porque nunca habían sido radicales o miraban con recelo la actitud clasista del laborismo; o los que habían sido conservadores y ahora consideraban cumplida su etapa de lealtad con el "viejo y glorioso". Muchos argentinos, en fin, que aborrecían de la política y así lo decían a gritos en los boliches y las tertulias familiares, pero que veían la empresa de Perón como una cruzada, una convocatoria excepcional, algo casi religioso, limpio de toda connotación política.

Ellos fueron los que espontáneamente empezaron a formar en esos días unos curiosos núcleos que prosperaron con sorprendente prolificidad en los barrios periféricos de las grandes ciudades o en sus suburbios. Se denominaban, en general, Centros Cívicos Coronel Perón, o Centros Independientes, y no eran más que una pieza a la calle ornamentada con un cartel, un retrato del candidato y un foco que lo iluminaba de noche. Algo casi familiar, como los clubes de los partidos políticos uruguayos; un centro de charlas, mate y amistad. No tenían conexiones recíprocas ni dependían de nadie; cada Centro Cívico era la expresión arbitraria de un grupo vecinal, independiente y reacio a embarcarse en estructuras políticas.

Cuando la cantidad de estos comités "sui géneris" empezó a ser ostensiblemente importante, los dirigentes de la campaña peronista intentaron unificarlos o algunos de sus mismos creadores trataron de federarlos, darles organicidad y hasta revestirlos de cierta gravitación dentro del movimiento general, con vistas a conseguir algunas candidaturas menores. Algo se logró en este sentido, pero fue como si la institucionalización de creaciones tan ingenuas y espontáneas las hubieran marchitado, porque poco a poco fueron desapareciendo y después de febrero de 1946 se volatilizaron del todo. Tal vez sus anónimos protagonistas se retiraron discretamente de la escena después de cumplida la misión que habían asumido o quizás sus animadores comprendieron que estaban condenados a un destino de nivel parroquial y era inútil querer inmiscuirse en un proceso que tenía dimensión nacional.

Sea lo que fuere, el caso es que estos Centros Cívicos humildes y serviciales, amistosos y entusiastas, canalizaron hacia el apoyo a Perón a muchas voluntades que normalmente no hubieran tenido cabida dentro de los dispositivos políticos instrumentados por los distintos sectores. Porque la unión de los partidos democráticos tuvo su réplica en la unión de los partidos formados para apoyar a Perón; y la campaña electoral de 1945/1946 fue la confrontación de dos frentes políticos igualmente heterogéneos y precarios. Pero la decisión final ya no estaría a cargo de los partidos —tradicionales o nuevos— sino de la gente anónima desasida de toda divisa: la masa formada por la suma de los hombres comunes que no se interesan habitualmente por la política y que sólo en algunas grandes ocasiones se comprometen espontáneamente por un caudillo o un movimiento y entonces le aportan, formidablemente, la incontrastable voluntad de millones de indiferentes, convertidos ahora en militantes.

Este inventario no sería sincero si no se incluyera a la organización más poderosa, convincente y coactiva de que dispuso Perón durante los meses de la campaña electoral. No era un partido pero sus ramificaciones se extendían y gravitaban en todo el país. No era un sindicato pero estaba en condiciones de movilizar de un momento a otro a centenares de miles de trabajadores. Sus decisiones estaban cargadas de implicancias políticas. Quienes la integraban eran, virtualmente, activistas rentados que podían dedicar todo su tiempo y sus esfuerzos a la promoción de la candidatura de Perón y que disponían de medios de transporte y comunicaciones gratuitos, poder concreto y amplio margen de maniobra.

Perón había apreciado certeramente su importancia —que conocía por experiencia propia— cuando el 17 de Octubre impuso como condición previa para la negociación con Farrell, la designación de Mercante como secretario de Trabajo y Previsión. Es que aquella minúscula oficina que había tomado a su cargo dos años antes, era ya una pieza fundamental del proceso político. Sus delegaciones provinciales manejaban un poder tan importante como el de las intervenciones locales, y de sus decisiones administrativas dependía el reconocimiento o desconocimiento de los sindicatos, la homologación de los convenios colectivos de trabajo, la sanción de mejoras sectoriales, aumentos de sueldo o modificación de condiciones de labor, la legalización o ilegalización de huelgas, la aplicación de los diversos "estatutos", la represión de las infracciones cometidas por la parte patronal. Y la Secretaría de Trabajo y Previsión, que había crecido y cobrado importancia, incremento burocrático y conciencia efectiva de su poder a través de la acción de Perón, se disponía ahora, en octubre de 1945, a ser el motor fundamental de la campaña que debía llevarlo a la Presidencia. Agudamente, Perón recuerda ahora a sus hombres como "los predicadores"...

La presencia de Mercante como remplazante de Perón era, desde luego, toda una definición. Al asumir su cargo, el 20 de octubre, hizo una larga exposición fundamentando la filosofía que había inspirado la creación del organismo, que fue la respuesta a la académica disertación pronunciada una semana antes por el secretario nombrado por Ávalos. En verdad, Mercante era el hombre ideal para la tarea: hijo de un "fraternal", sus dos años de actuación al frente de la Dirección de Acción Social Directa lo habían puesto en contacto con todos los dirigentes sindicales del país, peronistas o antiperonistas. Tenía sensibilidad popular, creía sinceramente en la justificación de la Revolución de 1943 a través de la obra de justicia social realizada y era el más íntimo amigo de Perón en el Ejército. ¡Bien guardadas estaban las espaldas del coronel, con Mercante en Trabajo y Previsión!

Una de las primeras medidas de Mercante fue convocar a una especie de plenario nacional de los dirigentes sindicales ya definidos como peronistas. Los hizo citar oficialmente *facilitándoles el viaje a Buenos Aires.*[10] Se reunieron en uno de los últimos días de octubre en una sala del antiguo Concejo Deliberante; casi todos los delegados habían participado ya de asambleas constitutivas del Partido Laborista. Cuando Mercante apareció, una gran ovación lo saludó. Todos los asistentes habían actuado, en mayor o menor medida, en la gesta del 17 de Octubre y para ellos la reunión era la ratificación del triunfo y el comienzo de una etapa de fáciles conquistas para sus respectivos gremios.

De inmediato se generalizó una alegre e informal conversación y algunos delegados empezaron a adelantar los encargos que traían de sus organizaciones. Ahora sí, dueños de nuevo del poder, aniquilada aparentemente la oposición por la evidencia del apoyo popular a Perón, los dirigentes sindicales podían exponer libremente las reivindicaciones que traían; algunos ya sacaban del bolsillo papeles prolijamente anotados con los aumentos salariales y pedidos de mejoras que les habían encomendado sus compañeros. Estaban eufóricos. Mercante los dejó hablar un rato y luego interrumpió:

—Señores, ustedes están equivocados. Yo no los llamé para que vengan a plantearme sus pedidos. Los he citado para otra cosa. Les quería decir que desde ahora y hasta las elecciones, en el país no debe producirse ni un solo pedido de mejoras, ni una sola huelga, ni un solo movimiento de fuerza... De aquí en adelante, los trabajadores de todo el país deben limitarse a una cosa: ¡ganar las elecciones!

Ante el estupor de todos, continuó Mercante:

—Todavía estamos muy lejos del triunfo. ¡Los enemigos son muy poderosos y nosotros no controlamos todo el gobierno, ni mucho menos! Tampoco disponemos de medios para contrarrestar con eficacia la acción de nuestros enemigos, que cuentan con diarios, partidos organizados, dinero, organizaciones de toda clase y apoyos muy poderosos, nacionales y extranjeros. Tenemos que subordinarlo todo al triunfo electoral. Después, cuando Perón sea presidente, recién entonces ustedes plantearán lo que corresponda en la seguridad de que serán atendidos como siempre. Entretanto, cada sindicato debe ser un comité. Y esta Secretaría también será un comité...

Los pliegos empezaron a guardarse silenciosamente. Mercante siguió insistiendo en su planteo: no había que dar motivos de desorden ni caer en la provocación del enemigo; había que contentarse con lo ya obtenido y esperar hasta después de febrero porque ahora lo único importante era ganar el comicio. Los delegados asentían, algunos con desgano y todos bastantes desilusionados. Uno de ellos, un tucumano, alcanzó a decir quejosamente:

—Pero, teniente coronel, ¡a mí me matan si no vuelvo con mi mandato cumplido! ¿Qué hago con este papel? Aquí tengo anotado todo lo que piden los muchachos... ¿Qué hago con esto?

Mercante, rápido, le contestó lo que los argentinos suelen contestar en estos casos...

Y eso fue —metafóricamente— lo que desde ese momento hicieron los obreros con sus exigencias. Los posibles conflictos se solucionaron pacíficamente y muy pocas huelgas se produjeron durante la campaña electoral: la más resonante fue la que hizo el personal de la Corporación de Transportes de Buenos Aires en noviembre, que paralizó la ciudad por un par de días. Fuera de este movimiento y de algunos de menor significación, no ocurrieron huelgas ni enfrentamientos espectaculares: los trabajadores, disciplinadamente, postergaron sus reclamaciones y se dedicaron a luchar por el objetivo político que tenía primera prioridad. Fueron, en cambio, los patrones, quienes desataron un movimiento de fuerza, como ya se ha visto, pero tan mal planteado y de características tan repudiables, que no hizo más que aportar agua al molino peronista.

Cada uno cumplió el compromiso adquirido en la reunión que se ha relatado. Y por supuesto, la Secretaría de Trabajo y Previsión fue un supercomité que compensó, en el bando peronista, la falta de diarios, las improvisaciones de organización política y la escasez de dinero que hostigó a la campaña de Perón.

II

Así fue como Perón, que a mediados de octubre era para todos —empezando por él mismo— un caso concluido, un mes más tarde ya tenía a su disposición dos partidos políticos que cubrían un ancho segmento del espectro social en acelerado tren de organización, además del apoyo de los núcleos nacionalistas y sectores independientes. Esto, sin contar con la benevolencia oficial y la abierta ayuda de Trabajo y Previsión.

No era de extrañar, entonces, que Perón estuviera por esos días eufórico y desbordante de optimismo. Los locales laboristas y radicales renovadores empezaron a florecer por todas las ciudades del país, en sedes mucho menos pretenciosas que las "unidades básicas" que se establecieron más tarde. En Bartolomé Mitre al 900, en Cerrito al 300 —sobre Avenida Nueve de Julio— y en Lavalle al 1300, sobre Tribunales, los comités peronistas céntricos atronaban con su propaganda los aledaños y constituían un centro de incansable ajetreo. Las donaciones de algunos pocos amigos *en buena situación económica* [11] habían posibilitado estas primeras instalaciones, así como las esforzadas recaudaciones entre los obreros adictos. Es muy probable que hayan llegado también aportes de grandes empresas, sobre todo las vinculadas a servicios públicos: aunque con desgano y a "contrecoeur", los responsables de los grandes intereses industriales y comerciales no podían dejar de apostar a una de las dos grandes apuestas en juego. Se dijo por entonces que *la CADE había entregado a Perón una suma millonaria* [12], pero, naturalmente, la versión es inconfirmable, como lo es en general todo lo que se refiere a esta zona negra e inevitable de la política, que en los períodos preelectorales se transita cautelosamente por gente que sabe bien su oficio y sobre todo sabe guardar silencio.

Lo que parece cierto, en este aspecto de la financiación de la campaña de Perón, es que ella aparentó ser mucho más pobre que la de sus adversarios y que no hubo ayuda financiera por parte del gobierno —salvo si se considera tal las facilidades canalizadas a través de Trabajo y Previsión—. Mientras la Unión Democrática empapelaba el país con costosos carteles, folletos de propaganda bien presentados gráficamente, innumerables tipos de volantes, obleas y material escrito de toda clase, las huestes de Perón se manejaban con tiza y carbonilla, cargando muros y paredes con el nombre de su candidato repetido demencialmente, masivamente. Los partidarios de Perón se movieron dentro de una gran escasez de medios, a lo que se sumaba cierta pobreza de imaginación publicitaria. Frente a los "slogans", fórmulas verbales y golpes de propaganda de la Unión Democrática, los peronistas se limitaban a exaltar a Perón. En realidad, había imaginación en el peronismo y lo que ocurría era que faltaban medios para difundir sus expresiones. La prueba de que los peronistas eran tan o más ocurrentes que sus adversarios lo comprueba la creación espontánea del ingenio popular en cantos, estribillos, motes y coros, que terminaron por formar un verdadero folklore campechano y jocoso, que después tendría larga perduración.

Pero esto fue sucediendo a medida que la campaña se fue calentando, verano adelante, allá por enero o febrero de 1946. Ahora estamos recién en noviembre del 45, cuando todo era apresto en uno y otro campo y por parte de Perón, su problema mayor radicaba en delimitar las jurisdicciones, competencias y botines respectivos entre laboristas y radicales renovadores, sin descuidar las otras fuerzas, inorgánicas pero efectivas, que también lo apoyaban. Y fue precisamente en la mitad de noviembre cuando la postulación de Perón recibió una ayuda indirecta y no buscada, difícilmente evaluable en cuanto a su efectividad, pero de todos modos altamente positiva.

Pues el 17 de noviembre apareció la Pastoral colectiva del Episcopado Argentino sobre los deberes cívicos de los católicos. Después de una serie de enunciaciones abstractas sobre la actitud de los ciudadanos frente a los poderes temporales, el documento recordaba concretamente que ningún católico podía afiliarse ni votar a partidos que sostuvieran en su programa la separación de la Iglesia y el Estado, postularan la supresión de "las disposiciones legales que reconocen los derechos de la religión", proclamaran el divorcio legal o sostuvieran el laicismo escolar.

El peronismo recibió con silenciosa satisfacción la Pastoral: a los dirigentes laboristas, venidos del anarquismo, el socialismo o el sindicalismo puro más o menos soreliano, no les daba frío ni calor el pronunciamiento de los obispos. Los nacionalistas, en cambio, batieron el parche clamorosamente: la Pastoral confirmaba —decían en "Tribuna"— que en la opción de febrero ningún católico podía votar contra Perón. Éste, que jamás había tenido preocupaciones religiosas, captó instantáneamente la importancia del pronunciamiento episcopal y desde entonces se ocupó en formular, cada vez que le fue posible, manifestaciones públicas de catolicismo, no dejó de visitar los santuarios más populares en sus giras y trató de redondearse una imagen de "soldado cristiano" que duró hasta 1954.

En las filas de la recién establecida Unión Democrática, por el contrario, la Pastoral cayó como un balde de agua helada. Algunos de los notorios *católicos que en ella militaban* [13] hicieron equilibrios retóricos para demostrar que el documento no debía interpretarse al pie de la letra y que era una simple recomendación que podía seguirse o no, según la conciencia de cada cual. De todos modos, el documento enfureció a los dirigentes socialistas, comunistas y demoprogresistas, que lo vieron como un chalaneo vergonzoso hecho por la jerarquía eclesiástica a cambio de la enseñanza religiosa impuesta por decreto a fines de 1943 por el gobierno *de facto*.

Pero no era así. La sencilla verdad es que los obispos debían expedirse en vísperas electorales, tal como suele hacer siempre la autoridad eclesiástica en estos casos; y que el documento no decía ni más ni menos que lo habitualmente expresado en la Argentina, en aquellas materias sobre las cuales la Iglesia considera indispensable pronunciarse: patronato, derechos de la Iglesia, divorcio, enseñanza. Y ocurría que por lo menos tres de los cuatro partidos que integraban la Unión Democrática sostenían programas que, en estos puntos, estaban en contradicción con la posición católica oficial. Nadie esperaba que los socialistas, los comunistas o los demoprogresistas dejaran de ser laicistas o divorcistas en aras del pronunciamiento eclesiástico; pero del mismo modo nadie podía suponer que la Iglesia dejaría de formular sus casi rutinarias directivas preelectorales, para no molestar a la Unión Democrática. En realidad, el documento pudo tener mayor impacto si hubiese sido publicado sobre las elecciones y no cuatro meses antes; los obispos fueron en esto prudentes e imparciales hasta donde pudieron. Pero en el campo opositor —donde actuaban muchos católicos de tipo liberal— la Pastoral escoció a fondo y al día siguiente no más, la Iglesia parroquial de Belgrano fue escenario de un incidente entre *el cura* [14] —peronista, que cumplió su obligación de leer la Pastoral públicamente con una inocultable satisfacción— y un grupo de feligreses que se retiró del templo y protagonizó en el atrio una trifulca.

En realidad, la jerarquía eclesiástica desconfiaba, en general, de Perón. Los obispos no lo creían sincero y les había disgustado su prolongado y notorio concubinato; los comensales habituales de los Obispados eran caballeros y damas de la sociedad, furiosamente antiperonistas, y el prestigio de monseñor De Andrea, líder virtual del ala liberal de la Iglesia, pesaba en la opinión de muchos. Pero la alternativa electoral sólo presentaba dos términos y ningún responsable de la grey católica sería tan loco como para desconocer a un candidato que al fin de cuentas impedía que las masas se hicieran comunistas, había integrado el gobierno que estableció la enseñanza religiosa y se declaraba reiteradamente un fervoroso creyente. A principios de noviembre algunos obispos *visitaron informalmente a Perón* [15] y el cardenal Copello olvidó en esa oportunidad su vieja querella con él.

Es imposible determinar cuál fue el efecto cuantitativo de la Pastoral, es decir, cuántos católicos dejaron de votar por la Unión Democrática a causa del documento. Pero lo real es que trajo muchos conflictos de conciencia y no cier-

tamente a los peronistas. Muchos individuos del clero menor
—curas de campaña, párrocos de barrio, sacerdotes regula-
res de órdenes cuyo apostolado se realiza en ámbitos populares como los salesianos o los franciscanos— tomaron
la Pastoral con un entusiasmo que tal vez excedía el de sus
firmantes e individualmente se convirtieron en ardientes
propagandistas de Perón. No se sabe cuántos votos perdió
la Unión Democrática por causa del documento. Pero los
votos se cuentan de a uno —decía don Inocencio Pérez cuando llevaba a votar a los paralíticos en Luján— y en una
lucha como ésta no podía despreciarse uno solo...

Durante el mes de noviembre Perón no pronunció discursos y casi no apareció en público. Recibía en su quinta
o en su departamento de la calle Posadas a mucha gente y
estaba en contacto permanente con Mercante, que desde Trabajo y Previsión organizaba el Partido Laborista. Dejaba
que los procesos se fueran desarrollando según su propia
dinámica. Cuando se inauguró el local central del laborismo
—en Cerrito al 300, sobre la Avenida Nueve de Julio— concurrió a inscribirse como afiliado Nº 1, definiendo así su posición política dentro del conjunto de fuerzas que lo apoyaban.

El 12 de diciembre hizo una primera aparición semi-
pública en el salón ubicado en Cangallo al 1700, frente a un
par de centenares de dirigentes laboristas, radicales renovadores e independientes. Ante ellos formuló una exposición
de dos horas puntualizando el sentido del movimiento que
encabezaba. Repitió algunos conceptos ya expresados en discursos anteriores: desde 1914 el signo de los tiempos lo daba
la revolución rusa, que significaba el acceso de las masas
al poder —y de paso afirmó que la última guerra mundial
la había ganado Rusia—. Dijo que aspiraba a que su gobierno fuera una real revolución y puntualizó las reformas económica, política y social que había empezado a llevar a cabo
desde el poder *de facto* y que completaría cuando fuera presidente constitucional. "No aspiramos a seis años de gobierno —dijo Perón— sino a asegurar sesenta más, y para ello
necesitamos una fuerza orgánica." Definió al movimiento

como "radical-laborista", tuvo buenas memorias para Yrigoyen, revoloteó sobre las encíclicas papales y pidió unidad
a sus huestes. Quienes lo escucharon en esa oportunidad
quedaron impresionados por la coherencia y claridad de la
exposición.

El 8 de diciembre se había realizado el gran acto de la
Unión Democrática en Plaza del Congreso. Perón resolvió
entonces que sus fuerzas replicarían con una demostración
el 14, menos de una semana después, decidiendo que el acto
se hiciera en un lugar cuya elección era todo una compadrada: la Plaza de la República, el ámbito más vasto de Buenos
Aires, un foro virgen de actos políticos porque nadie, desde
que existía, se había atrevido a llenarlo. Pero el candidato
oficial tenía fe en sus propias fuerzas y sabía que podía salir airoso de esa prueba.

Y así fue. Era un día tremendo de calor y el acto se
programó para la caída de la tarde. Sin embargo, desde las
17 ya estaban llegando grupos cada vez más nutridos, algunos con bombos y latas vacías para hacer barullo. Delegaciones de jinetes, columnas con carteles indicando su adscripción gremial o su origen geográfico ("Corrientes con
Perón", "Grupo de Residentes Santiagueños") , iban rodeando la Plaza de la República con un compacto cinturón de
gritos y cantos. A las 19 era imposible llegar al palco instalado bajo el obelisco, que poco después se hundió ruidosamente, cargado como estaba de entusiastas que insistían
en estar en el lugar donde hablaría Perón, lo que trajo inconvenientes en la transmisión radial que se había progra-
mado para todo el país. A las 20, la gente llegaba desde el
obelisco hasta Bartolomé Mitre: ¡tres manzanas de gente!
Y el entusiasmo de ese público fluido, gritón y bullanguero
estremecía todo el centro de Buenos Aires.

Casi a las 21 empezó la parte oratoria desde el local
laborista, vista la imposibilidad de hacerlo desde el palco.
Se leyó una proclama del flamante partido. Era un documento serio y orgánico, que definía al movimiento como en-
troncado con "las nuevas inquietudes que preocupaban al
mundo actual, vinculándose, en el orden internacional, a

las corrientes progresistas que con un nuevo espíritu intentan construir un mundo mejor en el que reina la justicia".

Por supuesto, nadie escuchó *esta proclama*.[16] Todo el
mundo aguardaba la palabra de Perón. Todavía hablaron
Monsalvo, Gay y Rouggier, antes que el candidato iniciara
su discurso desde el balcón.

Fue una hermosa arenga. Bien dicha, con un tono popular sin exageración.

—No queremos pelear —dijo Perón—; queremos orden.
No ganaremos peleando; ganaremos votando.

Hizo las acostumbradas alusiones a las encíclicas y a la
inspiración yrigoyeniana de su movimiento y lanzó una de
sus frases más felices:

—¡Los obreros deben ser artífices de su propio destino!

Y dijo una cosa que repetiría durante la campaña:

—No estamos contra nadie. Estamos con el país. Por
eso seguiremos gritando *viva* y no gritaremos jamás que
muera nadie. Desfilaremos por nuestras calles tranquilos,
entusiastas de nuestra causa, sin calificar a nadie de chusma ni de descamisados, para contrapesar a ellos que han
lanzado el calificativo despectivo. ¡Tendremos el corazón
bien puesto debajo de una camisa, que es mejor que tenerlo
mal debajo de una chaqueta!

Las alusiones a la camisa y a los descamisados tenían
su intención. Después de las jornadas de octubre, "La Vanguardia" aludió al pasar a los "descamisados" que habían
invadido Buenos Aires. En seguida la palabreja fue adoptada peyorativamente por la oposición —especialmente por
los más tilingos— sin advertir que se estaba regalando al
peronismo un peligroso motivo de propaganda. Hablar de
"descamisados" era posibilitar una comparación entre éstos
y los "sans-culottes": entre estos argentinos de 1945 y cualquier movimiento popular de reivindicación política y social
acaecido en cualquier parte del mundo en cualquier época
de la historia. Los peronistas asumieron rápidamente el vi-
tuperio, y la camisa se convirtió en un símbolo de lucha,
una palabra mágica, una afirmación del estilo populachero
y fraternal del movimiento. Ahora, Perón institucionali-

zaba con su discurso la dichosa prenda. Después que terminó de hablar, mientras se demoraban las aclamaciones, alguien le puso en la mano el asta de una bandera con una camisa anudada a manera de estandarte: sonriente, Perón tremoló la improvisada enseña sobre su cabeza en medio del delirio de la multitud; en ese momento el fotógrafo de un diario opositor captó la instantánea.

Durante varios días se armó un clamoreo en el campo democrático, acusando a Perón de haber *agraviado la bandera argentina*.[17] Pero el gesto había dado jerarquía de categoría política a un signo que desde entonces el peronismo usaría permanentemente. En adelante fue un rito invariable en el peronismo sacarse el saco al empezar los actos, no tardaron en componerse poemas a los descamisados, fue común en carteles y volantes el arquetipo plástico de un joven con los músculos tensos, el grito al aire y la prenda desacomodada, bien abierta sobre el pecho; hasta se fundó una revista humorística con ese nombre. Ahora, después del impresionante acto del 14 de diciembre, Perón podía agregar un símbolo vivo e inequívoco para su acción, como lo habían sido las boinas blancas para los radicales o las alpargatas para los lencinistas. La Unión Democrática miró con desprecio esa simbología orillera y se burló de ella, afirmando que al sacarse el saco, Perón lucía una suntuosa camisa de ¡doscientos pesos! Pero el signo institucionalizado por Perón siguió triunfante su camino, presidiendo manifestaciones y agregando al recién nacido movimiento un elemento más para su folklore...

Además de la camisa simbólica, ese mes de diciembre arrimó al campo peronista otras ayudas más efectivas. Desde fines de julio aparecía el semanario "Política", acaso la mejor publicación de índole política que se haya hecho nunca en el país. En diciembre "Política" mejoró sus características gráficas y empezó a alcanzar altos índices de venta. La dirigía Ernesto Palacio, un ex uriburista convertido más tarde al radicalismo yrigoyenista y colaboraban en la hoja antiguos forjistas y radicales renovadores. Excelentemente diagramada, escrita con inteligencia y organicidad, fue la primera voz del peronismo que intentó formular el entronque conceptual del movimiento con las grandes corrientes de la historia argentina. Un vibrante tono nacional, una preocupación americana ausente hasta entonces en la temática peronista singularizaban la prédica de "Política" —que entregó su última edición el 4 de junio de 1946— cuyo estilo superaba la vetustez retórica de "La Época" y el sospechoso tufillo de "Tribuna", demasiado parecida a anteriores expresiones del nacionalismo más extremista.

Otra ayuda positiva fue el diario *"Democracia"*, *cuyo grupo organizador* [18] dio a luz este matutino a principios de diciembre. Sus redactores no estaban vinculados a Perón en el plano partidario pero compartían en líneas generales su posición. Además de rescatar para el campo peronista la palabra que le servía de título, monopolizada hasta entonces por la oposición, "Democracia" alcanzaba por la mañana el alimento diario que consumía el público peronista, reiterado a la tarde por "La Época", además del que servía "Tribuna". De este modo, a mediados de diciembre la candidatura de Perón contaba con el apoyo de tres diarios y un semanario en Buenos Aires, hazaña que no pudo repetir en el interior, donde casi todos los diarios apoyaban a la Unión Democrática y no fue posible montar estructuras aptas para editar periódicos cotidianos.

Aunque esta artillería periodística no podía enfrentar a los diarios tradicionales, jugados enteramente por la Unión Democrática y cada vez más parciales y comprometidos, representaban al menos una línea de fuego y permitían al peronismo expresarse dentro de diversos tonos y modalidades. El frente periodístico peronista se completaría, un mes más tarde, con una revista semanal desfachatada y graciosa, *"Descamisada"* [19], que atacaría a la Unión Democrática desde el vulnerable flanco del ridículo y habría de servir de réplica a "Cascabel", semanario humorístico que aparecía desde 1941 y cuya primitiva posición independiente había ido derivando hacia un antiperonismo de tono festivo; y con una revista semanal de gran tiraje, "Ahora", que aparecía desde varios años antes y cuya dirección olfa-

teó la dirección en que soplaba el viento popular. A fines
de enero, cuando la embajada norteamericana denunció a
"Ahora" como subvencionada por los nazis, la revista se
volcó total y fervorosamente a la candidatura de Perón.

III

El 26 de diciembre Perón partió en gira hacia el interior. Rompía así una tradición política puesto que aún no
había sido proclamado formalmente candidato; pero no sería la única convención que habría de vulnerar en esta
campaña electoral... Dejaba, para cuidar sus espaldas, una
Junta Nacional de Coordinación Política presidida por Bramuglia, que intentaría dar coherencia al caótico movimiento
peronista y cuya primera recomendación al constituirse, fue
integrar listas con candidatos de todas las corrientes que
apoyaran a Perón y reunir las convenciones nacionales del
laborismo y el radicalismo renovador antes del 15 de enero.

La partida de Perón tuvo las mismas características
tumultuosas de todos los actos anteriores. Una gran multitud lo acompañó a Retiro y pintó el tren especial que lo
conducía hacia el noroeste con estribillos de toda clase para
derramarse luego por la ciudad. El candidato viajaba en
dos coches, acompañado por una pequeña comitiva cuidadosamente equilibrada entre laboristas y radicales renovadores y una presencia femenina: Evita, ya señora de Perón,
que se incorporó a la gira en Santiago del Estero, para pasar
el fin de año con su marido, aunque en general se ignoraba
si era realmente, ya, la esposa de Perón, dada la discreción
con que se ocultó su casamiento. Fue "La Época" el diario
que publicó una fotografía de Evita subiendo al tren, con
un epígrafe que certificaba su nueva condición. Era la primera vez que en la Argentina una excursión política incluía
en el séquito a la esposa del candidato presidencial.

Toda la gira tuvo características idénticas: llegada a
la capital de la provincia correspondiente —generalmente
con atraso—, delirante recepción popular, dificultosa mar-

cha en automóvil hacia la plaza principal, discurso, visita a la Catedral o santuario tradicional, banquete y despedida. En casi todas las provincias la Intervención Federal, presidida por su titular, concurría a saludar al candidato oficial o era saludada por él. Perón insistía, en sus piezas oratorias, en el tema de que no era el suyo un movimiento de pelea sino de paz; que sus partidarios no gritaban "muera" sino "viva"; que el gobierno de la revolución había emprendido reformas que debían completarse. En casi todos sus discursos, además, exhortaba a la unión entre sus seguidores, describía al laborismo como un movimiento absolutamente nuevo y al radicalismo renovador como la auténtica herencia de Yrigoyen.

Al día siguiente de su salida llegó a Córdoba. Un aullido de pitos ferroviarios saludó su llegada en medio de una impresionante aglomeración. En la intersección de General Paz y Colón se hizo el acto: "Yo he dicho que los ricos son egoístas y por eso dicen que soy enemigo de las clases dirigentes y que no soy un cristiano —dijo allí—. Recuerdo que el Divino Maestro dijo que era más difícil que un rico entrara en el reino de los cielos que no que un camello pasara por el ojo de una aguja... Dicen que yo no soy un buen cristiano porque he tratado mal a los egoístas y olvidan que el Divino Maestro echó a latigazos a los mercaderes del Templo... Dicen que nos estamos constituyendo en una fuerza que ha de provocar la lucha social y olvidan que esa lucha y esa revolución se justifican cuando al pueblo se le cierra el camino para intervenir en el gobierno y administración del Estado."

En La Rioja, al día siguiente, en la plaza Veinticinco de Mayo: "Nuestro movimiento enraiza ya con la época en que el conquistador representaba la oligarquía y el criollo la plebe. Propugnamos la libertad como nuestro más caro ideal. ¡Pero no es posible sentirse libre mientras están cargadas las espaldas con la esclavitud, la miseria y la desesperación!" Después del acto visitó, en la Catedral, el camarín donde se venera la imagen del patrono negro de La Rioja, San Nicolás de Bari.

En Catamarca, el mismo día, frente al local laborista: "Me considero dentro de nuestro movimiento un solo piñón del engranaje, que tiene millones de dientes y cada uno de ustedes es un piñón que tiene el mismo valor que yo. Pero nadie se desentienda de los problemas de la patria en esta hora incierta." Luego visitó, en la Catedral, la imagen de la Virgen del Valle.

En Tucumán, al día siguiente, en plaza Independencia. Aquí su discurso no podía dejar de tener un recuerdo emotivo para los obreros tucumanos que fueron los primeros en salir a reclamar su libertad dos meses y medio atrás: "No olvido ni olvidaré nunca la gratitud que debo a los trabajadores tucumanos que en un momento trágico de mi vida supieron levantarse como un solo hombre en defensa de uno de los más humildes hombres de este movimiento de redención social." Habló de los descamisados, comparó a su movimiento con el que tomó la Bastilla y pidió unidad a sus huestes.

En Jujuy, el 30 de diciembre, en la plaza Belgrano. "Somos un movimiento nuevo para una Argentina nueva. No somos enemigos de nada ni queremos destruir nada. Simplemente somos amigos de los pobres." Recordó a Yrigoyen, "que fue el primero en enfrentarse a la oligarquía", y señaló un reciente decreto que expropiaba 300.000 hectáreas a los Patrón Costa, como comienzo de la reforma agraria que necesitaba el país.

En Salta, en la esquina de las avenidas Sarmiento y Belgrano. "No hay diferencias entre el Partido Laborista y la UCR Junta Renovadora." Habló de Güemes —un grupo de jinetes con atuendos gauchos integraba la manifestación— y de las tradiciones criollas. Omitió la previsible visita al Señor de los Milagros.

En Santiago del Estero, el 31 de diciembre, bajo un sol demoledor: habló de la necesidad de la reforma agraria y dijo que su gira por el noroeste lo había convencido de la justicia de la política social que había llevado a cabo: aún hoy recuerda Perón la formidable guitarreada con que terminó el acto —como no podía ser de otro modo en Santiago del Estero—. Sus compañeros de gira, en cambio, recuerdan que el "tesorero" de la gira los arregló con cinco pesos a cada uno para que pasaran el fin de año...

En Santa Fe, el 1º de enero, en la plaza Belgrano: "Nuestro movimiento no es comunista ni es nazi, como se lo ha calumniado. Es exclusivamente argentino y brega por una patria mejor." Afirmó que "hay que reconquistar la industria, aunque sea a pulmón, por una distribución equitativa de sus beneficios". Denunció que la oligarquía estaba comprando armas "pero no les vale de nada porque para manejar las armas hay que ser hombre y los oligarcas no son hombres". Pidió a sus partidarios que se organizaran para no formar una turba sino una organización efectiva.

El 2 de enero llegaba Perón a Retiro, de regreso de su excursión. El tren debía arribar a las 9 de la mañana y la estación estaba llena de gente desde temprano. Cuando la locomotora —con un gran retrato del candidato en la trompa— paró en el andén, un cordón de policías debió rescatar a Perón de la locura del público. Una euforia inocultable trascendía su rostro y no dejó de iluminarlo a pesar de que su automóvil, pugnando por eludir el frenesí de la gente, atropelló a un carrito de frutas lesionando a su conductor y a varios policías que custodiaban a Perón: "Cascabel" atribuyó de inmediato al candidato laborista la temible condición de "jettatore", y "Fúlmine" —el personaje de Lino Palacio cuyos anuncios siempre eran fatales— no dejó de presagiar que Perón triunfaría en las elecciones...

Pero ni estos chistes ni el escasísimo espacio que los grandes diarios dedicaron a la gira de Perón podían ocultar la realidad de los hechos. Podía estar satisfecho de su periplo.

En primer lugar le había permitido madrugar a sus adversarios, comenzando su campaña mientras la Unión Democrática todavía no tenía su fórmula proclamada. En segundo lugar cumplió con la obligada visita a los distritos electorales del noroeste, sin mayor importancia numérica, reservando así su tiempo útil anterior a la elección para golpear sobre los grandes conglomerados del litoral. Además le sirvió para arreglar algunas de las disputas que ya estallaban entre laboristas y radicales renovadores en el interior. Pero la gira fue útil, sobre todo, para evaluar su propia popularidad tierra adentro.

En la Capital Federal y el Gran Buenos Aires, donde las organizaciones sindicales disponían de un poder cada vez mayor, no era difícil estar convencido que su candidatura contaba con un apoyo masivo: ello era fácilmente perceptible. Pero ¿qué ocurría en el interior? Provincias sin experiencia sindical, acostumbradas a adoptar sus decisiones políticas en torno a los partidos tradicionales, con acendradas lealtades a sus líderes locales, el panorama para Perón no estaba claro en esa zona del país. Es cierto que las Intervenciones Federales instrumentaban, en general, un desenfrenado apoyo a Perón: pero no *era la primera vez que un gobierno había perdido allí las elecciones*.[20] En esas provincias donde la fuerza mayoritaria, desde los tiempos de Yrigoyen, era el radicalismo, los dirigentes de la UCR habían permanecido en su viejo partido —salvo en Jujuy, donde Tanco se alzó con toda la estructura partidaria—. Y la lucha pueblo por pueblo, familia por familia, hombre por hombre, requería una organización previa que ni el naciente laborismo tenía —excepto en Tucumán, donde la FOTIA se convirtió automáticamente en Partido Laborista— ni el radicalismo renovador había podido montar. Por otra parte, la radio, gran instrumento proselitista de Perón, no llegaba a la gente del interior con la intensidad con que lo hacía en las grandes ciudades. Ni el lenguaje de Perón era entendido como en los centros urbanos.

Todos estos factores hacían indispensable el viaje del candidato y lo cierto es que la excursión le fue positiva. En casi todas las capitales de provincia lo recibieron grandes multitudes. En Tucumán, la provincia entera se vino en masa a la ciudad para escucharlo; en Córdoba, los entusiastas hablaban de medio millón de personas reunidas en el acto peronista —"cantidad que excede en mucho la población de la capital cordobesa" ironizaba "La Prensa". En muchas estaciones del trayecto el público se agolpaba para escucharlo o al menos verlo, de día y de noche, deteniendo a veces el tren en que viajaba. Tan insistente era este reclamo que Perón optó por disponer de un "sosías": un funcionario de los ferrocarriles que había diagramado su itinerario y viajaba en su comitiva. Su ancho rostro, bastante parecido al del candidato, permitía a éste seguir descansando mientras su doble se asomaba a la ventanilla y saludaba con los brazos a la gente reunida en la estación, encantada de *haber visto a su ídolo*... [21]

La presencia de Evita contribuyó al éxito de su excursión. Su nombre era conocido en todo el país a través de las radionovelas que había difundido hasta octubre. Su romance con Perón era, en la imaginación popular, un cuento de hadas cuyo casamiento culminaba una bella historia de amor. Evita no pronunció discursos y se mantuvo en un discreto segundo plano. Pero bastaba su presencia, su sonrisa, el toque rubio de su cabello entre los rostros ocres y los pelos negros de la provincianía, para poner un toque de maravilla en la pareja que viajaba por el país: él, sonriente, descamisado y presto para la declamación y la sonrisa; ella, gentil y bonita, quebrado el color del rostro por el embarazo que le atribuían los comadreos.

Los problemas que le esperaban en Buenos Aires le cuajarían pronto la sonrisa. La riña entre sus partidarios ya adquiría proporciones escandalosas. En las filas radicales renovadoras las pujas por las posiciones se dirimían a balazos. Tres días después de su llegada, en el comité quijanista de Tucumán al 700 reventó un violento tiroteo que dejó un saldo de un muerto y varios heridos; al otro día, las elecciones internas de la UCR Junta Renovadora en la Capital Federal fueron marcadas con trampas y grescas públicas.

Ante este espectáculo Perón debía tascar el freno. No tenía poder para imponerse por su sola autoridad ni podía darse el lujo de entrar a hachar sus propias filas. Más que las irregularidades de los comicios internos le preocupaba la posibilidad de que la UCR Junta Renovadora fuera dominada por una tendencia que no pudiera controlar y que dificultara aún más el indispensable entendimiento con el laborismo. Escribió entonces una enérgica carta a Quijano rasgándose las vestiduras ante el escándalo de las elecciones metropolitanas y fulminándolas de nulidad. Pero no había llegado todavía el tiempo de que semejante reacción tuviera efectos aplastantes sobre los insumisos; tres dirigentes, miembros de la Junta Electoral del quijanismo le replicaron con insólita energía y en buenas palabras le previnieron que no se metiera *en lo que no le importaba*.[22] El fondo de esta puja se refería a la candidatura vicepresidencial, codiciada a la vez por Quijano y Antille y a las postulaciones para diputados, que debían repartirse entre todas las fracciones adictas a Perón. Pero el desorden no proliferaba solamente en la Capital Federal. Con gran esfuerzo se había logrado reunir a los delegados que integraban las convenciones nacionales del Partido Laborista y de la UCR Junta Renovadora, que deberían proclamar la candidatura presidencial del movimiento. Las reuniones previas eran caóticas. Nadie se conocía de antes; los más audaces prevalecían sobre los discretos y las proposiciones más disparatadas podían tomarse en serio por aquellos hombres entusiastas pero carentes, en general, de experiencia política.

El 15 de enero se reúne el *congreso del Partido Laborista* [23], en un salón situado en Cangallo al 1700. No había, por supuesto, ninguna duda sobre la candidatura a Presidente de la Nación. Pero en lo referente a la postulación vicepresidencial, crecía entre los delegados el rechazo a todo candidato que no fuera laborista. Votar por Quijano o Antille para integrar la fórmula les parecía un retorno vergonzante al pasado, una claudicación de la idea revolucionaria que nutría al laborismo. Los nombres de Gay y de Cipriano Reyes gozaban de una receptividad peligrosa. A medida que pasaban las horas se tenía la sensación de que en la asamblea laborista podía pasar cualquier cosa. Perón, sintiéndose acaso impotente para controlar esa algarabía fervorosa e ingenua, se había retirado a San Vicente y permanecía ajeno a los cabildeos. Ante ese panorama, Mercante —todavía Secretario de Trabajo y Previsión— llamó a algunos dirigentes laboristas y les propuso su propio nombre como candidato a la vicepresidencia. A los delegados les pareció una solución óptima y la fórmula Perón-Mercante fue aclamada por la asamblea del Partido Laborista.

Obviamente, era un binomio sin viabilidad política: además de estar integrado por dos militares y no representar la realidad geográfica del país —como es tradicional en las fórmulas presidenciales argentinas desde Mitre en adelante— el acuerdo urdido en torno a Perón exigía tácitamente una fórmula integrada por un personaje de origen radical. La postulación de Mercante, que éste de inmediato puso a disposición de su jefe, había servido para bloquear el riesgo de una proclamación incontrolada. Cipriano Reyes y su grupo, por su parte, habían proclamado a Mercante aun sabiendo que era inviable, para poder pedir, como compensación, la gobernación de Buenos Aires para éste, en oposición a la candidatura de Alejandro Leloir.

Al día siguiente se reunía la *convención de la UCR Junta Renovadora*.[24] Otro estilo político, otro tono verbal, otro paisaje humano. Se impugnaron delegaciones, se formularon reproches recíprocos y hubo retiros de delegados "antillistas". Días antes, el radicalismo renovador había aceptado adoptar el programa laborista. Cuando se trató de votar la fórmula, se sustituyó el procedimiento reglamentario por la aclamación. El ex ministro del Interior dominaba cómodamente la asamblea a través de sus personeros: nadie se asombró de que la fórmula proclamada fuera Perón-Quijano.

Las convenciones laborista y radical renovadora habían superado formalmente el problema de la candidatura presidencial del movimiento. Pero dejaban planteado un grave conflicto. ¿Qué vicepresidente llevaba Perón? ¿Insistiría el laborismo con Mercante u otro de sus filas? ¿Haría la UCR Junta Renovadora una cuestión vital de la permanencia de Quijano en el binomio? La solución de este acertijo no sería la menor preocupación del candidato oficial en el mes que quedaba hasta la elección. Pero a la masa peronista el de-

talle no le importaba nada: su bandera era Perón y el segundo término le era absolutamente indiferente. Con esa certeza, el candidato tenía cuatro semanas todavía para maniobrar
y como medida precautoria no concurrió a ninguna de las
dos proclamaciones para evitar comprometerse.

El problema tuvo un principio de solución una semana
después, cuando el organismo interpartidario presidido por
Bramuglia planteó a los representantes de las dos fuerzas
peronistas la renuncia presentada por Mercante y la necesidad de unificar la fórmula. Se discutió largamente, se pro-
metieron compensaciones y al fin el laborismo aceptó el
nombre de Quijano para integrar el binomio, "consideran-
do —dijeron sus voceros— que el coronel Perón es netamente un laborista". Perón-Quijano era, pues, la fórmula
de la coalición pero ni la solución satisfizo del todo al laborismo ni dejó de gritarse "Perón-Mercante" en sus actos.
La imposición fue un nuevo motivo de agravio entre las
dos fuerzas, que se agregaba a los problemas que cada una
padecía internamente. En Tucumán, en Catamarca, en Corrientes, el laborismo parecía dividirse irremediablemente
en la última semana de enero; en Buenos Aires los radicales
renovadores proclamaban candidato a gobernador a Leloir
y los laboristas juraban que no aceptarían semejante postulación.

No era alentador el panorama que brindaban sus huestes a Perón. Él, que durante 35 años había integrado una
institución cuyo fundamento es la disciplina, el orden, la
jerarquía, debía sentirse enfermo ante el caos de las organizaciones que lo apoyaban. Tuvo, sin embargo, la paciencia
de aguantar las tormentas con impavidez; su desquite sólo
podía llegar después de las elecciones, si triunfaba. Entretanto había que someterse a ese fatigoso comercio humano
que ejercía en su departamento de la calle Posadas, recibiendo —a veces en paños menores, cuando hacía mucho
calor— a quejosos de ambos bandos, transando, suavizando,
arbitrando cuando podía. Quizás intuía que todo este aparente derrumbe no era más que un signo de la tremenda
vitalidad de las fuerzas que se habían nucleado a su alre-

dedor. Debió ser una liberación salir en gira por segunda vez, ahora hacia Cuyo.

El 25 de enero partió Perón de Retiro: Evita y nueve personas más lo acompañaban. El gentío había invadido el convoy y costó Dios y ayuda desalojarlos. La locomotora y los vagones estaban totalmente tatuados con inscripciones: "Perón Rey" rezaba una de ellas... Mientras el tren atravesaba lentamente los suburbios porteños, aclamado por pañuelos y voces a lo largo de su itinerario, Buenos Aires era escenario nuevamente de sangrientos hechos. Los que habían ido a Retiro a despedir a su líder salieron en manifestación por el centro, agredieron y fueron agredidos y se tirotearon con comunistas que andaban en un camión de propaganda; estallaron balazos en Sarmiento y Montevideo, después en Corrientes y Uruguay, más tarde en Corrientes y San Martín; un comité peronista de la calle Lavalle al 1600 fue baleado. Un muerto y quince heridos se anotaron esa noche.

A la misma hora, Perón era recibido por Junín, la patria de su esposa. Luego el tren siguió hacia San Juan, adonde llegó el 26. Allí lo esperaba una de las fuerzas políticas que con más derecho integraban el movimiento peronista: el bloquismo, el viejo partido de los Cantoni, que podía considerarse su precursor por el sentido social, la demagogia, la violencia y el informalismo político que habían caracterizado su trayectoria. San Juan había sido uno de los caballitos de batalla de la Unión Democrática, que acusaba al gobierno *de facto* de no haber iniciado la reconstrucción de la destruida ciudad, y a Perón, de haberse quedado con las sumas recaudadas en colecta pública. El recibimiento sanjuanino fue, sin embargo, apoteótico. Perón pronunció un discurso de tono diferente a los que dijera en su primera gira: más duro, más preocupado. Definió su movimiento como una revolución criolla que estaba recorriendo toda América; afirmó que en Estados Unidos millones de trabajadores miraban con atención el fenómeno que estaba ocurriendo en nuestro país; admitió que la reconstrucción de San Juan estaba atrasada pero que ello se debía a que no se quería caer en improvisaciones y prometió que su gobierno levantaría a la ciudad más bella que antes. La multitud que lo escuchaba estaba netamente dividida entre laboristas y cantonistas: Perón exhortó varias veces a la unión y señaló la gravedad de que pudieran dividirse. Lo cierto es que Federico Cantoni había planteado ya su deseo de gobernar la provincia, con prescindencia de la ya proclamada candidatura laborista; en una entrevista que tuvieron después del acto Perón se negó a facilitar las aspiraciones del líder bloquista, que salió malhumorado, dispuesto a abandonar la coalición.

El 27, en Mendoza, habló de San Martín y comparó la gesta del Libertador con su propio movimiento, que estaba resuelto a llevar a toda América la liberación económica, política y social. Duramente atacó a sus adversarios: "reciben plata de la oligarquía". Calificó a la gira de los candidatos democráticos como "caravana del mal humor" —aludiendo a un conocido elenco cómico— y los acusó de "andar asesinando gente por las provincias del Norte"; recordó la época en que había vivido en Mendoza y volvió a reiterar sus pedidos de unión. En Mendoza, además de los radicales renovadores —casi todos antiguos yrigoyenistas— y los laboristas, apoyaban su candidatura los lencinistas, que también habían sido otrora precursores del peronismo, como lo fueron los bloquistas sanjuaninos.

Un acto más en San Luis con iguales características que los anteriores y luego, el regreso a Buenos Aires. Antes de que el tren pasara por una estación del departamento cordobés de Río IV, la policía descubrió unas cargas de gelinita en las vías; habrían sido colocadas por desconocidos que bajaron de un automóvil. El 28 a las tres de la tarde entraba a Retiro "La Descamisada" —así habían bautizado a la locomotora que arrastraba el convoy en que viajaba Perón— demorada en más de cuatro horas por la gente que se agolpaba en las estaciones y las vías desde Pergamino para acá, ansiosa de saludar al candidato. El recibimiento también tuvo una rúbrica de violencia: una de las manifestaciones que se derramaron sobre la ciudad desde Retiro

fue tiroteada en Rodríguez Peña y Charcas: seis muchachos que iban gritando vivas a Perón cayeron heridos.

Cuatro días más tarde Perón empezaba su tercera gira.
Como para descansar un poco, esta vez había elegido la vía
fluvial y *un viejo barco, el "París"* [25], especialmente contra-
tado para el caso. Era un cascajo cuyas máquinas padecie-
ron sofocones todo el viaje, atrasando algunos de los actos
programados. Pero el inconveniente no impidió que desde
la costa, a través de casi todo el trayecto, la gente siguiera
el paso del buque como si estuviera alertada por una misteriosa telepatía. Al cruzar frente a Rosario, pañuelos y sire-
nas de las barcazas y remolcadores acompañaron el paso del
"París"; en la boca del arroyo Saladillo los obreros del frigorífico Swift se agolparon para aclamarlo. Clarito se veía
a Perón en el puente, con pantalones claros y camisa "sport",
contestando las demostraciones con amplios ademanes; a su
lado, un golpe de sol reflejándose en el cabello de su esposa.

En Goya estaba programada una escala. Paisanos co-
rrentinos acompañados por sus mujeres y sus hijos fueron
cayendo a la ciudad desde la mañana del 1º de febrero, pero
el buquecito iba atrasado y no pudo detenerse. La gente,
entre desilusionada y exasperada, recorrió la ciudad —el
pago chico de Quijano, que no viajaba en el "París" por
estar enfermo— y al pasar frente al comité liberal se generalizó un tiroteo que dejó un muerto y varios heridos
entre los manifestantes. El 2 de febrero Perón llegó a Resistencia: era un acto de cortesía porque el Chaco, todavía territorio nacional, no elegía presidente ni legisladores al
Congreso. En Corrientes el acto de proclamación se hizo
en la Avenida Costanera. Perón pronunció uno de los discursos más agresivos de su campaña: "hay que terminar con
la maldita oligarquía hoy o mañana" —gritó—. Acusó a la
oposición de estar en connivencia con intereses extranjeros,
los acusó de vender la patria, llevó al máximo la exaltación
de la multitud. Al otro día, en Paraná, un acto extraordinario en el que Perón dedicó buena parte de su discurso a
vituperar la oligarquía: "los descendientes del patriciado
criollo, en el manejo de la cosa pública juntaron dos o tres

estancias y un palacio en la calle Florida. Se fueron a Europa, liquidaron allá sus estancias, vinieron a nuestra tierra y cuando no tuvieron nada que vender, vendieron la patria. Ese patriciado dejó una descendencia que no supo transformarse en héroes de la patria porque se transformaron en una oligarquía miserable y mezquina que ha vendido el país, que ha engañado a su pueblo y hoy no puede condenar sus propios errores".

El 5 a la noche el asmático "París" atracaba en Dársena Norte: algunos centenares de entusiastas fueron a recibir al candidato y luego subieron a la ciudad para hacer las manifestaciones acostumbradas. Fue otra noche luctuosa: pasada la medianoche, desde un automóvil tirotearon a un grupo de nacionalistas que pegaba carteles de su agrupación en Pueyrredón y Mansilla: dos muertos. Como para suavizar la alevosía del hecho, "La Prensa" señalaba que las víctimas eran "dos sujetos de pésimos antecedentes" del barrio del Abasto...

En el transcurso de la campaña electoral, los discursos de Perón habían sufrido una evolución fácilmente perceptible. Al principio se había limitado a invocar la obra cumplida por el gobierno de la Revolución en materia de justicia social, a definir su movimiento, exhortar la unidad de sus partidarios, señalar que ellos gritaban "viva" y no "muera", recordar antecedentes históricos de su propia lucha. A medida que la Unión Democrática se movilizaba y el esfuerzo opositor se hacía más y más vigoroso, Perón hablaba con mayor agresividad, atacaba a sus adversarios y les lanzaba gruesas acusaciones o sarcasmos de inmediata resonancia popular. La candidez opositora le había dado un excelente tema para sus invectivas: la ayuda que la Unión Industrial había arrimado a la Unión Democrática a través de un cheque por $ 300.000 que el tesorero de la UCR endosó y depositó en la cuenta de su partido con una pasmosa inocencia. Si entre las filas democráticas había avispados empleados de banco como el que descubrió el cheque del Jockey Club de La Plata a favor de Albariños, también los peronistas tenían sus sicofantes en las oficinas bancarias. El 31 de enero, el matutino "El Laborista" —nacido veinte días antes como expresión de los sectores sindicales que apoyaban a Perón— sacó en su primera página, en tamaño catástrofe, un titular: "¡Vendidos!"

Debajo venía la fotografía del cheque de la Unión Industrial, con las firmas aumentadas y el endoso efectuado por el tesorero de la UCR. Esa misma tarde "La Época" publicó la primicia de su colega y durante días y días, ambos diarios, más "Democracia" y el semanario "Política", reprodujeron el documento con las glosas pertinentes. El pueblo peronista tomó el asunto con directa valoración:

"¡Cheque, cheque, cheque / chorros, chorros, chorros!" —fue desde entonces uno de los gritos más coreados de los actos peronistas.

Pero la agresividad oratoria de Perón no obedecía solamente a la necesidad de contraatacar con la mayor dureza posible la ofensiva democrática. Le era indispensable radicalizar, enfatizar el tono de su campaña, porque ya estaban apareciendo síntomas de la vasta maniobra implementada por Braden. Para neutralizarla, Perón concedió una entrevista al corresponsal del "New York Times" en Buenos Aires, que se publicó el 31 de enero. El candidato laborista negaba ser o haber sido nazi.

—¡Sería capaz de retorcerle el cuello a los nazis! —habría prorrumpido Perón, según el periodista yanqui.

Describió al régimen argentino como semejante al "New Deal", lamentó la muerte de Roosevelt, acusó a Braden de haber cancelado los acuerdos a que se había llegado con Warren y después de asegurar que los viejos políticos estaban terminados, venía el plato fuerte: acusaba a la embajada de Estados Unidos en Buenos Aires de estar conspirando contra él: "tengo pruebas concluyentes —afirmó— de que la Embajada ha dado 300.000 dólares para la campaña de la Unión Democrática". Reconoció que algunos de sus partidarios "habían tirado piedras y tomates" al tren opositor en una pequeña estación del Norte, "pero que él nada tenía que ver con ese hecho". No aludió a Braden pero todo el reportaje tenía ese destinatario.

Probablemente se le había escapado la lengua y lo que quiso ser un elemento de conciliación se convirtió en un nuevo factor de hostilidad del gobierno norteamericano contra él. El encargado de negocios de Estados Unidos no demoró un día en dirigirse al Ministerio de Relaciones Exteriores preguntando conminatoriamente si el gobierno argentino suscribía las acusaciones contra la embajada: el canciller respondió que Perón estaba desvinculado del gobierno desde octubre y que sus afirmaciones corrían por su propia cuenta. Tal vez para paliar la "gaffe" Perón hizo publicar en algunos diarios de Estados Unidos, una semana más tarde, un documento de 4.000 palabras sobre las relaciones argentino-yanquis. Alababa al pueblo de Estados Unidos y afirmaba que la Argentina necesitaba inversiones de *capitales y aportes tecnológicos*.[26] Pero el 12 de febrero los cables anoticiaban que el día anterior el Departamento de Estado había entregado a los diplomáticos latinoamericanos acreditados en Washington los ejemplares del Libro Azul.

Pocos momentos son tan significativos en orden a la valoración personal del Perón de 1945/46, como estos que debió sobrellevar el candidato laborista a diez días de las elecciones. El Libro Azul —que se fue publicando los días 13, 14 y 15 de febrero en los diarios del país— no era la única ordalía que debía enfrentar Perón. En ese preciso instante su movimiento sufría la crisis más grave de su corta trayectoria y parecía entrar en un proceso de disgregación. La explosión de apetitos personales era incontenible. En Santiago del Estero el ministro de Gobierno renunciaba acusando al Interventor Federal de parcialidad en favor de una fracción peronista. En San Juan explotaba el conflicto con Cantoni y el bloquismo retiraba estrepitosamente su apoyo al candidato laborista, anunciando en un rencoroso manifiesto que Perón obtendría en esa provincia "un número de votos insignificante". En Mendoza se producía igual rompimiento con el lencinismo. En Corrientes había sido imposible unificar en una sola fórmula las dos candidaturas peronistas locales enfrentadas. En Jujuy y Tucumán, laboristas y radicales renovadores andaban como perros y gatos, vetándose mutuamente y rechazando todo candidato provincial que no fuera propio.

En Buenos Aires el proceso interno adquiría formas de sainete. El Partido Laborista había proclamado en enero la fórmula Mercante-Arrieta y los radicales renovadores el binomio Cetrá-Emilio Sirí. Frente a esta división de fuerzas se había acudido al laudo de Perón, que urdió entonces la combinación Leloir-Bramuglia, ordenando acatarla, lo que provocó el alejamiento definitivo de Cetrá del peronismo. Pero el laudo no satisfizo a los laboristas, que decían constituir la fuerza de mayor gravitación en la provincia; y sobre todo *no satisfacía a Evita* [27], que presionó con toda clase de recursos a su marido para que indujera a Leloir y a Bramuglia a presentar sus renuncias y allanar el camino a otra fórmula. Cuando Perón leyó por radio, el 10 de febrero, *la nómina de candidatos* [28] que debían votar los peronistas en todas las provincias, Buenos Aires fue significativamente omitida: todavía no había candidatos peronistas para el primer estado argentino a doce días de los comicios. . .

Y además de todo eso, el Libro Azul. . . Sólo un inconsciente o un iluminado podía seguir adelante. En esta emergencia, Perón creció sobre la adversa circunstancia: bajó la cabeza como un toro y embistió. Su intuición —esos invisibles hilos que unen al líder con su pueblo, según Alexis Carrell— funcionó a la maravilla. Hizo exactamente lo que tenía que hacer y lo único que podía hacer. Frente a la acusación del Departamento de Estado no debía perder un minuto en defenderse, no debía gastar una palabra en explicaciones. Tenía que atacar, acusar, denunciar, convertir al fiscal en procesado, hacer de la requisitoria una prueba concluyente de la culpabilidad de sus adversarios. Las refutaciones al Libro Azul, que quedaran a cargo del gobierno y de los que se sintieran damnificados. Perón no caería en la trampa de una discusión. Por eso, el mismo día que los cables anunciaban la distribución del Libro Azul a los diplomáticos latinoamericanos, antes aún de conocer su contenido, Perón, ante varios centenares de miles de hombres y mujeres enfervorizados lanzó la opción que definiría la campaña:

La disyuntiva de esta hora trascendental es esta: ¡Braden o Perón!

¿Qué motivación le había dado esta tremenda capacidad para el ataque? Lo que ocurría era muy sencillo: el candidato laborista estaba ahora seguro de triunfar. No sabemos si advertía que las pujas internas y los motines de su movimiento sólo indicaban vitalidad y no disolución. Pero es seguro, en cambio, que los recientes contactos con su pueblo le habían otorgado una total seguridad en la victoria. El mismo día que Tamborini y Mosca eran proclamados en el gran acto de Avenida de Mayo y 9 de Julio, la ciudad de Rosario y sus aledaños se volcaban frente al Monumento a la Bandera para aclamar a Perón. Su regreso en tren —que pudo descarrilar por el corte, acaso intencional, de un vagón— fue un triunfal paseo hasta Retiro. El día anterior su esposa había sufrido una experiencia desdichada en su primera intentona oratoria: se había organizado en el Luna Park un acto femenino auspiciado por el Centro Universitario Argentino. El público —no demasiado numeroso, esta vez— escandalizaba con sus gritos reclamando la presencia de Perón pero el candidato no había concurrido y Evita intentó explicar por el micrófono que traía un mensaje de su marido. El barullo arreció: ella trató de imponerse pero no pudo prevalecer sobre la batahola y finalmente el acto terminó casi sin discursos: todavía no era, evidentemente, Eva Perón.

Pero eso era un accidente propio de la dinámica misma del proceso tremendamente exuberante que acompañaba al peronismo. Hasta lo eran los tiroteos que seguían desatándose noche a noche: el 10, disparos contra un comité peronista de Jonte al 4400, con un herido. El 11, tiroteo en Corrientes: tres muertos...

Eran accidentes. Lo sustancial era el pueblo y su presencia. Y el día 12 de febrero el pueblo llenó el centro de Buenos Aires, bajo chaparrones de verano que daban a la concentración más motivos de regocijo. Era la proclamación oficial de la fórmula Perón-Quijano. Barriletes y globos con el rostro del caudillo reproducido mil veces, bombos y latas haciendo ruido. Muchachos —los famosos "muchachones" de los diarios serios— que se entretenían bailando congas y cantando toda suerte de estribillos. Una columna de manifestantes blandiendo pulverizadores de insecticida, como para exorcizar a los malos espíritus... Era una enorme fiesta que se extendía desde la Plaza de la República hasta que la vista se cansaba de buscarle el final. Entre chubascos intermitentes, la multitud hacía cien actos propios, con sus cantos, sus ocurrencias, las payasadas de los más jóvenes, las arengas de los más entusiastas.

Perón pronunció en esta oportunidad uno de sus discursos más orgánicos, tal vez el único de enjundia de toda la campaña. Esta vez no improvisó, como solía hacer: leyó su pieza oratoria calados los anteojos y sin sacarse el saco, bajo los chubascos que todavía se descolgaban sobre el balcón de un edificio de Diagonal y Cerrito donde se había improvisado el palco. Primero habló Bramuglia, como presidente de la Junta Coordinadora que agrupaba las fuerzas adictas a Perón. Luego empezó éste, aclamado con un bramido que parecía no terminar nunca. En realidad, Perón sólo se dirigió al público congregado allí, en la parte final de su exposición. Para que la transmisión radial no fuera perturbada por el bullicio constante de la multitud, después de iniciado su discurso se retiró al interior del edificio y allí continuó su lectura para todo el país, a través de una cadena de radios. Luego regresó al balcón y concluyó su arenga.

Comenzó con una cita de Roosevelt y un recuerdo a su lucha contra la plutocracia. Luego se refirió a su concepto de la democracia, a la que dio sentido económico y aseguró que sus adversarios sólo aspiraban a una ficción de democracia, para seguir manteniendo el estado de cosas anteriores a la revolución de 1943. Negó ser un demagogo y afirmó que era "un conservador, en el noble sentido de la palabra". Se extendió sobre el papel que debe cumplir el Estado en el futuro y la necesidad de que el proceso de industrialización tenga, como condición previa, la protección del trabajador del campo y la ciudad. Se explayó en algunos conceptos sobre planificación, rozó al pasar el tema de la reforma agraria.

Era un discurso bien construido, meduloso. Pero no era el estilo habitual de Perón. Podía haber terminado allí y ser una correcta exposición programática. Pero el coronel había dejado la parte explosiva para el final. Largó un par de párrafos sobre la situación internacional y luego, como un mazazo, empezó a atacar el tema real de su discurso: Braden.

—He dicho —afirmó— que el contubernio oligárquico-comunista no quiere elecciones; he dicho y lo repito, que el contubernio trae armas de contrabando. Rechazo que en mis declaraciones exista imputación alguna de contrabando a la embajada de Estados Unidos. Reitero, en cambio, con toda energía, que esa representación diplomática o más exactamente el señor Braden, se halla complicado en el contubernio. Y más aún —concluyó marcando cada palabra enérgicamente—: ¡denuncio al pueblo de mi Patria que el señor Spruille Braden es el inspirador, creador, organizador y jefe verdadero de la Unión Democrática!

Perón historió la actuación de Braden en el país, la forma en que habían quedado sin efecto los acuerdos de la Misión Warren, la manera como el ex embajador había agrupado a los núcleos opositores. Refirmó su respeto por el pueblo de Estados Unidos y su creencia de que el gobierno de Washington no podría aprobar la actitud de Braden. Sus dos párrafos finales fueron rotundos, acuñados como en acero:

—Si por un designio fatal del destino triunfaran las fuerzas regresivas de la oposición, organizadas, alentadas y dirigidas por Spruille Braden, será una realidad terrible para los trabajadores argentinos la situación de angustia, miseria y oprobio que el mencionado ex embajador pretendió imponer sin éxito al pueblo cubano.

Y después de esta advertencia, las tres simples palabras que al otro día se pintarían en todas las paredes del país, con una fuerza irresistible:

—Sepan quienes voten el 24 por la fórmula del contubernio oligárquico-comunista, que con este acto entregan el voto al señor Braden. La disyuntiva en esta hora trascendental es esta: ¡Braden o Perón!

La gente casi no escuchó a los restantes oradores —Quijano, Gay y Reynés—. Volvían a su casa repitiendo sus gritos, sus canciones, sus contorsiones y sus payasadas. Pero en cada uno de esos corazones quedaban grabadas a fuego las palabras de su jefe. Y la conciencia colectiva de esa enorme ameba oscura que, bien entrada la noche, empezaba a desarticular sus prolongaciones por toda la ciudad, se iluminaba ahora con una idéntica convicción: votar por Perón no era solamente defender la nueva dignidad de los trabajadores. Era defender la soberanía nacional.

Dos días después un diario carioca publicaba declaraciones de Perón.

—Le agradezco a Braden los votos que me ha cedido... Si llego a obtener las dos terceras partes del electorado, un tercio se lo deberé a la propaganda que me ha hecho Braden...

Desde ese día, las palabras "Braden o Perón" saturaron obsesivamente el panorama político. Millones de veces se escribieron en las paredes, se vocearon en las arengas proselitistas, se dijeron en las conversaciones, se estamparon en los diarios peronistas. *Perón había hecho imprimir unas fajas* [29] con esa leyenda, sin otro aditamento, y esas tiras fueron pegadas en todos lados. Al mismo tiempo ordenó que a todo vapor se preparara una réplica al Libro Azul: varios de sus colaboradores tomaron a su cargo la redacción de diversos capítulos y la publicación pudo estar en los quioscos de todo el país horas antes de las elecciones, el 22 de febrero, en un folletito malamente impreso pero de fuerza explosiva, con un nombre que era todo un hallazgo: *"Libro Azul y Blanco"*. [30]

También para Perón iba terminando la campaña. Durante varios días permaneció en San Vicente, arreglando los problemas políticos que todavía despedazaban a sus

huestes y en primer lugar, el lío de Buenos Aires, cuya
fórmula gubernativa quedó firme el 14 de febrero; recién
el domingo 17 partía Mercante en gira por la provincia
que aspiraba a gobernar: sus principales adversarios, Prat
y Larralde, peregrinaban por territorio bonaerense desde
fines del mes anterior...

El mismo día inició Perón su última gira por Buenos
Aires que, según todas las apariencias, necesitaba un intenso trabajo para neutralizar la confusión provocada por
el contradictorio juego de candidaturas y paliar los rencores subyacentes. Harto de soportar el fervor de sus partidarios, Perón no tomó el tren en Constitución como lo hicieron Quijano y el resto de la comitiva, sino que subió con
Evita en la pequeña estación de Barracas. La caravana peronista pasó por Cañuelas, Brandsen, Chascomús, Maipú
Ayacucho, Balcarce. En Tandil llegaron al lugar del acto
en una berlina tirada por cuatro caballos y rodeados por
jinetes vestidos a la usanza gaucha, lo que provocó en Quijano una efusión oratoria de ardiente tono criollista. Tres
Arroyos, Bahía Blanca, Trenque Lauquen, Pehuajó, Chi-
vilcoy, Mercedes... Los actos se desenvolvían según un
rito casi idéntico: desde el tren o en la plaza de la localidad,
según su importancia, hablaban un par de oradores, luego
Quijano decía su parte y finalmente Perón, quitándose ostensiblemente el saco y la corbata, repetía algunas de sus
frases más efectistas con la voz cada vez más borrosa, con
un aire cada vez más cansado.

El miércoles 20 el convoy peronista llegó a Luján. El
candidato presidencial abandonó allí el tren y precediendo
una caravana de automóviles se dirigió a la Basílica. Entró
al templo con las campanas al vuelo, se arrodilló frente a
la imagen de Nuestra Señora y luego improvisó unas palabras desde la escalinata, anoticiando que había *consagrado
a la Virgen su espada de soldado*.[31] En Plaza Once, la llegada del tren peronista sin Perón decepcionó a los entusiastas
que lo aguardaban allí: el candidato había regresado en
automóvil desde Luján, no sin que tuviera que detenerse
varias veces en el camino, requerido por grupos que, intu-

yendo su paso, se fueron formando en algunos puntos de la ruta.

Pero el candidato laborista estaba agotado. Afónico y desganado, optó por hacerse la rabona a la proclamación de su candidatura en La Plata, el jueves 21. Los oradores se vieron en figurillas para explicar a la multitud —la gente de Berisso, de Ensenada, de Berazategui— que el líder no estaba en condiciones físicas de llegar hasta allí.

—¿Quieren que se muera? —vociferó Cipriano Reyes cuando el gentío hizo imposible oír los discursos reclamando la palabra de Perón—. Les digo que está enfermo, en cama, con médico. ¿Y ustedes todavía quieren que venga? ¿Para que la oligarquía quede contenta de que desaparezca su mayor enemigo?

Sólo así se calmó la gente. En realidad, Perón no estaba enfermo sino fatigado. Y además tenía la seguridad de que era innecesario exigirse más. El viernes 22 a la noche, horas antes que la actividad política quedara clausurada en todo el país, Perón empuñó por última vez su gran arma, el instrumento básico de su éxito: el micrófono. No hizo esta vez un discurso proselitista: impartió órdenes a sus partidarios de todo el país. No intentó convencer a nadie: simplemente instruyó a sus huestes para que no se perdiera un solo voto.

—Somos pobres como ratas —quejóse—. No aceptamos cheques, no tenemos dinero y carecemos de todos los medios. Nuestra riqueza reside en los valores espirituales... No tenemos medios de transporte... No tenemos para pagar abundantes boletas...

Denunció que sus adversarios estaban movilizando enormes cantidades de dinero para sobornar a los votantes y alertó a sus adictos sobre otras posibles maniobras. Con puntualidad militar enumeró prolijamente los errores que no debían cometerse al votar y luego leyó la lista de los candidatos peronistas en cada una de las provincias. Y terminó su "orden general", como él mismo la calificó, estableciendo una especie de decálogo dirigido directamente a cada votante. Decía Perón:

—No concurra a ninguna fiesta que inviten los patrones el día 23. Quédese en casa y el 24 bien temprano tome las medidas para llegar a la mesa en que ha de votar. Denuncie al expendedor de nafta que no le provea de combustible. Evite todo incidente para impedir que lo detengan. No beba alcohol de ninguna especie, el día 24. Si el patrón de la estancia (como han prometido algunos) cierra la tranquera con candado, ¡rompa el candado o la tranquera o corte el alambrado, y pase para cumplir con la Patria! Si el patrón lo lleva a votar, acepte y luego haga su voluntad en el cuarto oscuro. Si no hay automóviles ni camiones, concurra a votar a pie, a caballo o en cualquier otra forma. Pero no ceda ante nada. Desconfíe de todo; toda seguridad será poca. Las fuerzas del mal y de la ignominia pondrán en juego todos sus recursos para burlar la voluntad popular...

Y terminaba sus concretas instrucciones con una invocación:

—¡Que Dios presida los comicios! Y que la justicia, la pureza y la rectitud actúen, porque de lo contrario no habrá valla que nos detenga...

Era el último golpe maestro de Perón. Su arenga tenía tono opositor. Se había desprendido de todo barniz oficialista. Se colocaba y colocaba a sus partidarios en la postura de perseguidos, de hombres que deberían llegar a las urnas venciendo toda clase de dificultades. Insuflaba un tono heroico, casi religioso, al acto del sufragio y daba a cada peronista del país la sensación de que, al colocar su boleta, formaba parte de un enorme, silencioso ejército que estaba disciplinadamente derrotando a una enorme conjura de patrones codiciosos. Aunque sólo fuera por demostrar esta imaginación, Perón merecía ganar su batalla...

IV

Terminaba la campaña electoral cuyo resultado definiría el destino del país por, al menos, seis años. No había sido una campaña limpia. Al contrario, habían abundado

fullerías y malas artes por ambos bandos. El oficialismo
había arrimado su poder a la candidatura de Perón en la
medida que sus funcionarios se arriesgaron a hacerlo o de
la impunidad que gozaron. La Secretaría de Trabajo y Previsión había vertebrado sin el menor pudor al laborismo y
los interventores federales usaron masivamente los infini-
tos resortes de los oficialismos provinciales distribuyendo
puestos, dádivas, promesas, amenazas y seducciones, hasta
que la acción de los comandantes electorales, pocas semanas
antes del comicio, puso coto a esos abusos, que por otra
parte no eran nuevos en el país y se habían también conocido en otras épocas.

En verdad, la parcialidad policial, el amparo gubernativo —que dosificó decretos y medidas al ritmo de las necesidades del candidato oficial—, la evidente protección del
régimen a la nominación de Perón causa un asombro: parece
mentira que, a pesar de todo ello, el movimiento peronista
no se limitara a ser un mero partido oficialista sino que
conservara su espontaneidad, su frescura, su caótica y popular dimensión. Indudablemente tenía que estar nutrido
de una auténtica vitalidad, nacida en las más profundas
napas populares, para no quedar estancado en los meandros
de los apoyos burocráticos y mantuviera gallardamente su
combativa y arrolladora condición.

Por su parte, la Unión Democrática no se privó de
echar mano a los peores recursos políticos. La diferencia
estaba en que carecía de poder para ejercerlos con la urticante eficacia con que lo hacía el oficialismo... Así, se
formularon denuncias descabelladas, se usó de prejuicios
clasistas para abrumar con el descrédito social al osado que
se manifestara partidario de Perón: algunos periodistas
que simpatizaban con la candidatura de Perón fueron deja-
dos cesantes en los grandes diarios, y en los sectores de clase
media sus adherentes se vieron obligados a adoptar una
actitud vergonzante, ocultando cuidadosamente sus simpatías. Se tejieron infundios sobre los adversarios atribuyéndoles una barbarie irredimible, una estolidez absoluta. En
esto, el tono de las expresiones de la Unión Democrática no

se diferenciaba mucho del que se usó contra Yrigoyen en
1928. De todos modos hay que tener en cuenta que la oposición tuvo que defenderse con uñas y dientes de un adversario poderoso, frente a cuya presión todas las armas parecían legítimas.

Pero lo más injustificable de la Unión Democrática fue
su deliberada deformación de la realidad. De esta distorsión
es ejemplo la actitud de la prensa llamada independiente,
volcada en su apoyo sin excepciones. No puede reprocharse,
por supuesto, que los diarios apoyaran a la oposición; lo
que es criticable es que llegaran a fraguar una permanente
mentira en la información que brindaban a sus lectores.
Un cálculo del centimetraje dedicado por "La Nación" y
"La Prensa" a la información política en los dos últimos
meses de la campaña electoral arroja menos de un 10 %
dedicado a anoticiar sobre las actividades del frente peronista y más del 90 % a la Unión Democrática. Páginas y
páginas dedicadas a transmitir, hasta la última coma, la
totalidad de los discursos, manifiestos y movimientos democráticos, contrastan con los escasos párrafos dedicados a
reseñar la actividad del peronismo. Actos peronistas cuya
magnitud los convertía, de hecho, en noticia, son despa-
chados en diez líneas; los discursos de Perón se sintetizan
en un par de frases y cuando hay información destacada
sobre el peronismo es para señalar un escándalo, una deserción o un cisma en sus filas; el nombre de Perón era prolijamente evitado y cada vez que se podía, los diarios usaban
de eufemismos como "un militar retirado que actúa en política", "un ciudadano que ha sido funcionario del actual
gobierno", "el candidato de algunas fuerzas recientemente
creadas". Casi no hay fotografías de los actos peronistas;
y si las hay, contrastan sus ángulos de toma con las que
reflejaban diariamente las andanzas opositoras.

Desde el punto de vista de la ética periodística, la posición de la prensa independiente fue condenable. El castigo
a este sectarismo llegó por sí mismo: la deformación de la
realidad fue tan completa que todos, los que escribían y los
que leían, llegaron a convencerse de que la imagen presen-

tada era cierta; que la Unión Democrática representaba la arrasadora mayoría del país frente a minúsculas turbas despreciables. Un observador que en esos días se hubiera guiado solamente por lo que decía la gran prensa habría llegado a la conclusión que este país estaba habitado por locos, puesto que todo indicaba una intensa agitación política producida en un solo bando, para enfrentar a un adversario inexistente...

Pero en el plano periodístico el peronismo tampoco quedó corto de corruptelas. Sus publicaciones cayeron en las peores actitudes: se injurió libremente a los adversarios, se los calumnió con toda irresponsabilidad, se ridiculizó a hombres intachables que habían envejecido al servicio del país, no se respetó ninguna regla de juego.

Fue una lástima que la campaña electoral 1945/46 se desarrollara según estas características, porque así se perdió una gran oportunidad de debatir una prospectiva del país cuya formulación estaba favorecida por las especiales condiciones nacionales e internacionales de ese momento histórico. En plena posguerra, contando con grandes reservas de oro y divisas acumuladas a su favor, asegurada por varios años la colocación de sus excedentes agropecuarios en la hambreada Europa, montadas las bases de una industria liviana cuyas improvisaciones debían corregirse y cuyas realizaciones debían asegurarse con una infraestructura conveniente, la Argentina vivía un instante excepcional y requería con urgencia una seria introspección, un análisis riguroso, un programa de vida para una década, por lo menos.

En un par de años más vencerían los privilegios acordados a las empresas ferroviarias por la ley Mitre: ¿qué hacer con los ferrocarriles? La inmigración rural había diseminado sus confusos campamentos en torno a las grandes ciudades del litoral: ¿cómo integrar esas masas a la vida urbana de una manera racional y permanente? La guerra había demostrado la vulnerabilidad de un país como el nuestro, carente de una flota mercante, imposibilitado de autoabastecerse de combustible, dependiente de las importaciones de acero, celulosa, repuestos industriales: ¿cómo cubrir en el futuro estas carencias? ¿Podía ponerse en tela de juicio al país anterior? ¿Había caducado la prospectiva formulada por la generación del 80? Si era así, como parecía, si un nuevo contexto internacional y novedosas condiciones internas instaban a fundar un país diferente, ¿qué tipo de país debía ser?

Estas preguntas no se plantearon durante la campaña electoral en ninguno de los dos bandos. Los voceros de la Unión Democrática dejaron establecido que cualquier debate, cualquier programática, requería previamente la instauración de la libertad y la democracia y entonces se limitaron a exaltar estos valores y la necesidad de asegurarlos mediante la derrota de Perón. En un discurso pronunciado en Villaguay, se refería Tamborini ligeramente a temas sociales, económicos y monetarios para agregar en seguida: "Pero sería un desconocimiento de la realidad argentina si yo creyera que este es el momento de explayarme en temas de esta índole. El drama que nos conmueve a todos en la hora presente es la pérdida de nuestras libertades"; y seguía declamando sobre la libertad, la democracia y la Constitución, en el estilo habitual. Encerrada en el dilema que constituyó el "slogan" de su campaña —Por la Libertad contra el Nazifascismo— la Unión Democrática no pudo salirse de los planteos puramente políticos e institucionales. Sus compromisos con las fuerzas del pasado inhibían a la mayoría de sus dirigentes de replantear la necesidad de proyectar un país nuevo —si es que advertían esta necesidad— pues casi todos veían su lucha como un esfuerzo para retornar a las vísperas del 43, mejorando en todo caso las prácticas cívicas y algunas corruptelas más, pero dejando lo sustancial tal cual estaba hasta entonces.

Por su parte, Perón se limitó a insistir, cada vez con mayor crudeza, en la necesidad de defender la obra de justicia social que había llevado a cabo desde el gobierno *de facto* y atacar indiscriminadamente a la oligarquía. "Lo que en el fondo del drama argentino se debate es... simplemente, un partido de campeonato entre la justicia social y la injusticia social", clamó en el acto de clausura de su campaña, como síntesis final de su pensamiento. Esto y los recursos de un nacionalismo burdo y elemental agotaron sus preocupaciones. La pasión política y la urgencia electoral obnubilaron a todos los competidores. Sólo en algunos discursos de Luciano Molinas y ciertos dirigentes del radicalismo del sector intransigente —en el frente democrático— y en algunos peronistas venidos del forjismo y del nacionalismo, puede detectarse, a veces, una preocupación de fondo más trascendente que la provocada por la contienda electoral. En los demás, en ambos bandos, es total la carencia de pensamiento vertebrador. Aunque hay que señalar, en descargo de todos, que los argentinos carecían por entonces del hábito del autoanálisis formulado con seriedad. El país había funcionado siempre bien, en el simple y rendidor mecanismo internacional al que estaba adscripto desde que adquirió sus características definitivas: la crisis del 30, que fue la primera evidencia de una falla grave de ese mecanismo, se había superado por la coyuntura de los años posteriores. Todo parecía haber vuelto a la normalidad y en 1945 no eran muchos los que estaban en condiciones de evaluar cuánto había de ficticio e inestable en la súbita y reciente prosperidad argentina. Y mucho menos en una época electoral como ésta, con los dos bandos irreconciliablemente enfrentados en términos de invectivas y calumnias recíprocas. Pero de todos modos, el esfuerzo debió haberse hecho. La campaña electoral de 1945/46 debió ser una confrontación exhaustiva, seria, realista, de dos concepciones diferentes y antagónicas, sobre la base de un sincero inventario de lo que el país era y lo que debía ser.

No fue así, repetimos, y ello no es lo menos lamentable de ese enfrentamiento poco limpio. En realidad, analizando el estilo que predominó en esa campaña, se llega a una desoladora conclusión: lo más decente de este proceso fue la ininterrumpida violencia con que estuvo marcada... Los que arrojaron piedras o tiroteaban el "Tren de la Victoria", los que agredían locales nacionalistas, los que hostilizaban los actos democráticos, los que se cascaban concienzudamente a lo largo de todo el país, fueran de FUBA o de la Alianza, comunistas o laboristas, todos encarnaban una actitud bárbara y regresiva pero de alguna manera auténtica, vital, comprometida a fondo con la causa que sostenían. Frente a las mentiras de la prensa independiente, frente a la bajeza de la prensa peronista, frente a la orfandad de pensamiento orgánico que casi todos exhibieron, frente a las mañas y trampas del oficialismo y la oposición, la sangre derramada en los dos bandos acreditaba un fervor, una guapeza mal encauzada pero que nutría de pasión testimonial aquella lucha. La violencia no era más que una forma de sinceridad: la que lleva a jugarse entero cuando se intuye que la causa vale la pena. Arturo Jauretche lo había dicho en verso quince años atrás: "Cuando es grande la ocasión / lo de menos es la vida..." ¡La vida propia y también la ajena!

A través de la violencia, pues, puede rescatarse lo que tuvo de auténtico la campaña electoral de 1945/46. Pero también a través del humor. Porque hubo una gracia fundamental que se derramó en ambos bandos, al ritmo de la lucha, dando un tono y un estilo a cada uno, definiendo sus grandes temas, acuñando estados de espíritu, obsesiones y fobias con más fuerza y trascendencia que las retóricas frases de los candidatos. El humor definió a cada uno de los frentes con absoluta precisión: intelectual y sutil en las filas democráticas, burdo y chabacano en las huestes peronistas.

Los de Tamborini pegaban obleas con la escalofriante silueta de "Fúlmine" abrazando a Perón y asegurándole que sería presidente; la revista "Cascabel", publicaba un dibujo mostrando a un ciudadano que escribe en una pared "Muera Perón" y que al tropezar con la mirada de un vigilante, completa su inscripción en esta forma:

—¡Muera Perón... borini...!

En realidad, Perón no era un buen sujeto para la caricatura o el chiste político: cualquier cosa podía decirse de él, menos que fuera un tipo ridículo. En "La Vanguardia", el dibujante Tristán le redondeaba las nalgas, le apretaba la cintura y le estereotipaba la sonrisa hasta infundirle una imagen bastante amariconada. Pero no era fácil encontrarle flancos gotescos y los chistes que se hacían sobre él se referían más bien a sus contradicciones verbales o a la pobreza intelectual de sus huestes, cuando no eran gruesas conjeturas sobre su esposa o sobre su flamante vida matrimonial. En realidad, lo que más limitaba a la Unión Democrática en orden a sus expresiones humorísticas era el propio tono de su campaña, habitualmente dramático y grandilocuente. Esto ocurre siempre con las oposiciones en todos los países y todas las épocas: la actitud opositora es de denuncia, de acusación, apocalíptica a veces. La actitud oficialista tiende, en cambio, a demostrar que todo anda bien y así debe seguir... En el caso de la Unión Democrática esa limitación se agravaba por la circunstancia de que, al plantear la lucha como una patética confrontación entre la libertad y el nazismo, quedaba poco margen para el buen humor. Ricardo Rojas inició su discurso en el acto de clausura de la Unión Democrática, en la Capital Federal, con una cita del profeta Ezequiel; los discursos de Tamborini eran oraciones cívicas de alto vuelo y ese estilo prevalecía en todos los rangos de la oposición. Sólo la juventud universitaria estaba en condiciones de dejar filtrar algunos rasgos de ingenio antiperonista para paliar tanta solemnidad.

Muy diferente era el panorama del peronismo. Pocos movimientos políticos presentaron en el país un rastro tan definido y original como el peronismo de 1945/46. Aparte de su contenido conceptual, cada movimiento político de auténtica gravitación cuenta con un tono, una fisonomía, una pulsación especial. Lo tuvieron los radicales, los socialistas, los anarquistas, los conservadores, como en el siglo pasado lo tuvieron los federales, los alsinistas o los mitristas. Y dentro de esa fisonomía, el humor —o la falta de él —constituye un ingrediente especialísimo.

El estilo peronista era duro y al mismo tiempo alegre; prepotente y chabacano pero sentimental, o mejor aún, sensiblero; sobrador, exclusivista y con algo de esa saludable barbarie que acompaña inevitablemente a todo movimiento popular vigoroso. No fue cruel, en cambio. Fue ingenuo, crédulo e ingenioso. Su humorismo tenía fuentes muy complejas: desde la aptitud para la "cachada" del reo porteño hasta el retorcido ingenio con que el provinciano trasplantado a la gran ciudad se defiende de su nueva circunstancia. Habría que salvar del olvido (porque estas flores del humor multitudinario *nunca se escribieron* [32] sino que se corearon o pasaron de boca en boca por el telégrafo invisible de la afinidad política) los motes, los chistes, las canciones, los retruécanos, las rimas que desbordaron aquellas huestes jodonas y desprejuiciadas, para golpear al adversario allí donde más duele a los argentinos: en el vulnerable talón del ridículo.

De todo hubo en este incruento frente de lucha. Canciones de moda a las que se cambiaba la letra para insertar las anónimas invenciones que, en su rústica simplicidad, valían tanto como un programa político; por ejemplo, la que se cantaba con el ululante aire de *La mar estaba serena:*

> *Perón no es comunista,*
> *Perón no es dictador,*
> *Perón es hijo del Pueblo,*
> *y el Pueblo está con Perón...*

O la canción navarra que desde la primera hora fue una rotunda marcha de victoria, aquella que en las jornadas de octubre conmoviera a Leopoldo Marechal:

> *Yo te daré,*
> *te daré, Patria hermosa,*
> *te daré una cosa*
> *una cosa que empieza con P:*
> *¡Perón!*

En los últimos días de la campaña se solía vocear un pareado *cuya melodía se cantó muchas veces* [33] en anteriores lides políticas:

> *Sube la papa, sube el carbón,*
> *el 24 sube Perón.*

o, con el mismo tono, celebrando el idilio con la policía:

> *Viva la cana, viva el botón,*
> *viva Velasco, viva Perón.*

Pero era cebándose sobre los adversarios cuando desbordaba el ingenio de los peronistas. El heterogéneo conjunto de los dirigentes democráticos daba para mucho: la supuesta glotonería de Tamborini —cuyo ancho rostro bestializaban los caricaturistas de "Descamisada" hasta convertirlo en un enorme cocodrilo—, las veleidades tenoriles de Palacios, todo se prestaba para definir al elenco opositor como una grotesca murga de Carnaval.

> *Se va el caimán, se va el caimán,*
> *se va para no volver...*

bramaban los partidarios de Perón, haciendo de "El Caimán" —el candidato presidencial de la Unión Democrática— el titular de todo su aborrecimiento. Y a Palacios se le dedicaron unas octavillas mostrándolo, ya fiambre, junto a una tumba cuyo epitafio rezaba:

> *En este lugar sagrado*
> *donde acude tanta gente*
> *yace Lorenzo Falacios,*
> *el mosquetero valiente.*

A Moscá le reservaban una enorme fumigación, produciendo un expletivo que sonaba sobre la multitud como un vasto temporal:

> *Pffff... fffff...*
> *Mosca...*

Se jugaba con los nombres: a Elpidio González le llamaban "Alpedio González" y el binomio presidencial de la Unión Democrática (fue un invento de "Tribuna") era "la fórmula de la bosta" porque "Tambo, Orín y Mosca..." Emilio Ravignani era "Rapignani". Palacios, "Falacios" y Adolfo Lanús, "L'Anus"...

Si en el campo democrático surgía un humor con puntos sutiles, el peronismo no se quedaba corto en el retrueque. Las obleas de "Fúlmine" con su vaticinio sobre la futura presidencia de Perón eran contestadas por otras en las que el difundido "jettatore" decía:

—Perón será presidente... ¡porque yo votaré por Tamborini!

La palabra ¡Basta! escrita por los opositores así, con signos de admiración, en muchas paredes (y convertida por Rodolfo Ghioldi en el discurso de clausura de la campaña de la Capital Federal en una consigna definitiva) era maliciosamente bastardeada y cobraba un sentido bastante equívoco mediante dos palabras que le agregaban los peronistas:

—¿Te duele?

Y la inscripción "Perón nazi"" que también prosperaba en muchos muros —porque la guerra de las paredes es otro capítulo nunca contado de esta lucha— quedaba transformada con un par de trazos y se convertía en un grito de admiración:

—¡Peronazo!

Así competían los dos bandos, en una confrontación menos feroz que las batallas callejeras o los tiroteos entre grupos antagónicos. Algunas expresiones de tono humorístico *son, aún hoy, muy rescatables* [34] por la forma y el contenido. Pero en general, el humor peronista, grueso y fuerte como sal de asado, jocundo y sin limitaciones, difícilmente puede evocarse sin que pierda su bárbara gracia extraído del contexto populoso que lo hizo florecer. Porque además los peronistas eran irrespetuosos o mejor, confianzudos con sus mismos dirigentes. En los actos en que hablaba Perón, nadie atendía a los anteriores oradores y apenas alguien alargaba un poco su discurso comenzaban a interrumpirlo escandando el nombre de su líder. Cuando Quijano enfrentaba el micrófono le gritaban:

—¡Abuelito! ¡Dale, viejito!

Sólo Perón podía poner orden; sólo ante él se reprimía esa vocación por la "cachada", por la tomadura de pelo, frente a la cual caían por igual adversarios y compañeros.

Por eso la gente joven se identificaba con un coro que decía de orgullosa sumisión:

> *Aquí están, estos son*
> *los muchachos de Perón*

y las mujeres se sentían acaso liberadas del piletón, la prole y el Primus cuando voceaban:

> *Sin corpiño y sin calzón*
> *somos todas de Perón*

en una exaltación confusa de política y sexo, en una comunión que también tenía algo de mística. Porque nunca el pueblo argentino quiso tanto a un hombre. Nunca dijo su amor con tanto fervor y tanta alegría. Nunca se presentó ante sí mismo en estado de desnudez, de inocencia total, como en aquel verano de 1946.

Ahora todo eso iba pasando a la historia, desde la cero hora del sábado 23 de febrero cuando, por imperio de la ley, las fuerzas políticas detuvieron sus acciones de proselitismo y el país entero dispuso de 24 horas de pausa para meditar en su destino antes de adoptar su decisión en las urnas.

Una expectativa tensa suspendía los ánimos de todos. No había argentinos indiferentes. Curiosamente, el optimismo era desbordante en las dos huestes. Todos estaban seguros de ganar, peronistas y democráticos. En los círculos que rodeaban a Tamborini se hacían especulaciones sobre los futuros ministros y los comunistas acentuaban la consigna que habían lanzado dos semanas antes: "Gobierno de Coalición".

En el vivac peronista, la sensación del triunfo no era menos cierta. Días antes, *Perón le había deslizado a Mercante* [35] una inquietante pregunta:

—¿Y si perdemos?

—Si perdemos... mejor no pensar...

Pero Perón estaba seguro de su triunfo. Tiempo atrás se había encontrado con un viejo político conservador, *el doctor Adrián C. Escobar.* [36]

—Usted no puede ganar, coronel —le dijo Escobar—. Para ganar elecciones hacen falta dos cosas: organización y dinero. Y usted no tiene ni lo uno ni lo otro...

—Lamento contradecirle a usted, mi doctor, que es un político experimentado y un hombre inteligente. Pero —agregó Perón— las elecciones, ¿sabe?, se ganan con votos...

En tres días más, a lo sumo, se sabría si tenía razón.

Fines de enero en La Rioja. Yo, hijo del candidato a gobernador, tratando de ser útil pero, seguramente, estorbando. Acto de proclamación de Tamborini-Mosca. El "Tren de la Victoria" y la distinguida delegación que visita la tierra de Castro Barros y Joaquín V. González para traer a esta provincia, la más pobre, acaso, de todas las hermanas argentinas, pero nunca la última en las luchas por la Libertad, el abrazo fraterno de las fuerzas de la civilidad argentina que luchan por la Libertad, la Democracia y la Constitución contra la Tiranía Nazifascista y el Candidato del Continuismo y la certeza de que la Ciudadanía entera está de pie contra la Dictadura para afirmar ante el mundo que la Tiranía no pasará...

(El ancho rostro de Tamborini abrillantado de transpiración. Don Elpidio con sus barbas de obispo griego. Los discursos en el balcón sobre la plaza. El público que agita pañuelos y grita ¡Presidente! ¡Presidente! Un borracho que insiste en dar vivas a don Amadeo Sabattini.)

...y el ramillete de flores con que nos ha obsequiado este grupo de Damas Democráticas de La Rioja, flores ellas mismas de la tierra magnífica de Joaquín V. González y Castro Barros, que han querido afirmar con su galana presencia su profunda fe en la victoria de la Libertad y la Democracia en la lucha que está librando la Civilidad contra el Nazifascismo y la Dictadura que nos avergüenza...

(La campaña electoral. En el jadeante Ford, apretujados por esas tierras ardidas. Por aquí pasaron los indios, los conquistadores, los ejércitos patrios, los montoneros, los regimientos de línea... Los viejos nombres indígenas, la dul-

*ce toponimia provinciana se dice ahora en tono electoral:
—Los amigos de Malligasta... —Andamos mal en Angui-
nán... —Bien en Vinchina... —Flojos en Chamical...
—Piden plata de Pituil... —Hay una disidencia en Ula-
pes... —Se nos dieron vuelta en Antinaco... Y el destino
que se prefigura en una incierta ronda de azares. —A la
oración llegaremos a Aimogasta. Vamos a parar en la casa
de doña Felisa. Ya va a ver las hijas... ¡Los ojos más lin-
dos de toda La Rioja!)*

*Ha terminado la proclamación. El "Tren de la Victoria"
sigue viaje. Exultantes, hacemos un desfile de automóviles
que recorre la ciudad y los alrededores. Tiramos volantes:
"Unión Democrática. Vote Tamborini-Mosca. Por la Libertad y la Democracia contra el Nazifascismo. Unión Cívica
Radical. Vote Luna Valdés-Cabrera, la fórmula del pueblo
y para el pueblo."*

*Unos changuitos color tierra han salido corriendo de su
rancho para recoger los volantes. Los saludamos con la mano
mientras nos alejamos. Clarito alcanza a escucharse:*
—*¡Viva Perón!*

NOTAS AL CAPÍTULO V

[1] *Con dos delegados por cada distrito.* J. Hortensio Quijano y J. A.
Garín (Corrientes); Ricardo Tobías y Alberto Cardarelli (Capital
Federal); Alejandro Leloir y Alberto H. Reales (Buenos Aires); Ale-
jandro Greca y Armando Antille (Santa Fe); Raúl Bustos Fierro y Raúl
Casal (Córdoba); Baltazar Fernández y Roberto Massaferro (Entre
Ríos); Ramón Yacante Molina y Ramón Roldán (La Rioja); Vicente
Saadi y Alberto Barrionuevo (Catamarca); Pedro Bessone y Juan Aíta
(Santiago del Estero); Alejandro García Quiroga y Hernán Fernández
(San Luis); Domingo Yáñez y Eugenio Flores (San Juan); Alberto
Molina y Miguel Tanco (Jujuy); Lorenzo Soler y Francisco Giménez
(Mendoza). Posteriormente Yacante Molina desautorizó su inclusión
en esta lista. La Junta Reorganizadora fue presidida por Quijano; con
esta designación empezó la lucha entre éste y Antille, con vistas a la
futura candidatura vicepresidencial.

[2] *Una mesa directiva provisional.* Presidente, Luis F. Gay; secretario,
Luis Monsalvo; vocales, Cipriano Reyes, Ramón W. Tejada, Manuel

García y Vicente Garófalo. Ver *Naturaleza del Peronismo,* por Carlos Fayt y otros (Ed. Viracocha, Buenos Aires, 1967), donde se trascriben la declaración de principios, plataforma electoral y carta orgánica del Partido Laborista.

[3] *Comité Directivo.* Presidente, Luis F. Gay (telefónico); vicepresidente, Cipriano Reyes (frigorífico); vicepresidente 2º, Manuel Pedrera (vidrio); secretario general, Luis Monsalvo (ferroviario); secretario adjunto, Manuel García (Espectáculos Públicos); tesorero, Luis González (ferroviario); protesorero, Vicente Garófalo (vidrio); secretario de interior, Alcides Montiel (cervecero); secretario de asuntos gremiales, Dorindo Carballido (tranviario); secretario de asuntos agrarios, Ramón W. Tejada (ferroviario); secretario de organización, Pedro B. Otero (municipal); secretario de prensa, Leandro Reynés (periodista); secretario de propaganda, Valerio S. Rouggier (frigorífico); secretario de la juventud, Eduardo Seijo (maderero); secretario de organización femenina, Antonio Andreotti (metalúrgico).

[4] *Del lenguaje marxista.* La Declaración de Principios del PL afirmaba que la organización económico-social acentúa las diferencias, desigualdad e injusticia que soporta la mayoría del pueblo, "constituida por obreros, empleados y campesinos, conjuntamente con profesionales, artistas e intelectuales asalariados..." Palabras como "campesinos" o "intelectuales asalariados" son invariables "tics" verbales del vocabulario marxista y los fundadores del laborismo, muchos de ellos con antecedentes en el socialismo y anarquismo, no pudieron desprenderse de ellos. El programa electoral contenía puntos como "nacionalización de los servicios públicos y de las fuentes minerales esenciales para el desarrollo de nuestra industria"; desarrollo de la flota mercante; eliminación "en la medida de lo posible del intermediario en todos aquellos artículos de necesidad esencial, hasta llegar a la comercialización por el Estado"; "utilización de todas las fuentes de materias primas y desarrollo de la industrialización de las mismas dentro del país con la modernización y ampliación de las plantas industriales"; "planificación racional de nuestra economía agraria, con la división de la tierra y la consiguiente eliminación del latifundio". El programa del laborismo argentino tenía muchos puntos de coincidencia con el laborismo británico, triunfante pocos meses antes en las elecciones que llevaron al poder a Atlee. Aunque su lectura resulte ahora lamentablemente pueril, lo cierto es que no era más delirante, en muchos puntos, que las plataformas que contemporáneamente sancionaron otros partidos tradicionales.

[5] *Recuerda Gay.* En testimonio recogido en *Naturaleza del Peronismo,* por Carlos Fayt y otros (Ed. Viracocha, Bs. Aires, 1967).

[6] *Con variada fortuna.* Ver *Forja y la década infame,* por Arturo Jauretche (Ed. Coyoacán, Bs. As., 1962), con el texto de la declaración

disolviendo el movimiento; la fecha, en el libro de Jauretche, está equivocada, pues la disolución se produjo en noviembre y no en diciembre, como figura erróneamente. El aporte de FORJA al primer gobierno de Perón fue relativamente numeroso. Entre otros funcionarios podemos citar a Héctor D. Maya, gobernador de Entre Ríos; Juan L. Alvarado, gobernador de San Juan; Hipólito J. Paz, ministro de Relaciones Exteriores; Adolfo Savino, subsecretario de Industria y Comercio de la Nación; Arturo Jauretche, presidente del Banco de la Provincia de Buenos Aires; Carlos Maya, director del Banco Central de la República; Luis Peralta Ramos y Darío Alessandro, directores del Banco de la Provincia de Buenos Aires; los embajadores Oscar Hasperúa Becerra, Carlos Rodríguez Baigorria, Manuel Álvarez Pereyra, Atilio Siri, Atilio García Mellid, Pablo Constanzó Escobar y Carlos Llerena; Oscar Meana, presidente del Instituto Nacional de Previsión Social; Julio César Avanza, ministro de Educación de Buenos Aires; Miguel López Francés, ministro de Hacienda y Economía de Buenos Aires; Francisco J. Capelli, subsecretario de Previsión de Buenos Aires; Eugenio Álvarez Santos, subsecretario de Economía de Buenos Aires; Guillermo Piñero, subsecretario de Hacienda de Buenos Aires; José Cafasso, subsecretario de Cultura de Buenos Aires; Alejandro Greca, presidente del Consejo de Educación de Buenos Aires; Julio Tavella, director de Turismo de Buenos Aires; Guillermo Borda, secretario de Obras Públicas de la Capital Federal; Roberto Tamagno, secretario de Hacienda de la Capital Federal; Enrique Millán, secretario de Salud Pública de la Capital Federal. Algunos forjistas fueron diputados nacionales, como Juan C. Cornejo Linares y José Cané, o provinciales en Buenos Aires, como Alberto López Claro y René Orsi; otros fueron designados jueces, como Juan B. Fleitas, Raúl Samatán, Alberto Millán y el mismo Borda. Algunos forjistas que permanecieron en la UCR (algunos desvinculados del movimiento desde tiempo atrás) también tuvieron actuación descollante, como Luis Dellepiane, Gabriel del Mazo, Oscar López Serrot, José María Guido, etcétera. Raúl Scalabrini Ortiz, que mantuvo una actitud general de apoyo al peronismo, no ocupó cargos públicos durante los gobiernos de Perón, en cuya segunda presidencia casi no participaron forjistas.

[7] *El estado mayor del nacionalismo.* Estaban, entre otros, Carlos Ibarguren, Manuel Fresco y Carlos Steffens Soler.

[8] *Bien escrito.* Colaboraron en "Tribuna", entre otros, Fermín Chávez, Leonardo Castellani, Luis Soler Cañas, Juan O. Ponferrada, Jorge Ricardo Masetti (el "Comandante Segundo" de la guerrilla castrista de Salta muerto en 1964), Arturo Cancela, José M. Fernández Unsain, Lisardo Zía, Julio Ellena de la Sota, Carlos Suárez Pinto, etcétera.

[9] *Sus desbordes racistas.* El 29 de noviembre Perón publicó en "La Época" una enérgica declaración condenando los atentados antisemitas

cometidos por manifestantes peronistas, afirmando que quienes los perpetraban eran infiltrados y provocadores. Estas manifestaciones moderaron un tanto la exaltación antijudía que había caracterizado los finales de algunos actos peronistas, de los que fueron responsables. elementos de la Alianza Libertadora Nacionalista.

[10] *Facilitándoles el viaje a Buenos Aires.* Lo que sigue fue relatado al autor por el coronel (R.) Mercante.

[11] *En buena situación económica.* Ludwig Freude, Rolando Lagomarsino, Ricardo Guardo, entre otros.

[12] *La CADE entregó a Perón una suma millonaria.* En conversación con el autor (enero de 1969), dijo el ex presidente Perón: "Mi campaña electoral no la financió nadie. La ayudamos nosotros con tiza y con carbón. Nadie ayudó financieramente. ¿Qué necesidad teníamos de eso? No teníamos nada... Algunos habrán conseguido un poco de dinero, los muchachos, pero nosotros hicimos todo a base de tiza y carbón y nuestra gente. Claro, todos ayudaban, los taximetristas, los camioneros... Esa fue la ayuda que tuvimos..."

El ex diputado Eduardo Colom, en conversación con el autor, dijo: "La campaña del 46 se hizo con tiza, carbón y corazón. Nadie la financió. Nosotros, desde "La Época", tuvimos algunas veces que pedir ayuda a los simpatizantes y el dinero afluyó entonces espontánea y anónimamente."

El ex diputado Cipriano Reyes, en conversación con el autor, dijo: "En un ochenta por ciento, la campaña de Perón se financió con los aportes espontáneos de la gente. Vendíamos bonos de a un peso y la reacción de los trabajadores era conmovedora. El veinte por ciento restante lo habrán puesto algunos amigos de Perón y tal vez la CADE, según se dijo por entonces."

[13] *Católicos que en ella militaban.* Entre ellos Eugenia Silveyra de Oyuela, Manuel V. Ordóñez, los sacerdotes Dunphy y Luchía Puig, entre otros.

[14] *El cura.* Presbítero Virgilio Filippo, después diputado peronista.

[15] *Visitaron informalmente a Perón.* Referencia al autor del doctor Arturo Sampay, que tramitó esa entrevista.

[16] *Esta proclama.* Se puede leer íntegra en *La naturaleza del peronismo,* por Carlos S. Fayt y otros (Ed. Viracocha, Buenos Aires, 1967).

[17] *Agraviado la bandera argentina.* El abogado Erwin Ratto Nielsen se presentó a la justicia querellando a Perón por supuesta violación al decreto 536/45, sobre símbolos nacionales.

[18] *"Democracia", cuyo grupo organizador.* Estaba integrado por Antonio Manuel Molinari, Mauricio Birabent, Fernando Estrada, José Gobello, Valentín Thiebaut, Fernando Cogolillo y otros. A mediados de 1947 fue vendido al consorcio ALEA.

[19] *"Descamisada".* La escribían Manuel Alcobre, Arturo Jauretche, José Gobello, Basilio Ruiz, Valentín Vergara, los dibujantes Delfor y Arístides Rechain, y los periodistas Gianella, González Fossat y Lubrano. De tono deliberadamente populachero, "Descamisada" ostentaba en su tapa este aviso: "Vale 20 guitas en todo el país." Cesó de aparecer en mayo de 1946.

[20] *No era la primera vez que un gobierno perdía allí las elecciones.* En Córdoba, Tucumán y Jujuy había gobiernos radicales en el momento de producirse la revolución de 1943; en 1937 el oficialismo había perdido en La Rioja las elecciones presidenciales.

[21] *Haber visto a su ídolo.* Paradójicamente, el "doble" de Perón durante sus giras electorales, fue designado en un alto cargo en el servicio exterior por... el presidente Aramburu...

[22] *En lo que no le importaba.* Fueron Atilio García Mellid, Arquímedes Soldano y Fernando Estrada. El episodio provocó el rompimiento de la vieja amistad entre el mayor Estrada —que falleció poco después— y Perón.

[23] *Congreso del Partido Laborista.* Lo presidió Luis F. Gay.

[24] *Convención de la UCR Junta Renovadora.* La presidió Leandro Reynés. La Mesa Directiva del Comité Nacional de la UCR Junta Renovadora quedó integrada así: Presidente, J. Hortensio Quijano; vicepresidente 1º, Armando Antille; vicepresidente 2º, Miguel Tanco; tesorero, Alberto H. Reales; protesorero, Domingo Yáñez; secretarios, Nicasio Sánchez Toranzo y Gilberto Sosa Loyola.

[25] *Un viejo barco, el "París".* Que diez años después, por curioso destino, sirvió de cárcel a dirigentes sindicales y militares peronistas, por orden del presidente Aramburu.

[26] *Capitales y aportes tecnológicos.* Este curioso documento de Perón, representativo quizá de su real pensamiento en esa época, fue publicado íntegramente en el número 28 del semanario "Política", correspondiente al 13 de febrero de 1946.

[27] *No satisfacía a Evita.* El doctor Eduardo Colom, que acompañó en algunas de sus giras políticas a Perón, ha relatado al autor la violenta escena que se desarrolló en el tren que los conducía cuando Evita

lanzó, por enésima vez, un furioso ataque contra Leloir y Bramuglia. La esposa de Perón consideraba a Leloir "un oligarca" y a Bramuglia "un traidor", acentuando el hecho de que Bramuglia no había querido presentar un recurso de hábeas corpus a favor de su marido, días antes del 17 de Octubre; afirmaba que la fórmula Leloir-Bramuglia "había nacido muerta" y que había que remplazarla por un binomio encabezado por Mercante. Ella guardaba una enorme gratitud por Mercante, que había sido factor decisivo para su casamiento. Ante el ataque de su mujer contra la fórmula bonaerense —siempre a estar a los dichos del doctor Colom— Perón reaccionó violentamente y dijo que renunciaría a su propia candidatura y se iría a su casa, harto de esas intrigas. Sin embargo, semanas más tarde se logró la renuncia de Leloir y Bramuglia y posteriormente la concreción de la fórmula Mercante-Machado en cuya gestación —según declaraciones del coronel (R.) Domingo A. Mercante al autor— no intervino Perón, limitándose a aceptar el hecho consumado.

[28] *La nómina de candidatos.* Perón leyó la siguiente lista de candidatos: *Entre Ríos*: Maya-Chaile; *Corrientes*: Díaz de Vivar-Vallejos o Virasoro-Vallejos; *Santa Fe*: Meyners-Pardal; *Córdoba*: Auchter-Asís; *Tucumán*: Domínguez (sin vicegobernador) ; *Santiago del Estero*: Mittelbach (sin vicegobernador) ; *Salta*: Cornejo Linares-San Millán; *Jujuy*: Iturbe-Castro; *Catamarca*: Rodríguez-Córdoba; *La Rioja*: Martínez-Guzmán Loza; *San Juan*: Alvarado-Godoy; *Mendoza*: Picallo-Tabanera; *San Luis*: Zavala Ortiz (sin vicegobernador) .

[29] *Perón había hecho imprimir unas fajas.* Declaración del ex presidente Perón al autor (enero de 1969) : "Ya las teníamos hechas de antes porque preveíamos lo que iba a ocurrir. Ese 'slogan' *Braden o Perón,* era una síntesis excelente: se podrían escribir libros enteros desarrollando la idea que expresaban esas tres palabras. Yo creo que es conveniente sintetizar en fórmulas cortas, fácilmente recordables, las posiciones políticas."

[30] *Libro Azul y Blanco.* Arístides Durante tuvo a su cargo la coordinación general de la publicación y fue quien consiguió sacarla a luz antes de las elecciones (declaración del doctor Eduardo Colom al autor) .

Más que una defensa, el "Libro Azul y Blanco" era un ataque contra los métodos políticos de Estados Unidos y su sistema de espionaje en América latina. En cambio tiene mucho interés la respuesta de la CGT, porque sus dirigentes hacían profesión de fe democrática invocando la continuidad de su lucha. Decía el documento de la CGT —que firmaba Silverio Pontieri— que los trabajadores ya eran democráticos cuando "ellos ensangrentaban con sus garras y tentáculos imperialistas las tierras de nuestros hermanos de Panamá, México, Cuba, Puerto Rico, Nicaragua y Venezuela.

Por nuestro fervor democrático —continuaba— fuimos y somos antifascistas y antitotalitarios y por eso luchamos denodadamente contra Hitler y Mussolini, cuando Wall Street, coaligado con otros sectores del imperialismo capitalista mundial, alimentaba con sus dineros robados a los sudores y a las necesidades de los proletarios, a la bestia nazifascista para utilizarla como fuerza de choque tendiente a aplastar las aspiraciones de mejoramiento de los trabajadores de Europa, que emergían destrozados moral y físicamente de una catástrofe guerrera, provocada por el capitalismo internacional... Fuimos democráticos cuando el capitalismo internacional creaba en Italia su último baluarte, el fascismo. Éramos ya antifascistas declarados cuando ese mismo capitalismo aplastó a la moderada y democrática República Alemana de Weimar, cuyo pueblo se debatía en la miseria más espantosa, porque se le imponía todo el peso de las deudas provenientes de una guerra que no provocara... Fuimos profundamente democráticos cuando el pueblo español luchó valientemente contra la oligarquía interna y contra la invasión nazifascista. Documentado está nuestro esfuerzo en favor de la España republicana, esfuerzo que cumplimos satisfaciendo nuestra más honda inquietud, mientras ellos, los de Wall Street y sus personeros tipo Braden, creaban el aparato de la no intervención, con lo que dejaron indefenso a todo un pueblo que, como el nuestro ahora, sólo buscaba guiar su propio destino, amar sus símbolos y disfrutar de la libertad de pensar y vivir de acuerdo con sus convicciones nacionales.

Pero fue a partir de 1939 —agregaba el documento de la central obrera— que la CGT demostró cabalmente la profunda convicción democrática de todos y cada uno de sus millares de asociados. Al firmarse el pacto ruso-soviético, Estados Unidos, como medida de seguridad, encarceló a todos los comunistas, que allí como aquí y en todas partes del continente, sólo se dedicaban a servir y cumplir las directivas de una política extraña al sentimiento americano. En la República Argentina esos comunistas ganaron la calle y se dedicaron a pregonar una política neutralista. Tildaban la guerra de imperialista y ajena al interés de los trabajadores. Entre "La Hora", pasquín comunista y "El Pampero", vocero del nazismo en la Argentina, se había establecido una hermandad extraordinaria, al grado de que intercambiaban sus plumíferos y sus pestilentes escritos. La agencia nazi Transocean servía los informativos de "La Hora". Para los comunistas, el presidente Castillo, representante típico del fraude y de la oligarquía, era un gran mandatario. La FONC y demás dirigentes y organizaciones obreras controladas por los comunistas formulaban declaraciones elogiando el régimen nazi, todo lo cual está documentado en la prensa comunista de aquella época. Ahora, esos titulados sindicatos están considerados por *la prensa seria y responsable* como instituciones democráticas y de bien público.

La clase obrera argentina y la CGT esperan serenamente el fallo de la historia —concluía el documento—. Ella dirá si estuvimos a tono con la realidad del momento. Pero que se sepa que nada podrán los *lockouts* patronales, las *solicitadas* de las fuerzas vivas, los cheques de la Unión Industrial ni los libros azules o verdes del imperialista Braden, para torcer nuestro criterio. Estamos firmes en la lucha y triunfaremos porque somos la fuerza impulsora de una revolución que es del pueblo, porque el pueblo le da sus mejores esfuerzos e ideales."

[81] *Consagrado a la Virgen su espada de soldado.* El episodio de Luján provocó de inmediato la indignada reacción de muchos católicos antiperonistas. El sacerdote a cargo de la basílica de Luján difundió entonces un comunicado afirmando que se había recibido al candidato laborista en la misma forma que tradicionalmente se hacía con otros candidatos presidenciales, recordando al efecto el caso de Ortiz en 1937; agregaba que el único elemento ajeno al protocolo habitual fue, en el caso de Perón, el toque de campanas, que se debió —dijo— al excesivo entusiasmo de algunos empleados de la basílica; puntualizó también que la arenga pronunciada por Perón fue dirigida al público fuera del local del templo.

[82] *Nunca se escribieron.* Algunos estribillos y canciones de origen peronista han sido recogidos en *Cancionero de Perón y Eva Perón* (Colección "Los Documentos", Guyo Ed., Buenos Aires, 1966).

[83] *Cuya melodía se cantó muchas veces.* Es la misma que solía cantarse en el interior, hacia fines del siglo pasado, con diferentes variantes: "Viva Castaño / Viva Peral / más vale perro / que nacional" (ver *Cancionero popular de La Rioja,* por Juan Alfonso Carrizo, tomo III, Buenos Aires, 1943, sección "Cantares Históricos") ; otras versiones en *Cantares históricos de la tradición argentina,* por Olga Fernández Latour (Ed. Instituto Nacional de Investigaciones Folklóricas, Buenos Aires, 1960).

[84] *Son aún hoy, muy rescatables.* No resistimos la tentación de trascribir fragmentos del poema firmado por "Tiberio" (el poeta Juan Oscar Ponferrada) que apareció en el semanario "Política" el 27 de marzo de 1946, es decir, ya triunfante Perón. Decía así en algunas partes:

> *Aquí, mi coronel; aquí estamos presentes*
> *como en el memorable 17 de Octubre,*
> *más pobres que las ratas, y tal vez malolientes*
> *pero limpios debajo de aquello que nos cubre.*
> *Pobres como las ratas y hasta ayer, humillados,*
> *pero hoy regocijados de todo corazón.*
> *Ayer la chusma triste de los descamisados,*
> *hoy el alegre pueblo de la Reparación.*
> ....
> *¡Qué fajina la marcha, coronel, qué fajina!*
> ....
> *¿Y nosotros? Chiquitos, cumpliendo su mandato:*
> *"De la casa al trabajo", sin el menor traspié*

EL 45

o escribiendo a escondidas con un carbón tiznado
una palabra mágica que empezaba con P...

....

¡Lo que es haber nacido criollos como el porongo!
¡Tener sangre de gauchos y a usté por capitán...!
¡Que venga ahora Braden a sobornar a Mongo:
ya la Unión Democrática se va... como el Caimán!

[35] *Perón le había deslizado a Mercante.* Relatado al autor por el coronel (R.) Domingo A. Mercante.

[36] *El doctor Adrián C. Escobar.* Relatado al autor por el ex presidente Perón en enero de 1969.

EPÍLOGO HACIA LA
DÉCADA PERONISTA

El domingo 24 de febrero de 1946 fue un día caluroso en todo el país. Tres millones y medio de ciudadanos varones estaban convocados para elegir a 376 electores que, reunidos posteriormente en Colegio Electoral, designarían al presidente y vicepresidente de la Nación. El pueblo debía elegir también a catorce gobernadores, 158 diputados nacionales y casi 700 legisladores provinciales que, constituidos en las respectivas legislaturas, nominarían luego a 30 senadores de la Nación. Probablemente no bajaban de 20.000 *los ciudadanos que eran postulados a diversos cargos electivos* [1] por los diferentes partidos. Era la elección más amplia y con electorado más numeroso que hubiera tenido lugar nunca en la República Argentina.

Desde antes de las 8 de la mañana, largas filas de votantes esperaban su turno para depositar el sufragio ante las 15.000 mesas distribuidas en todo el territorio de las catorce provincias —excluidos los territorios nacionales que todavía existían en esa época—, ostensiblemente custodiadas por militares, marinos y aeronautas. Esta custodia castrense no tenía precedentes en nuestra historia política; pero mucho más insólito era el absoluto orden, la anormal normalidad con que se fue desarrollando el acto comicial a través de la jornada. Hacía cuatro años que no se votaba en el país; pero eran muchos los años que debía remontar la memoria colectiva para recordar una elección general tan tranquila, tan libre, tan exenta de fraudes, violencias y presiones.

Al mediodía, los dirigentes opositores, aun los más recalcitrantes, quedaron convencidos de que, al fin de cuentas, las promesas gubernativas y de las Fuerzas Armadas se estaban cumpliendo. Cuando a las seis de la tarde se clausuraron los comicios, una irresistible euforia se levantó entre los dirigentes de la Unión Democrática. Las informaciones transmitidas por radio aseguraban que casi un 90 % del electorado había votado: si la gente había sufragado en esta proporción y en aquel clima, nadie podría evitar el triunfo democrático... Tamborini, que hizo visitas de cortesía a los locales centrales del Partido Socialista, el Partido Comunista y el Partido Demócrata Progresista, fue recibido clamorosamente como virtual presidente de la Nación, y sus declaraciones, al filo del cierre del comicio, transmitían la seguridad que animaba a sus partidarios:

—Todas las impresiones que he podido recoger me afirman en la certeza de la victoria... Desde 1912 he podido disponer de buenos lugares para la observación de las elecciones. Como presidente del Comité de la Capital de mi partido, como ministro del Interior o candidato siempre estuve en condiciones de seguir de cerca las reacciones colectivas. El sector vencido no tarda en exteriorizar su propia derrota y no es ésa la sensación que dan en estos momentos mis correligionarios, los de las otras fuerzas políticas de la Unión Democrática y la masa independiente...

Américo Ghioldi, por su parte, expresaba con cierta ironía su complacencia:

—Han sido elecciones sorprendentemente correctas...

Todos los diarios señalaban la limpieza del acto eleccionario. Los que habían apoyado a la Unión Democrática no disimulaban su optimismo. "La Prensa" reconocía al día siguiente en una editorial que las elecciones habían sido "perfectas", aunque señalaba que no podía decirse lo mismo del período preelectoral. "La Nación" relataba que, después de la clausura del comicio, el público había repletado los cinematógrafos, teatros y restaurantes, "como si hubiera terminado una pesadilla, la pesadilla provocada por el temor de que la democracia fuera burlada", y publicaba a toda página las fotografías de los militares que habían ejercido el comando electoral en los diferentes distritos. Sólo se percibía un ligero temor, una última desconfianza en los medios opositores, que los diarios grandes reflejaban con palabras reticentes: ¿se resignaría el gobierno *de facto* a la derrota de su candidato?

Empezaba ya el proceso que debía culminar con la proclamación de los electos. Se acumulaban en el Congreso de la Nación y las legislaturas provinciales las herméticas urnas que contenían la decisión popular, para su verificación y posterior apertura. Era un proceso exasperante por su lentitud, pero el mecanismo legal no podía alterarse. Primero, revisión de las urnas y las actas respectivas; luego, apertura de los cajones para hacer el recuento de los sobres y confrontarlos con las actas; después, anulación de las urnas que evidenciaran irregularidades u omisiones graves. Recién después de cumplidos estos requisitos daría comienzo el escrutinio, que debía comenzar en cada distrito con la primera mesa de la primera sección electoral y continuar así, día a día, hasta su finalización. Era un proceso capaz de agotar los nervios del más templado...

Pero no había nerviosidad en las filas de la Unión Democrática. Los últimos análisis confirmaban el optimismo opositor. El candidato presidencial que triunfara en la Capital Federal, Buenos Aires y Santa Fe tenía asegurada la mayoría del Colegio Electoral. Y ¿quién podía dudar de la victoria democrática en la Capital Federal? Podría discutirse que la lista de legisladores triunfantes fuera la que presentaban los radicales, los socialistas o los comunistas y demócratas progresistas unidos; pero no podía dudarse que la fórmula Tamborini-Mosca, votada en conjunto por todos esos partidos, obtendría los electores metropolitanos.

¿Y acaso podía titubearse frente al resultado de Buenos Aires? Durante treinta años el electorado se había repartido, en el primer Estado argentino, entre radicales y conservadores. ¿Podía alguien pensar seriamente que los peronistas, despedazados en una tremenda lucha interna, cuyo candidato a gobernador recién quedó firme una semana antes del comicio, podían triunfar en Buenos Aires? Admitiéndose, incluso, que los conservadores bonaerenses se

resistieran a entregar sus sufragios a los candidatos de la
Unión Démocrática —en Buenos Aires y Entre Ríos los
conservadores presentaron candidatos propios a electores
presidenciales—, ¿no estaban allí los socialistas y los comunistas para cubrir sus claros?

Era admisible que Perón gozara de simpatías en los conglomerados que rodeaban la Capital Federal. Pero, ¿y los
sindicatos libres? ¿Acaso los comunistas no tenían el grueso
de sus huestes entre los metalúrgicos, los de la construcción,
los de la carne? Y los socialistas, ¿no eran mayoría entre
los ferroviarios? Y después, en el gran "hinterland" rural
de Buenos Aires, ¿no estaban firmes las lealtades a sus caudillos tradicionales? Pensar en una derrota democrática en
Buenos Aires era un absurdo; mucho más si se tenía en
cuenta la calidad de la fórmula radical, que seguramente
polarizaría cantidad de votos independientes, con un Prat y
un Larralde formando su binomio.

Y si el análisis se centraba en Santa Fe, ¿quién podía
prevalecer sobre el magnífico radicalismo santafecino unido a las constantes huestes de Lisandro de la Torre en su
distrito de origen? Los antipersonalistas, que constituyeron
el oficialismo de Santa Fe hasta 1943, habían decidido votar también por Tamborini-Mosca. ¿Podía abrigarse alguna
duda sobre el triunfo en Santa Fe, donde la candidatura a
gobernador de Luciano Molinas daba la oportunidad de lavar la afrenta justista de 1934; en Santa Fe, la patria del
candidato a vicepresidente de la conjunción democrática?
Pero regalemos Santa Fe en la hipótesis más pesimista
—decían los observadores menos entusiastas— y supongamos
que sus electores se pierden para la Unión Democrática.
Bueno, allí está Córdoba... Los electores de Córdoba, sumados a los de la Capital Federal y Buenos Aires totalizaban un elector más que los requeridos para obtener la mayoría del Colegio Electoral. Y eso sí: pensar que los radicales no ganaban en Córdoba —la provincia que supieron conseguir en plena época del fraude conservador y a la que
dieron gobiernos históricos, la provincia de Sabattini, la
provincia donde los conservadores, aunque lastimados por

los ataques verbales de éste, se habían comprometido a votar en el orden nacional por los electores de Tamborini-Mosca—, pensar ese despropósito era entrar en un terreno puramente humorístico...

Pero es que además las conjeturas eran favorables sin discusión en otros distritos. Podía admitirse que el peronismo ganara en Jujuy o en Tucumán o en alguna provincia más del noroeste, a pesar de que en algunas de estas provincias había ido dividido al comicio; podía tolerarse el pensamiento de que la Unión Democrática perdiera en Santiago del Estero o en Salta. Pero era absolutamente impensable que Perón pudiera ganar en Corrientes, donde los tradicionales partidos Liberal y Autonomista votarían, junto al radicalismo, por la Unión Democrática. Ni podía suponerse que Perón ganara en La Rioja —con su fuerte y sufrido radicalismo, que triunfara en 1937 con Alvear— o en San Juan —donde el cantonismo había abandonado el frente peronista—. Ni en San Luis, donde el conservadorismo era una fuerza histórica indiscutible y apoyaba sin reticencias a la Unión Democrática. Con un criterio francamente pesimista, la fórmula Tamborini-Mosca obtenía mayoría en el Colegio Electoral reuniendo los votos de la Capital Federal, Buenos Aires, Entre Ríos y Mendoza. Y si se perdía en la Capital Federal, jugando una hipótesis insensata, los votos de Buenos Aires, Mendoza, Córdoba, Santa Fe y San Luis seguían otorgando el número de electores indispensables.

Tamborini-Mosca no podían perder en las especulaciones que, lápiz y papel en mano, se hacían al filo de la clausura de los comicios. No eran "dilettantes" los que formulaban estos análisis. Eran profesionales de la política, gente que desde décadas atrás dedicaba gran parte de su tiempo al proselitismo, la acción cívica, el comercio humano de los comités; gente que, en distintos niveles, conocía acabadamente el panorama político de sus respectivos distritos y en algunos casos podían puntear el padrón electoral de sus respectivos contornos con una mínima equivocación.

Es comprensible, entonces, la visita que al día siguiente de los comicios efectuó la Junta Interpartidaria de la Unión Democrática al comandante electoral para felicitarlo; como es justificable también el saludo que personalmente le llevó Elpidio González. Ahora que el triunfo estaba asegurado, convenía acortar distancias con las Fuerzas Armadas, tan maltratadas por la oposición hasta entonces...

Y que el triunfo estaba asegurado pareció confirmarse el martes a la tarde, cuando llegaron los primeros cómputos. Pertenecían a San Juan y a San Luis, dos provincias no muy significativas en el panorama general pero —de toda forma— las primeras en la develación del enigma comicial. Y en San Juan y San Luis triunfaba la Unión Democrática, a juzgar por las primeras cifras. No muy arrolladoramente, pero triunfaba. La sexta edición de los vespertinos del martes 26 lo decían con grandes titulares. "Va ganando Tamborini", proclamaba "Noticias Gráficas", y al día siguiente "La Prensa" anunciaba: "Comenzó el escrutinio con ventaja para la Unión Democrática." Por su parte, "El Laborista", visto las primeras cifras, escribía palabras sorprendentemente conciliadoras, en una editorial de primera página:

—Cualquiera sea el resultado de las urnas —decía el diario sindicalista— no debemos olvidar que ellas reflejan el sentir y el pensar de la ciudadanía. Equivocada o no, sólo la historia puede juzgar su actitud.

En la tarde del miércoles 27, "La Época" también admitía el ventajoso arranque democrático con un titular que era una obra maestra de ambigüedad:

"Afirman la pureza de los comicios los primeros cómputos de San Juan y San Luis. Está repuntando Perón."

Esta honesta actitud se contrapesaba con la forma como "La Época" enunciaba las cifras electorales: "Perón, tantos votos; bradenistas... tantos." Pero ese mismo miércoles comenzaba el escrutinio en La Rioja y Jujuy: en ambas, mayoría peronista, ajustada en la primera, más amplia en la segunda a pesar de que aquí los votos de Perón estaban divididos.

Los resultados eran, en general, menos triunfales que los que habían previsto los opositores. Pero las perspectivas de éxito de la Unión Democrática, al menos en el orden presidencial, subsistían y se afirmaron más el jueves, cuando llegaron noticias de Córdoba y Corrientes: en ambos distritos triunfaba la fórmula Tamborini-Mosca y los candidatos radicales a gobernador.

La expectativa de todo el país estaba, a esta altura, en una tensión insoportable. Nadie se acordaba del Carnaval que empezaba ese fin de semana. No había otro comentario que el escrutinio. Los peronistas, que siempre habían estado agresivamente seguros de su condición mayoritaria, empezaban ahora a vacilar; sólo Perón, encerrado en San Vicente y recibiendo a escasísimos amigos, se mantenía firme en su certeza del triunfo final. Por su parte, los democráticos, que habían soñado con una victoria arrolladora, empezaban a darse cuenta de que algo había fallado en su apreciación del proceso. De todos modos, a mitad de la semana posterior a las elecciones todo era incertidumbre en ambos bandos. "Elecciones reñidas", era el cauteloso comentario de todos.

El jueves se abrieron las urnas de la Capital Federal; había una enorme expectativa por conocer el veredicto de este decisivo distrito. Nadie dudaba ahora que los primeros cómputos favorecerían a Perón, puesto que el escrutinio comenzó con la gigantesca división electoral que comprende Mataderos, Pompeya, parte de Liniers y el bañado de Flores. Efectivamente fue así, pero la ventaja obtenida no era tan grande como para no anularse si los barrios menos periféricos arrojaban una mayoría neta para la Unión Democrática, como se esperaba. Mendoza, que empezó a escrutarse el viernes, inició un pronunciamiento mayoritario para Tamborini-Mosca. Pero, también el viernes, los resultados de Santiago del Estero, Santa Fe, Entre Ríos y Salta comenzaron favoreciendo a Perón. Y para terminar de destrozar los nervios de todos, el sábado se clausuró hasta el lunes el trabajo de las juntas escrutadoras, después de establecer en Santa Fe un espectacular repunte de la Unión

Democrática, que alcanzó a pasar al frente, y una disminu-
ción en la distancia entre Perón y Tamborini en el distrito
metropolitano.

A todo esto las pizarras de los diarios estaban asedia-
das por nutridos grupos de público. No había incidentes ni
demostraciones: sólo una actitud de tensa espera. Nadie
se sentía en condiciones de demostrar seguridad en el triunfo de sus candidatos. Más aún: ese viernes 1º de marzo la
prensa peronista empezaba a quejarse de que la tarea es-
crutadora marchaba con lentitud y desorden y hasta llegó
a insinuar la posibilidad de un fraude en los resultados.
Claro que era imposible que se trocaran las cifras: la verificación de los cómputos estaba fiscalizada por todos los
partidos actuantes, a más de los representantes de la prensa y, por supuesto, los magistrados electorales y sus empleados. Pero cuando la palabra "fraude" —que parecía
excluida para siempre del lenguaje político argentino, después de los limpios comicios del 24 de febrero— se impri-
mió en los órganos peronistas, una inyección de esperanza
sacudió a los dirigentes opositores... Si los peronistas pro-
testaban, era señal de que veían mal la cosa...

Pero lo único que podía sacarse en limpio del muestreo
de esos cinco días de escrutinio era que en las provincias
alejadas y en las zonas habitadas por núcleos obreros, Perón era mayoría; faltaba saber cómo votaba la clase media
y si un pronunciamiento masivo de estos sectores podía
contrarrestar las diferencias obtenidas. Faltaba iniciar el
escrutinio en Buenos Aires y Tucumán —donde debían
realizarse elecciones complementarias— y todavía no se había entrado a los distritos más importantes de Santa Fe,
Córdoba y Entre Ríos. Fue entonces, en ese breve intervalo
del agotador escrutinio, cuando el presidente de la UCR
pronunció una frase definitoria, que quedaría como una
cruda expresión del enfrentamiento electoral.

Hay que recordar que Eduardo Laurencena era un hombre de opiniones sólidas y sinceras: con cifras en mano
sostenía que la Argentina no debía industrializarse, que era
antieconómico y utópico emprender aventuras como la de la

siderurgia y que el destino del país estaba en producir cereales y carnes y exportarlos en la mayor cantidad posible.
Político de raza, enfrentado a Yrigoyen desde su invencible
feudo electoral de Entre Ríos, Laurencena vivía modesta-
mente de su profesión de abogado y sus opiniones no estaban condicionadas por ningún interés venal. Era, pues, un
hombre absolutamente probo y absolutamente equivocado
En suma, un político peligrosísimo.

Y fue Laurencena, en ese suspenso del escrutinio, cuando todos comprendían en uno y otro bando que debían re-
dimensionar sus alegres cálculos preelectorales, quien tra-
dujo los sentimientos mayoritarios de la Unión Democrática al decir estas palabras:

—No estamos perdidos. Hay que esperar el asfalto...

Los números demostraron bien pronto que ni el asfalto
podía salvar a la Unión Democrática. El lunes y martes de
Carnaval continuó el escrutinio, pese al feriado. Nunca
hubo carnestolendas más politizadas en el país: era fácil
imaginar a Pierrots y Colombinas, Zorros y Damas Antiguas, Pieles Rojas y Aldeanas Rusas rodeando la radio o
devorando los diarios con expresiones preocupadas o enfer-
vorizadas... La "lady crooner" Lona Warren en el Smart,
la orquesta de Francisco Canaro en el Luna Park tuvieron
que actuar ante públicos que más pensaban en cifras que en
boleros y rumbas. Y justamente los días de Carnaval arrojaron decisivamente en la balanza los resultados que iban
a desvanecer abruptamente las esperanzas opositoras. Perón aumentó su ventaja en la Capital Federal, aún en los
barrios céntricos, hasta hacerla imbatible; descontó la ligera diferencia en Santa Fe y pasó allí al frente; empezó a
ganar en Mendoza y Entre Ríos y hasta —¡horror!— ganaba en el santuario cordobés del radicalismo. La semana de
Carnaval asestó golpe tras golpe a las ilusiones democráticas
y cuando el lunes 11 de marzo empezó el escrutinio en Buenos
Aires y Tucumán, nadie se llamó a engaño aunque las cifras
iniciales favorecieron a la Unión Democrática: al día siguiente Perón aventajaba también —y lejos— en estos dos distritos.

Las modificaciones a la ley Sáenz Peña proyectadas en 1945 por el gobierno *de facto* postulaban el escrutinio provisional sobre la mesa, inmediatamente de concluido el acto electoral. Esta modificación se dejó sin efecto en octubre, cuando se derogó el discutido Estatuto de los Partidos Políticos y en consecuencia subsistió el tradicional régimen de escrutinio, largo y penoso. Pero a la oposición le vino bien el antiguo sistema: si los resultados de la elección del 24 de febrero se hubieran conocido masivamente esa misma noche, el impacto sobre el país no peronista hubiera sido tremendo, tal vez insoportable. La absorción gradual de los resultados había permitido asumir lentamente la cruda realidad. A medida que se iban cerrando las verificaciones de las provincias advertíase que la fórmula democrática no podría juntar más de 70 electores, contra unos 300 de Perón...

En ese momento, cuando las cifras demostraban sin discusión posible que Perón era mayoría, un extraño rumor empezó a correr en las filas opositoras. Se decía que los resultados eran el producto de una gigantesca y científica maniobra de sustitución de votos de origen nazi, aplicada en la Argentina con técnica perfecta. Nadie creyó mucho en este disparate, pero muchos lo repitieron con aparente convicción: alguna explicación había que dar para justificar *esa cosa incomprensible que estaba pasando.*[2]

Que además tenía una agravante: en las cuatro únicas provincias donde había triunfado la Unión Democrática (San Juan, San Luis, Corrientes y Córdoba, cuyo escrutinio no había terminado aún) la victoria se había obtenido solamente en el orden presidencial. A nivel provincial, las dos primeras habían elegido gobernadores peronistas; en Corrientes ningún partido tenía mayoría en el cuerpo electoral de segundo grado que debía elegir gobernador. En cuanto a Córdoba, se corría allí la carrera más torturante de la historia electoral argentina, con diferencias diarias de cientos de votos apenas, que a cada rato cambiaban el nombre del candidato a gobernador triunfante del radical al peronista y viceversa. Cuando las cifras certificaron que también en Córdoba los radicales habían perdido la gobernación —¡por 118.660 votos contra 118.477, cabalmente 183 votos de diferencia!— ya nadie dudó que los dioses estaban con Perón, cuya ventaja en Buenos Aires se tornó abrumadora al verificarse el gran cinturón conurbano.

Al finalizar el mes de marzo, todas las provincias habían terminado su escrutinio menos Buenos Aires. Ahora eran sólo los políticos profesionales los que seguían de cerca la danza de números; el público se interesaba en el resonante discurso que pronunció Churchill en Fulton iniciando formalmente las hostilidades de la guerra fría o en el robo de tres cuadros de Goya sustraídos a una aristocrática familia porteña —cuyo autor resultó ser un sobrino de sus dueños—. Poco a poco los más recalcitrantes se iban acostumbrando a la idea de que "el candidato imposible", "el más típico representante del nazismo en América", el hombre cuya presencia en el poder "significaría la guerra en el continente" sería, después de todo, el futuro presidente constitucional de la República Argentina.

El martes 8 de abril, un mes y medio después de las elecciones, *el último sobre electoral fue abierto*.[3] Perón había sido votado por 1.478.500 ciudadanos; Tamborini, por 1.212.300. El 55 % del electorado había sufragado por Perón; el 45 % por la Unión Democrática. Fue la peor elección que hizo Perón en toda su trayectoria. Pero suficiente para conquistar el poder presidencial, la omnipotente mayoría de dos tercios en Diputados y la casi totalidad del Senado, trece de las catorce provincias y todas las legislaturas, salvo la de Corrientes.

Durante la penosa ordalía que debió soportar la oposición a lo largo del mes de marzo, no surgió de los partidos que la componían ninguna expresión tendiente a formular un análisis de lo que estaba pasando; evidentemente, todos esperaban que terminara la verificación electoral para hacer sus propias interpretaciones. Llamó la atención, en cambio, que tampoco la prensa opositora intentara ninguna explicación del fenómeno que todos los días se iba desplegando en sus páginas, a través de las columnas de cifras que monótonamente marcaban el triunfo de Perón. El 2 de marzo, cuando todo estaba aún impreciso y fluido, "La Nación" atacó editorialmente el concepto de intransigencia política, de una manera muy general pero con destinatario evidente; después de esto el diario de los Mitre guardó silencio hasta que un mes más tarde, concluido ya el escrutinio, publicó otro editorial señalando que el porcentaje de vencedores y vencidos debía marcar al futuro presidente una conducta amplia y prudente, ya que sólo el 55 % del electorado lo había votado. "Clarín" publicó un editorial el 22 de marzo titulado "Juego limpio": reconocía las fallas de apreciación en que había incurrido la oposición durante la campaña y exhortaba a realizar todas las reformas que necesitara el país dentro de un clima de libertad. Por su parte, "La Prensa" no hizo ningún comentario editorial con referencia al resultado de los comicios; recién el 13 de abril, a una semana de concluido el escrutinio, publicó un breve comentario sobre los resultados bonaerenses. ¿Qué se han hecho los votos conservadores? —se preguntaba amargamente el diario de los Paz, señalando que en 1940, en elecciones relativamente normales, los conservadores habían obtenido 207.000 votos en Buenos Aires mientras que seis años más tarde su caudal sólo alcanzaba a 53.000—. El comentario de "La Prensa" revelaba una vez más la incapacidad de los viejos sectores dirigentes para comprender el proceso que vivía el país: no entendían que se había operado una real revolución de los espíritus, frente a la cual habían quedado desarticulados todos los esquemas partidarios.

No obstante el aparente silencio, en los partidos derrotados empezaban a hervir tormentosos procesos internos. En el radicalismo, levantábanse voces dentro del sector intransigente denunciando la "conducción de la derrota" y exigiendo la renuncia de las autoridades partidarias. En el comunismo, un sordo disgusto contra la dirección codovillista preanunciaba la crisis que sufriría más tarde el "partido de la clase trabajadora", cuyos conductores habían evi-

denciado interpretarla tan mal. También el conservadorismo sentía el impacto de un pronunciamiento electoral que
lo había marginado casi totalmente de las representaciones
públicas —sólo obtuvo dos bancas en el Congreso Nacional— a tres años de haber sido oficialismo, y la juventud
demócrata bonaerense emitía una virulenta declaración contra los dirigentes partidarios. Y los socialistas, excluidos
por primera vez desde 1912 del Congreso Nacional, también sentían los primeros escozores internos contra sus veteranos dirigentes. Eran las agrias disputas que suelen ser
—junto con las cuentas impagas— los saldos más amargos
de las derrotas electorales.

Pero estas inquietudes no traslucieron públicamente todavía. En cambio nadie se llamó a engaños sobre el significado de las renuncias que presentaron diversos personajes cuyos nombres habían sido jugados a través de todo
el proceso político anterior: don Luis Colombo, a la presidencia de la Unión Industrial que había ejercido durante
veinte años; Eustaquio Méndez Delfino, a la presidencia de
la Bolsa de Comercio; el doctor Roberto Repetto, a la presidencia de la Corte Suprema de la Nación. Ninguna de estas dimisiones aludía a la realidad política que vivía el país
—todavía en pleno escrutinio—, pero nadie dudaba que estos alejamientos tendían a facilitar el reacondicionamiento
indispensable de las relaciones de las entidades que habían
dirigido, con el futuro gobierno.

Tampoco hubo comentarios oficiales por parte de Braden. El secretario adjunto de Asuntos Latinoamericanos
debía haber pronunciado discursos en el Club de las Naciones Unidas y en la Universidad de Yale pocos días después
de las elecciones argentinas; frente a los primeros cómputos canceló prudentemente estos compromisos y sólo hizo
declaraciones el 27 de marzo, respondiendo a preguntas de
periodistas. En la oportunidad, Braden se limitó a anunciar que Estados Unidos designaría muy pronto su embajador en la Argentina, lo que efectivamente ocurrió. Por su
parte, el Departamento de Estado publicó el 1º de abril
una sobria declaración expresando la esperanza de que el

nuevo gobierno argentino cumpliera definitivamente con sus compromisos interamericanos. En cuanto al Libro Azul, que había sido entregado "en consulta" a los gobiernos de América latina, fue piadosamente olvidado. Pero diez días antes de las someras manifestaciones de Braden, su inteligente crítico, Sumner Welles, puntualizó públicamente todos los errores cometidos por la diplomacia norteamericana en relación con el caso argentino.

Si la descalabrada Unión Democrática —cuya Junta Interpartidaria se disolvió silenciosamente después de una melancólica reunión acaecida cuando el escrutinio estaba en vísperas de finalizar— mantuvo silencio durante el proceso de verificación de votos, no menos prudente estuvo Perón. Recién el 2 de abril, cuando sólo faltaban unas pocas mesas de Buenos Aires para completar el escrutinio de todo el país, el virtual presidente electo formuló sus primeras declaraciones al diario "The Standard". Se manifestó satisfecho de la elección pero no adelantó opiniones sobre su futura acción de gobierno. Más que una declaración, fue aparentemente una expresión de buena voluntad hacia la colectividad británica en la Argentina. Más explícito estuvo con un corresponsal del diario peruano "La Prensa", al que hizo declaraciones un día más tarde.

—Haré un gobierno para toda la Argentina —dijo Perón—. Para la Nación sin exclusiones, preferencias ni reservas. Mientras la oposición contemple la ley, será respetada por el gobierno.

Agregó que proseguiría y perfeccionaría la obra social cumplida por la Revolución y señaló que centraría su acción de gobierno en la defensa de la soberanía y la recuperación de las fuentes fundamentales de la economía "sin vulnerar —aclaraba— los legítimos derechos del capital extranjero, que será equitativamente indemnizado en los casos de expropiación".

Era el mismo tono prudente y conciliador que había usado el 4 de abril en la concentración gigantesca que los peronistas realizaron en la Plaza de la República para celebrar su triunfo. Ante una multitud más grande aún que las que habían llenado ese enorme espacio en diciembre y en febrero, al empezar y terminar su campaña electoral, Perón, en una atmósfera de enloquecida alegría, señaló que "la victoria no da derechos: crea obligaciones" y aseguró que tendía "una mano generosa a los vencidos". En ese acto —que sus organizadores llamaron "Marcha de la Independencia y la Justicia Social", como una lejana réplica a la ya casi olvidada Marcha de la Constitución y la Libertad— Perón exhortó con patéticos acentos a la unidad de sus fuerzas. "El coronel Perón necesita de la unión de todos, para poder cumplir con el mandato que el pueblo le ha conferido." Era un llamado real, no un formulismo, ese que hacía a la unidad, porque la precaria alianza de laboristas y radicales renovadores estaba haciendo agua por todos lados.

Pero a cambio de los sinsabores internos, Perón ya estaba gobernando de hecho desde mediados de marzo, cuando las cifras establecieron de manera indubitable la tendencia del electorado. Algunos actos del expirante gobierno de Farrell lo acreditaban. La caducidad de las concesiones de todos los casinos y la decisión de que el Estado los explotara directamente en el futuro, la expropiación de papel de diario —indispensable para la subsistencia de la prensa peronista, que en general carecía de reservas de papel y medios para adquirirlo en cantidades— y sobre todo la nacionalización del Banco Central y la designación de un nuevo Directorio, eran actos que indudablemente tendían a allanar la acción del futuro gobierno. El mismo propósito tenían otras medidas adoptadas por esos días a pedido de los equipos que ya estaban trabajando al lado del presidente electo: los decretos reordenando todo el sistema bancario nacional en subordinación al Banco Central, la creación del Instituto Mixto de Reaseguros, la reglamentación de las Bolsas de Valores y la institución de un régimen legal para las llamadas "sociedades de economía mixta". Otro de los decretos firmados por Farrell en vísperas de abandonar el poder podía considerarse una galantería: el ascenso de Perón a general de brigada.

Hubo, además, en ese interregno, dos medidas del gobierno *de facto* cuyo origen e intención eran inocultables. Se trataba de medidas de seguridad o de desquite, según se miraran. Perón nunca fue muy piadoso con sus enemigos y era angelical suponer que iba a permitir que los baluartes más peligrosos de la oposición subsistieran, si podía arrasarlos antes de quedar limitado por las trabas constitucionales. El 1º de mayo apareció un decreto interviniendo todas las universidades del país y veinte días más tarde, otro que fulminaba igual medida contra la Unión Industrial...

El 6 de mayo los colegios electorales de la Capital Federal y las catorce provincias cerraban una etapa más del proceso constitucional al elegir presidente y vicepresidente de la Nación a Perón y Quijano por 298 votos contra 66 que obtuvieron Tamborini y Mosca. En realidad, la fórmula triunfante había reunido 304 sufragios y 72 los opositores; pero algunos fallecimientos y ausencias en uno y otro bando redujeron las respectivas cifras en el momento de la votación.

En la segunda mitad de mayo se fueron constituyendo las legislaturas locales, que debían designar senadores nacionales; el 28 de abril ya se había reunido la Cámara de Diputados de la Nación y el Senado lo haría a fines de mayo. Ya faltaba poco para que culminara el proceso de normalización, con la asunción del cargo por parte del nuevo presidente. A los opositores sólo les quedaba el sombrío placer de ver cómo se despedazaban los laboristas y los radicales renovadores en Buenos Aires, Mendoza, San Juan, Tucumán y la Capital Federal, donde al candidato laborista a senador, Gay, se le birló su banca con una maniobra digna de la mejor época del fraude. Esos lamentables espectáculos acentuaban en la oposición —al menos en algunos sectores— la certeza de que el gobierno peronista tendría que derrumbarse fatalmente y a breve plazo, huérfano de apoyo político, de experiencia y capacidad de gobierno. A lo que podía sumarse la indudable "jettatura" de Perón: pues (agregaban algunos opositores), ¿no era una mala suerte excesiva que el gobernador electo de Santa Fe se suicidara antes de asumir y que el de La Rioja falleciera sin poder hacerse cargo del gobierno?

Pero el presidente electo no era supersticioso ni estaba dispuesto ya a tolerar indisciplinas dentro de su movimiento. Durante la campaña electoral había tenido que resignarse a capear las tormentas internas de sus partidarios: ahora los votos que había sacado eran de él y estaba dispuesto a hacerlos valer... Así lo hizo a gritos, vestido con unos breves calzoncillos, en la cocina de su departamento de la calle Posadas, a un grupo de diputados laboristas que venían a formular *una enésima queja contra los quijanistas*.[4] Al otro día, 24 de mayo —el mismo día en que Farrell firmaba el decreto levantando el estado de sitio en todo el país—, Perón, en un discurso transmitido por varias radios ordenó, por propia autoridad, la disolución del Partido Laborista y de la UCR Junta Renovadora, para constituir el Partido Único de la Revolución Nacional. Su orden sería acatada a medias, pero esa ya es otra historia.

Ya se estaba sobre el filo del mes de junio. La fiesta patria de Mayo, la llegada de las delegaciones extranjeras que venían a asistir a la transmisión del mando, los viajes que hacían a Buenos Aires casi todos los gobernadores de provincias y muchos dirigentes oficialistas del interior para no perderse la ceremonia, daban a la ciudad una atmósfera especial. Banquetes y veladas de gala acunaban los últimos días del gobierno *de facto*. La esposa del presidente electo, con su gracioso hombro descotado turbando la mirada del cardenal Copello en uno de esos banquetes, daba motivos para que Sofía Bozán hiciera las delicias del público del teatro Maipo.

El 4 de junio hizo Perón el ritual recorrido desde el Congreso Nacional hasta la Casa Rosada, aclamado por una delirante multitud. Era un día martes y Farrell había decretado feriado el día anterior a la transmisión del mando; por su parte, Perón declaró feriado el siguiente, de modo que fue casi una semana de holgorio. Era difícil no sentirse contagiado por esa atmósfera de verbena que envolvía al país entero. Habían pasado tres años justos desde el golpe militar que derrocara al viejo régimen conservador. En esos 36 meses habían ocurrido procesos políticos y sociales tan profundos y vigorosos que aquel banal motín castrense había conseguido desembocar —justificándose— en este formidable movimiento de masas que marcaría con su presencia toda la década siguiente.

Ese mismo 4 de junio la revista "Cascabel" publicó un dibujo que mostraba a un sonriente Perón vestido de uniforme militar, entregando las insignias del poder a un sonriente Perón vestido de frac. La caricatura establecía una parte de la verdad, porque la tradicional ceremonia era en gran medida sólo una formalidad y Perón estaba gobernando directa o indirectamente, de tiempo atrás. Pero sólo una parte de la verdad, porque el análisis del proceso que culminaba ese 4 de junio no se agotaba señalando la continuidad del gobierno *de facto* con el poder constitucional que se instalaba. Se trataba de algo mucho más complejo. Pero los opositores que sonrieron con la caricatura de "Cascabel" no podían entender esa complejidad, que era la de su propio país en ese particular momento de su historia.

Esa complejidad deriva de un hecho fácilmente comprobable, pero que pocos midieron en su real importancia: en 1945 se habían confrontado agriamente dos formas de concebir el país. Ninguna de ellas alcanzó a formularse con claridad y por eso la lucha política consiguiente no fue más que una sucesión de invectivas y malas mañas por ambas partes. Pero esto no quiere decir que cada uno de los bandos en pugna no haya intuido el tipo de Argentina en que deseaba vivir.

A lo largo de ese año, estimulada por los hechos que fueron jalonándolo, una verdadera y auténtica revolución había ocurrido. Una revolución que se dio en los espíritus, como toda revolución trascendente. Había aparecido en la conciencia de muchos argentinos una serie de valores, de evidencias, de juicios, que habrían de determinar su comportamiento en las decisivas jornadas de octubre y frente a la elección de febrero de 1946, cuyos resultados fueron la expresión numérica de esa revolución.

Ello consistió fundamentalmente en la adquisición de una conciencia de poder en la clase trabajadora. Aún hoy, cuando se pregunta a Perón qué fue lo más importante de su gobierno, el ex presidente contesta sin vacilar:

—La politización de los trabajadores.

Y en esto tiene razón. Si Yrigoyen fue el gran artífice de la integración de la clase media en el juego político de la Argentina, fue Perón quien empujó de manera decisiva la inserción de la clase trabajadora en el ámbito donde se toman las decisiones políticas. Pero la revolución de 1945 no se limitó a esto, con ser mucho. La parte mayoritaria del país delineó en su espíritu un nuevo concepto de la Argentina, que entregó a Perón en febrero de 1946 con el mandato de hacerlo realidad, de instrumentarlo para concretar esa "Patria hermosa" que auguraba en sus roncos cánticos. El hombre argentino de 1945 que se atrevió a no creer en los grandes diarios cuya opinión le había sido antes sagrada; que rechazó a las figuras políticas que siempre había respetado; que arriesgó su adhesión a un hombre nuevo cuya formación ideológica no era muy clara y que aun podía ser sospechosa, ese hombre común de 1945 prefirió romper con el pasado y hacer una apuesta total sobre la alternativa que le ofrecía algo totalmente diferente a lo que conocía hasta entonces. Eso fue lo más revolucionario de la actitud mental del argentino del 45. Su íntimo compromiso con la alternativa nueva lo llevó a prescindir de las figuras eminentes que hasta entonces había seguido. Por eso quedaron marginados los hombres que hasta entonces habían conducido amplios sectores populares: Sabattini en Córdoba, los Cantoni en San Juan, Laurencena en Entre Ríos, Mosca, Rodríguez Araya y Molinas en Santa Fe, Boatti y Solano Lima en Buenos Aires, Palacios, Ghioldi y Repetto en la Capital Federal, al igual que Tamborini, Ricardo Rojas y otros. Frente a ellos, los dirigentes peronistas no podían resistir la menor comparación en materia de experiencia política, nivel intelectual o prestigio. Y sin em-

bargo aquéllos fueron barridos por la poderosa marea mayoritaria, porque había un proceso revolucionario que necesitaba encauzarse políticamente y para ello debía arrasar
con todo lo que se le opusiera. En la emergencia, la parte
mayoritaria del pueblo argentino prescindió de sus tradicionales lealtades cívicas y dio su confianza al hombre que
había interpretado su intención revolucionaria: fue una
alegre masacre, un parricidio colectivo, una hecatombe ritual en holocausto a la Nueva Argentina y sus *flamantes
dioses*.[5]

Es que, objetivamente, la oposición de 1945 primero y
luego su formulación política, la Unión Democrática, representaba el retorno del pasado. No fue una actitud deliberada ni todos los sectores que componían la Unión Democrática estaban comprometidos con este retorno, como ya
se ha visto. Pero todo se fue dando para que, de uno u otro
modo, la conjunción opositora tuviera esa significación. Y
Perón no dejó de aprovechar cada vez que le fue posible,
para arrinconar a sus adversarios hacia lo más retrógrado,
lo pasatista, atribuyéndoles complicidades inconfesables e
intenciones bastardas. El conglomerado democrático no dispuso de antídotos para excluir a los elementos directamente
asociados al pasado y éstos terminaron por imprimir su propio carácter a la unión interpartidaria. La no inclusión del
conservadorismo no engañó a nadie: simplemente lastimó a
los conservadores y aparejó a la Unión Democrática una
ayuda electoral muy reticente, pero no fue suficiente para
que la parte mayoritaria del electorado no identificara a la
oposición con lo peor de la época anterior a 1943.

Frente a aquella heterogénea asociación, Perón encarnaba lo nuevo, lo insólito, lo juvenil. Novecientos mil electores nuevos incluía el padrón electoral de 1946: novecientos mil muchachos (sobre tres millones y medio de electores) que nunca habían votado y que sin duda se sintieron
cautivados en gran proporción por el nuevo estilo político
que traducía Perón con su sonrisa, sus palabras inconven-
cionales, su modo campechano de sacarse el saco... De este
nuevo aporte humano al cuerpo electoral de la Nación,

¿cuántos no se habrán sentido "muchachos peronistas"? El aire de 1945 olía a juventud, a renovación, a mundo nuevo. Y por eso, en el enfrentamiento político, los muchachos democráticos, sobre todo los universitarios, tuvieron un papel tan destacado como el que tuvieron en el peronismo los jóvenes que dieron al nuevo movimiento el tono, las palabras, los cantos, la fisonomía que de entrada no más lo definirían. El meridiano del país pasaba en ese momento por la mozada, de uno y otro bando. ¿Qué podían significar entonces los acartonados personajes de la Unión Democrática, repitiendo las viejas frases de siempre?

Lo juvenil siempre es un poco desaforado y por eso el choque entre ambas concepciones fue en 1945 frontal, tremendo. Pero también hubo dentro del enfrentamiento algunos matices incontrolables, derivados de un cierto odio de clases que no dejó de aparecer. En la medida en que la gran revolución de ese año tendía a dar una nueva función política a los trabajadores como clase, el miedo de los sectores desplazados revertió en odio indiscriminado contra "la chusma", "los descamisados" y sobre todo contra quien era, aparentemente, el causante de la quiebra del equilibrio que hasta entonces habían mantenido —más o menos bien— los distintos sectores de la comunidad nacional.

El odio y el miedo que caracterizaron a la acción opositora la llevaron a instrumentar una política absolutamente estúpida en relación con la figura del coronel Perón. Mucho más que al magro y poco imaginativo aparato de propaganda montado por Perón en 1945, su promoción personal se debió a sus opositores, que lo convirtieron en blanco casi único de sus ataques, agigantando su imagen popular y convirtiendo a su persona en la encarnación física de lo que una gran parte del país quería y sentía como legítimo. Como ya se ha señalado, esa política culminó, en octubre de 1945, con la detención de Perón en Martín García —obtenida por la presión de militares y civiles en las reuniones del Círculo Militar— circunstancia que lo convirtió en mártir ante millones de argentinos en momentos en que Perón sólo acariciaba la módica esperanza de casarse con la mujer que amaba y retirarse del trajín político... El odio de sus opositores lo estaba convirtiendo en una bandera. Más tarde, en el curso de la campaña electoral esa táctica de ataques personales se acentuó, sin conseguir otra cosa que afinar la vigencia del candidato en la adhesión popular. Con este aditamento: que este aborrecimiento contra Perón, ese odio íntimo y personal siguió obnubilando el juicio de la oposición, lo que complicó mucho las relaciones entre las minorías y el oficialismo al instalarse el nuevo gobierno constitucional. O para decirlo de otro modo: como Perón resultaba epidérmicamente odioso, insufrible, no se le reconocía ninguna cualidad positiva y en consecuencia se supuso que le sería imposible gobernar; por lo tanto la oposición —en líneas generales— estableció su estrategia en función de un inminente derrumbe del oficialismo peronista. Naturalmente todo tenía que andar mal a partir de semejante premisa, y así ocurrió. Esto, sin olvidar la responsabilidad que cupo a Perón durante su gobierno, por el innecesario e irritativo acoso que hizo de las minorías.

¿Mereció Perón ese odio que en 1945/46 se fulminó contra él? Eran dos los cargos que habitualmente se le formulaban: su ambición y su demagogia.

En cuanto a su ambición, el cargo podía ser justo. Pero no era Perón el único hombre público argentino al que podía imputársele. Sarmiento ambicionó toda su vida ser presidente y murió con el desconsuelo de no haberlo sido un segundo período; Roca descompaginó prolijamente la política de la Nación durante doce años, hasta que obtuvo su segundo período; Augustín P. Justo fue ambicioso al grado máximo... La ambición, en el hombre político, es una cualidad, no un defecto. Perón tenía en 1945 tanto derecho como cualquiera a aspirar a la primera magistratura. Creía en su buena suerte y en su capacidad de conducción: ya en septiembre de 1943, todavía un oscuro coronel, habló en un reportaje de su estrella y de la irrenunciabilidad de los destinos personales. La acusación de ambicioso, aunque fuera cierta, no era suficiente para invalidarlo.

En cuanto a su demagogia, es indiscutible que Perón usó de recursos que pueden considerarse extraños a las convenciones políticas que se tenían por habituales hasta entonces. Pero hay que encuadrar los recursos políticos que Perón usó en 1945 dentro de su contexto y en relación con las fuerzas que se le oponían. ¿De qué otro modo podía enfrentar Perón a una conjunción de poderes que incluía desde la embajada norteamericana hasta la Universidad, desde los grandes diarios hasta los partidos tradicionales, el empresariado y un sector de las Fuerzas Armadas? En la carrera contra el tiempo que estaba librando, ¿podía darse el lujo de usar los mismos parsimoniosos recursos de los viejos políticos? Además, Perón pretendía simbolizar un estilo nuevo, un espíritu renovador que venía a aventar la vieja política: ¿por qué atarse, entonces, a las añejas reglas de juego? ¿Por qué no demostrar su insolitez creando formas políticas totalmente ajenas a las convencionales? ¿Por qué, para decirlo de una vez, la cordial campechanía y hasta la chabacanería serían peores que la retórica y la vaciedad que nutrían los hábitos políticos tradicionales?

Por lo demás, no tiene ninguna importancia establecer si Perón era un tipo despreciable —como aseguraban sus adversarios— o un hombre fuera de serie —como clamaban sus admiradores—. Lo importante era el proceso que se estaba desarrollando. Eso sí era importante. Formidable. Porque significaba, ni más ni menos, que el país iba a mirarse en adelante con los ojos de la verdad. No a través de convencionalismos, ficciones o complicidades, sino en función de su pura realidad. Y era Perón el elemento que forzaba esa reducción del país a la verdad. No se lo odiaba, entonces, por su ambición ni por su demagogia sino porque había venido abruptamente a interrumpir el inofensivo juego político que se había jugado hasta entonces, en el que todos los partidos (cada uno en su función), tenían participación y premios. La súbita aparición de este intruso que pronunciaba palabras inimaginables, que entregaba a las masas peligrosas claves para la comprensión de la realidad nacional, que no tenía inconveniente en ponerse a la altura de los auditores más humildes o al nivel del lenguaje coloquial de los argentinos, la aparición de este histrión de admirable destreza venía a desarticular un equilibrio político tan cómodo como había sido cómodo el equilibrio social existente hasta entonces. ¡Todo el odio contra él! Y no se advertía que si el equilibrio social se había quebrado y el equilibrio político no aguantaba la presencia de este forastero, era porque esos sistemas habían sido siempre ficticios, endebles: Perón no era tanto autor de esas rupturas como agente de un proceso que tenía fatalmente que llegar y cuyo protagonista podía ser él o cualquier otro, porque estaba en la naturaleza de las cosas y su calendario estaba marcado por una progresiva maduración del país.

El oscuro coronel de 1943 ya era en 1945 un instrumento de la Historia cuya función fue comprobar —proclamar— todo lo que había de falso en la Argentina: un país cuyo sectores dirigentes querían seguir manejándolo como si vivieran diez años atrás, como si no hubiera ocurrido una guerra mundial, un proceso de industrialización, una incorporación de centenares de miles de hombres y mujeres al circuito productivo y consumidor. Esa ficción de un supuesto equilibrio político y social, alimentada por todos los intereses que se beneficiaban con la permanencia del "establishment", se derrumbó en cuanto Perón le empezó a asestar los mazazos de su prédica, poniéndolo en la cruda y descarnada hora de la verdad. Es paradójico que haya sido Perón quien lo hizo: él, que no se preocupaba de mezclar la verdad con la mentira, que no tenía empacho de invocar cualquier hecho, cifra o argumento —cierto o no— que conviniera a su política. Pero hay momentos históricos en los que un proceso puede no tener relación moral con el agente que lo promueve. Perón, ducho en sofismas, desencadenó un proceso que ponía en tela de juicio toda la realidad, dejándola como en estado inaugural. De él dependía ahora, en junio de 1946, que ese arranque desde fojas cero tuviera signo positivo o negativo.

Acaso lo peor de 1945 fue el hecho de que las condiciones políticas se fueron dando de tal manera que no hubo tiempo ni posibilidades de crear otra alternativa más. La opción que se presentó al país formaba parte de una disyuntiva forzosa: había que elegir uno de los dos términos, sin escapatoria posible. Perón vio esto muy bien y contribuyó a acentuar la drasticidad de la opción ocupando uno de los términos y atribuyendo a Braden el otro. Fue una desdicha que no pudiera articularse otra alternativa nueva que interpretara la ansiedad de transformación del país conjugándolo con la preservación de los valores políticos tradicionales. La imposibilidad de escapar a esa disyuntiva terminó por meter a todos en una bolsa, fuera cual fuera; y había muchos que se sentían muy incómodos en la bolsa que les tocó en suerte... No pudo elaborarse una tercera posibilidad política y entonces, frente a la cerrada opción, la gente votó por lo nuevo, por lo que tenía el claro color de la esperanza.

No hay que lamentarlo. Lo cierto es que la alternativa ofrecida por la Unión Democrática hubiera sido un desastre. Podemos imaginar lo que hubiera sido el gobierno de Tamborini, tironeado por las exigencias de sus dispares apoyos. Todos pretenderían parte del botín: las fuerzas patronales, la Sociedad Rural, la Unión Industrial reclamarían la derogación de las medidas sociales adoptadas por el gobierno *de facto* o por lo menos de las más cuestionadas, como el Estatuto del Peón, la justicia laboral, el aguinaldo y las delegaciones regionales de Trabajo y Previsión. Los comunistas habrían batido el parche de la unión nacional para pedir un gabinete pluripartidario: ¡imaginemos a Codovilla ministro de Educación o de Agricultura! Las provincias con gobierno intransigente —Buenos Aires, Corrientes y Córdoba, por lo menos— serían hostilizadas por los núcleos unionistas, que en esos distritos habrían pasado a ser minoría pero cuyas relaciones con el oficialismo nacional serían sólidas. A todos estos problemas debería agregarse (siempre en tren de conjeturas) la oposición de una fuerza popular, vital, llena de fervor y resentimiento, con un conductor como Perón a su frente; y la actitud del Ejército, cuyo candidato había sido el perdedor y que sin duda sufriría todos los desaires que algunos de los grupos democráticos soñaron infligirle durante tres años de régimen militar. Y súmese a este "imbroglio" la personalidad de Tamborini y quienes lo rodeaban, incapaces de entender un país como la Argentina de 1945...

La eventual presidencia de Tamborini hubiera sido un desastre. Para muchos argentinos lo fue, en ese momento, el triunfo de Perón. Habría que analizar, sin embargo, lo que hubiera ocurrido si los votos de diferencia entre Perón y la Unión Democrática hubieran tenido signo inverso al que evidenciaron y el país tuviera que ser regido por un gobierno que, para grandes sectores populares, representaba el triunfo de Braden, el revanchismo patronal, la mentalidad conservadora. Todo esto, en el improbable caso de que el gobierno *de facto* hubiera resuelto aceptar el conjetural fallo de las urnas y entregar el poder a quienes soñaban con hacer nuevos Nurembergs contra sus integrantes.

El país estaba preparado para hacer la experiencia peronista. Ansioso. Tenía que caminar esa etapa, con todos los riesgos que suponía un elenco conductor tan improvisado y heterogéneo como el que acompañaba a Perón y un Perón que seguía siendo un enigma. Pero no entrar en esa experiencia hubiera aparejado una tremenda frustración. Si se equivocaba, el país quería equivocarse solo, sin que el Departamento de Estado o los grandes diarios o los eternos figurones le hicieran de tutores. Ocurre con los pueblos, a veces, lo que ocurre con los jóvenes siempre: prefieren errar solos a elegir bien con la asistencia de extraños.

Pero ¿realmente se equivocó el pueblo argentino al optar por Perón en 1945 y ratificar su elección en febrero de 1946? Sin duda, no. En ese punto de su evolución era urgente una redistribución del ingreso nacional más equitativa y una incorporación definitiva de las masas a la condición productora y consumidora que habían conquistado por vía coyuntural. Perón era representativo de esa conquista. Pero además, el país estaba ansioso de una política instrumentada sobre la verdad real y llevada con vocación de grandeza. Todo hacía pensar que había llegado el momento de que la Argentina desempeñara un papel determinante en el concierto americano y un papel más importante en el mundo. Si habíamos atravesado cinco años de guerra sin mezclarnos en el conflicto a pesar de las presiones que hubieron de sufrir los diferentes gobiernos entre 1939 y 1945; si una oscura revolución militar había logrado desembocar libremente en un proceso de masas de insólitas y seductoras características, ¿por qué no pensar que el país estaba destinado a un rol eminente en ese mundo nuevo que se abría penosamente después de la guerra? La exhausta Europa pedía nuestra ayuda; la UNRRA solicitaba, en marzo de 1946, que la Argentina aliviara el hambre de los pueblos del viejo continente; en abril nuestro gobierno concedía un importante empréstito a España... Un orgullo inédito, un sentido humanista no conocido anteriormente nutría ahora el espíritu argentino y lo enorgullecía de su país intacto. Y Perón parecía la cabal expresión de ese espíritu nuevo.   .

Era el momento justo para pensar de nuevo el país; para intuirlo otra vez, con la misma neta certeza como lo habían intuido, en los grandes momentos de nuestra historia, los anónimos figurantes de sus procesos populares fundadores, esa gentecita morocha y humilde, leal y decidida que era igual a la que en las jornadas de octubre había salido a defender a su jefe que en febrero depositó silenciosa y disciplinadamente su voto. Hacerlo de nuevo a este país, barriendo con toda la mentira de la década del 30, volviendo a sus primeros orígenes. Los años sucios del 30 estaban clausurados y el pueblo, en su inmensa mayoría (inclusive muchos de los que habían estado con la Unión Democrática y que también, por supuesto, eran pueblo) querían empezar una nueva obra.

Podía delinearse cierto esbozo de lo que se quería. Había algunas líneas básicas en las que los peronistas y los sectores menos anquilosados, más renovadores de la oposición —la Intransigencia radical, en primer término— podían coincidir. La década del 30 era un término de referencia utilísimo para saber lo que no debía hacerse. Por eso, cuando se nacionalizó el Banco Central y esa rara entidad creada sobre la base de un proyecto británico quedó transformada en un instrumento del poder financiero del Estado, hubo la sensación de que empezaba a desgarrarse la red de cobardías, ficciones y canalladas que habían ahogado el destino grande de la República; en esto podían encontrarse todos. Como ésta, había muchas otras posibilidades de reunirse en torno a una empresa trascendente si el nuevo gobierno iba al fondo de las cosas; si no se quedaba en el verbalismo o naufragaba en la improvisación o se entretenía en tomarse revanchas con los opositores. Era necesario recomponer el país; fundar, por ejemplo, una base siderúrgica, petrolera y de transportes para apoyar a la industria liviana. Era necesario definir un nuevo concepto de la función del Estado, ya que la posguerra aparejaría confrontaciones en las que sólo una acción estatal decididamente identificada con los intereses nacionales podría preservar lo que se había trabajosamente construido. Y aprovechar las excepcionales condiciones en que vivía la Nación para colocar en otro nivel sus vinculaciones con las antiguas metrópolis y con los nuevos centros mundiales de poder.

Todo estaba listo para vivir esa aventura: el mundo, el país, el pueblo, la conciencia general. Era difícil definirla, pero realmente existía una "Argentina soñada" —como repetía Lebensohn— que no se diferenciaba mucho de la "Patria Hermosa" que cantaban los peronistas... Estos le habían prometido "darle una cosa que empieza con P" ...y habían cumplido su compromiso. Para muchos argentinos, el acceso de Perón al poder era un trago amargo pero, de todos modos, estaban dispuestos a concederle un moderado crédito; para los de la "Patria Hermosa", su intuición de la Argentina llevaba explícitamente la condición de que Perón estuviera a su frente. Pero unos y otros podían entenderse.

Había pasado la lucha electoral, los cartelones se iban despegando de las paredes, comidos por la humedad del otoño, y las marcas de la batalla del carbón y las tizas palidecían y se iban borrando. Todo volvía a la normalidad. Concluía el intervalo *de facto* y el país entero se aprestaba a recorrer un nuevo jalón de su camino. Aun sin ser peronista se podía ser optimista y los malos presagios quedaban para los políticos profesionales de la oposición, para los recalcitrantes, para los maniáticos que odiaban a Perón irracionalmente. El país miraba hacia adelante y si el triunfo peronista daba un estilo jubiloso a esas vísperas, en los niveles de base de los sectores derrotados no había resentimiento: a lo más, una irónica expectativa, una pasividad imparcial.

En su libro *Montoneras y caudillos en la historia argentina*, aparecido en junio de 1946 (como respuesta al profesoral *Alpargatas y libros en la historia argentina*, de Américo Ghioldi, publicado poco antes) Atilio García Mellid interpretaba la victoria peronista de febrero como "el reencuentro de la sustancia ideal en que puede fundarse nuestra vida" y agregaba: "El pueblo ha retomado el rumbo de Mayo, ha asumido otra vez la responsabilidad de su destino, se ha ubicado de nuevo en la única tradición que le pertenece: la de la montonera y el caudillo". Y subrayaba un episodio ocurrido días antes, en el mes de mayo, *en un pueblito de Santigo del Estero* [6] como un "símbolo de los nuevos tiempos que vive la República" y la "expresión... conmovedora de la afinidad sin rodeos que vincula al legislador de nuevo tipo y la comunidad humana que ha surgido".

Corría un viento augural. Parecía en ese momento que algunas viejas profecías, las que siempre habían mantenido intacta la fe de la gente, empezaban a cumplirse. En esas vísperas de la asunción del poder constitucional por Perón solían repetirse en los órganos de prensa que le eran adictos esos misteriosos, premonitorios versos del "Martín Fierro": "Tiene el gaucho que aguantar / hasta que lo trague el hoyo / o hasta que venga algún criollo / en esta tierra a mandar." O aquellos otros: "Y han de concluir algún día / estos enriedos malditos..." O también: "Debe el gaucho tener casa / escuela, iglesia y derechos."

¿Había llegado el momento prometido? ¿Era este el criollo que venía a mandar? ¿Se terminaban los enredos que
habían tenido sometido, irrealizado, al pueblo argentino?
¿Era el momento de empezar a vivir con una nueva dignidad? Se recordaban los augurios de Ortega y Gasset sobre
el "peraltado destino" de la Argentina, las predicciones de
Manuel Ugarte sobre la misión continental de nuestro país,
las agonías de Scalabrini Ortiz por el argentino que estaba
solo y esperaba... ¿Qué esperaba? ¿Esto, que al fin parecía
a punto de llegar? ¿Era esto el cumplimiento de la promesa?
¿Esta nueva era que se abría clamorosamente, limpia de
toda mácula de fraude, rodeada de un fervor popular nunca
visto, empujada por este hombre con la apostura y la sonrisa de un novio?

El tema de este libro está limitado al año 45 y su inmediata secuela electoral. El motivo de haber limitado el
estudio a ese solo año está explicado a través de sus páginas
y subrayado en el subtítulo, al definirlo como "año decisivo".
Que lo fue, no hay duda: para comprobarlo basta tener en
cuenta el hecho evidente, innegable, de que siguen vigentes
los valores que en ese año adquirieron dimensión histórica
para quedar incorporados a la conciencia nacional. El país,
en la actualidad, sigue moviéndose dentro de las grandes
líneas que aquel año se formularon, así como en 1890 se
establecieron corrientes que tuvieron el rol protagónico de
la política argentina durante décadas o en 1930 se inauguró un tipo de política que duró trece años. En 1925, en plena
época alvearista, Jorge Luis Borges escribía: "Yrigoyen, pese
a las mojigangas oficiales, nos sigue siempre gobernando."
Perón ya no gobierna en la Argentina desde hace casi quince
años y cada vez manda menos. Pero el proceso que él promovió en 1945 sigue dando sentido a nuestros tiempos contemporáneos, y, nos guste o no, vivimos todavía bajo el
decanato de 1945.

La limitación del tema de este libro veda a su autor
internarse más allá de la frontera temporal marcada de
antemano. No le corresponde, pues, decir cuál fue, a su

juicio, la respuesta a esos interrogantes, a esos presagios que flotaban en el espíritu de los argentinos en aquel junio de 1946; y no teme que se le atribuya un silencio cómodo, porque su militancia política, en los años de la omnipotencia peronista, le bastan para acreditar una posición que en líneas generales no ha variado. Lo cual no le impide, ciertamente, revisar su propia posición juvenil de 1945, para advertir que en aquella encrucijada, Perón interpretó una línea histórica de signo nacional y popular que el autor siente entrañablemente como propia. Acaso él (como tantos otros muchos de su edad) con menos prejuicios y menos condicionamientos mentales hubiera sido peronista en 1945, aunque difícilmente lo hubiera seguido siendo después; acaso este libro sea una compensación que subconscientemente quiere pagar a ese desencuentro con el proceso revolucionario que siempre quiso servir...

Pero lo que ocurrió después es materia ajena a este libro. Baste decir por ahora que el 45 fue el año de una gran esperanza nacional, el año de la gran promesa; por eso estuvo cargado de una pasión y una intensidad que lo hicieron único en nuestros anales. Tal vez la utilidad de este libro —aparte de recordar hechos que se han ido olvidando o deformando en el recuerdo— sea la de vivificar la esencia de una esperanza y una promesa como aquellas del 45, que siempre, antes y después de ese año, latieron en el alma de los argentinos, con diferente nombre y diverso signo. Y confirmar la certeza de que alguna vez tendrá que tornarse plena esa esperanza, milagrosamente nunca marchita y alguna vez tendrán que abrirse los sellos de esa promesa, nunca cumplida. Entonces la pasión popular del 45 volverá a ponerse al rojo vivo, calentando todas las fraguas, enriqueciendo todo emprendimiento de fuerza transformadora, como en los grandes momentos fundadores de la Patria.

Enero de 1969. El invierno madrileño se estira en largas cintas de niebla. Es Día de Reyes y la ciudad, en la ma-

ñana temprano, todavía duerme. Estoy con Perón, en su casa de Puerta de Hierro. Mesa por medio, ese rostro que fue una pesadilla para tantos como yo: el rostro que abominamos con tanto fervor y sobre el cual disparamos imaginariamente tantos tiros, tantas bombas, tantos escupitajos; el rostro que sonreía desde su retrato oficial, en aquella pieza de la Comisaría donde me picanearon...

Afuera, la niebla lo envuelve todo blandamente y el tiempo, la geografía, se van licuando en su blancura. Ya no estamos en Madrid. Estamos en Buenos Aires, en 1945. La voz de Perón va reconstruyendo el año que me importa. No habla con nostalgia ni con tristeza; tampoco habla jactanciosamente. Simplemente cuenta su versión de los hechos y algunas veces intuyo que su versión es correcta, así como en otros momentos percibo que se equivoca o no quiere decirme la verdad. Está en su derecho y no puedo quejarme; nuestro juego es limpio, por ambas partes.

Lo observo mientras sigue relatando sus andanzas de aquella época frente al voraz micrófono de mi grabador. Su rostro está más ajado y hace una rara impresión al contrastarse con su pelo renegrido. Sigue siendo el tipo bien plantado, robusto, fortachón, que ha sido toda su vida. Le brota una auténtica cordialidad: es de esos hombres que ya están ofreciendo fuego cuando uno ha sacado a medias el cigarrillo o se preocupan que el sillón en que uno se sienta no esté expuesto a ninguna corriente de aire. Es fácil hablar con Perón, establecer una inmedata relación humana con él. Pero es muy difícil —advierto— penetrar en su estructura mental, en su cerrado e invariable mundo. No ha hecho ni hará ni quiere hacer su autocrítica. Cordialmente, con una sonrisa verdaderamente cautivante, Perón rechaza todas las objeciones, aparta todo mal recuerdo, se libra de todo hecho que contradiga lo que afirma.

Hemos hablado casi cinco horas. En el jardín, la friolenta madrugada se ha convertido en un espléndido medio día, cortante como un cuchillo. Perón me ha dado todo lo que podía darme desde su arquitectura de recuerdos. Me despido. Cuando me estrecha la mano me sorprende algo *parecido a un latido amistoso que no puedo controlar. No: Perón no me ha seducido. Pero yo sé que después de esta conversación ya no pensaré de Perón lo mismo que pensaba antes. Al menos, no exactamente lo mismo.*

Al trasponer la puerta del jardín le hago un gesto de adiós. Nunca más en mi vida veré de nuevo a este hombre. Perón está en el porche de su casa, solo, inmóvil. Es un exiliado que ya transita por el blando territorio de la ancianidad sin poder realizar los dos únicos sueños que todavía acaricia: regresar a su Patria, vestir su uniforme militar. Pero no siento piedad por él: más bien, creo que le estoy envidiando. Porque muchos hombres y mujeres de la Argentina sintieron que sus vidas eran más ricas y plenas cuando lo tenían al lado...

Madrid está allá lejos, resplandeciente bajo el sol de su invierno. Pienso que daría diez años de la vida de Félix Luna a cambio de un día, un solo día de Juan Perón. A cambio, por ejemplo, de aquella jornada de octubre, cuando se asomó a la Plaza de Mayo y recibió, en un bramido inolvidable, lo más limpio y hermoso que puede ambicionar un hombre con vocación política: el amor de su pueblo.

NOTAS

[1] *Los ciudadanos que eran postulados a diversos cargos electivos.* Listas de candidatos presentadas por los distintos partidos en los quince distritos electorales, en la elección del 24 de febrero de 1946.

BUENOS AIRES

U. C. R. (CN)

Gobernador y Vicegobernador: Juan Prat y Crisólogo Larralde.
Diputados nacionales: Ricardo Balbín, Alfredo D. Calcagno, Horacio H. Pueyrredón, Federico Monjardín, Alfredo M. Ghiglione, Moisés Lebensohn, Juan A. Errecart, Modesto Ferrer, Guillermo Martínez Guerrero, Gabriel del Mazo, Horacio Pérez de la Torre, Saverio M. Galvagni, Héctor V. Noblía, Javier M. L. Erize, Ángel M. Lagomarsino, D. Jacinto Maineri, Emilio Donato del Carril, José Quinteros Luque, Francisco M. Perlender, J. Salvador Córdova, Alejandro Maino, Ramón Ayala

Torales, Emilio Solanet, Alejandro Armendáriz, Orlando H. Cufré, Juan
B. Rípoli, Erasmo V. Goti y Mario Giordano Echegoyen.

PARTIDO DEMÓCRATA NACIONAL

Gobernador y Vicegobernador: Vicente Solano Lima y Ulises Villalobos.

Diputados nacionales: Julio Aurelio Amoedo, Nicolás Avellaneda,
Juan Antonio Bergez, Enrique Butty, Benito de Miguel, Martín Di-
thurbide, Carlos M. Espil, Eduardo A. García, Amadeo Grimaldi, Luis
Grisolía, Emilio J. Hardoy, Juan Harriott, Roberto N. Lobos, Héctor
Montardit, Miguel Osorio, Horacio D. Otamendi, Avelino Quirno La-
valle, Juan Carlos Rébora, Justo V. Rocha, Atilio Roncoroni, Nicanor
Salas Chaves, Alberto J. Saravia, Dionisio Schoo Lastra, Juan E. Solá,
Numa Tapia, José Abel Verzura, Alejandro Villa Abrille y Orlando
William Álzaga.

PARTIDO SOCIALISTA

Gobernador y Vicegobernador: Carlos Sánchez Viamonte y Alejandro
Korn.

Diputados nacionales: Agustín de Arrieta, Guillermo Korn, Teodoro
Bronzini, Manuel Ramírez (h.), Jerónimo Della Latta, Julio C. Marte-
lla, Juan Nigro, José M. Lemos, Adolfo Arnaldi, Antonio Zamora,
Alejandro A. Hermida, José Constanza, Rómulo Etcheverry, Manuel
Pardo, Julio Falasco, Pablo Lejarraga, Rufino Inda, Miguel Gugliel-
motti, Juan Guido Pastorino, Juan B. Moggia, Miguel B. Navello,
Marcelino Gainza, Luis Del Grecco, Alfredo Fichter, Miguel A. Gar-
mendia, Diego Besasso, Juan Orler y Esteban Perrone.

PARTIDO COMUNISTA

Gobernador y Vicegobernador: Fórmula de la UCR (CN).

Diputados nacionales: Aurelio A. Bracco, Pedro Tadioli, Ítalo Grassi,
Francisco J. B. Chueca, Néstor Jáuregui, Jorge Calvo, Gregorio Novello,
Baldomero Juan Valera, Everardo Power, Damián Ferrer, Julio H.
Sevilla, Luis Viaggio, Luis M. Desalvo, Pedro J. Fontana, Gastón Redi-
vo, Arístides Artussi, Horacio Álvarez, Mario A. Bunge, Bartolo Bo-
matti, Adolfo E. Solari, Antonio Castagnino, José Antonio Otero, Emilio
Golon, Américo Piñero, C. Ramón Pérez Fontán, Juan Patolini, Antonio
Rossi y Juan Garabelli.

U. C. R. (JR) - PARTIDO LABORISTA-INDEPENDIENTES

Gobernador y Vicegobernador: Domingo A. Mercante y Antonio
Machado.

U. C. R. (JUNTA RENOVADORA)

Diputados nacionales: Dionisio Ondarra, Roberto Volpe, Juan Manuel Varela, José E. Picerno, Román Subiza, Antonio Bianculli, Adolfo

Maggio, César Albistur Villegas, José Cané, Juan E. Villar, Enrique Bereguer, Héctor Etchegaray, Carlos F. Aronna, Agustín P. Melillo, Guillermo Vall Lima, Juan Piñeyro, Jesús E. Porto, Carlos Augusto Suigo, Oscar Lara, Mariano N. Pereyra, Julio C. Lescano Gorordo, Felipe Iannone, Jorge L. Leonardi, Walter J. Schiaffino, Jorge S. Pellerano, Alejandro Olivera, Juan C. Villafañe Casal y Erasmo Faustino Carreño.

PARTIDO LABORISTA E INDEPENDIENTES

Diputados nacionales: Cipriano Reyes, Ernesto Cleve, Carlos Alberto de Iturraspe, Manuel Rodríguez González, Benito J. Ottonello, José Emilio Visca, Guillermo Florencio Laciar, Silverio Pontieri, Valerio S. Rouggier, Vicente Bagnasco, Eduardo Antonio Raña, Ángel Yampolsky, Alcides Montiel, Carlos Gustavo Gericke, Victorio M. Tommasi, Héctor Sustaita Seeber, Miguel Petruzzi, Roberto Ricagno, Héctor J. Cámpora, Manuel Pedro Ferrando, Ricardo Larev, Mario Sorgentini, Balbino Letamendi, Luis J. Fregossi, Guillermo Klix, Vicente Álvarez Pérez, Gaspar Kess y Lázaro Balbino Ayerbe.

ALIANZA LIBERTADORA NACIONALISTA

Diputados nacionales: Manuel Isidoro Garay, Juan Merlotti, Pedro Boracchia, Julio M. Ojea Quintana, José Ramón Corregido, Tomás S. Monetti, Víctor Asprella, José Campagnucci, Pedro J. M. Mansilla, Mario Boldanich, Jorge C. de la Canal, Eulogio Hidalgo, Julio C. Bolesini, Ermelindo Papa, Roberto Llovet, Alfredo J. Mazzuchi, Ordoner R. Redi, Primo Marcelino Storti, Kurt Kilensky, José Zamataro, Héctor A. Capelletti, Jerónimo di Carnegoy, Diamante D'Auro, José M. Santamarina, Ángel Ferreyra Cortés, Romero J. Bertini, Manuel F Ricart y Leslie y Marcial Ramón Etcheverry.

CAPITAL FEDERAL

U. C. R. (CN)

Diputados nacionales: Nerio Rojas, Emilio Ravignani, Francisco Rabanal, Gregorio Pomar, Manuel Pinto, Arturo Frondizi, Jorge Walter Perkins, Mariano Oscar Rosito, Alfredo Rivas, Ernesto Sammartino, Aníbal P. Arbeletche, Oscar López Serrot, Félix J. Liceaga, Santiago Nudelman, Atilio E. Cattáneo, Raúl Rodríguez de la Torre, Santiago C. Fassi, César Barros Hurtado, Manuel Pérez Taboada, Luis Dellepiane, Alberto M. Candioti, Manuel Jaroslavsky.

Senadores nacionales: Ricardo Rojas y Martín S. Noel.

PARTIDO LABORISTA, UCR (JR) Y JUVENTUD
RENOVADORA ARGENTINA

Diputados nacionales: Manuel García, Leandro N. Reynés, Rodolfo Antonio Decker, Eduardo I. Rumbo, Antonio Andreotti, José Marotta,

Néstor Álvarez, Modesto V. Orozco, José V. Tesorieri, José M. Argaña, Antonio Juan Benítez, Rodolfo Mujica, Eduardo E. Beretta, Bernardino Garaguso, Ricardo Guardo, Manuel Álvarez Pereyra, Ernesto Palacio, César Guillot, Humberto Messina, Emilio Boullosa, John W. Cooke, Eduardo Colom.

Senadores nacionales: Diego Luis Molinari y Alberto Teissaire.

LISTA DE UNIDAD Y DE LA RESISTENCIA
(PC-PDP-INDEPENDIENTES)

Diputados nacionales: Gerónimo Arnedo Álvarez, Juan José Díaz Arana, Alejandro Ceballos, José Peter, Ernesto Giúdice, Raúl C. Monsegur, Ricardo Gómez, Roberto F. Giusti, Armando Cantoni, Honorio Roigt, Héctor P. Agosti, Eusebio Gómez, Federico Dubanced, Francisco Pociello Argerich, Rodolfo Aráoz Alfaro, Ricardo M. Ortiz, Pedro Chiaranti, Luis María de la Torre, Muzio Giranti, Enrique Grande, Rubén Iscaro y Roberto L. Rois Correa.

Senadores nacionales: Rodolfo Ghioldi y Julio A. Noble.

PARTIDO SOCIALISTA

Diputados nacionales: Américo Ghioldi, Carlos Sánchez Viamonte, Julio V. González, Juan Antonio Solari, Enrique Dickmann, Héctor Iñigo Carrera, Silvio L. Ruggieri, Manuel V. Besasso, Julio González Iramain, Jacinto Oddone, Andrés Justo, Manuel Palacín, Francisco Pérez Leirós, Arturo L. Ravina, Dardo Cúneo, Adolfo Rubinstein, José E. Pfleger, Rómulo Bogliolo, Demetrio Buira, Enrique Corona Martínez, Ramón A. Muñiz y Esteban F. Rondanina.

Senadores nacionales: Alfredo R. Palacios y Nicolás Repetto.

ALIANZA LIBERTADORA NACIONALISTA

Diputados nacionales: Juan Queraltó, Leonardo Castellani, José María L. González Unsain, Alberto Bernardo, Carlos Alberto Gómez, Bonifacio Lastra, José Arturo Palenque Carreras, Juan Pablo Oliver, Prudencio Rolando Catoni, Basilio Serrano, Carlos Federico Ibarguren, Antonio Esabrios, José María Elino Rosa, Pedro Eduardo Millán, Hugo Dante, Osvaldo Marcone, Juan Gabriel Puigbo, Roberto Ángel Bollo, Juan Guillermo Villamayor Soria, Enrique Eduardo Roca, José Julio Cala, Jorge Adolfo Napp y David Uriburu.

Senadores nacionales: León S. Scasso y Frank L. Soler.

CONCENTRACIÓN OBRERA

Diputados nacionales: José F. Penelón, Beniamino A. Semiza, Amadeo Zeme, José G. T. Daluz, Juan A. Clerc, Emiliano Esteban, José I. Álvarez, Eliseo A. Cadorini, Juan A. Bianchi, Anastasio Ruiz Díaz, Domingo Torres, Enrique Plitt, Federico H. Nebelung, Pedro P. Petroccelli, Fernando Centeno Núñez, Benito Álvarez, Domingo Bassani, Raúl

Plitt, Félix A. Barreiro, Luis Demarchi, Neno Staicheff y Luis Volino.

PARTIDO SALUD PÚBLICA

Diputados nacionales: Genaro Giacobini, José Cassano.

UNIÓN CENTROS INDEPENDIENTES

Diputados nacionales: Julio César Arditi Rocha, Rafael Mariano Stábile, José María Alais Agrelo, Alberto Bayma, Mario Luis Villarino, Jorge Casiano Passo, José Gerónimo Palosa, Antaro Chianelli, Florencio Etcheverry Boneo, Luis de Gaspari, Alberto P. M. Alcorta, César Augusto Grasso, Juan Durowsky, Pedro Sívori, Alberto Roberto Arguibel, Alfonso La Banca, Roberto J. Vales, Juan José Brignoli, Roberto Ángel Bulla Rúa, Juan Carlos Naccari, Andrés Sueldo y Horacio Bazán. -

PARTIDO PATRIÓTICO 4 DE JUNIO

Diputados nacionales: Virgilio Ricardo Patalano, Pedro Juan Vignale, Roberto Enrique Gómez Coll, Juan Pablo Ferreyra, José María Lawson, Roberto Armando Rolón, Carlos Alberto Cava, Clodomiro de Oliden, Marcos Ramón Grajales, Eugenio Mangia, Hugo Guillermo Honig, José María Rivera, Mario Juan Errecalde, Ernesto Herrera, Carlos de Jovellanos y Paseyro, Ignacio Enrique Gómez Garay, Emilio Roldán, Julio Cándido Sanguinetti, Antonio Grillo, Domingo Andrés Paganini, Joaquín Enrique Pazos y Francisco Morelli.

CATAMARCA

U. C. R. (CN)

Gobernador y Vicegobernador: Luis Alberto Ahumada y Gustavo Adolfo Walther.
Diputados nacionales: Alfonso M. de la Vega y Juan Alfonso Martínez.

PARTIDO DEMÓCRATA NACIONAL

Gobernador y Vicegobernador: Felipe E. Ponferrada y Milcíades Martínez.
Diputados nacionales: Aurelio S. Acuña y Aníbal F. Leguizamón.

PARTIDO LABORISTA

Gobernador y Vicegobernador: Pacífico Rodríguez y Juan León Córdoba.
Diputados nacionales: Armando Casas Nóblega y Armando Vergara.

U. C. R. (JUNTA RENOVADORA)

Gobernador y Vicegobernador: Ángel Cubas y Domingo Francisco del Valle Iturralde.

Diputados nacionales: Adolfo Ramón Castellanos y Guillermo Enrique Maldonado.

CÓRDOBA

U. C. R. (CN)

Gobernador y Vicegobernador: Antonio Medina Allende y Juan Iros.
Diputados nacionales: Mario Zinny, Antonio Sobral, Juan A. Mass, Benito López Ávila, Amadeo Butini, José T. Fernández Rubio, Luis E. Cappelini, José R. Lencinas, Ángel V. Baulina y Diego Spila Peracciolo.
Senadores nacionales: José María Martínez y Arturo Illia.

PARTIDO DEMÓCRATA NACIONAL

Gobernador y Vicegobernador: Rodolfo Martínez y Octavio Capdevila.
Diputados nacionales: José Aguirre Cámara, Alfredo J. Alonso, Carlos Alfredo Astrada, Clodomiro Carranza, Mariano P. Ceballos, Eduardo Deheza, José Antonio Mercado, Benjamín Palacio, Manuel E. Paz y Eudoro Vázquez Cuestas.
Senadores nacionales: Justiniano Allende Posse y José Heriberto Martínez.

U. C. R. (JR) Y PARTIDO LABORISTA

Gobernador y Vicegobernador: Argentino S. Auchter y Ramón Asís.
Diputados nacionales: Raúl Bustos Fierro, Hernán J. Jofré, Raúl M. Casal, Enrique Álvarez Vocos, Leonardo Obeid, Manuel Graña Etcheverry, Enrique Martínez Luque, Juan Polizzi, Amado J. Courchod y José Enrique Malecek.

PARTIDO SOCIALISTA

Gobernador y Vicegobernador: Arturo Orgaz y Juan P. Pressacco.
Diputados nacionales: Juan P. Pressacco, Ricardo Vizcaya, Fermín M. Simón, Arturo C. Da Rocha, Francisco Pérez Marceu, Luis F. Pepelip, Bruno J. Herrera, Juan B. Medeot y Alberto Eppstein.

PARTIDO COMUNISTA

Gobernador y Vicegobernador: Miguel Contreras y José B. Manzanelli.
Diputados nacionales: Luis F. Sánchez, Levis Kvitca, Ramón Coria, Pablo Grad, Juan Blatt, Miguel Contreras, Jesús Manzanelli, Carmen C. Ramírez, José B. Manzanelli y José M. García.

CORRIENTES

PARTIDO LIBERAL

Gobernador y Vicegobernador: Ernesto R. Meabe y Mariano Gómez.
Diputados nacionales: Eduardo Bruchou, Adolfo Contte (h.), Bernabé Marambio Ballesteros, F. Benigno Martínez y Juan José Ortiz.

U. C. R. (CN)

Gobernador y Vicegobernador: Blas Benjamín de la Vega y Justo P. Villar.
Diputados nacionales: Diego Cialzeta, Cándido R. Quiroz, Roberto A. Billinghurst, Alberto W. Aquino y Félix María Gómez.

PARTIDO DEMÓCRATA NACIONAL (AUTONOMISTA)

Gobernador y Vicegobernador: Diómedes C. Rojas y Dr. Fernando Romero Corrales.
Diputados nacionales: José Rafael Cabrera y Jorge W. Álvarez Colodrero.

PARTIDO DEMÓCRATA NACIONAL Y UCR ANTIPERSONALISTA

Gobernador y Vicegobernador: Elías Abad y Carlos A. Lottero Silgueira.
Diputados nacionales: Francisco Riera, Justo Díaz Colodrero, Eduardo Miranda Gallino, Pedro Numa Soto y Julio A. Vanasco.

UNIÓN PC-PDP-INDEPENDIENTES

Gobernador y Vicegobernador: Justo Álvarez Hayes (h.) (PDP) y José Rosenbaum (PC).
Diputados nacionales: Votan por 3 candidatos de la UCR (CN): Cándido R. Quiroz, Alberto W. Aquino y Félix María Gómez; y por 2 del PL: Bernabé Marambio Ballesteros y Juan J. Ortiz.

PARTIDO LABORISTA CORRENTINO

Gobernador y Vicegobernador: Capitán (R.) José Ramón Virasoro y Santiago Ballejos (h.).
Diputados nacionales: Oscar C. Urdapilleta, José Rossi, Francisco Ayala, López Torres, F. Daniel Mendiondo y Joaquín Díaz de Vivar.

U. C. R. (JUNTA REORGANIZADORA)

Gobernador y Vicegobernador: Pedro Díaz de Vivar (R) y Santiago Ballejos (h.) (PL).
Diputados nacionales: Nómina común con el Partido Laborista.

ENTRE RÍOS

U. C. R. (CN)

Gobernador y Vicegobernador: Fermín J. Garay y José S. Míguez.
Diputados nacionales: Raúl L. Uranga, Carlos Mihura, Luis R. Mac Kay, Isidoro A. Neyra, Silvano Santander e Ignacio Jerónimo Balbi.

PARTIDO DEMÓCRATA NACIONAL

Gobernador y Vicegobernador: Pedro Radio y Ricardo S. Maxit.
Diputados nacionales: Conrado M. Etchebarne, Feliciano Rodríguez Vivanco, José Carlos Predolini Parera, Juan Labayen, Saturnino Bilbao y Fabián López Meyer.

U. C. R. (JR) Y PARTIDO LABORISTA

Gobernador y Vicegobernador: Héctor Diego Maya y Luis Chaile.
Diputados nacionales: Juan Carlos Braga, Baltasar S. Fernández, Marcelino S. Garay, Rafael Osinalde, Roberto Ori y Ángel S. Marialegui.

PARTIDO SOCIALISTA

Diputados nacionales: Juan O. Nux, Guillermo Bonaparte y David Tieffenberg.

JUJUY

U. C. R. (CN)

Gobernador y Vicegobernador: Alejandro Vargas Orellano y Manuel F. Corte.
Diputados nacionales: Gregorio H. Guzmán y Mariano Wainfeld.

PARTIDO DEMÓCRATA NACIONAL

Gobernador y Vicegobernador: Oscar Rebaudi Basavilbaso y Carlos A. Bárcena.
Diputados nacionales: Pedro Buitrago y Néstor M. Sequeiros.

U. C .R. YRIGOYENISTA

Gobernador y Vicegobernador: Alberto J. Iturbe y Juan J. Castro.
Diputados nacionales: Manuel Sarmiento y Teodoro S. Saravia.

PARTIDO LABORISTA

Gobernador y Vicegobernador: Miguel Zenarruza y Luis Cruz.
Diputados nacionales: Macedonio Quintana y Oscar Mamerto Medina.

PARTIDO SOCIALISTA

Diputados nacionales: Francisco Laméndola y Francisco Petronio Farfán.

LA RIOJA

Gobernador y Vicegobernador: Carlos Luna Valdés y Lidoro Cabrera.
Diputados nacionales: José Ignacio Fernández del Moral y José López González.

PARTIDO DEMÓCRATA NACIONAL

Gobernador y Vicegobernador: General (R.) Eduardo Fernández Valdés y Julio Rochet.
Diputados nacionales: Gustavo A. Castellanos y Antonio Agüero.

U. C. R. (JR) - U. C. R. DE LA RIOJA Y PARTIDO LABORISTA

Gobernador y Vicegobernador: Leovino Martínez y José Francisco de la Vega.
Diputados nacionales: José María Villafañe y Oscar E. Albrieu.

MENDOZA

U. C. R. (CN)

Gobernador y Vicegobernador: Bautista Gargantini y Rubén Palero Infante.
Diputados nacionales: Alfredo R. Vítolo, Edmundo Leopoldo Zara, Tomás González Funes y Hernán Cortés.

PARTIDO DEMÓCRATA NACIONAL

Gobernador y Vicegobernador: Ricardo Videla y Félix R. Aguinaga.
Diputados nacionales: Carlos E. Aguinaga, Guillermo J. Cano, Manlio Ardigó y José María Gutiérrez.

U. C. R. (JR) Y PARTIDO LABORISTA

Gobernador y Vicegobernador: Faustino Picallo y Rafael Tabanera.
Diputados nacionales: Francisco Giménez Vargas, Juan de la Torre, José Luis Moreno y Juan Adolfo Dufau.

U. C. R. LENCINISTA

Gobernador y Vicegobernador: José Hipóito Lencinas y Carlos Saá Zarandón.
Diputados nacionales: Rafael Néstor Lencinas, Enrique Ruiz, Pedro Balzaretti Bramante y Segundo Tarditti.

PARTIDO COMUNISTA

Gobernador y *Vicegobernador:* Benito Marianetti y José F. García.

SALTA

U. C. R. (CN).

Gobernador y *Vicegobernador:* Carlos A. Saravia y Luis Diez.
Diputados nacionales: Ricardo E. Aráoz y José María Decavi.
Senadores nacionales: David Michel Torino y Elio Alderete.

PARTIDO DEMÓCRATA NACIONAL

Gobernador y *Vicegobernador:* Francisco Saravia Toledo y Raúl H. Puló.
Diputados nacionales: Guillermo Villegas y Roberto García Pintos.
Senadores nacionales: Carlos Serrey y Robustiano Patrón Costas.

U. C. R. YRIGOYENISTA Y PARTIDO LABORISTA

Gobernador y *Vicegobernador:* Lucio Alfredo Cornejo y Roberto San Millán.
Diputados nacionales: Ricardo Antonio San Millán y José P. D. Pasquini.
Senadores nacionales: Ernesto F. Bavio y Alberto Durán.

SAN JUAN

U. C. R. (CN)

Gobernador y *Vicegobernador:* Florencio Basánez Zavalla y Miguel Blanco.
Diputados nacionales: Teobaldo Giménez y Luis María Mulleady.

PARTIDO DEMÓCRATA NACIONAL

Gobernador y *Vicegobernador:* Alberto Graffigna y Carlos Basualdo.
Diputados nacionales: Horacio Esbry y Pedro Manrique.

U. C. R. (JR) Y PARTIDO LABORISTA

Gobernador y *Vicegobernador:* Juan Luis Alvarado y Ruperto Godoy.
Diputados nacionales: Ramón Tejada y Jabel Arévalo Cabeza.

U. C. R. BLOQUISTA

Gobernador y *Vicegobernador:* Elio Cantoni y Luis Cattani.
Diputados nacionales: Héctor Valenzuela y Eloy Camus.

PARTIDO SOCIALISTA

Gobernador y Vicegobernador: Indalecio Carmona Ríos y Adán Marún.
Diputados nacionales: Isidro López y Armando Criado.

SAN LUIS

U. C. R. (CN)

Gobernador: Nicolás A. Diferraro.
Diputados nacionales: Martín Vilches y Luis Guillet.
Senadores nacionales: Alberto Quiroga y Enrique Tronconi.

PARTIDO DEMÓCRATA NACIONAL

Gobernador: Juan Agustín Luco.
Diputados nacionales: Reynaldo Pastor y Nicanor Liceda.
Senadores nacionales: Laureano Landaburu y Alberto Arancibia Rodríguez.

U. C. R. (JR)

Gobernador: Ricardo Zavala Ortiz.
Diputados nacionales: Alejandro García Quiroga y Hernán S. Fernández.
Senadores nacionales: Gilberto Sosa Loyola y Francisco R. Luco.

SANTA FE

U. C. R. (CN)

Gobernador y Vicegobernador: Eduardo Teisaire y Juan del Matti.
Diputados nacionales: Romeo E. Bonazzola, Rodolfo E. Dietrich, Julio J. Busaniche, Luis Ferrari, Manuel I. Mántaras, José Noguerol Armengol, David J. Pagano, Juan J. Noriega, Arturo Romero Acuña, Raúl A. Panizza, Gregorio Topolewsky, Sidney N. Rubino y José C. Susan.

PARTIDO LABORISTA Y U. C. R. (JR) - INDEPENDIENTES

Gobernador y Vicegobernador: Eduardo Teissaire y Juan del Matti.
Diputados nacionales: Diógenes C. Antille, Juan D. N. Brugnerotto, Carmelo Barreiro, José Arias, Antonio S. Pirani, Manuel M. Díaz, Manuel Velloso Colombres, Ángel L. Ponce, Agustín Repetto, Alcides Cuminetti Correa, Guillermo F. Cámara, Juan Ramón Degreff y Luciano L. Corvalán.

U. C. R. DE SANTA FE

Gobernador y Vicegobernador: Manuel M. de Iriondo y Francisco Casiello.

Diputados nacionales: Daniel Bosano Ansaldo, Emilio G. Leiva, Atilio Giavedoni, Abelardo Irigoyen Freyre, Melitón Gómez, Julio Peña Jarime, Eduardo Soler, Francisco C. Saggese, Alejandro López, Rafael Vega Mitesi, Melitón Rivera, Manuel O. Panna y Honorato Nardelli.

PARTIDO DEMÓCRATA PROGRESISTA

Gobernador y Vicegobernador: Luciano F. Molinas y José N. Antelo
Diputados nacionales: Mario Mosset Iturraspe, Pablo D. Anna, Florindo A. Moretti, Horacio R. Thedy, Ricardo L. Lagos, Ángel Borghi, Emilio Sighizzi, Camilo J. Muniagurria, Alejandro Onofrio, Santiago P. Giargi, Luis Sgrosso, Vicente E. Pomponio y Rodolfo Arronga.

SANTIAGO DEL ESTERO

U. C. R. (CN)

Gobernador: José Benjamín Ábalos.
Diputados nacionales: Elías N. Llugdar, Huberto Ábalos, Pedro P. Zanoni y Absalón Rojas.

U. C. R. DE SANTIAGO DEL ESTERO

Gobernador: Dr. Santiago E. Corvalán.
Diputados nacionales: Ramón de la Rúa (h.), Luis Pericás, Luis S. Manzione y Arnoldo F. Maguna.

PARTIDO LABORISTA

Gobernador: Coronel (R) Aristóbulo Mittelbach.
Diputados nacionales: Rosendo Ayub, Ricardo Toro (h.), Carlos Montes de Oca y Pedro J. Perea.

PARTIDO COMUNISTA

Diputados nacionales: Marcos Rosenstein, Dante B. Cesca, Jaime Epstein y Pastor M. Díaz.

TUCUMÁN

U. C. R. (CN)

Gobernador: Eudoro D. Aráoz.
Diputados nacionales: Manuel V. Cossio, José B. Fajré, Gerardo César Palacios, Fidel A. Pérez y Solano Peña Guzmán.

PARTIDO DEMÓCRATA NACIONAL

Gobernador: Eduardo A. Paz.
Diputados nacionales: Eduardo A. Paz, Pedro Fagalde, Ricardo José Juan Frías, Elviro Lauro Andrade y Alfredo Wenceslao Lobo.

PARTIDO LABORISTA TUCUMANO -
CONCENTRACIÓN DEMÓCRATA RADICAL

Gobernador: E. B. Thielei.
Diputados nacionales: Manuel A. Paredes, Edmundo Raquel Díaz,
León R. Bach, Nicolás M. Socci y Humberto Tobías.

U. C. R. YRIGOYENISTA

Gobernador: Nicasio Sánchez Toranzo.
Diputados nacionales: Miguel Fernando de la Rosa, Adolfo Patricio
Antoni, Joaquín S. Trafelati, Roberto Amin Farías y León Pardo.

PARTIDO COMUNISTA

Gobernador: Candidato de la lista radical.
Diputados nacionales: Miguel Aynes, Armindo Bardoza, Fernando
Nadra, Pedro Estrella y Ricardo Madueño.

PARTIDO SOCIALISTA

Gobernador: Felipe A. Villagra.
Diputados nacionales: Felipe A. Villagra, Emilio López, Jesús N. Bar-
bieri, Santiago García Mancilla y José G. Galante.

DEFENSA PROVINCIAL (BANDERA BLANCA)

Diputados nacionales: Isaías Juan Nougués.

PARTIDO LABORISTA

Gobernador: Carlos Domínguez.
Diputados nacionales: José Roberto Sarrante, Celestino Valdez, Nerio
Milcíades Rodríguez, Albino Vischi y Juan Daniel Álvarez.

---

² *Esa cosa incomprensible que estaba pasando.* Casi un cuarto de
siglo más tarde, Federico Pinedo se hace eco, tácitamente, de esa versión,
en su libro *Trabajoso resurgimiento argentino* (Ed. Fundación Banco
de Galicia y Buenos Aires, Bs. As., 1968, tomo I, Introducción) al
referirse a las elecciones del 24 de febrero de 1946. Dice Pinedo: "¿Fueron correctos los comicios que aparecían consagrando esa solución?
Personalmente no tengo ninguna prueba de que se impidiera en forma
material el voto a ningún ciudadano contrario a la candidatura que
apareció como triunfante, ni me consta de manera positiva que se
adulteraran los escrutinios (...). Pero sea cual fuere la verdad sobre
la corrección formal del comicio y del escrutinio... Si realmente es
exacto que el pueblo votó por los candidatos que aparecieron como
triunfantes..." etc. Salta a la vista la reticencia de Pinedo que, dicho
sea de paso, integró los gobiernos más fraudulentos del país, como
ministro de Justo y Castillo.

* El último sobre electoral fue abierto. Elección de presidente y vicepresidente de la Nación: *Capital Federal:* Perón-Quijano: 304.854, Tamborini-Mosca: 261.455. *Buenos Aires:* Perón-Quijano: 450.778, Tamborini-Mosca: 322.881; conservadores (sin candidatos a presidente y vicepresidente, pero con candidatos a electores propios) : 27.270. *Catamarca:* Perón-Quijano: 14.917, Tamborini-Mosca: 10.964. *Córdoba:* Tamborini-Mosca: 167.723, Perón-Quijano: 133.788. *Corrientes:* Tamborini-Mosca: 57.941, Perón-Quijano: 34.247. *Entre Ríos:* Perón-Quijano: 77.585, Tamborini-Mosca: 62.469; conservadores (sin candidatos a presidente y vicepresidente, pero con candidatos a electores propios) : 16.229. *Jujuy:* Perón-Quijano: 15.488, Tamborini-Mosca: 7.049. *La Rioja:* Perón-Quijano: 10.213, Tamborini-Mosca: 8.976. *Mendoza:* Perón-Quijano: 58.042, Tamborini-Mosca: 47.065; UCR Lencinista: 3.918. *Salta:* Perón-Quijano: 28.995, Tamborini-Mosca: 16.214. *San Juan:* Tamborini-Mosca: 17.594, Perón-Quijano: 16.371; UCR Bloquista: 13.469. *San Luis:* Tamborini-Mosca: 17.784, Perón-Quijano: 15.576. *Santa Fe:* Perón-Quijano: 195.690, Tamborini-Mosca: 147.567. *Santiago del Estero:* Perón-Quijano: 46.179, Tamborini-Mosca: 29.953; UCR de Santiago del Estero: 12.362. *Tucumán:* Perón-Quijano: 85.163, Tamborini-Mosca: 31.445. *Totales nacionales:* Perón-Quijano: 1.487.886 (52,40 %) ; Tamborini-Mosca: 1.207.080 (42,51 %) ; candidatos a electores conservadores: 43.499 (1,53 %) ; candidatos a electores de la UCR Lencinista, UCR Bloquista y UCR de Santiago del Estero en conjunto (llevaron listas separadas) : 29.749 (1,05 %) ; en blanco: 23.735 (0,84 %) .

Las cifras que anteceden han sido extraídas de *Materiales para el estudio de la sociología política argentina,* por Darío Cantón, tomo I (Centro de Investigaciones Sociales, Instituto Torcuato di Tella, Buenos Aires, 1968) , cuya redacción se basó en las planillas del Ministerio del Interior tomadas de las actas de los escrutinios definitivos. De la misma obra se reproduce el cuadro impreso, el que detalla los resultados obtenidos por los diversos partidos políticos.

Que el autor sepa que no se ha efectuado nunca un análisis sistemático del significado de las cifras electorales de 1946. Ese estudio certificaría sin duda muchos hechos significativos, estableciendo hasta qué punto la fórmula triunfante fue votada en las zonas de población preponderantemente obrera y en qué medida la de la Unión Democrática fue apoyada en zonas de clase media o alta. Tampoco se ha hecho un análisis semejante en función de la composición étnica o racial de la población, lo que podría efectuarse en distritos como Santa Fe o Entre Ríos, con comarcas que tenían una alta proporción de colonos hijos de extranjeros. En realidad, no debe extrañar la carencia de estos y otros estudios, ya que las planillas existentes en el Ministerio del Interior (Dirección de Provincias) son de dificilísimo acceso y aun estuvieron a punto de ser destruidas después de 1955. La mencionada obra de Cantón reúne el material de cifras, base indispensable para trabajos como los que sugerimos.

[4] *Una enésima queja contra los quijanistas.* Declaración del ex diputado Valerio Rouggier al doctor Horacio J. Guido, y trasmitida por éste al autor.

[5] *Flamantes dioses.* Una de las consecuencias de la masacre política de 1946 fue la insólita circunstancia de que la Cámara de Diputados constituida en virtud de las elecciones de febrero sólo contaba con 14 legisladores que ya lo habían sido antes (doce de ellos radicales y dos peronistas) es decir que más de las nueve décimas partes de la cámara joven estaba integrada por nombres nuevos en política —o al menos que nunca habían llegado a los niveles superiores de la actividad política—. Es de señalar también que el bloque peronista de la Cámara de Diputados de 1946 contaba con casi 70 integrantes obreros, en su mayoría dirigentes de diversos sindicatos.

[6] *En un pueblito de Santiago del Estero.* En Vaca-Huañuna, donde 300 humildes familias carecían de agua por haber sido taponada tres años antes la toma del canal conductor que se nutría del río Salado. "Desde entonces —anotaba García Mellid— el expedienteo abusivo y la legislación frustránea malograron todo propósito de reparación." Después de las elecciones de febrero, el diputado provincial Braulio Pereira, peronista, reunió a la población y redactó el documento que sigue, trascrito de "La Nación" del 5 de mayo de 1946: "Invocando a Dios Todopoderoso, que les da derecho a la vida digna de argentinos a los pobladores de Vaca-Huañuna y ante la necesidad imperiosa que tienen de llevar agua para regar sus sementeras y procurar la subsistencia de más de 300 familias, yo, Braulio Pereira, en mi carácter de diputado provincial, representante legítimo del pueblo que trabaja constantemente y que sufre por falta de justicia social, les autorizo a poner un sifón de pórtland y atravesar el bordo o dique de contención del río Salado, con el fin de llevar el líquido elemento provisoriamente, intertanto el gobierno nacional o provincial manden construir la compuerta reiteradamente solicitada. Me responsabilizo por este hecho que no perjudicará a nadie y desde ya asumo la defensa de los derechos de esta población para hacerlos valer ante los poderes públicos."

Concluía el autor su interpretación de este episodio diciendo que "como en los viejos tiempos de montoneros y caudillos, en los que el signo patriarcal flotaba sobre todas las cosas, la soberanía vuelve a ser más importante que la legalidad y la justicia se sobrepone a la ley, al formalismo abstracto, a las complicadas fórmulas intelectuales" (*Montoneras y caudillos en la historia argentina*, por Atilio García Mellid. Ediciones Recuperación Nacional, Bs. As., 1946).

ACLARACIÓN SOBRE METODOLOGÍA

1º) Escribir un libro de historia implica siempre una duda previa: ¿qué limitaciones deben fijarse? ¿Debe darse por supuesta una serie de hechos y antecedentes o debe partirse de la idea de una ignorancia total en el lector? Es una duda que se plantea en cada página y nunca puede contestarse satisfactoriamente. Este libro se escribe para un lector al que se supone informado de manera relativa sobre los hechos, personajes y fuerzas actuantes en la época que constituye su tema y la inmediatamente anterior. En consecuencia, se brinda una información general y se omite toda la que pueda fácilmente encontrarse en otras obras asequibles. Por ejemplo, no se entra a detallar el proceso político anterior a 1945 más que en lo indispensable, aunque es evidente que poco se puede entender de las ocurrencias de ese año si no se conoce lo que pasó inmediatamente antes: asimismo se dan por conocidos los principales hechos de la historia política argentina anterior a 1943 y, como norma general, la crónica se formula sin detalles de nombres y hechos, remitiendo éstos, junto con los apoyos bibliográficos documentales y testimoniales, a las respectivas secciones de notas que completan los capítulos.

2º) Quien trate de investigar etapas de la historia contemporánea en nuestro país tropezará con las mismas dificultades que afligieron al autor de este libro. No existe documentación epistolar, porque ya nadie dice cosas importantes por carta; la información periodística señala —en el mejor de los casos— los hechos que ocurren, sin marcar los procesos que los han precedido a veces de modo esotérico o clandestino. Además, los diarios y publicaciones periódicas han sufrido en muchos momentos la censura oficial o la autocensura y pueden ser parciales, sectarios, o dar una información deformada, voluntaria o involuntariamente. Los testigos sobrevivientes suelen hablar con reticencia; algunos se encuentran, aún hoy, políticamente condicionados, otros seleccionan inconscientemente sus recuerdos, rescatando sólo aquellos que les son gratos o que corroboran sus propias creencias o justifican su propia actuación. Los volantes, panfletos y folletería que deben compulsarse para captar el tono de la época están dispersos y son difícilmente asequibles. Los archivos del Estado no se abren con la debida generosidad y algunos, cuando son recorridos por el investigador, resultan de una sorprendente pobreza. Y finalmente, las gestiones que realizó el autor ante las cancillerías de España, Francia e Italia para hurgar los informes de sus diplomáticos de 1945 en la Argentina, fracasaron pese a la buena voluntad de los embajadores Horacio Aguirre Legarreta y Francisco Ramos Mejía por considerar aquellos organismos que se trataba de hechos demasiado recientes.

El autor ha tratado de salvar estas dificultades reconstruyendo la realidad estudiada con un trabajo de rompecabezas que ha requerido manejar todos los elementos disponibles, sospechosos o insospechables, orales, escritos, éditos o inéditos. A veces el rompecabezas no ha quedado completo y el lector deberá hacer su juicio personal sobre el episodio. Por esa razón el lector advertirá que en ocasiones, los testimonios trascritos no se corresponden con las afirmaciones que hace el autor en la crónica e inclusive las contradicen; o que un mismo hecho es relatado por los diferentes testigos de manera diferente: una especie de "Rashomon" argentino y contemporáneo... A este respecto debe señalarse que los testimonios se trascriben tal como surgieron de las conversaciones de los testigos con el autor, generalmente mediante grabación magnetofónica. Pero esas inserciones no significan necesariamente que el autor las avale: esas piezas constituyen sólo una parte del rompecabezas y el autor queda muy agradecido de todos modos, a quienes se prestaron a colaborar entregándole sus recuerdos en la medida de sus posibilidades.

3º) Nada hay en la crónica que no esté fundamentado. Los hechos notorios se documentan a través de la compulsa de los diversos diarios y publicaciones periodísticas que se han manejado; los otros se acreditan en las notas respectivas; todo lo que es conjetura u opinión del autor se señala como tal. Es innecesario decir que en todo se ha procurado aplicar un criterio de absoluta objetividad.

4º) Este libro no pretende ni remotamente agotar la relación ni la interpretación de los sucesos ocurridos durante el lapso que constituye el tema. Quedan muchos aspectos que deben investigarse a fondo. El autor ha pretendido formular una aproximación general brindando una visión global y, en lo posible, coherente, señalando ocasionalmente aspectos que reclaman un estudio en detalle y que —tiene la esperanza— tal vez este libro llegue a estimular.

POST SCRIPTUM EN 1971. Después de salida a luz la primera edición de este libro, en el invierno de 1969, aparecieron en el país diversos trabajos vinculados a su tema central o a aspectos marginales. Los mismos no han sido incorporados a la bibliografía que se ofrece al final de cada capítulo. Del mismo modo, tampoco he utilizado los elementos de juicio y datos diversos que cordialmente me brindaron numerosos lectores que me escribieron o se comunicaron conmigo después de haber leído *El 45.*

Esta decisión obedece al propósito de mantener a mi libro en el carácter que tuvo originariamente, es decir, una simple aproximación a un tema fundamental que todavía debe trabajarse mucho, ampliando, corrigiendo o invalidando mi propio aporte. Quede esta tarea para otros.

Por tal razón, la presente edición va exactamente con el texto original, salvo algunos errores tipográficos que han sido salvados, entre los que se incluyen algún nombre propio mal escrito o alguna fecha o cifra equivocada.

GRATITUDES

Hago pública mi gratitud a las personas cuyo testimonio me ha permitido reconstruir diversos aspectos de la época analizada, señores Raúl Apold, Eduardo Colom, Juan C. Cuaranta, Fermín Chávez, Jorge Farías Gómez, Edelmiro J. Farrell, Arturo Frondizi, Américo Ghioldi, Arturo Jauretche, Oscar Lomuto, Germán López, Domingo A. Mercante, Ernesto Palacio, Juan Perón, Cipriano Reyes, Arturo Sampay, Vicente Sierra, Guillermo Solveyra Casares, Raúl Tanco, Oscar Uriondo y otros —mencionados en las respectivas notas— que brindaron referencias específicas.

También a los funcionarios de la Intervención del Honorable Congreso Nacional, de la Biblioteca del Congreso y de la Biblioteca Nacional, que en todo momento facilitaron la tarea de búsqueda en diarios, revistas y libros; al ex ministro de Relaciones Exteriores y Culto, doctor Nicanor Costa Méndez, que me autorizó a revisar el archivo del ministerio a su cargo; al ex jefe de la Policía Federal, general Mario Fonseca, que dispuso —infructuosamente— la búsqueda de los informes policiales correspondientes a 1945; a los empleados de la Biblioteca del Estado Mayor General del Ejército y de la Biblioteca de la Confederación General del Trabajo, que me brindaron información específica y material de trabajo.

A mis amigos Fernando P. Alonso, Alberto Ciria, Ramón Curti, Jorge Farías Gómez, Juan Enrique Guglialmelli, Horacio J. Guido y Miguel Ángel Scenna, que generosamente me prestaron libros, documentos, colecciones de publicaciones, folletos y panfletos de su propiedad.

A Marisel Flores, cuya inteligente asistencia me alivió de fatigosas tareas de búsqueda y ordenamiento de material.

Y de un modo muy especial a mi mujer, que durante el año y medio que duró la tarea de preparación de esta obra se resignó a que yo permaneciera instalado en espíritu en 1945, hecho un completo lelo...

ÍNDICE

Esta edición de 3.000 ejemplares,
se terminó de imprimir en offset en el
mes de agosto de 1982,
en los talleres gráficos de la
Compañía Impresora Argentina, S. A.
calle Alsina 2049 - Buenos Aires - Argentina.